桐鄉年鑑

錢君匋題

桐乡市地方志编纂委员会 编

方志出版社
Publishing House of Local Records

图书在版编目(CIP)数据

桐乡年鉴. 2018/桐乡市地方志编纂委员会编. --北京:方志出版社,2018.9

ISBN 978-7-5144-3324-1

Ⅰ. ①桐…　Ⅱ. ①桐…　Ⅲ. ①桐乡—2018—年鉴
Ⅳ. ①Z525.54

中国版本图书馆 CIP 数据核字(2018)第 223841 号

桐乡年鉴(2018)

编　　者: 桐乡市地方志编纂委员会
责任编辑: 冯　松

出 版 人: 冀祥德
出 版 者: 方志出版社
地址　北京市朝阳区潘家园东里 9 号（国家方志馆 4 层）
邮编　100021
网址　http://www.fzph.org
发　　行: 方志出版社图书经销中心
电话（010）67110500
经　　销: 各地新华书店
设计排版: 杭州美迪图文设计有限公司
印　　刷: 浙江海虹彩色印务有限公司

开　　本: 889×1194　1/16
印　　张: 24
字　　数: 682 千字
版　　次: 2018 年 9 月第 1 版　2018 年 9 月第 1 次印刷
印　　数: 0001—1000 册

ISBN 978-7-5144-3324-1　　定价: 180.00 元

桐乡市地方志编纂委员会

顾　　问：盛勇军

主　　任：于会游

副 主 任：潘川弟　陈林根　林祥荣　徐剑东

委　　员：姚毅军　吴志强　王利浩　赵裕华　戴建国　包晓敏

顾妙根　卢达民　姚国中　施勤高　范忠伟　吕卫强

朱学龙　陈　政　沈富春　张富强　陈　东　盛月良

王　群　李新荣　徐汉会　沈月飞　魏昱初　吴云峰

胡菊新　庄永明　陆建华

《桐乡年鉴》编纂机构

主　　编：吴云峰　庄永明

执行主编：谭晓杰

顾　　问：韩荣根

编　　辑：娄引娣　程亚平　章生华　王建民　徐娟珍

英文翻译：钱星辉　丁大伟（澳大利亚）

编　　务：计异璐　吴剑萍　孙　宇　沈　贤

编 辑 说 明

一、《桐乡年鉴》是中共桐乡市委员会、桐乡市人民政府主办，桐乡市地方志编纂委员会组织编纂的年度资料性文献。自1998年起，逐年编辑出版，旨在全面真实地记载上一年度桐乡市行政区域自然、政治、经济、文化、社会等多方面的基本面貌，为各级领导决策和管理提供最新的信息和情报。

二、《桐乡年鉴（2018）》，记载时限从2017年1月1日至12月31日，一般不作历史追溯。特载部分收录时间下限为2018年1月。

三、本书采用分类编辑法，一般分栏目、分目、条目三个层次，以条目作为记述的主要形式。《桐乡年鉴（2018）》设：特载、大事记、综述、世界互联网大会、农业、工业、贸易、开发区建设、旅游、市场、交通运输、邮政通信、城乡建设管理、环境保护、财政税务、金融、经济管理与服务、党政、民主党派和人民团体、武装、法治、教育、科学技术、文化体育传媒、卫生、社会生活、人力资源和社会保障、街道镇发展概况、人物、国民经济统计资料、文件选编等31个栏目。各栏目中内容相同或相关的条目编制横向参见系统。全书682千字。

四、本书在坚持年鉴内容的稳定性和连续性的基础上，注意突出年度特色和地方特色，注重实用性和可读性，并配有随文照片。

五、本书采用的文稿，由桐乡市各有关部门、单位落实专人撰写或提供，并经供稿单位领导审核。各种数据均以《桐乡统计年鉴（2018）》为准。统计年鉴未载的数据，由各有关部门负责提供。

六、本书配有双重检索系统，书前刊有中文详细目录和英文要目，书后配有索引，索引采用主题分析法，按主题词首字汉语拼音字母顺序排列。

七、本书的编辑、出版，得到全市各级领导、各部门、各单位和广大撰稿员的大力支持，在此谨表示衷心感谢！本书在编印、出版中如有疏漏、差错之处，祈请广大读者批评指正！

2018年1月5日，中国共产党桐乡市第十四届代表大会第二次会议举行

（徐建荣摄）

2018年1月20—23日，桐乡市第十六届人民代表大会第二次会议举行

（徐建荣摄）

2018年1月19—22日，中国人民政治协商会议第九届桐乡市委员会第二次会议举行

（徐建荣摄）

2017年4月17日，省委常委、宣传部部长葛慧君（前左二）到濮院镇新港村调研

（市委办提供）

2017年6月6日，国务院原副总理吴仪（前左二）到桐乡调研乌镇国际互联网会展中心

（市委办提供）

2017年6月27日，省委常委、组织部部长任振鹤（前左二）到桐乡调研基层党建和经济社会发展情况

（市委办提供）

2017年8月1日，全国人大环资委副主任委员夏宝龙（前左一）到桐乡调研“五水共治”情况

（市委办提供）

2017年9月20日，全国政协副主席马飚（前右二）到桐乡调研乌镇国际互联网会展中心

（市委办提供）

2017年12月7日，中央书记处书记、中央纪委副书记赵洪祝（前左二）到桐乡调研智慧城市建设情况

（徐建荣摄）

2017年5月23—27日，中国乌镇·围棋峰会在乌镇举行

（市委办提供）

2017年5月27日，中国乌镇·围棋峰会闭幕式上，授予乌镇“围棋峰会·永久会址”铭牌

（市委办提供）

2017年10月27—30日，第六届中国创新创业大赛互联网及移动互联网行业总决赛在桐乡市举行

（市委办提供）

2017年3月18日，首届中国旅游投资领袖峰会在乌镇举行　（徐王立摄）

2017年9月24日，桐乡市常务副市长冯中海与美国加州库比蒂诺市可持续发展专员安吉拉·陈（左）为桐乡市·库比蒂诺市缔结友好交流关系纪念雕塑揭幕
（市政府办提供）

2017年10月16日，美国南卡罗来纳州里奇兰郡代表团到桐乡访问
（徐建荣摄）

2017年3月11日，桐乡市政府与浙江吉利变速器有限公司举行60万台吉利自动变速器项目签约仪式

（市委办提供）

2017年4月18日，新凤鸣集团股份有限公司在上海证券交易所挂牌上市

（市委办提供）

2017年3月11日，桐乡市举行乌镇大道（市区至乌镇段）通车仪式暨自行车公开赛

（市委办提供）

2017年9月24—26日，"聚焦桐乡·相约乌镇"2017国际经贸洽谈会在桐乡市召开

（市委办提供）

2017年12月14日，桐乡市党政考察团到杭州高新区（滨江）考察

（市委办提供）

2017年9月9—15日，2017中国·濮院时尚周暨濮院轻纺城开业典礼在濮院镇举行

（市委办提供）

2017年5月17日，“文学照亮生活”全民公益大讲堂暨优秀文学作品诵读会在桐乡科技会展中心举行，作家王蒙开讲文学照亮生活

（徐王立摄）

2017年8月25日，桐乡市文化发展大会暨省文明市创建动员大会召开

（市委办提供）

2017年8月25日，在桐乡市文化发展大会暨省文明市创建动员大会上，23位文艺界专家受聘为桐乡文化顾问

（市委办提供）

2017年9月17日，桐乡市举行以“风雅桐乡·共享悦读”为主题的全民阅读广场体验活动

（市委办提供）

2017年9月26日，在桐乡市2017年科技人才大会上举行桐乡技师学院授牌仪式

（市委办提供）

2017年11月8日，第二届丰子恺中外散文奖颁奖典礼在桐乡市举行

（市委办提供）

2017年12月3日，第四届世界互联网大会·乌镇峰会在乌镇开幕。中共中央政治局常委、中央书记处书记王沪宁出席第四届世界互联网大会开幕式并发表演讲

（市委办提供）

2017年12月3日，第四届世界互联网大会·乌镇峰会在乌镇开幕

（市互承委提供）

2017年12月3日，第四届世界互联网大会世界互联网领先科技成果发布活动在乌镇举行

（市互承委提供）

2017年12月4日，风险投资和互联网产业发展：下一个风口论坛在乌镇举行

（市互承委提供）

2017年12月4日，数字丝绸之路国际合作论坛在乌镇举行

（张雄伟摄）

法国前总理多米尼克·德维尔潘（前左二）参加第四届世界互联网大会
（市委办提供）

泰国副总理巴金·詹东（前左二）参加第四届世界互联网大会
（市委办提供）

苹果公司首席执行官蒂姆·库克（前右二）参加第四届世界互联网大会 （市委办提供）

谷歌公司首席执行官桑达尔·皮猜（前右二）参加第四届世界互联网大会 （市互承委提供）

思科公司首席执行官罗卓克参加第四届世界互联网大会
（市互承委提供）

2017年12月2日，互联网之光博览会在乌镇互联网国际会展中心开幕。国家网信办主任徐麟（左四），浙江省委副书记、省长袁家军（右三），国家网信办副主任庄荣文（左二），国家网信办副主任杨小伟（左一），工信部副部长陈肇雄（右二），浙江省委常委、宣传部部长葛慧君（左三），浙江省副省长高兴夫（右一）出席开幕式

（市互承委提供）

互联网之光博览会展区全景

（市互承委提供）

互联网之光博览会上桐乡企业展位

（市互承委提供）

2017年12月2日，第四届世界互联网大会·乌镇峰会之“智慧桐乡，邀您共创美好新时代”桐乡发布专场活动

（市互承委提供）

2017年12月3日，在“乌镇夜话——新时代的中国信息化”会议上，中国信息化百人会、浙江信息化百人会与桐乡市政府签署“乌镇调研基地”合作协议

（徐王立摄）

2017年12月5日，数字经济前沿趋势高峰论坛咖荟上桐乡市委书记盛勇军向嘉宾介绍桐乡产业发展情况

（徐王立摄）

嘉宾参加“互联网纪念林”植树　（张雄伟摄）

天猫无人超市　（徐建荣摄）

“小梧桐”志愿者　（张雄伟摄）

嘉宾签到　（市互承委提供）

2017年12月3日晚，举行“乌镇之夜”欢迎晚宴　（市互承委提供）

马鸣村高竿船技表演
（徐建荣摄）

乌镇镇公路沿线风光
（徐王立摄）

北港河春色 （徐建荣摄）

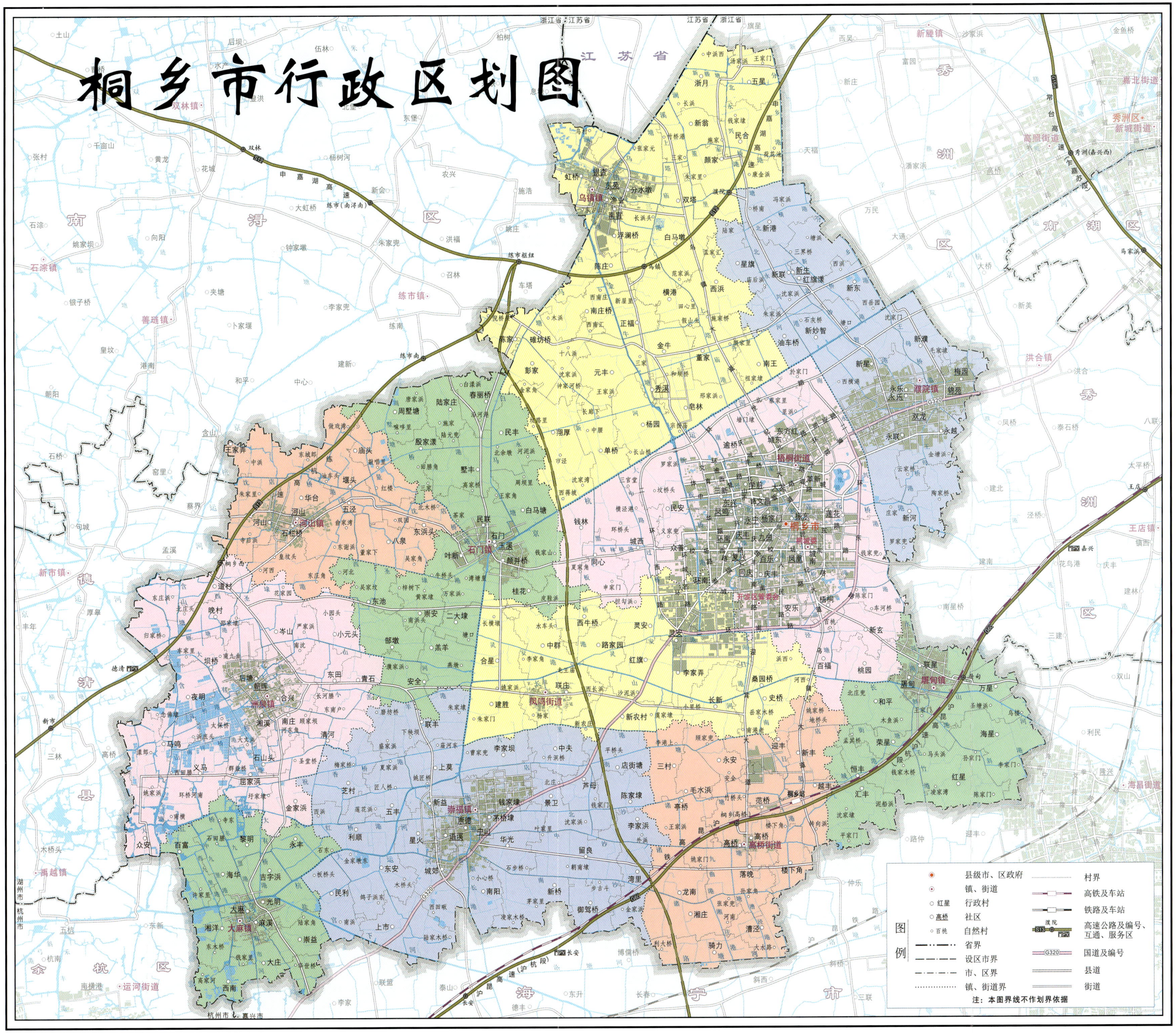
桐乡市行政区划图
江苏省
浙江省
乌镇镇
濮院镇
梧桐街道
桐乡市
石门镇
河山镇
洲泉镇
凤鸣街道
崇福镇
大麻镇
屠甸镇
高桥街道
开发区管委会
南浔区
练市镇
善琏镇
双林镇
石淙镇
秀洲区
新塍镇
洪合镇
王店镇
南湖区
海宁市
德清县
新市镇
余杭区
运河街道
嘉北街道
新城街道
高照街道
海昌街道
图例
县级市、区政府
镇、街道
红星 行政村
高桥 社区
百桃 自然村
省界
设区市界
市、区界
镇、街道界
村界
高铁及车站
铁路及车站
高速公路及编号、互通、服务区
国道及编号
县道
街道
注：本图界线不作划界依据

桐乡市住房和城乡规划建设局　桐乡市测绘与地理信息局　编制

特　　载

大　事　记

综　　述

世界互联网大会

农　业

工　业

贸　易

开发区建设

旅　　游

市　　场

交通运输

邮政　通信

城乡建设管理

环境保护

财政 税务

金 融

经济管理与服务

党 政

民主党派和人民团体

武　　装

法　　治

教　　育

科学技术

文化　体育　传媒

卫　生

社会生活

人力资源和社会保障

街道、镇发展概况

人 物

国民经济统计资料

文件选编

索　　引

Contents

Trade

Economic Development Zones

Tourism

Markets

Transportation

Postal Service and Telecommunications

Urban and Rural Construction Administration

Environmental Protection

Public Finance and Taxation

Finance

Economic Administration and Services

Party Committee and Municipal Government

Social Life

Human Resources, Social Security

Subdistricts' and Towns' Development

Who's Who

Statistics for National Economy

Selected Documents

Index

高举习近平新时代中国特色社会主义思想伟大旗帜 以奋斗的姿态高质量谱写“两个高水平”建设的新篇章

——在中国共产党桐乡市第十四届代表大会第二次会议上的报告（摘要）

中共桐乡市委书记　盛勇军

（2018 年 1 月 5 日）

一、坚持实干至上、行动至上，开局之年各项工作取得明显成效

1. 抓转型升级，经济实力更强。坚守先进制造不动摇，预计实现规上工业总产值 1518 亿元，增长 14.1%。传统产业转型升级步伐加快，综合评价列全省第七，“两化”融合水平跻身全省一类地区。新兴产业加速发展，预计战略性新兴产业增加值占规上工业比重提高到 40%。全力承办好第四届世界互联网大会·乌镇峰会，实现了水平提升、效果扩大，新引进互联网项目 159 个，总投资 194 亿元。新增股改企业 16 家，上市企业 1 家，上市企业总市值稳居嘉兴第一。稳步推进国家全域旅游示范区创建，游客接待量首次突破 2000 万人次，蝉联全省旅游发展十佳县。深化服务业集聚区建设，服务业强县（市）培育发展位列全省同类前列。濮院毛衫时尚化转型迈出坚实步伐，网上网下两个市场更加繁荣，成功承办 2017 中国家纺大会。加快农业“一区一镇”建设，首批 18 个重点农业基地建设有序推进，农业现代化水平进一步提高。

2. 抓项目攻坚，发展后劲更足。始终坚持项目为王，以项目促投资、以投资促发展，全年完成固定资产投资 532 亿元，增长 10.7%，其中工业生产性投资增长 14.3%。实施招商引资工程，高质量举办第二届国际经贸洽谈会，招大引强成效显著，吉利自动变速器、丰沃涡轮增压器等一批总投资超 10 亿元产业项目相继落户，合同外资增长 58%，实到外资增长 2.8%，实到市外内资增长 21.1%。开展项目推进百日攻坚，完善推进机制，强化要素保障，桐昆差别化纤维、新凤鸣智能化生产、合众新能源等项目顺利推进。积极开展国家产融合作试点，加大金融支持实体经济力度，成立市金融服务中心。

3. 抓改革创新，动能转换更快。以“最多跑一次”改革撬动其他各领域改革，打出改革组合拳，实现“跑一次”和“零上门”事项 1371 项，实现率列全省第五。顺利实施行政区划和主城区管理体制重大调整，搭建起大开发区、大城区、大乌镇三大重点平台，拓展了发展空间，理顺了体制机制。联动推进 9 大领域、13 项改革重点，改革红利进一步释放。坚持以创新带动经济发展再提速，召开高规格的科技人才大会，成功承办第六届中国创新创业大赛互联网及移动互联网行业总决赛，加大创新平台建设和创新主体培育力度，巨石集团获国家科技进步二等奖，经济创新力跻身全省十强，顺利通过国家知识产权强县工程试点认定。出台人才新政“27 条”，新引进人才 6410 人，其中“国千”“省千”

分别为3人、2人。

4.抓城乡统筹,城市品质更高。稳步推进城市有机更新,启动杨家门旧城改建三期工程,实施一批危旧住房治理、老旧小区改造和道路修复工程,城市形象不断优化,功能不断完善。加快重点区块开发建设,着力打造东部新城亮点,城市品质进一步提升。小城市、特色小镇、美丽乡村建设取得新进展,乌镇成功创建国家卫生镇,崇福小城市培育、濮院时尚小镇建设均获得省级考核优秀。治水治气成效显著,全面完成劣Ⅴ类小微水体整治任务,市级以上河道Ⅲ类水比重提高到57%,空气质量优良率达到82%,扎实做好中央环保督察迎检工作。完成“三改”503万平方米,拆违218万平方米。乌镇大道北段建成通车,东宗线航道全线贯通,扩大杭嘉湖南排工程、临杭大道建设有序推进,城乡基础设施更加完善。

5.抓民生改善,群众获得感更多。持续加大民生投入,着力解决人民群众最关心的热点难点问题。坚持教育优先,优化资源布局,提升教育质量,市技师学院正式挂牌,高考一段上线人数、上线率再创新高。扎实开展“风雅桐乡”建设,召开千人文化发展大会,启动省文明市创建,进一步完善公共文化设施,丰富文化产品供给,群众精神更加富有。第五届乌镇国际戏剧节成功举办,农村文化礼堂建设走在全省前列。扎实推进医药卫生体制改革,新妇保院、新公共卫生服务中心建成投入使用,医疗接沪融杭更加紧密。社会保障、社会救助体系不断完善,残疾人、红十字、慈善等事业全面发展。深化平安桐乡建设,建立平战结合工作机制,圆满完成党的十九大、乌镇峰会维稳安保工作。自治、法治、德治建设进一步巩固和深化,信访积案化解取得突破性进展,安全生产、新居民等工作再上新台阶,顺利捧回平安金鼎。

6.抓队伍建设,党风政风更好。认真抓好党的十九大、省第十四次党代会、市第十四次党代会精神学习宣传贯彻,推进“两学一做”学习教育常态化制度化。树立正确用人导向,注重关键岗位干部选优配强,建立一线锻炼成长机制,开展85后副科级后备干部竞争性选拔和中层干部跨单位交流,干事创业活力进一步激发。坚持抓镇促村、全面推进,大力实施领雁工程、壮大工程,圆满完成村社组织换届工作,32村抱团项目顺利启动。推进监察体制改革,用好监督执纪“四种形态”,保持正风反腐力度不减,全面从严治党向基层延伸。支持人大、政府、政协开展工作,重视做好统战、武装、群团、老干部等工作,形成了团结一心干大事、凝心聚力促发展的良好氛围。

二、认真贯彻十九大精神,紧扣高质量发展要求,确保2018年工作取得新的更大的成绩

2018年工作的主要预期目标是:GDP增长7%;一般公共预算收入增长10%;居民消费价格涨幅控制在3%以内;城乡居民收入增长与经济增长同步;城镇登记失业率控制在4%以内;外贸出口保持适度增长;全员劳动生产率增长10%左右;R&D经费占比提高到2.95%以上;完成上级“4+1”投资结构性考核任务;主要约束性指标完成上级下达任务。

(一)构建高质量的现代产业体系

1.增强产业竞争力。全面实施《制造业转型升级三年行动计划》,围绕汽车汽配、新材料、新能源、电子信息四大领域,积极引进优质项目,推动产业集聚发展,不断扩大新兴产业占比。传统产业是桐乡经济的重要组成部分,要突出产品高质量、技术高质量、管理高质量,综合运用“标准化+”“机器人+”“品牌+”等手段,加快产业向中高端迈进。整合毛衫、皮草、家纺、皮鞋等产业资源,组建时尚联盟,做大时尚产业。强势开展“退散进集大会战”,以十大专项行动为抓手,坚决清理僵尸企业,推动园区外“低小散”企业关停淘汰、成长型企业入园发展,实现“四无”企业(作坊)动态清零。深化服务业强市建设,大力发展创意设计、现代物流等生产性服务业,繁荣发展住宿餐饮、现代商贸等生活性服务业,加快线上线下市场互动发展,进一步壮大会展经济。围绕“一核两区三融合”,全力推进国家全域旅游示范区和国家级旅游度假区创建,加快濮院古镇建设进程,认真谋划乌镇景区扩容提升,力争全年实现旅游收入260亿元。积极引进以数字经济为代表的新经济项目,促进大数据、云计算、人工智能产业大发展,不断提高工业化与信息化融合发展水平,形成更强产业支撑。

2.增强项目集聚力。紧紧

抓住项目建设这个牛鼻子，确保新一年有更多大项目、好项目落户桐乡。全力实施“精准招商持久战”，精心组织第三届国际经贸洽谈会，高度重视以商引商、以企引企和产业链招商，全力引进一批总投资10亿元以上产业项目，拉动税源经济发展。改革招商机制，建立差异化考核办法，更加注重招商队伍专业能力建设，确保完成实到外资不少于3.6亿美元、实到市外内资不少于110亿元。充分发挥桐乡大企业多、优秀企业家多的优势，鼓励企业扩大投资，把优质项目、高端环节落在桐乡。强化要素保障，下铁的决心狠抓土地挖潜，深入开展批而未供、供而未用、用而未尽土地清理专项行动，切实抓好存量资源再利用，提高单位土地产出率和贡献率。部署开展“拔钉清障攻坚战”，集中力量攻破一批历史遗留难题和重大工程征收征迁问题。强化资源统筹力度，实行资源要素竞争性分配。完善项目推进机制，做深项目前期，及时解决项目推进过程中的困难和问题，确保项目早开工、早竣工、早投产。

3.增强平台承载力。按照“一主两副多点”的布局，强化平台支撑。“一主”就是乌镇大道科创集聚区主平台，包括四大板块：开发区要咬定创建国家级平台目标，大手笔解决平台承载能力不足的问题，着力打造先进制造业集聚区、创新驱动示范区、产城融合新城区。主城区要进一步提升城市能级，发展城市经济，着力引入更多的科创、人才、教育、金融等优质要素，体现新高度、展示新形象。乌镇要突出“一业一网”双轮驱动，加快打造中国和世界互联网发展历程文化积淀地、世界网络科技最新成果发布展示地、高端产业孵化集聚地。濮院要朝着“专业化、时尚化、国际化”方向，加快濮院毛衫从单季服装向四季全品类时装转变，深入推进国家级特色小镇建设，努力打造中国时尚第一镇。“两副”就是崇福和洲泉，都要成为融杭发展的排头兵。崇福要推动纺织、皮草等传统产业转型提升，加快新兴项目引进，成为桐乡经济的重要板块。洲泉要强化龙头企业引领，延伸产业链，推动产业提档升级，加快打造国家级化纤新材料基地。“多点”就是其他镇街平台。要充分发挥自身优势，注重内部挖潜，推动特色发展，实现产业转型和平台做精。

4.增强企业支撑力。企业强，则产业强，则桐乡强。要打造良好营商环境。积极构建“亲”“清”政商关系，大力弘扬企业家精神，开好首届桐商大会，激发和保护企业家创业热情，在全社会营造尊重企业家、走近企业家、服务企业家的浓厚氛围。完善联系服务企业各项制度，优化企业扶持政策，持续推进清费减负降成本各项措施，全力为企业排忧解难、暖心鼓劲。充分发挥桐商学院作用，帮助企业家拓宽视野、提升能力。要优化企业梯队结构。鼓励支持大企业大集团全面加强创新，通过装备升级、新品开发、信息化改造等手段，加快抢占产业链、市场链、价值链高端；引导骨干企业专注主业，走“专精特新”发展道路，打造一批行业“小巨人”企业；深入推进个转企、小升规、规上亿等工作，加快企业结构从“哑铃型”向“橄榄型”转变。大力推进企业股改上市和并购重组“凤凰行动”计划，集中力量扶优扶强，实现股份制企业总量突破100家。加大对小微企业的扶持力度，提高规下工业贡献率。

（二）构建高质量的动力支撑体系

1.持续深化改革。高举改革大旗，扛起改革担当，紧盯重点领域和关键环节，科学谋划改革举措。发挥“最多跑一次”改革的牵引作用，在办事服务、咨询投诉、执法监管等领域不断丰富内涵，在办理事项、服务层级、涉政机构等方面不断拓展外延，真正让群众少跑腿，甚至不跑腿，实现项目审批最多100天。按照运转有序、落实高效的要求，抓好行政区划和主城区管理体制调整后续各项工作，进一步理顺体制机制。持续推进资源要素市场化配置改革，完善企业绩效评价办法，实行更加严格的差别化管理制度，倒逼转型升级。加快投融资体制改革，注重顶层设计，创新融资方式，做大融资平台。深化金融改革，加大金融对实体经济的支持力度，有效防范和化解各类风险。统筹国资国企改革、农村产权制度改革、统计制度改革和其他各领域改革。

2.全面加强创新。深入实施创新驱动战略，以创新的力量推动产业层次提升、质量提升、效益提升。人才是创新发展的第一资源、“最强大脑”，要求贤若渴、“爱才如命”，把人才搞得多多的。培养引进更多的创业创新领军人才、高级管理人才、专业技术人才和实用技工人才。完善柔性引才机制,多渠道利用高端人才智力资源。强化平台支撑,实质性启动乌镇大道科创集聚区建设,谋划建立"千人产业园",加速创新人才、创新项目、创新企业集聚。整合创新平台资源,提升市科创园运营水平,推进孵化机构扩面提质。充分发挥企业主体作用,鼓励企业加大科研投入,开展企业研究院、重点实验室等研发机构建设,加强与大院名校合作,促进更多创新成果转化为现实生产力。树立大创新理念,全面加强技术创新、产品创新、管理创新、模式创新。

3.提高开放水平。坚持内外联动,积极推进开放融合战略,努力在更宽领域、更高层次上加强合作、汇聚资源。围绕"永久地、常态化、得红利",加快配套项目建设,提高基础保障水平,增强会务接待能力,全力抓好第五届乌镇峰会承办工作,最大程度释放大会红利。加大接沪融杭力度,开展高铁站综合交通枢纽规划研究,主动对接,做好轨道交通前期各项工作,启动实施钱江通道北接线、320国道改造等重大交通项目,基本完成扩大杭嘉湖南排主体工程建设,临杭大道建成通车。积极参与G60科创大走廊建设,与上海相关平台建立紧密合作关系,推动与沪杭在基础设施、公共服务、产业发展、科技人才等方面深度接轨。主动融入"一带一路"建设,加强经济、文化、科技等多领域国际合作,引进更多欧美高科技项目,全力推进以色列产业园等"园中园"建设。支持有条件企业"走出去",在全球范围配置资源、拓展市场。继续做好对口支援,深化山海协作。

(三)构建高质量的规划建设体系

1.不断优化空间布局。抓好市域总规、乌镇大道科创集聚区控制性详规以及各专项规划编制,注重规划有机衔接,形成更加合理的城镇、产业、居住和生活空间布局。按照东部打造亮点、北部拓展空间、西部完善功能、南部产城一体、中部有机更新的总要求,进一步明晰主城区功能定位和发展重点。有效落实主体功能区规划,主动加强与上级规划的衔接,扎实推进"多规合一",提高规划的科学性和前瞻性。

2.精致建设中心城区。启动实施城市建设"411工程",加快打造具有国际水准、江南韵味的现代化品质之城。坚持建新区与改旧城同步。高标准推进凤凰湖区域开发,建设一批总部经济、金融业态类项目,确保总部经济区早出形象。加快拉出北部区块道路框架,推进学校、大型场馆等项目建设。持续抓好杨家门等区域旧城改造,启动永宁区块保护工程,开展老旧小区改造和危旧房治理,让城市发展更充分更平衡。坚持扩外延与增内涵并举。实施振兴东路东延工程,尽快完成对运河两岸的系统谋划,拓展城市发展空间。在适当拉大城市框架的同时,更加注重功能完善和内涵塑造,安排一批城市绿化、美化、亮化提升项目,启动一批小公园、停车场、地下综合管廊等公共配套项目,扎实推进海绵城市建设。实施城市畅通工程,打通一批断头路、提升一批主干道,优化交通组织、完善公交体系,构建市区15分钟交通生活圈。同步完善水、电、气、通信等基础设施网络。坚持抓建设与优管理结合。全面打响"国卫复查决胜战",重拳整治交通、卫生、市容等领域突出问题,提升城市精细化管理水平,确保顺利通过第三轮国家卫生城市复查。加强房地产市场监管,确保市场良性健康发展。

3.推动城乡一体发展。深入推进特色小镇建设和小城市培育试点,增强崇福、洲泉对周边的辐射带动作用。以临杭大道为轴,积极打造融杭产业带,加强规划管控,做好前期工作,有序开发建设。继续抓好小城镇环境综合整治,进一步提升规划建设和管理水平,实现城镇在产业集聚、生态环境、功能特色上提档升级。深化农业供给侧结构性改革,全面实施"12355"行动计划,积极培育新型农业主体,推动农业与其他产业融合发展,大力发展"美丽经济",实现农业提质增效。加大农村基础设施投入,启动实施农村公路提升改造三年行动计划。因地制宜推进村庄景区化建设,加强农耕文化和乡土风貌保护,广泛开展"厕所革命",打造江南特色田园乡村,争创省美丽乡村示范市。继续推进村级抱团项目,重视提高资金、资产、资源利用效率,多渠道拓宽集体经济增收渠道。

4.全面提升市域生态。全力推进生态宜居战略,努力打造

"山水林田湖草"一体、人与自然和谐共生的人居环境。推动绿色生产。加强项目源头管控，严把环保准入门槛；鼓励企业加强节能技术改造，大力发展循环经济，降低资源消耗和污染排放；铁拳整治重污染、高耗能行业，确保完成全年节能减排任务。抓好中央环保督察信访问题整改，严厉打击环境违法行为。打造绿色生态。深入推进"五水共治"，完善河长制工作，巩固剿劣成果，加强污水管网和处置能力建设，确保水质稳定并持续向好。扎实做好西部饮用水源保护工程，启动域外配水前期工作。推动森林桐乡建设从扩面向提质转变，实施一批生态廊道和绿道路网，争创国家森林城市。协同推进治气、治废、"三改一拆"等工作，解决突出环境问题，成功创建省无违建先进市。倡导绿色生活。全面启动"垃圾处置能力提升战"，推动生活垃圾分类处置工作从城市向农村延伸，确保垃圾增长量明显下降，垃圾处置能力瓶颈有效破解。增强全社会节能环保意识，共同守护美好家园。

（四）构建高质量的民生发展体系

1.提升公共服务水平。推进基本公共服务均等化、标准化，满足群众多层次、多样化需求。办人民满意的教育。坚持补短板、优质量、促均衡三同步，着重补齐学前教育发展的短板，加快推进市区教育资源增量扩容，促进各个阶段教育优质均衡发展，积极创建省教育现代化市。深入开展健康桐乡建设。扎实推进新一轮医药卫生体制改革，抓实抓好医疗服务共同体建设，促进家庭医生签约扩面和分级诊疗措施落实，传承发展中医药事业。开展全民健身运动，启动城市体育公园项目，加快公共体育设施建设，构建10分钟体育健身圈。加强食品药品监管，保障舌尖上的安全。提高养老服务质量。实施养老机构硬件提升工程，推进医养结合，鼓励社会力量参与养老服务，积极推广智慧养老模式。

2.健全社会保障体系。进一步完善与我市经济社会发展水平相适应、制度健全、管理科学的社会保障体系。要大力推动更高质量、更加充分的就业，实施精准帮扶，促进各类重点群体稳定就业。要优化创业环境，健全服务体系，充分调动全民创新创业的积极性，以创业促就业。要突出应保尽保、扩面提标，加强社会保障服务平台建设，健全服务网络，优化城镇住房保障方式，稳定提高社会保障水平。要更加注重贫困家庭自身造血功能提升，不断完善大救助体系，抓好残疾人、红十字、慈善等工作，不让一名群众在全面建成小康社会道路上掉队。

3.增强社会治理能力。持续深化平安桐乡、法治桐乡建设，确保社会既充满活力又和谐有序。法治理念要强。进一步提升依法执政水平，加快法治政府建设，稳妥推进司法体制综合配套改革，扎实开展"七五"普法，健全公共法律服务体系，在全社会形成尊法学法用法守法的良好氛围。社会治理要优。探索自治、法治、德治"三治融合"升级版，复制推广"乌镇管家"经验，加强基层民主议事协商平台建设，充分发挥社区、社团、社工作用，促进社会共建共治。扎实推进镇（街道）"四个平台"建设，优化运行机制，提高基层综合治理实效。加强网络空间治理，净化网络环境。平安防线要牢。坚持平战结合，强化对重点领域的常态化管控，推动稳定工作由维稳向创稳转变。构建立体化、现代化的治安防控体系，提升智慧警务建设水平，严密防范、严厉打击违法犯罪行为。突出抓好安全生产专项整治，集中开展"出租房安全隐患歼灭战"，全面推广出租房旅馆式管理，有效预防和减少事故发生。

4.丰富城市文化内涵。坚持以文化人、以文惠民、以文兴业、以文塑城相结合，持续推进"风雅桐乡"建设，用文化点亮群众生活、彰显城市气质。牢牢把握意识形态工作主动权，旗帜鲜明支持正确言论，旗帜鲜明抵制错误思潮。充分发挥主流媒体作用，更加注重传播手段建设和创新，为发展鼓劲、为桐乡呐喊。大力弘扬"红船精神"，总结提炼桐乡精神，让"我自爱桐乡、人人爱桐乡"蔚然成风。积极践行社会主义核心价值观，开展"最美"系列、道德模范等评选，激励人们向上向前、向善向美。全力打好"文明市创建决胜战"，激发全民参与热情，加强文明新风培育，确保顺利通过中期测评。坚持群众需求导向，深入实施文化惠民工程，加快建设以图书馆新馆、档案中心、城市书房等为代表的一批公共文化设施；高质量办好以乌镇国际戏剧节、茅盾文学新人奖等为代表的一批文化活动，增强群众文化获得感，提高城市文化软实力。扎实推进华策电影产业园、新影桐乡园等项目，大力实施“文化＋”，壮大文化产业。

（五）构建高质量的党建保障体系

1. 确保政治过硬。坚定政治立场。坚决执行党的政治路线，严格遵守政治纪律和政治规矩，切实把维护习近平总书记核心地位，维护党中央权威和集中统一领导这一根本政治要求，落到工作中、落在行动上。自觉加强党性锻炼，增强身份意识，爱党、信党、护党、跟党走，坚持和强化党对一切工作的领导。加强理论武装。扎实推进“两学一做”学习教育常态化制度化，认真开展“不忘初心、牢记使命”主题教育，优化市委理论学习中心组和桐乡大讲堂学习方式，用新思想武装头脑，引导广大党员干部牢记宗旨、坚定信念。抓好党校迁建工程，拓展理论教育阵地。优化政治生态。严格执行新形势下党内政治生活若干准则，用好批评与自我批评武器，发展积极健康的党内政治文化，优化党内政治生态。

2. 确保本领过硬。加强执政能力建设。充分发挥市委的领导核心作用，注重自身建设，不断提高把方向、管大局、作决策、保落实的能力。大兴调查研究之风，提高决策科学化水平。优化考核评价机制，加大对中心工作的督查力度，层层传导压力。建立重大工程、重大项目、重大改革、重大事项、重大活动“五张清单”，实行市四套班子领导领衔推进。支持和保证人大、政府、政协以及监察机关、审判机关、检察机关依法依章开展工作，切实抓好统战、武装、群团、老干部等工作。加强干部队伍建设。在选人用人上动真格，突出政治标准，出于公心选干部，不唯学历、不唯资历、不唯年龄，大力重用敢担当、重实干、有作为的干部，切实抓好年轻干部、党外干部、女干部培养；开展换届后班子“回头看”，更加注重能岗匹配，坚决调整不称职领导干部。在严管与厚爱上动真格，既要从严加强日常管理，强化“八小时外”监督，坚决整治不作为、乱作为行为；也要完善干部容错免责机制，旗帜鲜明为敢于担当的干部担当、为敢于负责的干部负责。在培养教育上动真格，让干部在重大任务中磨炼、在基层一线中摔打、在艰苦环境中成长，大力推进干部队伍专业化建设，促进干部能力大提升。

3. 确保基础过硬。要把管党治党责任扛起来。认真落实党委（党组）抓基层党建工作责任制，进一步完善基层党建责任清单制度，形成上下联动、大抓党建的工作格局。要让每个基层组织强起来。深化“整乡推进、整县提升”工作，高标准落实农村基层党建“浙江二十条”，统筹推进村社、机关、国企等领域党的建设，创新推进“两新”组织和新领域、新业态党建工作，推动基层党组织全面进步、全面过硬。全力实施“领雁、活力、净化、壮大、暖心”五大工程，加强基层带头人队伍建设，充分发挥“三小组长”独特作用。要使党员模范作用发挥出来。从严加强党员发展和教育工作，切实抓好“三会一课”、主题党日等制度落实，创新流动党员管理模式，稳妥处置不合格党员，保持党员队伍的先进性和纯洁性。

4. 确保作风过硬。持之以恒转作风、正作风。完善党员干部直接联系服务群众各项制度，充分发挥党群服务中心作用，深化党员志愿服务工作，进一步密切党群干群关系。高标准落实中央八项规定实施细则精神，紧盯“四风”问题新表现，驰而不息正风肃纪，严查顶风违纪行为。更加注重抓早抓小、抓在日常。成立市委巡察机构，完善工作机制，发挥巡察利剑作用。把纪律和规矩挺在前面，有效运用监督执纪“四种形态”，防微杜渐、治病救人。深化监察体制改革，加强派驻机构建设。始终坚持有腐必反、有贪必肃。坚决查处各类违纪违法案件，进一步形成不敢腐的震慑、扎牢不能腐的笼子、增强不想腐的自觉，着力营造政治上的绿水青山。

政府工作报告

——在桐乡市第十六届人民代表大会第二次会议上(摘要)

桐乡市市长 王申峰

(2018年1月20日)

一、2017年工作回顾

工业经济提质增效。启动实施制造业转型升级三年行动计划,规模以上工业总产值突破1500亿元,规模以上工业增加值突破280亿元;完成工业生产性投入235亿元,其中技改投入188亿元。扎实推进企业培育,预计新增规上企业137家、亿元企业15家。实施"机器换人"561项,桐昆、巨石、新凤鸣3家企业获评工信部制造业单项冠军示范企业,合众汽车获得国家发改委第13张新能源汽车生产牌照。推动企业股改上市和并购重组,新增股份制企业16家、上市公司1家,上市企业总市值居嘉兴第一。深化"退散进集""退低进高",整治"低小散"企业(作坊)2281家,完成低效用地腾退1620亩,新建两创中心30万平方米,推动小微企业入园221家。建筑业持续健康发展,实现产值272亿元。

互联网经济快速发展。成功承办第四届世界互联网大会·乌镇峰会。积极承接峰会红利效应,新引进互联网项目159个,总投资194亿元;中国航天科工三院310所"互联网+"军民融合双创平台、全国首个虚拟产业园引进落户;互联网创新发展试验区、互联网特色小镇和互联网产业园建设进展顺利;企业信息化改造深入推进,实体经济与电子商务融合发展,新增"上云"企业1924家,实现网络零售额287亿元,列中国电商百佳县第五位,跻身省"两化融合"一类地区。

现代服务业彰显活力。深化省级服务业强市培育,获省服务业强市考核一等奖。濮院时尚中心等16个项目入围省服务业重大项目,全年预计实现服务业增加值367亿元、增长7.3%。启动国家全域旅游示范区和乌镇—石门国家级旅游度假区创建,濮院有机更新项目通过4A级旅游景区景观质量评审;全市接待游客2031万人次,实现旅游收入244亿元,蝉联全省旅游发展十佳县。金融机构本外币存、贷款余额分别达到1251亿元和1004亿元。

现代农业亮点纷呈。推进农业主导产业转型升级,新增粮食生产功能区1.7万亩,首批18个重点农业基地加快建设,运北现代农业园区列入省级创建点。现代生态循环农业整建制推进,新增国家级畜牧标准化示范场1家、省级现代生态循环农业示范区2个,入围全省畜牧业绿色发展示范市。新型农业现代化"一镇三村"试点推进顺利,石门殷家漾村获评全国"一村一品"示范村。市级以上规模农产品生产主体质量安全可追溯率达94%,成功创建省级农产品质量安全示范市。政策性农业保险扩面提升,全省首创杭白菊气象指数保险。

各项改革全面深化。实施行政区划和主城区管理体制调整,编制乌镇大道科创集聚区战略规划,完善全市土地利用总体规划,谋划构建更高能级发展平台。深化"最多跑一次"改革,启用市公共服务中心,实现"跑一次"和"零上门"事项1371项,实现率位居嘉兴第一、全省第五。成立桐商学院,开展"百名干部走千企"活动。健全项目推进机制,178项市级重大项目开工率达97.2%,完成投资195亿元。实施中小微企业优助计划,为240家企业提供应急转贷资金12.3亿元。深化国资国企改革,润桐公司、桐城集团、恒通公交集团等组建运行。农村"三权"确权登记颁证顺利推进,新一轮村级集体经济壮大工程稳步实施,首个市级抱团项目聚晟创业园开工建设。9大领域、13项重点改革联动推进,产融合作、全域旅游等改革全省领先。

创新动力全面增强。推进全面创新改革,R&D占比达

2.97%，高新技术产业投资增幅列嘉兴第二；新增国家高新技术企业36家、省级企业研究院5家、发明专利232件，经济创新力跻身全省十强；加大科技金融扶持力度，建立科创天使基金，完善科技型中小企业贷款政策。深入实施“金凤凰”引才计划，出台“人才新政27条”，引进高层次人才443名，新增国家级企业技术中心1家、省市院士专家工作站3家、省级博士后工作站6家。筹建标准化人才智库，新增国家标准12个、行业标准6个。持续推进商标品牌建设，新增浙江名牌5个、“浙江制造”认证产品2个，国家知识产权强县工程试点通过认定。

对外开放全面扩大。深入开展招商引资，引进总投资1亿美元以上外资项目和10亿元人民币以上内资项目9个，引进世界500强投资项目3个。全年完成合同外资9.5亿美元，实到外资3.5亿美元，比上年分别增长58%和2.8%；引进市外内资136.9亿元，比上年增长21.1%，浙商回归到位资金73.7亿元。成功举办第二届国际经贸洽谈会，与美国库比蒂诺市缔结友好交流关系。支持企业“走出去”发展，巨石美国玻纤项目稳步推进。大力发展对外贸易，全年实现进出口总额348亿元，其中出口237亿元，比上年分别增长24%和12%。成功承办中国·乌镇围棋峰会、2017中国家纺大会、第六届中国创新创业大赛互联网及移动互联网行业总决赛。扎实开展接沪融杭、山海协作、对口支援等活动，加强与沪杭在产业、旅游、医疗、交通等方面的对接。

城乡形象更加靓丽。扎实推进市域总规修编，制定城市建设三年行动计划，启动城市规划馆建设。稳步推进城市有机更新，启动杨家门旧城改建三期房屋征收。完成危旧房屋治理492幢、老旧小区改造7个。开展“洁净桐乡”和“序美”提升行动，全面实施小城镇环境综合整治，乌镇以全省第一名成绩通过首批省级考核验收并成功创建国家卫生镇。推进美丽乡村建设，崇福店街塘村、大麻吉字浜村、乌镇横港村晋级省级美丽宜居示范村，洲泉马鸣村入选省级历史文化保护利用重点村。加大“三改一拆”力度，出台违法建筑“六不予”政策，全年完成“三改”503万平方米、拆违218万平方米。

生态环境更加优美。深入实施“五水共治”，河道清淤254万立方米，连通河道水系87条；新建污水管网53.9千米，新增城乡生活污水治理16248户；全面完成劣V类小微水体整治任务，市级以上河道Ⅲ类水比重提高到57%。深入开展“五气共治”“五废共治”，PM2.5浓度同比下降9.5%，环境空气质量优良率达82%。配合做好中央环保督察工作，严厉打击环境违法行为，启动实施国家制革行业排污许可证改革试点。推进城乡生活垃圾分类处置，建成高标准分类示范小区3个、农村示范点22个，分类处置覆盖面达60%。

基础设施更加完善。乌镇大道北段建成通车，东宗线二期全线贯通，临杭大道、杭嘉湖南排扩建、运河乌镇段“四改三”等重点工程进展顺利，320国道改建工程完成初步设计。完成县道大中修55.5千米、农村公路改造提升15.3千米，改造农村危桥45座，获评省“四好农村路”示范县。启动西部饮用水源保护建设工程征地拆迁，有序推进城市污水处理厂整合工程前期工作，完成供水管网改造283千米。加强农田水利设施建设，改善灌溉面积2万亩。220千伏天星变和110千伏陈庄变建成投运。

公共服务不断优化。实施学校建设项目15个，崇福镇中心幼儿园等4所学校建成投入使用。嘉兴市首家“教育云”建成，耀华学校对外招生，技师学院正式挂牌，高考一段上线人数和上线率再创历史新高。公共卫生服务中心、新妇幼保健院正式启用，市一院急诊大楼、市二院改扩建、乌镇人民医院迁建等工程顺利推进。开展医疗服务共同体试点市建设，责任医生签约率达30%。健康桐乡APP发布上线，智慧医疗建设不断深化。召开全市文化发展大会，举办第二届丰子恺中外散文奖、茅盾文学新人奖和钱君匋诞辰110周年暨君匋艺术院建院三十周年等系列活动；建成浙江省小康体育村23个，成功创建省科普示范市。数字档案馆系统通过国家级测试，《乌镇志》出版发行。

社会保障不断完善。全民创业和就业再就业服务体系更加健全，新增城镇就业15576人，帮助城镇失业人员再就业7780人，城镇登记失业率为

2.87%。医保个人账户实现家庭共济，基本医疗保险实现异地实时结算。残疾人托养(庇护)中心、颐康护理院建成启用，160家居家养老服务照料中心与社区卫生服务站开展医养结合服务。困难群众生活保障得到加强，发放最低生活保障金、医疗救助金3689.8万元。

社会治理不断提升。深化"三治融合"基层社会治理实践，推进"三社联动"创新发展，"乌镇管家""梧桐义工"形成品牌。镇(街道)"四个平台"基本建成。维稳安保工作引入质量标准化管理体系，建立平战结合常态化机制，平安桐乡实现十二连冠，成功夺取平安金鼎。法治政府建设稳步推进，质监、市场监管等24个行政执法部门推行"双随机一公开"监管模式。食品安全、安全生产形势稳定向好。认真做好人大代表议案建议和政协委员提案办理工作。统计、信访、新居民、民宗、侨台、外事、人防、气象、邮政通信、慈善救助等工作取得新成绩，国防动员、民兵预备役、双拥、妇女儿童、老龄、红十字等工作取得新进展。

二、2018年目标任务和主要工作

今年政府工作的总体要求是：高举习近平新时代中国特色社会主义思想伟大旗帜，全面贯彻党的十九大和中央经济工作会议精神，大力弘扬"红船精神"，紧紧围绕市党代会提出的各项目标任务，抢抓乌镇峰会红利释放和省大湾区建设重大机遇，大力发展以先进制造业为核心的实体经济、以乌镇为核心的"一业一网"，围绕"五大体系"，突出"五个着力"，打好"六场战役"，高质量谱写"两个高水平"建设新篇章。

建议今年全市经济社会发展主要预期目标为：地区生产总值增长7%左右；一般公共预算收入增长10%；城镇和农村居民人均可支配收入均增长7%；万元生产总值综合能耗、能源消费总量和主要污染物排放量完成上级下达年度目标任务。

(一)拉高标杆，着力构建产业转型新优势

高质量发展必须持续推进产业转型升级，要以省大湾区大花园大通道大都市区建设为契机，加快形成以乌镇大道科创集聚区为主平台，崇福、洲泉为副平台，其他镇(街道)园区为特色平台的"一主两副多点"格局，不断增强经济综合竞争力。

加快构建以互联网为龙头的数字经济发展生态。高标准做好第五届世界互联网大会·乌镇峰会承办工作。充分发挥世界互联网大会永久举办地独特优势，从平台、政策、人才、金融等层面，全方位谋划和提升互联网产业发展环境。深度对接乌镇峰会参会企业和项目信息，大力引进培育量子通信、大数据、人工智能、柔性电子等产业集群，全市力争引进互联网项目100个，互联网产业产值增长18%。大力发展电子商务，实现网络零售额350亿元。按照"一轴两核四区"布局，加快打造乌镇大道科创集聚区。乌镇要围绕"三地"定位，推进互联网创新科技城建设，完成1平方千米启动区块征迁；加快建设乌镇以色列信息产业园，力争引进企业20家以上。开发区互联网产业园14万平方米孵化区建成启用。加快企业信息化和"上云"步伐，"两化融合"指数达85以上。

加快打造以新材料、汽车汽配为重点的先进制造基地。开发区要发挥经济主战场作用，积极争创国家级平台，努力打造产业发展增长极；要按照"两纵五横"总体框架，完善规划布局和功能配套，全面提升新材料产业园、汽车汽配高端装备产业园等"园中园"承载力。加快推进新能源汽车变速器、汽车涡轮增压器等项目建设，推动新能源汽车产业向系统化、智能化、模块化方向发展，打造省级新能源汽车智造小镇。加快推进总投资100亿元的巨石新材料智能制造基地、总投资20亿元的华友锂电新能源材料等项目建设，完善新材料产业智能制造生态圈。扎实开展化纤制造业改造提升省级试点，推进桐昆年产130万吨绿色差别化纤维、新凤鸣年产120万吨低碳差别化纤维等智能制造项目建设，着力打造洲泉绿色化纤智造基地。全市实现化纤总产量600万吨，化纤产业增加值率提升0.8个百分点。推动绿色建筑和建筑工业化发展，引导建筑企业整合资源，提升竞争力，完成建筑业产值300亿元。其他产业功能区要注重优化整合提升。凤鸣要与主城区、开发区实现联动发展，石门、河山要积极谋划融入临杭大道产业带，推进转型发展。

加快提升以时尚产业为重点的块状特色产业集群。组建时尚联盟，加快建设产业创新服务综合体，落实时尚产业提升发展扶持政策，联动推进濮院毛衫、崇福皮草、石门洲泉女鞋、大麻家纺等块状经济品牌化、时尚化、集群化发展。濮院要积极谋划市场核心拓展区块建设，实施市场老区配套改造提升工程，加快市场股改上市步伐，打造"智慧物流""智慧市场"；推进整烫、印染等配套企业集聚集约发展，濮院时尚中心、世界毛衫博览中心投入运营；发布"濮院指数"，引领时尚风向，着力打造中国时尚第一镇。梧桐、屠甸要结合自身经济特色积极转型提升；崇福突出时尚皮草和高档纺织两大重点产业，努力打造转型发展示范点、产城融合中心镇。

加快建设以旅游和生产性服务业为主导的现代服务业集聚区。深入开展省级服务业强市培育。全力推进国家全域旅游示范区和国家级旅游度假区创建。发挥乌镇旅游龙头带动作用，高品质推进濮院古镇旅游区和石门乡村旅游区建设，濮院有机更新项目完成建筑面积40万平方米以上；加快旅游与乡村、工贸、文化融合发展，全年接待游客2100万人次，实现旅游总收入260亿元。加快发展会展经济，全面推进以研发设计、信息咨询、金融物流等为主的生产性服务业发展。主城区要着力引入更多的科创、人才、教育、金融等优质要素，大力发展城市经济。加快凤凰湖总部基地建设，进一步提升总部经济和楼宇经济发展质效，力争5个总部大楼项目开工建设，金融服务中心入驻企业20家。加强房地产市场监管，确保市场良性健康发展。新增服务业规上企业90家，服务业增加值增长7%以上。

（二）破立结合，着力打好动能转换组合拳

高质量发展必须以大破大立加快腾笼换鸟、凤凰涅槃，抢抓新一轮创新发展的时间窗口，加快培育经济发展新动能。

破资源要素低效配置。破，就是要坚决打破"坛坛罐罐"。强势推进"退散进集大会战"，开展公安、环保、消防等部门"十剑联动"综合执法，实施污染企业整治、安全隐患整治等十大专项行动，推动园区外"低小散"企业关停淘汰，鼓励符合条件企业整合入园、集聚提升；加快园区内低效企业腾退并转、二次招商；开展"批而未供、供而未用、用而未尽"土地清理专项行动，加大"三合一"场所整治力度，实现"僵尸企业"市场出清。全年关停淘汰"低小散"企业1000家以上，腾退土地2000亩以上，实现"四无"企业（作坊）动态清零。破，就是要坚决突破堵点难点。强势开展"拔钉清障攻坚战"，集中力量攻破一批历史遗留难题和重大工程征收征迁问题，为重大项目、重点工作推进扫除障碍。严格执行违法建筑"六不予"政策，做到存量违建应拆尽拆，新增违建严控严防零增长，实现"三改"240万平方米、拆违150万平方米，确保成功创建无违建先进市。充分利用"三改一拆"拆后土地、落后产能腾退土地、城镇低效用地，加快小微企业园、两创中心建设，全年新增标准厂房15万平方米。

立高质量发展支撑体系。立，就是要建立更加优质的创新服务体系。深化乌镇互联网创新发展试验区、省级乌镇大数据高新技术产业园创建；启动实施科技企业孵化机构建设三年行动计划，推进桐乡科创园扩容提质，全市科技企业孵化面积增加到25万平方米以上；引导扶持各类企业建设研发平台，推动企业与大院名校共建科创载体；实施高新技术企业"育苗造林"工程，新增国家高新技术企业28家、省级企业研究院3家，R&D占比提高到2.95%以上。全面落实人才新政，加强技能人才培养，力争引进创新型领军人才35人以上、"国千""省千"等高端人才5人以上。立，就是要建立更加高效的要素供给体系。积极推进土地、能源、环境容量等要素配置机制改革，强化节能节地节水、环境、技术等市场准入标准，深化"亩均论英雄"改革，探索全域土地整治，推行"标准地"制度，盘存量、活流量，推动资源要素向重大平台、优质项目倾斜；实施差别化考核，完善与平台功能定位相匹配的考核体系；深化财政国资改革，整合优化国有平台资源，提高国有资产运行效率。立，就是要建立更具活力的市场主体培育体系。大力弘扬"以创新为核心、以坚守为灵魂"的企业家精神、"精益求精、追求卓越"的工匠精神，加强企业家队伍建设；建立健全产权保护制度，大力支持民营企业发展，激发民间投资活力，营造尊重、激励和保护企业家干事创业的社会氛围。实施小微企业成长计划、"个转企"行动计划和支持企业股改上市、并购重组“凤凰”行动，全年新增“个转企”1000家、“小升规”130家、“规上亿”22家、股份制企业30家、进入上市辅导期企业3家。

提有效投资“含金量”。提，就是要提升项目建设加速度，以项目强投资。要更加注重“实打实”“硬碰硬”的投资。实行“七个一”领导联挂责任机制，完善重大项目定期协调、约谈、通报制度，加快项目规划、前期攻坚、开工建设、竣工投产的实施进程，实现每个环节挂图作战、节点管控，确保180个市级重大项目开工率90%以上。加快“4+1”重大项目建设，确保交通投资、生态环境和公共设施投资、高新技术产业投资、民间投资均增长10%以上。提，就是要提高招商引资精准度，以招商扩投资。实施“精准招商持久战”，强化“一把手”招商、产业链招商，重点围绕汽车汽配、新材料、新能源、电子信息四大产业，积极引进优质项目。扩大对外开放，深度参与嘉兴全面接轨上海示范区建设，积极打造以临杭大道为轴线的融杭产业带，持续做好山海协作和对口支援工作。举办第三届国际经贸洽谈会和首届桐商大会，拓展招商渠道。突出主平台招商，强化招商队伍建设，积极打造高质量外资集聚地，全年完成合同外资5.5亿美元、实到外资3.6亿美元，引进市外内资110亿元，“浙商回归”到位资金75亿元。

（三）建管并重，着力推动城市品质再提升

完善城乡规划体系。抓好行政区划和主城区管理体制调整后续工作，进一步理顺体制机制。完成市域总体规划修编，启动各镇（街道）总体规划、环境功能区规划新一轮修编，实现城镇规划区范围内控制性详细规划全覆盖，城市规划馆建成开放。开展多层次城市设计，做好乌镇大道沿线、凤凰湖、杨家门等重要区域的修建性详细规划编制，实施主干道路两侧建筑高度和立面风貌控制，以规划引导项目开发建设。加快城市色彩、公共空间设计、综合交通、教育资源布点等专项规划编制，提升城市形象，完善城市功能。强化规划刚性管控，维护规划的严肃性和权威性，着力构建多规融合、功能互补、体系完善的城乡规划新格局。

提升城市建设品位。强化经营城市理念，筑强城市开发平台。实施主城区“411”工程，推进100个重点项目建设，完成投资100亿元，着力打造东部城市亮点，全面推进中部有机更新，快速拓展北部发展空间，稳步完善西部设施配套。加快城市有机更新，完善征收征迁安置方式，统筹实施5个老旧小区改造，启动永宁区块保护工程。优化城市道路框架，实施振兴东路东延工程，打通世纪大道、文华南路、新民北路3条断头路。有序推进开发区老旧区块有机更新，高标准提升区内城市功能配套，加快实现“多功能叠加”，推动“建园区”向“建城区”转变，打造产城融合示范区。

推进城市精细管理。全面打好“文明市创建（国卫复查）决胜战”，将文明市创建和国卫复查迎检作为提升城市综合发展水平的重要契机，抓建设强基础，抓管理促规范，抓宣教树新风。深入开展治脏治乱治差专项行动，优化市区保洁机制，全面消除保洁盲区；加强背街小巷、农民新村等环境整治，推动市容市貌显著改善；依法整治涉众违建，提升物业管理水平，改善百姓居住环境。推进城市绿化、美化、亮化，增添城市宜居魅力。充分运用互联网和物联网技术提升城市智慧化管理，加快“数字城管”扩面建设。深化综合行政执法与交警部门联动机制，完善交通诱导系统和微绿波建设；挖掘整合各类停车资源，新增市区停车泊位500个，缓解行车拥堵和停车难题。确保顺利通过国家卫生城市复查和省文明市验收。

（四）聚焦“三农”，着力谱写乡村振兴新篇章

推进农业产业现代化。聚焦农业产业链建设，深入实施“12355”行动计划，稳定粮食生产，重点发展杭白菊、蔬菜、水果产业，提升发展水产、蚕桑、畜牧产业，新增农业主导产业标准化示范基地30个，争创运北省级现代农业园区。聚焦生态高效农业建设，打造一批优质农产品区域公共品牌、企业品牌和特色农产品品牌；完善农药废弃包装物和废弃农膜回收处置体系，全力争创国家农产品质量安全市。聚焦农业平台建设，搭建农业信息化管理平台和网上展销平台，举办农业洽谈会和农业展示会，加快“农创园”建设。聚焦智慧农业建设，扩大农机装备应用比例，新增物联网应用示范基地3个，争创省级农业“机器换人”示

范县。

推进强村富民长效化。深化农村产权制度改革，全面完成农村土地承包经营权确权登记颁证，符合登记条件的农村宅基地和农房确权登记发证率达75%以上。深化农业经营体制和“三位一体”改革，创新土地流转方式，鼓励农户以土地承包权入股，加快发展多种形式的适度规模经营。深化强村富民改革，继续实施“1+X”村级集体经济抱团项目，村级集体经济年经常性收入达到70万元以上，90%以上村达到100万元以上；实施精准扶贫，开展低收入农户收入倍增计划，实施新型职业农民培育工程，促进农民增收。

推进乡村风貌景观化。因地制宜开展村庄景区化和田园综合体建设，加强农耕文化和乡土风貌保护，新建AAA级景区村庄3个、田园综合体2个，激活美丽经济，努力打造美丽乡村升级版，争创省美丽乡村示范市。深化“森林桐乡”建设，新增绿化造林面积1200亩，争创国家级森林城市。广泛开展“厕所革命”，稳步推进新村集聚，加强农村建房管理，打造具有桐乡特色的浙派民居。深入推进小城镇环境综合整治，确保全部通过省级考核验收。

推进城乡设施一体化。紧紧围绕我市“4319”综合交通发展战略，对接大交通、构建大网络、畅通微循环。积极谋划轨道交通，推进钱江通道北接线工程，启动320国道改造项目，临杭大道建成通车；加快推进运河乌镇段“四改三”、杭嘉湖南排扩建等项目建设。启动农村公路提升改造三年行动计划，完成县道大中修28千米、农村危桥改造30座。完成公交东站建设，新建城乡公交候车亭14个，实现公交移动支付全覆盖。加快推进西部饮用水源保护建设和城市污水处理厂整合工程，启动域外配水前期工作。推进中小流域综合治理项目，完成南沙渚塘流域整治主体工程。加强农田水利建设，完成河道整治29千米，新(改)建泵站27座，新增高效节水面积5000亩，争创国家级节水型社会建设达标县。扎实推进岑山变、金星变等电力基础设施建设，加快实施桐乡电网20千伏改造工程。

（五）心系民生，着力提升人民群众幸福感

打造优美生态环境。坚持“环境就是民生，青山就是美丽，蓝天也是幸福”的理念抓生态建设，全力推进中央环保督察问题整改，争创省级生态文明建设示范市。深化“五水共治”，全面落实“河长制”，开展工业区污水零直排创建，加快工业企业雨污分流改造，推进工业污水全入网，巩固榨菜、机制丝绵和小印花等涉水污染行业整治成果；完善农村生活污水设施运维管理，新增城乡污水管网30千米；巩固劣Ⅴ类水剿灭成效，市控以上断面Ⅲ类水比重达到70%以上。推进“五废共治”，全面启动“垃圾处置能力提升战”，推进生活垃圾分类向农村延伸，确保分类覆盖面不低于90%；推进餐厨垃圾、建筑垃圾等无害化处置、资源化利用，努力实现固废产生和处置能力平衡。强化“五气共治”，健全治气网格长制度，推进分散型燃煤锅炉淘汰和清洁能源替代，实施重点区域、重点行业、重点企业有机废气专项整治，确保环境空气质量优良率达到82%以上，PM2.5年平均浓度控制在40微克/立方米以内。

加快发展社会事业。从群众普遍关心的突出问题入手，推进基本公共服务均等化、标准化。坚持教育优先发展。把办好教育作为提升城市竞争力的头等大事，积极创建省教育现代化市。结合城市规划和开发时序，合理布局教育资源。实施现代实验学校迁建等14个学校建设工程，加快青少年素质教育实践基地建设。加强集团办学、城乡共同体建设工作，进一步推进教育优质均衡发展。着力补齐学前教育发展短板，实施幼儿园扩容提升工程，探索“以市为主”的学前教育管理体制改革。深化健康桐乡建设。把全民健康作为提升群众生活品质的首要任务。深化医疗“接沪融杭”，组建三大医疗集团，扎实推进医疗服务共同体试点市建设，全市责任医生签约率达到40%。市一院急诊大楼、市二院改扩建工程完成主体施工，乌镇人民医院迁建工程全面竣工。坚持中西医并重，确保通过全国中医药工作先进市和国家慢性病综合防治示范区复评。开展全民健身行动，完善城市公园体育设施，启动体育中心等项目建设，构建10分钟体育健身圈。加强食品药品监管，保障舌尖上的安全。繁荣发展文化事业。把加快文化事业发展作为提升城市发展软实力的重要抓手，着力打造“风雅桐乡”。扎实推进图书馆新馆、城市档案中心等工程建设，打造城市书房。高质量举办乌镇戏剧节、茅盾文学新人奖、丰子恺诞辰120周年等系列活动；完成《桐乡市志》编纂并出版发行；开展传统文化、非遗文化进校园、进企业、进社区活动，增强群众文化获得感。

提升社会保障水平。坚持保基本，兜底线，补短板。全力推进就业创业，新增就业岗位1.5万个，城镇登记失业率控制在4%以内。加快基本医疗保险和居民医疗保险政策融合，实施长期护理保险制度，普及市民卡金融功能和多领域智慧应用。推进“双爱”综合试验区创建，构建和谐劳动关系，打造无欠薪城市。加快发展居家养老服务，推进“互联网＋”养老服务标准化建设，逐步推广乌镇医养结合智慧养老试点经验。完善社会保障体系，加大对困难群体的救助帮扶力度，按时发放最低生活保障金和医疗救助金，完善经济适用房、公租房货币补贴和实物分配相结合的住房保障机制。

巩固社会治理成果。持续深化法治桐乡、平安桐乡建设，积极构建既充满活力又和谐有序的社会环境。探索“三治融合”升级版，强化“三社联动”，推进多元主体参与，提升基层社会治理水平。扎实开展“七五”普法，健全公共法律服务体系。加快社会矛盾纠纷联调中心建设，完善多元化矛盾纠纷化解机制，推进重点领域矛盾纠纷调处与诉讼无缝衔接。加大金融风险防控力度，积极化解企业“两链”风险、投资理财领域风险，严厉打击涉黑讨债。完善立体化社会治安防控体系建设，提升智慧警务水平。开展国家安全发展城市创建工作，突出抓好道路交通、消防等重点领域安全监管和专项整治，有效预防和减少事故发生。实施流动人口规范管理专项行动，集中开展“出租房安全隐患歼灭战”，推广居住出租房屋“旅馆式”管理，全面整治安全隐患，建立健全长效监管机制。全力护航世界互联网大会等重大活动，进一步提升群众的安全感、满意度。

办好惠民实事工程。按照民生实事“群众提、委员议、代表定、政府办”的新理念，提出了十个2018年政府民生实事候选项目。我们将全力抓好落实，着力解决人民群众普遍关心的突出问题。

三、加强政府自身建设

（一）务实担当，打造有为政府

加强统筹谋划。坚持以“有为政府”激活“有效市场”，充分发挥有形之手的能动作用，突出抓纲带目，加强顶层设计，促进各类规划统一衔接、各种资源统一配置、各方信息统一共享；用好理论体系、工作体系、政策体系、评价体系相结合的体系化决策方法，全面提高政府决策能力。提升服务水平。深化“最多跑一次”改革，推进信息系统整合和公共数据开放共享，让数据多跑路、群众少跑腿，实现办事服务一次上门或零上门、咨询投诉一号码响应、企业投资项目审批最多100天；以“最多跑一次”改革撬动社会各领域改革，全力打造最优政务服务环境。强化执行效能。坚持实干至上、行动至上，只为争先想办法、不为落后找理由、不把困难当借口；坚持容错免责和监督问责相结合，重拳整治“庸懒散”“中梗阻”等现象，大力弘扬“钉钉子”“马上办”的好作风，确保重大决策、重点工作立说立行、高效落实。

（二）依法行政，打造法治政府

坚持依法履职，提高政府公职人员法律素养，严格遵守宪法和法律，运用法治思维和法治方式指导工作；健全政府法律顾问制度，完善政府议事规则；深化综合行政执法体制改革，实施行政复议体制改革，推进行政执法信息化建设，提高行政执法效率。推进民主决策，完善公众参与、专家咨询论证、合法性审查、社会风险评估等重大决策程序，落实重大行政决策征求公众意见制度，做好重大民生决策事项的民意调查，提高政府民主决策能力。加强民主监督，主动接受市人大及其常委会依法监督、市政协民主监督，高度重视司法、舆论、社会监督；标准化推进政务公开，充分保障群众的知情权、参与权和监督权；全力做好人大代表议案建议和政协委员提案办理工作。

（三）坚定清醒，打造清廉政府

加强政治建设，牢固树立政治意识、大局意识、核心意识和看齐意识，始终在政治立场、政治方向、政治原则、政治道路上同以习近平为核心的党中央保持高度一致；全面执行中央、省、嘉兴和桐乡市委各项决策部署，始终把政府工作置于市委领导之下。持续改进作风，加强和规范党内政治生活，进一步密切联系和服务群众，驰而不息抓好正风肃纪，持之以恒纠正“四风”问题，坚决治理侵害群众利益的不正之风。严守廉政纪律，坚持把纪律和规矩挺在前面，压紧压实全面从严治党主体责任，强化重点领域、重点单位、重点岗位廉政风险防控，支持纪检监察机关监督执纪，坚决杜绝权力寻租，建立“亲”“清”政商关系，做到干部清正、政府清廉、政治清明。

2017 年惠民实事工程完成情况

表 1

序　号	项目名称	目标任务	完　成　情　况
1	建设“五位一体”公共服务平台	建成并投入使用公共服务中心，整合社保、婚姻登记、交通违章处理及水、电、气、油等便民服务窗口，实现 100 多项便民服务事项一站式优质便捷服务	2017 年 4 月完成搬迁入驻，设有 12 个服务大厅，新增社保、公积金、婚姻登记等业务，供水、供电、中石化等单位设立窗口，成为集“审批服务、公共（要素）资源交易服务、便民服务、中介服务、行政效能监察”五位一体的综合公共服务平台
2	推进老旧小区改造	以雨污分流、道路畅通、管线理顺、精细绿化为目标，全年完成 5 个老旧小区改造，惠及居民不少于 4000 户，满足居住的功能性需求，进一步改善居民居住环境	完成 7 个小区改造，惠及居民 4602 户
3	提升防洪排涝能力	全面启动新一轮河道清淤，加快推进新一轮“小农水”项目建设，改善河网生态环境。清淤 160 万立方米，新改建灌溉泵站 10 座、排涝泵（闸）站 5 座，建设排渠 10 千米，增强防汛能力	全年清淤河道 439 条，合计土方约 254 万立方米；新改建灌溉泵站 10 座，排涝泵（闸）站 5 座，改造排涝沟道衬砌 10 千米
4	建立食品药品权威检测平台	食品药品检测中心完成实验室建设和资质认定验收并投入使用，对不少于 50 个类别产品进行全项目检验，认证参数 200 项以上，为全市食品安全行政监管、产业经济健康发展提供技术支持和保障	食品药品检测中心全面完工，仪器设备招标工作已经完成，检测中心进入调试阶段
5	农贸市场两个体系全覆盖	市区 9 个农贸市场和农产品批发市场全部完成质量追溯体系与快速检测体系建设。建成后每个农贸市场每日抽检不少于 15 批次，索证索票达到全覆盖，确保老百姓的“菜篮子”安全	市区 9 个农贸市场全部完成双体系创建，各农贸市场均按每日抽检不少于 15 批次、索证索票全覆盖的要求正常运转中
6	建立长期护理保险制度	加快推进医养结合，在全市层面出台长期护理保险制度。实现筹资 7000 万元以上、护理定点公立医院 10 家以上、民营医院 4 家以上目标，惠及全市城乡居民 75 万人，重点解决失能失智老人长期照护问题	按参保人员人均 120 元的标准，实现筹资 8700 万元。首批定点护理机构 17 家，其中公立医院、养老院 12 家，民营医院、养老院 5 家，总床位数 811 张

续表 1

序　号	项目名称	目标任务	完　成　情　况
7	建成启用新妇幼保健院	新妇幼保健院年内投入使用。深化与上海市红房子妇产科医院医疗合作，全年专家来桐医疗服务不少于 20 批次。整合市区妇幼保健资源，为全市妇女儿童提供优质医疗服务	新妇幼保健院于 2017 年 12 月投入使用并完成市区妇幼保健资源整合，为全市妇女儿童提供优质医疗服务。深化与上海红房子妇产科医院医疗合作，全年专家来桐医疗服务 21 批次
8	提升中小学校学生供餐保障能力	完成改造和新建学生餐厅 5 个，建设规模 6200 平方米，增加座位 5500 个；推行学生营养餐智能化管理，让广大中小学生吃上放心餐、营养餐	完成濮院茅小、屠甸镇小晏城校区、启新学校人民路校区、振东小学、桐乡十中 5 个学校学生餐厅建设，建设规模 6500 平方米，增加座位 5600 个；开展学生营养配餐、自主选餐试点工作，午餐配置更加多元，学生午餐更具营养

名词解释：

1.“两化”融合：信息化和工业化的高层次深度结合。

2.一区一镇：农业产业集聚区、现代特色农业强镇。

3.监督执纪“四种形态”：党内关系要正常化，批评和自我批评要经常开展，让咬耳扯袖、红脸出汗成为常态；党纪轻处分和组织处理要成为大多数；对严重违纪的重处分、作出重大职务调整应当是少数；而严重违纪涉嫌违法立案审查的只能是极极少数。

4.四个全面：全面建成小康社会、全面深化改革、全面依法治国、全面从严治党。

5.五位一体：经济建设、政治建设、文化建设、社会建设、生态文明建设五位一体。

6.“4＋1”投资结构性考核：“4”指重大基础设施投资、高新技术产业投资、环境保护投资、民间投资；“1”指省市县长项目工程。

7.十大专项行动：开展污染企业(无环保措施企业)整治提升行动；安全隐患(无安全保障企业)整治提升行动；经营违法行为(无证无照企业)整治提升行动；治危拆违(无合法场所企业)整治提升行动；出租型企业整治提升行动；税收规范征管整治提升行动；低效企业治理提升行动；小微企业整合入园行动；市场主体升级行动；产融合作行动。

8.“四无”企业(作坊)：无证无照、无安全保障、无合法场所、无环保措施的企业(作坊)。

9.一核两区三融合：一核指乌镇旅游核心区，两区指濮院古镇旅游区和石门乡村旅游区，三融合指努力促进旅游与乡村、工贸、文化融合发展。

10.千人产业园：以国家、省“千人计划”人才为引领的产业园。

11.“411”工程：围绕城市建设发展项目、城市基础设施项目、城市民生实事项目和城市品质提升项目四个大类 100 个重点项目，完成投资 100 亿元。

12.“12355”行动计划：力争建成 1 个现代农业园区、20 个农业特色精品村、3 个特色农业强镇、5 条农业全产业链、50 个标准化农产品生产基地。

13.三改一拆：旧住宅区、旧厂区、城中村改造和违法建筑拆除。

14.四个平台：镇(街道)综治工作、综合执法、市场监管和便民服务四个平台。

15.“大湾区”：大湾区建设是以杭州、宁波两大都市区一体化发展为抓手，同时积极推进宁波、温州两大都市对接，加快打造浙东南临港产业带，逐步形成覆盖全省沿海地区的大湾区。

16.“大花园”：大花园建设是在全省范围内建设自然生态与人文环境的结合体、现代都市与田园乡村的融合体、历史文化与现代文明的交汇体，空间形态是国家公园＋美丽城市＋美丽乡村＋美丽田园，基本要求是生产空间集约高效、生活空间宜居适度、生态空间山清水秀。

17.“大通道”：大通道是全省各主体功能区之间、都市区之间以及都市区与主要功能平台之间的交通要道。大通道建设核心是建设智能高效的现代综合交通网络和物流体系，大力发展多式联运和智慧交通，联动推进海港、陆港、空港、信息港“四港”建设，加快构建畅通高效的海陆空运输通道网络。

18.“大都市区”：大都市建设是按照“万亿目标、功能错位、梯次推进”的要求，进一步加强杭州、宁波、温州、金华四大中心城市建设，切实增强其综合服务功能，增强带动周边县市发展的能力，成为区域经济增长极。

19.“两新”组织：新经济组织、新社会组织。

20.三小组长：党小组长、村民组长、妇女组长。

21.三会一课：“三会”指定期召开支部党员大会、党支部委员会和党小组会，“一课”指按时上好党课。

22.一镇三村：石门镇，崇福镇城郊村、洲泉镇马鸣村、大麻镇海华村。

23.R&D占比：全社会研发经费投入占GDP的比重。

24.六不予：不予不动产首次登记，不予不动产转移、变更登记，不予不动产抵押登记，不予核发相关证照，不予提供公共服务，不予资信评优评奖。

25.家庭共济：基本医疗保险的参保人员，可通过市民卡绑定，将其个人账户历年资金共济给一个或多个同样参加基本医疗保障，且医疗保障待遇正常的近亲属(配偶、子女和父母)。

26.三社联动：在社会治理中，“社区”是综合平台，“社会组织”是载体依托，“社会工作专业人才”是一支不可或缺的专业力量，三者有机融合、相互促进。

27.双随机一公开：在行政管理中随机抽取检查对象、随机选派执法检查人员，“双随机”抽查信息公开。

28.五大体系：市第十四届党代会第二次会议提出构建高质量的现代产业体系、高质量的动力支撑体系、高质量的规划建设体系、高质量的民生发展体系、高质量的党建保障体系。

29.六场战役：退散进集大会战、拔钉清障攻坚战、精准招商持久战、文明市创建(国卫复查)决胜战、垃圾处置能力提升战、出租房安全隐患歼灭战。

30.一轴两核四区：“一轴”即以乌镇大道为主轴，“两核”即以乌镇和高桥为核心，“四区”即由北至南依次划分为互联网产业区、时尚特色产业区、宜居智慧新城区、先进制造产业区。

31.三地：中国和世界互联网发展历程文化积淀地、世界网络科技最新成果发布展示地、高端产业孵化集聚地。

32.两纵五横：两纵即乌镇大道、迎宾大道，五横即环城南路、二环南路、洲甸公路、现代大道、高桥大道。

33.濮院指数：反映以濮院产业集群为代表、以针织毛衫为重点的全品类服装产品市场价格、经营景气及时尚景气变动情况和趋势的价格指数、景气指数、时尚指数。

34.标准地：土地出让时把每块建设用地的规划建设标准、能耗标准、污染排放标准、产业导向标准、单位产出标准等给予明确。

35.“七个一”领导联挂责任机制：一个项目、一位市级领导、一个责任单位、一个责任人、一个实施方案、一套班子推进、一抓到底交账的责任机制。

36.“三位一体”改革：生产、供销、信用“三位一体”农民合作经济组织体系改革。

37.“4319”综合交通发展战略：建设“综合交通、智慧交通、绿色交通、平安交通”；打造“公路、海河联运、轨道交通”三张网；实现“一百亿”交通建设投资；实施“九个重大交通项目”。

38.双爱：企业关爱职工，职工热爱企业。

2017 年桐乡市大事记

1 月

4 日 桐乡市举行第五届“十佳新居民”表彰典礼。表彰桐乡市“十佳新居民”10 名、桐乡市“优秀新居民”20 名。

9 日 在国家科学技术奖励大会上，巨石集团的“高性能玻璃纤维低成本大规模生产技术与成套装备开发”项目获 2016 年度科技进步二等奖，这是 2016 年度唯一由企业单独承担并获奖的科技成果项目。

10 日 桐乡市政府、科劳斯（浙江）海外仓服务有限公司、中国出口信用保险公司嘉兴办事处签订共建中国·桐乡海外仓（欧洲展示中心）战略合作协议书，这是嘉兴市首个由政府主导的“海外仓”。

11 日 中央电视台《我们的中国梦》——2017“东西南北贺新春”东部主会场特别节目在乌镇西栅景区进行录制。

13—14 日 中华全国总工会书记处书记赵世洪率团到桐乡市调研。

15—16 日 国家发改委城市和小城镇改革发展中心总经济师顾惠芳一行到桐乡市调研。

18 日 桐乡市领导干部警示教育大会召开，上海市纪委原常委、秘书长、正局级巡视专员赵增辉应邀作专题辅导。

23 日 工信部、中国工业经济联合会公布第一批制造业单项冠军示范（培育）企业名单，桐乡市有 2 家企业入围。其中，巨石集团有限公司入选制造业单项冠军示范企业名单，浙江双箭橡胶股份有限公司入选制造业单项冠军示范培育企业名单。

23—24 日 北汽集团徐和谊、吉利汽车李书福、寰球汽车吴迎秋一行到桐乡市考察。

2 月

4 日 桐乡市召开全市三级干部大会暨实施“三大工程”动员会。会议表彰 2016 年度市委市政府先进集体和先进个人，2016 年度桐乡市市长质量奖等先进单位、2016 年度招商引资服务嘉奖等先进单位，2016 年度打造“平安桐乡”先进部门单位，2016 年度省级以上先进集体表彰奖励单位。

13 日 浙江省人大常委会党组书记、副主任王辉忠到桐乡市调研市镇两级人大代表换届选举和代表票决民生实事项目工作。

13—17 日 中国人民政治协商会议第九届桐乡市委员会第一次会议举行。

14—18 日 桐乡市第十六届人民代表大会第一次会议举行。

16 日 浙江省副省长孙景淼到桐乡市调研现代农业。

21 日 嘉兴市政协主席高玲慧一行到桐乡市崇福镇开展企业走访调研。

23 日 桐乡市村级集体经济壮大工程 32 村抱团项目——聚晟创业园开工仪式在濮院镇举行。

24 日 浙江省委常委、宣传部部长葛慧君，省委常委、公安厅厅长徐加爱到桐乡市专题调研第四届乌镇峰会筹备工作。11 月 21—22 日，浙江省委副书记、省长袁家军到桐乡市检查第四届世界互联网大会筹备工作。11 月 28 日，浙江省委书记、省人大常委会主任车俊到桐乡市检查第四届世界互联网大会筹备工作情况，省领导葛慧君、陈金彪陪同。

27 日 桐乡市举行学习贯彻中共十八届六中全会精神集中轮训班。全市各部门（单位）科局级现职领导干部、党工委委员、党组成员，各镇街道科局级现职领导干部等参加集中轮训。

28 日　桐乡市召开“五水共治”暨劣Ⅴ类水剿灭专项行动工作会议。

3 月

1 日　桐乡市与物产中大集团签署战略合作框架协议。根据战略合作框架协议，桐乡市政府与物产中大集团通过政企合作方式，重点在包括市政环保、医疗健康等公用事业建设运营领域展开合作。

3 日　桐乡召开 2016 年度志愿服务表彰大会。会议表彰桐乡市 2016 年度星级志愿者、第三届世界互联网大会·乌镇峰会桐乡市优秀志愿者，以及“十佳志愿者”“十佳志愿服务工作者”“十佳志愿者服务项目”“十佳志愿服务爱心企业”，同时向“幸福桐乡”志愿驿站结对单位进行授牌。

5 日　农业部发展计划司司长张合成带队到桐乡市开展“促进‘四化同步’与农业现代化问题研究”调研，省农业厅厅长林健东陪同。

7 日　浙江省小城市培育试点工作考核组到桐乡市对崇福镇进行全面考核。5 月，2016 年浙江省小城市培育试点工作考核结果公布，崇福镇位列全省 43 个试点镇第 5 位，连续三年获考核优秀。

8 日　桐乡市举行“三八”国际劳动妇女节 107 周年纪念大会暨“美丽女性美丽家庭”优美庭院创建风采展示活动。

9 日　桐乡市举行扩大杭嘉湖南排（杭平申线航道改造）工程 2017 年工作会议。

10 日　桐乡市召开 2017 年市委综合工作会议，对 2017 年的市委条线工作进行全面、系统的部署和安排。

同日　桐乡市政府与福瑞泰克（杭州）智能系统有限公司举行福瑞泰克智能驾驶项目签约仪式。

10—13 日　中国古城特色小镇规划开发管理培训班（第一期）在桐乡市举办。培训班由中央文化管理干部学院、《中国古城年鉴》编辑部主办，桐乡市文化广电新闻出版局协办。

11 日　桐乡市举行乌镇大道（市区至乌镇段）通车仪式暨自行车公开赛。

同日　桐乡市政府与浙江吉利变速器有限公司举行 60 万台吉利自动变速器项目签约仪式。

14—15 日　国务院国资委副主任、党委委员黄丹华带领调研组到桐乡市调研。

15—17 日　2017 中国·濮院国际毛针织服装博览会在上海国家会展中心举行。博览会由桐乡市政府、中国纺织工业联合会主办，濮院针织产业园区管理委员会、濮院镇政府承办。

18 日　首届中国旅游投资领袖峰会暨第六届中国旅游投资艾蒂亚奖颁奖典礼在乌镇举行，同时举行第二届艾蒂亚国际旅游皇后大赛。活动由国际旅游投资协会、北京巅峰智业旅游文化创意股份有限公司联合主办。

22 日　全省剿灭劣Ⅴ类水誓师大会视频会议召开。会后，市委、市政府与各镇（街道）、经济开发区、振东新区，以及水利、水务、农经等责任主体签订责任书。

27 日　桐乡市举行 2017“凤栖桐乡”海外学子桐乡行暨高层次人才对接交流会。

同日　“文学史视野中的中国现代作家茅盾”2017 年乌镇论坛暨《起步的十年——茅盾在商务印书馆》首发式在乌镇举行。

29 日　桐乡市人民政府与今目标集团举行战略合作签约仪式。

29—30 日　国家旅游局副局长王晓峰到桐乡市调研。

30 日　桐乡市“剿灭劣Ⅴ类浙传我担当”主题实践活动启动仪式在浙江传媒学院桐乡校区举行。活动现场部署校地联动“河小二”助力剿灭劣Ⅴ类水志愿服务行动，聘任浙江传媒学院桐乡校区 107 名学生担任河长助理。

31 日　在全省建设平安浙江工作会议上，桐乡市获“平安市”称号，这是桐乡连续十一年获此奖项。

4 月

2—3 日　中央军委政治工作部原副主任吴昌德一行到桐乡市调研。

6—7 日　浙江省政协副主席陈艳华带领省政协华侨委员、港澳台侨和外事委特邀委员考察团一行到桐乡市调研。

11 日　日本静冈县浜北日中友好协会代表团一行到桐乡市考察。

13 日　中国行政体制改革研究会会长、国务院研究室原主任、国家行政学院原党委书记魏礼群一行到桐乡市调研。

15—16 日　桐乡市委书记

盛勇军带队到深圳开展招商推介活动。

17日　浙江省委常委、宣传部部长葛慧君到桐乡市调研农村文化礼堂建设工作。

18日　桐乡市召开四个“百日攻坚”专项行动动员会暨村(社区)新班子新书记打好治水剿劣第一仗誓师大会。

同日　新凤鸣集团股份有限公司成功在上海证券交易所举行首次公开发行A股上市仪式。

19日　浙江省委组织部副部长邹晓东带领第六督查组到桐乡市实地督查“五水共治”“三改一拆”和小城镇环境综合整治工作情况。

同日　桐乡市举行项目集中开工仪式,计划总投资159亿元,集中开工项目26个。

20日　全国政协委员、香港新界乡议局主席刘业强带领访问团到桐乡市参观考察。

22—23日　全国政协特邀常委考察团到桐乡市调研,省政协副主席张泽熙陪同。

23日　第三届“伯鸿书香奖”在北京举行启动仪式。

25日　全市统一战线“同心同行助发展”主题活动动员暨“同心·服务团”工作现场会召开。

25—26日　全国党建研究会“深入研究‘互联网＋党建’‘智慧党建’等做法和经验,提高党建信息化水平”课题协调会在桐乡市举行,全国党建研究会顾问张柏林、全国党建研究会副会长高世琦、省党建研究会会长王永昌等出席。

28日　桐乡市召开庆“五一”总结表彰暨工会服务实体经济发展推进会。

5月

3日　桐乡召开乌镇峰会维稳安保平战结合工作部署会议暨一季度平安建设形势分析会。

4日　桐乡市召开纪念建团95周年、五四运动98周年——桐乡市2016年度优秀青年企业家、优秀青年工匠表彰大会暨新生代(青年)企业家创业联谊会党建联盟成立仪式。

同日　桐昆集团通过工信部评审,获“市场精准营销能力”两化融合管理体系贯标认证证书。

5日　中央组织部副部长、中央人才工作协调小组副组长周祖翼率领考察团到桐乡市调研。

8日　桐乡市政府与国网嘉兴供电公司签订《关于共同推动电动汽车充电设施系统建设合作框架协议》。

9日　全国政协副主席王家瑞到桐乡市调研,省政协副主席张泽熙陪同。

同日　浙江省人大常委会副主任冯明到桐乡市调研互联网特色小镇建设情况。

11日　桐乡市领导干部会议召开,传达学习省委书记车俊在湖州安吉调研时的重要讲话以及省委、嘉兴市委重要会议精神。

13日　中国关工委常务副主任、中纪委原副书记刘峰岩到桐乡市调研。

15日　中国科学院城市环境研究所组织日本专家考察团到桐乡市考察。

17日　中国作协“文学照亮生活”全民公益大讲堂暨优秀文学作品诵读会在桐乡科技会展中心举行。中国当代作家王蒙开讲文学如何照亮生活。

同日　桐乡市召开第二十七次“全国助残日”暨“最美残疾人”庆祝表彰大会。

18日　桐乡市召开落实全面从严治党主体责任工作会议暨“两学一做”学习教育常态化制度化工作座谈会。

19日　桐乡市政府与上海中医药大学附属曙光医院签署战略合作协议。

19—20日　中央农办副主任吴宏耀到桐乡市调研“三治融合”和城乡一体新社区工作。

20日　由中国网络空间安全协会主办的2017西湖论剑(中国网络安全创新分享大会)在乌镇举行。

23—27日　中国乌镇·围棋峰会在桐乡市乌镇镇举行。围棋峰会由中国围棋协会、浙江省体育局和谷歌联合主办,桐乡市政府、浙江省非奥项目运动管理中心、浙江省围棋协会等单位承办。闭幕式上,中国围棋协会宣布乌镇被授予“围棋峰会永久会址”。

25日　桐乡市召开全面深化改革领导小组会议。

27日　山西省副省长张复明到桐乡市调研。

同日　桐乡市庆祝“全国科技工作者日”暨首届优秀科技工作者表彰大会举行。会上,表彰“桐乡市首届优秀科技工作者”22名。

同日　德国EGLASS特种玻璃产业项目在桐乡市签约。9月23日,浙江桐德光电科技有限公司项目举行开工仪式。桐德光电公司由德国EGLASS集团投资设立，注册资金1.8亿美元。

6月

3日　中央电视台发展之旅频道纪录片栏目组在梧桐街道桐乡市汇才红木家具有限责任公司举行《匠心智造》纪录片开机仪式。

3—4日　桐乡市赴北京举行招商引智推介会。

5—8日　国务院原副总理吴仪到桐乡市调研。

16日　尼泊尔国家电视台台长马哈什·拉吉·达哈儿率团到桐乡市考察。

同日　桐乡市“两新”组织党建工作会议暨“三强六好”创建推进会召开。

19日　桐乡市召开全市领导干部会议，传达学习省第十四次党代会精神。

同日　嘉兴轩孚自动变速器有限公司年产60万台自动变速器项目在桐乡经济开发区举行开工仪式。

同日　桐乡市举行“互联网＋”军民融合双创平台启动暨上海智云浙江产业创新中心签约仪式。会上，航天军民融合成果转化基地（桐乡）揭牌，上海智云浙江产业创新中心、企服汇平台分别与桐乡市政府、市科技局签约，中国航天科工集团第三研究院第三一〇所与桐乡部分企业进行合作项目签约。

20日　由中国互联网协会主办的2017年毛衫产业与互联网融合创新高峰论坛在桐乡市举办。

23日　“i创中国·2017浙商创新创业大赛”——乌镇“互联网＋”专场在乌镇举行。

同日　第三届中央企业熠星创新创意大赛项目投资对接会（浙江乌镇站）举行。

23—24日　国家信息中心常务副主任杜平到桐乡市调研。

26日　桐乡市举行2017年科技人才专家团挂职服务活动启动仪式。

27日　浙江省委常委、组织部部长任振鹤带领调研组到桐乡市调研。

28日　澳门廉政公署专员张永春带领考察团到桐乡市考察。

29日　市委组织部、市慈善总会开展桐乡市纪念建党96周年困难党员集中慰问活动，向本人或家庭遭遇突发重大变故的40名党员代表送慰问金和慰问品。

同日　桐乡市召开2017年度市委巡察工作动员会。

7月

3日　浙江省政协副主席张泽熙率领民主监督组到桐乡市开展“最多跑一次”民主监督活动。

19—21日　桐乡首届真皮女鞋时尚博览会暨2017秋冬新品订货会举行。

20日　嘉兴市委书记鲁俊率领“双推”活动考察团到桐乡市督查相关重点工作推进情况。

21日　桐乡市委书记盛勇军带领党政考察团赴嘉善、海盐学习考察。

28—29日　全国人大常委会副主任、民盟中央主席张宝文到桐乡市调研。

8月

1日　全国人大环资委副主任委员夏宝龙，浙江省人大常委会党组书记、副主任王辉忠到桐乡市调研。

同日　桐乡市四套班子领导开展“八一”走访慰问活动。

5日　桐乡市召开2017年半年度经济形势分析会。

18日　中央环保督察组组长吴新雄一行到桐乡市督察，副省长熊建平陪同。

同日　中国科协党组书记、常务副主席、书记处书记尚勇到桐乡市调研。

25日　浙江省人大常委会党组书记、副主任王辉忠到桐乡市开展领导下访接访活动。

同日　桐乡市文化发展大会暨省文明市创建动员大会在市科技会展中心召开，会议表彰在文化发展中作出突出贡献的团队和个人，部署下阶段桐乡市文化发展及省文明市创建的主要工作。

26日　桐乡市部分镇街区行政区划及相关管理体制机制调整推进工作动员大会召开。调整后，桐乡市辖濮院、屠甸、崇福、洲泉、大麻、河山、乌镇、石门等8个镇，城区设梧桐、凤鸣、高桥3个街道。

9月

2日　桐乡市召开危旧房治

理改造工作会议。会议总结崇福镇危旧住房倒塌事件教训，推进桐乡市危旧住房治理改造工作，确保人民群众生命财产安全。

4日　东京中国文化中心合作伙伴团文化交流活动日本客人馆逸志一行到桐乡市考察。

5日　桐乡市举行2017年“慈善一日捐”活动启动仪式。

6日　桐乡市召开国家卫生城市复查专项整治工作推进会。会议动员、部署全市上下做好国卫复查巩固工作，确保顺利通过国卫第三轮复查。

7日　十二届全国人大常委、民族委员会主任委员、中央党校原副校长李景田带领中组部调研组到桐乡市调研。

同日　浙江省小城镇环境综合整治行动考核组到桐乡市乌镇进行考核验收。乌镇镇通过浙江省小城镇环境综合整治行动达标验收，在全省36个达标乡镇考核中排名第一。

8日　桐乡市召开庆祝第33个教师节暨先进教师表彰大会。

9—15日　2017中国·濮院时尚周暨濮院轻纺城开业典礼在濮院镇举行。时尚周以“御领时尚 争锋未来”为主题，由中国纺织工业联合会、桐乡市政府主办，濮院羊毛衫市场管委会、濮院镇政府承办。

10日　浙江传媒学院华策电影学院揭牌仪式暨2017电影教育乌镇国际论坛举行，副省长成岳冲、表演艺术家斯琴高娃、北京师范大学艺术与传媒学院院长胡智锋、中国文联副主席奚美娟、省政府副秘书长李云林、省教育厅厅长郭华巍、省新闻出版广电局局长寿剑刚、浙江传媒学院党委书记杨立平、华策影视集团总裁赵依芳及桐乡市部分领导出席。

同日　“喜迎十九大·乐舞颂桐乡”2017桐乡市第三届排舞大赛举行。

同日　桐乡市举行2017年度新兵欢送大会。

17—19日　第二十九届中国国际毛纺原料交易信息交流会在桐乡市举行。会议由中国毛纺织行业协会、中国国投国际贸易有限公司主办，中国纺织工业联合会党委书记兼秘书长高勇、中国纺织工业联合会副会长夏令敏等领导参加会议。

18日　桐乡市举行2017年全国科普日活动开幕式暨“创新驱动发展·科学破除愚昧”宣传活动。

20日　全国政协副主席马飚率全国政协重点提案督办调研组到桐乡市调研，省政协副主席陈艳华陪同。

21日　浙江阿特多多知识产权交易中心的阿特空间开馆并上线运营。同时，“艺无间·美无界”——首届阿特空间版画展开幕，展出11名艺术家的40多件不同形式风格的艺术作品及其衍生品。

同日　省政协副主席张鸿铭到桐乡市调研。

21—22日　中国国民党名誉副主席蒋孝严到桐乡市考察。

22日　“修羽杯·风雅桐乡诵”诗文大赛决赛暨名家朗诵会在桐乡会展中心举行。

23日　2017大数据与人工智能产业合作峰会在桐乡市举行。

24日　美国加州库比蒂诺市可持续发展专员安吉拉·陈访问桐乡，代表库比蒂诺市与桐乡市签订友好交流关系协议。

24—26日　“聚焦桐乡·相约乌镇”2017国际经贸洽谈会在桐乡市召开。

26日　桐乡市召开2017年科技人才大会。会上，表彰2012—2016年桐乡市优秀创新型企业、优秀科技创新成果和桐乡市优秀创业创新领军人才、第二届桐乡市“金蓝领”高技能人才。为2个省博士后工作站和桐乡技师学院进行授牌，并聘任中国产业升级网总裁徐爱华等4人为人才工作顾问。同时，揭牌成立桐商学院、桐乡市人才服务中心、桐乡市人才局。

27日　桐乡市举行各民主党派成立30周年庆祝大会。

10月

12日　嘉兴市委副书记、市长胡海峰到桐乡市调研“最多跑一次”改革情况。

同日　工信部发布第二批纺织服务创意设计试点园区名单，濮院针织产业园区创意设计平台（濮院320创意广场）名列其中，成为桐乡市首个国家级设计类示范平台。

同日　中国·振石2017国际年会开幕。此届年会以“绿色、和谐、共享、互联”为主题，全球20多个国家和地区的700多名中外嘉宾出席年会。

同日　桐乡市举行行政村党组织书记“耕耘奖”获得者座谈会。经过选拔，桐乡市有17名村党组织书记获第三届“耕耘奖”称号。

17—19日　中国巨石第二十三届国际玻纤年会举行。此届年会以“花开全球 智绘未来”为主题，全球100多个国家和地区的1200多名复合材料专业制造商、建材行业专家学者出席年会。

18—19日　重庆市副市长谭家玲到桐乡市调研旅游休闲文化产业发展。

19—21日　由中国家用纺织品行业协会主办的2017中国家纺大会在桐乡市举行。

19—29日　第五届乌镇戏剧节在乌镇举行。

24—25日　中央防范办二局巡视员、副局长贾利军率中央督查组一行到桐乡市督查。

27日　桐乡市召开全市领导干部会议，传达学习贯彻党的十九大精神。

27—30日　第六届中国创新创业大赛互联网及移动互联网行业总决赛在桐乡市举行。

11月

4日　2017年中国茅盾研究会理事会会议暨“茅盾与20世纪中国文学史”学术研讨会在桐乡市举行。

7日　共话“发展主题”共谋“两个核心”为主题的桐乡市“银领向党”老干部正能量活动暨全市老干部读书会召开，全市300余名离退休干部参加。

8日　由桐乡市政府、西安美文杂志社联合主办的第二届丰子恺中外散文奖颁奖典礼在桐乡市举行。

10日　桐乡市举行钱君匋诞辰110周年暨君匋艺术院建院30周年纪念大会。

14日　第四届世界互联网大会·乌镇峰会集中办公专项工作会议在乌镇召开。11月17日，第四届世界互联网大会·乌镇峰会桐乡市动员大会召开。11月21日，第四届世界互联网大会·乌镇峰会集中办公工作人员动员大会召开。

15日　桐乡市“深学十九大·干部进百村”活动启动。活动为期1个月，由市领导和市级部门（单位）党员领导干部带队，深入农村、深入实际、深入群众，进一步转变干部作风，密切党群干群关系，助力农村基层基础工作。

24日　嘉兴市人大常委会主任刘冬生带领检查组到桐乡市检查秸秆露天禁烧和综合利用情况。

30日　杨家门旧城改建（三期）项目启动征收签约工作。

12月

2—5日　第四届世界互联网大会·乌镇峰会互联网之光博览会在乌镇互联网国际会展中心举行。

3—5日　第四届世界互联网大会·乌镇峰会在桐乡市乌镇镇举行。大会由国家互联网信息办公室、浙江省政府主办，浙江省互联网信息办公室、浙江省经济和信息化委员会、桐乡市政府、中国互联网络信息中心联合承办。

5日　国家信访局党委副书记、副局长张恩玺一行到桐乡市宣讲党的十九大精神并调研基层信访工作。

7日　中共中央书记处书记、中央纪委副书记赵洪祝到桐乡市视察乌镇国际会展中心和智慧城市建设情况，省纪委副书记胡志权陪同。

8日　2017“丰子恺杯”第二届世界互联网音乐大赛颁奖典礼在浙江传媒学院桐乡校区举行。大赛由中国互联网协会、桐乡市政府、浙江传媒学院、北美音乐家协会、国际中国音乐家联合会共同主办。

11日　浙江省副省长孙景淼到桐乡市调研。

13日　环保部组织专家调研组到桐乡市调研督察环境保护工作。

13日—15日　中共桐乡市委召开十四届五次全体会议。

14日　工信部、中国工业经济联合会公布第二批制造业单项冠军企业和单项冠军产品名单，桐昆集团、新凤鸣集团入选第二批制造业单项冠军示范企业。

14—15日　桐乡市委书记盛勇军率领党政考察团赴苏州、杭州“三区”学习考察。

16日　桐乡市委读书会召开。

同日　第二届“茅盾文学新人奖”暨首届“茅盾文学新人奖——网络文学新人奖”颁奖典礼在桐乡举行。

16—18日　全国政协原副主席陈宗兴到桐乡市考察并出席“首届新青年创业大会”。

24日　中国巨石新材料智能制造基地签约暨年产2亿米电子布项目开工仪式在中国巨石桐乡总部举行。

29日　桐乡市妇幼保健院（公共卫生中心）启用仪式举行。

自然地理

【地理位置】　桐乡市位于浙江北部杭嘉湖平原，地理坐标为北纬 30°28′—30°47′、东经 120°17′—120°39′。东连嘉兴市秀洲区，南邻海宁市，西毗德清县、杭州市余杭区，西北接湖州市南浔区，北界江苏省苏州市吴江区。市区距上海市 148 千米，距杭州市 65 千米。沪昆高速公路(G60)、申嘉湖高速公路(S12)、练杭高速公路(S13)、320 国道、沪杭铁路客运专线、京杭大运河等水陆交通要道贯穿全境。

【自然环境】　桐乡市境为长江三角洲平原的一部分，境内地势低平，无一山丘，大致东南高、西北低，略向太湖倾斜，平均海拔 5.3 米。东西宽约 36 千米，南北长约 34 千米，总面积 727 平方千米。

境内土壤为江、海、湖沼沉积物，分属水稻土和潮土两类，土地肥沃，适宜种植水稻和经济类作物。全市有耕地 3.9 万公顷，占全市土地总面积的 53.7%。其中：水田 3.14 万公顷，旱地 7593 公顷，分别占耕地面积的 80.5%、19.5%。

境内生物资源种类繁多。主要植物资源有 720 种，其中孢子植物 74 种、种子植物 646 种(裸子植物 25 种、被子植物 621 种)。主要动物资源有 451 种，其中：脊椎动物 218 种、节肢动物 192 种、软体动物 32 种、其他动物 9 种。

境内河流属长江流域太湖运河水系。市境河流南接海宁长安上塘河水系，北经澜溪塘与江苏省河道贯通，京杭大运河流经市境段长 39.09 千米。全市有骨干河道 45 条，大部分河道与运河垂直相交，呈网状分布。与运河桐乡段相连的河道主要有金牛塘、白马塘、康泾塘、长安塘、含山塘、灵安港、羔羊港、西圣埭港、长山河等。境内河道总长 2264.6 千米，水域面积 51 平方千米，占全市总面积的 7.01%，河网密度为 3.11 千米/平方千米。属典型的江南水网平原。

（地方志办公室）

气候特征

【常年气候概况】　桐乡市地处东南沿海，属典型的亚热带季风气候。温暖湿润，四季分明，雨水丰沛，日照充足。具有春湿、夏热、秋燥、冬冷的气候特点。

年平均气温 16.5℃。1 月最冷，月平均气温 4.0℃，极端最低气温 －11.0℃，出现在 1977 年 1 月 31 日。7 月最热，月平均气温 28.5℃，极端最高气温 41.1℃，出现在 2013 年 8 月 9 日。日平均气温稳定通过 10℃的平均回暖初日在 3 月 24 日，平均结束日在 12 月 5 日，平均初冰日出现在 11 月 28 日。年平均无霜期 243.6 天、雷暴日 32.1 天、大雾日 30.6 天、降雪日 9.5 天。

年平均降水量 1246.7 毫米。1999 年最多，降水量 1755.6 毫米；2003 年最少，降水量 744.4 毫米。全年有两个主要雨季，第一个雨季在 3—6 月，其中 3—4 月为春雨期，降水量在 370.6 毫米—108.7 毫米之间，占全年降水量的 18.2%；5—6 月是主汛期，称为梅雨期，降水量在 715.3 毫米—94.7 毫米之间，占全年降水量的 24.3%。第二个主要雨季是 9 月，称为秋雨期。年平均雨日 140.7 天，最多为 2010 年，达 154 天，最少为 2013 年，仅 118 天。

年平均日照 1799.4 小时。其中 7 月、8 月最多，月平均日照分别为 208.5 小时和 206.1 小时。1 月、2 月最少，月平均日照分别为 113.0 小时和 107.4 小时。年平均蒸发量 1308.8 毫米。年平均相对湿度 79%，幅度在 76%—82%之间。

主要灾害性天气有暴雨、高温干旱、台风、霾、连阴雨、寒潮、雷电及大风等。

【2017年气候特征】 2017年，桐乡市年平均气温偏高，年降水量偏多，日照时数偏少。冬季气温偏高，梅汛期降水集中，夏季高温天数多。

年平均气温为18.0℃，比常年平均偏高1.5℃。全年有11个月平均气温均较常年同期偏高，其中1月平均气温6.8℃，偏高2.8℃，为历史极值。最高气温大于等于35℃的高温日38天，其中年极端最高气温40.5℃，出现在7月24日。年极端最低气温−3.2℃，出现在12月18日。终霜出现在3月4日，初霜出现在11月24日，全年无霜期264天，比常年多20.4天。全年结冰日18天，大雾日8天，霾日38天。

年降水量1504.9毫米，比常年多258.2毫米。其中有9个月雨量比常年偏多。年雨日141天，接近常年。日降水量大于等于50毫米（暴雨）天数4天。全年出现降雪2次，无积雪形成。年日照时数1751.2小时，较常年少48.2小时。全年雷暴日22天。年蒸发量962.7毫米。

梅汛期前期以系统性降水为主，后期多雷阵雨，日降水量超50毫米的暴雨日2日。6月9日入梅，7月5日出梅，入出梅时间接近常年（常年入梅6月12日，出梅7月8日）。梅雨量297.4毫米（梧桐），较常年（251.4毫米）偏多。全年无直接台风影响。

【2017年主要天气气候事件】 2017年，桐乡市主要的天气气候事件主要有：全市年平均气温18.0℃，较常年平均（16.5℃）明显偏高，与2016年并列历史第一。冬季（2016年12月—2017年2月）、春季（3—5月）、夏季（6—8月）平均气温均比常年平均偏高1℃以上，其中冬季全市平均气温7.4℃，比常年偏高2.3℃，为有气象记录以来最暖冬季。春季平均气温为17.2℃，亦是历史同期最高。

夏季高温强度仅次于2013年，位列历史第二。高温日数（日最高气温大于等于35℃）38天，超常年平均（17.1天）；最高气温超38℃的高温日数15天，均仅次于2013年。7月12—29日、8月2—8日出现连续高温，7月20—27日出现8日连续最高气温大于等于38℃的高温酷热天气。

（杨冬晨）

历史沿革

【概况】 桐乡历史悠久，分布于境内的罗家角、谭家湾、新地里、新桥、张家埭、吴家墙门等数十处古文化遗址证明，在新石器时代，原始社会氏族部落就在此繁衍生息。其中1979年发掘的石门罗家角遗址，属马家浜文化早期类型。

市境周时名御儿，属越国。春秋时为吴越接壤争战之地。越王勾践三年（吴王夫差二年，鲁哀公元年，前494），吴王夫差败越于夫椒（夫椒山，在太湖中），自御儿至今钱塘江以西皆属吴。

战国初年，吴越战事又起。越王勾践二十四年（吴王夫差二十三年，鲁哀公二十二年，前473）冬，越王勾践灭吴，市境复归越。越自勾践以下，传六世而为楚所败，楚国“尽取故吴地至浙江（钱塘江）”（《史记·越王勾践世家》），此地遂入楚境。

秦统一中国，郡县天下。秦王嬴政二十五年（前222），置会稽郡，下设由拳、乌程等县，今市境属由拳县。

西汉时，御儿又称语儿。汉高祖五年（前202），今市境属楚国。汉高祖六年（前201），今市境属荆国。汉高祖十二年（前195），改荆国为吴国，今市境属吴国。汉前元四年（前153）以后，恢复会稽郡，今市境属会稽郡。汉元封五年（前106），置十三刺史部，即十三州，会稽郡属扬州，今市境属扬州会稽郡。东汉永建四年（129），割钱塘江以东为会稽郡，钱塘江以西为吴郡，今市境隶属吴郡。

三国吴黄龙三年（231），由拳县“野稻自生，改为禾兴”（元《至元嘉禾志》）。赤乌五年（242），避太子和讳，改禾兴县为嘉兴县，属吴郡，今市境隶属嘉兴。此后历晋、宋、齐、梁不变。

南北朝陈永定（557—559）初立海宁郡，今市境部分地域隶属海宁。

隋朝时，并嘉兴县入吴县，今市境属吴县，隶属苏州。

唐武德七年（624）复置嘉兴县，隶属苏州，今市境属苏州嘉兴县。翌年，又废嘉兴入吴县，今市境隶属吴县。贞观八年（634），复置嘉兴县，属苏州，今市境其时仍名御儿，为嘉兴县西南境。乾符六年（879），升御儿乡为义和镇。

五代后梁开平初，吴越王钱镠废镇称义和市，属杭州，今市境随嘉兴隶杭州。后晋天福三年(938)，吴越王钱元瓘析嘉兴县西南境崇德、南津、语儿、千乘、积善、石门、募化七乡置崇德县，设县治于义和市(今崇福镇)，属杭州。元《至元嘉禾志》:"晋天福间始析崇德七乡置县于义和市，因乡以县名。"天福五年(940)，钱元瓘于嘉兴县置秀州，为吴越国所辖十三州之一，崇德与嘉兴、海盐、华亭同为秀州属县。

北宋熙宁十年(1077)，再割嘉兴县之梧桐、永新、清风、保宁、千金五乡入崇德县。政和七年(1117)，赐秀州名为嘉禾郡，崇德县隶属嘉禾郡。南宋庆元元年(1195)，升秀州为府，称嘉兴府。嘉定元年(1208)，又升嘉兴府为嘉兴军节度，崇德县仍隶属嘉兴。

元至元十四年(1277)，改嘉兴军节度为嘉兴路，置嘉兴路总管府，后属于江浙行省，下辖崇德等三县一府(华亭府)。元贞元年(1295)，升崇德县为崇德州，隶属嘉兴路。

明洪武二年(1369)，复改嘉兴路为嘉兴府、崇德州为崇德县。洪武十四年(1381)，嘉兴改隶浙江布政司。从此，崇德随嘉兴隶属于浙江。宣德五年(1430)，巡抚、大理寺卿胡概奏析崇德东境募化、千金、保宁、清风、永新、梧桐六乡置桐乡县，设县治于梧桐乡凤鸣市(今梧桐街道)。

清，崇德、桐乡两县同隶属嘉兴府。清康熙元年(1662)，因崇德之名与清太宗皇太极年号同，故避讳称石门县，并改石门镇为玉溪镇。

1912年，废嘉兴府，石门、桐乡两县属钱塘道。1914年，石门复称崇德。1927年废道制，两县直属浙江省政府。1938年划属浙江省第二行政督察区。1939—1947年属浙江省第十行政督察区。1948年后属浙江省第一行政督察区。

1949年5月，桐乡、崇德先后解放。中华人民共和国成立后，崇德、桐乡两县同隶嘉兴专区。1958年11月，崇德、桐乡两县合并，称桐乡县。1970年，改嘉兴专区为嘉兴地区，桐乡县隶属嘉兴地区。1983年，撤销嘉兴地区，分设嘉兴市、湖州市，桐乡县隶属嘉兴市。1993年，桐乡撤县设市，隶属嘉兴市。

(地方志办公室)

行政区划

【概况】 8月21日，经省政府批准同意，桐乡市调整部分镇街区行政区划。撤销龙翔街道建制，将原龙翔街道管辖的区域和濮院镇所辖的西浜村划归乌镇镇管辖;撤销高桥镇建制，其行政区域改由市政府直辖，并在此区域内设立高桥街道。调整后，桐乡市辖乌镇、濮院、屠甸、石门、河山、洲泉、大麻、崇福8个镇，城区设梧桐、凤鸣、高桥3个街道。同步对桐乡经济开发区和高桥街道实施"区街合一"管理体制。其中，乌镇镇区域面积110.93平方千米，下辖社区4个、村26个;濮院镇区域面积60.47平方千米，下辖5个社区、村13个;开发区(高桥街道)管辖面积93.31平方千米(高桥街道区域面积55.02平方千米)，下辖社区1个、村15个，托管7个村(梧桐街道众善村、安乐村、百福村，凤鸣街道长新村、桑园桥村、李家弄村、史桥村)。至年底，桐乡市辖8个镇、3个街道、176个村、35个社区。

2017年桐乡市村民委员会和社区居委会

表2　　单位:个

镇、街道	村民委员会		社区居委会	
	数量	名称	数量	名称
梧桐街道	17	城东 东方红 庆丰 三新 民安 城西 钱林 同心 逾桥 梧桐 安乐 百福 新玄 桃园 众善 革新 城南	16	庆丰 九曲 东兴 杨家门 学前 大发 文昌 凤鸣 永宁 环南 复兴 同庆 百乐 凤凰 振东 莲花

续表 2

镇、街道	村民委员会		社区居委会	
	数量	名称	数量	名称
凤鸣街道	14	史桥 红旗 灵安 环南 路家园 西牛桥 建胜 合星 中群 联庄 新农村 长新 桑园桥 李家弄	1	灵安
高桥街道	15	落晚 楼下角 高桥 亭桥 永安 毛水浜 范桥 三村 骑力 湘庄 龙南 漕泾 迎丰 越丰 新丰	1	高桥
崇福镇	26	城郊 上市 东安 民利 湾里 留良 新桥 华光 御驾桥 南阳 茅桥埭 钱家埭 李家浜 陈家埭 店街塘 芦母 景卫 中夫 李家坝 联丰 上莫 新益 利顺 星火 五丰 芝村	3	语溪 崇德 中山
乌镇镇	26	白马墩 分水墩 碓坊桥 浮澜桥 陈庄 虹桥 南庄桥 横港 彭家 陈家 五星 双塔 颜家 民合 浙月 新翁 西浜 元丰 南王 董家 金牛 正福 杨园 翔厚 单桥 皂林	4	东苑 南宫 银杏 秀溪
濮院镇	13	新河 永越 永乐 新濮 新星 永联 新东 新联 新港 新妙智 红旗漾 油车桥 星旗	5	永乐 梅园 双龙 锦苑 新生
石门镇	18	叶新 桂花 颜井桥 白马塘 石门 墅丰 民丰 民联 殷家漾 陆家庄 春丽桥 周墅塘 部墩 东池 安全 羔羊 二大埭 崇安	1	玉溪
洲泉镇	19	马鸣 众安 义马 湘溪 晚村 道村 后塘 夜明 坝桥 青石 合兴 金家浜 清河 东田 小园头 岑山 南庄 石山头 屈家浜	1	朝晖
屠甸镇	8	联星 红星 荣星 万星 海星 和平 恒丰 汇丰	1	屠甸
大麻镇	11	海华 麻溪 西南 大庄 湘漾 百富 崇益 光明 吉字浜 永丰 黎明	1	大麻
河山镇	9	八泉 庙头 堰头 五泾 王家弄 河山 石栏桥 华台 东浜头	1	河山

（沈　娟）

国民经济与社会事业

【概况】 2017 年，桐乡市经济稳中有进，经济结构不断优化、质量效益稳步提升，社会保持和谐稳定。全市实现地区生产总值 802.51 亿元，按可比价计算增长 7.1%。三次产业结构比例为 3.28∶50.82∶45.36。其中：第一产业增加值 26.36 亿元，增长 2.1%；第二产业增加值 407.84 亿元，增长 7.4%；第三产业增加值 368.3 亿元，增长 7.3%。财政金融总体平稳，实现财政总收入 108.3 亿元，比上年增长 7.8%；一般公共预算收入 61.7 亿元，增长 5.1%；金融机构本外币存、贷款余额分别为 1251.2 亿元和 1004.1 亿元，分别比上年增长 9.8%和 15.9%。城镇居民人均可支配收入 52056 元，增长 8.4%；农村居民人均可支配收入 31984 元，增长 8%。实现进出口总值 360.5 亿元，增长 28%，出口总值 243.8 亿元，增长 15%。社会消费品零售总额

361.6亿元，增长10.3%。

【产业结构不断优化】　2017年，桐乡市推进全面创新改革试验，新增国家级企业技术中心1家、省级企业研究院5家、培育国家高新技术企业36家，高新技术产业投资比上年增长44.7%，全社会研究开发经费占地区生产总值比重2.97%，新增发明专利232件，列入国家知识产权强县工程试点县。深入实施“金凤凰”计划，引进高层次人才443名，新增院士专家工作站3家、博士后工作站6家。深化“工业强市”建设，实施“机器换人”项目561个，新增规模以上企业138家，完成“个转企”413家，两化融合跻身全省一类地区。新增中国驰名商标1个、“浙江制造”认证产品2个、浙江名牌5个。实施服务业强市培育行动计划，服务业集聚区建设和楼宇经济培育稳步推进，新增服务业规模以上企业111家，获浙江省服务业强市考核一等奖。全力做好第四届世界互联网大会·乌镇峰会、第六届中国创新创业大赛互联网及移动互联网行业总决赛的承办工作，乌镇互联网创新发展试验区建设加速推进，新引进互联网项目159个。启动国家全域旅游示范区和乌镇—石门国家级旅游度假区创建，全年接待游客2031万人次，实现旅游总收入244亿元，蝉联全省旅游发展十佳县。做优做精现代农业，深入实施“12355”行动计划（力争建成1个现代农业园区、20个农业特色精品村、3个特色农业强镇、5条农业全产业链、50个标准化农产品生产基地），扎实推进“一镇三村”（石门镇，洲泉镇马鸣村、大麻镇海华村、崇福镇城郊村）试点建设，粮食生产总体稳定，生态高效农业加快发展，获首批“全国休闲农业和乡村旅游示范市”称号，成功创建省级农产品质量安全示范市，实施全省首个杭白菊气象指数保险。

【有效投资稳步增长】　2017年，桐乡市投资保持平稳增长，完成固定资产总投资520.8亿元，比上年增长11.1%，其中工业生产性投入235亿元、服务业投资281亿元，分别比上年增长13.3%和8.6%；重大基础设施、重大产业项目、重点技术改造、生态环保投资增速均高于总体水平。178项市重大项目完成投资195亿元，开工率97.2%。其中，29项政府投资重大建设项目完成投资12.6亿元。特色小镇建设步伐加快，濮院毛衫时尚小镇、乌镇互联网小镇分别完成投资20亿元、10亿元。实施招商引智百日攻坚，合同利用外资9.5亿美元，实际利用外资3.5亿美元，引进市外内资136.9亿元，“浙商回归”到位资金73.7亿元，引进总投资10亿元以上重大项目6个。要素保障不断增强，供应国有建设用地465.33公顷，完成农村土地综合整治复垦212.13公顷，城镇低效用地再开发80.6公顷，盘活（供应）存量建设用地201.33公顷；新建天然气供气管线100千米，保障天然气供应3.5亿立方米。

【重点领域改革扎实推进】　2017年，桐乡市积极对接全省大湾区大花园大通道战略，启动桐乡市“大湾区”发展战略研究，编制出台《桐乡市乌镇大道科创集聚区战略规划》，积极推动乌镇大道科创集聚区等重大平台列入浙江省“大湾区”建设行动纲要。深入推进供给侧结构性改革，加快实施“退散进集”（推进“低小散”企业、个体户作坊向工业园区集聚），整治企业2281家，淘汰低效落后设备2863台（套），腾退低效用地108公顷。新增股改企业16家，上市企业1家，私募基金实到资金101.8亿元，新增各类直接融资66.6亿元。加快补齐民生短板，启动杨家门旧城改建（三期）项目，推进濮院镇、乌镇镇、杨家门（一、二期）等旧城改建房屋征收扫尾工作，棚户区改造签约851套，实施老旧小区改造7个。大力推进“最多跑一次”改革，梳理“最多跑一次”事项1371项，覆盖率98.1%，其中296项实现“零跑次”。实施行政区划和主城区开发管理体制调整，撤销龙翔街道和高桥镇建制，重新组建成立开发区（高桥街道）、乌镇镇和城区开发管理委员会，全市大平台格局基本形成。稳步实施农村产权制度改革、投融资体制改革、镇街道“四个平台”建设等各项改革。

【绿色发展步伐加快】　2017年，桐乡市深入实施“五水共治”，开展全面剿灭劣Ⅴ类水百日攻坚战，清淤河道254万立方米，整治191个劣Ⅴ类小微水体，市级以上河道Ⅲ类水比重提高到57%。加快城乡污水入网建设，新建污水管网53.9千米，改造城乡生活污水治理16248户。深入开展“五气共治”（治理工业废气、城市扬尘、机动车尾气、餐厨油烟和秸秆焚烧），推进工业烟尘粉尘治理，淘汰改造燃煤小锅炉228台，新增绿化造林面积213.33公顷，PM2.5浓度比上年下降9.5%，环境空气质量优良率82%。加快推进小城镇环境综合整治，完成“三改”503万平方米，“拆违”218万平方米，全面完成省级和嘉兴市级重点问题点位整治。推进低碳循环发展，发展清洁能源。加快新能源汽车推广及充电桩建设，新增新能源公交车62辆、充电桩45个；全年光伏发电60兆瓦，深入实施省“百万家庭屋顶光伏计划”，新增户用光伏并网2300户。编制年度重点企(事)业单位碳报告和市级温室气体清单。推进桐乡开发区省级园区循环化改造示范试点，城乡生活垃圾分类处置不断扩面。

【民生保障持续加强】 2017年，桐乡市社会保障能力不断增强。年内，新增城镇就业人员15576人，帮助城镇失业人员再就业7780人，城镇登记失业率2.9%；新增职工养老保险33663人，净增基本医疗保险5600人。社会救助体系更加完善，发放低保金、医疗救助等各类救助金3689.8万元，受惠家庭5000余户。教育事业全面发展，扎实推进省教育现代化达标市创建，高考一段上线人数、上线率再创历史新高，教育设施持续改善，北港小学改扩建工程、桐乡高级中学改扩建三期工程等顺利推进，实施8个幼儿园扩容工程。经过三年筹备，桐乡技师学院被浙江省政府批准成立。深入实施“双下沉、两提升”(人才下沉、资源下沉，服务能力提升、服务效率提升)，责任医生签约服务扎实推进，优质医疗资源下沉覆盖面不断扩大，桐乡市妇幼保健院、桐乡市公共卫生中心正式启用，与沪杭医疗机构开展紧密合作，医疗水平不断提高。开展人文名城建设，完善公共文化设施，开展丰富多彩的群众性文体活动，市图书馆迁建项目进展顺利，农村文化礼堂建设走在全省前列。社会治理成效显著，深化巩固“三治”(自治、法治、德治)建设成果，做好党的十九大、第四届世界互联网大会·乌镇峰会等重大活动安保维稳工作，实现“平安桐乡”十二连冠。

(程跃峰)

精神文明建设

【概况】 2017年，桐乡市精神文明建设以培育和践行社会主义核心价值观为根本，以创建浙江省文明市为统领，加强思想道德建设，深化群众性精神文明创建活动，培育社会文明新风尚，不断提升市民文明素质和社会文明程度。开展第四届桐乡市道德模范评选表彰活动，常态化开展“桐乡好人榜”好人评选，向上级部门推荐道德建设先进典型。年内，表彰“桐乡市道德模范”10名，葛瑞娥当选第五届“浙江省道德模范”，葛瑞娥、汤锡强当选第六届“嘉兴市道德模范”；评选“桐乡好人”12名，5人获评“浙江好人”，8人获评“嘉兴好人”。开展新一轮基层系列文明创建规划工作，做好全国级和省级文明单位、文明村镇、文明社区的推荐申报，指导恒基建设集团有限公司成功创建全国文明单位、濮院镇新联村成功创建全国文明村，新增省级文明单位2家、文明镇1家、文明村3家、文明社区1家。考核验收2015—2016年度桐乡市文明单位、文明村镇，命名市级文明单位17个、市级文明村5个、市级文明社区3个。市文明办出台《关于开展“倡导移风易俗 树立文明新风”主题活动的实施方案》，打造移风易俗的“桐乡样本”。开展“弘扬优秀传统文化 树立良好家规家风”主题教育活动，深化“星级文明户”“百户特色文明家庭”创建，开展“最美家庭”“最美婆媳”“最美邻居”等创评活动，6个家庭获“浙江省文明家庭”称号。注册志愿者11.8万余人，星级志愿者816人，新设“幸福桐乡”志愿驿站10个。开展志愿服务活动，依托社会组织开展爱心帮扶贫困青少年、关爱孤寡老人、礼让斑马线、弯腰一秒拾起文明等志愿服务活动，志愿服务时间增加到10.1万小时。

推进浙江省文明市建设。启动浙江省文明市创建工作，落实《浙江省文明县(市、区)测评体系》要求，印发《关于开展创建浙江省文明市活动的实施意见》和责任分解表，出台《桐乡市年度镇(街道)文明创建工作考核办法》，将创建工作落实情况纳入市委市政府对镇(街道)及部门的年度考核工作之中。召开“筑人文名城·颂风雅桐乡”文化发展大会暨省文明市创建动员大会，研究部署省文明市创建工作。加强公益广告宣传。全年在市域主要媒体刊登公益广告版150个，播出公益广告430小时；市区新增公益广告2万余平方米、墙绘近万平方米；制作张贴“文明餐桌”标识贴1.6万张、“文明旅游”“禁烟”等公益提示贴5000张；市区公交站台实现公益广告全覆盖。

加强未成年人思想道德建设。深入开展阅读伴我成长、中华经典诵读、美德少年评选、争做文明小使者等系列活动，105名少年被授予桐乡市“美德少年”称号。围绕“我的中国梦”主题，在清明、“六一”“七一”“十一”等重要节日前后，开展网上祭英烈、童心向党、向国旗敬礼等主题教育活动。开展寒假、暑假“春泥计划”，举办2017年桐乡市暑期“春泥计划”启动暨第七届“恒基暑期夏令营”开营仪式。全市各地组织各类“春泥计划”活动近3000场次，累计参与活动的未成年人25万余人次。开展机关部门、文明单位与乡村学校少年宫结对活动。做好全国乡村学校少年宫项目管理平台信息录入工作。崇德小学乡村学校少年宫蓝印花布课程成果代表嘉兴，参展全国非物质文化遗产进校园校本课程暨美术教育“高参小”成果展。做好文明校园申报、考核、命名表彰等工作，37所学校被授予“桐乡市级文明校园”称号。

【基层系列文明创建结硕果】11月17日，全国精神文明建设表彰大会在北京人民大会堂举行。会上，中央文明委公布第五届全国文明村镇、文明单位名单，濮院镇新联村被授予“全国文明村”称号、恒基建设集团有限公司被授予“全国文明单位”称号，这是国家综合性奖项的最高荣誉。近年来，新联村坚持以文明新风作指引，村级经济健康发展，村容村貌得以美化，村风民风文明向上。3年来，投资142万元新建服务用房，方便村民休闲、娱乐；开展“革除陋习、倡导文明”“我看新联新变化”“文明从脚下起步”等村民道德实践活动，激发村民参与创建文明村；组织“文明家庭”“道德新联人”“十佳村民奖”等系列文明评比，调动村民参与文明村建设的积极性。恒基建设集团有限公司是桐乡市首家“全国市政行业企业文化建设示范基地”。公司坚持把物质文明和精神文明共同进步作为统一的奋斗目标，近年来，不断创新举措，通过开设“一课两堂”、设立恒基“感恩日”、举办“家风家训”专题讲座等活动拓展企业文明内涵；推行“三联三会三课”党建文化新机制，在服务员工、服务企业、服务社会等方面取得了较好的成果经验，形成了和谐的企业文化氛围。

（张梅玫）

美丽乡村

【概况】 2017年，桐乡市继续深化美丽乡村建设。突出桐乡市江南水乡特色，结合自然、人文、产业、风俗、特产等方面确定6条精品线路。按照“洁化、绿化、美化”要求，推进主要道路、通景公路两侧环境整治，打造美丽乡村风景线方面，全市已完成各具特色的精品线路绿色人文景观带、乡村农旅观光带2条。全方位发掘村庄的个性和特色，建设一批具有“产业、文化、旅游、社区”相互叠加功能的精品村。年内，石门镇通过第二批省级美丽乡村建设示范镇创建；屠甸镇荣星村、洲泉镇东田村、石门镇墅丰村、乌镇镇杨园村通过省级精品村创建；石门镇部墩村、乌镇镇西浜村通过嘉兴市级精品村建设创建。启动建设马鸣村等5个第五批历史文化村，带动乡村旅游转型升级。全面实施美丽乡村建设升级版行动，美丽乡村建设不断向高水平全域化推进。

深化农村生活垃圾“三化”（减量化、资源化、无害化）处理。桐乡市生活垃圾分类处置工作领导小组成立，由市长任组长，分管副市长任执行组长，综合行政执法局等15个部门、12个镇（街道）主要负责人为成员，负责

屠甸镇荣星村　　市农经局提供

统筹、组织、指导、协调、考核全市生活垃圾分类与资源化利用工作。市政府出台《桐乡市生活垃圾分类处置工作实施方案》《桐乡市生活垃圾分类处置工作操作细则》。实现农村生活垃圾源头分类收集，就地资源化处置，农业大循环再利用的可持续发展模式。全年完成农村生活垃圾分类115个村，覆盖率65.3%。

【农村生活污水治理】 2017年，桐乡市继续推进农村生活污水治理工作，以进污水管网和微动力处理模式进行。全年完成农村生活污水治理建制村26个，新增受益农户5208户。农村生活污水治理是省委、省政府确定的治污重点建设工程，自2014年开始，桐乡市出台《桐乡市农村生活污水治理实施意见》，编制农村生活污水治理规划，至2017年年底，累计受益农户54118户，其中2014年受益农户18685户、2015年受益农户20244户、2016年受益农户9981户、2017年受益农户5208户，覆盖全市规划区以外所有建制村118个，覆盖率100%。

（沈丹婷）

五水共治

【概况】 2017年，桐乡市“五水共治”以“全面剿灭劣Ⅴ类水”为契机，通过健全工作机制、狠抓项目推进、严格执法监管、推动全民治水，全市水环境得到全面改善。1—12月，全省跨行政区域交接断面水质考核评价为良好；10个市控以上断面考核，Ⅲ类水断面8个，Ⅳ类水断面2个。12月，市级以上河道中Ⅲ类水占57.1%，比上年增长14.9%，Ⅳ类水占32.9%，比上年下降2.2%，市域149个监测点位（其中5个清淤中），Ⅲ类水占61.8%，增长2.6%，Ⅳ类水占29.9%，比上年增长0.7%。大力推进“全面剿灭劣Ⅴ类水”工作，境内191个劣Ⅴ类水体全部通过验收销号，所有池塘全部达标。全面落实河长制，设立市镇两级总河长及河长制办公室，制定工作方案，编制“一河一策”，推广河长制APP运用，全市有“河长”2813名，其中市级河长43名、镇级河长283名、村级河长2045名、小微水体管护人442名；深化联防联治工作机制，在交界河道开展河长互聘；完善督查考评机制，发现问题及时整改。全年新建污水管网86.24千米，城镇生活污水入网改造9608户，农村生活污水治理6640户，河道清淤254万立方米，打通断头河118条，排摸疏理307个老旧小区管网，整治企业584家、餐饮企业143家、洗车行业313家，拆除（关停）砂石料码头39家、整治提升14家。开展专项巡查和在乌镇主要断面设置“天眼”及在主要河道设置水质无线监测站，较好地保障世界互联网大会期间的水环境质量。编印发放各类宣传资料，在电视、报纸、微信等各类媒介上开展集中宣传，组织开展“剿劣先锋”评比活动、少儿书画比赛、知识竞赛、文艺汇演、验水亭等活动，提升群众参与度。

【开展第一批精品河道创建】 8月18日，市“五水共治”指挥部办公室与市财政局联合印发《桐乡市精品河道创建考评办法》，开展第一批精品河道创建工作。按照“可看、可学、可示范、可持续”要求，坚持年初申报、创建培育、年底考评、动态复评原则，制订评分标准，对前期工作、河道治理、环境治理、长效管护等4个方面，采取查阅申报材料与现场实地踏看相结合的方式，按标准实行百分制定量考评。各镇（街道）申报精品河道38条。12月，市“五水共治”指挥部办公室

洲泉镇老屋里浜　　市“五水共治”办提供

印发《2017年度桐乡市精品河道验收工作方案》，并组织验收工作。精品河道验收小组按照河道完成“五化五有”（净化、绿化、文化、亮化、洁化；有净水措施、有便民设施、有景观节点、有人文底蕴、有管护机制）工程项目，自评分90分以上，河道长度300米以上，沿河无排污口、违章建筑、侵占河道、非法捕鱼行为，河道及周边环境长效管护措施全部落实等五大要求开展验收工作。2018年3月8日，市“五水共治”指挥部办公室公布屠甸镇火炉浜等30条河道为2017年度桐乡市精品河道。所有精品河道实行“以奖代补”政策，进行资金竞争性分配。奖补内容包括坡岸整理、生态护岸、亲水平台、水生植物、生物浮床、河道增氧等工程措施。经中介机构审价后，市财政分类按工程结算审定价补助50%，其中一等奖河道每条补助最高不超20万元，二等奖河道每条补助最高不超10万元，三等奖河道每条补助最高不超5万元。

2017年度桐乡市精品河道

表3

等　级	河道名称	所属主体	等　级	河道名称	所属主体
一　等	火炉浜	屠甸镇	二　等	北浜	洲泉镇
	孙家门浜	凤鸣街道		后木桥港	石门镇
	南桥头浜	石门镇		夏石桥港	大麻镇
	老屋里浜	洲泉镇		北公桥港	梧桐街道
	塔顶桥港	开发区（高桥街道）		西坝桥港	崇福镇
	渡圣桥港	河山镇	三　等	范蠡湖浜	屠甸镇
	秀水浜	开发区（高桥街道）		火炉金港	屠甸镇
	沐恩桥港	乌镇镇		丁家桥港	崇福镇
	东坝头桥港	崇福镇		金塘浜	濮院镇
	桃园浜	梧桐街道		大宏村浜	开发区（高桥街道）
二　等	北张浜	开发区（高桥街道）		狮子浜	乌镇镇
	南妙智港	濮院镇		马家浜	开发区（高桥街道）
	朱家浜	乌镇镇		戏文浜	凤鸣街道
	南木桥港	洲泉镇		打铁桥港	洲泉镇
	薛家桥港	乌镇镇		蚕种场港	大麻镇

【全面剿灭劣Ⅴ类水】 2017年，桐乡市全面贯彻全省剿灭劣Ⅴ类水工作会议精神，及时作出决策部署。2月8—10日，市“五水共治”指挥部办公室组织人员地毯式排查全市2300多个小微水体，现场采样检测水质，排查出劣Ⅴ类水191个，建立信息库，制定作战图，实行“挂图作战，销号管理”，并制定“一点一策”治理方案。完成劣Ⅴ类水体清单、主要成因清单、治理项目清单和提标深化清单。4—6月，桐乡市开展劣Ⅴ类水剿灭“百日攻坚”行动，包括清理清剿专项整治、水系连通（活水）专项整治、城乡生活污水治理专项整治、排放口专项整治、码头提升专项整治、雨污合流专项整治、餐饮污水规范处置专项整治、洗车行业废水专项整治、水产养殖减量提质专项整治九大专项整治行动。4月中旬，排查各镇（街道）454个池塘，排查出未达标池塘89个，制定“一塘一策”方案，开展综合治理，至6月全市池塘全部达标。11月23日，省剿劣验收组协同嘉兴市剿劣督导组到桐乡市开展剿灭劣Ⅴ类水验收工作，桐乡市191个劣Ⅴ类小微水体全部通过销号验收。

（沈卓群）

概　述

2017年12月3—5日，第四届世界互联网大会·乌镇峰会在桐乡市乌镇镇举行。大会由国家互联网信息办公室、浙江省政府主办，浙江省互联网信息办公室、浙江省经济和信息化委员会、桐乡市政府、中国互联网络信息中心联合承办，联合国经济和社会事务部、国际电信联盟、世界知识产权组织、世界经济论坛、全球移动通信协会等重要国际组织协办。大会以“发展数字经济·促进开放共享——携手共建网络空间命运共同体”为主题。中共中央总书记、国家主席习近平向大会发贺信。12月2日，互联网之光博览会在乌镇国际会展中心开幕。12月3日，大会举行开幕式，中共中央政治局常委、中央书记处书记王沪宁出席开幕式并发表演讲。中共中央政治局委员、中央书记处书记、中央宣传部部长黄坤明在开幕式上宣读习近平的贺信。泰国副总理巴金·詹东、蒙古国副总理恩赫图布辛、法国前总理多米尼克·德维尔潘等外国政要，联合国经济和社会事务部、国际电信联盟、世界经济论坛、全球移动通信系统协会等29名国际组织负责人出席大会。3日下午，大会举行全体会议并举行世界互联网领先科技成果发布活动。全体会议上，法国前总理多米尼克·德维尔潘，联合国系统驻华协调代表兼联合国开发计划署驻华代表罗世礼、世界知识产权组织（WIPO）副总干事王彬颖、全球移动通信系统协会首席执行官洪曜庄，腾讯控股有限公司董事长兼首席执行官马化腾、百度公司董事长兼首席执行官李彦宏，小米科技有限公司首席执行官雷军等嘉宾发表致辞。会后，举行世界互联网领先科技成果发布活动，华为、微软、高通、特斯拉等18项领先科技成果在大会上发布。4日，由中国网络空间研究院编写的《世界互联网发展报告2017》和《中国互联网发展报告2017》蓝皮书正式发布，这是世界互联网大会举办以来，首次面向全球发布互联网领域最新学术研究成果。4—5日上午，大会举行20场分论坛，由32家国际组织、国内部委、行业协会、知名企业主办，26家机构、高校和企业协办。5日上午，大会举行闭幕式。大会期间，全球80多个国家和地区，1500多名嘉宾参会，229家中外主流媒体的700多名记者参与现场报道。同时，117家企业发布展示新产品新技术，举办互联网项目合作专题对接会10场，签署《“一带一路”数字国际合作倡议》等多项合作协议。“双创热土”项目对接活动中，成功对接互联网项目1200多个，现场签约项目资金超130亿元。

【国家主席习近平致信祝贺第四届世界互联网大会开幕】 12月3日，中共中央总书记、国家主席习近平向大会开幕式发贺信。习近平主席在贺信中重申“四点原则、五点主张”，倡导“尊重网络主权，发扬伙伴精神”，大家的事由大家商量着办，做到发展共同推进、安全共同维护、治理共同参与、成果共同分享。“伙伴精神”“四个共同”的提出，体现中国作为负责任大国的担当意识和奉献精神。同时，习近平主席明确指出，全球互联网治理体系变革进入关键时期，构建网络空间命运共同体日益成为国际社会的广泛共识。关于全球互联网治理体系变革进入“关键时期”的准确判断，体现习近平主席对网络空间发展治理规律的准确把握。关于“构建网络空间命运共同体日益成为国际社会的广泛共识”的论断，则为提升全球互联网发展水平指明方向。习近平主席贺信进一步深化了对网络空间发展治理规律的认识，深刻洞察了全球互联网发展趋势，准确把握了网络空间发展治理规律，真诚表达了中国同世界各国携手发展互联网和数字经济的合作愿望，从而为全球互联网治理和数字经济发展指明了方向，体现了中国胸怀、中国担当。

2017 年 12 月 4 日，海峡两岸暨香港、澳门互联网发展论坛举行

市委办提供

【举办分论坛 20 场】 2017 年，第四届世界互联网大会进一步拓展开门办会的理念，各分论坛由国家部委、中央媒体、知名高校或重要社会组织牵头主办，联合国开发计划署、世界知识产权组织、世界经济论坛等多个国际组织，以及外交部、国家发改委、科技部、工信部、公安部、文化部等 10 多个国家部委直接参与分论坛筹办工作。邀请 32 家国际组织、国内部委、行业协会、知名企业作为主办单位，26 家机构、高校和企业作为协办单位。围绕数字经济、前沿技术、互联网与社会、网络空间治理、交流合作五大板块，设置分享经济、人工智能、互联网精准扶贫、数字丝绸之路等分论坛 20 场。12 月 4 日，市委书记盛勇军出席数字丝绸之路国际合作论坛，参与城市建设和互联互通对话环节。

第四届世界互联网大会·乌镇峰会分论坛一览

表 4

序号	板　　块	论坛名称	主办单位	协 办 单 位	时间	论　坛　内　容
1	数字经济：造福人类社会	全球数字经济：深化合作、增强互惠	浙江省政府、世界知识产权组织	中国电信集团、中电海康集团、用友集团	4 日上午	围绕“深化合作、增强互惠，携手推动全球数字经济健康发展”这一中心内容，交流在推动数字经济发展过程中的经验和相关技术成果，深入探讨如何通过加强多方合作，进一步推动全球范围内数字经济的健康快速发展，加强对话合作，实现互利互赢
2	数字经济：造福人类社会	分享经济：创新与治理	联合国开发计划署、国家信息中心	滴滴出行	4 日下午	围绕创新移动互联网经济发展模式，充分发挥分享经济新业态创新引领作用，在出行、租房、支付、知识、教育和生活服务等民生领域如何创新培育优质高效的产品与服务，以及在市场、服务、安全等方面如何规范治理等话题，交流分享经济对实现全球 2030 年可持续发展议程的实际支撑，探讨对促进经济增长、社会发展、增进人民福祉的积极作用，分析对传统行业、生活方式及治理结构带来的挑战，探索促进分享经济健康可持续发展的治理之道

续表 4

序号	板块	论坛名称	主办单位	协办单位	时间	论坛内容
3	数字经济：造福人类社会	风险投资和互联网产业发展：下一个风口	科技部火炬高技术产业开发中心、中国互联网投资基金	红杉资本中国基金	4日下午	围绕风险投资对互联网产业发展的贡献和作用，设立主旨演讲、互动对话等环节。探讨资本与互联网发展的深度融合关系，剖析互联网技术创新、模式创新的升级趋势，进一步引导、引领互联网领域投资趋势和方向，更好发挥互联网创新驱动发展的先导性作用
4	数字经济：造福人类社会	企业家高峰对话——互联网时代的新经济	阿里巴巴集团、世界经济论坛		5日上午	放眼全球，信息技术迅猛发展，新一轮信息革命成为全球关注焦点，正深刻改变着人类的生产生活方式。新一代信息技术与传统行业的融合持续加快，新技术、新应用、新心态不断涌现，极大地推动了新兴产业的发展壮大，也加快了传统经济向数字经济的转型升级。围绕此届大会“发展数字经济，促进开放共享”主题，论坛邀请来自全球互联网领先企业代表和国内外行业领军人物，就新一轮信息革命对世界未来的影响、传统经济向数字经济转型等话题，共同探讨如何以信息化培育新动能，以新动能推动新发展
5	数字经济：造福人类社会	互联网与金融——回归·绿色·共享	中国人民银行、新华通讯社	清华大学五道口金融学院、中国经济信息社、蚂蚁金服集团	5日上午	近年来，互联网与金融持续深度融合，“金融科技”成为金融领域的国际性热词。金融科技如何推动金融回归本源服务实体经济，如何防范风险推动经济金融健康发展，如何让百姓更好地共享服务，已成为世界各国普遍关注的热点问题。论坛以“金融科技如何更好地服务实体经济”为主题，邀请全球知名经济学家、政府监管部门、国内外大型金融机构、互联网金融企业负责人，就相关话题展开深入探讨
6	前沿技术：拓展未来空间	人工智能：让生活更美好	工业和信息化部、国际电信联盟	中国人工智能产业发展联盟、百度公司	4日上午	人工智能产业蓬勃发展，正成为新一轮技术产业变革的重要力量。工业和信息化部、国际电信联盟在第四届世界互联网大会期间举办人工智能论坛，以“人工智能：让生活更美好”为主题，旨在为全球人工智能各方搭建交流平台，展示前沿技术，分享产业经验，探讨潜在的合作机会，为推动技术和产业发展贡献智慧，共同展望人工智能为人类带来的美好明天
7	前沿技术：拓展未来空间	大连接时代：创新 智能 变革	全球移动通信系统协会、全球产业合作伙伴华为技术有限公司	亚信集团、上海诺基亚贝尔股份有限公司	4日上午	未来万物皆可连，移动通信技术正引领万物互联的大连接时代加速到来，共同探索基于5G的大连接时代机遇与发展方向，探讨移动互联对技术创新、经济发展、社会生活带来的重大影响与深刻变革，讨论交流大连接时代下的产业融合、智慧生活、社交媒体、智能制造、人机交互等热点话题，展望未来的创新应用与融合发展，推动构建万物互联、和谐开放的数字化社会

续表 4

序号	板　　块	论坛名称	主办单位	协 办 单 位	时间	论　坛　内　容
8	前沿技术：拓展未来空间	前沿技术领域科学家高峰对话	中国科学院、中国科学技术协会	中国科学院计算机网络信息中心、中国电子学会	4日下午	“前沿技术领域科学家高峰对话”论坛聚焦前沿信息技术与应用，旨在充分发挥先进信息技术的巨大作用，促进科研范式转变，提升科技创新能力，打造网络空间共同体。同时聚焦量子信息、超摩尔半导体、类脑计算、互联网以及智能机器人等前沿技术领域，汇聚中外院士、行业顶级专家智库资源，充分发挥产学研权威科学家力量，探讨前沿技术最新发展趋势和挑战，展望前沿技术对人类生活及产业发展带来的变革和创新引领作用，以科学问题为出发点，碰撞思想的火花，为全球技术创新和前沿技术发展搭建交流、共享、权威的平台
9	互联网与社会：推动普惠共享	包容互鉴：网上文化交流共享	文化部、国家文物局		4日上午	有文化部、国家文物局联合主办的“包容互鉴：网上文化交流共享”分论坛作为第四届世界互联网大会“互联网与社会：推动普惠共享”板块的组成部分，旨在深入贯彻落实习近平总书记系列重要讲话精神特别是网络强国战略思想，围绕互联网时代文化交流载体与共建共享，互联网与中华文明传播等主题，凝聚“发展数字经济 促进开放共享”的共识，强化互联网环境下文化共同体的理念
10	互联网与社会：推动普惠共享	网络传播与社会责任——新时代、新机遇、新担当	新华通讯社	新华网	4日上午	论坛以“新时代、新机遇、新担当”为主题，共同探讨如何在“新时代”把握“新机遇”，如何肩负好社会责任方面的“新担当”
11	互联网与社会：推动普惠共享	共享红利：互联网精准扶贫	中国互联网发展基金会、中国扶贫基金会	中国信息通信研究院、京东	4日上午	联合国《2030年可持续发展议程》提出“到2030年在全球所有人口中消除极端贫困”。中国高度重视落实可持续发展议程，提出确保到2020年现行标准下农村贫困人口实现脱贫，发挥互联网在脱贫攻坚战中的作用，扎实推进精准扶贫，取得积极成效。论坛邀请来自国际组织、政府、企业家、专家代表，分享互联网精准脱贫的政策措施和典型案例，探讨如何更好发挥政府、企业、社会组织、受助者及公众的作用，坚决打赢脱贫攻坚战，加快弥合数字鸿沟，促进全球包容性、可持续发展

续表 4

序号	板块	论坛名称	主办单位	协办单位	时间	论坛内容
12	互联网与社会：推动普惠共享	中外部长高峰对话论坛——互联网普惠共享	国务院发展研究中心	中国互联网络信息中心	4日下午	互联网带来的福祉应为世界人民所普惠共享。习近平主席强调，要推动互联网全球治理体系变革，建立多边、民主、透明的全球互联网治理体系。论坛以“加强政策沟通 促进交流互鉴”为宗旨，以主旨演讲及专题讨论的形式展开深入探讨和交流，为推动中国与世界互联网政策协调与国际合作、推进互联网普惠共享、携手构建网络空间的命运共同体搭建起重要的国际性交流平台
13	网络空间治理：完善国际规则	网络空间国际规则：共识与前景	中国现代国际关系研究院	上海社科院、武汉大学	4日下午	网络空间国际规则制定对于维护网络空间安全，促进数字经济发展至关重要。但由于尚处形成初期，且相关议题设计各国内政外交，各方利益诉求存在差异，整体进展相对缓慢。2017年以来，网络空间国际规则制定从原则性共识转入具体条款制定，各方协调难度加大，相关进程面临瓶颈。鉴于此，论坛围绕已有成果与共识以及面临的主要挑战展开探讨，推动各方加强沟通、增进理解，凝聚共识，引领各方着眼未来，以构建网络空间命运共同体为目标，从安全与发展并重角度去推进网络空间的立规建制
14	网络空间治理：完善国际规则	打击网络犯罪和网络恐怖主义国际合作	外交部、公安部	中国人民公安大学	4日上午	论坛分为“打击网络犯罪国际合作”和“打击网络恐怖主义国际合作”上下半场。上半场分别从专家小组各自所在组织、国家等角度探讨对如何应对网络犯罪、更好开展国际合作的看法。下半场分别从各自角度探讨对如何应对网络恐怖主义、更好开展国际合作的看法，倡议推动构建目标一致、有效协同的打击网络恐怖主义国际治理机制
15	网络空间治理：完善国际规则	网络安全闭门会	中国国家互联网信息办公室网络安全协调局		5日上午	为国内外网络安全政府、行业、机构、高校及国际组织提供沟通交流的平台，探讨如何增进相互理解和信任，构建和平、安全、开放、合作、有序的网络空间
16	网络空间治理：完善国际规则	守护未来：未成年网络保护论坛	共青团中央、中华全国青年联合会、联合国儿童基金会	中国互联网违法和不良信息举报中心、中国信息通信研究院、腾讯公司	4日上午	论坛围绕“未成年人网络保护”，针对当前存在的突出问题，交流相关国际经验和实际做法，进一步推动建设健康、文明、有序的网络环境。论坛汇聚各方力量，呼吁世界携手、社会共治，共同保障未成年人网络空间安全和网络合法权益、促进未成年人健康成长

续表 4

序号	板　　块	论坛名称	主办单位	协 办 单 位	时间	论　坛　内　容
17	交流合作：构建命运共同体	数字丝绸之路国际合作论坛	国家发展和改革委员会、中国人民外交学会	中国互联网协会	4 日上午	论坛聚焦数字丝绸之路国际合作，以创新之路建设推动和平之路、繁荣之路、开放之路、文明之路建设，促进“一带一路”政策沟通、设施联通、贸易畅通、资金融通、民心想通。论坛邀请国内外政产学界杰出代表，通过碰撞思想、凝聚合作共识，促进数字丝绸之路国际合作取得务实成果
18	交流合作：构建命运共同体	海峡两岸暨香港、澳门互联网发展论坛	经济日报社、旺旺中时媒体集团、凤凰卫视、澳门互联网文化协会、中国博物馆协会	中国经济网、工商时报（台湾）	4 日下午	2017 年，互联网发展继续加速向经济社会各领域渗透融合，不断催生新产品、新业务、新模式、新业态。借助互联网，海峡两岸、香港、澳门四地的交流也更加便捷和频繁，带来了更多的合作机遇。论坛邀请来自海峡两岸和香港、澳门的互联网领军人物、行业代表、知名专家学者、文化媒体人和优秀青年代表，共话互联网创新发展，为携手推进中华优秀传统文化网上传承、发挥互联网创新引领带动民生改善、青年就业创业，促进社会繁荣稳定做出探索
19	交流合作：构建命运共同体	互联网人才培养和交流	中国科学技术协会	中国互联网协会、浙江省委人才工作领导小组办公室、嘉兴市政府、北京云校大数据技术研究院	4 日下午	论坛以“互联网人才队伍建设”为主题，深入分析当前互联网人才发展面临的机遇与挑战，准确研判互联网人才队伍建设的新趋势新要求，探讨提出今后一个时期互联网人才发展的新思路新举措，发挥各方优势，协同合作，促进互联网人才队伍建设，推动全球互联网创新、健康、可持续发展
20	交流合作：构建命运共同体	互联网国际高端智库：网络空间新型大国关系	中国网络空间研究院、布鲁金斯学会		4 日下午	随着网络空间被视为继陆、海、空、天之后的“第五疆域”，各国特别是大国在网络空间的竞争与合作更加频繁，论坛以网络空间新型大国关系为主题，重点邀请中美俄法英等国家和地区的知名智库学者以及重要国际组织的代表，从构建网络空间新型大国关系的原则、路径与方向以及大国在网络空间国际规则建立中应发挥的作用等方面进行深入探讨，致力为构建网络空间新型大国关系提供智力支撑，打造网络空间命运共同体

【世界互联网领先科技成果发布活动汇聚全球顶尖科技】 12月3日，第四届世界互联网大会世界互联网领先科技成果发布活动在乌镇举行。发布活动由中国工程院院士、中国互联网协会理事长邬贺铨主持。发布活动评审出18项代表性的领先科技成果。其中，独立发布14项，分别是：华为技术有限公司的“华为3GPP 5G预商用系统”、ARM公司的“Arm安全架构”、微软公司的“微软小冰——情感计算人工智能”、中国卫星导航系统管理办公室的“北斗卫星导航系统”、美国高通公司的“高通基于其面向移动终端的5G调制解调器芯片组实现全球首个正式发布的5G数据连接”、国家超级计算无锡中心的“基于‘神威·太湖之光’超级计算机系统的重大应用成果”、中国科学院量子信息与量子科技创新研究院的“世界首台超越早期经典计算机的光量子计算机”、特斯拉公司的“特斯拉垂直整合能源解决方案”、北京滴滴无限科技发展有限公司的“基于大数据的新一代移动出行平台”、北京摩拜科技有限公司的“摩拜无桩智能共享单车”、阿里巴巴集团的“ET大脑”、北京百度网讯科技有限公司的“DuerOS对话式人工智能系统”、亚马逊公司的“AWS GreenGrass”和苹果公司的“AR Kit”；联合发布入围先进技术4项，分别是：腾讯公司的“腾讯人工智能开放平台”、中电数据服务有限公司和国际商业机器有限公司的“Watson健康助力‘健康中国’”、清华大学的“下一代互联网关键技术”、美国机器触觉公司的“机器触觉”。自2017年7月以来，发布活动面向全球征集到来自中国、美国、英国、德国、法国、瑞典、爱尔兰、芬兰、韩国等国家的近千项互联网领域领先科技成果，涵盖理论、技术、产品和商业模式。按照遵循公平、公正、客观、权威的原则，世界互联网大会组委会成立“世界互联网领先科技成果推荐委员会”，由44名海内外知名的业内专家组成。全国政协副主席、致公党中央主席、科技部部长、中国科协主席万钢担任推荐委员会名誉主任，中国工程院院士、中国互联网协会理事长邬贺铨担任中方主任，2004年图灵奖获得者罗伯特·卡恩担任外方主任。通过推荐委员会投票，经中外方主任商议，并报大会组委会通过，最终评审出18项领先科技成果。

【互联网之光博览会】 12月2日，第四届世界互联网大会·乌镇峰会互联网之光博览会在乌镇互联网国际会展中心开幕。国家互联网信息办公室主任徐麟，浙江省委副书记、省长袁家军，国家互联网信息办公室副主任庄荣文，国家互联网信息办公室副主任杨小伟，工业和信息化部副部长陈肇雄，浙江省委常委、宣传部部长葛慧君，浙江省副省长高兴夫共同启动互联网之光开幕水晶球。中央政治局常委、中央书记处书记王沪宁视察博览会。此届博览会立足“国际、创新、未来、领先、融合”的视角，集中展示云计算、物联网、人工智能等全球互联网技术和应用创新及数字经济发展的最新成果。博览会设置发展理念区、综合展区、主题展区、新产品新技术发布区、项目合作洽谈区等功能板块，凸显全球视野、创新驱动和开放合作的特点，首次采用与西班牙巴塞罗那全球物联网大会、德国汉诺威消费电子展等国家知名展会“展位互换”方式招展，有德国SAP、卡巴斯基实验室、联合国儿童基金会等13个国家和地区的411家中外互联网科技知名企业参展，其中境外企业35家，数量为历届之最。首次设立互动梦想家、新兴独角兽、人工智能等新展区，推出机器人、无人机、共享跑步机等一批可现场互动体验的新技术。首次设立企业合作洽谈室，免费提供给参展企业和专业观众使用，安排洽谈50多场，为参展企业与上下游合作伙伴提供交流平台。博览会至12月5日结束，117家企业举办各类新产品新技术发布活动，约5万人次免费参观体验。

【苹果、思科、谷歌CEO出席大会】 2017年，第四届世界互联网大会·乌镇峰会上美国IT界三大公司苹果、思科、谷歌的CEO首次出席大会并参加相关活动。其中，苹果首席执行官蒂姆·库克、思科首席执行官罗卓克在大会开幕式致辞，谷歌首席执行官桑达尔·皮猜在大会全体会议的“数字经济全球创新发展新动能”对话研讨环节中发言。

【策划“乌镇咖荟”16场】 2017年，第四届世界互联网大会·乌镇峰会期间策划“乌镇咖荟”16场，在乌镇西栅景区、江南乌村举

乌镇智库咖荟　　张雄伟摄

办。"乌镇咖荟"每一场都会根据嘉宾的不同需求，选择不同风格的场所开展，由人民日报社、阿里巴巴、网易、美团点评、搜狗、桐乡市商务局等牵头主办，以"乌镇辰光""致敬未来""织梦空间"等命名，围绕"海归潮爱上金(融)字招牌 科技金融热让浙江成东方硅谷""互联网+生活服务如何引领新消费时代""开放共享 向未来致敬"等主题，品茶论道、畅谈合作，搭建起政府与企业、资本与项目的对接平台。

【首次发布学术研究成果】 12月4日，由中国网络空间研究院编写的《世界互联网发展报告2017》和《中国互联网发展报告2017》蓝皮书正式发布。这是世界互联网大会举办以来首次面向全球发布互联网领域最新学术研究成果。蓝皮书涵盖国内外信息基础设施、网络信息技术、网络安全、数字经济、电子政务、网络空间国际治理等互联网发展重点领域。其中，《世界互联网发展报告2017》全面展现全球互联网发展现状和趋势，总结世界主要大国和新兴经济体的互联网发展状况和发展特点；《中国互联网发展报告2017》全面回顾党的十八大以来中国互联网发展情况，展望中国互联网未来发展。蓝皮书对全球互联网发展情况作了"百科全书"式的全景梳理研究，呈现出世界互联网的发展态势。蓝皮书提出：展望未来，世界各国和国际社会应坚持以人类共同福祉为根本，为构建网络空间命运共同体而努力，推动网络空间实现平等尊重、创新发展、开发共享和安全有序。同时，大会组委会还发布《乌镇展望》和《2017年世界互联网发展最佳实践案例集》两项成果性文件。

【《"一带一路"数字经济国际合作倡议》发布】 2017年，第四届世界互联网大会上，中国、老挝、沙特、塞尔维亚、泰国、土耳其、阿联酋等国家相关部门共同发起《"一带一路"数字经济国际合作倡议》。中国、老挝、沙特、塞尔维亚、泰国、阿联酋等国家有关部门代表出席发布会。《倡议》提出，数字经济是全球经济增长日益重要的驱动力，在加速经济发展，提高现有产业劳动生产率，培育新市场和产业新增长点，实现包容性增长和可持续增长中发挥着重要作用。为拓展数字经济领域的合作，作为支持"一带一路"倡议的相关国家，本着互联互通、创新发展、开放合作、和谐包容、互利共赢的原则，探讨共同利用数字机遇、应对挑战，通过加强政策沟通、设施联通、贸易畅通、资金融通和民心相通，致力于实现互联互通的"数字丝绸之路"，打造互利共赢的"利益共同体"和共同发展繁荣的"命运共同体"。《倡议》的主要内容包括：扩大宽带接入，促进数字化转型，加大电子商务合作，支持互联网创业创新，促进中小微企业发展，加强数字化技能培训，促进信息通信技术领域的投资，推动城市间的数字经济合作，提高数字包容性，鼓励培育透明的数字经济政策，推进国际标准化合作，增强信心和信任，鼓励促进合作并尊重自主发展道路，鼓励共建和平、安全、开放、合作、有序的网络空间，鼓励建立多层次交流机制。

【"双创热土"浙江省互联网创业创新项目对接会举行】 12月2—5日，第四届世界互联网大会系列活动之一的"双创热土"浙

12月2—5日，“双创热土”浙江省互联网创业创新项目对接会举行　　市互承委提供

江省互联网创业创新项目对接会举行。会上，举行涵盖大数据、军民融合、互联网金融等不同主题的项目对接会12场，参与对接洽谈的国内外项目1200多个、资本方100多家和产业园区50多家。促进互联网与实体经济深度融合，加速人才、技术、资本、政策等资源合作对接。对接会上，用友网络科技股份有限公司的推进浙江省制造业与互联网融合发展战略合作项目、中国船舶重工集团公司第七一五研究所中船重工海洋信息装备产业园项目、Kascend holding inc 的 APP 触手 TV 平台项目、腾讯的腾讯云产业基地项目、中兴通讯公司的中兴物联网产业项目等一批重大项目签约。对接会上签约落户浙江的重大互联网项目9个，总投资超130亿元。

设施建设

【概况】 2017年，桐乡市形成“1+15+12”的全市环境保障方案体系，即1个全市总方案《第四届世界互联网大会·乌镇峰会桐乡市环境保障方案》、15个专项工作方案、12个镇（街道）主体子方案。全面开展“10+4”公路铁路沿线环境整治工作。统筹全市相关部门和各镇（街道）对环境问题开展大排查大整治，全市自查排摸环境问题334个点位，完成率100%。建立市级督查组7个，专项督查各镇（街道）主体环境保障工作落实情况，会期保障阶段确保每天开展专项督查1次。大面积限停产工作转变成严格执法，通过执法去倒逼企业主动进行整改，保障期间主动停限产企业379家，渣土车辆全部停止上路运输。全面优化核心区生态环境。提升镇区亮化、绿化、美化，完成姚太线与子夜路路口等4个景观灯光布置工程，投放各类花卉约25万盆；加强对沿线房屋的整治，增设乌镇峰会相关标语宣传10处；加强水环境治理，新建生态河岸8920米，重要通道沿线水生植物实现覆盖，种植面积8200平方米；加强河道巡查工作，确保日均巡河人员不少于80人次，巡查范围覆盖全镇所有河道。完成乌镇市政天然气管网的双回路建设，投入资金1200万元，建设桐乡至乌镇复线项目，长20千米，成功办理穿越申嘉湖高速段穿越手续，于11月27日竣工通气。

信息化基础建设水平提升。乌镇区域实现4G网络全覆盖，乌镇保障区域新增AP 890个；西栅景区新建机房4个，搬迁分裂通信局端设备19个，布放光缆5.7千米，提升网络整体安全性。乌镇出口总带宽从上年的220G提升至334G，嘉宾、记者驻地网络通信进行全面技术升级。检查乌镇互联网国际会展中心、乌镇景区及其他互联网大会相关场所设备运营情况，补盲优化WiFi网络体系，宽带十万兆进场馆、万兆进会场、千兆进桌面，会场全面实现车牌自动识别、手机扫码呼叫游览车等功能，“乌镇峰会”APP新增语音翻译等功能；室外道路、室内场馆4G实测传输速率分别超60Mbps（兆位/秒）、70Mbps，4G+速率180Mbps以上。乌镇镇新增110千伏变电站1座、20千伏联络站1座，乌镇变供电增至110千伏变电站2座、20千伏联络站1座，镇区配网线路全部实现环网互供，变电站及线路均具备N−1供电能力。

【乌镇引入智慧化项目】 11月25日，环绕乌镇各个进出卡点的安保工作进入测试阶段。与往

乌镇国际互联网会展中心乌镇厅　　市互承委提供

年不同，公安部门启用大数据、人脸识别、自助核录一体机等一系列高科技。乌镇新木桥检查站受检车辆进站后，车底扫描系统自动扫描车辆底盘，车主和乘客通过车道上安装的自助核录一体机，进行自助式的“刷脸刷卡”核对，约半分钟完成各项安检通过检查站。乌镇景区“刷脸技术”代替人工验票；每个商铺配有支付宝收钱码；游览车和摇橹船上安装 GPS 和北斗双模定位系统，游客可手机扫码一键呼叫；智慧停车场内进门显示剩余车位，车牌自动识别，移动扫码支付停车费。第四届世界互联网大会利用智能化手段提升科技感和先进性，展示一批互动性和体验性较强的互联网应用新技术、新产品，不断提升大会的信息化管理和服务水平。会议期间，包括阿里无人超市、远传智能机器人、科大讯飞晓译翻译机、中电科技智慧路灯杆、量子通信成果展示等 26 项智慧化项目（产品）落户乌镇，方便参会的嘉宾记者，也为老百姓的生活带来便利。

【“智慧乌镇”物联网平台正式启用】　11 月 29 日，第四届世界互联网大会承办工作委员会召开新闻发布会，宣布“智慧乌镇”物联网平台正式启用，该平台将负责大会期间所有公共设施的智能监管，会后继续用于乌镇的城市管理。“智慧乌镇”物联网平台给传统的消防栓、景观灯、窨井盖、垃圾桶等公共设施全部加装互联网和物联网的模块。整个乌镇景区投放智能垃圾桶 6 个，无论是烟蒂、电池、可回收物还是其他垃圾感应投放自动分类，电量由垃圾桶上的太阳能维持。垃圾装满之后会自动压缩，能够容纳一般垃圾桶的 3 到 5 倍，并自动通知到“智慧乌镇”的平台。乌镇每一个窨井盖加装一份保险，当窨井盖发生移位或者倾斜，会及时报警，通知到“智慧乌镇”平台。窨井盖的里面还有超声波监测仪，实时监测水位的变化。消防栓实时监测水压保证正常使用，景观灯根据黑暗程度调整光亮。智能的公共设施全部接入到“智慧乌镇”的物联网平台后，共享物联网信息，提升城市管理效率。

服务保障

【概况】　2017 年，中央网信办对第四届世界互联网大会·乌镇峰会各项筹备工作给予大力支持和深度指导，中央网信办主任徐麟、副主任杨小伟等多次对大会功能定位和内容设置、议题设计、红利释放等有关工作作出重要指示，并在会前赴乌镇驻点工作。浙江省委、省政府把办好世界互联网大会作为重要工作部署，写入浙江省第十四次党代会报告，并纳入浙江省今后五年的重要工作予以落实。浙江省委书记车俊、省长袁家军多次听取大会筹备工作汇报，亲自赴乌镇检查指导，并就有关问题进行专题协调。葛慧君、高兴夫等省领导驻点乌镇现场办公，指导督促筹备工作并多次带队赴中央网信办对接工作。嘉兴市委书记鲁俊、市长胡海峰等主要领导和分管领导也多次赴乌镇调研指导，并在环保、安保等有关工作上给予桐乡全力支持。桐乡市始终秉持“提升水平、扩大效果”的目标要求，将大会作为在“两个百年”新长征路上弘扬“红船精神”的一次重要实践，以高度负责的态度、强而有力的措施、紧密团结的协作推进第四届世界互联网大会各项筹备工作。成立第四届世界互联网大会桐

大厅安检口　　市互承委提供

乡市承办工作领导小组，市委书记、市长担任组长，33家市属部门及乌镇旅游公司为成员，统筹负责大会各项承办工作。领导小组下设办公室及会务接待组、信息化工作组、环保与保障组、志愿服务组、新闻宣传组、安全保卫组、环境整治组、招商引资组、论坛工作组、乌镇环境秩序组等10个专项工作组，形成“1+10”的桐乡承办工作组织架构，各专项组组长由市级领导担任。按照中央批准的大会方案，制定桐乡市承办工作总体方案，并按照“一项目一方案、一活动一方案”要求，相应制定专项工作方案和项目活动方案。市委、市政府相关领导23次赴北京、杭州与中央网信办和省政府办公厅沟通对接有关工作，召开专题会议62次，研究部署大会筹备工作，确定办会基本方向，明确筹备基础信息。集中办公后，中央和省、市继续混合编组并实行一体化、扁平化办公。桐乡市抽调500多名机关工作人员到乌镇集中办公，协助做好安保消防、基础保障等有关工作，书记、市长和3名分管市领导驻点乌镇办公，全市各镇（街道）、部门取消双休，基层村、社区启动万人巡防，有效确保工作的直接沟通和快速对接。

【会务接待规范有序】　2017年，桐乡市承办工作领导小组调整会务接待组工作小组设置，优化工作网络，加强人员队伍建设，建立警卫接待小组、外事接待及会晤接见小组、省市领导接待小组、食品安全小组、医疗卫生小组、嘉宾食宿保障及酒店分配小组、酒店协调小组、宴会保障小组、乌镇镇区工作人员食宿保障小组、西栅景区工作人员餐饮保障小组、交通工作保障小组、嘉宾接送站小组、综合协调小组等13个工作小组。分房时，坚持突出重点、相对集中、方便宾客的原则，将所有嘉宾用房在嘉宾报到前分配完毕。会务接待组专门制作中英文版的《嘉宾须知》手册，确保入住景区外围酒店的嘉宾顺利入住，大会日程、乌镇互联网国际会展中心与酒店之间的班车时间表以水牌或电子屏的形式，放置在酒店的醒目位置，安排会务接待组定点工作人员及志愿者进驻，并提供24小时服务。除12月3日晚上的欢迎晚宴外，其余嘉宾用餐都采用自助餐形式，菜单既突出地方特色，又兼顾嘉宾饮食习惯。整合嘉兴、桐乡及乌镇旅游公司三方面的车辆资源，制定相应的保障方案和应急预案，设立接站点并配备工作人员，提前与各大机场进行对接，落实打通礼遇通道，确保交通保障万无一失。加快推进贵宾楼、帆船酒店、子夜酒店等乌镇峰会重点配套项目建设，完成昭明书舍、乌村（二期）等配套设施改（扩）建，供餐容量增加1600人。

【建立平战结合常态化工作机制】　2017年，桐乡市承办工作领导小组成立峰会安保工作专班，全面统筹协调安保工作，在浙江省公安厅、嘉兴市公安局的统筹协调下，乌镇峰会期间投入安保力量8148人，比上年精简23.8%，其中桐乡市公安局民警283人、协警330人，学员警2020人，武警1070人。ISO 9001质量管理体系引入峰会安保工作，建立平战结合常态化工作机制。以年为周期，维稳安保工作划分为“平时”和“战时”两个阶段，以开幕时间为基准，“战时”为开幕日前35日至闭幕，其他时间段为“平时”，并将“平时工作”细分为日常和备战阶段，将“战时工作”细分为“临战”“实战”和“决战”三个阶段，通过导入质量管理体系，强化对维稳安保工作过程的控制，持续改进工作方法和手段，提高峰会维稳安保工作能力和水平。坚持层层设防、层层过滤原则，全面实施峰会安保“护城河”工程，全面排摸环浙、环嘉、环桐安保圈上的水陆交通要道，由外至内设置环浙、环嘉、环桐外三环，明确值守责任和勤务标准，实行 24 小时运作；在乌镇全域构建“一屏、一圈、一核”内三环包围圈，在进入乌镇区域的乡村道路入口安排人员值守，确保核心区域绝对安全。启用浙江公安大脑乌镇峰会项目，实现对全省人、车、物信息的全面感知、精准识别，打造数字通信、视频调度、信息研判一体化指挥调度平台，构建起“智能感知、智能防控”安保管控体系。组织当地居民组成“乌镇管家”队伍，开展大巡防等行动，发动基层群防群治力量参与维稳安保工作，最广泛取得群众的支持理解。在乌镇子夜路延伸段新建新木桥公安检查站，联合海康威视、中电科 38 研究所、阿里巴巴等科技公司，安装智能抓拍摄像头（电子侦查哨）、前端信息采集系统、车底检查系统、人证比对自助终端、行李 X 光安检仪、气压式升降桩、报警声光系统等核录安检设备，依托大数据应用系统分析，通过车辆特征识别、车牌识别、人脸识别、X 光物品安检等，实现智能分类引导、智能布控预警、智能核录安检、智能封控拦截，切实发挥卡点过滤和屏障作用，构筑外围安全屏障。

嘉宾与志愿者　　市互承委提供

【招募“小梧桐”志愿者 1240 人】

2017 年，第四届世界互联网大会志愿者继续沿用“小梧桐”称谓。6 月，启动志愿者招募工作，采用“网上＋网下”方式进行，网上通过“青春浙江”微信公众号面向省内相关高校招募，网下由桐乡市招募本地志愿者，参与报名 8000 人，经过两轮面试，以及考察志愿者政治素质、外语水平、形象气质、沟通交流等，最终选拔出来自 15 所省内高校和桐乡市志愿者 1240 人，涵盖一对一、礼仪、新闻、酒店、医疗、注册报到等 12 个类别，涉及外语语种 10 个。12 类志愿者划分为会场及活动服务组、重要嘉宾服务组、注册报到及活动服务组、接送站服务组、景区道路引导组等 10 个工作组，从省、市、县三级团委和各高校选拔 64 人，以带队老师作为各组组长，牵头推进各组工作。开发大会志愿服务指挥管理 APP，实现分组管理、一键传达、签到签退、实时定位等功能，确保指令畅通，实现智能指挥管理，提升志愿者服务水平。

【组建“桐宝宝”媒体服务团】

2017 年，桐乡市组建“桐宝宝”媒体服务团，专门服务媒体记者采访需求。全市有专职“桐宝宝”10 多人，大部分是 90 后，来自镇（街道）、部门的优秀新闻宣传工作者。大会期间，媒体服务团对新华社、《人民日报》、中央电视台、《光明日报》、浙报集团等重点媒体实行“一对一”服务，解决采访需求 200 多项。结合党的十九大精神，在域外主要机场、高铁和域内主要干道沿线投放大会主题宣传，并依据采访时间、区块优势、产业类别等元素，制作新闻指引《发现桐乡》，努力扩大宣传外延，提升宣传效果。编制《新闻发布桐乡手册》，推广桐乡元素、提升本土亮点。联合新华社策划推出“世界@桐乡”短视频，网上点击量超 102 万次。11 月 23—25 日，新华社、人民网、《光明日报》等主流媒体开展集体采风活动，集中推出一批预热采访报道。12月2—7日，新华社、《人民日报》、中央电视台、《光明日报》《华尔街日报》、BBC网、彭博社、法新社、《联合早报》等境内外主流媒体刊发大会报道13万篇次，讨论量200万次。

（沈晨旭）

创新与发展

【概况】 2017年，桐乡市发展以先进制造业为核心的实体经济、以乌镇为核心的旅游业与互联网，重点推进智能制造、“互联网＋”等领域，推进乌镇互联网创新发展试验区核心区块建设，开展互联网产业项目的引进与集聚，打造“网络智慧强市”。年内，引进互联网项目159个，包括中国航天科工集团第三研究院三一〇所“互联网＋”军民融合双创基地、乌镇虚拟产业园、宝新奥泊、赛飞卡盟、佛沙朗新能源、阿尔法变频、传贝科技、博朗尼等。自首届世界互联网大会以来，全市累计引进各类互联网项目305个。完善修订《促进互联网经济加快发展的实施意见（试行）》，4月经市政府同意发文。互联网与传统产业持续融合，推动电子商务持续发展，网络零售额287亿元，比上年增长25％，网商数据应用排名全国第二、浙江第一。4月，桐乡市政府印发《桐乡市关于深化制造业与互联网融合发展实施方案（2017—2019）》，确定2017年度制造业与互联网融合发展实施计划。全年实施制造业与互联网融合发展项目56个，涉及装备制造、新材料、纺织服装等行业。信息经济类企业新增161家，涉及信息服务、软件开发、信息制造等。桐昆集团股份有限公司、浙江双箭橡胶股份有限公司入选2017年省级制造业与互联网融合发展示范企业，浙江易锋机械有限公司入选2017年省级制造业与互联网融合发展试点企业。6月16日，桐乡市举行“企业上云”启动仪式暨首期推进会，全年新增“上云”企业1924家。浙江省经信委发布《2017年浙江省区域两化融合发展水平评估报告》，桐乡市两化融合发展指数83.37，排名全省第21位，嘉兴市第2位，居省一类地区。

城市信息化应用在多领域惠民服务中水平不断提升，改善桐乡城市服务管理、提升城市生活品质、推动城乡统筹发展、促进桐乡经济社会发展。智慧政务方面，实现市、镇、村三级便民服务网上大厅全覆盖，借助网上服务平台可办理100多项许可、便民事项。通过梳理事项、优化服务、推进网上审批等举措，有序推进“最多跑一次”改革。智慧安防方面，实施浙江省智慧城市示范试点项目，列入浙江省示范推广项目，完成9个物业小区的智慧小区建设、37个开放式小区视频封闭建设。智慧健康方面，通过“健康桐乡”APP实现预约就诊，监管个人健康数据；分级诊疗平台汇聚医生资源22万人，专家团队7260组，开创在线电子处方、延伸医嘱、电子病历共享等形式。智慧养老方面，桐乡市借助世界互联网大会，探索乌镇“互联网＋”养老服务新模式，成功入选养老服务业发展典型案例。智慧交通方面，实现交通事故微信一键报警、市区公交车辆到站查询，城乡公交、公共自行车、长途汽车等公共交通的租用、订票及付费等功能，实现网络、手机操作；高清电子摄像头、“高空天眼”等大批智能设施

互联网之光博览会上嘉兴仁光乌镇科技有限公司展区

市互承委提供

建成。智慧旅游方面，建立多样化信息旅游服务平台，乌镇景区实现语音导览、二维码门票、电子化支付、智慧停车场管理等。

第四届世界互联网大会期间，配强互联网产业招商力量，组建招商引资组，筛选出重点企业50多家，会前、会中、会后分别由相关市级领导带队、科级领导跟进，利用嘉宾参会间歇点对点主动对接、一对一跟踪服务。互联网之光博览会上，以浙江慧澳科技有限公司、嘉兴仁光乌镇科技有限公司为首的23家桐乡企业参展；同时，浙江合众新能源汽车有限公司、浙江大数据交易中心有限公司等5家桐乡企业以独立展位的形式进行展出。不断深化乌镇峰会市场化运作，全面整合博览会市场资源，通过多轮对接洽谈，阿里巴巴、宝马、摩拜单车等国内8家知名企业成为大会合作伙伴，乌镇峰会的市场价值和品牌影响不断提升。

【招商工作有序推进】 2017年，第四届世界互联网大会期间，桐乡市成立招商专项工作组，由副市长朱伟强、杨加鸥任组长，商务局(招商局)局长任执行组长，市政府办、金融办、经信局、商务局和乌镇镇分管领导任副组长，发改局、科技局、人社局、农经局、开发区(高桥街道)和4个驻点工作组等招商引资分管领导任组员。大会召开前期及会议期间，市级领导分别拜访富士通、微软、联想集团、特斯拉、阿里巴巴、亚马逊、华为、诺基亚、滴滴，以及2011诺贝尔化学奖得主、以色列材料科学家丹·谢特曼等企业巨头和嘉宾，并邀请企业家大会后继续到桐乡考察、洽谈；分别与谷歌、博世(中国)、中国信息化百人会、中国工程院、国家物联网、芯域通信(新加坡)、凡普金科新浪、新松公司、网易、埃森哲公司(德国)、安克罗诺斯传媒集团(意大利)、美国中华投资基金、互联网单车、总裁网、圣嘉传媒等嘉宾进行深入洽谈，增强客商投资信心。12月3日晚，市经信局承办“转角遇见”咖荟，英国未来城市创新推进中心、腾讯众创空间、摩拜单车、汇桔网等国内外企业相关负责人参加咖荟，市领导冯中海、陈炳荣与企业家共谋新时代互联网经济发展的新方向。12月4日晚，市商务局承办“沈园畅想”咖荟，共享经济领域知名的学者、企业家对话桐乡有关企业，分析桐乡工业＋互联网发展模式，对话共享经济＋智慧城市在桐乡的应用发展。市领导沈建坤、朱伟强、陈炳荣参加咖荟。12月5日下午，在乌村知青大礼堂的“岁月如歌”咖荟上，来自美国、意大利、以色列等国家的全球知名企业高管、科研人员、艺术家，就中外科技、艺术、文化等方面展开交流。市领导盛勇军、王申峰、姜玮、朱伟强、陈炳荣等参加咖荟。“岁月如歌”咖荟上“乌镇设计”平台亮相，平台由乌镇镇政府与浙江慧澳科技有限公司共同打造，向全球有意向来中国发展的企业抛出橄榄枝。大会期间，有5个项目签约，分别来自以色列、美国、德国等国家，涉及激光、雷达、在线音乐、电子芯片、无人机等行业。

【举行“智慧桐乡，邀您共创美好新时代”桐乡发布专场活动】 12月2日，第四届世界互联网大会·乌镇峰会之“智慧桐乡，邀您共创美好新时代”桐乡发布专场活动在互联网之光博览会6号馆举行。浙江省经信委副主任吴君青，桐乡市领导王申峰、姜玮、朱红、朱伟强、周民等参加发布会。桐乡经济开发区与乌镇镇在发布会上进行推介，两大区域“代言人”向与会嘉宾和客商介绍各自平台的发展新优势。会上，落户桐乡市的5家特色互联网类企业发布先进科技和成果。同时，乌镇镇为入驻乌镇的嘉兴乌镇盈嘉千镇科技有限公司、嘉兴仁光乌镇科技有限公司、烟台东晨软件科技有限公司、嘉兴市竹芸逸品文化创意有限公司、嘉兴市螳螂头网络科技有限公司、浙江沅智投资发展有限公司、杭州天夏科技集团有限公司、优葆健康科技有限公司等8家企业集中授牌。来自境内外近100名客商参会。

(沈晨旭　朱李熙)

农 业

概 述

2017年，桐乡市农业围绕供给侧结构性改革，主攻高效生态农业，积极推动农业增效、农村增绿、农民增收。全年实现农业生产总值42.09亿元，比上年下降8.4%；农村居民人均可支配收入3.2万元，比上年增长8.6%。

编制实施《桐乡市现代农业产业发展规划(2017—2021年)》，启动实施"12355"行动计划(1个现代农业园区、20个特色精品村、3个特色农业强镇、5条农业全产业链、50个标准化农产品生产基地)，稳步发展粮食产业，重点发展杭白菊、蔬菜、水果产业，巩固发展水产、花木、蚕桑、畜牧产业。全市农作物种植面积5.7万公顷，比上年增长2.1%。其中，粮食作物2.47万公顷，减少0.3%；经济作物3.23万公顷，增长4%。粮食总产量16.86万吨，增长2.5%。全年饲养生猪18.09万头，增长30.61%；饲养湖羊43.46万头、兔25.57万只、家禽679.5万羽，分别下降7.85%、32.9%和16.7%。全市水产养殖面积1744公顷，基本与上年持平，水产品总产量1.8万吨，增长6.5%。全年饲养蚕种14.58万张，下降8.8%；总产蚕茧8152吨，下降0.26%；实现蚕茧产值3.11亿元，增长15.8%。全市城镇、农村造林绿化213.4公顷，11个村通过"三个一"百亩片林项目验收，创建成功省级森林城镇1个、省级森林村庄3个，嘉兴市级绿化示范村14个，全市林木覆盖率24.96%。强化粮食生产功能区建设，新建粮食生产功能区21个、1150公顷，累计99个、1.07万公顷。桐乡市运北现代农业综合园区被列入省级现代农业园区创建点。按照"四有四化"(有品牌、有检测、有标准、有带动，美丽化、智慧化、生态化、产业化)标准，培育特色精品产业基地和优质农产品品牌各18个，其中"桐香"猪肉被评为浙江省名品猪肉，"河坊人家"大米被评为"浙江好稻米"，"董家"茭白成为"舌尖上的浙江"推介食材。提升农业装备水平，实施"机器换人"示范县建设，建成机械化示范点45个、农机综合服务中心3个，粮食生产耕种收综合机械化水平83.1%，主要粮食作物机收率99%。

绿色经济展活力。开展"打造整洁田园、建设美丽农业"行动，整建制推进现代生态循环农业建设，建成省级现代生态循环农业示范区2个；农作物秸秆综合利用率保持在96%以上，"稻

濮院红旗漾粮食生产功能区　　市农经局提供

麦秸秆机械粉碎全还田利用模式”入选农业部“全国秸秆农用十大模式”。构建农药废弃包装物回收处置长效机制，建农药废弃包装物专用仓库1座，全年回收各类农药废弃包装物101吨，已处置66吨，农药废弃包装物回收率99.67%。推进畜牧业绿色发展。以创建美丽生态牧场和国家级畜禽标准化示范场为依托，整县推进畜禽养殖废弃物无害化处理和资源化利用，成功创建4家省级美丽生态牧场和1家国家级畜禽标准化示范场，生猪规模养殖场全部纳入在线监控平台，病死动物无害化处理率100%，畜禽排泄物资源化利用率98%以上。围绕“风雅桐乡”建设，打造美丽乡村升级版。建成乡村农业旅游观光带1条（运北现代农业综合园区—石门湾现代农业综合园区）、示范镇1个（石门镇）、精品村4个（屠甸镇荣星村、洲泉镇东田村、石门镇墅丰村、乌镇镇杨园村）。巩固农村生活垃圾、生活污水治理成果，5208户农户完成农村生活污水提标改造；113个村完成农村垃圾分类治理。

农产品质量安全持续向好。省级农产品质量安全放心县工作6月通过省级考评验收。9月，省农业厅、省林业厅、省食品药品监管局和省海洋与渔业局联合发文，桐乡市列入第二批省级农产品质量安全放心县。完成农业环境质量现状调查和主要农业区域土壤重金属监测，建立19个农田土壤污染常规检测点、10个农田土壤污染综合检测点。全面推行农业标准化生产，实施农业标准化示范项目3个，修订农业地方标准58项，农业标准化生产程度64.69%。加快推进农产品“三品一标”（无公害农产品、绿色食品、有机农产品，农产品地理标志）发展，年内新增无公害农产品、绿色食品15个，累计全市有效期内“三品一标”认证产品128个，“三品”认证面积1.69万公顷，主要农产品“三品”认证比例60.9%。推进农药化肥减量增效工程，全年农作物病虫害专业化统防统治8540公顷，病虫害绿色防控示范6133公顷，实施测土配方施肥技术面积3.85万公顷，推广商品有机肥1.96万吨，农药减量17.4吨。推进农产品质量安全追溯体系建设。新增农产品质量安全追溯主体24家，桐乡市级以上示范性合作社、农业龙头企业、家庭农场等主体可追溯率达到93.75%。全面实施农产品合格证制度，完成区域食用农产品规模生产主体信息大调查，全市1027家规模生产主体全部纳入浙江省农产品合格证管理系统。

农业信息化建设成效显著。借助世界互联网大会·乌镇峰会的溢出效应，实施“互联网+农业”，加快推进物联网技术应用，建立市级智慧农业云平台和现代农业“大数据”中心，新建农业物联网基地4个。嘉华牧场获评全国农业农村信息化示范基地。深化信息进村入户工程建设，村级益农信息服务体系实现全覆盖，新建标准化示范性益农信息社7个，“董家”茭白专业合作社的益农信息社入选全国益农信息社百佳案例，打造全省信息进村入户工程整省推进典范，成为嘉兴市2017年农业工作亮点。深入推进“一镇三村”新型农业现代化试点，崇福农创园获评全国农村创业创新园区和科技部“星创天地”。

农村改革持续深化。加快土地确权颁证，全市11个镇（街道）、152个村开展土地确权登记颁证工作，土地测绘率100%，审核完成率98.2%，农户承包合同签订率90.01%。有序推进土地流转，全年全市流转土地558.2公顷，累计1.5万公顷，流转率50.4%。村集体经济不断壮大，全市首个市级抱团项目——聚晟创业园开工，总投资2.2亿元，每年可增加村级经常性收入1000多万元。2017年，全市村集体经济经常性收入2.65亿元，比上年增长25.98%，其中70万元以上175个村，100万元以上146个；经营性收入1.34亿元，比上年增长26.6%，其中15万元以上164个村、20万元以上156个。

（沈长松　钱　伟）

种　植　业

【概况】　2017年，桐乡市粮食播种面积2.47万公顷，比上年减少0.3%，总产16.86万吨，增长2.5%。其中，晚稻播种面积1.45万公顷，总产12.33万吨，分别增长4.2%、4.8%。是年，晚稻生长前中期持续高温，灌浆结实期，持续阴雨、光照不足，不利于灌浆结实，针对性地采取分次搁田、控苗壮秆和施好穗肥等措施后，有效减少了不利天气的影响，晚稻公顷单产8490千克，增长0.53%。对粮食生产加大政策扶持力度，重点落实粮食适度规模经营补贴、粮食生产贷款贴息和水稻及大小麦政策性保险等。各镇（街道）进一步加强粮食生产功能区建设，新建粮食生产功能区21个、面积1150公顷，累计99个、面积1.07万公顷。开展粮食绿色高产创建活动，建省级千亩示范片5个、面积484公顷；建市级百亩方17个、面积146.7公顷。扩大推广粮食作物新品种、新技术。粮食部门继续开展优质晚稻订单生产，与全市318户大户、6788公顷晚稻签订优质晚粳订单，订单价每千克加价0.32元，实际优质加价订单收购稻谷2.19万吨，比上年增长5%。

2017年，全市经济作物种植面积3.23万公顷，比上年增长4%，其中蔬菜1.85万公顷，基本与上年持平，总产65.08万吨，增长6.6%。由于上年冬天、2017年春天天气条件适宜，上半年蔬菜生长普遍较好，其中榨菜种植面积3433公顷，公顷产值约4.55万元，为历年新高。果用瓜种植面积1298公顷，总产4.69万吨，其中西瓜728公顷、2.97万吨。杭白菊种植面积3140.4公顷，增长2.2%，总产9689吨，鲜花收购平均价格：胎菊12.5元/千克、朵花6.8元/千克，分别增长11.6%、21.4%。

【茭白设施种植与露地种植效益差距拉大】 2017年，桐乡市茭白复种面积1950公顷，优质新品种“龙茭二号”种植面积占比超80%。设施栽培茭白双膜促早栽培面积持续增加，达到280公顷，上市提前到4月10日左右，较往年提早3—5天。效益显著，公顷产值22.49万元，比上年增长10.6%。而露地栽培二茬公顷产值11.75万元。设施种植效益与露地种植效益差距进一步拉大，产值比扩大为1.91∶1。

【榨菜种植效益创新高】 2017年，桐乡市榨菜种植面积3433公顷，比上年增长1.58%。是年，榨菜种植和生长环境适宜，采收期天气良好，榨菜质量好。平均公顷产量54.43吨，比上年增长14.7%，平均价格0.86元/千克，略低于上年（0.9元/千克）；公顷产值4.55万元，为历年新高。加大净菜收购宣传，企业和农户自觉性提高，净菜占比95%以上，收购质量好于往年。

秋天的田野菊海　　市农经局提供

【首创杭白菊采摘期降水指数保险】 参见《金融·保险业》相关条目。

（沈学根　李红艳）

蚕　桑　业

【概况】 2017年，桐乡市蚕桑行情前低后高，受茧丝绸行情复苏影响，春茧价格后期大幅攀升，蚕农培桑养蚕热情提升，晚秋蚕补订近万张。全年饲养原蚕蚁7.31千克，生产一代杂交蚕种13.31万张，分别比上年减少12.55%、0.74%。其中，春期饲养原蚕蚁量3.67千克，生产一代杂交蚕种7.24万张，分别减少34%、18.17%；秋期饲养原蚕蚁量3.64千克，生产一代杂交蚕种6.07万张，分别增长30%、33.4%。全市桑园面积6639公顷，比上年减少3.9%。全年统发蚕种11.82万张，比上年减少5.6%。总饲养蚕种14.58万张，比上年减少8.8%。其中，春期饲养7.73万张，减少20.2%；夏期1.01万张，减少0.1%；秋期5.84万张，增长10.3%。总产蚕茧8152吨，基本与上年持平。其中，春期4529吨，减少11.5%；夏期497吨，增长4.9%；

春蚕养殖　　市农经局提供

秋期3126吨,增长21.1%。蚕茧平均价格42.88元/千克,上升28.2%。实现蚕茧产值3.11亿元,上升15.8%。嫁接桑苗单株1.1元,创近年新高,桑苗、广秧种植面积287公顷,比上年下降7.8%。合作社收购蚕茧1234吨,占全市总产量的15.1%。全市50张以上规模共育小蚕9900张,减少4.8%。

【蚕桑产业转型升级】 2017年,桐乡市蚕业管理站蚕业科技示范基地分别从中国农业科学院蚕业研究所和浙江大学引进19个品种桑品种和8个果桑品种,建立桑树品种资源库。春蚕期,从浙江大学引进彩色蚕品种5对,在彩色茧基础上再进行染料添食试验,筛选得到彩色茧11种。邀请湖州市农科院相关专家和全市缫丝企业负责人对应用彩茧制作天然彩色丝绵开展研讨。东池蚕业专业合作社实施的"规模化小蚕共育技术示范"项目和高桥街道实施的"桑—榨菜农作制度模式示范"项目,分别形成相应的生产技术标准。沈莉高家庭农场的蚕桑产业观光园在原蚕业技术展示区、果桑区、桑园养鸡区基础上,新建0.53公顷微缩型桑基鱼塘样板,全年实现营业额近60万元,比上年增长20%。东池蚕业专业合作社促进全产业链发展,实施小蚕规模饲养,大蚕标准化管理,重视采售茧环节,实行缫丝品牌化产销,以电视直销为主渠道开展蚕丝被销售,全年实现蚕丝被销售额5000多万元。

(吴纯清)

林　　业

【概况】 2017年,桐乡市新造林114.7公顷,改造提升平原绿化98.7公顷。城镇和农村新造林地段146个,植树7.12万株,平均成活率96.86%。全市林木覆盖率24.96%。深入开展"森林桐乡"系列创建工作,新创建省级森林城镇1个(龙翔街道),森林村庄3个(路家园村、湾里村和白马塘村),嘉兴、桐乡两级绿化示范村22个。年末,全市有省级森林城镇累计8个,省级森林村庄18个,嘉兴、桐乡两级绿化示范村125个。年内,成功创建浙江省生态文化基地1个(桃园村)。继续实施公园、广场、片林"三位一体"百亩片林建设,11个村通过"三个一"百亩片林项目验收,全市累计建成"三个一"百亩片林61个。围绕省政府"十三五"新植1亿株珍贵树五年行动计划,新植珍贵树14.05万株,建成珍贵树种示范林、珍贵树种示范点、珍贵树种示范单位各1个。桐乡市被评为2017年森林浙江建设目标责任制考核优秀单位、嘉兴市绿化工作考核优秀单位。花卉苗木产业发展处于调整转型期,整体稳中向好,全年全市育苗3341.5公顷,比上年多132.5公顷,苗木价格总体稳定,销量有所增加。

(王海滨)

水　产　业

【概况】 2017年,桐乡市水产品总产量17996吨,比上年增长6.5%。其中,捕捞产量3459吨,增长6.1%;养殖产量14537吨,增长6.6%。渔业一产总产值37306万元,比上年增长6.7%。其中,捕捞产值1534万元,实现捕捞增加值1043万元;养殖产值34628万元,实现养殖增加值11946万元。养殖品种22个,养殖面积1744公顷。是年，桐乡市结合“五水共治”行动，继续开展水产养殖面源污染治理，实施乌鳢池塘养殖退养整治。全年完成乌鳢池塘养殖退养整治面积106.8公顷，实现乌鳢养殖尾水治理全覆盖、养殖尾水达标排放。年内，“罗氏沼虾清洁生产技术应用与推广”项目获嘉兴市农业丰收奖二等奖，“中华鳖日本品系种苗繁育研究及产业化”项目和“泥鳅水花苗至寸片苗培育综合技术及量产攻关试验”项目获桐乡市科技进步奖二等奖。

【新建两个池塘内循环流水养殖示范基地】 2017年，市水产工作站围绕农业供给侧结构性改革目标，结合“四有四化”（有品牌、有检测、有标准、有带动，美丽化、智慧化、生态化、产业化）品牌基地建设提升项目，加快渔业绿色高效发展。新建池塘内循环流水养殖示范基地2个：大麻镇现代生态渔业示范基地和洲泉湘溪水产园区。大麻镇现代生态渔业示范基地养殖面积6.3公顷，有流水跑道10条；洲泉湘溪水产园区养殖面积2.2公顷，有流水跑道3条。两示范基地，集中养殖，集中吸污，尾水集中处理，实现养殖尾水零排放、小水体养鱼、大水体养水。

（胡晓波）

畜　牧　业

【概况】 2017年，桐乡市年末生猪存栏6.89万头，年内出栏11.2万头，分别比上年增长59.86%、17.52%；年末湖羊存栏19.35万头，年内出栏24.11万头，分别减少5.56%、9.56%；年末家禽存栏152.31万羽，年内出栏527.2万羽，分别减少31.15%、11.31%；年末兔存栏9.27万只，年内出栏16.3万只，分别减少11.54%、41.43%。肉类总产量2.2万吨，增长4.54%。畜牧业总产值（不含蚕茧产值）6.97亿元，减少10.64%。年内，畜禽行情波动明显。湖羊市场行情持续上涨，每头出栏约盈利150元，种羊交易依旧惨淡；生猪价格较为平稳，每头出栏约盈利200元；鸡蛋价格先跌后涨，上半年亏损严重，下半年开始盈利，蛋鸡每羽约年盈利2元；獭兔行情低迷，全年统算微有盈利；长毛兔兔毛价格上涨，长毛兔养殖效益显现，每只长毛兔年盈利180元。

【加快推进畜牧业绿色发展】 2017年，桐乡市启动畜牧业绿色发展示范县创建工作，计划3年创建成功。推进省级美丽生态牧场创建，按照“景观式”“花园式”标准改造提升保留牧场，创建成功省级美丽生态牧场4家、国家级畜禽标准化示范场1家。重点培育特色精品产业基地和优质畜产品品牌，“桐香”猪肉入评浙江省十大名品猪肉，并和“众成”“桐皇”“相当赞”羊肉一并成为世界互联网大会指定供应产品。淘汰“低小散乱”养殖主体，全年拆除畜禽棚舍32.4万平方米，创建生猪区域退养镇（街道）3个、生猪退养村147个。加快畜牧业领域“机器换人”，引导养殖主体应用自动喂料系统、排泄物机械化清运和养殖环境控制等，提高畜禽养殖机械化水平、自动化水平和智能化水平。3家规模羊场改建自动喂料设施，9家规模畜禽场添置综合减臭设备，留存的12家规模猪场全部进行工业化污水处理。推进污染治理在线监测，全市规模猪场全部安装智能化在线监测设备，实现生猪养殖污水治理在线监测全覆盖。推进浙江省智慧畜牧业云平台接入建设，实现所有畜禽全面网上申报、电子出证。抓好机制体系建设，进一步完善死亡动物无害化处理监管体系，病死动物无害化处理率100%；推进畜禽屠宰中心建设，年内完成选址和规划；石门动物卫生监督分所成功创建为省级动物卫生监督标杆示范窗口。

（顾春梅　张晓萍　封　玮）

水利建设

【概况】 2017年，桐乡市加大水利投入，加强水利建设和管理，提升水利对经济社会发展的支撑和保障作用。全年水利建设总投入3.2亿元。扩大杭嘉湖南排工程（桐乡段）投资2.2亿元，其中河道工程1.45亿元、桥梁工程7500万元。“清水活水”专项行动投入3440万元，清淤河道439条、254万立方米，水系连通专项整治河道49条。启动中小流域综合治理，南沙渚塘水系综合整治投入3000万元。中小流域治理重点县工程投入2330万元，梧桐、屠甸、河山、乌镇、高桥、大麻等6个项目区通过完工验收。北永兴港、湘庄港、大红桥港、灵安港中段、无量桥港等5个河道综合治理工程完工并通过竣工验收。第七批小型农田水利资金项目县2016年度项目工程3月完工，2017年度项目1月启动，年内投资2980万元。水利工程标准化创建投入1170万元，2座水文测站、7片圩区完成水利工程标准化建设。年内，桐乡市成功申报第十批小型农田水利资金项目县。全面推进涉水事项审批“一窗受理、集成服务”改革，全年办理开发建设项目水土保持方案审批、取水许可(水资源论证)、涉河涉堤建设项目审批(含占用水域审批)等201件，征收各类规费合计381.61万元。加强水行政执法，巡查河道1549.4余千米，及时处理水事违法行为，全年立案调查水事违法案件1起，结案2起，移交市综合行政执法局1起，即时处理4起。推进基层防汛防台体系规范化建设，编制安装村级防汛防台形势图210张，成功防御梅雨洪涝和第18号台风“泰利”。

【实施“清水活水”专项行动】 2017年，桐乡市投入3440万元，开展以“河道清淤、水系连通、水闸启闭专项整治和排放口整治”等为主要内容的“清水活水”专项行动。清淤河道439条、254万立方米。通过拆除土坝、建设桥涵、砌筑护岸、绿化岸坡等方式，完成49条河道的水系连通专项整治。对全市177座未开启的水闸进行分类施策，开展水闸启闭专项整治，要求应开尽开。对依法设置的入河排污口进行审核登记，录入水资源信息平台，实行“一口一档”管理。

【汛情灾情】 2017年，桐乡市平均降雨1350毫米，其中汛期(4—10月)平均降雨994.8毫米。梅雨期26天，6月9日入梅，7月5日出梅，雨日20天，全市平均降雨275.3毫米，其中崇德水位站测得307.5毫米、乌镇水文站210毫米、桐乡水位站308.5毫米。年内最高水位：崇德水位站6月24日测得2.3米，乌镇水文站6月25日1.92米，桐乡水位站6月24日2.1米。

(陈佳袁)

“清水活水”专项行动后的一河道　　市水利局提供

农业机械化

【概况】 2017年，桐乡市以农业“机器换人”示范县建设为主线，深入实施农业“机器换人”示范工程，优化农机装备结构，深化农机社会化服务，加快农业机械化发展进程。全年农业机械化投入2869.48万元，年末全市农机总动力24.72万千瓦。全年农机经营总收入2.53亿元，经营利润1亿元。机耕作业面积2.17万公顷，机械播种面积0.56万公顷，机械收割面积1.51万公顷，农机运输作业量404.23万吨/千米。是年，桐乡市粮食生产耕种收综合机械化水平83.1%，比上年提高2.5个百分点。主要粮食作物机械化收割面积1.38万公顷，机收率99%；机械化种植面积5287公顷，机栽率44.7%。新建粮食烘干中心4个、水稻机栽“整村推进”示范村9个。创建成功嘉兴市级“平安农机”示范合作社2家。市农机监理站组织农机安全知识培训班3期，230人参加培训，检验运输型拖拉机703台，上道路拖拉机年检率94.9%；免费实地安检农业机械(纯农田作业大中型拖拉机、联合收割机、烘干机等)605台，几大农业机械年检率93%；安全生产排查单位39家，消除安全隐患26项；发送农机安全警示短信2.81万条次，组织农机安全咨询会3场。继续对高耗能农

晚稻机械化收割　　市农经局提供

业机械报废实施补偿，全年补偿36.45万元，报废拖拉机171台。

（朱新龙　沈学成）

农业科技

【概况】 2017年，桐乡市提高农技队伍水平和农民素质，加快发展智慧农业，推进“互联网＋农业”，促进信息技术与农业技术融合对接，提高农业农村信息化水平。桐乡市连续11年获省“农民信箱工作考核先进县市”称号。农民信箱全年发送邮件365.99万件、短信658.78万条次，发布农业公共服务信息2360条、买卖信息642条次，达成农产品销售（意向）金额355万元。全市全年投入培训教育资金474.7万元，培训农村劳动力8293人、实用人才602人，创建省级农民田间学校2所、市级农民实训基地5个。完善基层农技推广体系，创建省级农业科技示范基地5个，培育科技示范户411户，认定社会化农技服务基地20个。重新聘任首席专家11名、农技指导员69名、责任农技员118名，完成7名定向委培生到相关镇（街道）农经中心就业。全年全市获农业部农牧渔业丰收奖一等奖、三等奖各1项；获浙江省农业厅丰收奖一等奖、技术进步奖二等奖各1项；获嘉兴市农业丰收奖二等奖、三等奖各1项，嘉兴市农业技术进步奖三等奖1项。完善农业信息资源开发应用与信息服务，发展农村淘宝3.0模式，促进农村电子商务发展。年内，新增“村淘”服务站7个、服务点13个，累计“村淘”服务站（点）85个。全年农村淘宝线上成交额1800万元。探索本地农产品上网销售，淘宝网“特色中国·桐乡馆”吸收上线特色农产品150多种，实现全年销售额4000多万元。加快应用信息技术，发展智慧农业。崇福农创园智慧农业分平台、规模养殖场排污口网络远程数字监管系统建成，新建农业物联网应用基地4个（石门缘缘菊业、洲泉华腾园艺、屠甸荣湖农庄和高桥合悦农庄）。年内，浙江华腾牧业有限公司成为浙江省首个全国农业农村信息化示范基地，3个农业物联网技术应用案例（桐乡联翔双孢蘑菇智能化栽培控制系统、嘉华牧业生态养猪智能化控制管理系统和华圣石斛智能化种植管理系统）入选《浙江农业物联网实践与发展》。

（戚新月　夏建兴）

【信息进村入户工程整县制推进示范县建设】 2017年，桐乡市巩固全国农业信息进村入户工程试点县建设成果，全面开展信息进村入户工程整县制推进示范县建设。年内，新建高标准示范性益农信息社7个，其中“董家”茭白专业合作社的专业型益农信息社入选全国信息进村入户工程益农信息社百佳案例，11月在全国“互联网＋现代农业”博览会上展示推介。全年全市农村依托益农信息服务体系发送服务短信1385.49万条次，为71.83万人次农村居民提供各类信息咨询服务、131.7万人次提供代办代缴代收等公益性便民服务，代收代缴代办服务金额2.22亿元；完成农村电商服务交易额2.16亿元，其中农产品交易额1.2亿元。

（夏建兴）

【推动生态循环农业发展】 2017年，桐乡市完成现代生态循环农业整建制推进县年度建设任务。全市推广使用商品有机肥1.96万吨，化肥减量376吨；实施农作物病虫害专业化统防统治8540公顷、病虫害绿色防控示范6133公顷、农药减量技术应用2万公顷，农药使用量减少17.4吨；农作物秸秆综合利用率保持在96%以上；建立农药废弃包装物回收处置长效机制，确定首批103个农药废弃包装物回收点，落实农药废弃包装物专用仓库，全年处置农药废弃包装物66吨，农药废弃包装物回收率99.67%；推进畜牧业绿色发展示范县建设，创建成功省级美丽生态牧场4家、国家级畜禽标准化示范场1家。建成嘉兴市级绿色生态循环农业示范区1个，实施农业部下达的桐乡国家农业综合开发区域生态循环农业示范项目和省农业厅下达的桐乡市石门现代生态循环农业示范区项目。

（戚新月）

【华腾成为全国农业农村信息化示范基地】　2017年，浙江华腾牧业有限公司被农业部命名为全国农业农村信息化示范基地，系浙江省首个。华腾牧业投资300余万元，2015年起着手建设绿色生态智慧养猪智能化控制管理系统、智慧农场系统、农业大数据与智慧农牧场应用指挥中心、农畜产品质量安全全程溯源系统和农产品网络营销系统。至2017年年底，实现对公司及下属牧场、农场生产数据、销售数据的实时监测、信息化管理和农产品从田间到餐桌全过程信息安全溯源管理。从生猪养殖（作物种植）、生产加工到销售的全程信息化采集与数字化管理。平均每头母猪年提供商品猪21.6头，增效16.75%；饲养2500头生猪用工量0.8人，省工80%；牧场总节水60%；生产的无激素、无抗生素、无重金属的“三无”健康安全精品猪肉销价约比常规猪肉高50%。

（夏建兴）

6月21日，省科技厅副厅长曹新安（左三）到华腾牧业调研

市科技局提供

农业综合开发

【概况】　2017年，桐乡市农业综合开发工作以项目建设为抓手，建设现代蚕业特色园、高标准农田，扶持龙头企业和农民专业合作社，执行项目法人责任制、资金和项目公示制、工程施工招投标制、工程质量监理制和工程结算审价制，强化项目资金使用监督、工程质量监督、建设进度监督、工程管护监督和廉政建设监督，提高项目建设管理水平。9月，完成2016年度产业化贷款贴息项目，贴息160万元；2017年度农业综合开发建设任务启动，其中崇益高标准农田建设项目至年底完成总进度的30%。11月，4个2016年度土地治理高标准农田建设项目竣工；2014年度国家级扶持“一县一特”产业化发展项目（即市现代蚕业特色园项目）全部完工，该项目累计投资2315万元。

【2016年度土地治理高标准农田建设项目完工】　11月，桐乡市4个2016年度土地治理高标准农田建设项目完工。吉字浜高标准农田建设项目投资1344万元，涉及大麻镇吉字浜、永丰和黎明3个村，开发规模466.7公顷；亭桥高标准农田建设项目投资1440万元，涉及高桥镇亭桥、龙南2个村，开发规模500公顷；河山高标准农田建设项目投资1440万元，涉及河山镇河山、王家弄、堰头、庙头和华台5个村，开发规模500公顷；陈家埭高标准农田建设项目投资1728万元，涉及崇福镇陈家埭、李家浜和李家坝3个村，开发规模500公顷。4个项目合计新建改建排灌泵闸站45座、“U”形渠道53.77千米，新筑生态护岸11.49千米、水泥路58.49千米、沥青路面机耕路6.19千米，新铺设砂石路21.54千米，新建机耕桥8座，新栽和补植农田防护林28.1公顷。年内，实施科技示范推广91公顷，组织360人次参加技术培训。

（冯玄琰）

工 业

概 述

2017年，桐乡市有省级工业(园)区2个，镇(街道)工业区11个。至年底，全市产业平台累计开发面积5976.07公顷，投入基础设施建设资金130.3亿元，建成创业中心和标准厂房238.2平方米，入驻投产企业2744家。全市规模以上(年销售收入2000万元以上)工业企业1057家，新增138家，其中年销售收入超亿元企业249家，超5亿元及以上企业42家，超10亿元及以上企业16家，桐昆集团、新凤鸣集团主营业务收入超百亿元。全年新增(改造)股份制企业18家，新增上市企业1家，募集资金66.2亿元；新增(含复审)名牌产品27个，其中浙江省名牌产品15个、嘉兴市名牌产品12个；新增管理创新企业21家，其中管理创新示范企业8家、管理创新达标企业13家；拥有国家级企业技术中心2家、省级企业技术中心18家、嘉兴市级企业技术中心65家。主导行业中化纤业、纺织业、建材业分别实现利润32.7亿元、15.46亿元、21.56亿元，分别比上年增长22.4%、6%、4.3%；皮革皮草业实现利润2.19亿元，下降43.9%。时尚制造、新材料、装备制造和电子信息等先进制造业，实现主营业务收入1306.4亿元，增长15.3%；实现利润98.3亿元，增长12%。规模以上工业中装备制造业产业和高新技术产业增加值增速11.4%和11.1%，分别比规模以上工业企业高出2.8个和2.5个百分点。

桐乡市大力发展以先进制造业为核心的实体经济，突出有效投入，全市工业继续保持平稳的发展态势。全市规模以上工业企业完成现价工业总产值1501.2亿元，比上年增长18.3%，其中新产品产值644.9亿元，增长21%；实现销售产值1466.2亿元，增长17.3%，产销率97.7%，其中出口交货值202.7亿元，增长14.2%。主要产品化纤产量增长9.2%、印染布增长6.6%、纱下降5.7%、轻革下降45%、皮鞋下降14.1%、服装下降7.4%、水泥增长10.8%、玻纤增长15%。化纤、纺织、建材、皮革皮毛分别实现产值469.8亿元、286.9亿元、124.9亿元、59.1亿元，分别增长30.4%、增长11.9%、增长19.7%、下降14.4%。规模以上工业企业实现主营业务收入1467.1亿元，增长17.9%；实现利税157.3亿元，增长13.6%，其中利润105.8亿元，增长13.4%。全市规模以上工业企业账面亏损企业133家，亏损额5.1亿元，增长36.3%。全年完成工业生产性投入235.1亿元，增长11.2%，其中技改投入188.5亿元，增长4.3%，占生产性投入的80.2%；设备投资153.9亿元，增长11.1%；战略性新兴产业投入107.4亿元，增长12.2%。新批工业投资项目536个，增长9.6%；总投资417.9亿元，增长127.2%，其中“零土地”技改项目(企业不涉及新增建设用地的技改项目，只要不属于负面清单上的项目，只需向相关部门实行承诺报备，实施完成后通过验收即可)447个，总投资122.8亿元，增长23.8%。全市103项2000万元以上重大工业项目，累计完成投资额87.2亿元，占全市工业生产性投入完成总额的37.1%。全市开工实施“机器换人”项目561个，累计完成投资159.4亿元。全市引进内资项目239个，实到内资136.9亿元，增长21.1%；实到内资注册资金66.9亿元，增长8.2%。

加强顶层设计，大力发展制造业。编制《桐乡市制造业转型升级三年行动计划实施方案(2017－2019年)》《桐乡市制造业发展“十三五”规划》和《桐乡市化纤产业发展“十三五”规划》等。出台《桐乡市关于打造先进制造业基地实现工业转型升级发展的若干意见(试行)》《关于促进特色时尚产业提升发展的政策措施(试行)》《关于加快发展互联网经济的实施意见(试行)》《关于加快推进"退散进集"工作的若干政策(试行)》《桐乡市加快推进创业创新中心建设的实施意见》等政策,助推先进制造业基地建设。推进"三名"工程(知名企业、知名品牌、知名企业家培育工程)建设。12月,省经信委公布进一步深化"三名"培育县市名单,桐乡被列入一类培育对象。全市有省级"三名"培育试点企业2家(巨石集团、浙江华友钴业股份有限公司),嘉兴市级"三名"培育试点企业8家。加快中小企业培育工作,全年完成"小升规"企业141家,新增亿元企业52家,4家企业被评选为"创业之星"。继续加大对企业技术创新的政策支持和引导,鼓励企业创建技术创新平台及开发新产品、新技术,全面推动行业产品及技术革新。2017年,桐昆集团技术中心被认定为国家企业技术中心企业,浙江恒石纤维基业有限公司等3家企业被认定为省级企业技术中心,振石集团华美新材料有限公司等7家企业被认定为嘉兴市级企业技术中心。1月23日,工信部、中国工业经济联合会公布第一批制造业单项冠军示范(培育)企业名单,巨石集团有限公司入选制造业单项冠军示范企业名单,浙江双箭橡胶股份有限公司入选制造业单项冠军示范培育企业名单。12月14日,桐昆集团、新凤鸣集团被工信部、中国工业经济联合会入选第二批制造业单项冠军示范企业。浙江易锋机械有限公司等4家企业的产品列入省级优秀工业新产品。浙江伟联科技股份有限公司等企业的12个产品开发项目,列入2017年度省重点高新技术产品开发项目。浙江华章科技有限公司等2家公司的2个产品入选省装备制造业首台(套)产品。桐乡市三精自动化科技有限公司等7家公司的7个产品入选嘉兴市装备制造业首台(套)产品。浙江华友钴业股份有限公司被认定为2017年省技术创新示范企业。朝晖过滤、新凤鸣企业技术中心创新能力建设项目列入2017年省企业技术中心创新能力建设项目计划。浙江海得新能源有限公司等4家企业的4个项目列入2017年度省重点技术创新专项。巨石集团项目入选全国2017智能制造试点示范项目;易锋机械公司等3家企业实施的3个项目入选2017年浙江省智能制造重点项目。浙江嘉名染整有限公司、浙江大能纺织印染有限公司等6家企业通过工信部印染企业准入公告(第五批),占全省13家企业的近半数。濮院针织产业园区创意设计平台(濮院320创意广场)被工信部评为纺织服装创意设计试点示范园区(平台),同时获2016年度省级特色工业设计示范基地考核评价结果排序(工业强县部分)第一名。

扩大有效投资,增强稳增促调后劲。成功入选省振兴实体经济(传统产业改造)名单,每年获省级支持实体经济资金1亿元;出台《桐乡市化纤制造业改造提升实施方案(2017—2020)》,化纤产业入围省级试点。加快项目推进,牵头2017"国际经贸洽谈会"重大工业投资项目集中开工(投产)活动,组织10个重大工业项目集中开工(投产)。做好工业项目前期评估工作,全年通过项目320个,总投资361.5亿元,固定资产投资282.5亿元。做好市级重点项目推进和协调工作,全市有103个2000万元以上重大工业项目,累计完成投资额87.17亿元。全力推进光伏项目建设。全年补助上年度资金2181.9万元。新增100千瓦以上备案项目66个,装机容量78.43兆瓦,计划总投资6.1亿元,完成投资4.5亿元,新增并网项目68个,装机容量50.8兆瓦。全年实施"机器人+"项目561个,比上年增长25.8%,居嘉兴各县(市、区)第二。全年完成投资159.41亿元,增长36.2%,居嘉兴各县(市、区)第一。列入2017年省"机器换人"重点项目1个,列入嘉兴智能化技术改造("机器人+")重点项目54个,列入数居嘉兴各县(市、区)第二。列入嘉兴市级"机器换人"示范企业19家,示范项目19个,列入数均居嘉兴各县(市、区)第一。列入嘉兴市级"机器换人"重点专项项目54个,列入数持续三年居嘉兴各县(市、区)第一。

加大去产能力度,拓展持续发展空间。全面实施"退低进高"和"退散进集"。完成全市4384家工业企业摸底调查工作,并对拥有实际占地的3092家工业企业进行绩效综合评价,牵头相关部门配套执行相应的差别化措施,倒逼企业转型提升。全市完成"低小散"企业整治2281家,其中改造提升1639家,关停520家,整合入园104家,合理转移18家。12个嘉兴市级及以上落后产能项目全部完成淘汰。新建“两创”（创业创新）中心标准厂房面积17.13万平方米，淘汰落后产能涉及企业183家，落后设备2627台（套），腾退低效工业用地108公顷；推动小微企业入园221家。加快推进节能降耗，加快推进燃煤小锅炉淘汰工作，完成淘汰250台。做好第四届世界互联网大会环境空气质量保障停限产方案的编制工作，确保各项措施落实到位。降低企业成本，优化企业发展环境。梳理并公布“最多跑一次”事项清单，使所有事项均实现“最多跑一次”。开展“百名干部走千企”活动，解决企业各类问题380余个，全面落实国家和省、市相关税费减免政策，为全市各类企业减免税费12.15亿元，办理出口退税14.8亿元，落实省以上其他减负政策减免金额12.64亿元等。首次成功组织新生代企业家赴德国参加管理创新专题培训；首次组织参加中德政府合作培训项目，桐乡嘉裕时装有限公司吴华成功入围。

【桐乡市入选浙江省振兴实体经济名单】 2017年，浙江省委、省政府决定浙江省财政整合专项、统筹财力，设立振兴实体经济（传统产业改造）、“两山（一类）”和“两山（二类）”建设三项财政专项激励资金，2017—2019年每年给予每个县（市、区）一定额度的专项激励资金。3月，桐乡市成功入选浙江省振兴实体经济（传统产业改造）财政专项激励资金名单。桐乡市出台制造业转型升级三年行动计划，设定切实可行的目标，未来三年全市完成规模以上工业总产值1800亿元，累计完成工业生产性投资800亿元，设备投入占比65%以上；全市制造业转型升级力争取得新进展，逐步形成以装备制造产业为引擎，以新材料产业为支撑，以互联网产业（电子信息）为亮点，以时尚产业为特色的先进制造业现代工业体系。继续加大重大项目投资，三年累计新增150个市级5000万元以上重大工业和信息化项目；鼓励企业采用先进技术，改造提升生产设施，实施一批“零土地”“智能制造”等现代化技改项目。7月，桐乡市首笔全省振兴实体经济（传统产业改造）财政专项激励资金到账。

【首次组织新生代企业家赴德国参加管理创新专题培训】 9月14日，桐乡市经济和信息化局组织部分新生代企业家赴德国参加管理创新专题培训，副市长朱伟强出席开班仪式并讲话。培训内容紧跟世界前沿和科技创新，充分体现高端化、信息化特点。首先在不莱梅应用科技大学参加为期5天的管理创新专题讲座，课程包括“德国工业4.0与中国智能制造2025”“中德企业间的合作”“如何将创新理念、信息技术应用到企业发展实践中”“家族企业创新模式：工匠精神、家族传承和现代科技”等，学习德国制造业企业技术创新、管理创新、品牌经营等方面的经验，全面拓展新生代优秀企业家的国际视野与创新思维。随后到法兰克福参访博世集团、西门子4.0工厂、法兰克福工商会等当地企业和行业协会，感受智能化、信息化以及自动化对制造过程产生的影响，了解德国企业的发展现状。

【“聚焦桐乡·相约乌镇”2017国际经贸洽谈会召开】 参见《党政·重要会议和决策》中相关条目。

2017年桐乡市工业区建设情况

表5

工业区名称	规划面积（公顷）	已开发面积		进区企业总用地面积	进区投产企业	基础设施投入		
		历年累计（公顷）	其中：本年新增（公顷）	历年投产企业（公顷）	历年累计（个）	历年累计（万元）	本年累计（万元）	比上年（±%）
梧桐街道工业区	1315.00	541.20	—	227.27	292	71082	7345	142.1
凤鸣街道工业区	329.73	150.73	—	93.53	125	8938	34	—
龙翔街道工业区	333.33	156.13	—	128.87	135	35351	2200	37.5

续表 5

工业区名称	规划面积（公顷）	已开发面积 历年累计（公顷）	其中：本年新增（公顷）	进区企业总用地面积 历年投产企业（公顷）	进区投产企业 历年累计（个）	基础设施投入 历年累计（万元）	本年累计（万元）	比上年（±%）
乌镇镇工业区	145.67	104.07	—	75.33	39	10520	—	—
屠甸镇工业区	305.47	200.73	—	135.01	180	21957	387	118.6
大麻镇工业区	337.07	89.60	—	67.40	141	9577	1100	56.0
石门镇工业区	400.00	229.13	13.33	190.47	183	47780	—	—
河山镇工业区	150.00	110.00	—	74.73	51	15546	62	—
洲泉镇(临杭)工业区	1287.07	586.40	—	360.93	117	93067	486	−46.9
高桥新区	1106.00	126.67	—	86.63	51	109601	15400	55.6
崇福经济区	871.40	758.67	—	500.07	358	147043	20927	70.0
小　计	6580.73	3053.33	13.33	1940.24	1672	570462	47941	75.7
经济开发区	5316.00	2500.00	100.00	624.73	415	526926	45526	18.2
濮院针织产业园区	1700.00	422.73	6.53	241.93	657	205685	22118	47.3
合　计	13596.73	5976.07	119.87	2806.90	2744	1303073	115585	43.0

2017 年桐乡市工业区产出情况

表 6

工业区名称	全部工业总产值 累计（万元）	比上年（±%）	规模以上工业产值 累计（万元）	比上年（±%）	利税总额 本年累计（万元）	比上年（±%）	应缴税金 本年累计（万元）	比上年（±%）
梧桐街道工业区	703826	−6.6	607809	−8.6	76358	−18.3	25928	−24.0
凤鸣街道工业区	736003	1.8	582688	0.8	77485	13.9	21599	10.0
龙翔街道工业区	453197	10.3	298337	14.5	18245	1.1	9139	1.4
乌镇镇工业区	269488	17.7	255322	19.9	26896	16.7	14923	24.8
屠甸镇工业区	822088	15.0	631482	12.9	85199	13.1	42199	16.6
大麻镇工业区	338100	6.0	265621	19.1	27824	19.7	12660	24.0
石门镇工业区	728900	9.0	466000	14.8	55800	15.2	19300	7.0
河山镇工业区	285090	1.7	263996	−1.7	34267	9.1	18704	56.6
洲泉镇(临杭)工业区	3627165	42.4	3619396	42.6	347575	75.7	53716	24.0
高桥新区	458038	−16.9	449057	−16.9	50701	−36.7	13203	−14.5
崇福经济区	1490384	−9.0	1282888	−13.4	127901	−20.2	51894	2.9
小　计	9912279	12.2	8722597	12.8	928250	13.3	283264	5.7
经济开发区	4256439	18.5	3015329	18.8	551985	19.7	206572	25.3
濮院针织产业园区	1953500	3.9	480825	5.3	110450	3.6	37590	2.5
合　计	16122218	12.7	12218751	13.9	1590685	14.7	527426	12.3

（钟　旭）

纺织服装

【概况】 纺织服装业是桐乡市工业经济的传统产业和主导产业之一。2017年,全市有规模以上纺织服装企业548家,实现工业总产值360.1亿元,占全市规模以上工业总产值的24.04%;实现销售收入353.28亿元,增长11.46%;实现利税32.19亿元,增长8.28%,其中利润17.57亿元,增长6.03%。全市纺织服装业新增(含复评)浙江省名牌产品1个,嘉兴市名牌产品4个。

桐乡市纺织服装业经过多年发展,形成毛针织服装、家纺布艺、植绒、绢纺、蚕丝被等特色产业集群。毛针织服装以濮院镇羊毛衫市场为中心,与屠甸镇、梧桐街道、乌镇镇等地形成完整的生产、销售产业链。全市毛针织服装企业8000余家(含个体户),规模以上毛衫针织企业194家,占全市规模以上企业总数的18.35%。3月15—17日,2017中国·濮院国际毛针织服装博览会在上海国家会展中心举行。博览会期间举行2017中国特色小镇·濮院时尚馆开馆仪式、中国濮院时尚发布秀、第二届"濮院杯"2017PH Value中国针织设计师大赛决赛暨颁奖典礼等活动。蚕丝制品是桐乡市特色产业,以洲泉镇为中心形成集养蚕、制绵、研发、生产、销售于一体的相对完整产业链。2017年该镇从事蚕丝被生产、销售企业403家,其中规模以上工业企业21家,年产值17亿元。家纺布艺主要集中在大麻镇、洲泉镇,以大麻镇特色工业功能区为支撑,专业化市场为依托,销售覆盖全国各省,远销欧美、中东、东南亚、日本、韩国等国家和地区,成为大麻经济的支柱产业。2017年,该镇有家纺布艺企业3140家(含个体户),规模以上家纺企业64家,实现产值138.74亿元,增长16.07%;实现销售收入130.8亿元,增长13.15%;实现利润7.6亿元,增长8.8%。该镇家纺从业人员1.53万人,有剑杆机8339台,雪尼纱机257台,加弹机385台。全年生产各类装饰布2.4亿米,主要产品有沙发布、窗帘布、家居布艺等软家居用品;生产各类纱1.57万吨。8月23—26日,2017中国国际家用纺织品及辅料(秋冬)博览会在上海国家会展中心举行。桐乡市120余家企业统一使用"桐乡家纺"标识参加博览会,并在展会上设"桐乡家纺馆"集中展示,主要展出沙发布、窗帘布、家纺面料等。

【濮院毛衫服务型制造平台入选浙江省首批服务型制造示范平台】 3月10日,浙江省经信委公布第一批服务型制造示范企业(平台)名单,桐乡市华旺毛衫业科技开发有限公司濮院毛衫服务型制造平台入选。该平台成立于2015年,引进中关村赛博大数据研究院濮院分院、纺织行业中小企业经营者培训中心、智慧工厂店管理平台、智慧化打版平台、韩国时尚设计中心等服务机构。平台主要服务入驻濮院毛衫创新园的小微毛衫制造企业,累计为濮院毛衫创新园内200余家企业提供财务、质检、人力资源、产品设计、仓储物流等服务,推动毛衫制造业转型升级。

【桐乡首次出台特色时尚产业鼓励扶持政策】 4月28日,桐乡市经信局、财政局出台《关于促进特色时尚产业提升发展的政策措施(试行)》,这是桐乡市首次出台针对特色时尚产业提升发展的政策措施。《措施》从支持企业设计创新、鼓励企业做大做强、鼓励实施智能制造、引导个性化定制、实施绿色发展、引导企业创建品牌、支持市场开拓、支持电子商务发展、加强人才引进培养、加大区域品牌推广和影响力提升、支持设立时尚产业发展基金等11个方面对传统特色产业时尚化转型给予政策支持。《措施》覆盖到规模以上工业企业近500家,辐射到全市四成以上的规模以上工业企业。计划到2020年,桐乡基本形成以设计、营销为核心,以智能制造为基础,以自主品牌为标志的时尚产业体系。

【濮院320创意广场入选国家级设计类示范平台】 参见《开发区建设·濮院针织产业园区》中相关条目。

【2017中国家纺大会在桐乡召开】 10月19—21日,由中国家用纺织品行业协会主办的2017中国家纺大会在桐乡市举行。桐乡纺织产业门类齐全,产业链完整,涵盖化纤、毛纺、棉纺、绢纺、经编、植绒、印染、羊毛衫和服装等各个领域,是中国纺织工业联合会命名的"全国纺织模范

产业集群”“中国纺织产业基地”。中国纺织工业联合会党委书记兼秘书长高勇，中国纺织工业联合会副会长、中国家用纺织品行业协会会长杨兆华，中国麻纺织行业协会会长董春兴，桐乡市市长王申峰，桐乡市副市长朱伟强等领导嘉宾出席会议。全国各地家纺界600余人参加会议。桐乡市市长王申峰在大会上致辞，并表示中国家纺大会在桐乡召开，对桐乡家纺业是一次学习先进经验、探究行业趋势、推动产业提质增效的机会。桐乡家纺产业作为时尚产业的重要组成部分，推进机器换人、两化融合，提升创意设计和科技研发能力，推动家纺产业链、价值链、创新链延伸发展。

（倪晓萍）

化　纤

【概况】 2017年，化纤行业走出徘徊多年的L型底部行情，下游需求复苏上扬、新增产能与需求增速基本匹配，整体运行良好，盈利能力显著增强。桐乡市化纤企业凭借多年经营发展积累的领先优势，依托新建项目投产，加强成本控制，提升精细化管理水平，利用技术优势、装备优势开发高附加值的产品，优化产品结构，总体效益比上年大幅度增长。全行业有规模以上工业企业79家，比上年增加2家；实现工业产值469.36亿元，比上年增长28.8%，占全市工业总产值的31.3%；实现工业增加值65.1亿元，增长35%，占全市工业增加值的23%；实现利润32.7亿元，增长22.4%，占全市利润总额的30.9%。

行业冠军地位突出。桐昆集团、新凤鸣集团主要产品涤纶长丝连续十多年在国内市场产销量排名居前。12月14日，两集团双双被工信部、中国工业经济联合会入选第二批制造业单项冠军示范企业。至年底，桐昆集团实现涤纶丝产量424万吨，比上年增长12.6%；实现营业收入328.14亿元，增长28.27%；实现利润22.55亿元，增长60.56%。新凤鸣集团完成产量271.7万吨，增长5.1%；实现营业收入229.63亿元，增长31.39%；实现利润19.34亿元，增长108.14%。浙江方圆聚合纤有限公司是嘉兴市唯一的锦纶生产企业，锦纶6切片、锦纶丝和DTY丝产能首次突破10万吨，达10.92万吨，产量比上年增长10%；实现营业收入14.32亿元，增长26%；实现利税3147万元，增长38%。方圆聚合纤公司启动年产12万吨差别化锦纶6切片二期项目，总投资4亿元，完成投资6000余万元，订购生产线及其配套设备3条。

重点项目顺利推进。桐昆集团的恒邦二期CP1项目、CP2装置相继开车投产，嘉兴石化二期年产200万吨PTA项目投产，提升公司主要核心原料的自给率、产品市场占有率。加快技改项目建设步伐，桐昆集团的恒邦三期年产20万吨高功能全差别化纤维项目、嘉兴石化年产30万吨FDY项目、嘉兴石化年产30万吨POY项目、恒腾三期年产60万吨功能性差别化纤维项目，新凤鸣集团的平湖独山年产440万吨PTA项目、中石二期年产45万吨功能性共聚共混改性纤维项目、中欣二期年产28万吨改性纤维整合提升项目、本部年产4万吨差别化纤维柔性智能化生产试验项目等开工建设。

智能制造成为重点。围绕互联网与工业化的融合，实施智能制造、打造智能工厂。桐昆集团的“大容量PTA－聚酯－FDY产业链协同智能制造新模式”，新凤鸣集团的“基于CPS架构的聚酯长丝高效规模化定制化应用新模式”入选浙江省智能制造重点项目。桐昆集团全年投入资金近3亿元，引进全自动包装流水线、自动落筒—包装—运输流水线、自动落丝加弹机等自动化设备46套，基本实现生产自动化，PTA、聚合、纺丝等关键设备数控化率90%以上。3月，桐昆集团引进的全自动智能化包装流水线新建项目被列入浙江省技术改造重点项目（智能化机器换人）；5月4日，两化融合贯标“市场精准营销能力”通过工信部评定，成为工信部两化融合示范企业。新凤鸣集团股份有限公司明确“建设智能工厂、打造行业一流信息化标杆企业”的目标，签订战略合作协议，推进项目建设，初步完成从生产经营、移动审批到综合报表分析及辅助决策，业务链、数据链、信息链和决策链的设计蓝图，完成5项信息化相关项目申报并开始实施。新凤鸣集团参与“面向纺织典型行业的机器人自动化生产线示范应用”项目被列入国家重点研发计划“智能机器人”重点专项。

科技创新再创新高。全年桐昆集团、新凤鸣集团科技活动经费支出13.3亿元，比上年增长 70.75%；科技项目 303 项，增长 59.47%；申报专利 129 个，其中发明专利 30 个，分别增长 25.24%、50%；实现新产品销售收入 277.1 亿元，实现利润 10.77 亿元，分别增长 93.33%、44.28%。

【桐昆、新凤鸣入选第二批制造业单项冠军示范企业】 12 月 14 日，工信部、中国工业经济联合会公布第二批制造业单项冠军企业和单项冠军产品名单，桐昆集团、新凤鸣集团入选第二批制造业单项冠军示范企业。近年来，桐乡市积极打造先进制造业基地，助力工业转型升级发展，重点引导制造业企业专注于细分产品领域，增加产品附加值，推动桐乡市产业整体向中高端发展。桐昆集团经过 30 多年的创新发展，在涤纶长丝研制领域形成领先优势，产品涵盖 POY、DTY、FDY 等五大系列 1000 余个品种，国内市场占有率超 14%，国际市场占有率超 9%，销售至国内的涤纶长丝 60%以上加工产品出口欧美等市场，间接出口比例 50%以上。新凤鸣集团成立以来，专注于涤纶长丝工艺技术和新产品的开发，攻克多项关键核心技术，研制纤维新材料产品，优化资源配置，产业格局由以中高端品种为主向差别化和高端化转型，连续 16 年实现年均增长 22%。

【化纤行业 8 个项目列入浙江省重点建设项目】 3 月 20 日，浙江省政府办公厅发布《关于 2017 年省重点建设项目安排的通知》，桐乡市有 18 个项目列入省重点建设项目。其中，化纤行业有 8 个项目入选，分别是桐昆集团的浙江恒腾差别化纤维有限公司三期项目，嘉兴石化有限公司年产 120 万吨精对苯二甲酸项目、年产 30 万吨差别化纤维项目，桐昆集团股份有限公司年产 20 万吨高功能全差别化纤维技改项目、年产 30 万吨功能性纤维项目、年产 38 万吨 DTY 差别化纤维项目；新凤鸣集团的湖州中石科技有限公司年产 45 万吨功能性、共聚共混改性纤维项目，桐乡中欣化纤有限公司年产 28 万吨改性纤维整合提升项目。

【恒邦二期 CP1 项目、CP2 装置相继开车】 4 月 10 日，恒邦二期 CP1 项目聚酯装置开车投料，顺利产出切片。恒邦二期 CP1 项目位于洲泉镇工业区，是桐昆集团“十三五”期间的重点项目之一，项目占地面积 13.9 公顷，总投资 9.92 亿元，设置直纺功能性纤维长丝生产线 16 条，形成年产 30 万吨的功能性纤维生产能力。至 6 月，实现长丝的全部达产，日产量 900 吨。8 月 14 日，恒邦二期 CP2 装置年产 20 万吨多孔扁平舒感纤维技改项目一次开车成功，顺利产出切片，后道长丝装置 8 月 25 日开车产丝，至 10 月满产，项目总投资 3.99 亿元。至此，整个恒邦二期项目全部竣工投产，年产能 50 万吨。恒邦二期项目是桐昆集团首个采用美国康泰斯“三釜”工艺流程的项目，具有流程短、反应温度低、原料单耗低和单位产品污染物排放量少等特点，CP1 装置和 CP2 装置均主打功能性纤维产品。

【新凤鸣集团股份有限公司公开发行 A 股】 4 月 18 日，新凤鸣集团股份有限公司在上海证券交易所举行首次公开发行 A 股上市仪式。股票简称“新凤鸣”，股票代码“603225”，发行价 26.68 元/股。新凤鸣集团总股本 60200 万股，此次公开发行股份 7730 万股，全部为新股，不转让老股。网下初始发行数量 5411 万股，占发行总股数 70%；网上初始发行数量 2319 万股，占发行总股数 30%。实际募集资金 19.7 亿元。

【桐昆集团通过国家两化融合管理体系贯标评定】 5 月 4 日，桐昆集团通过工信部评审，获“市场精准营销能力”两化融合管理体系贯标认证证书。2016 年 3 月，桐昆集团启动两化融合管理体系贯标工作，并将“市场精准营销能力”作为贯标方向。桐昆集团通过两化融合完善营销控制、系统生产营销数据科学分析、销售出库业务流程及产品的盈利分析功能，为集团领导的决策提供更加科学精准的依据，简化工作人员业务流程，同时确保数据传递的准确性和及时性，给客户更好的采购体验，实现精准营销。

【桐昆集团子公司收购浙江石化 20%股权】 5 月 15 日，桐昆集团股份有限公司的全资子公司桐昆投资有限责任公司，与桐昆控股集团有限公司在桐乡市签订《关于浙江石油化工有限公司之股权转让协议》，双方约定，桐昆投资以现金支付方式，收购桐昆控股持有的浙江石油化工有限公司20%的股权，进入炼化领域。公司收购浙江石化股权，并入上市公司体系，拓展上游产业链，进一步增强综合实力，实现主业板块产业链一体化格局。

【桐昆集团省级博士后工作站成立】 11月9日，桐乡市博士后工作站现场会在桐昆集团恒通企业研究院召开。会上，举行桐昆集团省级博士后工作站揭牌仪式，浙江理工大学博士后张须臻成为首位入站博士。张须臻入站后探索涤纶新品开发，开展《生物基PLA/PTT并列复合纤维的制备及其构效关系的研究》课题，主攻生物基纤维，此纤维可降解，实现产品的绿色化、功能化、智能化。至年底，桐乡市建有博士后工作站8家，年内新增浙江省博士后工作站6家。其中，国家级博士后工作站1家，为巨石集团有限公司；省级博士后工作站7家，分别是浙江华友钴业股份有限公司、桐昆集团股份有限公司、新凤鸣集团股份有限公司、浙江双箭橡胶股份有限公司、浙江嘉澳环保科技股份有限公司、浙江巨能环境工程设备有限公司、巨匠建设集团股份有限公司。各工作站招收培养博士后9人，其中4人已出站、5人在站。

【桐昆集团被评为"纺织工业践行智能制造示范企业"】 12月6—8日，2017世界智能制造大会在南京召开，会上公布2017纺织工业践行智能制造示范企业名单，桐昆集团名列其中。近年来，桐昆集团结合实际生产线，深入推进机器换人以及两化融合工作，通过互联网与工业制造的有机融合，推广智能制造，推动传统行业转型升级。建立ERP信息管理系统，PTA、聚合、纺丝等关键设备的数控化率90%以上，并以打造智慧工厂为示范，探索化纤行业智能制造新模式，改变现有生产方式、提高生产效率。

【恒通公司专利获中国专利优秀奖】 12月11日，国家知识产权局公布第十九届中国专利奖名单，桐昆集团恒通公司的发明专利——"一种涤纶细旦多孔扁平纤维及其生产方法"获中国专利优秀奖。该专利产品内在质量好，内外层波动小，主要应用于高档西服面料的制作，产品易加工，张力稳定，手感细腻，吸色均匀，染色鲜艳，是一种高品质、高附加值的高新技术产品。专利于2013年9月17日申报，2016年6月29日获发明专利授权。

【嘉兴石化二期年产200万吨PTA项目投产】 12月26日，嘉兴石化二期年产200万吨PTA项目投产。这是桐昆集团"十三五"期间的重点项目之一，总投资30.4亿元，用地面积16公顷。PTA二期项目采用英威达改进和优化的首套P8工艺技术，具有投资省、土地集约利用、工艺技术水平高、生产制造过程绿色环保等特点。投产后公司产业结构优化，保证原材料供应稳定，降低主营业务成本，提升资源综合利用率，降低能源消耗，巩固公司涤纶长丝产品的竞争优势。

【桐昆集团参与的三项国家标准发布】 12月29日，国家质检总局、国家标准委发布5项涤纶长丝方面的国家标准，其中桐昆集团参与《化学纤维 长丝热收缩率试验方法》《合成纤维 变形丝卷缩性能试验方法》《纤维级聚酯(PET)切片试验方法》三项国家标准的制定。这些国家标准进一步完善和统一长丝热收缩率、变形丝卷缩性能和纤维级聚酯(PET)切片的试验方法，有利于涤纶长丝在市场竞争中更加健康、有序发展。

【新都灵化纤进入停产清偿程序】 2017年，桐乡市新都灵化纤有限公司进入停产清偿程序。公司成立于2001年，是以化纤丝、化纤织物生产与销售为主营业务的企业。近年来，化纤行业行情低迷，小化纤举步维艰，公司对外投资失误，导致资金链断裂，经营难以为继。2016年2月16日，公司向当地政府提出停产整顿后，一直无力恢复生产。2017年，主要进行应收款催讨、债务清偿和人员遣散工作。10月，桐乡市人民法院在淘宝网司法拍卖网络平台上公开拍卖公司位于桐乡市崇福镇星火村的房地产及机器设备、存货。

（叶青云）

建　材

【概况】 建材行业是桐乡市重要的材料工业之一。2017年，桐乡市建材工业平稳发展，全市有非金属矿物制品业规模以上企业53家，新增6家。实现工业产值128亿元，比上年增长18.5%；实现工业增加值42.13亿元，增长15.02%。主营业务收入122.89亿元，占全市规模以上工业企业主营业务收入的8.41%，比上年增加0.61个百分点；实现利税28.29亿元，增长4.07%，其中利润21.5亿元，下降2.29%。水泥产量明显增长，全年生产水泥总量636.95万吨，增长10.8%。全市黏土砖瓦窑全面关停，黏土砖产量为零。墙材行业全年生产新型墙体材料（折标准砖）4.56亿块，下降2.56%。

玻纤行业龙头企业巨石集团2017年生产玻纤纱134.74万吨，比上年增长8.14%；生产玻纤制品9.21万吨，增长22.31%；玻纤电子布1.17亿米，增长10.38%；实现销售收入86.52亿元，增长15.55%。企业工业增加值综合能耗1.12吨标煤，下降5.6%；吨纱综合能耗0.3592吨标煤，下降5%。全年申报国内外专利179个，其中发明专利135个（含国际发明专利94个），实用新型专利44个；获授权专利48个，其中发明专利18个（含国际发明专利2个），实用新型专利62个。授权专利累计544个，其中发明专利96个（含国际发明专利10个），实用新型专利448个。巨石集团桐乡本部全年申报国内外专利145个，其中发明专利126个（含国际发明专利94个），实用新型专利19个；获专利授权23个，其中发明专利15个（含国际发明专利2个），实用新型专利8个；授权专利累计403个，其中发明专利85个，实用新型专利319个。

【巨石集团一项目获国家科技进步二等奖】 1月9日，在国家科学技术奖励大会上，巨石集团的“高性能玻璃纤维低成本大规模生产技术与成套装备开发”项目获2016年度科技进步二等奖，这是2016年度唯一由企业单独承担并获奖的科技成果项目。项目开发高性能配方、纵向双H通路结构、智能化成套装备等技术及装备，攻克玻纤高性能与规模化的核心技术瓶颈，实现高性能玻纤的大规模低成本生产。较传统E玻纤模量和强度分别提高约20%和34%，最大单窑产能12万吨。提高中国基础材料制造水平，实现了国内玻纤行业首次对国外技术输出。

【巨石集团入选首批制造业单项冠军示范企业】 1月23日，工信部、中国工业经济联合会公布第一批制造业单项冠军示范（培育）企业名单，巨石集团有限公司入选第一批制造业单项冠军示范企业。巨石集团专注于玻璃纤维及制品制造领域23年，多年来一直在规模、技术、市场、效益等方面处于领先地位，其中无碱玻璃纤维无捻粗纱和无碱短切玻璃纤维是最主要的细分领域。这两大类产品均属于增强复合材料，广泛应用于风电、汽车、电子电器、建材等领域。主要产品获挪威船级社（DNV）、英国劳氏船级社（LR）、德国船级社（GL）等认证，国内市场占有率33%，全国第一；国际市场占有率19.5%，世界第一。

【中国巨石新材料智能制造基地签约】 参见《开发区建设·经济开发区》中相关条目。

【中国巨石首个20万吨海外玻纤生产基地建成】 9月15日，中国巨石埃及公司三期4万吨池窑拉丝生产线成功点火，标志着巨石首个20万吨海外玻纤生产基地建成。中国巨石于2012年在埃及投资建设玻纤工厂，先后完成一期、二期各8万吨玻纤生产线的建设，填补埃及乃至非洲玻璃纤维产业的空白。

（潘翌佳）

9月，年产15万吨玻璃纤维智能制造生产线开工建设　市委办提供

【预拌混凝土行业开展清洁生产改造】　2017年，桐乡市推进预拌混凝土行业实施清洁生产。全面整治非法项目，严格新建项目管理，引导企业合理布局；推广应用清洁生产技术，加强清洁生产技术创新，促进清洁生产技术交流；开展废水废气治理，规范固废处置，完善清洁设备；建立清洁生产工作制度，提高内部环保管理能力，规范清洁生产管理。实现预拌混凝土生产企业砂石、水泥等原材料的储存和运输，以及预拌混凝土生产、运输、使用全过程的污染控制，实现生产废水零排放，生产固废综合利用，控制扬尘、噪声。桐乡市钟大建材有限公司通过省专家组验收，被授予"浙江省预拌混凝土清洁化生产示范企业"称号。4月1日起，免收新型墙体材料专项资金（散装水泥专项资金部分），每年为企业减负500余万元。2017年，水泥产量636.95万吨，散装水泥产量586.5万吨，水泥散装率92%，预拌混凝土产量604.4万立方米，预拌砂浆产量44.33万吨，五项重要指标均列嘉兴市第一。

（沈　佳）

皮　革

【概况】　皮革、皮毛及其制品业是桐乡市工业经济的重要行业，包括制革、制鞋、革皮服装、皮毛制品等自然门类，生产企业主要集中在崇福镇、石门镇、高桥街道、洲泉镇。2017年，全市有皮革、皮毛及其制品工业企业2900余家，从业人员3.2万余人，规模以上工业企业115家，占全市规模以上工业企业的9.9%。规模以上企业实现销售收入50.2亿元，比上年下降22.9%；实现利润2.2亿元，下降43.8%。

皮毛业是皮革业重要分支之一，生产区域主要集中在崇福镇，有皮毛企业1820家，其中规模以上企业58家，比上年增加6家，小型企业1762家（含个体户），工业总产值162.2亿元。毛皮制品海关出口2.4亿元，比上年下降4.2%。崇福皮毛协会组织皮毛企业参加在北京、上海、广州、深圳、香港等地举办的毛皮服装服饰展览会，全年参加展会6次，组织47家企业参加。1月10日，桐乡市政府携同浙江中辉皮草有限公司等企业，参加与科劳斯（浙江）海外仓服务有限公司、中国出口信用保险公司嘉兴办事处签订共建中国·桐乡海外仓（欧洲展示中心）战略合作协议书。10月31日，第八届"崇福杯"裘（革）皮服装设计创作大奖赛作品现场评审工作在崇福镇举行。大赛由浙江省皮革行业协会、桐乡市经济和信息化局、崇福镇政府、崇福皮毛市场管理委员会主办，崇福皮毛协会承办。经评委会评审，评选出金奖作品1件，为浙江中辉皮草有限公司设计师沈斌的设计图"相对论"；银奖作品4件，分别是长沙理工大学刘燕的设计图"蝶变"、桐乡市钧泰裘皮有限公司钟孝慈的设计图"blurred迷离"、浙江纺织服装职业技术学院侯玉凤的设计图"折纸游戏"和陈丽艳的设计图"Tomahawk"。

皮鞋业是桐乡市的特色产业，主要集中在石门镇、洲泉镇，总量约占全市3/4，行业龙头企业有嘉兴市圣丹丽鞋业有限公司、桐乡市华怡鞋业有限公司、浙江卓怡鞋业有限公司、嘉兴市芭妮鞋业有限公司等企业，其中最大的皮鞋企业——嘉兴市圣丹丽鞋业有限公司位于石门镇，2017年销售收入1.9亿元。全市有皮鞋企业1600余家，规模以上企业30余家，销售收入超亿元企业2家，年产真皮女鞋9000余万双。80余家企业在阿里巴巴、淘宝、天猫、苏宁易购等平台营销。制革业主要集中在开发区（高桥街道），有制革企业10家，桐乡市高桥皮革有限公司、嘉兴祥隆皮革有限公司、浙江牧羊人实业有限公司等企业规模较大；崇福镇有制革企业2家，规模较大。全市生产能力最大的制革企业——桐乡市高桥皮革有限公司位于开发区（高桥街道），2017年销售收入6.3亿元。

【中辉皮草入选中国皮革行业十强企业】　6月20日，由中国轻工业联合会主办的"智慧轻工"高峰论坛暨中国轻工业百强企业颁奖盛典在北京召开。大会发布2016年度中国轻工业百强企业、行业十强企业榜单，浙江中辉皮草有限公司入选中国皮革行业十强企业。浙江中辉皮草有限公司成立于1993年，专业从事毛皮服装设计、生产、销售。公司产品种类齐全，加工原材料有羊皮和各类细杂皮（水貂、狐狸、貉子和兔皮等），从德国、西班牙、意大利等国家引进现代化的毛皮服装生产制作流水线和制裘设备，达到年产毛皮服装45万件、硝染加工1500万张毛皮的生产规模。毛皮服装各项实物质量指标均达到或超行业标准要求，在国家各级监督抽查中合格率100%，公司每年委托检验合格率均达100%，出口产品商检合格率100%，毛皮服装销售量和销售额均居中国皮革行业前列。

【首届真皮女鞋时尚博览会】 7月19—21日，桐乡首届真皮女鞋时尚博览会暨2017秋冬新品订货会举行。博览会由桐乡市政府主办，洲泉镇政府、石门镇政府、桐乡市鞋业行业协会、洲泉鞋业协会、石门鞋业协会协办，华履集团承办。博览会期间举办中国真皮女鞋高峰论坛，2017中国女鞋秋冬新品发布会，T台秀，桐乡十大新锐工厂、桐乡十佳女鞋品牌、桐乡十大电商品牌以及桐乡十大影响力人物颁奖典礼，百家桐乡优质工厂、千家大型采购商（供应商）面对面交流。来自全国各地的1400余家企业（个人）到订货会现场与桐乡企业交流洽谈。

【崇福皮毛协会时尚裘皮服装服饰分会成立】 参见《市场·崇福皮毛市场》中相关条目。

（王斌杰）

机械制造

【概况】 机械制造工业是桐乡市引进和培育的新型高新技术产业，主要包括通用设备制造业、专用设备制造业、汽车制造业和电气机械器材制造业，产品涉及煤矿机械、调速电机、微特电机、汽车及配件等。2017年机械制造行业有规模以上企业88家，其中亏损企业21家。全年规模以上企业实现工业产值90.7亿元，比上年增长5.45%。工业增加值20.47亿元，增长11.55%。实现主营业务收入89.43亿元，增长13.08%；实现利税9.6亿元，增长9.62%；实现利润5.58亿元，增长3.55%；实现出口交货值13.2亿元，增长16.8%；亏损企业亏损额2.15亿元，增长64.53%。

实施创新驱动战略，促使企业转型升级，推进企业技术中心等创新平台建设。全年新增省级企业技术中心1家，嘉兴企业技术中心2家，列入2017年浙江省企业技术中心创新能力建设项目计划1个，列入2017年度浙江省重点技术创新专项2个。浙江海得新能源有限公司、浙江华章科技有限公司的2个产品被认定为2018年度浙江省装备制造业重点领域首台（套）产品，嘉兴丹那赫电子科技有限公司、嘉兴鸿利机械有限公司、桐乡胜辉精密机械有限公司、桐乡市三精自动化科技有限公司、浙江海得新能源有限公司、浙江博源农机有限公司和浙江内曼格机械制造有限公司等7家企业的7个产品被认定为嘉兴市装备制造业首台（套）产品。

浙江易锋机械有限公司汽车活塞集成化智能制造新模式入选2017年浙江省智能制造重点项目，汽车空调压缩机118459活塞获2017年度第二批浙江省优秀工业新产品（新技术）一等奖。京马电机有限公司小型化、低噪声油烟机用塑封电机获2017年度第二批浙江省优秀工业新产品（新技术）三等奖。浙江伟联科技股份有限公司钢混建筑大型预制件钢筋桁架智能焊接及自动化生产成套机组等12个产品开发项目列入2017年度浙江省重点高新技术产品开发项目。4月20日，浙江新吉奥控股集团举行东风新吉奥纯电动物流车项目1.5万台首单促产动员大会，启动1.5万台新能源整车生产，这是桐乡首笔万辆整车订单。

【“京马JINGMA及图”商标被认定为中国驰名商标】 3月28日，京马电机有限公司收到国家工商总局商标局关于认定“京马JINGMA及图”商标为驰名商标的批复。京马电机使用在商标注册用商品和服务国际分类第7类家用电机商品上的“京马JINGMA及图”注册商标被国家商标局认定为中国驰名商标，这是桐乡市通过行政途径认定的第9个中国驰名商标。京马电机是中国微电机行业中集研发、生产、销售为一体的专业电机制造商，主要生产高品质交直流空调系列电机、洗衣机系列电机、油烟机系列电机、微波炉系列电机、新能源汽车系列电机、无刷直流工业系列电机等产品。

【合众汽车获批新能源汽车第13张牌照】 参见《开发区建设·经济开发区》中相关条目。

【合众汽车与中国工程院院士郭孔辉签署战略合作协议】 7月22日，孔辉汽车董事长、中国工程院院士郭孔辉与浙江合众新能源汽车有限公司董事长方运舟在吉林孔辉汽车长春总部，共同签署《合众汽车—孔辉汽车战略合作协议》和《郭孔辉院士专家工作站合作协议》。双方将在新能源汽车电动底盘、底盘开发设计、智能电控悬架、无人驾驶、智慧汽车等领域展开合作。浙江合众新能源汽车有限公司成立于2014年10月，由清华大学节能与新能源汽车中心副主任方运舟博士、北京亿华通科技股份有限公司、浙江清华长三角研究院和上海哲奥投资管理公司联合创始成立。公司专注于生产智能互联纯电动汽车产品，包括小型轿车、城市SUV等车型，并从事车辆电池、电机、电控等核心零部件的研发和制造。该合作以合众新能源汽车创新需求为导向，以技术市场化为目的，促进科技成果产业化，培养创新人才队伍，增强合众新能源汽车自主创新能力和市场竞争力。

【空调压缩机118459活塞获省级新产品(新技术)一等奖】 12月22日，浙江省经信委公示2017年度第二批浙江省优秀工业新产品(新技术)等项目，浙江易锋机械有限公司的汽车空调压缩机118459活塞入围，列入公示名单。浙江易锋机械有限公司是汽车空调压缩机核心零部件制造企业，公司注重产品创新，每年销售收入的5%投入研发，2017年，投入创新资金3000余万元，产值比上年增长20%。活塞是空调压缩机中的运动部件，制造技术要求高，这款新产品在结构、制造工艺方面都有较大的创新，该产品全年销售额6000万元。2018年1月11日，浙江省经信委发文公布2017年度第二批浙江省优秀工业新产品(新技术)名单，空调压缩机118459活塞获2017年度第二批浙江省优秀工业新产品(新技术)一等奖。

（朱　杰）

化工医药

【概况】 化工医药工业经过近几年的集中入园整治，不断发展壮大，130余家企业中有规模以上工业企业44家。2017年，规模以上工业企业中化工行业实现主营业务收入63.2亿元，比上年增长19.3%，实现利税8.1亿元，增长3.1%；医药行业完成主营业务收入1.9亿元，增长43.4%，利税总额0.4亿元，增长64.1%。亏损企业3家，亏损额85万元，下降14.7%。

医药化工企业不断推进自身企业技术中心等创新平台建设，加大科研投入，开发新产品、新技术，推动产业转型升级。浙江伏尔特医疗器械股份有限公司通过国家高新技术企业认定，洋紫荆油墨(浙江)有限公司研发中心被认定为省级企业研究院。浙江鼎泰药业股份有限公司的复方辣椒直通透皮制剂和凉感贴剂等2个新产品，通过美国食品药品管理局(FDA)的国家药品代码(NDC)注册登记。浙江嘉澳环保科技股份有限公司完成对东江能源全资并购，获授权专利2个，其商标被认定为浙江省著名商标，产品被认定为浙江省名牌产品。7月，浙江省博士后工作办公室同意浙江嘉澳环保科技股份有限公司设立浙江省博士后工作站。

【浙江天女集团通过3个省级新产品鉴定】 6月10日，浙江天女集团制漆有限公司自主研发，并列入浙江省2014年第三批省级新产品试制计划的“高耐候氟硅丙烯酸重防腐涂料”“水性丙烯酸改性醉酸磁漆”和“石墨烯卷材涂料”3个省级新产品在杭州通过专家鉴定。鉴定委员会由浙江大学、浙江理工大学和浙江方圆检测集团股份有限公司等单位专家组成。专家组听取3个省级新产品试制工作总结、技术总结、产品检测、科技查新及用户使用意见等情况汇报，一致认为符合鉴定要求。产品配方具有创新性，工艺合理可行，相关技术已获得或申请发明专利。经国家化学建材质量监督检验中心检测，所检产品技术指标全部符合省级新产品试制计划任务书和企业标准的要求，经用户使用，反映良好，具有显著的社会和经济效益。企业通过ISO 9001：2008质量管理体系和ISO 14001：2004环境管理体系认证，生产设备、工艺工装、检测手段和环保措施能满足批量生产要求。

【浙江天女集团参与的“浙江制造”团体标准发布】 12月15日，浙江天女集团负责起草的“浙江制造”团体标准《建筑用预涂卷材涂料》经浙江省浙江制造品牌建设促进会批准发布，标准编号为T/ZZB 0293—2017，自2017年12月22日起实施。该标准由浙江省标准化研究院牵头组织制订。“浙江制造”团体标准《建筑用预涂卷材涂料》在化工行业标准 HG/T 3830－2006《卷材涂料》基础上，参考国际先进企业阿克苏·诺贝尔公司同类产品要求，结合建筑用预涂卷材涂料节能、高效、高性能的技术发展趋势，按照“浙江制造”标准定位的要求制定。与行业标准相比，该标准提高了体积固体含量、耐中性盐雾、耐人工老化等关键技术指标要求，增加固化时间、耐沸水性、耐碱性等技术指标，其中固化时间、耐人工老化等关键技术指标要求优于国际同类产品。

（郑　涛）

电子信息

【概况】　2017 年，桐乡市电子信息制造业平稳增长，有规模以上工业企业 42 家，主要行业有电线电缆制造、通信系统设备制造、电子元件及组件制造、光电子器件及其他照明器具制造、光伏设备及元器件制造、工业自动控制系统装置制造等。全年实现工业总产值 53.54 亿元，比上年增长 4.8%；实现增加值 12.04 亿元，核定增速 9.1%；软件行业实现营业收入 20.59 亿元，增长 24.97%，其中软件业务收入 7.01 亿元，增长 30.21%。年内，新增信息经济类企业 161 家，全市累计 900 家，涉及信息服务、软件开发、信息制造等方面。信息产业结构不断优化，逐步向汽车电子，移动终端等高端信息产业方向发展。全市信息经济发展指数 97.5%，综合评价排名列浙江省第 25 名，比上年上升 6 位。年内，引进互联网项目 159 个，计划总投资 193.85 亿元，实到资金 27.13 亿元，包括中国航天科工集团第三研究院第三一〇所“互联网＋”军民融合双创基地、乌镇虚拟产业园、宝新奥泊、赛飞卡盟、佛沙朗新能源、阿尔法变频、传贝科技、博朗尼等。自首届世界互联网大会以来，全市累计引进各类互联网项目 305 个，计划总投资 360 亿元。

（王　立）

橡胶塑料

【概况】　橡胶塑料业是以橡胶塑料加工为核心，包括橡胶塑料合成、橡胶塑料加工及橡胶塑料模具在内的一个整体。2017 年，全市规模以上橡胶塑料企业工业总产值 49.67 亿元，比上年增长 11.7%；实现销售产值 48.17 亿元，增长 11.4%，产销率 97%。

桐乡市橡胶塑料企业项目进展顺利。浙江晶通塑胶有限公司年产 1100 万平方米塑胶地板（砖）整体搬迁项目竣工投产。浙江晶顺建材有限公司年产 1000 万平方米塑胶地板新建项目、浙江权威胶粘制品有限公司年产 23 万吨软塑包装新材料建设项目、桐乡市佑昌包装材料有限公司年产 5000 万平方米包装材料等项目顺利实施。浙江双箭橡胶股份有限公司入选第一批制造业单项冠军培育企业，通过两化融合体系一、二阶段评估审核，完成知识产权管理体系贯标评审，生产各类输送带 3763.93 万平方米，比上年增长 6.84%，销售各类输送带 3669.5 万平方米，增长 6.43%；实现营业收入 113787.53 万元，增长 6.15%。

【双箭橡胶公司被认定为首批技术中心】　2017 年，经中国橡胶工业协会会员企业申报，胶管胶带分会推荐，专家审查评议及总会审核，浙江双箭橡胶股份有限公司被认定为中国橡胶行业技术中心，这是输送带领域首批被认定的技术中心。6 月 22 日，“中国橡胶行业节能环保输送带技术中心”揭牌仪式暨产品发布会在浙江双箭橡胶股份有限公司举行。中国橡胶工业协会会长邓雅俐，浙江省化工学会、浙江大学、青岛科技大学、太原科技大学、北京橡胶工业研究设计院、中煤科检测中心等机构和单位主要负责人，美国、澳大利亚、德国、法国、日本等 20 余个国家的企业技术人员等 200 余人出席揭牌仪式。多年来，双箭橡胶公司与国内外一流高校和科研院所长期技术合作，不断加强输送带新产品的研发。近两年成功开发芳纶、防粘附、异面、耐高温输送带等节能环保型输送带新产品。年内，获国家授权专利 9 个，其中发明专利 2 个、实用新型专利 7 个。累计获国家授权专利 88 个，主持起草国家标准和行业标准 27 项。

【双箭橡胶公司开展国际合作】　2017 年，浙江双箭橡胶股份有限公司响应国家“一带一路”战略号召，与北京橡胶工业研究设计院签订的中国保利科技总包“一带一路”国际合作项目——乌兹别克斯坦橡胶制品厂输送带生产制造技术服务协议。3—4 月，乌兹别克斯坦橡胶制品厂派遣18名学员，到双箭橡胶公司进行技术、工艺、设备维修、检验检测等方面的理论和实际操作培训，为期2个月。12月，双箭橡胶公司派遣12名技术人员，赴乌兹别克斯坦橡胶制品厂进行现场指导。12月25日，双箭股份技术人员与北京橡胶研究院设计人员合作，采取低温延长硫化时间技术，首次生产出30米输送带，完成生产任务。这是双箭股份公司在乌兹别克斯坦生产的第一条符合国际标准的橡胶输送带。

（钱英杰）

企业选介

【桐昆集团股份有限公司】 公司是一家以PTA、聚酯和涤纶纤维制造为主业的大型股份制上市企业。公司有总资产近270亿元，下辖直属厂区5个、控股企业18家，员工1.6万余人，具备480万吨聚合、520万吨涤纶长丝、400万吨PTA年生产加工能力，居世界涤纶长丝企业产能和产量之首。2017年，桐昆集团获中国专利奖，建立浙江省博士后工作站，国家企业技术中心通过公示。桐昆集团的“高品质热湿舒适纺织品制备关键技术”项目被列入国家重点研发计划。9月10日，中国企业联合会、中国企业家协会连续第16次发布2017中国企业500强榜单，桐昆集团连续16年入围，列2017中国企业500强362位，2017中国制造业企业500强161位。8月24日，全国工商联发布2017中国民营企业500强榜单，桐昆集团列中国民营企业500强第124位、中国民营企业制造业500强第66位。6月8日，2017浙商全国500强榜单发布，桐昆集团排名第49位。3月15日，中国化学纤维工业协会表彰2016年度全国化纤行业科技创新示范企业和科技创新人物，桐昆集团获“2016年度全国化纤行业科技领军企业”称号，桐昆集团浙江恒通化纤有限公司总经理赵宝东获“2016年度全国化纤行业科技领军人物”称号，桐昆集团浙江恒腾差别化纤维有限公司副总经理方韶峰获“2016年度全国化纤行业科技创新人物”称号。11月16日，浙江省科技厅公布“2017年浙江省创新型领军企业”，桐昆集团浙江恒通化纤有限公司获此称号。11月16—19日，杭州万泰认证审核专家组监督认证公司“浙江制造”产品“阳离子染料可染改性涤纶低弹丝”，同时对“涤纶低弹丝”进行单元扩项认证。专家组一致同意桐昆集团二个单元的“浙江制造”产品分别通过监督认证和扩项认证，论证结果为保持认证证书和推荐注册取证。12月18日，在“纺织之光”2017年度中国纺织工业联合会科技教育奖励大会上，桐昆集团的“PBT预取向丝的研制与产业化技术”获中国纺织工业联合会科学技术进步三等奖，桐昆集团恒盛公司“紧厚绒POY的生产方法”获中国纺织行业专利优秀奖。桐昆股份市值管理再创新高。5月15日，公司全资子公司浙江桐昆投资有限责任公司以支付现金方式，收购桐昆控股所持有的浙江石油化工有限公司20%股权。11月，公司完成10亿元非公开发行股票事项，用于恒邦二期CP1、CP2项目及自动包装流水线项目的建设。至年底，桐昆股份股价从2016年末的14.08元/股提高到22.49元/股，涨幅为60%；市值从上年末的173亿元增值到293亿元，增长69.36%。2017年，公司的聚酯聚合产能410万吨，涤纶长丝产能460万吨，长丝产销排名全国第一，国

桐昆集团综合熔体直纺前纺车间　　市经信局提供

内市场占有率超14%，国际市场占有率超9%；实现涤纶丝产量424万吨，比上年增长12.6%；实现营业收入328.14亿元，增长28.27%；实现利润总额22.55亿元，增长60.56%。

（叶青云）

【巨石集团有限公司】 公司是玻璃纤维业务的核心企业，以玻璃纤维的生产与销售为主营业务，是中国新材料行业进入资本市场早、企业规模大的上市公司之一。公司拥有浙江桐乡、江西九江、四川成都、埃及苏伊士、美国南卡（在建）五个生产基地。公司总资产200亿元，员工8000余人，玻璃纤维生产能力超140万吨，并设立巨石南非、韩国、意大利、西班牙、法国、加拿大、印度、新加坡、日本、美国等生产和贸易型控股海外子公司。主要生产无碱、中碱、玻璃纤维及其制品，玻璃纤维大型无碱池窑、中碱池窑、环保池窑三大领域，拥有自主核心技术。年内，巨石集团获国家科技进步二等奖，入选国家首批单项冠军示范企业、国家知识产权示范企业，国家高新技术企业通过重新认定；1月23日，中埃高性能玻璃纤维及复合材料联合实验室签约揭牌仪式在埃及苏伊士举行；5月6日，九江公司举行年产10万吨无碱玻璃纤维池窑拉丝生产线点火仪式；12月13日，国家知识产权局公布第十九届中国专利奖获奖名单，巨石集团的“一种环氧高压管道用无碱玻璃纤维直接纱的浸润剂”获中国专利优秀奖；12月28日，桐乡磊石微粉有限公司年产60万吨叶腊石微粉生产线扩建项目投产仪式在石门工业区举行。该项目建有立磨系统8套，用于生产现有的低铝、低铁、高铝高硫、高铝低硫4个品种的叶腊石微粉。2017年，生产玻纤纱134.74万吨，比上年增长8.14%；生产玻纤制品9.21万吨，增长22.31%；玻纤电子布1.17亿米，增长10.38%；实现销售收入86.52亿元，增长15.55%；出口创汇6.02亿美元，增长24.63%；实现利润25.33亿元，增长36.78%；实缴税金7.75亿元，下降22.88%。

（潘翌佳）

【新凤鸣集团股份有限公司】 公司成立于2000年，是一家集聚酯、纺丝、加弹、进出口贸易于一体的民营企业。公司注册资本6.02亿元，下设中辰、中维、湖州中石科技等多家子公司，员工7000余人，整体产能规模270万吨。4月18日，公司在上海证券交易所公开发行A股，成为桐乡市第二家上市的化纤企业。公司专注于聚酯长丝的智能化、低碳化、柔性化制造，采用熔体直纺柔性生产技术，引进世界先进的康泰斯聚酯工艺装置、德国巴马格纺丝设备及意大利赛龙捷智能化物流设备等，主要生产POY、FDY、DTY等400多个规格各类中高档聚酯长丝及舞凤纱、抗菌、扁平等差别化纤维。2017年，参与的“面向纺织典型行业的机器人自动化生产线示范应用”项目被列入国家重点研发计划“智能机器人”重点专项，“聚酯熔体直纺柔性产品配方研究及产业化”项目被列入2017年度省科技厅重点研发计划项目，“全消光涤纶长丝熔体直纺柔性关键技术及产业化”获浙江省科技进步三等奖，获工信部第二批制造业单项冠军示范企业；主导制定行业标准《全消光涤纶预取向丝》，参与制定行业标准《全消光涤纶牵伸丝》《异形涤纶牵伸丝》《S＋Z假捻混纤涤纶低弹丝》，主导制定浙江制造《扁平涤纶预取向丝》，参与制定浙江制造《涤纶低弹丝》等标准。9月10日，中国企业联合会、中国企业家协会发布2017中国制造业企业500强榜单，新凤鸣集团列2017中国制造业企业500强第327位。8月24日，全国工商联发布2017中国民营企业500强榜单，新凤鸣集团列中国民营企业500强第338位、中国民营企业制造业500强第199位。6月8日，2017浙商全国500强榜单发布，新凤鸣集团排名第75位。2017年，公司完成产量271.7万吨，比上年增长5.1%；完成营业收入229.63亿元，增长31.39%；实现利润总额19.34亿元，增长108.14%；实缴税金6.22亿元，增长200.57%。

（叶青云）

【浙江华友钴业股份有限公司】 公司成立于2002年，经过十多年的发展，完成总部在桐乡、资源保障在非洲、制造基地在衢州、市场在全球的空间布局。形成自有矿产资源为保障，钴新材料为核心，铜、镍产品为辅助，集采、选、冶、新材料深加工于一体的产业结构。公司主要产品为锂电正极材料前驱体、钴的化学品以及铜、镍金属。2月22日，由衢州华友钴新材料有限公司牵头，与中国科学院过程工程研究所等机构联合申请的工信部2016年绿色制造系统集成项目“锂离子电池材料全生命周期绿色制造项目”获批准。8月2日，华友钴业—联合国粮食及农业组织对外农业援助合作启动。8月9日，公司在钴行业供应链尽责管理研讨会暨责任钴业倡议试点项目成果发布会发布《华友钴供应链尽责管理和审计》的报告。9月4日，刚果(金)东方国际矿业有限公司(CDM)资助修建的刚果(金)科市KIMBAN GUISTE学校新教学楼交付使用。11月29日，刚果(金)东方国际矿业有限公司CDM湿法硫化矿应用技改项目投产。12月15日，全国高新技术企业认定管理工作领导小组发文公布，浙江华友钴业股份有限公司再次被认定为高新技术企业。12月23日，华友刚果(金)PE527项目Luiswishi(鲁苏西)选矿厂举行试生产典礼。12月28日，MIKAS湿法项目年产4000吨粗制氢氧化钴、10000吨电积铜湿法项目试产投料。2017年，公司实现销售收入36.65亿元，比上年增长92.8%；利润总额6.12亿元，增长655.6%；实缴税金7089万元，增长133.1%。

（王斌杰）

【浙江新澳纺织股份有限公司】公司是中国针织工业协会标准化技术委员会副主任委员单位，主营业务为毛精纺纱线以及中间产品羊毛毛条的研发、生产和销售，是下游服装品牌的针织原料供应商。旗下有子公司浙江新中和羊毛有限公司、浙江厚源纺织股份有限公司。年内，公司再次通过高新技术企业认定，巴素兰处理工艺被中国纺织工业联合会评为2017年度纺织行业新技术推广项目。12月，董事长沈建华被中国纺织工业联合会评为“2017全国优秀纺织企业家”。2017年，公司实现主营业务收入23.12亿元，比上年增长26%；营业利润2.5亿元，增长28%；利润总额2.52亿元，增长27.8%；归属于上市公司股东的净利润2.1亿元，增长30.2%。

（郑 涛）

【浙江易锋机械有限公司】 公司成立于1996年，是以生产汽车空调压缩机关键零部件连杆、活塞、斜盘、滑履、主轴和斜盘外圈等为主的专业化制造型企业。2017年，公司提出企业管理现代化、项目开发市场化、生产制造智能化、开发技术标准化、生产管理系统化、物流管理精细化、质量管理体系化、员工队伍全能化为工作总基调的“八化战略”，抓管理、重创新、调结构、强投入，设计开发第四代通用工业机器人，自主开发斜盘刮涂全自动生产线、设备管理及OEE软件，实施大量设备的自动改造及试验设备的研发工作。2017年，公司生产配套压缩机885万台，比上年增长15%；销售零部件9101万件，增长16.29%；实现销售收入9.09亿元，增长24.5%；实现利润总额12896万元，增长19.4%；缴纳税金9039万元，增长35.4%。

（王斌杰）

【嘉兴恒美服饰有限公司】 公司成立于2001年，是一家集研发、设计、制衣、贸易于一体的综合型梭织服装制造商，位于龙翔工业园区，占地面积6.47公顷，总资产8亿元，员工1300余人。公司秉持着“引领设计，引领时尚”的发展理念，开发设计服装新款抢占市场，产品涵盖休闲外衣、保暖棉衣、时尚风衣等(男装、女装及童装)梭织服装，通过企业设计款式客户挑选下单的模式掌握市场话语权。公司与飒拉(ZARA)、C&A、沃尔玛(Wal－Mart)、PRIMARK等欧美零售商建立长期合作关系，产品100%出口。公司内部通过精细化管理，供货产品稳定在99.9%的准货率，做到零库存，无坏账，无索赔。2017年度对欧盟出口服装企业排名全国第9位，对全球出口服装企业排名全国第91位。2017年，公司年产各类服装1050万件，比上年增长20%；实现销售收入91000万元，增长34.9%；实现利润总额8400万元，增长18%；实缴税金9430万元，增长46.7%。

（沈益平）

【生迪光电科技股份有限公司】公司成立于2000年，在全球范围内有10个分、子公司，专注于研发、制造和销售LED照明产品。公司有飞利浦、欧司朗、英国翠丰、GE、法国ADEO等的OEM(纯代工)客户。从2014年开始，公司在全球发布一系列自主研发的产品，连续三年在CES国际消费类电子产品展上获6项国际创新大奖。其中：2015年，Snap智瞳Wi－Fi安防监控智能灯获“最佳创新奖”，Boost灵展Wi－Fi延展智能灯获“创新荣誉奖”；2016年，Aware智能无线早教安抚灯获“最佳创新奖”，Flex悦动Wi－Fi音乐智能灯获“创新荣誉奖”；2017年，Element灵昕Wi－Fi调光智能灯获2017年度CES生态系统“创新荣耀奖”，link智能适配器获2017年度CES智能家居领域“创新荣耀奖”。10月，公司被浙江省商务厅评为浙江省加工贸易创新发展示范企业。2017年，生迪光电启动年产7000万只高效节能LED灯自动化改造项目，公司产能从2016年度的3400万只LED光源扩展到10400万只的规模；实现销售收入80970万元，比上年增长32%；实现利税5000余万元，增长26%；出口创汇11000万美元，增长20%。

（王　立）

【浙江双箭橡胶股份有限公司】公司遵循创新、协调、绿色、开放、共享的发展理念，顺应国内外经济技术发展趋势，坚持以提高经济发展质量和效益为中心，以结构调整、科技创新、智能转型、绿色发展、标准建设、品牌战略为着力点，主动适应新常态，实现企业经济稳步增长。公司开展减员增效，节能降耗等系列绩效管理活动，挖掘内部管理潜力，节能增效、降耗增效。做好各类原辅材料和生产设备的采购招标工作，加强采购合同的质量管理和合同履约率管理，供方因质量和不履行合同，向公司赔付70余万元质量赔款和合同违约款。全年实际采购成本比招标采购成本降低约380余万元。6S管理不断深入，全年开展公司级6S检查37次，培养三星级及以上员工57人、二星级员工90人。1月23日，工信部、中国工业经济联合会公布第一批制造业单项冠军示范（培育）企业名单，浙江双箭橡胶股份有限公司入选第一批制造业单项冠军培育企业；4月，建立博士后工作站，与国内知名高校联合培养高科技人才；12月，通过两化融合体系一、二阶段评估审核，年内完成知识产权管理体系贯标评审。年内，获省级新产品4个，分别是耐高温大倾角波形挡边输送带、钢丝绳输送带动态接头效率的技术研究及应用、超低滚筒阻力橡胶的开发、“梨”式橡胶输送带；开发国内客户89家，国外客户5家。2017年，公司生产各类输送带3763.93万平方米，比上年增长6.84%，销售各类输送带3669.5万平方米，增长6.43%；实现营业收入113787.53万元，增长6.15%，营业利润12239.35万元，增长199.42%；利润总额12504.41万元，增长144.11%；归属于上市公司股东的净利润11251.55万元，增长108.73%。

（钱英杰）

【浙江中鼎纺织有限公司】公司成立于2001年10月，注册资本2000万元，总投资15000万元，占地面积7.66公顷，总建筑面积9万平方米，员工600余人。拥有30000锭半精纺纺纱设备，引进意大利毕加力走锭纺生产线12台（套），以及其他配套设备300余台（套）。公司为实现企业快速发展，加快企业转型升级，不断加大投资力度。2017年8月，启动印染后整理产品技改搬迁项目，总投资4.4亿元，新征土地6.16公顷，预计达产后可实现年利税1.3亿元。公司不断加大科研力度，技改项目采用自主研发的特种条染色纺、条混、复精梳和毛纺技术工艺，引进具有国际先进水平的智能化生产设备，形成年产1300吨超细羊毛及特种纤维纱线的生产能力。公司进一步完善管理体系，以效益驱动、总体规划、分步实施、重点突破为指导方针，将ERP系统、供应采购系统、财务管理系统、人力资源管理系统、流程审批系统和办公自动化系统（OA）等应用系统进行高度集成，建立“中鼎纺织智能集成管理系统项目”，推动公司信息化和工业化的深度融合。2017年，公司实现工业总产值6.9亿元，比上年增长20.3%；实现销售收入6.7亿元，增长28.1%；实现利润总额8007.5万元，增长45.8%；实缴税金3270万元，增长112.97%；出口创汇8015万元，增长25.2%。

（郑　涛）

国内贸易

概　述

2017年，桐乡市实现社会消费品零售总额361.55亿元，比上年增长10.3%，其中限额以上企业实现零售额89.43亿元，限额以下企业实现零售额272.12亿元，分别增长6.7%和11.5%。分行业看，批发零售业实现零售额303.63亿元，住宿餐饮业实现零售额43.16亿元，异地零售额14.76亿元，分别增长10.1%、9.7%和15.4%。商品交易市场62个，全年成交额636.74亿元，增长5.4%；住宿餐饮业实现营业额57.35亿元，增长14.6%，其中住宿业7.75亿元、餐饮业49.6亿元，分别增长10.4%、15.2%。

商贸发展水平提高。以限额以上规模商贸流通企业为基础，梳理建立桐乡市重点企业培育库，积极创建商贸领域品牌，提升全市商贸流通整体发展水平。2017年，振石大酒店入围浙江省商贸流通业诚信示范企业，“凤珍斋”“陶复昌”入围第二批“嘉兴老字号”。完善优化城乡商业网点布局，市商务局跟踪联系东兴生活广场、新城吾悦广场等商业综合体项目，掌握经营动态。重点探索实体商贸企业转型和老字号发展模式创新，推进“互联网＋流通”发展。以模式创新、业态融合、企业培育为重点，培育线上线下融合发展的新型市场主体。推进批发零售业转型升级，桐乡市入选浙江省（2018—2020）批发零售业改造提升试点城市名单。

消费市场繁荣。贯彻市委、市政府有关决策部署，创新供给，优化环境，营造氛围，积极挖掘消费潜力。节假日、店庆等集中消费节点，东兴商厦、乐购、沃尔玛等大型商贸企业开展形式多样的促销活动，刺激消费增量提质。组织开展消费促进月活动，成功举办促销活动10余场，500多家商家实现销售额近3800万元。开展浙江省金秋购物节活动，重点打造濮院毛衫时尚小镇金秋时尚购物节，为展示展销羊毛衫搭建平台，提高区域特色商品的知名度、美誉度，扩大国内市场份额，并为消费市场注入新活力。

行业监管加强。行业监管成品油销售、典当、二手车流通、废旧汽车回收等，完成全市87家成品油经营企业和8家典当企业的年检工作，着力营造健康稳定的市场秩序。严格落实安全目标责任，开展创建“平安加油站”“平安市场”活动，2017年创建平安示范加油站6家、平安示范市场7家。严管严控散装汽油购销，全市12个散装汽油供应点全部安装实名登记信息系统。不定期专项检查大型商场超市和加油站（点），全年出动检查500多人次，发现隐患120多个，下发整改通知书30多份，及时处理化解存在的问题。排查典当业行业风险，专项检查直销企业，依法打击各类非法集资和传销活动，确保行业规范经营。

（程子路）

商　贸

【概况】　2017年，桐乡市国有城镇企业管理办公室负责管理商贸流通企业25家，比上年减少4家（乌镇五交化有限公司、屠甸食品有限公司、桐乡市农业机械汽车配件有限公司和崇福振兴物资有限公司）。商贸流通企业在岗从业人员498人，其中专业技术人员78人。在岗职工人均收入50873元，比上年增加4115元。25家商贸流通企业全年实现销售额3.49亿元、利税2364万元，分别比上年增长3.87%、32.96%。负债率高、主营业务不突出、靠出租门面维持等仍是很多商贸流通企业的现状。25家商贸流通企业中，6家经营亏损，比上年减亏106万元；12家资产负债率超过60%。

（徐　炜）

供　销

【概况】 2017年末，桐乡市供销合作总社有所属企业13家（全资、控股、参股企业10家，自然人股份企业3家），基层供销社9家，产业活动单位713个，从业人员1863人。2017年，市供销社系统新参办农民专业合作社1家（桐乡市大麻大联粮油专业合作社联合社），累计72家；新建农村综合服务社1家（濮院新妙智供销综合服务社），累计85家；新建经营服务综合体1家（濮院供销社羊毛衫市场十区经营服务综合体），累计17家。9月23日，原市供销总社所属企业——梧桐大酒店，以5500万元成交价完成产权公开拍卖。市供销系统全年实现商品销售额45.3亿元，比上年增长1.3%；实现综合经济效益6158.3万元、利润2216万元、社会贡献总额2.2亿元，分别下降28.8%、44%和8.3%。

【桐乡市农产品物流配送综合服务基地投入使用】 桐乡市农产品物流配送综合服务基地由市供销总社投资建设，2016年年底建成，2017年投入使用。基地位于桐乡市区平安路与国源路交会处，占地4936平方米，建筑面积1.5万平方米，总投资约6000万元。年内，市供销电子商务有限公司、桐乡农商银行凤凰湖分理处、市供销总社、市农民合作经济组织联合会等经营服务组织相继入驻市农产品物流配送综合服务基地。

【桐乡市供销合作社第六次社员代表大会召开】 12月28日，市供销合作社第六次社员代表大会在市供销总社召开。会议审议通过《桐乡市供销合作社章程》，选举产生桐乡市供销合作社第六届理事会和监事会。张雪根当选理事长，沈建龙、顾敏强当选副理事长；张英当选监事长。桐乡市供销社第六次社员代表大会有代表61名，其中市级代表12名、基层代表36名、社有企业代表13名。

（郁春南）

投入使用的市农产品物流配送综合服务基地　　市供销总社提供

粮　食

【概况】 2017年，桐乡市粮油货源充足，市场供应平稳，市级储备粮管理全年安全无事故，年末地方储备粮油足额到位。全市粮食总产量16.86万吨，粮食消费量53.44万吨，分别比上年增长2.49%、3.31%，粮食产需缺口36.58万吨，比上年增加1.3万吨。年内，国有粮食购销企业收购稻谷2.41万吨，与全市318户种粮大户（粮食专业合作社、家庭农场）签订晚粳谷订单，收购订单晚粳谷2.19万吨。公开拍卖轮换储备粮2.21万吨。深入实施惠农政策，种粮大户订单晚粳谷收购价166元/50千克。晚稻收获期间，开展“一站式”收购服务，方便农户售粮；按国家政策收购本市农户余粮，避免发生农户“卖粮难”问题。完善粮食订单信用体系建设，市政府表彰奖励优秀售粮户10户。加强粮食安全体系建设，市粮食局当好政府参谋，履行粮食安全责任制考核牵头部门职责，加强与镇（街道）及有关部门的联系协调，对照上级政府要求，细化工作措施，分解考核内容，全面落实粮食安全责任。加强地方储备粮（油）监管，入库粮食经上级粮食质检机构满仓检测鉴定，合格率100%；按照“科学化、制度化、精细化、规范化”要求，加强储备粮日常管理，市粮食收储公司各库区库存粮油账实相符，无霉变，无虫害，无鼠雀，无事故。健全粮食市场监测预警报告制度，开展监测预警，年内编发报送《桐乡粮油价格行情》50期，为政府科学决策提供依据。深化粮食应急体系建设，完善粮食应急加工、供应及“放心粮油”单位的管理和考核，粮食应急供应网点覆盖全市镇（街道）。

2017年桐乡市粮油批发价情况

表7　单位：元/千克

品种＼月份	1	2	3	4	5	6	7	8	9	10	11	12
菜油	9.20	9.20	9.20	9.20	9.20	9.20	9.20	9.20	9.30	9.30	9.30	9.30
玉米	1.71	1.69	1.72	1.75	1.77	1.88	1.80	1.77	1.72	1.79	1.79	1.90
晚粳米	4.20	4.20	4.20	4.20	4.26	4.32	4.30	4.30	4.29	4.30	4.28	4.28

（潘红阳）

烟　草

【概况】 2017年，浙江省桐乡市烟草专卖局（嘉兴市烟草公司桐乡分公司）卷烟销售稳中有进，全年销售卷烟4.29万箱，比上年增长3.28%；实现销售额20.8亿元、利润5.11亿元，分别增长6.78%、8.3%；上缴税收1.11亿元，增长5.41%。桐乡市烟草专卖局全年查获各类卷烟销售违法案件410起，涉案卷烟2.65万条、案值496.85万元，其中5万元以上案件43起，“6·01”涉烟互联网案件被省局认定为二级国标网络案件。是年，桐乡市卷烟市场市场净化率99.33%。烟草公司桐乡分公司充分调动烟叶种植户的积极性、发挥烟技员的主动性和能动性，烟叶生产稳量提质，与种植户签订种植合同770份，合同种植面积53.06公顷。烟草公司桐乡分公司收购烟叶108.31吨，比上年增长33.44%；销售烟叶80.17吨，下降32.9%。对标结合可控费用精细化管理，实行定额管理，可控费用比上年下降15.49%。结合短板改进，以降低企业能耗费用为切入点，开展QC小组活动，“降低企业能耗费用增幅”获省质协QC优秀成果发布一等奖。

（冯　卿）

电子商务

【概况】 2017年，桐乡市推进农村电子商务发展，培育跨境电子商务新动能，实现电子商务稳步发展。全年实现网络零售额293.04亿元，居嘉兴各县（市、区）第二位。3月，阿里研究院发布《2016年中国大众电商创业排行榜》，桐乡市居全国大众电商创业最活跃县排名第五位、浙江省第三位和嘉兴各县（市、区）首位。年内，电子商务工作领导小组继续组织十佳电商企业评选。毛衫产业、皮草产业和蚕丝被产业入选浙江省产业集群跨境发展试点。中国濮院毛针织服装移动互联网平台项目、找货吗—服装产业一体化服务平台项目和好下单平台项目被列入浙江省网络个性化定制试点项目。与阿里巴巴合作的村淘项目升级更名为天猫优品。开展农资节、年中大促销、年货节等活动。全年线上成交订单15.6万笔、成交金额1800万元，分别比上年增长29.5%、60.9%。全市有农村淘宝村小二、淘帮手55人，覆盖全市22个村，其中高桥镇湘庄村、洲泉镇青石村、大麻镇黎明村3个服务站的合伙人获阿里巴巴“最美村小二”称号。以共建海外仓为契机，鼓励企业对接亚马逊、阿里巴巴国际站等，积极拓展跨境电商业务。邀请跨境电商平台企业到桐乡开展对接交流活动，参与企业代表200余人。挂牌成立跨境电商服务中心，制定跨境电商专项资金使用办法。发挥市电子商务公共服务中心在整合资源、服务电商企业、开展专项培训等方面的作用，为特色产业集群和农村电商提供一系列专门配套服务，开展多方位电商人才培养工作，全年组织培训30余次，3000余人参训，其中187人次参加省级认证电商人才培训、48人获证书。

2017 年桐乡市十佳电商企业

表 8

序号	企业名称	主营业务
1	嘉兴三珍斋食品有限公司	熟食制品的生产销售
2	浙江钱皇网络科技股份有限公司	蚕丝被生产销售、计算机网络技术开发等
3	浙江麦知网络科技有限公司	知识产权闲置资源交易服务
4	浙江卡鳄贸易有限公司	皮鞋销售
5	桐乡市圣美绮纺织有限公司	装饰布及沙发布，家居类小家纺的生产销售
6	浙江好下单网络科技有限公司	服装全程供应链数据协同服务
7	兔皇羊绒有限公司	羊绒服装服饰的生产销售
8	浙江金牌商标代理有限公司	商标转让、注册等
9	浙江青韧网络科技有限公司	电子商务公共服务建设、县域电商综合服务
10	浙江酷趣网络科技有限公司	儿童学习用品、配饰用品、户外用品、家居用品等销售

（沈　芸）

大中型商场

【浙江东兴商厦股份有限公司】 2017 年，东兴商厦挑战与机遇并存，在实体经济面临电子商务较大冲击的情况下，重视营销、促销，想方设法，搞活经营，销售仍保持一定增长。两个商场、82 家东兴连锁超市合计实现销售额 12.96 亿元，比上年增长 12.07%。年内，东兴商厦把握好营销活动的推出时间、形式、规模和力度，以节日销售为突破口，争取厂方支持，整合各类资源，统一策划营销。为聚集人气，举办美食节、啤酒狂欢节、大型马戏、说书表演、国庆军事展、东兴祈福会等。为调动员工积极性，引入"超市合伙人"概念，公司连锁超市业务有新进展，实现销售额 4.4 亿元。

（朱显忠）

【沃尔玛桐乡店】 2017 年，沃尔玛推进实施"长期更低价"项目，应用互联网技术、信息管理技术和数字化零售技术，进一步提高服务效率，改善顾客购物体验。面对多变的市场环境，沃尔玛更关注差异化优势，让顾客感受沃尔玛在生鲜、自有品牌和进口商品方面的竞争优势，为顾客提供更便捷的购物解决方案。沃尔玛桐乡店全年客流量约 89 万人次，实现销售额 7478 万元，上缴税收 90.77 万元。

（马朱平）

【乐购桐乡店】 乐购桐乡店位于市区东兴街和鱼行街交叉口的中虹天地，卖场分 3 层，面积 1.87 万平方米，地下停车位 319 个，顾客消费满 50 元即可免费停车 2 小时。乐购桐乡店交通便利，经营商品种类齐全。2017 年，乐购桐乡店加强门店竞争，提升改造配套商圈，全年客流量约 119 万人次，实现销售额 1.28 亿元，上缴税收 275 万元。

（钱雅明）

住宿、餐饮业

【浙江省电信实业集团有限公司桐乡钱塘新世纪分公司】 2017 年，桐乡钱塘新世纪分公司对大堂进行了改造装修。10 月，通过浙江省星级旅游饭店评定委员会的四星级复评。年内，公司紧扣市场脉搏，把控核心市场，丰富产品内涵，增进与客户的情感交流，较好拉动"主题宴会"消费链，成功开拓系统内培训"蓝海"市场。管理上，强化内部管控，提升管理绩效，重视企业文化建设。公司全年实现营业收入 3966.48 万元、净利润 100.56 万元。

（吴依萍）

【振石大酒店】 振石大酒店拥有各类客房 575 间套、大型多功能宴会厅 7 个、大小各异的会议室 12 个，可一次性接待会议、餐饮近 4000 人。酒店除经营餐饮住宿外，还可提供庆典、家政、洗

振石大酒店　　市商务局提供

衣、水疗、美容美发、物业、旅游等服务。2017年，振石大酒店快速拓展营销渠道，创新客户管理模式。加强产品质量管理，提高服务品质，客户满意率91%。全年酒店接待综合消费15万元以上团队112个次，比上年增长24%。实现营业额1.67亿元，实缴各类税收900万元。

（裘春雷）

【银园大酒店】　2017年，银园大酒店开张18周年。年内，银园大酒店本着"宾客至上，热情周到"的服务宗旨，优化资源配置，严抓精细管理，强化降本节支，进一步提升服务品质。加强与第三方平台合作，完善升级酒店微信营销预订平台，可在线预订房间、在线支付结账。完成第四届世界互联网大会·乌镇峰会、全省责任督学培训班会议、全省民营展演团体团长会议、帝到家服饰公司订货会等150余个会务接待。全年实现营业额2200万元，上缴税收57.73万元。

（周梅芬）

【东方大酒店】　2017年，东方大酒店投入近600万元，打造智慧型酒店，重点对客房、行政办公区域、员工区域进行改造装修。注重打造企业文化，全年培训员工323人次。东方大酒店年内接待各类会议1106个次，完成第四届世界互联网大会·乌镇峰会等大型会议团队的接待，全年实现营业额2115万元，上缴税收87.15万元。

（许晓维）

【光明大酒店】　2017年，光明大酒店围绕"安全、经营、服务"三大主题，不断丰富管理内涵、提升经营水平。酒店全年接待会议、旅游团队、商务团体等110个次，会议人数约6100人次。接待就餐客人约6.4万人次、住宿客人约2.7万人次。是年，光明大酒店实现营业总额1910.83万元，上缴税金28.75万元。

（赵乐萍）

对外贸易

概　　述

2017年，桐乡市实现进出口贸易总额360.5亿元，比上年增长28%，其中出口额243.8亿元、进口额116.7亿元，分别增长15%、67.8%。进出口总额增幅列嘉兴各县（市、区）首位，出口额增幅列第四，进口额增幅列首位。

出口商品结构进一步优化。与上年相比，九大类主要出口商品类别中，纺织品、机电、塑料及橡胶制品、医药化工、床上用品、高新技术产品、鞋类等七大类商品实现增长，服装和裘皮革出现下降。纺织品是全市第一大出口商品类别，占全市出口总额的41.1%。机电产品和高新技术产品出口占比分别升至18.3%和3.2%，比上年增长16.2%和36.9%。

大企业带动作用明显。中国巨石、桐昆集团、华友钴业、新凤鸣集团、恒美服饰、生迪光电、新澳纺织、晶通塑胶、外贸集团、恒石纤维等桐乡市外贸出口十强企业实现出口额106.3亿元，比上年增长17.7%，拉高全市出口增幅7.6个百分点，占全市出口总额的43.6%。

境外投资有新突破。全年新批境外投资企业4家、增资项目5个，中方投资额创历史新高，合计6.88亿美元，比上年增长109.3%，列嘉兴各县（市、区）

首位。实现境外工程承包营业额1.37亿美元，比上年增长6.2%。境外营销网络合计带动出口3.77亿美元，比上年增长3%。

对外及港澳台贸易

【概况】 2017年，桐乡市851家企业有自营进出口实绩（其中778家有自营出口实绩），与171个国家和地区开展贸易往来。全市实现出口额243.8亿元，比上年增长15%，分别高于全国平均、全省平均、嘉兴平均4.2个、4.9个和0.4个百分点，占全省出口份额的1.25%，比上年提高0.05个百分点。占嘉兴出口份额的13.73%，比上年提高0.05个百分点。全市实现进口额116.7亿元，比上年增长67.8%，金属及制品、化工产品、机电产品进口增幅超50%。进出口贸易中，一般贸易进出口占主导地位，全年全市一般贸易进出口额286.2亿元，占全市进出口总额的79.4%，其中出口额203.9亿元、进口额82.3亿元，分别增长15.6%、71.2%。加工贸易出口额39.8亿元、进口额33.7亿元，分别增长11.8%、73.1%。年内，桐乡市推出外贸企业证照联办，将对外贸易经营者备案登记表、开户许可证、中华人民共和国海关报关单位注册登记证、出入境检验检疫报检企业备案表、原产地企业备案和贸促会原产地证书企业注册号等外贸相关证照（表）的办理纳入联办事项，切实简化办事程序，减少企业上门次数。

2017年桐乡市外贸出口二十强企业出口情况

表9　　单位：万元

位次	企业名称	出口额	比上年增长(%)
1	中国巨石股份有限公司	228917	5.3
2	桐昆集团股份有限公司	165127	28.3
3	浙江华友钴业股份有限公司	131635	151.1
4	新凤鸣集团股份有限公司	104980	−2.9
5	嘉兴恒美服饰有限公司	90630	36.6
6	生迪光电科技股份有限公司	77167	−10.9
7	浙江新澳纺织股份有限公司	70609	30.2
8	浙江晶通塑胶有限公司	65992	52.7
9	浙江桐乡外贸集团股份有限公司	64597	−13.0
10	浙江恒石纤维基业有限公司	63554	−11.8
11	浙江花神丝绸进出口有限责任公司	41001	8.5
12	浙江豪庭灯饰有限公司	39379	8.6
13	浙江红太阳毛纺织有限公司	35140	56.5
14	桐乡市龙翔经贸有限公司	33926	3.5
15	铭龙控股集团股份有限公司	32636	30.9
16	桐乡力山工业有限公司	32395	28.7
17	桐乡波力科技复材用品有限公司	29370	13.9
18	浙江永泰隆电子股份有限公司	29140	7.4
19	浙江双箭橡胶股份有限公司	24217	37.7
20	浙江嘉名染整有限公司	24202	−8.4

注：出口额按集团计算

【市场多元化趋势进一步显现】 2017年，桐乡市与171个国家和地区开展贸易往来。对主要传

2017年桐乡市主要出口商品出口情况

表10　　单位：万元

商品名称	出口额	占比(%)	比上年增长(%)
纺织纱线、织物及制品	1002660	41.1	12.4
机电产品	446840	18.3	16.2
服装及衣着附件	326793	13.4	−0.1
塑料及橡胶制品	144074	5.9	38.3
医药化工	141027	5.8	79.0
床上用品	130232	5.3	21.2
高新技术产品	78668	3.2	36.9
毛皮、革制品及箱包	54496	2.2	−21.8
鞋类	25481	1.0	11.3

2017 年桐乡市主要进口商品进口情况

表 11　　单位:万元

商 品 名 称	进 口 额	占比(%)	比上年增长(%)
金属及制品	377452	32.3	101.7
羊毛及毛条	266116	22.8	39.6
化工产品	192580	16.5	184.1
机电产品	166531	14.3	64.3
生皮、革及毛皮	85494	7.3	7.2
矿产品	26947	2.3	26.7
塑料及橡胶制品	19549	1.7	2.5
亚麻及亚麻纱线	18173	1.6	1.2

2017 年桐乡市出口情况

表 12　　单位:万元

出 口 市 场	出 口 额	占比(%)	比上年增长(%)
亚洲	922472	37.8	16.9
其中:西亚	273752	11.2	18.4
东盟	208414	8.6	9.4
欧洲	715023	29.3	10.2
其中:欧盟	651041	26.7	11.0
北美洲	418276	17.2	17.3
非洲	190728	7.8	27.9
拉丁美洲	128726	5.3	8.2
大洋洲	58503	2.4	6.1

按国别 2017 年桐乡市出口情况

表 13　　单位:万元

国 别	出 口 额	占比(%)	比上年增长(%)
美 国	369921	15.2	17.7
土耳其	150341	6.2	19.4
韩 国	127343	5.2	31.4
德 国	118991	4.9	0.3
埃 及	112533	4.6	14.8
日 本	111787	4.6	25.0
越 南	99258	4.1	5.7
印 度	89115	3.7	36.9
英 国	85860	3.5	−3.0
西班牙	85572	3.5	27.6

统市场和新兴市场出口表现较好,实现对欧盟出口额 65.1 亿元、对美国 37 亿元、对日本 11.2 亿元,分别比上年增长 11%、17.7%和 25%;实现对西亚出口额 27.38 亿元、对东盟 20.84 亿元、对非洲 19.07 亿元、对拉美 12.87 亿元,分别增长 18.4%、9.4%、27.9%和 8.2%;对香港出口 4 亿元,比上年下降 13.6%,对台湾出口 1.9 亿元,比上年增长 11.7%。全市 514 家企业与“一带一路”沿线国家和地区有贸易往来,实现进出口额 107 亿元,其中出口额 87 亿元、进口额 20 亿元。

【玻璃纤维和化纤行业频遭国外反倾销调查】 2017 年,桐乡市遭遇来自土耳其、美国和巴基斯坦等国发起的贸易摩擦案件 9 起,涉案金额约 1.4 亿美元,涉案企业 29 家。玻璃纤维和化纤等桐乡市传统出口产品涉案金额 1.3 亿美元,占总涉案金额的 93%。巨石集团、桐昆集团、新凤鸣集团等涉案企业积极开展应诉工作。年内,原审涉案金额 500 万美元以上案件应诉率 100%。2 起案件结案,5 家企业参加应诉,取得较好结果,其中巴基斯坦聚酯纱线反倾销案件终裁确定中国企业反倾销税率为 3.25%－11.35%不等,桐昆集团获得 3.25%最低税率,成功赢回市场。

对外及港澳台经济技术合作

【概况】 2017 年,桐乡市新批境外投资企业 4 家、增资项目 5 个,合计中方投资额6.88亿美元，居嘉兴各县（市、区）首位，比上年增长109.3%。1000万美元以上大项目（含增资）3个，大项目投资总额6.69亿美元，占全市投资总额的97.2%。从投资国别分析，对“一带一路”沿线国家和地区投资成为热点，合计中方投资额6.1亿美元，比上年增长70%。振石控股和华友钴业入围“2017年浙江本土民营跨国经营30强”企业。9月，巨石集团投资5.21亿美元在埃及建设的年产20万吨玻璃纤维生产线建成。全年境外工程承包营业额1.37亿美元，比上年增长6.2%，占嘉兴境外工程承包业务总额95%。境外营销网络合计带动出口3.77亿美元，比上年增长3%。

（葛晓婷）

海　关

【概况】 2017年，嘉兴海关驻桐乡办事处围绕“五型”（学习型、服务型、法治型、创新型、廉洁型）海关建设目标，积极参与全国海关通关一体化改革。全年审核报关单2070份，征收税款2.11亿元，汇总征税54.08万元；监管进出口货物2.29万吨、6050.74万美元，查验率1.07%；办理加工贸易合同备案264份，进口备案总值3.09亿美元，报核率、结案率均为100%；海关注册（登记）新企业205家。优化通关环境，推进全国海关通关一体化作业，全年一体化进出口通关304票。推进无纸化通关，通关无纸化率100%。推行“自主申报，自行缴税”便捷通关模式，“自报自缴”报关单量占应税报关单量的2.07%。促进对外贸易稳步增长和转型升级，落实海关总署和杭州海关要求，为企业引进新产业、新项目、新设备和实施“走出去”战略提供便捷通关通道，全年给企业办理设备进口28票，涉及税款1080.86万元。继续开展加工贸易差别化管理，以企业为单元，对加工贸易合同备案金额占比80%的20家加工贸易企业进行差别化管理，完成生产工艺、单耗、损耗等信息的备案。加工贸易管理水平进一步提高，2家化纤生产企业尝试企业自我风险评估，对2家联网监管企业实行专人跟踪管理，对12家企业进行约谈。组织梧桐讲堂（含地方重点外贸企业座谈会、外贸企业政策综合培训会等）10次，走访、调研企业18家次。

（高燕芳）

出入境检验检疫

【概况】 2017年，嘉兴出入境检验检疫局桐乡办事处主动服务、助推地方经济发展，统计分析镇（街道）的产地证申领数据，推动地方利用原产地证优惠政策。编制重点产品优惠关税手册，赠送给各出口企业，方便企业查询了解产品出口相应国家能够享受的关税优惠。参与市商务局牵头的“多证合一”改革，简化企业备案、企业报检流程和手续，实现检验检疫全程“最多跑一次”、全程无纸化、全流程一个工作日内完成。检验检疫桐乡办事处全年检验检疫出口货物18567批、货值2.67亿美元，分别比上年增长194.58%和21.7%；检验检疫入境货物825批、货值1617万美元，分别增长188.46%和401.38%。进出口检验检疫合计检出不合格90批、货值1767.38万美元，分别增长5.88%和84.1%。检疫入境集装箱214批、820箱，分别增长120%和110%。截获有害杂草352批次21种，其中检疫性有害杂草102批5种，其他一般性杂草250批次16种。对流通领域的进口酒类、进口奶粉、进口玩具和进口衣服等加强检查，全年5次检查商厦、超市及酒庄，发现问题商品5批。全年签发出入境通关单6624份、出入境换证凭条78份、入境检验检疫证明46份、各类出入境检验检疫证书1780份和不合格凭单14份。为214家企业办理产地证备案、212家企业办理自理报检单位备案登记。全年签发各类原产地证书12702份，签证金额64309.4万美元。其中，签发普惠制产地证书3758份，签证金额17603.25万美元；签发一般原产地证书3664份，签证金额15339.73万美元；签发区域优惠原产地证书5280份，签证金额31366.3万美元。年内，桐乡市原产地证信用签证企业由2家增至4家，检验检疫桐乡办事处全年完成原产地证信用签证1899份，签证金额2096万美元。完成出口危险包装性能鉴定719批、2016.01万件；出口包装使用鉴定301批8.62万件，危险化学品检验业务365批、3826.5万美元。

（石巧灵）

招商引资

概 述

2017年8月，桐乡市行政区划调整，高桥撤镇改街道，与开发区合署办公；撤销龙翔街道建制，并入乌镇镇。招商主体因此从14个合并改制为12个，即开发区（高桥街道）、梧桐街道、桐城委（桐城集团）、濮院镇、崇福镇、洲泉镇、乌镇镇、凤鸣街道、河山镇、屠甸镇、石门镇、大麻镇。围绕“招商引资、项目推进、作风建设”三大工程，突出“以实体经济为核心的先进制造业”建设和“以乌镇为核心的一业一网”建设，境内以北京、上海、深圳、杭州为主，境外以德国、美国等为主要驻点区域，积极开展“双招双引工作”。出台《关于进一步强化招商引智工作的实施意见》，坚持“招商引智”。全年“一把手”外出招商650余次，洽谈项目和接待客商930余次。在国际经贸洽谈会、互联网创新创业大赛、第四届世界互联网大会·乌镇峰会等期间开展各类主题招商活动150余场，集中签约项目55个。招商的同时，推进落实项目。从7月开始开展为期4个月的“招商引智百日攻坚”专题活动。出刊《“双招双引”工作动态》，跟踪发布各主体和联络处的“双招”工作动态及全市在谈签约项目进展。年内，全市批准新设项目65个、增资项目4个，合计合同利用外资9.49亿美元，比上年增长57.96%，合同外资总量与增幅均居嘉兴各县（市、区）首位。全市实际利用外资3.54亿美元，增长2.81%，实际外资总量与增幅分别居嘉兴各县（市、区）第四位和第五位。

9月24日，“聚焦桐乡·相约乌镇”2017国际经贸洽谈会开幕

市商务局提供

利用外资及港澳台

【概况】 2017年，桐乡市引进外资项目69个（新设项目65个、增资项目4个），合同利用外资9.49亿美元。其中，总投资1000万美元及以上项目33个、合同利用外资8.59亿美元；总投资3000万美元及以上项目17个、合同利用外资6.39亿美元；总投资1亿美元及以上项目6个、合同利用外资3.69亿美元。69个项目中，鼓励类项目4个，且总投资均超亿美元，合计合同利用外资2.67亿美元，占全市合同外资28.1%。

（张 颖）

利用内资

【概况】 2017年，桐乡市市外内资项目239个，实到市外内资136.92亿元、注册资金66.9亿元，分别比上年增长21.1%、8.15%。其中，工业项目133个，实到市外内资66.98亿元、注册资金23.77亿元；服务业项目106个，实到市外内资69.94亿元、注册资金43.13亿元。年内，桐乡市新引进市外内资项目176个，实到市外内资85.88亿元、注册资金56.62亿元。其中，新兴产业项目61个，总投资148.74亿元，比上年增长240.51%；装备制造业项目29个，总投资82.43亿元，增长113.44%。年内，桐乡企业上市融资步伐加快，新凤鸣在上海证券交易所A股上市，桐昆再次非公开发行股票，两项目合计从国内资本市场募集资金17亿元。融入长三角格局进一步凸显，年内新引进市外长三角内资项目152个，实到市外内资79.4亿元、注册资金33.27亿元。深入接轨上海，152个长三角市外内资项目中上海投资项目26个，实到市外内资30.55亿元，增长29.94%。

（徐建华）

经济开发区

【概况】 2017年，桐乡经济开发区全区实现工业总产值425.64亿元，比上年增长18.5%。缴纳税金26.18亿元，其中工业企业缴纳税金20.65亿元、第三产业企业缴纳税金5.53亿元。实现利润47.74亿元，其中工业企业实现利润34.54亿元、第三产业企业实现利润13.2亿元。企业实现进口总额4.93亿美元，出口总额145.92亿元。新增规模以上工业企业22家，累计161家；新增限额以上服务业13家，累计56家；新增亿元企业12家，累计54家。列入区内考核统计的规模以上工业企业159家，实现工业总产值248.6亿元，比上年增长20.3%；完成销售产值235.87亿元，增长19.3%；累计产销率96%，新产品产值121.9亿元，新产品产值率49.6%；实现利润30.6亿元，缴纳税金15.42亿元。全年完成全社会固定资产投资58.1亿元，增长13.2%。工业生产性投入43.8亿元，增长15.1%。其中，设备投入26.85亿元，占比60%；技改投入39.46亿元，占比90.1%。完成第三产业投资14.32亿元。年内，新增股份制改造企业3家、高新技术企业10家，完成存量土地挖潜29.93公顷。

突出产业招商，围绕以汽车与汽配为主的高端装备制造业、新材料及生物医药三大重点开展招商选资，大力实施产业链的延链、补链、强链，做大开发区特色优势产业。在原有招商模式的基础上，进一步推进委托代理招商、网络化招商、专业化招商等市场化招商新模式。与已签约的5家招商咨询服务公司合作。深度对接沪杭产业平台，在驻上海浦东招商联络处的基础上，又在松江区等地设立两处驻点招商联络处，对接上海区域制造业转移项目。全年新签内外资项目39个，完成合同外资3.3亿美元，实到外资1.94亿美元，分别比上年增长37.7和4.1%，占全市总额的34.8%和55%；实到市外内资19.92亿元，其中注册资本7.45亿元。招大引强实现突破，全年引进吉利变速器等5个总投资超10亿元的项目，绿地智慧城和布兰诺包装等2个总投资超亿美元的项目。

【合众新能源获纯电动乘用车生产资质】 4月20日，国家发改委发布关于浙江合众新能源汽车有限公司年产5万辆纯电动乘用车建设项目核准的批复，称为促进新能源汽车产业发展，按照《国务院关于发布政府核准的投资项目目录(2016年本)的通

浙江合众新能源汽车有限公司生产车间　　开发区提供

知》《新建纯电动乘用车企业管理规定》等精神，同意浙江合众新能源汽车有限公司年产5万辆纯电动乘用车建设项目。浙江合众新能源获全国第13张新建纯电动乘用车准入资质。该项目建设地点为浙江省桐乡经济开发区，项目新建冲压车间、焊装车间、涂装车间、总装车间、电池包生产线、综合研发楼、试车跑道、办公楼、联合站房等建筑和公用辅助配套设施，新增相关生产工艺设备，项目全部建成后形成年产5万辆纯电动乘用车生产能力。项目总投资11.57亿元。浙江合众新能源汽车有限公司成立于2014年10月，注册资本10亿元，主要经营智能新能源汽车的设计、生产和销售。公司一期总投资15.51亿元，主要用于产品研发、整车工厂建设和销售网络建设。

【实施“区街合一”管理体制】 8月26日，桐乡市部分镇街区行政区划及相关管理体制机制调整推进工作动员大会召开。会议宣布，经省政府批准同意，开发区和高桥街道实施“区街合一”“以区为主”的管理体制。调整后的开发区（高桥街道）管辖面积93.31平方千米（高桥街道区域面积55.02平方千米），下辖社区1个、村15个，托管7个村（梧桐街道众善村、安乐村、百福村，凤鸣街道长新村、桑园桥村、李家弄村、史桥村）。实行“区街合一”后，按照“六个统一”原则进行开发建设管理，即统一组织人事管理、统一规划建设、统一财政结算、统一审批权限、统一经济发展、统一社会公共事务服务管理。“区街合一”管理模式，有利于进一步强化资源配置，统筹优化区块内资源配置和产业规划布局；有利于进一步做大产业平台，扩大开发区规模和体量；有利于推动开发区、高桥街道发展，使平台专注于开发建设、让街道回归社会管理本职。开发区区域，围绕先进制造主业，加快高端人才、高端技术、高端产业集聚培育，全力创建国家级产业平台，打造全球性复合新材料产业基地、国家级大数据产业基地、区域性特色装备制造基地。

【中国巨石新材料智能制造基地落户桐乡】 12月24日，中国巨石新材料智能制造基地签约暨年产2亿米电子布项目开工仪式在中国巨石桐乡总部举行。中国建材集团总经理、中国巨石董事长曹江林与桐乡市市长王申峰签订协议。中国建材集团董事长、党委书记宋志平，中国巨石总裁、巨石集团董事长兼首席执行官张毓强，桐乡市委书记盛勇军，桐乡市人大常委会主任张林洪出席签约及开工仪式。新材料智能制造基地位于桐乡经济开发区文华南路以西、新板桥港以东、高新二路以南、高新四路以北，总投资100亿元，实行一次规划、分期建设，预计2022年全部建成投产。年产15万吨玻璃纤维智能制造生产线于2017年9月开工建设。此次开工的年产6万吨电子级玻纤智能制造生产线，深加工生产玻纤电子布2亿米，计划于2018年底竣工投产。新基地将建设45万吨粗纱智能制造生产线和18万吨细纱智能制造生产线。建成后，桐乡生产基地的玻纤纱总规模达到125万吨，电子布产能10亿米，实现桐乡总部玻纤产能翻番的目标。新材料智能制造基地提升玻纤生产技术，转变玻纤生产方式，调整高端产品结构，继续引领玻纤工业的技术革新和产业升级。创新应用超大池窑技术、智能制造技术、绿色制造技术，提高生产效率、产品质量、能源利用效率，降低运营成本、缩短产品研制周期。

（王敏媛）

濮院针织产业园区

【概况】 2017年，濮院针织产业园区建成面积10平方千米，入驻毛衫企业635家。新增规模以上工业企业18家，累计111家，实现总产值56.1亿元。全年投入基础设施建设资金1亿元，建设道路、桥梁、绿化及景观等基础设施建设，完成毓子港绿地景观、永越大道绿化等种植工程。加强园区经营管理，启动政府收回程序，收回高新技术区内5家未投产的机械企业，占地总面积12.67公顷，建筑面积13多万平方米。签订亿元投资项目意向书5份，主要从事高档天然纤维和时尚服饰的生产及销售，推进项目准入、落地，预计总投资5.7亿元，可新增工业产值7.6亿元。企业培育工作领导小组成立，由濮院镇政府牵头，各职能部门参与，全面摸底排查企业的经营状况、占地面积、建筑面积、闲置土地和厂房等情况，没有达到规模以上工业企业标准有124家，其中20家企业进入“小升规”

省级监测平台。全面推进“退散进集”(推进“低小散”企业、个体户向工业园区集聚)“退低进高”(腾退低小散企业,引进集团企业;腾退低产能企业,引进高产能企业)“退二进三”(腾退二产工业类企业,引进三产服务型企业)工作,整治“低小散”企业(作坊)479家,低效用地再开发21.88公顷,其中腾退低效工业用地11.6公顷,新建两创中心(创新创业中心)21.5万平方米。深化水环境综合治理和“三改一拆”工作,园区开展餐饮企业污水规范处置、洗车行业污水专项整治、企业内部雨污合流专项整治等各项整治行动。全力推进招商引资,通过招聘选调一批优秀招商人员,扩充招商队伍,突出精准招商、定向招商,以制造业转型升级为主线,强化项目推进与服务保障。浙江乐尚美意实业有限公司旗下的女装品牌之一“伊芙丽”(EIFINI)签约落户濮院。

创建中国特色小镇,推进濮院世界毛衫博览中心项目建设。濮院毛衫创新园工业旅游项目全年接待游客1000多批次,12万人次,实现工业旅游营业额400万元。推进“全国毛针织产业知名品牌创建示范区”创建工作。3月21日,全国区域品牌价值评价结果发布会公布“濮院毛衫”品牌价值75.01亿元,比2015年度升值41%,入围全国区域品牌百强榜;在最具潜力区域品牌30强中排第八位,“濮院毛衫”品牌潜在价值317.13亿元。5月,濮院毛衫市场通过2017年度国家知识产权保护规范化培育市场认定。9月26日,第十届中国商品市场峰会暨第四届浙江省省外浙商市场采购浙货对接会上发布“中国商品交易市场百强”榜单位,濮院羊毛衫市场名列其中。推进省级服务业集聚区建设。2017年,省经信委和省财政厅发布2016年省级特色工业设计示范基地考核结果,濮院320创意广场在省级特色工业设计示范基地考核评价结果排序(工业强县部分)中排名第一。年内,组织区内企业及濮院320创意广场的设计机构组团参加大型时尚针织展会。1月,参加在香港国际会展中心举行的2017年香港秋冬时装节;3月,参加2017中国·濮院国际毛针织服装博览会;4月,参加中国(义乌)文化产品交易会;10月,参加上海PH Value针织展等。参展企业通过品牌走秀发布、论坛等活动集中展示濮院本土的原创设计和时尚创意元素。

【桐乡市村级集体经济壮大工程落户园区】 2月23日,桐乡市村级集体经济壮大工程32村抱团项目——聚晟创业园开工仪式在濮院镇举行。嘉兴市委常委、组织部部长连小敏出席仪式并宣布项目开工,桐乡市领导盛勇军、潘川弟、徐刚等出席活动,桐乡市委常委、组织部部长陈林根主持开工仪式。该项目位于桐乡市濮院镇桐星大道东侧、永越大道南侧、聚成路西侧、金龙路北侧。项目总用地面积3.95万平方米,建筑总面积8.77万平方米,地上面积6.8万平方米,地下面积1.97万平方米。项目由第五轮壮大工程30个重点扶持村、2个经济强村和桐乡市濮院针织产业园区开发建设有限公司共同投资建设,覆盖全市12个镇(街道),规划设计建造厂房22幢,由濮院针织产业园区管委会对项目进行统一设计、统一建设、统一招商、统一管理。该项目总投资2.2亿元,是桐乡市首个市级抱团项目,也是嘉兴地区至2017年底投资最大的村级集体经济抱团项目。

·相关链接·

经济强村名单

濮院镇永联村、永越村

重点扶持村名单

梧桐街道:新玄村、民安村

凤鸣街道:联庄村、史桥村、合星村、西牛桥村

龙翔街道:董家村、杨园村、元丰村

高桥镇:落晚村、毛水浜村、亭桥村、三村村

屠甸镇:和平村

崇福镇:陈家埭村、芦母村

洲泉镇:道村村、晚村村、马鸣村

大麻镇:西南村、百富村

河山镇:八泉村、庙头村

乌镇镇:浙月村、南庄桥村

石门镇:春丽桥村、民丰村、周墅塘村、陆家庄村、殷家漾村

【2017中国·濮院国际毛针织服装博览会】 3月15—17日,2017中国·濮院国际毛针织服装博览会在上海国家会展中心举行。博览会由桐乡市政府、中国纺织工业联合会主办,濮院针织产业园区管理委员会、濮院镇政府承办。博览会期间举行2017中国特色小镇·濮院时尚馆开馆仪式、中国濮院时尚发布

秀、第二届“濮院杯”2017PH Value 中国针织设计师大赛决赛暨颁奖典礼等活动。第二届“濮院杯”2017PH Value 中国针织设计师大赛以“零度未来”为主题，以男装设计为主，面向全世界征集参赛作品，大赛组委会收到来自中国大陆、香港、台湾地区以及美国、法国，计 82 家大专院校、30 多家企业（设计师机构）的有效作品 722 件。大赛最终评出一等奖作品 1 件、二等奖作品 2 件、三等奖作品 3 件、新澳纱线应用奖作品 1 件、最具网络人气奖作品 1 件、优秀奖作品 8 件。展会期间，濮院还以“中国特色小镇”的整体形象对外推介，举行 2017 年度 7 个重大项目的签约仪式，分别与上海凯鑫分离技术股份有限公司、桐乡市万新毛纺原料有限公司、浙江喜歌实业有限公司、嘉兴市炬辉织造科技有限公司、香港九九制衣有限公司、杭州瑞阳织造有限公司、桐乡市强隆机械有限公司负责人进行签约。此届博览会，濮院时尚馆接待客商 6 万人次、濮院展团登记潜在意向客户 3500 多人次，现场达成订单 300 多万元。

【中国特色小镇·濮院时尚馆开馆】 2017 中国·濮院国际毛针织服装博览会设立中国特色小镇·濮院时尚馆。3 月 15 日，中国特色小镇·濮院时尚馆举行开馆仪式。中国纺织工业联合会会长孙瑞哲、原会长杜钰洲、副会长杨纪朝、副会长陈大鹏、副会长孙淮滨，桐乡市人大常委会主任张林洪，桐乡市政协主席蒋惠玲，桐乡市副市长朱伟强、副市长沈根潮、副市长徐剑东，桐乡市政协副主席周民等出席开馆仪式。濮院组织参展企业 53 家，与中国国际服装服饰博览会（CHIC）2017（春季）展会、PHvalue 中国国际针织博览会（春季）同期举办。展区分设商务洽谈区、成衣企业展示区、原创设计展示区和“互联网＋”展示区，总面积 5000 平方米。在原创设计师展区，濮院 320 创意广场原创设计企业的设计产品集中参展，展现濮院原创设计的能力和魅力；在“互联网＋”展区，结合互联网与实体经济的融合发展，重点展示濮院本土的互联网企业和电商平台。浙江东企企业、嘉兴慕丽服饰有限公司、时装城品牌联盟等 13 个濮院品牌企业举行发布秀，发布濮院毛衫的时尚元素。

3 月 15 日，举行中国濮院时尚发布会　　濮管委提供

【濮院 320 创意广场入选国家级设计类示范平台】 10 月 12 日，工信部发布第二批纺织服务创意设计试点园区名单，濮院针织产业园区创意设计平台（濮院 320 创意广场）名列其中，成为全市首个国家级设计类示范平台。近年来，濮院针织产业园区管委会和濮院羊毛衫市场管委会因势利导，以创意驱动为引领，大力发展时尚产业，加大对产品研发、设计推广的产业引导，投入资金 1.5 亿元，先后建设濮院 320 创意广场、濮院毛衫创新园 CX 设计大楼，支持毛衫企业创办布谷鸟时装设计中心、浅秋服饰设计中心等企业设计中心。2017 年，濮院 320 创意广场继续优化空间格局，加快提升“设计＋”平台承载力，完善“保姆型”“导师型”“经纪人型”服务模式，深化与韩国时尚协会、东华大学、江南大学等合作。至年底，濮院 320 创意广场进驻以服装设计、品牌策划与电子商务为主营业务的创意团队 62 家，从业人员 400 多人，分别来自北京、上海等地以及韩国的优秀设计师。自创立以来，入驻的创意机构累计获专利授权 106 项，服务收入超 0.25 亿元，设计成果转化值超 6.1 亿元。

（李　昇　张夏啸）

旅 游

概 述

2017年，桐乡市旅游工作抓住以乌镇为核心的“一业一网”（旅游业、互联网），壮大旅游实体经济，开展国家全域旅游示范区和国家级旅游度假区创建工作，推进招商引智、项目推进、作风建设三大工程，打响“风雅桐乡”旅游品牌。乌镇景区入选年度最受网友喜爱的十大古村镇。乌村被授予“浙江省乡村旅游示范乡（镇）、村”称号。组织《乌镇—石门省级旅游度假区总体规划》部门意见征求会和专家评审会。规划编制单位北京巅峰智业旅游文化创意股份有限公司就规划成果进行汇报。市发改局、国土资源局等14个部门及乌镇镇、石门镇分别结合实际提出相关意见建议。规划成果达到评审要求，通过专家组评审。桐乡毛衫时尚小镇成功创建国家AAA级旅游景区，野林滩景区成功创建国家AA级旅游景区。全市有国家AAAAA级旅游景区1个，国家AAA级旅游景区7个，国家AA级旅游景区17个；星级饭店8家，其中五星级饭店1家、四星级饭店4家、三星级饭店3家；旅行社30家，其中四星级旅行社4家、三

2017年桐乡市国家级旅游景区

表14

名　　称	等　级	地　　址	联系电话
乌镇景区	AAAAA	乌镇镇石佛南路	88731999
福严寺景区	AAA	凤鸣街道合星村	88488051
红杉郫景区	AAA	乌镇镇宗扬路	88797255
世贸中心旅游综合体	AAA	梧桐街道世纪大道	88588888
稻乡人家景区	AAA	洲泉镇道村村	88533737
森利园景区	AAA	崇福镇东安村鸽子浜	88441188
文化恒基特色旅游园	AAA	梧桐街道齐福路	89396076
桐乡毛衫时尚小镇	AAA	桐乡市濮院镇	89399189
丰子恺纪念馆	AA	石门镇西市街	88616150
君匋艺术院	AA	梧桐街道庆丰南路	88103627
桐乡市博物馆	AA	梧桐街道环园路	88119811
桐乡植物园	AA	梧桐街道振兴东路	88139388
锦绣天地蚕桑博览园	AA	高桥街道高架路	80889352
桂花村景区	AA	石门镇子恺路	88623773
店街塘景区	AA	崇福镇店街塘村	88333847

夜幕下的乌镇景区　　张雄伟提供

续表 14

名 称	等 级	地 址	联系电话
濮院中国毛衫城景区	AA	濮院镇中兴路	88815222
蚕桑产业观光园	AA	梧桐街道新玄村	88893333
坝桥景区	AA	洲泉镇坝桥村	88511110
中山公园	AA	崇福镇崇德东路	88411704
畅想园	AA	大麻镇海华村	80899778
太师山庄	AA	乌镇镇分水墩村	88730076
东浜头村漫画文化园	AA	河山镇东浜头村	88687266
菊博园	AA	屠甸镇君甸大道	88863556
港龙木屋世界博览园	AA	梧桐街道人民路	88589188
野林滩金岛	AA	洲泉镇众安村	88929698

2017 年桐乡市星级旅游饭店

表 15

名 称	星 级	地 址	电 话
振石大酒店	五星	梧桐街道振兴东路东 199 号	88188888
钱塘新世纪大酒店	四星	梧桐街道庆丰南路 6 号	88108888
东方大酒店	四星	梧桐街道振兴中路 23 号	88880888
银园大酒店	四星	梧桐街道庆丰南路 7 号	88880999
乌镇黄金水岸大酒店	四星	乌镇镇清镇路 8 号	88728195
梧桐大酒店	三星	梧桐街道振兴中路 42 号	88880178
光明大酒店	三星	梧桐街道振兴路 11 号	88881697
元顺酒店	三星	洲泉镇足佳鞋材市场	88598010

2017 年桐乡市旅行社

表 16

名 称	星级	地 址	电 话
春秋旅游公司	四星	梧桐街道景雅路 21 号	88038691
大众旅行社	四星	梧桐街道润丰步行街 35—37 号	88886000
桐乡市旅游公司	四星	梧桐街道梧桐大街延伸段 212 号	88101499
中青旅旅游公司	四星	梧桐街道振兴中路 2 号	88116192
山水旅行社	三星	梧桐街道中山东路 800 号	88099935
假日旅行社	三星	梧桐街道振兴东路 199 号	88035588
东方旅游公司	三星	梧桐街道梧桐大街延伸段 153 号	88183900
景秀年代旅行社	三星	梧桐街道景雅路 765 号	88028222
职工休养旅行社	三星	梧桐街道县前街 198 号	88326987
凤鸣旅游公司	三星	梧桐街道梧桐大街延伸段邵家桥 7 号	88117802
星光旅行社	三星	梧桐街道润丰步行街 99 号	88078688
光大旅游公司	三星	梧桐街道茅盾西路 101 号	88038900
梧桐水乡旅行社	三星	梧桐街道广福路 87—89 号	88180010

星级旅行社 10 家。全年接待游客 2030.55 万人次，比上年增长 7%；实现旅游总收入 244.13 亿元，增长 20.1%；旅游产业增加值 52.5 亿元，占地区生产总值的 7.5%。其中乌镇景区全年接待游客 868 万人次。旅游经济总量位居嘉兴市首位。在全省旅游工作会议上，桐乡市被评为浙江省全域旅游示范县(市、区)创建工作先进单位。

规划建设

【概况】 2017 年，桐乡市全域旅游示范区创建工作获省旅游局肯定，在全省旅游工作会议上被评为浙江省全域旅游示范县(市、区)创建工作先进单位。乌镇国际汽车露营地和赛妙万娱乐园(原乌镇小城故事项目)入选全国优选旅游项目名录。濮院古镇景区项目通过省 AAAA 级旅游景观质量评审，桐乡毛衫时尚小镇成功创建国家 AAA 级旅游景区，洲泉镇野林滩金岛成功创建国家 AA 级旅游景区。大麻镇海华村和洲泉镇马鸣村成功创建浙江省首批 AAA 级景区村庄，桃园村、墅丰村等 12 个村创建成为 A 级景区村庄。新增省级旅游产业融合基地 6 家。

【开展第二届野炊休闲基地创建工作】 3 月，市旅游联合会启动第二届野炊休闲基地创建工作，提出创建申请单位 14 家。经过综合评定，江南湖羊庄园、万杨农业生态园、石门湾猕猴桃精品园、森利园景区、乌镇鸭司令农庄等 5 家单位获“桐乡市野炊休闲基地”称号。4 月 23 日，江南湖羊

续表 16

名　　称	星级	地　　址	电　话
金凤凰旅游公司	三星	梧桐街道和平路 162 号	88187228
宝地旅游公司		梧桐街道振兴东路 700 号	80882233
诚石旅游公司		梧桐街道振兴东路 199 号	80880697
兢磊旅行社		梧桐街道茅盾东路 5 号	88039500
康泰旅行社		梧桐街道校场西路 31 号	89383396
快乐假期旅游公司		梧桐街道梧桐大街延伸段 29 号	88192211
青年旅游公司		梧桐街道振兴西路 20 号	88097277
和平旅游公司		梧桐街道振兴东路 781 号	88025999
国旅桐乡分公司		梧桐街道振兴东路 679 号	88110789
崇德旅行社		崇福镇青阳西路 227 号	88335866
同行旅游公司		梧桐街道润丰步行街西 108 号	88887781
妙途旅行社		凤鸣街道草庵头集镇嘉德公路南侧 201 号	88480660
天佳旅游公司		梧桐街道茅盾东路 5 号	88587733
乌镇中青旅旅游公司		梧桐街道梧振兴西路 36 号	81888855
众欢旅行社		梧桐街道人民路 268 号	88890610
中国旅行社桐乡分公司		梧桐街道振兴东路 785—789 号	88023773
浙江省飞虎旅行社		梧桐街道校场东路 6 号	88053888

庄园举办“香当赞”芬芳野米饭暨桐乡市野炊休闲基地授牌仪式。至年底，江南湖羊庄园、万杨农业生态园、石门湾猕猴桃精品园、森利园景区、乌镇鸭司令农庄接待游客量分别为 1.8 万人次、1.2 万人次、4.5 万人次、38.96 万人次、2.8 万人次。

【举办 2017 桐乡(杭州)旅游项目专场招商会】 6 月 15 日，桐乡市旅游委员会和市商务局联合举办 2017 桐乡(杭州)旅游项目专场招商会在杭州西溪宾馆召开。中国国际旅游投资协会、宋城集团、浙江元成园林集团股份有限公司等 50 余家单位参加招商会。招商会上，乌镇镇、石门镇旅游工作相关负责人分别就度假区乌镇片区和石门片区现有旅游资源、旅游项目需求和招商引智优势等内容进行推介。同时，谭家湾遗址秘境花园项目、濮院毛衫创新园项目、江南文创园项目、青园度假村项目等 7 个旅游项目在现场进行集中签约，投资总额近 10 亿元。

【桐乡市实施全域旅游提升发展专项补助政策】 8 月 25 日，由桐乡市旅游委员会、市发展和改革局、市财政局联合印发的《全面推进全域旅游提升发展的专项补助政策意见和实施细则》正式实施。政策意见主要涵盖旅游项目建设、旅游产业素质与服务品质提升、旅游市场拓展、智慧旅游与信息化、旅游公共服务功能提升、乡村旅游发展等内容，对项目投资、规模发展、品牌创建、营销推广、乡村民宿、旅游人才等进行重点扶持。至年底，奖励乡村旅游投资项目、创建国家 A 级旅游景区及省 A 级旅游景区村庄、旅游新型业态、旅行社兼并重组、旅游人才队伍建设等方面，累计奖励资金 147.92 万元。

【推进乌镇—石门省级旅游度假区建设】 8 月 26 日，桐乡市成立乌镇—石门旅游度假区工作委员会，健全度假区领导机制和管理体制建设。由市政府牵头，市旅委、乌镇镇、石门镇等组成国家级旅游度假区创建工作小组集中办公，创建工作通过省旅游局验收。推进《乌镇—石门省级旅游度假区总体规划》编制工作，召开部门意见征求会和专家评审会，修改、完善规划内容。推进乌镇旅游核心区和石门乡村旅游区建设，推进乌镇国际汽车露营地等旅游新业态、雅达阿里拉等酒店群、子夜路小吃集市等基础配套项目建设，启动石门丰子恺故居改建扩建工程、罗家角遗址公园等项目建设。

【开展 A 级景区和 A 级景区村庄创建】 2017 年，濮院古镇景区项目通过省 AAAA 级旅游景观质量评审；9 月 18 日，洲泉镇野林滩金岛成功创建国家 AA 级旅游景区；12 月 28 日，桐乡毛衫时尚小镇成功创建国家 AAA 级旅游景区。做好 A 级景区村庄创建工作，大麻镇海华村和洲泉镇马鸣村成功创建浙江省首批 AAA 级景区村庄，梧桐街道桃园村、石门镇墅丰村等 12 个村创建成为 A 级景区村庄。

【推进旅游厕所革命】 2017 年，

乌镇旅游厕所　　　　市旅委提供

桐乡市根据国家旅游局厕所革命建设要求，新建旅游厕所34座、改建57座，优化旅游配套，美化旅游环境。乌镇景区修真观公厕、安渡坊公厕、水市口公厕、秀水廊公厕、东栅停车场公厕等5家厕所被认定为嘉兴市首批AAA级旅游厕所。乌镇景区将改厕工程作为景区建设重要一环，构建完整配套建设体系，实行规范化维护制度，提供人性化服务体系，打造“第三卫生间”。西栅景区内厕所均选择质量上乘、环保无害厕纸和手纸，统一采购空气清新剂、洗手液。冬季，公厕内安装热水设施让游客洗手感到舒适；夏季，景区厕所除有空调设施外，还在男厕小便池加上冰块，以减少异味。

【新增2家省级旅游风情小镇培育单位】　8月28日，省旅游局公布第二批浙江省旅游风情小镇培育名单。石门镇和崇福镇入选，加上首批上榜的乌镇镇，桐乡市省级旅游风情小镇培育单位升至3个，居嘉兴市首位。浙江省旅游风情小镇是指在行政建制镇（乡、街道）范围内，拥有独特的自然风景、建筑风貌、节会风俗、特产风物、餐饮风味和人物风采，以旅游休闲为主导功能，以规划保护为前提，人居环境优美和谐、地域风情丰富多彩、公共服务配套完善、综合管理保障的特定区块。石门镇历史悠久、人文荟萃，生态环境优美，旅游资源丰富，以文化旅游为主要特色。现有桂花村、丰子恺纪念馆国家AA级旅游景区2家。发展乡村旅游业，完善基础设施，增设游客服务中心、游客步行栈道等。每年举办桂花节、梨花节、水果采摘节吸引大量游客。2015年12月，乌镇—石门省级旅游度假区经省政府批复同意建立。引进庄园经济实体，成立桐乡市石门湾旅游发展有限公司，统筹管理全镇旅游项目的建设、管理和运营。计划打造石门湾国家农业公园。崇福镇是中国皮草名城、江南运河文化古城、庄园经济集聚区、杭州都市区宜居宜业新城，以时尚皮草为主要特色。现有森利园国家AAA级旅游景区1家，中山公园、店街塘AA级旅游景区2家，以及崇福庄园、运河休闲栈道“古运八景”、运河文化长廊等，旅游资源丰富。崇福镇有皮草企业约2000家，皮草产业占全镇工业经济半壁江山，皮草大世界、皮草名城等专业市场发展良好，各类皮草生活馆星罗棋布。

【新增6家省级旅游产业融合基地】　12月，桐乡市石门殷家漾蜜梨专业合作社成功创建浙江省果蔬旅游采摘基地，大麻镇海华村、屠甸镇荣星村成功创建浙江省休闲旅游示范村，桐乡市江南湖羊庄园成功创建浙江省休闲农业与乡村旅游示范点，屠甸镇荣星村成功创建省级老年旅游示范基地，丰子恺纪念馆被评为省级文化旅游示范基地。至年底，石门殷家漾梨园、大麻镇海华村、屠甸镇荣星村、江南湖羊庄园、畅想园、丰子恺纪念馆年接待游客量分别为0.5万人次、20.4万人次、2.1万人次、1.8万人次、1.2万人次、5.3万人次。

行业管理

【概况】　2017年，桐乡市旅游委员会与市综合行政执法局、市物价局、市消防大队、市交通运输局等部门开展联合执法检查4次。结合旅游市场秩序暗访情况，开展全市旅游市场秩序集中整治专项行动。依法处理高铁站违规拉客、乌镇杭州散客甩团等事宜，全市旅游市场安全无事故。全年受理旅游投诉56起，其中上级旅游部门转办16起、投诉电话受理27起、市长电话受理12起、上访1起。执行调解理赔8起，调解理赔金额7948元，比上年下降26.4%。金凤凰旅行社被评为三星级旅行社，全年开展旅游安全生产法规、旅游交通、旅游反恐等专题培训6次，行业比武3次，应急演练1次，制定《旅游业人才队伍建设规划和政策意见》。围绕党的十九大会议安保及第四届世界互联网大会等重大活动规范旅游市场，组织检查6次，出动检查人员250多人次。全市获公安部门准入许可并纳入浙江省旅游民宿平台的民宿128家，其中九熹米莨民宿被评为浙江省金宿级民宿，晚村民宿、意居舍民宿被评为浙江省银宿级民宿。

【加强旅游安全专题培训】 2017年，市旅委加强旅游安全专题培训。3月21日，第一期旅游安全专题培训班邀请市安监局两名专家授课，来自全市各旅游企业从业人员近60人参加培训，课程主要围绕旅游安全相关法律法规解读及旅游安全相关事故警示两方面内容，对培训人员进行旅游安全生产教育。5月31日，第二期旅游安全专题培训班邀请嘉兴市旅委、桐乡市反恐办、桐乡市人民医院3名专业人员授课，全市50余家旅游企业近100人参加培训。培训内容包括最新《旅游安全管理条例》解读、反恐知识讲座以及旅游安全防治应急专题讲座。

【桐乡全域旅游专题研修班】 6月27—29日，桐乡市全域旅游专题研修班在苏州大学举行。市级相关部门分管领导，各镇（街道）、经济开发区、振东新区分管领导，相关旅游特色村负责人等40人参加培训。培训班邀请行业内专家、学者开展《城乡发展与旅游规划》《全域旅游发展路径的苏州解读》《大数据与旅游目的地的精准营销》《苏州文化与旅游》等内容培训，并组织学员们前往东太湖旅游度假区考察开放式景区建设。

【旅游饭店服务技能操作比赛】 7月31日，桐乡市旅游饭店服务技能操作比赛在乌镇黄金水岸大酒店举行。活动由市劳动竞赛委员会主办，市旅游委员会承办。比赛分为“中式铺床和插花”及“中餐宴会摆台”两场，采用“笔试+实操”评分模式，来自全市8家星级酒店15名选手参加比赛。最终“中式铺床和插花”“中餐宴会摆台”分别评选出一等奖1名、二等奖2名、三等奖3名。

【开展全市旅游市场秩序集中整治专项行动】 9月，市旅游委员会会同交通、物价、综合执法等部门围绕非法从事旅游业务、不合理低价游、旅游包车、强迫消费等整治内容开展为期1个月的旅游市场整治。9月11日，市旅委党工委书记、主任一行，赴乌镇景区实地督查旅游市场秩序集中整治专项行动方案部署、推进情况。经过整治，全市旅游市场秩序得到进一步规范，“不合理低价游”等侵犯旅游者合法权益的突出问题得到有效解决。

【全市公务接待兼职讲解员培训班】 12月11—15日，市委、市政府和市旅委联合举办全市公务接待标准化、商业化兼职讲解员培训班。全市相关部门、基层旅委和三星级以上旅行社负责人及导游人员等近百人参加培训。培训课程设置公务礼仪、服务心理、公务接待讲解技巧及讲解词创作、讲解模拟实战、公务接待中务必处理好的几个问题、个性化服务及接待方案策划等方面，并安排现场讲解和应变题考核以及分组讨论等。

市场开发

【概况】 2017年，桐乡市推出“风雅桐乡”四季旅游品牌。开展“花开桐乡、研学桐乡、网约桐乡、衣柜桐乡”四季游系列活动，举办春季“花开桐乡”旅游嘉年华暨桐乡市首届旅游商品创意大赛颁奖典礼、桐乡研学旅游启动仪式暨浙江小记者体验活动、2017濮院时尚购物节和首届旅游漫画展等大型活动。深入接轨沪杭融入杭州都市圈。借“2017市民体验日”与杭州开展“走亲式”旅游活动，两地居民互相交换体验当地生活。桐乡旅游微信订阅号平台粉丝突破2.8万人次，第四届世界互联网大会期间微信订阅号在浙江省旅游管理机构榜单中排行第二；推动旅游大数据中心和旅游咨询中心改建、扩建工程。

【接轨沪杭融入杭州都市圈】 3月26日，市旅委组织旅游企业参加在嘉兴举办的2017年嘉兴市中外旅行商合作大会暨旅游产品采供交易会。4月22日，市旅委借“2017市民体验日”，与杭州市民开展“走亲式”旅游活动，两地居民互相体验当地生活。5月9日，组织旅游企业参加在上海举办的2017年中国会议与商务旅行论坛暨交易会。5月26日，组织旅游企业参加在义乌举办的第九届中国国际旅游商品博览会。12月29日，组织旅游企业参加在上海举办的浙江(上海)旅游交易会暨“美景、美食、美宿、美购”特卖会等，宣传桐乡旅游资源和旅游产品。

【首届旅游商品创意大赛颁奖典礼】 3月26日，市旅委、振东新区建设管理委员会主办，市私营(民营)企业协会、市旅游联合会、市凤凰湖旅游发展有限公司协办，《钱江晚报·今日桐乡》承办的“花开桐乡”旅游嘉年华暨桐乡市首届旅游商品创意大赛颁奖典礼在凤凰湖举行。活动推出“风雅桐乡”四季旅游路线，分为春季花开桐乡、夏季游学桐乡、秋季网约桐乡、冬季衣柜桐乡等。首届旅游商品创意大赛自2016年12月启动以来，收到参赛作品近百件，经过初赛、复赛、网络投票、专家评审，最终选出金奖1名、银奖2名、铜奖3名、网络人气奖1名、优胜奖5名、入围奖8名，其中桐乡市丰同裕蓝印布艺有限公司设计创作的“江南春”真丝蓝染布艺围巾、手包获金奖。

【“风雅桐乡 乐游在一起”新能源汽车带你游桐乡活动】 5月19日，由市旅委、高桥镇旅委主办，浙江乌镇壹租科技有限公司协办的“风雅桐乡 乐游在一起”新能源汽车带你游桐乡活动，在桐乡高铁站广场举办。全市各镇(街道)旅委分管领导和全市旅游企业上百人参加。浙江乌镇壹租科技有限公司与蚕桑产业观光园、锦绣天地博览园、橡子湾、石门湾四季果园、乌镇国际房车露营地、森利园等景区签订合作意向，并安装特来电有限公司专门用于新能源车充电的充电桩，为浙江乌镇壹租科技有限公司提供专门停车位，方便用户使用。

森利园景区　　市旅委提供

【桐乡研学旅游启动仪式暨浙江小记者体验活动】 7月21日，市旅委、浙江在线新闻网站、共青团桐乡市委、市文化局等单位主办，旅游联合会、青少年宫、博物馆承办的2017年桐乡研学旅游启动仪式暨浙江小记者体验活动正式开启。乌镇镇、石门镇被评为研学旅游镇，崇福小虫草堂、乌镇泰丰斋等16家单位被评为研学旅游推介点，来自全市各研学点的18名专家被评为研学旅游导师，市青少年宫与嘉兴市其余四县(两区)青少年宫签订联合推荐研学线路合作书，崇福小虫草堂、汇才红木等10家单位被评为第二批桐乡市青少年校外活动基地。浙江小记者和桐乡小学生结成对子，携手体验桐乡非遗项目和研学旅游活动。在桐乡市非遗馆，小记者们聆听“桐乡故事”，了解蚕乡、水乡、菊乡独特魅力。在泰丰斋，小记者们体验炒制、配料、搅拌、压模等姑嫂饼制作流程。

【“合悦杯”·百翠田园跑】 11月18日，由市体育局、市旅委、桐乡经济开发区(高桥街道)主办，合悦江南、百翠山居协办的“风雅桐乡”系列活动之2017首届“合悦杯”·百翠田园跑活动在合悦江南举行。近400名运动爱好者参与活动。赛事分两个路线，分别是田园马拉松赛6.5千米，家庭接力赛4.5千米，赛道上设有补给站、打卡点、医疗点，选手们能在沿途品尝到具有浓郁地方特色的江南小吃。此外，主办方在园区内设置有山地自行车、陶艺工坊、马术等体验项目，供选手体验。

【2017濮院时尚购物节】 参见《市场·濮院羊毛衫市场》中相关条目。

【首届旅游漫画展】 12月24日，由桐乡市旅游委员会和嘉兴日报桐乡分社主办，桐乡市漫画家协会和子恺画院协办的桐乡首届旅游漫画展在市文化中心子恺画院举行开幕式。展览以"漫"游桐乡为题，通过漫画与旅游相结合模式，图解桐乡旅游，用风趣幽默的形式呈现不一样的旅游文化。画展展出优秀原创漫画作品53幅，画展持续1个月。

【智慧旅游取得新突破】 2017年，市旅委加强与"两报两台"(《嘉兴日报·桐乡新闻》《钱江晚报·今日桐乡》、桐乡电视台、FM971)合作，与浙江在线和浙江省旅游信息中心合作。在国家旅游局网站发表全域旅游文章，推介桐乡全域旅游创建成果；不断更新旅游电子显示屏旅游资讯、推出旅游四季线路，宣传桐乡旅游品牌；推出桐乡电视台30秒旅游视角航拍宣传节目；桐乡旅游微信订阅号平台粉丝突破2.8万人次，第四届世界互联网大会期间微信订阅号在浙江省旅游管理机构榜单中排行第二；推动旅游大数据中心和旅游咨询中心改建、扩建工程。

乌镇景区

【概况】 2017年，乌镇景区承办第四届世界互联网大会和围棋峰会，举办第五届乌镇戏剧节和第十七届中国乌镇·香市活动。乌镇景区提档升级，互联网主题酒店宴会中心、国宾馆、帆船酒店等项目推进建设。乌镇景区入选年度最受网友喜爱的十大古村镇。乌村被授予"浙江省乡村旅游示范乡(镇)、村"称号。乌镇景区全年接待游客868万人次，比上年增长14.4%；实现营业收入16.4亿元，缴纳税收2.4亿元。在第二届博鳌国际旅游传播论坛上，乌镇景区"心的乌镇 来过，未曾离开"宣传片获年度旅游宣传片奖、旅游传播口号奖；乌镇戏剧节获年度旅游营销活动奖。乌镇景区承办第四届世界互联网大会·乌镇峰会，此次峰会由中国国家互联网信息办公室和浙江省政府联合主办。大会以"发展数字经济·促进开放共享——携手共建网络空间命运共同体"为主题，在全球范围内邀请来自国际组织、政府、企业、技术社群和民间团体互联网领军人物，围绕数字经济、前沿技术、互联网与社会、网络空间治理和交流合作等五个方面进行探讨交流。国家主席习近平向大会发贺信。

第十七届中国乌镇·香市街头舞狮表演　　张雄伟提供

【2017"东西南北贺新春"特别节目在乌镇西栅景区录制】 1月11日，中央电视台《我们的中国梦》——2017"东西南北贺新春"特别节目在乌镇西栅景区进行东部主会场节目的录制。节目组选择水上集市作为舞台拍摄区域，朱迅、莫华伦主持节目，吕薇、傅琰东、廖昌永等演员演出10多个节目。节目内容具有浓烈的江南特色，融入桐乡元素，现场桐乡有300多名演职人员和群众参与录制，其中2个节目全部由桐乡人独立参演。节目于1月26日(大年二十九)在中央一套、三套并机播出。"东西南北贺新春"是央视春节期间的一个品牌节目，每年在全国东西南北选取4个城市作为代表进行拍摄，以展现不同地区民众庆贺新春佳节的习俗文化。2017年，栏目组新增中部城市，选择浙江桐乡乌镇(东)、西藏拉萨(西)、贵州凯里(南)、黑龙江牡丹江(北)、河南开封(中)五地共同贺新春。

【乌村被授予"浙江省乡村旅游示范乡(镇)、村"称号】 3月27日，在2017浙江旅游总评榜颁奖仪式上，乌村被授予"浙江省乡村旅游示范乡(镇)、村"称号。2016浙江旅游总评榜公益评选活动由浙江省旅游联合会、浙江日报报业集团联合举办，是浙江省内旅游业经验交流、信息互动、客源互动、资源共享、合作共赢的高层次平台。活动经过大众网络评选，专家评审等方式，乌村凭借原汁原味江南旧农村风貌，高品质服务水准和文化品位以及较高的游客满意度，多方表现其可持续成长的能力和创新性，获此称号。

【中国乌镇·围棋峰会】 参见《街道镇发展概况·乌镇镇》中相关条目。

【第十七届中国乌镇·香市】 3月25日—4月16日，第十七届中国乌镇·香市开幕。活动以"春日里的民俗盛事"为主题。活动内容有开幕仪式、"香市三船"表演、蚕的一生展示、水上集市表演、小镇集市等。景区每天不定时段举行蚕仙巡游、水上竞技、民间戏曲、古镇庙会、非遗体验、特色美食等香市传统民俗活动。让游客们感受到江南水乡的乐趣。

【第五届乌镇戏剧节】 10月19—29日，第五届乌镇戏剧节在西栅景区举行。此届戏剧节由中国国家话剧院导演、著名戏剧导演田沁鑫担任艺术总监。戏剧节主题为"明"，取厚德载物、临照四方的阴阳和合之意。来自13个国家和地区、24部特邀剧目、100场戏剧、18组青年竞演、1200场次古镇嘉年华街头演出、24场次戏剧活动参演。开场大戏为俄罗斯戏剧《叶甫盖尼·奥涅金》，闭幕戏为邵宾纳剧院的《影子(欧律狄刻说)》。"青年竞演"小镇奖特别关注奖为《月潮》，"青年竞演"小镇奖最佳个人表现奖获得者为《离家出走》的王梓和《徐娘梦》的高轶男，"青年竞演"小镇奖最佳戏剧奖为《花吃了那女孩》。小镇对话环节包括论坛、工作坊、朗读会、峰会、展览5个部分，累计24场活动。110组古镇嘉年华团队在街头巷口演出1200场，合力创造出一个戏剧小镇，其中包括来自西藏日喀则市藏戏演出团演出的《顿月顿珠》，四川宜宾市青年川剧团演出的扈家庄川剧，安徽祁门目连戏，桐乡乌青剧社的三跳、相声等。

第五届乌镇戏剧节古镇嘉年华街头表演　　张雄伟提供

【乌镇景区入选年度最受网友喜爱的十大古村镇】 11月17日，在中国古村镇大会开幕式上，乌镇景区以网友投票27.7万票次，票数第一的成绩入选年度最受网民喜爱的十大古村镇。2001年，乌镇东栅景区正式对外开放，开辟民俗展馆及传统工艺作坊，复原镇区历史上具有地方特色的"香市""瘟元帅会"等民间节日，挖掘皮影戏、箍桶等濒临失传的民间技艺。以其原汁原味的水乡风貌和深厚的文化底蕴，成为中国著名古镇旅游胜地。2007年，乌镇西栅景区正式对外开放，由12个碧水环绕的岛屿组成，完美呈现了中国江南水乡古镇风貌。西栅景区配有游客服务中心、游览车、直饮水、天然气、宽带网络、卫星电视、泛光照明、星级厕所和智能化旅游停车场等配套设施，以及独具江南风情的民宿、配备完善的星级度假酒店、旧时古宅改建的私密行馆等。乌镇已成为中国首批十大历史文化名镇和中国魅力名镇之一。

(寿利宏　江　月)

市场

概 述

2017年，桐乡市有注册登记商品市场55家，其中消费品市场48家，生产资料市场7家，总占地面积109.61公顷，建筑面积90.65万平方米，店铺摊位2.41万个。全年市场成交额636.74亿元，比上年增长5.4%，其中消费品市场成交额575.24亿元、生产资料市场成交额61.49亿元。

桐乡市场种类齐全，覆盖人民生活方方面面。集贸市场遍布各镇（街道），2017年，市委、市政府将农贸市场改造提升为八大民生实事工程，切实改善广大人民群众的生活消费环境，已创建放心农贸市场3个、四星级省规范农贸市场3个、三星级省规范农贸市场5个、二星级省规范农贸市场6个。同时，绝大部分便民交易点也完成改造提升，进一步提升了市场档次。

全市有濮院羊毛衫市场、副食品批发市场、桐乡世贸中心、一舟车城、洲泉足佳鞋业市场、崇福皮毛市场、皮草大世界、南方家园建材五金装潢市场、凤鸣装饰材料市场、桐乡铭豪二手车交易配件市场、桐乡国际新能源市场等、桐乡杭州湾轻纺城等一大批专业市场，涉及生产、生活各个方面。市场品牌经营意识进一步增强，提升了市场档次。桐乡濮院羊毛衫市场网上市场（桐乡市中国毛针织网）的设立，标志市场发展向新领域拓展，结构进一步完善。“桐乡皮特网”网上市场的设立，标志着桐乡市场从实体市场到空间市场的跨越。

濮院羊毛衫市场全景图　　濮管委提供

桐乡市场依托区域经济发展，区域特征日渐显现。濮院羊毛衫市场，从小企业和家庭作坊发展成一大批规模以上企业，形成完整的研发和产、供、销产业链，是浙江省首批省重点市场，成为全国毛衫发展风向标。以经营原料为主的崇福皮毛市场和经营成衣、箱包为主的崇福皮草大世界，依托崇福皮毛加工技术、经营历史传承，发展成浙江省区域性重点专业市场。洲泉足佳鞋业市场具有地域特点，辐射洲泉、石门二镇，成就了众多的制鞋企业。这些市场的繁荣，带动周边相关产业发展，一个市场带动一方产业，一个市场致富一方百姓。

桐乡市场投资规模进一步扩大，桐乡世贸中心二期落成，市场档次提升。各市场创星意识明显提高，全市有省四星级市场8家，省三星级市场13家，省二星级市场7家。

桐乡市政府及桐乡金凤凰集团加大投资，完善市场基础设施建设，市场监管、公安、商务、技监、物价、卫生检疫等部门强化市场监管，保护合法经营，打击非法经营，较好地完成第四届世界互联网大会安保配套工作。全年市场监管部门出动检查人员1.12万人次，检查市场485个次，立案查处19起，罚没款28.33万元。

（张国贤）

濮院羊毛衫市场

【概况】 2017年，濮院羊毛衫市场实现成交额380亿元，比上年增长10.14%。实现网上成交额100亿元。实现物流托运量43.5万吨，增长67.3%；市场卸货量12万吨，增长9%。投入市场建设与改造资金1.2亿元，用于市场基础设施建设、公共设施维护，市场内新增市镇公交线路1条。9月9日，濮院轻纺城开业。推动市场上市工作，稳妥实施股权整合、资产清理等基础工作。放大市场对产业带动效应，持续推进市场商场化、功能配套化、业态多样化。加快推进市场核心区扩容提升工程、时尚中心建设及招商选商工作。开展濮院羊毛衫市场总体规划编制工作，对国道北十区、九区、南方毛纱市场、毛纱市场、前七区进行停车场改造，推进中央商城一楼改造工程，开展国贸、世贸内部装修改造。与市场经营户签订《消防、安全生产工作责任书》8000余份。建立交易区责任金考核制度，对消防安全检查进行评分。针对上半年租金非理性上涨情况，开展实地调研，制订相应方案；联合整治“非法”中介机构，指导交易区建立信息公开系统，打通转租信息渠道，规范转租程序；通过划线、监督分阶段改善越门经营问题。6月，市场租金非理性上涨明显回落。确立5个交易区165个个体经营户为定点监测对象，每月对商品价格、销售情况、库存等信息进行检测与上报，及时了解市场商品行情与动向，迈出市场品牌化战略重要一步。濮院羊毛衫市场实施“请进来、走出去”招商策略，组织企业抱团以“中国特色小镇——濮院毛衫时尚小镇”整体形象参加国内重大的针织行业展会。1月，组织11家企业参加2017年香港秋冬时装节，濮院羊毛衫市场与香港贸发局（HKTDC）签订框架协议；10月，组织4家企业参加在上海国家会展中心举办的中国国际（秋冬）博览会，在展区设立以“御领时尚 争锋未来”为主题的濮院毛衫时尚馆，接待游客3万人次；11月，组织25家企业参加第十九届深圳服装贴牌及面辅料展、第四届深圳原创设计时装周活动，向观展客商展示羊毛衫、羊绒衫、貂绒、双面呢、羊剪绒、阿尔巴卡等濮院羊毛衫市场的主流产品。2017年，濮院羊毛衫市场获“中国商品市场百强”“十大创意市场”等称号。

【2017中国·濮院时尚周暨濮院轻纺城开业】 9月9—15日，2017中国·濮院时尚周暨濮院轻纺城开业典礼在濮院镇举行。时尚周以“御领时尚 争锋未来”为主题，由中国纺织工业联合会、桐乡市政府主办，濮院羊毛衫市场管委会、濮院镇政府承办。中国纺织工业联合会副会长、流通分会会长夏令敏，中国毛纺织工业行业协会会长彭燕丽，中国流行色协会执行副会长朱莎，中共桐乡市委书记盛勇军、市长王申峰、市人大常委会主任张林洪、市政协主席蒋惠玲出席开幕式。濮院时尚周期间

濮院轻纺城　　濮管委提供

伊芙丽品牌时装发布秀　　濮管委提供

举行新澳纺织、浅秋品牌、英国 Twins Diverse 品牌、Zhang Yuhao 品牌、伊芙丽品牌等时装发布秀，举办 WGSN 2018/2019 秋冬毛衫针织四大主题趋势发布论坛。同时，举行空中濮院 M3 无人展厅发布仪式、时尚濮院推介会、时尚色彩融创论坛、旗袍大赛、时尚服饰展、新商业进化高峰论坛、“乐缘之夜”时尚晚会等一系列主题活动。

【“濮院毛衫”品牌价值 75 亿元】 3 月 21 日，中国质量认证中心在北京召开全国知名品牌创建示范区建设暨 2016 年区域品牌价值评价结果发布会。“濮院毛衫”品牌价值 75.01 亿元，比 2015 年度升值 41%，入围全国区域品牌百强榜；在最具潜力区域品牌 30 强中排名第八位，“濮院毛衫”品牌潜在价值达 317.13 亿元。区域品牌评价主要依据特色产业的品牌积淀、质量水平、创新能力、品牌管理、有形资产和产业发展等六要素建立评价模型和指标体系，采用资产组合超额受益折现法进行测算，同时引入品牌强度系数，将影响品牌价值的质量指标、技术与市场指标等通过打分换算，最终得到品牌货币价值，是中国最权威和最具影响力的区域品牌价值排行榜。

【中央商城、毛衫城改造提升】 2017 年，濮院羊毛衫市场管委会加快对濮院中央商城、毛衫城提升改造。濮院中央商城于 2007 年 8 月建成开业，建筑面积 12.68 万平方米，经过近 10 年运营，交易区基础设施、业态布局逐渐落后，经营一度陷入瓶颈。2017 年，浙江同有中央商城实业有限公司投入改造资金 3000 多万元，进行经营格局重组、业态调整升级、资源优化整合、完善配套设施等工作。8 月 8 日，濮院中央商城重新开业。新改造的交易区以时尚女装、精品男装为招商标准，淘汰中低端产品，制定严格的准入标准，引进北京、杭州、广州等一线城市优质商户 188 家。濮院毛衫城（五区）于 2010 年正式对外营业，建筑面积 2.9 万平方米，是一个以批发为主的毛衫女装市场，市场元素单一，经营模式滞后。2017 年，桐乡市环宇实业有限公司对毛衫城进行改造，以原创精品女装城为市场定位，对管理团队、经营理念、业态结构给予全新诠释。8 月 18 日，中国·濮院毛衫城（五区）重装开业，引进 89 家商户入驻。毛衫城（五区）实施互联网“线上＋线下”双重推广方式，使用网红直播新兴传播方式，商圈辐射面积广阔，实现市场差异化发展。

【2017 濮院时尚购物节】 12 月 22 日，2017 濮院时尚购物节在濮院轻纺城广场开幕。购物节由桐乡市政府主办，桐乡市旅游委员会、濮院羊毛衫市场管委会、濮院镇政府承办。濮院镇镇长徐华君向来宾介绍濮院作为中国第一时尚镇的特色形象。濮院镇党委书记姚伟平介绍濮院发展战略。桐乡旅委向全省公布冬季旅游购物线路推荐，为濮院镇十佳优秀企业代表授奖。购物节期间，浙江浅秋针织服饰等 16 家濮院优秀品牌企业与濮院轻纺城举办品牌服饰联展联销活动；在濮院中央商城打造“全城特卖会”，除参与特卖会商户外，市场内持“批零兼营”牌照的商户，也参与“批发价零售”活动，游客享受“批发零售价”优惠。时尚购物节活动持续至 2018 年 1 月 31 日，让消费者在

12 月 22 日，2017 濮院时尚购物节开幕　　濮管委提供

享受源头价格优惠的同时，感受濮院毛衫时尚小镇一流的品质和优质服务。

（张夏啸）

崇福皮毛市场

【概况】 2017 年，崇福皮毛市场（原皮）市场把握崇福小城市建设契机，推进崇福皮草产业发展。至年末，崇福皮毛行业有皮毛工业企业 1820 家。全年实现工业总产值 162.2 亿元，占全镇工业总产值 41%；毛皮制品累计出口 2.4 亿元，列桐乡市第四位。近年来皮毛市场持续不景气，原料皮价格低迷、消费市场疲软，其中欧美、日韩等外贸出口订单自 2016 年以来持续减少，其中皮毛市场狐狸皮成交量比上年下降 20%，皮毛行情下行超预期。为应对下行压力，崇福皮毛市场和崇福皮毛协会开拓内销市场，加强国际、国内毛皮行业的交流与合作，引导皮毛行业向时尚化转型，推动品牌建设，开展皮毛行业信用建设和外贸预警，平稳度过行业低谷期。崇福皮毛市场和崇福皮毛协会多次组织企业参加香港、北京、上海、深圳、意大利等国内国际专业的毛皮服装服饰展会，开拓国内外市场，加强国际、国内毛皮行业的交流与合作。崇福皮毛市场确定时尚化转型方向，成立桐乡市崇福皮毛协会时尚裘皮服装服饰分会，通过时尚分会促进积极对接濮院资源，为企业牵线搭桥，促进强强联合、优势互补，推动皮草产业转型发展。

崇福皮毛市场推进行业自律，持续开展皮毛行业信用建设考评。与崇福镇市场监管分局组织公安、法庭、环保、社保、地税、国税、市场、协会、供电、银行等 18 个部门，对皮毛企业进行信用考评，促进行业自律，以行业带动整体发展。5 月中旬举行崇福皮毛行业信用建设表彰会，浙江中辉皮草有限公司、桐乡市雄鹰皮草有限公司、桐乡市雪球皮草有限公司等 3 家企业被评定为皮毛企业信用 AAA 级企业，皮毛市场、皮草大世界等 9 家企业被评定为皮毛企业信用 AA 级企业。

崇福皮毛市场联合皮毛协会定期发布皮毛行业对外贸易预警点信息和行业动态信息。全年发布皮毛及皮革相关信息 200 多条，其中预警点自编行业重点出口动态及原创的季度行业分析信息 4 期及相关等重点行业活动材料 10 篇，报嘉兴市商务局。每月出版 1 期桐乡市皮毛行业对外贸易预警信息，同时将收集的预警信息月报向省商务厅和嘉兴市商务局上报，通过预警点 QQ 平台、微信等移动短信平台等发布重要的对外预警及行业信息。指导皮毛企业积极应对外贸市场，开发内贸市场，进行结构调整，弥补外贸订单的减少。

【崇福皮毛协会时尚裘皮服装服饰分会成立】 9 月 26 日，崇福皮毛协会四届五次理事会议在崇福瑞麒大酒店召开，会议决定成立桐乡市崇福皮毛协会时尚裘皮服装服饰分会。11月22日，崇福皮毛协会时尚裘皮服装服饰分会召开成立大会，会议讨论通过时尚裘皮服装服饰分会入会条件及会长条件，讨论时尚裘皮服饰服装分会财务管理和会费收取办法，会议选举浙江中辉皮草有限公司董事长胡建中任会长，崇福皮毛协会时尚裘皮服装服饰分会有会员单位40个。

【第八届“崇福杯”裘(革)皮服装设计创作大奖赛】 10月31日，由浙江省皮革行业协会、桐乡市经济和信息化局、崇福镇政府、崇福经济区管理委员会、崇福皮毛市场管理委员会主办，崇福皮毛协会承办的第八届“崇福杯”裘(革)皮服装设计创作大奖赛作品现场评审会在崇福镇举行。此次大赛收到参赛作品200余幅，来自东华大学、四川大学、陕西科技大学、温州大学、广州白云学院、浙江纺织服装职业技术学院、上海工艺美术职业技术学院、长沙理工大学、浙江工贸职业技术学院、银杉皮草、中辉皮草、雪球皮草、鑫诺皮草等全国20余所大专院校和20多家企业。浙江中辉皮草有限公司设计师沈斌设计图“相对论”获金奖；长沙理工大学刘燕设计图“蝶变”，桐乡市钧泰裘皮有限公司钟孝慈设计图“blurred 迷离”，浙江纺织服装职业技术学院侯玉凤设计图“折纸游戏”和陈丽艳的设计图“Tomahawk”分获银奖；桐乡市金磊皮草有限公司陈开林、浙江纺织服装职业技术学院郭范艺、桐乡市中莹皮草服饰有限公司李道利、浙江玖凯科技有限公司姚林伟、桐乡市鑫诺皮草有限公司韩吉祥、浙江中辉皮草有限公司张超平、常州纺织服装技术学院刘婷等分获铜奖。

(倪　旻)

10月31日，第八届“崇福杯”裘(革)皮服装设计创作大奖赛举行评审会　　崇福镇提供

其他专业市场

【南方家园装潢五金材料市场】 2017年，南方家园装潢五金材料市场实现交易额2.02亿元，比上年增长1.5%，上缴税收264.6万元，增长13.2%。市场位于桐乡市区平安路529号，市场占地5.9公顷，建筑面积8万余平方米，由中央综合大楼和24幢连体别墅式建筑及1万平方米大型停车场组成，楼幢之间建宽12米以上无障碍经营通道，有商铺800多间、经营户208户。商铺一楼经营，二楼仓储，三楼办公，经营灯具、陶瓷卫浴、电器、板材、管道、油漆、家具、移动木门等。商铺均配水、电、电信、宽带、有线电视等设施。该市场成立消费者联络站、商户诚信联盟、市场管委会，确保消费者、经营者安全。

【桐乡汽车商贸城】 2017年，桐乡汽车商贸城实现交易额28.28亿元，上缴税收1897.5万元，其中二手车销售额7.46亿元，上缴税收26.4万元。商贸城位于市区杏南路106号，是集汽车交易、汽车展示于一体的商贸平台，是浙江省服务业重点项目和“浙商回归”重点项目。商贸城建设分三期进行，一期占地13公顷，建筑面积15.26万平方米，总投资3亿元。一期工程于2011年竣工并投入使用，有桐乡市铭豪二手车交易配件市场及宝马、大众、起亚、五菱、别克、英伦、东风本田、丰田等17家汽车4S店。桐乡市铭豪二手车交易配件市场有商户119家，其中二手车交易商户(企业)23家，汽车配件、汽车装潢等商户(企业)101家，引进汽车保险、汽车评估等专业服务机构，设有市公安局交警大队车管所市场服务点、国税局车购税办税大厅及开票服务大厅，基本达到功能齐全、服务完善的建设目标。二期森茂汽车城项目位于梧桐街道校场路南侧、爱国路西侧、杏南路东侧，占地面积5.27公顷，项目投资概算4.71亿元，计划建设8个汽车4S店、3S店及其相应的配套管理用房、酒店等。项目于2013年2月4日开工建设，2014年8月起项目停滞，2016年底重启建设，目标2018年竣工并投入使用。三期目标建设多家品牌4S店及汽车后市场集群。

（俞伟斌）

【副食品批发市场】 2017年，桐乡市副食品批发市场成交额10.39亿元，比上年增长0.4%；营业收入1.23亿元，增长9.3%；实现综合经济效益504.35万元，增长1.7%。市场以服务为载体，以创建省三星级文明市场为抓手，较好地发挥市场商品集散功能。对传统的副食品、粮油、水果、蔬菜交易区及仓储区，通过门面改造，新建停车场，设置车辆进门自动抓拍系统等措施，强化现场管理，营造良好交易秩序；通过为经营户解决子女入学、税费代缴、保险理赔、工商纠纷等，进一步赢得经营户信任，凝聚了市场人心；通过梳理流通渠道，业务知识培训等，提振经营户经营积极性和信心，稳定经营户队伍，继续保持100%市场出租率。抓住以生鲜为主、传统商品为辅的果蔬连锁直销配送业务，提升客流量，提高营业额。对海鲜、水产、冷冻商品、水果等，组织力量打通建立健全省外采购渠道，增加自营、现采、自采比例，延伸、控制生鲜产业链上游资源，增强价格竞争力；对地产蔬菜、禽肉、猪肉、禽蛋等，积极对接本地农民专业合作社、种养基地、种养大户等，签订长期供应合同，免费开设农民自产自销交易区，把当地农产品的产品优势转化为商品优势，既丰富了市场供应，又促进了地方农产品的增收。严把生鲜商品食品安全关，建立分管领导、部门经理、配送组长、配送联络员四级服务响应机制，明确分工，相互协作，责任到人，有奖有罚。通过对客户需求的调查和意见反馈等形式，倒逼服务工作和管理工作提升。至年末，单证十配送流程正确率明显提高，有学校、工厂、机关等企事业单位食堂固定配送点173个，年配送金额3500万元。成为世界互联网大会定点配送单位。通过省三星级文明市场创建，进一步完善软件、硬件建设。会同市场监管局对员工开展全员培训，对照规范，找出差距。按省三星级文明市场要求，重新设置经营户档案，完善“进、销、调、存”电子台账，设立商品价格明码公示牌，建立过期食品销毁处理办法以及商品准入、食品安全、食品追溯、经营户条例等相关制度，规范车辆停放，商品堆放，客户进货车辆限时等规定，对党员经营户制作标识，亮明身份，并纳入党支部日常管理。

副食品批发市场重视安全生产工作，落实“一岗双责”“一票否决制”等管理制度，与经营户签订安全生产责任书，强化网格化管理机制，配备24小时安保值班，监控全覆盖，节假日和重大会议期间，由领导带班实施重点巡查。全年市场安全无事故。

（朱昱忠）

【凤鸣装饰材料市场】 桐乡市凤鸣装饰材料市场俗称凤鸣商城，由浙江凤鸣控股发展有限公司独资创办，于2001年开始招商运营，是桐乡市区建成最早的专业市场之一。位于梧桐街道崇福大道与文华路交会处，属半封闭分幢建筑布局结构，是桐乡市城乡居民通用家装材料和企事业单位公装材料的主要选购地之一。市场内有经销商、代理商160余家。近年来受网络经济发展和市场环境设施陈旧等因素制约，市场营业额增长速度整体稳中趋缓，2017年凤鸣商城总销售额5.8亿元，比上年增长0.9%，其中石材产品加工贸易额1.7亿元，增长25%。市场商品呈现个性化、多样化、高端化等特点。经营户通过提升门店品位，升级换代产品，注重服务质量等举措吸引顾客；部分经营户专注于提供品质良好、科技含量高的产品，2017年引进的ICC瓷砖品牌已打开30多个国际市场，东鹏瓷砖、玫瑰岛淋浴房、恒洁卫浴、兰舍硅藻泥、3D工艺背景墙、温格姆家居智能水漆、德尔森地板等入驻商家均为国内一线品牌，主打绿色环保型、科技型产品。新增冠宇整木定制设计装饰企业1家。市场商户多次参与嘉兴、湖州、海宁、嘉善、平湖等地的联谊、联展、博览会活动，拓宽销售渠道。2017年市场主办方投入200万元，建设屋面光伏发电项目，与市域电网并网发电，年发电30万千瓦小时，基本满足市场用电需求，解决市场用电高峰缺口问题。

（王敏媛）

【洲泉足佳鞋业市场】 洲泉足佳鞋业市场占地面积8公顷，总建筑面积11.29万平方米，总投资额4.2亿元。2017年市场销售总额32.5亿元。一期市场建筑面积2万平方米，123个商铺，于2006年3月正式开业，市场开业率100%。主要经营鞋材、辅料。二期市场3.65万平方米，于2007年8月开业，一半面积为蚕丝、家纺辅料市场。三期市场以开放式商铺为底的酒店式公寓，共2.39万平方米，是集酒店、宾馆、会务、住宿于一体的配套形物业。随着周边行业不断扩大，四期市场占地2公顷、建筑面积3.22万平方米，2016年落成投入使用。至年末，足佳鞋业市场入驻经营户280户，从事相关经营和服务的从业人员860多人，市场总体入住率75%。商家来自温州、江苏、河南、甘肃、广州及周边等地。市场内经营鞋革、辅料、装饰扣、制鞋设备为主，以及酒店、宾馆、物流、仓储、鞋类设计、厂家对外展示、休闲娱乐等诸多配套服务设施为辅的鞋业专业“生态系统”，成为浙北苏南乃至长三角地区颇具影响力的鞋业专业市场。鞋业市场运作和物业管理由足佳鞋业市场管理公司专门负责，主要服务内容为商铺招商、委托经营、物业管理、安全保卫、卫生等相关工作。

（范依婷）

农贸市场

【概况】 2017年，桐乡市办理市场名称登记证的农贸市场有19家，主要分布于各镇（街道），总建筑面积10.51万平方米。其中，隶属金凤凰集团8家，镇（街道）政府4家，其他7家。全年农贸市场成交额35.48亿元。桐乡、乌镇、崇福、濮院、屠甸、洲泉、石门等7家农贸市场成交额32.23亿元，占成交额90.8%，其中桐乡集贸市场全年成交额14.35亿元，占成交额40.4%。继续以星级市场创建引领农贸市场提升发展，鼓励各类农贸市场创新提档、改造升级，推进市场信用建设和食品安全工作。桐乡城北菜场、东兴净菜市场、高桥新区农产品综合市场成功创建三星级文明规范市场，全市有四星级文明规范市场3个、三星级文明规范市场7个、二星级文明规范市场6个。

市市场监管局组织相关部门（单位）专题学习考察，提交《关于学习借鉴青田经验推进我市农贸市场改造提升长效管理建设的工作报告》，得到桐乡市政府的高度关注和重视，“实施新一轮农贸市场改造提升”，被列入桐乡本届政府“十大民生工程”之一。市市场监管局组织对全市农贸市场、便民交易点开展全面调研，经过排摸梳理，全市有农贸市场19家、各类便民交易点59个，建议改造提升33家。市市场监管局领导实地调研走访，认真听取市场举办者、经营者、当地政府、相关部门意见建议，多次向市政府主要领导、分管领导专题汇报，综合各方意见要求，数易其稿，最终形成《桐乡市农贸市场改造提升及长效管理三年行动（2018－2020）实施方案》，经市十六届政府第十五次常务会议审议通过。

【认定“放心农贸市场”4家】 2017年，结合“小城镇环境综合整治”“国卫复查迎检”等工作要求，桐乡市商品交易市场及农贸市场提升发展工作领导小组办公室与市场举办者进行沟通，经市政府研究并报上级政府同意，确定4家放心农贸市场创建单位，除崇福集贸市场执行乡村创建标准外，其他3家市场均执行“城区”创建标准；5月，制定下发《2017年桐乡市放心农贸市场创建实施方案》，分别和两个主管部门签订《工作责任状》，指导4个创建市场结合实际制定放心市场创建的具体方案与计划，严格按照标准，梳理问题清单，倒排创建时间表，落实各项创建举措，推进放心市场创建。4个创建市场陆续开展市场区块改造、形象标识统一、环境卫生整治、车辆秩序整治、市场管理人员和经营户培训、软件应用、市场检测、索证索票、制度上墙、台账整理等一系列工作，计划投入创建资金150万元，实际投入183万元，面貌焕然一新。浙江省商品交易市场及农贸市场提升发展工作领导小组认定桐乡集贸市场、桐乡市第二中心菜场、桐乡市崇福集贸市场、桐乡市城北菜场为年度省放心农贸市场示范单位。

（殷桂民）

概　　述

2017年，桐乡市境内有铁路18.858千米；公路总里程2038.209千米；航道271.85千米，其中四级航道66.32千米。全年铁路客运量553万人次；公路客运量1396.41万人次，公路客运周转量3.17亿人/千米。全市水路货物运输总量1680.71万吨，比上年增长1.98%。公路货物运输量1420万吨，公路运输货物周转量（运输工具实际完成运送过程以重量和运送距离为复合单位）14.34亿吨/千米。

全年交通基础设施建设投资完成16.54亿元（见附表）。提升公共交通服务质量，全年交通运输优化调整公交线路8条，更新新能源城市公交62辆，城乡公交车45辆，旅游包车4辆，完成公交客运量2127.5万人次（其中城市公交客运量810.3万人次，城乡公交客运量1173万人次，长途班线客运量144.2万人次），比上年下降20.6%。加强公交候车亭建设维修，全年新建公交候车亭55个，翻新214个。完善网上订票、微信订票业务，增加桐乡客运中心和乌镇汽车站无人售票机各1台，桐乡市汽车运输有限公司全年互联网订票27.2万张。投资138万元，建设乌镇大道北段公共自行车配套设施，建成服务站点10个。全年总租车量312.6万人次，日均8566人次，比上年增长24.63%，全年办理公共自行车服务卡7608张，退卡11张，累计办理53440张。

加强行业综合治理，在道路运输、路政“治超（载）”、水上执法方面加强联动执法、科技执法和突击执法力度。全年查处非法营运车辆21辆，办结执法案件178件。全年“治超”工作检测车辆4740辆次，处罚154辆次。办理水上行政处罚案件116起，处罚金额21万元。交通系统办理行政许可3407件，办理行政处罚案件313件，罚没款66.16万元。

8月，市运管稽查大队执勤人员检查客运车辆　　市交通局提供

2017年桐乡市交通基础设施建设完成投资情况

表17　　单位：亿元

类　别	投　资　项　目	投资金额
干线公路	桐乡至莲都公路桐乡市区至乌镇段建设工程	1.57

续表 17

类　别	投　资　项　目	投资金额
干线公路	桐乡至莲都公路桐乡市区至乌镇段建设工程绿化	0.44
	海盐至安吉公路桐乡凤鸣至洲泉段建设工程(临杭大道)	2.5
	海盐至安吉公路桐乡凤鸣至洲泉段建设工程(临杭大道)景观绿化工程	2
	合计	6.51
农村公路	科洲公路大麻至洲泉段改建工程	0.04
	危桥桥梁改造工程	0.32
	提升改造工程	0.93
	县道大中修	0.29
	乡村公路大中修	0.66
	安保工程	0.0545
	合计	2.295
内河水运	杭平申线(浙江段)航道改造工程五长段	0.1
	杭平申线(浙江段)航道改造工程同丰大桥工程	0.305
	杭平申线(浙江段)航道改造工程桐乡段	4.02
	东宗线航道嘉兴段二期工程	0.7
	京杭运河浙江段三级航道整治工程桐乡段	1.2
	杭申线大麻至羔羊段航道养护工程三期、四期	0.18
	港口建设	1.1
	场站建设	0.13
	合计	7.605
其　他	场站建设	0.13
总　投　资		16.54

公　路

【概况】 2017年,桐乡市公路总里程2038.209千米,公路密度每百平方千米280.36千米。按行政等级分,国道45.79千米,省道24.813千米,县道382.999千米,乡道487.21千米,专业公路11.44千米,村道1085.95千米。按公路等级分,境内有高速公路43.69千米、一级公路178.33千米、二级公路91.57千米、三级公路247.87千米、四级公路1011.52千米、准四级公路466.15千米。有公路桥梁1536座,其中特大型桥梁2座、大型桥梁68座、中型桥梁424座、小型桥梁1042座。继续加大公路建设投入,完善公路网络,提升公路等级。乌镇大道(市区至乌镇段)建设工程2月28日完成交工验收,3月11日正式通车。乌镇大道(市区至乌镇段)景观绿化及配套设施工程于7月30日交工验收,并投入使用。临杭大道(凤鸣街道至洲泉段)建设工程于2015年7月1日开工,2017年完成投资2.5亿元,累计完成总投资8.01亿元,占总投资80.3%。科洲公路大麻至洲泉段改建工程大麻桥工程2016年11月20日开工,2017

3月11日，乌镇大道（市区至乌镇段）通车　　徐王立摄

年投资0.04亿元，累计1.7亿元，占总投资100%，路基路面完工。临杭大道（凤鸣街道至洲泉段）景观绿化工程2017年投资2亿元，占总投资62.9%。320国道改建工程加快推进，完成初步设计审查。苏台高速公路南浔至桐乡段及桐乡至德清联络线（即钱江通道北接线二期和“杭州二绕”桐乡段）、嘉善至余杭公路桐乡段（S210）、浙北集装箱运输通道建设、高铁站综合交通枢纽等工程已进入前期谋划阶段。年内，桐乡市入选浙江省首批10个“四好农村路”示范县。

【乌镇大道通车】 3月11日，桐乡市举行乌镇大道（市区至乌镇段）通车仪式暨自行车公开赛。市委书记盛勇军宣布乌镇大道（市区至乌镇段）正式通车。市委副书记、市长王申峰致辞，市领导张林洪、蒋惠玲、徐刚出席通车仪式。乌镇大道南接桐乡高铁站，北连乌镇镇，全长28千米。整条道路分南北两段，其中乌镇大道（南段）起点为桐乡客运中心，终点为海宁与桐乡交界处，2015年12月底通车。这次通车的是乌镇大道北段（市区至乌镇段），其起点接绕城北路与世纪大道交叉口，终点接同步建成的京杭运河大桥，与江苏吴江境内的苏震桃一级公路相连。乌镇大道（市区至乌镇段）建设工程主线按双向6车道一级公路设计，设计速度100千米/小时。主线全长约11.3千米，工程总投资约10亿元，于2014年3月20日开工，2017年2月28日完工。乌镇大道是一条重要的黄金通道，也是一条旅游大道，它连接高铁站与乌镇，可带动濮院的旅游发展和助推桐乡创建国家全域旅游示范区。桐乡市将发展以乌镇为核心的“一业一网”，也将加快建设以乌镇大道为轴心的科创大走廊，把乌镇大道打造成一条科创大道，一条重要的产业大道。

【桐乡市入选浙江省首批“四好农村路”示范县】 5月27日，浙江省交通厅公布浙江省首批10个“四好农村路”示范县名单，桐乡市名列其中。桐乡市农村公路总里程2038.209千米，公路密度达280.36千米/百平方千米，连续多年列全省第一。桐乡市建立市、镇（街道）财政投入和其他资金组成的多渠道农村公路资金筹措机制，对经批准实施的乡村公路提升改造工程，由市财政根据《桐乡市农村公路提升改造工程专项规划》实施补助，一般县道给予全额补助；通达农村新社区、通城乡公交的乡道或村道的，分别给予乡道70%、村道50%的补助；其他乡道、村道给予30%的补助。“十二五”期间，全市完成“四好农村路”建设投资3.9亿元。近两年，全市公路部门累计投入资金1.37亿元，改造提升农村公路项目68个，计91.8千米；投入资金1.4亿元，完成农村公路大中修133千米。公路部门坚持节能环保、绿色循环、低碳发展的科学理念，将“四新技术”（新技术、新工艺、新材料、新设备）引入湖盐线、乌滕线等农村公路大中修工程，实现老路基层料的100%回收再利用，节省投资约150万元，工期较原计划缩短近三分之一时间。

【深化“五型路”建设】 2017年，市交通管理部门以“建设大路网、深化五型（品质、平安、生态、服务、阳光）路”为目标，创建美丽公路，确保公路安全、畅通、整洁，进一步改善交通环境。年内，实施湖盐线干线公路养护大中修工程，投资701万元；湖盐线李家桥（左）等维修加固主要对李家桥（左）更换桥梁上部结构及墩台帽，利用桥梁下部桩基；朱家桥、施家桥等6座桥梁桥面改造，工程批复预算437万元；县道大中修投资2867万元，对崇新线、老桐九线、骑荆线线进行维修，计22.42千米；桐德线钱林四号桥改造总投资152万元；乡村公路大中修涉及37.9千米，总投资6533万元。投资630万元完成日常养护工作。全年修补病害路面1.9万平方米，检测桥梁55座，修补桥面200平方米。投资230万元完成县道崇新线、新羔线中分带绿化改造提升12.5千米，种植黄山栾树、榉树等乔木1700余株，金桂、红枫、紫薇、樱花、垂丝海棠约670株，毛娟、鸢尾、红花檵木、南天竹、草皮等色带1.23万平方米。

【加强公路路政管理】 2017年，市交通管理部门教育纠正占用公路违章设摊行为2038件；清理公路沿线各类堆积物1412立方米；拆除非公路标牌（各类广告横幅）1242块（条），拆除违章建筑519平方米；查处违法违章案件3件，办理涉路许可项目16件。年内，检测车辆4740辆次，处罚154辆次，平均超限率3.25%。卸载车辆125辆次，卸载2009.09吨。全年投入207万元，为多条县道公路临水高落差路段增设护栏1128米；修复受损钢制护栏1714米；更新维护公路沿线的指路、禁令、警告等标志236套；漆画热熔标线1.75万平方米；更新示警桩1048根。

【细化出租车行业管理】 2017年，桐乡市运输管理所加强出租车服务质量考核，细化车辆、驾驶员考核，建立驾驶员服务质量档案，每月将考核结果通报各公司，年底对全市5家公司和全部559名出租车驾驶员根据交通违章、服务质量投诉、好人好事等进行逐一考核打分并公示。利用视频监控强化非现场检查，督促驾驶员规范经营。联合稽查大队派驻工作人员对桐乡高铁站的出租车营运秩序进行管理，设置岗亭，实施全天候现场监管，靠前管理，同时服务乘客，引导乘客在指定地点上下车。做好从业资格证报名和换证工作，全年新注册出租车驾驶员32名，办理上岗173次，从业资格证换证414份。做好巡游车、网约车驾驶员从业资格考试报名、审核、发证工作，受理巡游车报名63人，网约车报名341人，发证181张。做好出租车车辆更新工作，更新出租车22辆。督促汽车租赁经营业户备案，8家汽车租赁经营业户进行备案登记。进一步做好出租车行业维稳工作，加强与联络员信息沟通，掌握行业动态信息，收集驾驶员的诉求，及时处理问题和意见，及时上报相关信息。

8月，公路养护工人修补路面　　市交通局提供

【规范维修和驾培经营行为】 2017年年底，全市有维修企业417家，年内新增维修企业11家、注销31家，从业人员1665人。市运输管理所对市区和乡镇的无证维修摊点进行规范整治，全年对32家无证维修摊点进行整治，暂扣10家无证摊点的维修设备。全市有驾驶员培训企业13家，教练车689辆，教练员891人。桐乡市运输管理所积极引导驾培企业合作发展，对驾培企业开展学时及教学行为专项整治活动，重点整治各驾校及教练员伪造学时及教

练员离岗行为。全年查处驾校、教练员学时造假18起。推动和落实桐乡13家驾校实施分阶段式“先培后付”培训模式。启动嘉兴市机动车驾培监管服务平台，利用车载视频监控系统，对教练车辆进行监督，加快信息化建设管理。开展道路运输从业人员继续教育工作，办培训班17期，培训1587人次。组织11期从业资格证培训，培训人员257人次。

（严志惠）

高速铁路

【概况】 沪昆高铁是构成“四纵四横”高速客运铁路网络的重要组成部分，高铁桐乡站是沪昆高铁沪杭客运专线上的其中一个客运站。2017年，沪杭高铁桐乡站停靠列车72列，其中高速动车59列，比上年增加1列；动车组13列，减少1列；上行（上海方向）37列，下行（杭州方向）35列。车站列车运行图在1月3日、3月20日、4月16日、7月1日、9月21日、12月28日进行6次调图。2017年，车站日均客运量1.53万人次；全年发送旅客283万人次，到达旅客270万人次，比上年增加50万人次，实现运输收入2亿元。从高铁桐乡站坐高铁到杭州东站17分钟，到上海虹桥站35分钟，实现高铁公交化。

【高铁桐乡站新建第二停车场】 2017年，高铁桐乡站第一停车场有车位700个，长期以来，因为收费价格偏低，导致相当一部分车主长期停放，占用了有限的停车资源，为有效改善这些车辆长期停放的问题，在市物价局等相关部门的共同努力下，12月起，第一停车场实行标准收费。为应对越来越多的车流量，高铁广场管理办公室在高铁站南侧新辟第二停车场，停车位300个，暂时对公众免费开放。

（沈悦莎）

水　　路

【概况】 2017年，桐乡市境内有航道271.85千米，其中四级航道66.32千米，可通航500吨级船舶；五级航道17.63千米，可通航300吨级船舶；六级航道101.89千米。全市在册营运货船645艘，25.17万载重吨（船舶在营运中能够使用的载重能力）。乌镇景区客船199艘，客位1760个。全年完成水路货运量1680.71万吨，货物周转量29.45亿吨千米；港口吞吐量2054.35万吨，其中出港160.37万吨、进港1893.98万吨。征收港航规费330.63万元。年内，辖区内接处警238起，其中碰撞事故133起、搁浅17起，无一般等级以上事故。年内办结行政执法案件132起，罚没款总额21.65万元。办理行政许可1131件，行政确认及其他权力61626件。全年检验船舶652艘次，总吨位15.52万吨，主机总功率9.12万千瓦。换证检验船舶56艘，检验船舶44艘。

【加强水运市场管理】 2017年，市交通管理部门加快内河港口建设。桐乡首家多用途码头浙江宇石国际物流有限公司码头投入使用，实现桐乡内河集装箱货物运输“零”的突破。启动第二轮老旧船舶和京杭运河过闸小吨位船舶淘汰工作，拆解船舶110艘（老旧船舶106艘，京杭运河过闸小吨位船舶4艘），申请补贴资金1224.44万元。加快码头综合整治提升。拆除砂石料码头45个、煤炭码头1个，整治提升码头134个，提升完成率

1月7日，桐乡大麻海事快速救援避免沉船事故　　市交通局提供

82.4%，其中公铁沿线完成率100%，土地整理（复垦）32.38公顷。完成整治提升示范码头1座，建成公用码头和绿色港航码头各1个。

【船舶污染防治】 2017年，市交通管理部门加快“一船一站一机制”（一艘船舶污水回收船、一个船舶油污水接收处理站、一套相关运行处理机制）建设，完善港口、码头、水上服务区等单位船舶油污水接收设施。年底，油污水接收船投入使用，油污水接收站做好规划设计。加快推进港口岸电建设，东宗线梧桐海事所航段港口岸电设施5个岸电桩投入使用；向船舶垃圾接收单位（码头、站、油污水接收船等）发放船舶垃圾接收记录簿，接收船舶生活垃圾5351艘次、10.39吨。

（严志惠）

物流仓储

【概况】 2017年，桐乡市围绕“大物流建设”发展战略，加强道路运输业专项整治，市交通局制订《全市道路运输行业安全生产大检查实施方案》《桐乡市道路运输行业专项整治行动》，推进桐乡现代物流业转型升级。至年底，全市有货物运输户2067家，货运车辆4111辆，濮院物流园区和振东物流园区2个物流园区，34家货运代理、站场经营业户，其中省级物流龙头企业1家、嘉兴市级物流龙头企业3家。濮院物流园区围绕“稳中求升，升中拓质”工作思路，年内完成园区内部改造及停车场改造，投入20万元升级“濮院物流微信公众平台”和开发濮院物流移动APP，实现主营业务下单APP、微信公众平台、网站同时进行。至年底，实现货运量27万吨，比上年增长4.02%；卸货量13.5万吨，增长12.38%；快递量590万件，增长42.01%；电商中心入驻企业31家。仓储中心入驻经营户120家。公司全年营业收入3900万元，比上年增长3.04%；净利润950万元，增长12.7%；上缴税收722万元，增长5.99%。振东物流园区规划建设用地10.8万平方米，仓储面积5万平方米。其中一期建设用地3.6万平方米，总建筑面积约1.39万平方米，配有出货站点40余个，仓储面积4000平方米，卸货中心1600平方米，生活配套用房70多间及停车场等功能；园区二期分A、B区块，A区块已投入使用，B区块3月完成网架安装。至年底，园区入驻企业75家，年货运总量21.3万吨，仓库周转量超10万吨。园区推进争先创优工作，6月，园区成功创建国家AAA级物流企业。同月，电商中心创建桐乡市青年创业基地，并于10月通过桐乡市级电子商务集聚区的认定。

（沈慧超）

濮院物流园区　　市发改局提供

邮政 通信

概 述

2017年，桐乡邮政通信业加强四网协同，进一步解放思想，以规模、效益、服务为中心，加强网络建设，完善通信和信息化基础设施，满足全市用户现代化通信需求，提高生活质量，促进桐乡经济发展。

全市有邮政局(所)24个，年末固定电话装机19.85万户，移动电话121.56万户，国际互联网用户44.38万户，邮电业务总量12.59亿元，其中邮政业务量10.63亿元，函件1.57万件，包件576.1万件，汇票1.8万张，特快专递3.3万件，订销报纸期发数4.2万份，订销报纸累计份数1040万份，订销杂志期发数11万份，订销杂志累计份数141.2万份。

年末，全市城乡固定电话用户16.61万户，移动电话用户125.45万户，国际互联网用户46.46万户，固定电话普及率23.8户/百人，移动电话普及率179.8户/百人。

邮 政

【概况】 2017年，桐乡邮政管理局重点围绕护航党的十九大、第四届世界互联网大会·乌镇峰会，开展“平安寄递”建设，实现重大峰会期间寄递渠道平稳畅通、行业安全形势持续好转。经过乌镇邮(快)件安检中心安检的进口件15830件，处理疑似件155件，无一漏检。在外围区域，邮管局对全市寄递企业开展多轮安全排查整改，检查企业及网点202家、大型企业分拨中心8家，全市未发生网络瘫痪、快件滚存、爆仓等事件，也未发生媒体炒作寄递安全事件，保证峰会期间寄递渠道安全通畅。建立邮政管理信息监控平台，发现违规行为860起，实地检查509次，开具整改通知307份、约谈企业及网点17家。全市主要网络型快递企业实际处理快件11.13亿件，比上年增长37.5%，处理快件量居嘉兴市首位，累计业务收入7.15亿元，增长21.8%。市邮政分公司加快“三个一把手”工程(金融业务、包裹快递业务、农村电商)发展，邮政服务能力明显增强，企业运作更趋规范，内部管理明显加强，综合实力和行业形象有新的提升。全年实现业务总收入9778万元，增长21.10%，总收入和增长率两项指标列嘉兴市第一，其中增长率近6年来最高。其中，金融业务收入5341万元，包裹快递业务收入2618万元，农村电商收入368万元，各项指标均列嘉兴市前列。市桐乡邮政公司被中华全国总工会授予2017年度“全国邮政系统模范职工之家”称号。10月30日前完成党支部设置调整，将原行政党支部、市场党支部、金融党支部进行调整，设立乌镇邮政党支部、崇福邮政党支部、洲泉邮政党支部、邮政市场党支部、邮政传媒党支部5个党支部。

(杨玲凤　楚盛洁)

【邮政管理局信息监管平台投入使用】 3月，桐乡邮政管理局邮政管理信息监管系统建成投入使用。全市所有快递网点均实现视频联网，计179条线路、376个监控图像，监控系统有实时监控、后台回放、录像存储等功能，大大降低人力运行成本，有效提高寄递行业管理效率。监控中心落实值班巡查制度，实时开展网上巡查，主要检查实名收寄、开箱验视、过机安检三项安全制度是否落实到位，发现违规问题第一时间电话提醒纠正，同时，做好值班记录、违规视频刻录等工作，通过科技手段提高行业安全管理水平。

【开展三项安全制度集中整治攻坚月活动】 6月，桐乡邮政管理局开展为期1个月的检查实名收寄、开箱验视、过机安检三项安全制度的专项整治攻坚月行动，全面整治快递企业（网点）落实三项安全制度不到位的行为，重点消灭快递网点收取散件时不开箱验视、不要求出示身份证和不做实名信息化上传的不放心网点。整治期间，桐乡邮政管理局全员出动，上门检查快递网点98次，发出整改通知书38份，约谈相关负责人12次，电话提醒快递企业安全主管和网点负责人132次，特别是针对27个不放心网点进行重点整治，做到每个不放心网点上门检查劝导不少于3次。通过集中整治，全市范围安全制度执行情况明显改善，基本安全意识得到加强，被列为重点的27个不放心网点中26个已整改到位，1个屡教不改的网点由嘉兴市邮政管理局进行处理。

（杨玲凤）

【暑期青少年集邮周举行】 7月29日—8月3日，2017年度桐乡市暑期青少年集邮周举行。活动围绕全国性集邮大型活动“中国梦 集邮情——2017年集邮周中国集邮嘉年华”主题展开，场内举办图片展、邮票展、专业集邮展和邮政邮品展示，场外组织集邮知识讲座和青少年画邮票大赛。通过普及集邮知识，宣传集邮理念，让集邮周成为青少年体验集邮文化，参与集邮活动，享受集邮乐趣。

【桐海邮件处理中心投入使用】 2017年，桐乡市邮政公司增开杭州、嘉兴邮路，增加嘉兴直开的广州、山东邮路桐乡站点，优化市内网运邮路，有力支撑包裹快递出口和进口投递时限。9月1日，桐海邮件处理中心的投入使用，该处理中心日常处理能力达到5万件，峰值处理邮件8万件，大幅缩短邮件转运时间，为有效解决旺季邮件积压提供有力支撑，提升专业化服务能力。

（楚盛洁）

9月1日，桐海邮件处理中心投入使用　　邮政桐乡分公司提供

中国电信

【概况】 2017年，中国电信桐乡分公司遵照集团公司“聚焦三化、扬长补短、强化执行”的总体战略，以全面加强党的建设为统领，围绕“三化”（网络智能化、业务生态化、运营智慧化）接应落实转型3.0，落实优化业务发展质态，主营业务收入基本完成年度预算，手机用户和宽带用户实现稳步增长，继续保持持续、稳定、健康的良好发展态势。抢抓“互联网＋”战略机遇，加快推动规模和效益双提升。第四届世界互联网大会·乌镇峰会期间，中国电信桐乡分公司作为主要的通信网络与服务保障单位，确保峰会承办工作一届更比一届好。中国电信建设的智慧停车场、智慧灯光、智慧垃圾桶、智能窨井盖、智能烟感报警器等助力打造乌镇成为智慧小镇的项目获央视及各级媒体的好评和报道。桐乡分公司获嘉兴市重大国际峰会保障服务工作先进集体称号。

【助力打造智慧城市】 中国电信桐乡分公司依托集团和省公司的云平台资源，协同产业合作伙伴和云应用厂家，开发和提供更加丰富的应用产品，推动政务、医疗、教育、企业上云，进一步完善桐乡市智慧城市建设。年内桐乡分公司中标校园无线WiFi覆盖工程，为全市33所学校建设无线WiFi，以满足教育系统对信息化的需求。桐乡分公司以专业的技术优势和认真负责的工作态度赢得众多政务云的政府部门认可。6月27日，桐乡分公司召开政务云现场推进会，充分发挥政务云桐乡分中心作用，借助云计算和大数据技术，推动桐乡市基于云计算的政务信息化建设运行新机制和政府购买云服务新模式，推动政府各部门政务上云进程。桐乡分公司成功中标"政务外网"至村延伸项目，为全市209个村(社区)提供政务外网服务。

(朱 红)

中国移动

【概况】 2017年，中国移动桐乡分公司主动适应地方经济发展新常态，深入落实"大连接"战略，坚持"四轮驱动"融合发展，做好队伍建设。全年实现运营收入6.7亿元，比上年增长7.7%。手机通话用户95万户(其中4G用户72.96万户)，宽带用户15.9万户。12月，桐乡分公司完成第四届世界互联网大会·乌镇峰会的保障工作，实现"零重大网络事故、零重大安全事件、零重大客户投诉"目标。获"第四届世界互联网大会·乌镇峰会承办工作先进单位"称号。4月26日，分公司入驻桐乡市公共服务中心，设立服务窗口，为市民提供一站式高效便捷服务。参与基层治理综合信息系统四个平台建设，完成平台搭建及网格员培训工作，助力"最多跑一次"改革。推进4G+工程建设，提前完成全部所有站点设备替换开通(基站760个，室分站点268个，NB－IOT站点145个)，在第四届世界互联网大会·乌镇峰会期间，开通第一个5G试验站点，并在大会期间成功演示5G网络在智慧制造及高清视频传播的应用。

【"企业上云"推进会】 6月13日，移动桐乡分公司为积极推动"云上浙江"建设，召开"企业上云"推进会，相关部门负责人以及100多家企事业单位代表应邀参加会议。让各行业、企业对"上云"行动有了更深入了解，通过借力移动云在用户规模、网络覆盖、应用承载、服务标准、安全保障等方面的优势，助力企业数字化转型。至年底，移动桐乡分公司与690家企业签订云服务协议。

·相关链接·

云上浙江

4月12日，浙江省信息化工作领导小组经省政府同意发布《浙江省"企业上云"行动计划(2017)》。2017年，全省新增上云企业10万家，培育国内领先的云平台服务商3—5家、行业云应用平台10个、云应用服务商100家，形成典型标杆应用案例100个，构建"云上浙江"，打造"数据强省"。

【推出"慧眼守土"平台】 5月31日，桐乡分公司联合桐乡市国土资源局召开"慧眼守土"平台启动会。"慧眼守土"项目可以动态监管平台，通过信息化手段助力国土资源管理，同时借助"城乡天眼"系统的发展，助力于社会综合管理方面的管理。

【新一代营业厅开业】 11月，桐乡分公司新一代营业厅开业，进一步升级"服务"。在营业大厅增配了"和包"超市和图书阅览区。还加入了异业产品和智慧家居体验区，从宽带电视、和慧眼、和路通、智能手表、小米等各类智能产品中体验智慧家庭带

6月13日，移动桐乡分公司召开"企业上云"推进会

移动桐乡分公司提供

来的便利，已经成为桐乡市民的生活新时尚。

【实现 NB－IOT 网络覆盖】 2017 年，移动桐乡分公司积极响应国家“十三五”规划纲要，全面推进中国移动“大连接”战略，积极参与智慧城市建设，抓住物联网规模发展的关键窗口期，借助基站规模、网络质量等基础优势，稳步、快速实现 NB－IOT 网络在桐乡的全覆盖。并推出智慧停车、智慧水检测、烟雾报警等物联网应用试点。

（胡星晨）

中国联通

【概况】 2017 年，中国联通桐乡分公司认真落实贯彻浙江联通五年战略规划，深化实施聚焦战略。重点围绕增强市场营销触点，发挥“互联网＋”优势，探索优化经营模式，持续开展“客户日”活动，履行社会责任，参与智慧城市建设和小城镇改造，配合完成省公司巡察组巡察工作，实现经营业绩 V 型反转（指近几年经营完成情况，由高到低，再提升的形象说法，也是分公司近年来经营状况的同步反映），各项工作稳步推进。新增基站 67 个，其 4G 站 54 个，室分 48 套，网优 29 个信号深度弱覆盖点，4G 良好覆盖率比上年提升 5％。同时，积极响应企业的互联网接入需求，全年为近 200 家企业提供互联网宽带、电路专线、IDC（互联网数据中心）资源、各类应用平台等业务，满足社会化服务需求，网络质量和覆盖范围进一步提升。完成中国乌镇・围棋峰会和第四届世界互联网大会・乌镇峰会的专项通信保障。特别是第四届世界互联网大会・乌镇峰会期间，重点引入 4T4R、3CC 和 256QAM 等多种提升用户体验的创新技术，实现了互联网之光等重点场景理论速率 1Gbps（兆比特每秒，指每秒传输的位数量）的网络能力及西栅景区路面、相关酒店可达 225 兆位/秒的 4G 下载速率，以实际行动落实了省委宣传部部长葛慧君提出的世界互联网大会・乌镇峰会办得“一届更比一届好”的要求。

【互联网＋产品】 2017 年，中国联通作为国企改革首家混改企业，通过与百度、阿里巴巴、腾讯、京东、滴滴等众多互联网企业合作，专门定制 B2I（跨界营销新模式）产品。例如首家推出“无限流量”冰激凌套餐，和腾讯联合推出“腾讯王卡”，和阿里巴巴推出“蚂蚁宝卡”，以及和其他垂直行业如工商银行、招商银行等推出各种类别的定制卡，其中发展势头最好的腾讯王卡在市场获得巨大突破。通过“大流量＋低门槛＋用户特权”另辟蹊径的方式获取更多客户，线上线下协同发展，用户规模迅速扩大，新增量占比高达 50％，用户质态明显改善，流量暴增。B2I 模式充分展现联通的优势所在，“地推”（一种销售模式，增强客户的现场体验，即在用户集聚处由销售人员现场销售）作为产品的线下体验和售卖点的规模推广方式，助推产能快速规模上量便应运而生，促进销售渠道转型。

【履行社会责任】 2017 年，中国联通桐乡分公司认真谋划，精心施工参与小城镇改造，在施工进度和质量上远超其他企业，完成和勘察规划涉及 8 个镇的“上改下”线路整治工作，“线乱拉”治理得到有效改善。作为全省小城镇首批重点乡镇之一的乌镇，在全省小城镇改造验收评比中获第一名。落实浙江省政府加快推进“最多跑一次”改革实施方案，藉桐乡市行政审批中心搬迁新址之际，派员入驻公共服务窗口，优化流程，及时梳理服务清单，对外公布，方便服务企业和客户，增强获得感。凭借网络和技术优势，推动重点项目。智慧建设、智慧旅游、智慧消防等涉及民生的行业信息化项目上获得新进展。完成全市主城区和城镇主要街道及主要交通道路达 700 多点位的公安治安监控项目建设，提升综合治理管理水平。依托联通“沃云”品牌，完成 200 多家企业上云的签约，配合有关部门组织开展“企业上云”普及宣讲及培训。积极落实国家“提速降费”战略部署，加快宽带网络基础设施的建设及 4G＋网络的升级，全市宽带普及速率提升至 100M，市区 4G 下载速率提升到 66 兆位/秒，全面释放流量资费、下调家庭宽带资费、加大融合业务及互联网套餐发展，进一步降低通信费用及流量综合单价。

（郏一农）

概　　述

2017年，桐乡市建成区面积51.2平方千米，比上年增加2.7平方千米。建成区绿地率和绿化覆盖率分别为33.37%和38.49%，人均公共绿地面积为15.03平方米。

桐乡市建筑业实现总产值272.42亿元，其中市外产值127.5亿元，省外产值60.44亿元。出台扶持建筑业发展措施意见，从政策层面鼓励建筑企业转型升级、创新发展，进一步提振企业做大做强信心。完成桐乡市绿色建筑专项规划编制，引导建筑企业走绿色建筑、工业化发展之路。强化质量安全监管，拓展使用“互联网＋”智慧监管平台，启用建筑起重设备网上备案系统，进一步提高监管效率。振石控股集团总部大楼项目获2016年度全国建筑业创新技术应用示范工程、2017年度全国建筑业绿色建造暨绿色施工示范工程。市建设局被省住房和城乡建设厅授予“2016年度全省建筑市场管理工作先进单位”。

深入实施房地产市场宏观调控，出台限购政策，开展商品房有序备案，稳定商品住宅市场价格。全年完成房地产开发投资112.85亿元、商品房销售面积172.98万平方米。扩大住房保障覆盖面，调整住房保障相关标准，全年完成棚户区改造851套，货币化安置率50%以上；完成公租房分配389套。加强对房地产经纪机构、从业人员管理，严厉打击房地产中介机构虚假销售等违法违规行为，对房地产经纪人员开展业务培训，提升从业人员整体素质。同年，房地产经纪机构备案纳入“多证合一”，推动政府部门间证照整合、资源共享，提升“最多跑一次”实效。

住房公积金整体运行良好，各项管理工作有序推进。全年新增住房公积金缴存人数1.04万人，归集住房公积金12.29亿元，比上年增长19.55%。至年底，住房公积金归集余额26.77亿元，比上年增长19.47%。全年发放个人住房公积金贷款1867笔，贷款金额6.43亿元，减少28.1%。嘉兴市公积金中心桐乡分中心4月底整体搬迁至桐乡市公共服务中心，自5月1日起，桐乡市成为首批接入全国住房公积金异地转移平台的上线城市之一，全年办理异地转移业务245笔，有效解决转移职工多次来回跑的难题。

桐乡市建设工程质量安全双提升暨法律进工地现场会

市建设局提供

建设领域依法行政水平不断提升，服务效能持续提高。年内，桐昆年产20万吨高功能全差别化纤维项目、双环传动（嘉兴）精密制造有限公司项目、乌镇旅游股份有限公司（高桥旅游广场、乌镇子夜大酒店、乌镇小吃集市、西栅景区帆船酒店、宴会中心、互联网公寓、互联网会展中心旅游广场、乌镇国宾馆）项目、嘉兴轩孚自动变速器有限公司（年产60万台自动变速器总成及零部件）等新建项目开展上门服务，通过建立“专家技术指导团”，从各项专业技术上提供“个性化服务”，让重大项目在推进速度上实现“跑得快”。至年底，服务重大项目55个，建筑面积102.46万平方米，投资金额76.22亿元。同时，优化“绿色通道”、完善提前介入，对列入“绿色通道”项目，遵循“急事急办，特事特办，加班加点，快速审批”原则，窗口服务工作前移，“服务上门一对一”指导。至年底，办理“绿色通道”项目83个，上门服务19次，参加服务人员63人次。

桐乡市水务集团全年安全供水11528万吨，日最高供水量38.9万吨，出厂水水质综合合格率100%，管网水水质综合合格率99.94%；累计生产家家乐天然水87.3万桶，生产家家乐纯净水31.7万桶，产品合格率100%；累计收集污水6250万吨，处理污水4299万吨，分流污水2050万吨，外排尾水8310万吨。

（朱铁波）

城乡规划与管理

【概况】 2017年，市建设局结合桐乡行政区划调整，进一步研究市域总体规划推进计划，梳理市域总体规划核心问题。启动桐乡市城市色彩专项规划、桐乡市城市房地产发展规划等6项专项规划编制，完成桐乡市海绵城市专项规划等5项规划论证。完成桐乡市畜禽屠宰布点专项规划编制工作。推进城市规划馆建设，完成前期各项调研准备工作。做好小城镇环境综合整治规划设计服务、现代实验学校重大项目选址方案研究等工作，助推重大项目建设。2017年，受理建设项目方案技术审查117项，完成审查106项；出具规划图769件、用地面积1274.25万平方米。全年办理规划审批服务项目719件、规划核实项目227件、规划许可证核发636件、施工许可证核发245件。积极配合做好“六不予”政策的实施工作，做好政策实施过程中的现场踏勘及有无违建行为的认定，至年底，完成现场踏勘357处次，出具现场踏勘意见357份。

开展桐乡市地理国情监测工作，包括“一区两率”、地下空间利用情况的监测和城市建设用地现状普查。至年底，该项目招标委托已完成，进入前期资料收集处理阶段。由市电子政务办和市测绘与地理信息局牵头组织开展政务地理信息资源采集共享工作，进入信息常态化更新及校核阶段。保障地理信息公共服务平台运维稳定，平台的数据动态更新按计划进行，其中完成桐乡市第二轮0.2米分辨率航空影像更新工作的航空摄影和数据校核；“天地图”省、市、县数据融合工作启动实施；乌镇片区倾斜摄影三维建模工作进入项目招标采购阶段。加强测绘监督管理力度，联合浙江省测绘质量监督检验站采用“双随机”的检查模式，对桐乡8家测绘中介单位2016年所完成的测绘项目情况随机抽检。开展桐乡市全覆盖排查整治“问题地图”专项行动，组织相关单位开展自查整改，为相关单位自查提供技术支持。

【石门镇桂花村入选住建部村庄规划示范名单】 2月，住建部公布2016年县（市）域乡村建设规划和村庄规划示范村名单，37个县（市）、87个村庄入选。桐乡市石门镇桂花村成为嘉兴市唯一入选村。石门镇桂花村于2016年委托浙江建院建筑规划设计院编制村庄规划，创新规划编制方式和内容，实践符合农村实际的规划理念和方法，大幅提升乡村规划的实用性，提出农房建设管理、村庄整治安排等要求。规划成果简单易懂并纳入村规民约。

【海绵城市专项规划通过论证】 2016年，桐乡市建设局根据省住建厅相关要求委托嘉兴市规划设计研究院编制《桐乡市海绵城市专项规划》。2017年8月4日，规划方案论证会议通过该规划。规划提出通过“渗滞蓄净用排”等方式，从水生态、水环境、水资源、水安全四方面，把桐乡建设成为长三角地区“创新型水乡文化名城，现代化生态示范城市”。近期目标至2020年止，20%的中心城区区域建设成海绵城市;远期目标至2030年止,80%的中心城区区域建设成海绵城市。

【公布全市第一批历史建筑名单】 12月8日,市政府发文公布第一批历史建筑名单,乌镇、崇福、石门三镇的50处建筑列入桐乡市第一批历史建筑名单。桐乡市加强对历史建筑保护利用管理宣传,积极研究历史建筑保护利用措施,推进全市历史文化保护相关工作。2017年,桐乡市建设局与市文化局等相关部门协作,对照历史文化街区标准和历史建筑确定标准,以第三次文物普查登记的地面文物中古建筑、近现代重要史迹及代表性建筑为基础,经过资料收集、现场普查、方案讨论和规划论证等,形成全市完整的历史文化街区和历史建筑保护名录并上报嘉兴市。名录涵盖乌镇镇、崇福镇横街、梧桐街道永宁社区、石门镇石门湾4个历史文化街区、281处历史建筑。至年底,全市有世界文化遗产1项,国家级文物保护单位5处,省级文物保护单位10处,桐乡市级文物保护单位99处,国家级历史文化名镇1个,省级历史文化名镇2个,省级历史文化名村1个。

(朱铁波)

城市管理与执法

【概况】 2017年,市综合行政执法局进一步理顺综合行政执法体制,全面实施综合行政执法工作,坚持厉行法治,依法履行各项职能。全年办理一般程序案件1068件,简易程序案件34753件,其中人行道违法停车类案件32742件,涉及罚(没)款1474.42万元。围绕全市中心工作,严格对照国卫新标准,牵头推进小城镇道路"道乱占"集中整治行动、实施市容"序美"提升行动、启动户外广告整治改造提升工程,进一步夯实第三轮国家卫生城市复查迎检基础,为第四届世界互联网大会·乌镇峰会召开营造优美的环境。完成瓶装燃气专项执法行动,检查全市燃气站点、代充点、餐饮场所等4673起、运输车辆1036起,暂扣气瓶1238只、燃气运输车辆25辆,立案查处120件,全力打造平安桐乡。推进全市生活垃圾分类处置工作,继续挖掘资源缓解停车难问题。全年办理信访案件、市长电话、"96310"等各类举报投诉件1062件,接待来人来访50人次,妥善解决市民群众诉求,化解矛盾和纠纷。扩大"桐乡综合执法"官方微信,发挥"桐乡数字城管"政务微博作用,与网民共同维护城市环境,电视、报纸宣传报道综合行政执法工作177次。

【市容环境综合整治】 2017年,市综合行政执法局围绕第四届世界互联网大会·乌镇峰会、夯实国卫复查迎检基础等中心工作,聚焦市容热点难点问题,精准定位补短板,启动市容"序美"提升行动。实施农民新村市容秩序、占道装修施工管理、"牛皮癣"保洁等8个项目。全面运行"智慧环卫"监管平台,市区智慧化环卫作业运行模式逐步完善,机械化保洁率稳步提升,完成市区10条主要道路的街面无桶化试点工作,保洁质量进一步提高,第三轮国家卫生城市复查迎检基础进一步夯实。牵头做好道路两侧占道经营行为专项整治的督察指导,桐乡市14条公铁沿线道路两侧占道经营行为专项整治全部完成。启动全市建筑垃圾运输车辆全密闭装置改装工作,228辆运输车辆全部完成。

【小城镇道路集中整治行动】
2017年,市综合行政执法局作为小城镇道路"道乱占"集中整治行动牵头部门,专门成立"道乱占"集中整治攻坚行动领导小组,具体实施优化完善路网建设、整治消除道路"六乱"、提升路面养护质量、合理完善配套设施、规范整合交叉道口、整治装修(零星)垃圾乱堆乱倒"六大"整治项目。全年合理安排工作进度,严格落实各项措施,规范乱停车19.48万辆,清理乱堆物3.09万处,取缔乱摆摊5.19万处,查处乱开挖5处,拆除乱建筑1193处,清理乱竖牌3142处,"道乱占"问题得到明显改善。

【综合执法稳步推进】 2017年,市综合行政执法局结合实际,梳理综合执法对应的法律法规,厘清职责边界。拟定桐乡市综合执法改革方案,报市编办、法制办等牵头部门。完成基层"综合执法"平台建设,将局执法资源力量纳入各镇(街道)"四个平台",整合执法资源,耦合监管盲区,完善配合协作机制,形成工作合力,实现与上级联合执法协调指挥机制的全面对接。11个镇(街道)均建成综合执法平台,派驻执法队员109名，辅助人员600余名。严格规范执法行为，制订出台《一般程序行政处罚案卷评查标准》《办案责任制暂行规定》等制度，开展“推行全员执法、打造执法尖兵”行动，编写综合执法工作手册，规范执法标准、完善执法细则，强化对执法全过程的监督管理。善用法治思维、强化法治理念，推行法律顾问制度，开展行政执法实务交流，努力实现执法行为标准化，2017年度获嘉兴全市执法部门依法行政考核第一名。

【启动户外广告整治改造提升工程】 2017年，市综合行政执法局结合近年户外广告整治实际，细化整改门头店招、遮阳篷等设施，扩展延伸整治范围，严格依法查处违法设置行为，切实遏制随意设置现象，全市拆除户外广告等设施1702块，面积1.3万平方米；改造86块，面积2536.9平方米，城市形象进一步提升。

【推进全市生活垃圾分类处置工作】 2017年，在市区生活垃圾分类处置工作取得明显成效的基础上，市综合行政执法局根据市委、市政府安排，牵头制订《桐乡市生活垃圾分类处置工作实施办法》，全市分类覆盖面60%，市区生活垃圾分类处置扩至16个社区全覆盖，22个居民小区扩至90个居民小区。创新大件垃圾和绿化垃圾分类处置，实现资源回收再生利用148吨。加强装修垃圾分类收运处置，全年实现分类处置建筑（装修）垃圾9.13万吨，处置率100%，再生利用率95%。

【加强停车管理】 2017年，市区新施划人行道公共停车泊位906只，清理并重新施划模糊公共停车泊位1305只。强化公共停车位收费管理，维护静态交通秩序。加强重点地区交通拥堵节点治理，推进人行道停车序化管理，依法查处人行道违法停车4.8万起。扩展违停窗口支付宝、刷卡等便捷支付方式至全市各乡镇违停执法窗口，方便受理违停处罚。

生活垃圾分类“以物换物”在小区　　市综合行政执法局提供

【推进智慧民生服务】 2017年，市综合行政执法局开展数字城管扩面工作，将数字城管监管范围延伸至建成区50平方千米（含农民新村）。调整新一轮采集区域，全方位改造升级软硬件，完成省级数字城管监管平台对接。完成濮院镇数字城管二级平台系统建设，至年底已建成崇福、乌镇、洲泉、濮院四个数字城管二级平台，问题解决率和及时解决率均达到创建浙江省示范文明城市测评考核标准。致力服务民生实事，解决民生问题，全年交办案件43082件，解决案件43074件，解决率为99.98%，及时解决率为98.49%。

【获评全国“强基础、转作风、树形象”先进单位】 11月，市综合行政执法局被住建部评为全国“强基础、转作风、树形象”先进单位。市综合行政执法局聚焦“责任担当”，大力推进队伍正规化建设，修订完善《在编人员考勤及请销假规定》等13项规章制度，制定《“治慵懒、强实干”督察考核规定》，出台《即时性工作奖励办法》，从严治队、从优待队。加强交办单办理，加快工作落实，提高工作效率。坚持“日学、周评、月考、年总结”学习工作法，每日晒学习内容、每周统计分析、每月制订学习手册，业务学习能力和创新能力明显增强。完善舒心团队建设，落实团队关爱措施，全年实施亲人陪伴日552人次，制订离职纪念册6

市综合行政执法局参与“五水共治”活动　市综合行政执法局提供

本，提升队员的自豪感、归属感和幸福感。

（黄佳莉）

城镇建设

【概况】 2017年，桐乡市坚持规划引领，统筹推进城乡建设，城乡形象更加靓丽，空间布局更加合理。加强市区重点规划编制，坚持控规全覆盖，完成桐乡市庆北梧桐区块等6项控规论证，完成梧桐工业区二期控规（修改）等7项规划的上报审批工作。指导一批镇、村规划编制，完成洲泉镇环城南路两侧区块控规等9项规划的上报审批，完成乌镇镇东片区控规（修改）等5项规划论证。全面推进村庄规划和村庄设计工作，至年底，经市政府批复实施的村庄规划26个、通过评审论证1个，正在规划审查及修改完善99个。新增省级美丽宜居示范村3个（乌镇镇横港村、崇福镇店街塘村、大麻镇吉字浜村）。做好困难家庭危房改造和补助工作，对2016年度符合条件的33户低保户和低收入家庭下达危房改造资金补助（中央资金和市级专项资金）106.44万元。完成困难家庭危房改造任务90户，至年底，开工建设121户，竣工93户。开展农民自建房屋经营情况调查，对农民自建住宅房屋用于从事民宿、农家乐、生产加工等生产经营活动，养老服务、学前教育、村居文化等公益事业活动，或者出租给他人等使用情况进行再次排摸，梳理形成清单。推进城乡供水一体化建设，全年实施重点工程13个，累计完成年度投资38965万元，为投资计划数的100.8%。

依法推进国有土地上房屋征收工作，在充分市场调研的基础上，起草新的桐乡市国有土地上房屋征收补偿奖励标准。经市政府常务会议讨论通过，9月18日公布生效。全市6个国有土地上房屋征收项目进入扫尾阶段，涉及被征收人5377户，至年底累计签约5274户，签约率98.08%。其中：濮院镇旧镇改建（一期、二期）项目签约37户，累计签约3324户，签约率98.7%；乌镇镇旧镇改建项目累计签约216户，签约率97.73%；杨家门旧城改建（一期）项目累计签约239户，签约率94.47%；杨家门旧城改建（二期）项目上半年签约132户，累计签约1314户，签约率97.76%。扩大杭嘉湖南排工程（桐乡段）项目累计签约181户，签约率95.77%。为推进扫尾工作进度，市建设局提请市政府作出补偿决定书34户，向嘉兴市中级人民法院申请强制执行25户，均由法院裁定准予执行；按照“裁执分离”原则，由市政府组织强制执行4户。

（朱铁波）

2017年桐乡市供排水工程建设情况

表18

项目序号	项　目　名　称	年度投资（万元）	建设状况	完成情况	备　注
1	桐乡市乌镇至桐乡污水管道工程	527	铺设管道12.8千米	通过竣工验收并投入使用	续建项目

续表 18

项目序号	项　目　名　称	年度投资（万元）	建设状况	完成情况	备　注
2	桐乡市城市污水厂至申和污水厂分流工程	898	铺设管道 9.1 千米	通过竣工验收并投入使用	续建项目
3	桐乡市城乡供水一体化农村管网改造工程（一期）	1900	铺设管道 260 千米	通过竣工验收并投入使用	续建项目
4	桐乡市乌镇至桐乡给水管道工程	540	铺设管道 3.5 千米	12 月底完成工程建设	续建项目
5	桐乡市区域供水管网连通工程（二期）	2300	铺设管道 9.5 千米	建设中	续建项目
6	桐乡市区域供水管网连通工程（三期）	3800	铺设管道 10 千米	建设中	续建项目
7	桐乡市 2017 年度二级管网建设工程	6000	铺设管道 20 千米	建设中	新建项目
8	桐乡市临杭大道污水管道工程	5000	铺设管道 7 千米	建设中	新建项目
9	桐乡市高桥新区至申和污水厂管道工程	3000	铺设管道 5 千米	建设中	新建项目
10	桐乡市城乡供水一体化农村管网改造工程（二期）	5000	铺设管道 25 千米	建设中	新建项目
11	桐乡市城镇雨污水分流改造工程	3000	铺设管道 25 千米	建设中	新建项目
12	桐乡市西部饮用水源保护建设工程	5000		完成可研报告评审稿，启动工程前期征地拆迁工作	新建项目
13	桐乡市城市污水处理厂整合工程（一期）	2000		完成立项审批、备案，进入可研设计阶段	新建项目
总　投　资		38965			投资计划的 100.8%

（周　栋）

【开展“问题地图”专项检查】 2017 年，市建设局牵头，相关部门参与，全覆盖排查整治“问题地图”。9 月 13 日，市政府办公室召开由 11 个领导小组成员单位的分管领导和科室责任人参加的桐乡市全覆盖排查整治“问题地图”专项行动工作部署会议，同时，邀请专业人员对检查人员进行指导培训。全面排摸以各领导小组成员组织本系统内自查，线上线下同时进行，确保无死角。9 月 20 日，桐乡市全覆盖排查整治“问题地图”专项行动自查阶段工作结束，排查单位 774 家，包括线上 558 家、线下 216 家，查处“问题地图”327 份，线上“问题地图”均出现于微博博主发布的中国版图地图存在国界错绘、岛屿漏绘的问题；线下“问题地图”主要集中在学校及其周边文具、杂货店，问题多为以审图号缺失或界线不清晰。在全市排查整治“问题地图”的同时，市测绘与地理信息局同步推进国家版图意识的宣传教育。9 月 13 日，联合市教育局向全市中小学分发国家版图知识地图（世界地图、中国地图标准图）180 多张，确保所有校园都有地图宣传栏。通过地图宣传进校园，进一步激发学生的爱国情怀，用实际行动开展“三节三爱”专题教育活动。9 月 15 日，地图宣传专门借市法制宣传平台街头、社区进行专题宣传，发放地图和测绘法宣传册200多份，向市民普及国家版图知识，提高社会公众识图用图能力。

【启动杨家门旧城改建（三期）项目房屋征收】 6月1日，市政府公布《杨家门旧城改建（三期）项目房屋征收范围》，分南北2个地块。6月5—25日，市旧城改造指挥部办公室开展调查登记和征询改建意愿。7月5日，建设局公布调查结果，总户数981户，建筑面积约11万平方米，903户同意改建，占总户数92%，符合《浙江省国有土地上房屋征收与补偿条例》旧城改建比例必须达到90%的规定。7月21日，市政府公布《房屋征收补偿方案》，公开征求意见。9月4日，公布征求意见及修改情况，9月18日市政府作出房屋征收决定。经入户调查评估，于11月30日开始签约，至年底，签约740户，占总户数的75.43%。

（朱铁波）

城区开发管理

【概况】 8月26日，桐乡市委、市政府下发《关于调整城市开发建设管理体制机制工作的意见》，决定理顺城市开发建设管理体制机制，组建新的市级开发平台。原振东新区建设管理委员会更名为桐乡市城区开发管理委员会，为市政府直属派出机构。在桐乡市公益事业投资建设集团有限公司和振东新区建设投资有限公司基础上，合并组建新的市级开发平台公司——桐乡市城市发展集团有限公司，为市政府直属公司。

桐乡市城市开发建设管理领导小组建立，明确城市开发建设管理各责任主体的职责：桐城委（桐城集团）负责城市开发建设管理范围内土地资源的统筹开发建设和地上地下空间同步开发运营；负责开发建设区块和项目的实施、管理、服务和招商引资；负责开发建设中土地征用房屋征收安置补偿的资金筹集；承担开发建设中区块和项目的社会稳定、安全生产和环境保护等主管责任。梧桐街道负责管辖范围内的经济发展、农业农村、社区管理、民生事业和社会事务等管理职责；承担社会稳定、安全生产、环境保护等属地责任；负责已建成楼宇的服务业二次招商和管理服务职责；负责划定四至范围的梧桐工业园区的开发建设和服务；负责划定四至范围限制开发的百桃工业园区的管理；负责其他零星工业企业的管理和服务。

2017年，调整前的振东新区全年完成固定资产投资36.85亿元，完成5项市级重大项目投资12.26亿元，重大项目开工率100%；合同利用外资2009.3万美元，实际到位外资1650万美元；引进市外内资8.51亿元，其中引进市外注册资金5.48亿元，引进“浙商回归”资金7.3亿元；实现税收8.37亿元，比上年增长19.2%；主要市场成交额37.34亿元，增长7.2%，办理“个转企”23家。

新增星都会、望湖湾、招商雍华府、中天江南诚品等多个品质商住项目。桐乡市首个城市综合体项目新城吾悦广场开业并持续保持较高的人气；金融商务区市政综合管廊工程两个标段工程完成竣工验收；市城市档案中心项目、图书馆新馆工程、CCTV新影桐乡园、华策电影产业园等项目顺利推进，庆北区块的道路框架加快形成，杨家门旧城改造工程快速推进。加强主城区城市建设规划，制定《桐城委2017—2020经营性土地出让计划表》《桐城委2018年度“411”工程计划》《桐城委（桐城集团）三年行动计划》和《主城区旧城改造三年行动计划》。

·相关链接·

“411”工程计划

“411”工程计划是围绕城市建设发展项目、城市基础设施项目、城市民生实事项目和城市品质提升项目四个大类100个重点项目，计划投资100亿元。

【浙江传媒学院华策电影学院揭牌】 9月10日，浙江传媒学院华策电影学院在浙江传媒学院桐乡校区举行揭牌仪式。浙江省政府领导、相关高校学界专家，浙江传媒学院、桐乡市政府、华策影视集团三方主要领导共同出席会议。桐乡·浙江传媒华策电影产业园一期位于桐乡市逾桥西路南侧，文华路西侧，总用地面积6.87公顷，总投资约5.2亿元。项目于2016年12月开工建设，建设有综合楼、教学楼及实验楼、摄影棚及附属用房，总建筑面积6.23万平方米。项目的综合影视教学实践实训园区配有5000平方米、3000平方米、800平方米摄影棚3个，建成后将构筑起集电影人才培养、影视拍摄制作、影视景区旅游为一体的现代产业平台，进一步增强桐乡对外知名度和文化影响力。

（俞伟斌）

建 筑 业

【概况】 2017 年，桐乡市建筑业实现总产值 272.42 亿元，比上年增长 11%，其中市外产值 127.5 亿元，省外产值 60.44 亿元；签订合同额 292.24 亿元。全市完成竣工备案工程 207 项，建筑面积 311.2 万平方米，完成市级平台公开招投标项目 176 项（标段），比上年增长 33.3%；建筑面积 72.47 万平方米，增长 15.1%；中标总价 28.5 亿元，增长 49.2%。施工总承包二级、三级等中小型建筑施工企业快速发展。至年底，全市有各类建筑企业 107 家，具有建筑工程施工总承包资质企业 29 家，其中一级 1 家，二级 6 家，三级 12 家，新增 9 家；具有市政公用工程施工总承包资质企业 32 家，其中一级 1 家，二级 10 家，三级 21 家。新增监理企业资质 2 家，均为乙级资质；新增劳务资质企业 5 家。以建设工程质量安全双提升活动为契机，加强全市建设工程质量安全监督，对 270 多个工地开展 400 多次质量验收监督，出具整改意见书 380 多份，出具竣工监督报告 200 多份，开展安全生产、扬尘治理等大检查、专项检查 6 次，累计检查工地 450 余项次，累计涉及建筑面积约 700 万平方米，治理安全隐患 2500 多条，15 项工程因质量安全或扬尘污染存在重大隐患被移送稽查处理。全年，全市建筑企业获省级优质工程 1 项，省级文明标化工地 5 项，地市级优质工程 7 项。

【出台扶持建筑业发展措施意见】 2017 年，市建设局走访调研全市主要建筑企业，为使桐乡市建筑企业立足桐乡保证存量，走出桐乡扩大增量，召开企业交流座谈会等，协调发改、财政（地税）、国税、公管办等相关部门及各镇（街道），分析、研究对策。7 月，市政府发布《桐乡市人民政府关于促进建筑业持续健康发展的实施意见》，提出总体思路、发展目标、主要任务、奖励政策、保障措施和附则六方面内容。明确总体思路为调整优化建筑业产业结构，加快建筑业转型升级，推进建筑业科技创新、管理创新和营销创新，不断提升桐乡市建筑业的整体发展水平和外向拓展能力，促进建筑业持续健康发展。确定完善建筑业产业体系、推行建设工程总承包、推进建筑产业现代化、加快建筑产业信息化、支持建筑业做大做强、提高建筑业人员素质 6 个方面的主要任务。

省维稳安保督查组一行检查建筑工地　　市建设局提供

【振石控股集团总部大楼项目获奖】 7 月，中国建筑业协会公布 2016 年度全国建筑业创新技术应用示范工程、2017 年度全国建筑业绿色建造暨绿色施工示范工程，振石控股集团总部大楼项目榜上有名。振石控股集团总部大楼项目 2015 年 12 月 31 日开工。项目位于振东新区总部经济的核心区，总投资 5 亿元，占地 3.3 公顷，建筑面积 6.5 万平方米，大楼主体建筑 39 层、地下 2 层，总高 170 米，是集办公、展会、健身于一体的综合性大楼，项目建成后将成为桐乡市区又一地标建筑。作为嘉兴首个使用 BIM 技术的落地项目，振石控股集团总部大楼项目的绿色施工技术应用、信息化现场管理系统、实测实量工作以及 BIM 技术在模拟施工条件、技术难点处理、深化设计、碰撞分析、机电综合布线等方面有着大量的创新应用亮点，最大限度节约资源，减少对环境负面影响，以实现四节一环保（节能、节地、节水、节材和环境保护），实现经济效益、社会效益和环境效益的统一。

8月29日，市建设局举行建筑施工安全生产教育培训　市建设局提供

【市建筑起重设备网上备案系统启用】　2月23日，桐乡市建筑起重设备网上备案系统启用培训在市建设局举办。全市施工（监理）单位相关负责人、外地项目部负责人、起重设备安装、租赁单位负责人及建管处相关人员等80多人参加。系统开发公司杭州千家网络有限公司工程师围绕系统功能进行详细讲解，介绍系统操作流程，向与会人员现场演示产权备案、安装告知、使用登记及拆卸告知相应操作步骤，并与参会人员深入交流。桐乡市建筑起重设备网上备案系统是有效利用现代科技成果融入起重设备监督管理的创新之举。系统实现了起重设备产权备案、安装告知、使用登记及拆卸告知的在线作业及互动，实现监督信息的数字化共享，提高监管效能，扩展建设工程智慧监管平台的互联网运用，向真正实现“数据一个库、监管一张网、管理一条线”的智慧监管目标又迈进一大步。

【恒昇装饰工程获鲁班奖】　11月6日，纪念鲁班奖创立30周年暨2016—2017年度创精品工程交流会上，桐乡市建筑企业浙江恒昇装饰工程有限公司参建的恒隆广场大连项目获中国建设工程鲁班奖。恒隆广场大连项目位于大连市核心商业地段，是东北地区最大的商业单体建筑，工程设计新颖别致，太极双鲤鱼造型，融入中国传统文化与现代概念元素设计。浙江恒昇装饰工程有限公司作为参建单位之一，主要承担装饰工程和室内装饰部分。恒昇装饰工程获鲁班奖是桐乡市建筑企业“走出去”发展，以诚信拓市场，以优质树品牌的体现，激励全市建筑企业提高质量意识，树立桐乡品牌。

【执行新的评标办法】　自2月3日起，市建设局执行《嘉兴市国有投资工程建设项目施工与监理招标评标办法（修订）》。新的评标办法在原有的评标办法基础上进行修订，体现5大亮点（详见附表），有效规范招投标市场行为，促进优秀建筑业企业的市场占有率，鼓励投标企业加强企业内部和项目现场管理，引导监理企业优质优价，防止围标、串标行为发生，促进建筑行业可持续健康有序发展。

新评标办法的亮点和变化

表19

序　号	亮　点　和　变　化
1	企业信用等级评价结果与招投标挂钩，让企业的综合实力和诚信行为真正成为市场竞争力，提高信用等级高的企业的中标率
2	细化各类技术标打分细则，减少人为因素，避免产生极端分现象
3	通过限制投标单位技术标页数、规定打分范围和分值使评标专家更好地对实质性内容进行评分，有效节省专家评标的时间，使评分更有针对性
4	施工项目招投标对最低价投标法给予更严格的限制，在源头防止劣质工程、豆腐渣工程
5	监理项目招投标对不同级别的项目按不同的评分标准进行评分

房地产业

【概况】 2017年，全市有房地产开发企业121家，完成房地产开发投资112.85亿元，比上年增长43.6%；房地产施工面积754.81万平方米，增长3.9%；竣工面积116.57万平方米，下降9.6%。全年商品房销售面积172.98万平方米，增长4.8%，商品房销售额184.57亿元，增长33.0%，其中：住宅销售面积132.17万平方米，下降10.2%；住宅销售额161.26亿元，增长28.5%。年末，全市待售面积37.72万平方米，下降22.4%。全市完成棚户区改造851套，货币化安置率50%以上。完成公租房分配389套，其中崇福公租房245套、濮院公租房144套。加大房地产市场秩序监管力度，全年组织房地产市场巡查6次，巡查中发现和经群众举报的问题均按规定进行处理，包括约谈、暂停网签等措施，至整改完毕。联合市发改局(物价局)检查商品房销售价格，设立2个检查小组，按照“双随机”要求，抽查11个房地产开发企业在售楼盘、8家房地产中介机构门店销售价格进行抽查，严厉打击哄抬房价、一房两卖等违法违规行为，确保房地产市场健康运行。

【加强房地产市场调控】 2017年，桐乡市按照国家房地产市场调控精神，按照“因城施策、分类调控”的总要求，4月19日零时起实施住房限购措施，在全市范围内暂停向拥有一套及以上住房的非桐乡市户籍居民家庭出售住房，包括新建商品住房和二手住房；新建商品住房以网签平台商品房买卖合同签订时间为准；二手住房以房产交易管理部门受理时间为准；房地产开发企业、二手住房交易双方或房地产经纪机构应凭不动产登记部门提供的购房人住房登记证明签订商品房买卖合同或二手住房转让合同。对于违反限购规定的，不予办理相关房产交易确认手续，相关部门不予办理不动产登记。对新开发的房地产项目严格落实调控措施，实施房地产预售有序许可，一方面管控申报价，对申请预售的房地产开发项目开展预售价格审查，引入第三方，对房地产开发项目是否达到预售条件进行测算，为现场踏勘和确定预售范围提供依据；另一方面管控申报时间，同一项目分期开发的，在3个月以内不得再次申报预售。

【调整住房保障相关标准】 2017年，桐乡市调整公共租赁住房相关标准，人均年收入3.3万元以下调至3.8万元以下；住房困难标准线不作调整。因有些申请人达到相关标准，但无相关证件(如低保证等)，所以困难程度分档从原来的三档增加一档，即人均年收入2万元以下(低保的2.5倍)。租金标准调整基本上是每平方米增加1元。补贴标准调整除第一档每平方米增加3元外，其他档增加1元。该标准9月20日起实施。

【房地产经纪机构备案纳入“多证合一”】 7月1日起，浙江省在全国率先全面实施“多证合一、一照一码”改革。房地产经纪机构及其分支机构备案列入此次“多证合一、一照一码”改革事项清单。为做好相关工作，市建设局与工商行政管理部门做好衔接工作，明确经纪机构备案所需材料和条件，建立全市经纪机构和人员数据库，与工商行政管理部门协商办理经纪机构备案后信息回传工作。9月5日，由工商行政管理部门发出桐乡市首张包含房地产经纪机构备案信息的“多证合一”营业执照。至此，市建设局不再单独核发房地产经纪机构备案证，改由市场监督管理局统一核发“多证合一、一照一码”营业执照。营业执照成为企业唯一身份证，真正实现企业“一照一码走天下”。房地产经纪机构备案纳入“多证合一”范畴，推动政府部门间证照整合、业务协同和信息共享，加快推进政务服务从“每个部门最多跑一次”向“每件事最多跑一次”转变。

· 相关链接 ·

多证合一、一照一码

“多证合一、一照一码”是指将信息采集、记载公示、管理备查类的一般经营项目涉企证照事项，以及企业登记信息能够满足政府部门管理需要的涉企证照事项，进一步整合到营业执照上，被整合证照不再发放。

【开展房地产经纪从业人员培训考核】 6月，嘉兴市印发《关于加强全市房地产经纪管理促进行业健康发展的实施办法(试行)》，其中提到“要全面推行交易合同网签制度、严格落实经纪机构备案制度、加强经纪机构从业人员培训和继续教育管理”等要求。经纪机构从业人员资质、数量不符合《实施办法》具体规定的，将无法交易备案，未备案的经纪机构不能进行“网签”。6月底，嘉兴市房地产经纪从业人员培训考核发证工作启动。桐乡市受理报名、预审389人，涉及房地产经纪企业85家。8月初组织培训，8月18日完成考核。考核内容涉及房地产经纪综合能力、房地产经纪操作实务，实际参加考试人员385人，合格人员331人，合格率86%。合格人员获嘉兴市房地产经纪人从业服务证。

·相关链接·

网　签

“网签”是指交易双方签订合同后，要到房地产相关部门进行备案，并公布在网上，获得网签号，通过这个号在网上进行查询，网签旨在让房地产交易更加透明化。

【开展城乡危旧房大排查】 2017年，桐乡市开展城乡危旧房安全使用大排查工作，对发现的疑似危旧房，及时进行鉴定、制定解危方案和落实治理措施。复查前期鉴定为C级、D级的房屋，进一步明确责任主体，落实治理措施。同时进一步摸清房屋状况，加强对出租房屋的清理。充实和调整技术专家组，加强对疑似危旧房的鉴定工作，制定《桐乡市危旧房屋安全防范和处置应急预案》和城镇危旧房治理工作补助资金相关文件，加强危旧房屋数据库的动态管理，完善登记数据。对各镇（街道）危旧房屋解危进度进行定期通报，督促基层政府履职尽责。至年底，完成C级危房解危357幢，D级危房解危135幢。

【白蚁诱杀新技术获国家发明专利授权】 2017年，桐乡市白蚁防治所收到国家知识产权局颁发的发明专利证书，“白蚁诱杀专用粉剂”通过论证，获国家发明专利授权。这是继2016年之后，桐乡市白蚁防治所获得的第二个国家发明专利。“白蚁诱杀专用药剂”主要特点是通过白蚁的交哺作用将药粉带回蚁群，从而彻底消灭白蚁种群。而最大的优点是通过多种成分混合，提高白蚁反应敏感性，阻止抗药能力，提高防治效果，相比现用的白蚁毒杀剂，成本较低，无环境污染，使用安全。

市建设局领导检查西门小区老旧小区改造工作　　市建设局提供

市政公用事业

【概况】 2017年，桐乡市建设局结合剿劣百日攻坚行动，牵头实施城镇生活污水和餐饮污水两项专项整治行动，完成全市262个小区雨污管网排摸、325家餐饮污水排摸，121家餐饮污水得到整改，并建立用于规范污水排放的“排水许可证”制度。开展《桐乡市城镇老旧小区改造规划》编制，全年实施老旧小区改造7个，涉及住户4602户。实施城镇生活污水入网工程，完成4650户改造任务。加强水环境治理基础设施建设，新建污水管网86千米，新建供水管网10千米，改造供水管网10.5千米，建立农村生活污水治理设施运行维护管理考核制度。积极推广天然气使用，至年底，桐乡市配套居民8.1万户，配套天然气管网762.9千米，并启动天然气利用规划修编工作。大力推进液化石油气钢瓶产权置换，4月1日起在全市范围内启动液化石油气钢瓶产权置换工作，全年置换钢瓶13余万个，通过规范配送制度进一步确保液化石油气钢瓶充装、使用安全。抓好市政设施的管理维护，完成各类道路、人行道修补5.8万平方米，疏通排水管道118.7千米。落实海绵城市建设要求，改造人行道5600平方米，铺设雨水管道3200米。

全年办理排水许可178件、城市道路挖掘审批108件。

【提升农村污水治理设施运行维护管理水平】 2017年，桐乡市优化农村污沙水治理设施运行维护管理机制，提升运维管理水平。年内，26个省定提标改造任务村全部开工，接户工程、隐蔽工程、终端工程全部完工，完成省定目标的100%。完成提标改造农户5208户，完成省定目标的115%。其中进厂处理2122户，微动力处理3086户，建设微动力处理终端70个，总投资5804万元。至年底，桐乡市建成的农村生活污水处理设施全部移交农污运维管理领导小组监督管理，移交接管率达100%。接收运维管理的分散式终端10845个，微动力终端11座，涉及12个镇（街道）88个行政村。全年拨付农村生活污水治理设施运行维护管理资金274万元。其中分散式农村生活污水治理设施运维补助资金212.13万元，微动力农村生活污水治理设施运维补助资金53万元，微动力管网设施运维补助资金8.79万元。全市加大推广农村生活污水第三方运维，出台政策鼓励镇（街道）开展第三方运维，强化运维管理的专业性、技术性。石门镇委托桐乡市汇金环境科技有限公司开展第三方运维；乌镇镇全面开始第三方运维；崇福镇和濮院镇开始推行第三方运维并签订合同；大麻镇和第三方洽谈，拟定与第三方的运维管护合同；凤鸣街道年前选取一个村进行第三方运维试点，计划逐步推行。

（朱铁波）

“三改一拆”行动

【概况】 2017年，桐乡市完成“三改一拆”（在城区开展的旧住宅区、旧厂区、城中村改造和拆除违法建筑）总量721.42万平方米，其中“三改”503.18万平方米，拆除违法建筑218.24万平方米，分别是嘉兴下达给桐乡市年度任务的1.68倍和1.84倍，整治“蓝色屋面”（用蓝色彩钢棚搭建的违章建筑）108.75万平方米，“无违建镇（街道）”“基本无违建镇（街道）”“无违建先进镇（街道）”创建工作有序有力推进。同时，全力推进“10+4”“公铁”（即全市10条县级以上公路主干道路和4条高速高铁）沿线环境整治、企业违法搭建及连片厂房违法搭建整治、企业涉安违建整治、省级精品示范道路创建、最美高速入城口创建，各项工作均提前超额完成年度任务指标，综合指标位列嘉兴市前列，其中“四边三化”城中村改造工作受到省政府表彰。

【推进“三改一拆”专项行动】 2017年，桐乡市响应嘉兴市企业违法搭建和连片厂房违法搭建整治行动的号召，并结合“三改一拆”和“无违建”创建等工作，在全面排摸企业违法搭建的基础上，根据时间节点，集中攻坚、倒逼进度，开展集中清理整治。完成拆除连片厂房违法搭建3块区域8个点位，拆除面积1.4万平方米；完成拆除企业违法搭建119个点位，其中拆除面积15.8万平方米、整改面积3.2万平方米；整治完成涉安违建19万平方米。

【持续加强“四边三化”环境整治】 2017年，为保障第四届世界互联网大会·乌镇峰会期间的良好环境，全市成立9个环境整治专项小组同时开展“四边三化”（公路边、铁路边、河边、山边，洁化、绿化、美化）工作。完成省级“四边三化”重点问题点

濮院镇违建厂房拆除现场　　市“三改一拆”办提供

位13个，完成上级督办问题点位23个，完成率均为100%；完成嘉兴市级“四边三化”重点问题点位完成888个，完成率100%；完成“10+4”公铁沿线环境整治点位334个，完成率100%；保障大会顺利召开。整改完成省政协督查的8个问题，并通过省政协的督查回访。

（郑添元）

电力配送

【概况】 2017年，桐乡市域内公用变电站500千伏1座、220千伏6座、110千伏22座、35千伏3座，主变容量772万千伏安，初步形成以500千伏为支撑、220/110千伏为主干、中压配网基本适应需求的输配电网络。公司配电线路435回，线路总长度3779千米，其中20千伏线路209回，2122千米，占比56%；10千伏线路226回，1657千米，占比44%。20千伏配变容量222万千伏安，10千伏配变容量200万千伏安，供电客户42.89万户。2017年公司实现售电量89.92亿千瓦小时；全社会用电量94.72亿千瓦小时；营业收入51.67亿元；全员劳动生产率193.21万元/人年；网供最高负荷160.96万千瓦，全社会最高负荷168.5万千瓦。国网桐乡市供电公司推进全省“百万家庭屋顶光伏”和“光伏小康”工程等领域电能替代工作，致力“国家清洁能源示范省”创建的工作，4月10日新华社内参《分布式光伏助国脱贫尚有很大潜力》传播这一消息。近年来，国网桐乡市供电有限公司坚定不移地推进“一强三优”（建设坚强电网，实现资产优良、服务优质、业绩优秀）现代供电企业建设，2017年企业先后获中华全国总工会全国“安康杯”竞赛优胜班组、国网浙江省电力公司2016年城镇示范区、国网浙江省电力公司2016年度品牌建设工作先进单位、2016年度国网浙江省电力公司“百佳精品台区”、浙江省电力行业2016年度管理创新优秀组织单位、浙江省电力公司2017年度“青创赛”决赛金奖、2017年全国质量管理小组活动优秀企业、浙江省2016年度优秀质量管理小组活动成果一等奖等。12月2—6日，国网桐乡市供电公司首次参展互联网之光博览会，在约2平方米的空间里以“互联网+智慧能源 点亮乌镇美好生活”为主题，展出智能营业厅机器人、精准定位的智能抢修、互联网+用电服务，以及“大云物移”（大数据、云计算、物联网、移动互联）等新技术应用。

12月2—6日，国网桐乡市供电公司互联网之光博览会展位

市供电公司提供

【钱栋劳模创新工作室揭牌】 4月26日，钱栋劳模创新工作室揭牌，这是国网桐乡市供电公司开展2017年度“传承工匠精神，选树技能标兵”系列活动之一，钱栋劳模创新工作室是2016年以浙江省电力公司劳动模范钱栋命名的劳模创新工作室。至揭牌当天，工作室有工作人员7名，范围涵盖专业技术、教育培训、宣传推广等门类，下设科技创新团队、服务创新团队、管理创新团队三大工作团队，工作室以积极倡导员工扎根本职岗位，弘扬专业专心、坚守坚持、创新创造、精益求精的“工匠精神”，组织开展“传承工匠精神、选树技能标兵”系列活动，挖掘技术能手。

【110千伏陈庄输变电工程投入使用】 9月24日，历经10个月建设完成的110千伏陈庄输变电工程投入使用。该工程坐落在乌镇镇陈庄村，总投资为1.06亿元，共2台主变，总容量100兆伏安，其配套工程共10回10千伏线路，路径总长23.31千米，其

中2回线路供乌镇互联网国际会展中心，2回线路供乌镇景区总配电房，6回线路与110千伏乌镇变电的部分出线形成环通。工程的投入，降低了线损，有效提升了乌镇区域的供电质量。

2017年桐乡市全社会用电构成

表20

项　　目	用户数（户）	装接容量（千瓦）	全年用电量（万千瓦小时）
全社会用电总计	395693	5967040	947203
A. 全行业用电合计	110554	4053514	872045
其中：第一产业	23258	211880	5739
第二产业	39421	2729948	787522
第三产业	47875	1111686	78784
B. 城乡居民生活用电合计	285139	1913526	75158
其中：城镇居民	147023	1002594	41958
农村居民	138116	910932	33200

（张海霞）

园林绿化

【概况】 2017年，市建设局开展日常绿地养护253公顷，改造提升各类绿化4公顷，完成乌镇大道北线绿道5千米。更换各类树木4018株；改造绿篱3500平方米；重点改造茅盾路中隔离带，更换老紫薇450株；改造提升复兴路河滨绿地"松、竹、梅"园的工作，改造面积3000平方米，种植梅花157株；改造提升"凤栖梧桐"绿地6000平方米，种植黄连木、美国红枫等；改造市政广场的老化绿篱，种植小花月季500平方米。提升改造合计面积4公顷，绿化提升改造总投资约230万元。2017年，市区人均公共绿地15.03平方米，建成区绿地率和绿化覆盖率分别为33.37%、38.49%。年内，全市16个项目在嘉兴市"南湖杯"绿化养护工程评选中被评为南湖杯工程；在浙江省风景园林学会评选中，桐乡市获"2017年度浙江省园林优秀管理奖"金奖2个、银奖2个。

【取消城市园林绿化资质】 2017年，住建部发文取消城市园林绿化企业资质，不再强制要求将城市园林绿化企业资质作为承包园林绿化工程施工业务的条件。其中园林施工的准入方面，只要相关企业营业执照上有园林施工的经营许可，就可参与招投标，而招投标的准入将以信用评价为基础，根据不同的施工工程，设定相应的信用准入。根据住建部文件精神，5月12日，桐乡市出台《园林绿化工程安全文明施工标准化工地管理实施细则》，明确园林绿化工程安全文明施工标准化工地的条件、申报程序及考评机制，为企业在安全生产、文明生产方面树立标准，推动企业提升市场竞争力。企业施工通过申报该标准，被认定为安全文明施工标准化工地，将在信用评价方面获得加分。

【承办嘉兴市园林工人技能比赛】 9月26日，桐乡市承办2017年嘉兴市职业技能竞赛暨百万职工技能大比武活动——"桐城杯"花卉工技能竞赛，嘉兴各县（市、区）12支代表队36名花卉工参加比赛。花卉工技能竞赛以"草境"为主题，发扬可持续理念，所有草境作品原地保留，供市民观赏。草境是园林陆地中一种较为特殊的布置形式，花叶水葱、狼尾草、矮蒲苇、黄菖蒲、花叶燕麦草等植物布置在木屋、水车、稻草房等各种景观小品之中。来自上海、杭州、嘉兴的5位园林专家分别从草境材料、草境种植、整体效果和文明操作等方面对作品进行评判。桐乡代表一队和海宁代表一队获此次嘉兴市"桐城杯"花卉工技能竞赛团队一等奖，海宁和桐乡代表队各1人获个人一等奖。

（朱铁波）

概　　述

2017年，桐乡市环境保护局以改善环境质量、确保环境安全、促进实体经济发展为目标，开拓创新，锐意进取，严格执法，抓好治水治气治土、污染减排、迎接中央环保督察和第四届世界互联网大会环境保障等重点工作，各项生态环保工作成效显著。全市环境质量持续改善，12个地表水常规监测断面中，三类断面9个，四类断面3个，跨行政区域河流交接断面考核评价为良好；桐乡市城市环境空气质量指数（AQI）优良率为82.1%，比上年提高0.8个百分点；可吸入颗粒物均值浓度为38微克/立方米，比上年下降9.5%。

加强生态环保宣传教育。引导群众爱护环境，增强企业环保责任意识，营造生态文明建设氛围。围绕“6·5”世界环境日、“6·30”浙江生态日等环保节日，制定宣传月活动方案，开展生态文化系列和环境法制宣传活动。加强联合宣传，扩大宣传面，参与有关部门组织的“3·5”学雷锋、“3·15”国际消费者权益日、世界水日、“浙江法治宣传月”、东方法制园等宣传活动。全年开展各种形式的生态环保宣传活动29场次，印制环保袋5000只、宣传册1.2万份、宣传品5000份，发放各类环保宣传资料1.6万份。加大新闻媒体对环保工作的宣传力度，向市级以上报纸、刊物供稿210篇，召开“春暖”“春雷”专项行动新闻发布会，举办新闻媒体见面会3场。

2月24日，桐乡市环保局召开“春暖”和“春雷”行动新闻发布会

市环保局提供

保持环境执法高压态势。召开“春暖”和“春雷”行动新闻发布会，推进“铁拳”系列环保专项行动，针对饮用水源保护区、废水重点监控企业、“低散乱”作坊、突出信访单位等进行重点检查，对执法中发现的违法排污行为，按照《中华人民共和国环境保护法》相关要求，依法从严从重从快查处。落实“双随机”（随机抽取检查对象，随机选派执法检查人员）执法制度，通过夜间、交叉、随机多种执法方式，并邀请纪律检查部门和群众代表参与，确保公正规范。全年出动执法人员2.42万人次，检查企业7515家次，立案查处299家，处罚金1306万元；移送公安机关采取刑事措施2起，行政拘留4起，实施拘留1人。

环境管理

【概况】 2017年，市环保局完成《桐乡市“十三五”饮用水源地环境保护实施方案》《桐乡市“十三五”大气污染防治实施方案》《桐乡市“十三五”工业污染防治实施方案》编制工作。推进新(改、扩)建项目新增污染指标总量削减替代,全年实施总量平衡项目68个,平衡化学需氧量58.24吨、氨氮5.41吨、二氧化硫93.78吨、氮氧化物742.29吨、工业烟粉尘232.54吨和挥发性有机污染物(VOCs)197.36吨。探索排污权质押登记,拓宽企业融资渠道,全年办理排污权质押登记39笔,实现企业融资金额47257.88万元。全面开展排污权交易,指导金昇公司办理新(改、扩)项目排污权交易51笔,交易金额592.89万元,办理排污权初始交易127笔,交易金额1383.74万元。

深化环保审批制度改革,大力推进“最多跑一次”改革,经过二轮梳理,共明确“最多跑一次”事项17大项,并向社会公布。结合省环保厅环评豁免清单,174个环评审批事项实现“零跑腿”,其中环评登记表项目(59个事项)全部实现网上备案制改革,提升审批效率。全年审批建设项目284个,涉及投资302.5亿元,完成登记表网上备案441项,涉及投资94.5亿元。严格执行审批制度,全年否决建设项目4项,否决项目总投资8240万元。

5月26日,桐乡市举行“世界环境日”“浙江生态日”广场文艺宣传演出　　市环保局提供

实施排污许可“一证式”管理制度,将排污许可证作为连接行政许可、总量核定和污染源监管等一系列环境管理行为的核心制度。完成国家环保部对制革、印染行业国家排污许可证现场调研活动,桐乡市被确认为国家制革行业排污许可证改革试点城市,成为浙江省首个国家许可证改革试点市。11月,制革行业第一张国家排污许可证落户桐乡,制革行业排污许可证改革试点工作取得阶段性突破。按照国家排污许可证改革进度要求,全年完成涉水、涉气13个重点行业83家企业的排污许可证核发。

制定《桐乡市迎接中央环保督察自查工作方案》,从6月初开始,全面开展突出环境问题的自查工作,梳理出9方面35类100多个具体问题,针对问题逐项制定整改措施,明确责任人,倒排时间表,全力以赴抓好整改落实。70多个环境问题在督察组进驻前完成整改,并落实“一问一档”,为迎检工作赢得主动。在中央环保督察期间,收到中央环保督察组交办信访件61件,其中重点件4件,61件均在规定时间办结。通过中央环保督察,推动和解决一批影响群众生产和生活的突出环境问题,环境安全更加巩固。

【推进“五气共治”】 2017年,市环保局制定《桐乡市2017年五气共治工作要点》,明确17项重点工作任务和责任部门,构建以“治气网格长”为核心的治气责任制。狠抓工业污染治理,完成协鑫、新都2家热电企业锅炉超低排放改造工作。完成改造和拆除10蒸吨以上工业锅炉及万吨耗煤企业锅炉86台。加强挥发性有机污染物治理监管,列入年度任务的26家企业废气治理设施均已安装到位。开展治废气臭气攻坚年行动,完成大麻中心小学周边废气扰民治理工作,启动经济开发区重点废气排放区域整治,列入2017年整治任务的嘉澳环保等9家企业废气收集、治理设施基本完成改造。强化餐饮油烟污染管理,委托第三方检测机构完成126家净化设施检测工作,加强移动源管理,淘汰(报废)汽车903辆,做好农村秸秆禁烧工作。

· 相关链接 ·

五气共治

指推进工业废气、机动车尾气、秸秆焚烧、餐厨油烟和建筑扬尘治理。

5月19日，市环保局与龙翔街道元丰村结对治水　　市环保局提供

【剿灭劣Ⅴ类水】　参见《综述·五水共治》中相关条目。

【加强工业固废管理】　2017年，市环保局出台《桐乡市固体废物规范化监管处置实施方案》，实施固废分类管理，对7类重点常规固体废物明确责任部门和履职要求，形成治废工作合力。年内40家企业安装视频监控系统并与环保部门监控平台联网；提高工业污泥清运车辆准入门槛，建立清运调度机制；引导企业工业污泥按就近原则规范化处置，新增与嘉兴新嘉爱斯热电有限公司签约企业25家，总计84家。完成12家企业59.1吨危险废物“存量清零”年度任务；规范备案（审批）危险废物转移计划505项，完成转移危险废物55904吨；健全医疗废物管理机制，将医疗废物相关信息和数据纳入共享范围。

2015—2017年桐乡市环境空气质量情况

表21

项　　目	2015年	2016年	2017年
二氧化硫（毫克/立方米）	0.018	0.014	0.012
二氧化氮（毫克/立方米）	0.038	0.034	0.041
可吸入颗粒物（毫克/立方米）	0.090	0.079	0.071
细颗粒物（毫克/立方米）	0.050	0.042	0.038
臭氧（毫克/立方米）	0.090	0.096	0.094
一氧化碳（毫克/立方米）	0.8	0.7	0.7
空气质量级别	劣Ⅱ级	劣Ⅱ级	劣Ⅱ级
空气质量描述	轻度污染	轻度污染	轻度污染
一级天数（天）	41	59	63
二级天数（天）	255	236	235
三级及三级以上天数（天）	65	68	65
主要污染物	可吸入细颗粒物（PM2.5）	可吸入细颗粒物（PM2.5）	二氧化氮（NO_2）
全年优良率（%）	空气质量指数（AQI）82	空气质量指数（AQI）81.3	空气质量指数（AQI）82.1

注：因2014年底起实施空气质量新标准，新增细颗粒物、臭氧、一氧化碳三项指标，故表中一级、二级、三级及三级以上天数和全年优良率数据较之前无可比性，其中2014年、2015年、2016年和2017年全年分别有5天、4天、3天和2天无监测数据。

环境监测

【概况】　2017年，市环境监测站分析各类样品9073个，获取各类手工监测数据2.51万个，出具各类报告1619份。按时完成常规环境质量监测工作，每月1次饮用水源地水质、太湖流域水质、国控省控市控县控地表水监测断面水质等水环境质量监测工作，做好地表水国控点位的联

3月21日，市环保局监测站工作人员在桐乡市城市污水厂进行季度性监督监测　　市环保局提供

合监测与采测分离工作；全年完成省控以上重点监控企业监督监测229厂次，其中废水151厂次、废气16厂次、污水处理厂32厂次，涉重金属12厂次，危废18厂次；开展污染源在线设备比对监测147厂次；完成春蚕期间桑叶氟化物监测；完成8个功能区噪声、城区50个交通噪声监控点和118个区域环境噪声监控点每年一次的例行监测。积极参与中央环保督察和第四届世界互联网大会·乌镇峰会执法检查，全力做好执法样品分析工作和信访监测工作，率先在全省监测系统开展"最多跑一次"改革，不断提高样品分析速度和报告时效性。

【水环境质量】 2017年，全市水环境质量总体趋好，在全省跨行政区域交接断面水质考核中被评价为良好，12个地表水常规监测断面全部消除五类断面，四类及以上断面占比100%，其中三类断面9个、四类断面3个。对比功能区要求，全市12个监测断面中除屠甸市河、芝村等2个断面，其余均满足功能类别要求，主要污染因子为总磷、化学需氧量、石油类三个指标。全市12个常规监测断面高锰酸盐、氨氮、总磷和化学需氧量平均浓度分别为4.65毫克/升、0.574毫克/升、0.168毫克/升和17.6毫克/升；高锰酸盐指数比上年改善9%、氨氮改善27.5%、总磷改善3.4%，化学需氧量平均浓度比上年恶化2.9%；饮用水源地（单桥断面）累计各项指标年均值保持为三类水质。

桐乡市12个地表水常规监测断面水质情况

表22　　单位：个

项　目	2015年	2016年	2017年	项　目	2015年	2016年	2017年
三类断面	0	0	9	五类断面	1	0	0
四类断面	11	12	3	劣五类断面	0	0	0

注：按照上级要求，地表水监测断面水质类别判定依据从2017年开始，由原来的4项监测指标数据变成21项全指标监测数据。

【市区空气环境质量】 2017年，全市空气环境质量稳中有升。

1—12月，市区空气质量达到一、二级的天数298天，优良天数比例达到82.1%，优良率比上年提高0.8个百分点。可吸入细颗粒物平均浓度为0.038毫克/立方米，下降9.5%，市区空气质量综合指数为4.59，属于劣二级，首要污染物为二氧化氮。大气中主要污染物年平均浓度分别为细颗粒物0.038毫克/立方米、可吸入颗粒物0.071毫克/立方米、二氧化硫0.012毫克/立方米、二氧化氮0.041毫克/立方米、臭氧0.094毫克/立方米、一氧化碳0.7毫克/立方米。超标指标为细颗粒物、二氧化氮、可吸入颗粒物，日均值超标率分别为7.7%、3.6%、3.8%。

【市区声环境质量】 2017年，全市声环境质量监测状况符合生态建设要求。完成城区50个交通噪声监控点和118个区域环境噪声监控点每年一次的例行监测。交通噪声加权均值为66.6分贝，比上年上升0.7分贝；区域噪声均值为54.9分贝，比上年上升0.3分贝。完成功能区8个定点点位监测，1类区、2类区、3类区和4类区昼间噪声平均声级均达标。

生态建设

【概况】 2017年，桐乡市对应上级生态文明建设组织调整要求，将桐乡市生态市建设工作领导小组调整为市委、市政府美丽桐乡建设领导小组，继续加强统筹全市生态文明建设工作，领导小组下设办公室，成员单位由发改、经信、环保、农经等46个部门组成。市美丽办制定下发《“811”美丽桐乡建设行动方案》，为加强生态环境保护，推进桐乡经济社会可持续发展指明了方向。结合桐乡市生态建设工作实际，市美丽办牵头制定《关于进一步完善生态建设机制，加快推进美丽幸福新桐乡建设》实施方案。9月，方案中列出的50项生态建设年度工程基本完工。开展绿色学校和生态学校创建工作，有嘉兴市级绿色学校2所、桐乡市级绿色学校4所、浙江省生态文明教育基地1个、浙江省级绿色家庭4家、桐乡市级绿色家庭20家，下达绿色创建项目生态补助资金25万元。

【划定桐乡市生态保护红线】 2017年，市环保局制定《桐乡市生态保护红线划定方案》，并通过市政府常务会议和市人大审议，桐乡市划定1个类型2个生态保护红线区域，分别为桐乡市运河水源涵养生态保护红线和桐乡市白荡漾水源涵养生态保护红线，总面积为16.21平方千米，占全市国土面积的2.23%。

4月14日，市环保局举行党员干部“治水剿劣当先锋，环保在行动”宣誓签名活动 市环保局提供

【农村环境综合整治】 2017年，完成49个村农村环境整治任务，组织10个部门合力调查农村环境整治基础设施建设、运行、整治成效等基本情况，上报《浙江省农村环境综合整治现状调查表》；开展农村生活污水治理设施运维考核工作，市环保、农办、建设、水务等部门每季度联合开展一次农村生活污水治理设施运行维护管理考核工作，石门镇创新采用委托第三方公司运行维护农村生活污水治理设施，处理终端整体情况较好。

【畜禽养殖污染治理】 2017年，持续推进畜禽养殖业转型升级，拆除畜禽棚舍32.4万平方米，创建生猪区域退养镇（街道）3个，生猪退养村147个，成功创建国家级畜禽标准化示范场1家、省级美丽生态牧场5家，生猪规模养殖场全部纳入在线监控平台，病死动物无害化处理率100%，畜禽排泄物资源化利用率98%以上。

【生态循环农业建设】 2017年，桐乡市建成省级现代生态循环农业示范区2个；农作物秸秆综合利用率保持在96%以上，“稻麦秸秆机械粉碎全还田利用模式”被农业部推介为“全国秸秆农用十大模式”之一；加强农药废弃包装物回收处置长效机制建设，落实农药废弃包装物专用仓库，全年回收各类农药废弃包装物101吨，已处置66吨，农药废弃包装物回收率99.7%，处置率93.6%。

（高建平）

财政 税务

概　　述

2017年,桐乡市财政运行情况良好,收支基本平衡。全市财政总收入108.31亿元,比上年增长7.8%,其中一般公共预算收入61.69亿元,增长6.4%。全市一般公共预算支出66.5亿元,增长3.9%。

加强收入分析和税收征管,优化非税收入管理,确保全年各项收入平稳、可持续增长。全年国税部门组织税收收入72亿元,地税部门组织税收收入36.94亿元。一般公共预算收入中,税收收入57.47亿元,占一般公共预算收入的93.2%;非税收收入4.22亿元,占一般公共预算收入6.8%。

优化财政支出结构,服务保障民生事业。全年全市民生发展类支出57.2亿元,增长4.7%,占财政一般公共预算支出86%。农林水事务支出5.86亿元,支持"三农"发展。年内,桐乡市成功入选省级2017年度一事一议财政奖补助推美丽乡村建设试点县和省级2018年度扶持村级集体经济发展试点县。教育支出16.86亿元,增长2.9%,支持教育基础设施建设,健全义务教育经费保障机制,补齐学前教育发展短板,推进"智慧教育"。文化体育与传媒支出1.69亿元,增长7.4%,支持农村文化礼堂建设、图书馆迁建,优化公共服务,打造"风雅桐乡"。医疗卫生与计划生育支出5.9亿元,增长7.7%,推进医药卫生体制改革,试点医疗服务共同体,建设"健康桐乡"。社会保障和就业支出4.42亿元,增长9.3%,支持养老服务体系建设,提高城乡居民基础养老金标准,健全社会保障体系。

财　　政

【概况】 2017年,桐乡市一般公共预算收入61.69亿元,一般公共预算支出66.5亿元,财政收支基本平衡,分别比上年增长6.4%和3.9%。年内,市财政局做好政府预算、政府性基金预算、社保基金预算和国有资本经营预算的全口径预算编制工作。公开部门决算和"三公"经费决算,统一时间,统一平台,规范决算工作程序和行为。加快创建省级镇(街道)规范化财政所,全市12个财政所全部成为省级镇(街道)规范化财政所。做好资金保值增值,43.53亿元社保资金和12个部门的55.29亿元公款实行竞争性存放,分别增加收益1.7亿元和5800万元。实行存量资金清理长效机制,清理存量资金8841万元。开展"上门服务至少一次"活动,走访服务预算单位,推进"最多跑一次"改革。桐乡市财政局获桐乡市市级机关部门考核先进单位。

【支持实体经济发展】 2017年,桐乡市发挥财税杠杆作用,促进经济发展提质提速,年内被列为浙江省18个县(市、区)2017—2019年振兴实体经济(传统产业改造)财政专项激励资金对象之一,争取到上级专项资金1亿元。全年拨付财政补贴奖励资金6.17亿元,减免各类税费12.98亿元。继续实施工业企业绩效评价差别化税收减免,全年减免城镇土地使用税和房产税合计1.09亿元。对桐乡市中小微企业贷款支持计划企业名录内的828家中小企业进行银行联合授信,授信总额89.52亿元,年末贷款余额50.44亿元。"银税互动"增强小微企业获得感,全年惠及小微企业221户,授信金额10.96亿元。规范涉企收费,取消、停征或降低收费项目13项、减免金额8500万元。加快政府产业基金运作,桐乡市参股设立6个子基金项目,总规模20.79亿元,撬动社会资本

15.29亿元，重点支持先进制造业和互联网经济等。

【强化财政监管】 2017年，市财政局专项检查世界互联网大会·乌镇峰会专项资金使用情况和“三公”经费执行情况，完成巨石复合材料研究院建设、地方政府债券、浙江省燃煤锅(窑)炉淘汰改造财政补贴政策及电子商务发展资金等4个浙江省财政厅重点项目的绩效评价，规范资金使用，提高资金绩效。指导全市行政事业单位编写完成内部控制报告，将内控建设和执行情况纳入预算绩效管理综合评价，推进内部控制建设。编制完成财政局18个部门内部控制操作规程，提高内部风险控制水平。全面推广统一公共支付平台，拓展非税电子化柜面渠道，出入境收费实现电子化缴款。“政采云”平台上线，269家单位上线采购，实现交易1.78亿元。

·相关链接·

“政采云”平台

“政采云”平台即政府采购云平台，是经财政部批准、按云计算架构搭建的政府采购电子卖场试点项目。该平台以互联网为基础，以政府采购电子化交易和管理为重点，涉及政府采购全流程、各领域、多用户，集政府采购网上交易、网上监管和网上服务于一体。

【完善国资管理】 2017年，桐乡市出台《桐乡市市属国有企业重大事项管理暂行办法》和《桐乡市国有企业改组方案》，完善国有资产监管体制，构建国有资产营运平台体系。深化投融资体制改革，整合直接融资平台，组建运行润桐控股公司、桐城集团和恒通公交集团。推动政府和社会资本合作，成立专项工作小组，完成青少年素质教育实践基地工程、杭嘉湖南排工程(桐乡段)配套提升工程、西部饮用水源保护建设工程、320国道改建工程等工程的“两评一方案”(物有所值评价、财政承受能力评价，实施方案)工作。防范政府债务管理风险，年内置换地方政府债券8.74亿元(一般债券2.26亿元、专项债券6.48亿元)，进一步降低债券付息成本。

(周佳伟)

国家税务

【概况】 2017年，桐乡市国家税务局组织税收收入72亿元，比上年增长25.21%。助力实体经济发展，坚持落实高新技术企业、小微企业、固定资产加速折旧、出口退税等各项税收优惠政策，全年减免退税55.83亿元。“营改增”效应凸现，试点行业税负均只减不增，全年减税4.3亿元。开展行业纳税评估，打击各类涉税违法行为，整顿规范税收秩序，对举报案件、大案要案、虚开增值税专用发票案件和骗取出口退税案件等，依法加大查处力度，全年查补入库款项1亿元。市国税局在嘉兴国税系统绩效考核中获第一名。助推实体经济。127名在职党员“一对一”对口联系服务127家工业企业。结合“营改增”等重点工作，走访企业238家，解决问题150个，针对纳税人在生产经营及办税过程中存在的主要困难、突出问题，通过举办再培训、座谈会等，与企业“点对点”“面对面”进行税法宣传、申报辅导和税负分析。

【推出支付宝移动办税平台】 2017年，市国税局落实“最多跑一次”改革措施，联合市地方税

4月26日，支付宝移动办税平台启用 市国税局提供

务局推出支付宝移动办税平台，纳税人通过支付宝可以办理“当面付”、灵活就业人员社保费缴纳、纳税人个税查询、年所得12万元以上个人所得税自行申报、电子税务局个人用户注册五大业务。全市纳税人只需进入支付宝—城市服务—政务—代开发票界面，经过提交申请、审核、缴纳税费等步骤，即可以短信、邮件等方式，将电子发票分享给受票方，实现“一次都不跑”。4月26日，支付宝移动办税平台启用。

【桐乡税务网校e直播开播】 2017年，市国税局联合市地税局共同创建税收宣传平台——桐乡税务网校e直播。e直播以“易办税”为出发点，以“大服务”为落脚点，集国税地税的宣传、辅导和培训于一体，全市纳税人不需要再下载新的直播APP，可以直接通过手机或者电脑进入直播间互动交流。e直播4月24日开播。

【省内首家数字税务稽查远程指挥中心建成】 9月，桐乡市建成省内首家数字税务稽查远程指挥中心。该中心由总控中心、视频问询室、现场执法影像记录终端组成。总控中心集案件指挥、证据存储和决策掌控于一体；视频问询室可对问询过程全程录像、与总控中心实时对讲；现场执法影像记录终端由具有音视频拍摄、海量数据存储压缩、流媒体传输、分级应用管理、执法人员管理、GPS定位、SOS呼叫、轨迹查询于一体的5台现场执法影像记录仪组成，可将所拍摄的音视频及定位信息实时传输到总控中心。税务稽查远程指挥中心全程记录执法过程，可提高稽查质效，防范执法风险。

【国地税税收普法宣教馆暨24小时自助办税服务厅启用】 2017年，市国税局联合市地税局，共同打造税收普法宣教馆暨24小时自助办税服务厅。税收普法宣教馆包括日常办税区、日常普法展览区、桐穗青年书院等多个功能区，集普法、展览、培训、办税于一体，内设24小时发票自助发售机，实现“机器换人”，可发票验旧、申请、领购等。12月6日，税收普法宣教馆启用。

（徐春莉）

地方税务

【概况】 2017年，市地税局组织各项收入76.67亿元，比上年增长6.2%，其中税收收入36.94亿元、非税收收入39.73亿元，分别增长10.8%、23%。非税收收入中，社保基金36.36亿元，增长29%。推进依法治税，新建普法展厅和法治税务展厅。构建现代化税收征管服务体系，加强税收风险管理，全年推送风险事项11项，查补税款6839万元。强化欠税管理，全年清欠155户次，入库税款4399万元。做好绩效管理工作，编好指标，严格考评，强化督查，深化应用，市地税局绩效管理考评位列嘉兴地税系统一档。深化税收征管体制改革，做好环境保护税开征准备工作。推进国税、地税合作，定期召开国税、地税联合征管会议，联合出台《桐乡市个体税收国地税联合管理工作实施方案》和《桐乡市国地税欠税管理合作办法》。

【优化纳税服务】 2017年，市地税局推进“最多跑一次”改革，梳理涉税事项，形成“最多跑一次”项目清单和负面清单，实行事项清单式管理，96%的办税事项实现“最多跑一次”，72%的办税事项实现“零上门”。3月起，存量房不动产登记、交易和税收缴纳实行“一窗通办”组团式服务；5月，引入不动产自助查档系统，投入使用不动产交易“3＋X”数据交换平台；7月起，实现增量房交易手续“一窗式”联合办理。优化税收服务，支持实体经济发展，市地税局全年走访各类纳税人1463户次，回应企业提出的诉求420个，纳税服务中心咨询总量1.7万人次。推进“互联网＋税务”，加强电子税务局与“金税三期”系统的融合，拓展支付宝移动办税功能，实现浙江地税电子缴税扣款协议网签。丰富办税方式和宣传形式，4月，桐乡税务网校e直播开播。12月，国地税24小时联合自助办税服务厅和国地税全职能办税服务厅投入使用。年底，市地税局纳税服务科被评为桐乡市机关优秀团队。

（周佳伟）

概 述

2017年,桐乡市有银行业金融单位24家、保险业29家、证券营业部10家、其他金融业19家(典当、担保和小额贷款公司)。面对复杂的国内外经济金融形势,桐乡金融业坚持稳中求进工作主基调,主动适应经济发展新常态,贯彻实施稳健的货币政策,优化金融服务,防范金融风险,推进金融改革开放,提高金融服务实体经济能力。年内,金融业运行总体平稳,存款稳步增长,贷款增长较快,存贷结构进一步优化,金融支持实体经济发展作用明显。

年末,全市银行业金融机构本外币各项存款余额1251.16亿元,比年初增加112.1亿元,增长9.8%。从结构来看,年末住户存款余额667.02亿元,比年初增加37.43亿元;非金融企业存款余额369.16亿元,比年初增加31.03亿元;广义政府存款余额212.09亿元,比年初增加45.65亿元;非银行业金融机构存款余额1.21亿元,比年初减少2.38亿元。2017年存款新增112.1亿元,比上年少增61.73亿元,分析原因主要有:2016年年末存款冲高,导致2017年存款基数偏高;2017年房地产市场火热,居民存款大量流入房市;客户投资渠道多元化,理财方向向P2P平台等扩展。

年末,全市银行业金融机构本外币各项贷款余额1004.11亿元,比年初增加137.97亿元,增长15.9%,比上年多增85.6亿元。从贷款结构来看,消费类贷款成为2017年贷款主要增长点,年末住户消费类贷款余额212.09亿元,比年初增加63.65亿元,其中短期消费贷款新增14.83亿元,增长139.22%;中长期消费贷款新增48.82亿元,增长35.43%,占住户消费类贷款新增的76.7%。2017年,桐乡市非金融企业及机关团体贷款较上年增长较多,年末余额650.64亿元,比年初增加58.24亿元,比上年多增61.18亿元。从行业投向看,桐乡市政策引导金融业支持制造业转型升级,年末制造业贷款余额348.88亿元,比年初增加32.76亿元,制造业贷款余额占全市贷款余额的34.75%,新增贷款占全部新增贷款的23.74%;水利、环境和公共设施管理业贷款年末余额127.42亿元,比年初增加12.4亿元;个人贷款及透支增长较快,年末余额353.42亿元,比年初增加79.72亿元,增长29.12%。

2017年,桐乡市对外贸易发展态势良好,全市实现进出口总额360.47亿元,比上年增长28%,其中出口额243.75亿元、进口额116.72亿元,分别增长15%和67.8%。全市银行结售汇总额32.61亿美元,下降1.03%,其中售汇支出10.26亿美元,增长7.08%;结汇收入22.35亿美元,下降4.36%。分析结售汇总额下降原因:大企业开展跨国公司外汇资金集中运营管理、大企业在外投资及进口设备直接用外汇结算和部分企业异地结售汇情况增多。

2017年,桐乡市各银行业金融机构在稳健的货币政策引导下,积极向上争取信贷规模和政策支持,创新金融产品,优化金融服务,努力拓宽企业融资渠道,降低企业融资成本,全力支持实体经济发展。全年全市新增社会融资规模197.26亿元,比上年少增76.72亿元。其中,银行贷款新增137.97亿元,比上年多增85.59亿元;银行表外融资新增31.99亿元,比上年多增9.27亿元;直接融资新增27.7亿元,比上年少增171.39亿元。全市银行贷款人民币加权平均利率5.2%,比上年下降0.12个百分点。全年银行业处置不良贷款4.09亿元,年末全市不良贷款余额46002.88万元,比上年减少1488.75万元;不良贷款率0.46%,比年初下降0.09个百分点,低于嘉兴市0.18个百分点,为嘉兴五县(市)最低,信贷资产质量继续保持良好。

2017 年末桐乡市各银行业金融机构人民币存贷款余额统计

表 23　　　　单位:万元

机　构　名　称	年末存款余额	本年增减	年末贷款余额	本年增减
人民银行	78974	—73688	/	/
工商银行	1430577	115702	1230889	165992
农业银行	2487046	194958	1955147	312430
中国银行	499397	—35357	532843	100551
建设银行	997223	—171144	1119738	214920
农发银行	84172	—43522	231747	3079
交通银行	213737	13690	212530	916
中信银行	488958	45391	357760	—1630
浦发银行	146443	37547	214349	30925
嘉兴银行	302141	19299	235207	35354
农商银行	3316098	282981	1916999	165863
邮储银行	557345	89830	194572	56055
杭州银行	310213	128428	385774	91364
浙商银行	130150	51123	131250	4576
招商银行	106240	31629	175270	45859
平安银行	83337	—85192	139400	—18823
民生银行	79721	22920	187146	92985
民泰村镇银行	168831	13540	144239	18339
湖州银行	40110	8687	15725	3821
兴业银行	189049	44418	261750	3284
绍兴银行	122600	49912	113554	31223
泰隆银行	34682	17223	35883	15425
华夏银行	53885	53885	16094	16094
光大银行	85140	85140	84500	84500
台州银行	12362	12362	30362	30362
合　　计	12018431	909762	9922728	1503464

2017 年末桐乡市各银行业金融机构外汇存贷款余额统计

表 24　　　　单位:万美元

机　构　名　称	年末存款余额	本年增减	年末贷款余额	本年增减
工商银行	15615	7774	1039	—6219
农业银行	7309	2598	4393	1214
中国银行	11878	5857	918	—1281
建设银行	7880	1501	7362	—6871
交通银行	1905	402	0	—474

续表 24

机　构　名　称	年末存款余额	本年增减	年末贷款余额	本年增减
中信银行	3203	－787	2085	－3271
浦发银行	606	458	0	－584
农商银行	2424	－154	1450	300
邮储银行	1	1	0	0
杭州银行	3014	249	385	－69
浙商银行	272	272	0	0
招商银行	111	－22	73	50
平安银行	1879	1704	0	0
民生银行	2251	1199	0	0
嘉兴银行	90	－340	409	409
合　　计	58438	20712	18114	－16796

（包芳芳）

银　行　业

【概况】 2017 年，华夏银行股份有限公司嘉兴桐乡支行、中国光大银行股份有限公司嘉兴桐乡支行、台州银行股份有限公司桐乡濮院社区支行相继开业。年末，桐乡市银行业有金融单位 24 家、银行网点 168 个（含乡镇网点 109 个）。是年，桐乡银行业贯彻执行稳健的货币政策，优化金融服务和外汇服务，维护良好金融生态，推进金融改革创新，主动适应经济发展新常态，精准发力，为全市经济转型发展提供强有力的金融支持。年末，本外币各项存款余额 1251.16 亿元、本外币各项贷款余额 1004.11 亿元，分别比上年增长 9.8％和 15.9％。2017 年，人行桐乡市支行推进社会信用体系建设，与市场监管局联合印发《桐乡市农村食品安全金融征信体系建设试点工作方案》；推进“三农”信用评级工作，扩大浙江省农户信用信息管理系统运用试点范围，乌镇镇陈家村、屠甸镇荣星村被评为省级信用村；在桐乡市求是实验中学建立嘉兴市首个征信教育实践基地，加强征信教育。推动反洗钱工作，组织证券业开展反洗钱业务劳动竞赛；定期与公检法等部门交流、会商、分析反洗钱可疑交易线索，向市公安移交可疑线索 7 条。中国银行业监督管理委员会嘉兴监管分局桐乡办事处继续组织开展创建“平安金融单位”活动，评出 2016 年度“平安金融示范网点”10 家；联合市公安局组织开展第五轮银行网点安全评估。是年，人行桐乡市支行、桐乡银监办引导银行业推进科技金融，科技担保合作银行从 1 家增至 4 家，杭州银行股份有限公司桐乡支行和政府合作，设立科创园天使基金。推动绿色金融改革，指导银行对环保黑名单企业加大信贷限制力度。2017 年排污权抵押贷款年末余额 3.95 亿元。

（包芳芳　朱剑光）

【人行组织开展金融助力制造业发展专项行动】 年初，人行桐乡市支行制订《2017 年桐乡市“金融助力制造业发展”实施方案》，计划制造业表内贷款新增不少于 40 亿元，增长 12％以上，制造业贷款占比不低于 40％。年内，人行桐乡市支行引导金融机构精准支持制造业转型发展，银行与全市 100 个重点制造业项目对接，70 个项目获授信 94.35 亿元，市政府举办制造业转型升级重大项目授信签约仪式，40 个项目和银行签约，金额 57.08 亿元。人行桐乡市支行编印《桐乡市银行中小企业信贷产品手册》，整合银行信贷产品，畅通银企信息沟通渠道。深入基层走访调研，为企业提供优质金

5 月 19 日，全市制造业转型升级重大项目签约仪式

人行桐乡市支行提供

融服务，协调解决企业融资问题。年末全市制造业贷款余额 348.88 亿元，占全市贷款余额的 34.75%，比年初增加 32.76 亿元，新增数居嘉兴五县(市)首位。

【人行推出小微企业成长发展服务套餐】 2017 年，人行桐乡市支行推出金融助力小微企业服务套餐，支持小微企业发展壮大。搭建多维平台，加强银企信息沟通和对接合作。举办“助力小微‘贷’动实体”银行信贷产品展示会和小微企业三年成长计划推进会，展示银行特色、优质小微信贷产品和服务等，促成 4 家银行与私营(民营)企业协会签订信贷合作协议。召开应收账款融资工作推进会，加强指导和督促，丰富小微企业融资渠道。指导银行创新金融产品和服务，推动无还本续贷、排污权抵押贷款和专利权质押贷款等的增量扩面，提高小微企业贷款获得率。会同市科技局等有关部门制订《桐乡市支持科技型中小微企业贷款实施细则》《桐乡市科创园天使基金设立方案》等，探索投贷联动，支持创业创新。人行桐乡市支行做好审核工作，为银行申报小微企业贷款风险补偿金 834.66 万元，提高金融机构支小的工作积极性。

【人行推进便民支付环境建设】 2017 年，桐乡市推进电子支付应用示范区建设。年内，崇福镇、乌镇镇、濮院镇和石门镇羔羊村分别被评为嘉兴市级“电子支付应用示范镇(村)”。人行桐乡市支行加快推进“智慧支付工程”建设，与省银联、市交通局、交通银行股份有限公司嘉兴桐乡支行、市公交公司协调推进“智慧交通”项目。对银行卡助农服务点加强动态管理，做好全市 189 个服务点的评分工作，现场走访评级 96 家，申报的 9 家助农服务点全部通过人民银行杭州中心支行的实地验收并被认定为五星级助农服务点。人行桐乡市支行承办嘉兴市电子商业汇票业务推进会，开展专题业务培训，与人民银行嘉兴市中心支行签订业务推广责任书；在全市银行中开展电子商业汇票业务推广应用劳动竞赛，进一步推广电子商业汇票，提高支付结算效率和融资效率。组织各银行为第四届世界互联网大会·乌镇峰会提供强有力的支付服务保障。

【外汇局全方位服务涉外经济发展】 2017 年，外汇局桐乡市支局为帮助企业更好地利用国际、国内市场及加快“走出去”步伐，开展全方位外汇服务，推动涉外经济持续健康发展。年内，举办“银企合力，本外一体”主题宣讲会，开展外汇政策和汇率避险产品宣讲培训，引导企业选择合适的避险产品，降低融资成本，规避汇率风险。指导企业开展跨国公司外汇资金集中运营管理业务，承办嘉兴市跨国公司外汇资金集中运营管理业务银企座谈会，汇、银、企三方分享经验举措，合力推动涉外经济持续向好发展。全年全市 6 家企业通过国内外汇资金主账户归集外汇资金 33.1 亿美元，支出 33.08 亿美元，为企业直接节约财务成本约 4400 万元。指导企业办理全口径跨境融资宏观审慎管理下的外债业务。年内，7 家企业办理全口径跨境融资，约节约财务费用 110 万元。

(包芳芳)

【银监办组织开展“创新服务实体经济突破年”专项行动】 2017 年，桐乡银监办在银行业中组织开展“创新服务实体经济突破年”专项行动。督促各银行回归本源，重点做好制造业贷款发放、重点项目银企对接以及解决小微企业融资难、创新还款方式等。银行就政府背景类贷款、住房按揭贷款、制造业贷款制订计划，桐乡银监办按月监测，督办支持实体不力、消费贷款增长过快的机构。联合市金融办修订完善银行考核制度，提高支持实体经济的考核权重。金融支持实体经济重点工作有新突破，16家银行机构成功对接121个桐乡市2017年重大项目，合计授信302.4亿元、发放贷款129.1亿元。信贷结构不断改善。年末，银行业实体经济贷款余额611.1亿元、制造业贷款余额348.88亿元。

【银监办对接“国家产融合作试点城市”建设】 2017年，桐乡银监办积极对接“国家产融合作试点城市”建设，督促各银行根据工业企业分类结果实施差别化信贷政策。年末，绩效评价为A类和B类的企业贷款余额比年初增加31.97亿元，C类和D类企业的贷款余额比年初下降2.78亿元。加强信用环境建设，到安监、国税、质监、消防等部门调研，举办“银税互动”活动，与市公安局、市人民法院等合作打击逃废银行债务行动。辖内各银行推出“银税互动”产品8个，纳税信用评价为A级、B级的小微企业年末贷款余额4.3亿元。负责乌镇新增互联网企业的实缴资本审核工作，支持互联网创新发展试验区建设。

（朱剑光）

【农发行加大信贷支农力度】
2017年，中国农业发展银行桐乡市支行按照总行年初行长会议确定的各项工作部署，突出支农重点，大力支持桐乡市的农业农村基础设施建设。年内，发放农业农村基础设施建设贷款7.9亿元，其中石门镇农村土地综合整治项目1.4亿元，崇福镇小城市培育城镇化提升工程项目6亿元，凤鸣街道建胜村等农村土地综合整治项目0.5亿元。年末，农业农村基础设施建设贷款余额21.48亿元。

【农发行支持做好粮食收储工作】 2017年，农发行桐乡市支行全力支持粮棉油收储，在坚持不打“白条”前提下，防控风险，指导收购企业稳健经营，全力保障粮食安全。全年发放县级、省级储备粮贷款6638万元，收购稻谷2.21万吨，完成2.21万吨地方储备粮的轮换工作。同时做好粮油库存的远程监控、粮油库存核查及异地库存监管等。

（张　璐）

【工行助力区域特色经济发展】
2017年，中国工商银行股份有限公司桐乡支行结合桐乡地区特色，与产业园区签约，设计具有园区特色的融资产品——“产业园区＋小微企业”购建贷。该贷款用于满足借款人购建商业用房（厂房）、购置机器设备等，或置换为购建商业用房（厂房）、购置机器设备等所形成的负债性资金。至年底，工行桐乡支行与崇福服装产业园、崇福中节能产业园以及凤鸣街道“互联网＋”产业园合作，为10余户企业办理了企业版按揭贷款，为企业融资超5000万元。

【工行推出商用房租赁权抵押业务】 2017年，工行桐乡支行为支持濮院羊毛衫市场及崇福皮毛市场发展，推出商用房租赁权抵押业务，解决专业市场客户在市场经营过程中的融资需求。具有合法经营资格、能提供与专业市场管理方签订的合法有效的商位使用协议，并有良好的信用记录和还款能力的借款人，可凭持有的商位使用权向工行桐乡支行申请与其经营规模和现金流量相适应的贷款额度。商用房租赁权抵押融资相对于个人经营性贷款，手续更简便，抵押要求更低。4月，工行桐乡支行推出该业务后即受到市场经营户青睐，至年底，该业务贷款余额突破8000万元。

（周　霞）

【农行贷款增量超30亿元】
2017年，中国农业银行股份有限公司桐乡市支行立足桐乡经济发展的金融服务需求，主动融入全市经济发展大局，加大有效投入。年末各项贷款余额198.38亿元，比上年增加31.9亿元。年内，该行主要对接重点旅游项目、“五水共治”项目、土地整理项目及上市公司技改项目等，全年发放项目贷款9.6亿元，开立项目设备证6.4亿元。主动对接乡镇资金需求，助力美丽乡村建设，发放“美丽乡村贷”6000万元。金融支持桐乡市经济转型升级，尤其是优质制造业，年末制造业贷款余额56.77亿元，比年初增加12.4亿元。

【农行推出“惠农e贷”】 2017

年，农行桐乡市支行结合互联网大数据背景，创新推出“惠农 e 贷”产品。该产品利用大数据技术，构建差异化授信模型，以村民信贷档案为基础，围绕农户生产、供销、信用“三位一体”重点环节，自动抓取数据、自动产生授信、自助线上办理，批量化、标准化、模式化发放，有效降低农户贷款成本，实现“快、简、惠”。“惠农 e 贷”推出后，该行结合农村金融互联网平台建设，各网点设立金融服务小分队，深入农村田间地头。至年末，共发放“惠农 e 贷”3.19 亿元，惠及农户 1474 户，年末余额 2.98 亿元。

（钱　莺）

【中行办理首笔 NRA 账户资金质押的外保内贷项下进口开证业务】 2017 年，中国银行股份有限公司桐乡支行关注桐乡市大企业境外关联公司的资金运作动向，了解发现桐昆集团的境外关联公司资金流量最大，其境内关联公司急需办理进口开证业务却尚未在银行申请授信额度。中行桐乡支行充分解读外汇管理政策，为桐昆集团量身设计外保内贷产品方案，按国家外汇管理局《跨境担保外汇管理规定》的有关规定，吸引桐昆集团到该行开户并留存外汇定期存款，还为其办理了 NRA 账户（境内银行为境外机构开立的境内外汇账户）资金质押的外保内贷项下进口开证业务，金额 441 万美元，系全省中行系统首笔。

（戴丽红）

【建行成功办理首笔铂金租借业务】 租借业务，在约定期限内，借出方在期初将自有实物借给借入方使用，到期时借入方向借出方归还足额实物并支付相应利息。铂金租借具有操作方便、资金成本低、可规避铂金价格波动风险等优点，是银行的一项新业务。2017 年，中国建设银行股份有限公司桐乡支行逐步由传统信贷服务向为客户提供综合金融服务解决方案业务模式延伸。12 月 28 日，建行桐乡支行为巨石集团有限公司成功办理全国建行系统首笔铂金租借业务。

（朱丹奕）

【嘉兴银行推出供应链设备买方批量授信业务】 2017 年，嘉兴银行股份有限公司桐乡支行围绕当地“做强先进制造业”经济建设发展目标，推出基于制造企业供应链买方信贷产品——设备买方批量授信业务。嘉兴银行桐乡支行向设备制造企业提供综合授信，当下游小微企业向其购买机器设备时，制造企业把购买方小微企业推荐给嘉兴银行桐乡支行。嘉兴银行桐乡支行依据前期确定的准入条件，建立批量、专业、快速、便捷的审批、放款通道，给予该设备购买方小微企业购买设备贷款。年内，嘉兴银行桐乡支行开发供应链买方批量贷项目 3 个，发放贷款 127 笔、金额 2114.6 万元。

（封芸芸）

【中信银行新推按揭式个人经营性贷款】 6 月，中信银行股份有限公司嘉兴桐乡支行针对小微私营业主，推出一款创新产品——按揭式个人经营性贷款。该产品在足值抵押的情况下，抵押比率高，贷款期限长，按期付息，无需周转资金调头。该贷款中信银行桐乡支行推出后，受到小微私营业主认可，至年末，有 128 家小微私营业主办理了该贷款，年末贷款余额 1.56 亿元。

（金凤英）

【邮储银行全力服务“三农”】 2017 年，中国邮政储蓄银行股份有限公司桐乡市支行发挥特色优势，提高服务能力和服务水平，成立“三农”金融事业部桐乡市营业部，全力服务“三农”。应中国邮政储蓄银行股份有限公司“整村授信、批量开发”小额贷款新模式，推出信用村小额快捷贷，满足农民资金周转需求。年内，向石门镇春丽桥村一村民发放小额快捷贷 19 万元。创新“三农”金融产品，紧跟农村产权制度改革，推出土地承包经营权抵押贷款和农房抵押贷款。支持现代农业发展，推出家庭农场贷款、农民专业合作社贷款和“公司＋农户”贷款，全年合计发放 57 笔、2200 万元。

（蔡玲娥）

【杭州银行积极推动科技金融】 杭州银行桐乡支行是桐乡市最早的科技担保银行，与市诚信担保公司战略合作多年。2017 年，该行和市政府合作成立科创天使基金，对桐乡市科技型中小企业贷款支持名录内企业加强金融支持。该行全年办理科技担保贷款 20 户、27 笔、2075 万元，年末贷款余额 2730 万元。全年办理企业专利权质押贷款 8 户、质押金额1.12亿元，年末融资余额2625万元。

（钟 飞）

【招商银行推出付款代理业务】 2017年，招商银行股份有限公司契合供给侧结构性改革，创新供应链融资模式，推出付款代理业务，分为供应商融资、经销商融资和货权质押融资。银行依托供应链核心企业信用，不再对上下游企业单独进行授信审查。通过应用人脸识别、在线身份验证、数字证书签名等技术，放款还款全程互联网操作。放款效率高，T日申请，最快T+1日放款。付款代理业务，有利于巩固供应链整体生态、中小企业供应商加快资金周转和加速生产运转。该业务招商银行股份有限公司嘉兴桐乡支行一开办，便得到市场好评。至年底，招商银行桐乡支行办理付款代理业务金额1亿元。

（陆建荣）

【农商银行创新多项产品支持实体经济发展】 2017年，浙江桐乡农村商业银行股份有限公司提升服务实体经济质效，推出银企“1+1”和供应链贷款。银企“1+1”，主要对象为濮院毛衫创新园及园内企业，桐乡农商银行与创新园签订战略合作协议，共建“金融+园区+企业”共赢模式。至年末，发放个人厂房按揭贷款112户、3.36亿元。供应链贷款，由供应链公司向银行提供保证金，借款企业以购销合同为依据，向银行申请贷款，购买的产品或原材料全部进入供应链公司仓库，借款企业以销售收入作为还款资金。至年末，桐乡农商银行发放供应链贷款29户、1.8亿元。

【农商银行推进市民卡换发与激活工程】 2017年，桐乡农商银行加强与政府部门沟通对接，推进金融市民卡换发和激活工程。至年末，金融市民卡发卡62.52万张，激活49.59万张，激活率79.3%。新市民卡在老市民卡医保账户、市民卡账户、市民卡钱包账户3个账户基础上，新增金融账户，具有现金存取、转账、消费等功能，居民可以用它进行刷卡购物，还能通过银行账户向市民卡账户进行圈存。

（程 远）

【华夏银行嘉兴桐乡支行开业】 6月28日，华夏银行嘉兴桐乡支行对外营业。支行秉承华夏银行“创新、协调、绿色、开放、共享”五大发展理念，立足服务实体经济，以“存款立行、金融科技兴行、人才强行”为根本战略导向，着力服务实体经济和风险管理，加大对中小企业的信贷支持力度。该行年末各项人民币存款余额5.39亿元，年末各项人民币贷款余额1.61亿元。

（吴志刚）

【光大银行嘉兴桐乡支行成立】 9月27日，光大银行嘉兴桐乡支行开业。开业后，该行坚持“强发展，重风控，高效率，优服务”理念，开展普惠金融建设，支持地方经济发展，为地方政府、企业提供金融服务，助力实体经济发展。积极推行便民服务，开办投行业务、理财业务、同业业务、电子银行业务和信用卡业务等，以云缴费、白领易贷、阳光理财等特色产品服务大众。年末，光大银行嘉兴桐乡支行各项存款余额8.51亿元，各项贷款余额8.45亿元。

（傅开澍）

【台州银行桐乡濮院社区支行挂牌】 11月15日，台州银行桐乡濮院社区支行挂牌营业，系台州银行在嘉兴市设立的第三家社区支行。支行成立后，市场定位金融支持小微企业、社区居民和“三农”，坚持“以市场为导向，以客户为中心”的经营理念，践行“与客户交朋友”，以“简单、方便、快捷”的特色服务为客户提供一对一、全方位、个性化的金融服务。全年无休，节假日照常营业。至年底，该行特色“自助贷款”产品授信125户、5203万元，年末使用余额2486万元；发放人民币普通贷款189户，年末余额3.04亿元。

（王 超）

保 险 业

【概况】 2017年，桐乡市有财产险保险业金融单位（含营销服务部）16个、人寿险保险业金融单位13个（含营销服务部）。是年，全市财产险实现保费收入90038.74万元，比上年增长8%，增速比上年上升2.37个百分点。其中，企财险保费收入5627.16万元，下降2.01%；农业保险保费收入1107.46万元，下降3.81%；车险保费收入76793.52万元，增长7.17%。财产险全年赔款支出52782.61万元，比上年增长1.31%。其中，企财险赔付2154.66万元，增长10.39%;车险赔付48039.78万元,增长15.28%。简单赔付率58.62%,比上年下降3.87个百分点。全市人寿险保险业金融单位有在岗营销人员4456人,新增1229人。人寿保险业全年实现保费收入135920.18万元,增长23.21%;短险赔付支出5039.13万元,上升304.29%。年内,中国人民财产保险股份有限公司桐乡支公司实现保费收入34596.87万元,增长10.9%,承保各类机动车辆58731辆,实现车险保费收入27274.3万元、商业非车险保费6206.41万元、农业保险保费1116.16万元,分别增长8.45%、23.02%和11.44%。全年处理各类赔款案件30442件,支付赔款18139.74万元。

(李 月 郑倩茜)

【人保财险启动杭白菊采摘期降水指数保险】 桐乡市是杭白菊原产地,种植户多,产量大,杭白菊易受采摘期降水影响出现损毁造成减产,给种植户带来损失。2017年,桐乡人保财险公司根据《浙江省人民政府办公厅关于鼓励开展特色农业保险品种试点工作的通知》规定,开设杭白菊降水指数保险。提高种植户的灾害防御能力,有效减少灾害损失。10月,该险正式启动,每亩保险金额2000元、保费300元,保费由省市财政和农户共同承担。保险期累计降水量超过约定起赔点138毫米(不含)或连续2天及2天以上日降水量1毫米及以上,视为保险事故发生,保险人按保险合同约定进行赔偿。桐乡市是年杭白菊采摘期降水指数保险参保1769户、201.09公顷。根据保险条款,2017年桐乡人保财险公司对全部参保种植户进行赔款,赔付金额420元/亩,支付赔款126.69万元。

(郑倩茜)

证 券 业

【概况】 2017年,桐乡市证券业发展稳中有进。至年末,全市有证券营业部10家:申万宏源证券有限公司桐乡和平路证券营业部、中信证券(浙江)有限责任公司桐乡复兴北路证券营业部、财通证券股份有限公司桐乡世纪大道证券营业部、方正证券股份有限公司桐乡市场路证券营业部、申万宏源证券有限公司桐乡崇福镇崇德西路证券营业部、浙商证券股份有限公司桐乡世纪大道证券营业部、华金证券股份有限公司桐乡复兴北路证券营业部、东吴证券股份有限公司桐乡世纪大道证券营业部、申万宏源证券有限公司桐乡濮院镇工贸大道证券营业部和中国银河证券股份有限公司桐乡振兴东路证券营业部。可以办理沪深A股、B股、基金、债券、债券回购、融资融券、期货(商品期货及金融期货)、约定购回、股票质押融资、债券质押式报价回购等业务。2017年,上证指数年初3105.31开盘,最低盘中探至3016.53,年底收于3307.17;深圳成指年初10205.14开盘,年内最低盘中探至9482.84,年底收于11040.45。至2017年年底,桐乡市10家证券营业部有A股股东账户231535户、B股账户2197户,托管客户资产总数367.37亿元,全年成交量2007.71亿元。

其他金融业

【概况】 2017年末,桐乡市有小额贷款公司6家,注册资本合计8.06亿元,较上年减少1400万元;典当公司8家,注册资本合计1.55亿元;融资性担保公司5家,注册资本合计3.03亿元。2017年,桐乡市各小额贷款公司、典当公司、融资性担保公司坚持以“支农支小、小额分散”为经营原则,积极为小微企业和“三农”经济服务。小额贷款公司实现营业收入9700万元、净利润5117.26万元,上缴税收2654.93万元;全年发放贷款1444笔、16.75亿元,其中100万元以下小额贷款1185笔、9亿元;年末贷款余额9.14亿元,其中100万元以下小额贷款余额5.83亿元。是年,典当公司净资产合计2亿元,有从业人员41人,实现净利润303.19万元,上缴税金224.78万元。年末典当余额1.44亿元,其中动产典当占典当业务总量的36.56%以上。全市担保公司实现净利润1049.4万元,全年担保1461户、担保总额19.1亿元,其中工业企业840户、担保额10.2亿元。年末在保1349户、在保余额16.7亿元,其中工业企业815家、在保余额9.2亿元。

(姚玉良 徐月梅 程子路)

综合管理

【概况】 2017年，桐乡市发展和改革局贯彻落实市委、市政府决策部署，以“三实”(实业兴市、实干至上、实绩为王)主题活动为主线，在谋发展、稳增长、调结构、促改革、惠民生、强队伍等方面取得显著成绩。启动“大湾区”发展战略研究，牵头完成《乌镇大道科创集聚区战略规划》编制，加强省“大湾区”“大花园”建设行动纲要编制工作。牵头完成全市新一轮经济转型升级政策编制工作，做好互联网经济、农业经济、旅游业等配套政策会审发布工作。完成《乌镇大道产业发展思路》《进一步发挥政府投资对全市经济发展的引领作用》等13个重点调研课题。强化经济形势分析研究，加强年度计划和中长期规划实施的督促落实，完成国民经济和社会发展计划执行情况及计划草案报告编制和总结，提出2018年经济社会发展主要指标的安排建议。加强经济监测预警体系建设，全市157家监测样本填报率100%。完成2016年度省级小城市培育试点考核工作，崇福镇位列全省第5位，连续三年考核优秀；完成特色小镇考核评价，桐乡毛衫时尚小镇获2016年省级特色小镇创建考核优秀等次。

【促进投资平稳增长】 2017年，桐乡市完成固定资产投资520.8亿元，比上年增长11.1%。深化省“411”(万亿产业转型升级工程、万亿基础设施完善工程、万亿统筹城乡建设工程、万亿公共服务提升工程，建设1000个以上省重大项目、带动全社会固定资产投资超过10万亿元)工程、省重点建设项目等重大项目推进工作，开展重大项目百日攻坚和重大项目集中开工活动。实施领导联系重大项目制度，加强项目推进动态管理。全市178项重大项目开工173项，开工率97.2%；完成投资195.5亿元，年度计划130.9%。争取政策支持，全市11个项目争取中央预算内资金7805万元。列入省重大产业项目19项，省重点建设项目23项，省级重大项目数量位居嘉兴前列。争取到省级土地指标奖励263.5公顷。

【培育服务业发展新优势】 2017年，桐乡市服务业强县(市)培育发展年度考核位列全省同类地区第二位，服务业增加值占地区生产总值46.2%。省、市服务业集聚区综合发展水平评价考核位列省、市前列。市政府出台《关于进一步加快总部经济发展若干意见》，认定第一批总部企业12家，推进凤凰湖总部基地建设。列入嘉兴市级特色楼宇8幢，楼宇入驻率、注册率、税收贡献率位列嘉兴前列。完成“退二进三”企业11家，腾退面积15.3公顷，“进三”项目10个，“进三”面积28.6公顷。完成服务业市外内资71.62亿元，新增服务业规模以上企业114家，服务业“个转企”291家。推进服务业重大项目建设，省服务业重大项目、嘉兴“百项千亿”(围绕服务业重点平台以及现代物流、科技与信息、文化旅游、金融、健康服务等重点产业，嘉兴市编制147个项目，总投资1859.8亿元，2017年计划投资239.1亿元)服务业项目分别完成年度投资计划120%和125.5%。

【加强生态文明建设】 2017年，桐乡市推进高污染燃料禁燃区建设。发展清洁能源，加快推进天然气管网建设，全年新建供气管线100千米，供气3.5亿立方米。新备案光伏发电项目79兆瓦。实施省“百万家庭屋顶光伏计划”，制定居民光伏企业准入标准和建设规范，新增户用光伏并网2300户，累计并网3798户，总容量25.3兆瓦。推广新能源汽车和充电桩建设，新增新能源公交车62辆，乘用车19辆；新建充电桩45个。推进低碳经济发展，完成2016年全市温室气体清单报告编制，发布桐乡市循环经济和低碳发展“十三五”规划。推进省级园区循环化改造示范区建设，下拨第二批省级专项资金407万元。

【深化行政审批制度改革】 2017年，市发改局深化行政审批制度改革，贯彻落实“最多跑一次”工作，深化“四张清单一张网”(行政权力清单、政府责任清单、投资负面清单、财政专项资金管理清单；浙江政务服务网)工作，强化权力清单和责任清单管理，打造审批流程再造、审批服务提速的发展服务新环境。完成浙江政务服务网投资项目在线审批监管平台2.0版“三个百分百”(网上申报、网上审批、网上回传)工作，成为嘉兴首个实现投资项目在线审批监管平台“四个百分百”(100%应用平台、100%网上申报、100%系统打通、100%网上审批)县(市)，“最多跑一次”实现率居嘉兴首位。

【加强区域合作共享】 2017年，桐乡市加强区域合作共享，推动“浙商回归”工程，加快“接沪融杭”步伐。“浙商回归”到位资金77.19亿元。引进15亿元以上重大项目2个，3亿元以上战略性新兴产业项目3个。推动实施接轨上海“六大行动计划”(规划政策、基础设施、产业平台、民生融合、高端要素、区域合作)30项。推动与上海市静安区签订合作备忘录。推进与开化县共建山海协作生态旅游文化产业示范区建设，加强对口支援，拨付各类帮扶专项资金916万元。

【开展惠民服务工作】 2017年，桐乡市推进“菜篮子”商品供应点建设，多途径开展价格政策服务，强化民生价格管理，强化价格监测和成本监审服务，规范养老服务、民办教育等民生领域收费行为。加大行政执法力度，开展旅行社、幼儿园收费及电力价格等专项检查，出动检查人员117人次，检查单位302家；受理举报件291起，办结率100%。优化调整年度农业保险政策，新增公益林等保险品种3个。杭白菊采摘期降水指数保险试点成功纳入省级保险品种，成为嘉兴市首个农业保险气象指数险种，增强种植户抵御自然灾害能力。全市赔付率140%，亩均赔付金额420元。

(程跃峰)

物价管理

【概况】 2017年，桐乡市物价局围绕市委、市政府中心工作，规范政府定价、着力清费减负，维护市场价格基本稳定。降低企业用能价格，7月1日起，大工业用电和一般工商业及其他用电价格每千瓦小时降低0.0222元(含税)；9月1日起非居民用天然气最高销售价格(含税)从每立方米3.4元调整为3.28元。做好价格宣传工作，组织“3·15”消费者权益日价格宣传活动、发放价格宣传资料以及关于民生宣传手册200余份；3月10日结合网络投诉、举报件的调查，召开石门制鞋企业座谈会宣讲价格法律知识；6月27日参加司法部门组织的社区法律宣传日活动，发放价格宣传书籍资料以及关乎民生的宣传手册200余份；9月26日联合工商、行政执法局对乌镇景区外300多家餐饮和饭店宣传明码标价，发放宣传资料300多份。全年受理举报件261件，其中举报、咨询电话42件，网络举报199件，来访5件，市长电话交办15件，涉及电价、通行费、药价、天然气收费、停车收费、幼儿园收费、餐饮明码标价和网络购物等，办结率100%。开展专项检查，检查协会10家、行政审批中介机构15家；取证、上报环保部门违法收取环保验收监测费72件，金额40.63万元；检查电力价格，发现违反规定收取临时供电城市公用事业附加费29.78万元、临时接电销户未退325.15万元、临时接电转营业收入179万元、用户双回路接电收费进行调查和取证。完善公平竞争制度，依据省、市公平竞争制度相关文件，经市政府同意成立公平竞争联席会议制度。做好价格备案，下发《关于前期物业服务优质优价工作的补充通知》，完成28个小区前期物业服务收费标准备案，其中14个小区为优质优价备案；对全市15所民办幼儿园保教费收费标准进行备案；批复K271濮院汽车站至公交东北站公交票价，并对桐乡至海盐公交票价进行备案。调研燃气公司城市延伸服务收费情况、经营情况等，为完善天然气价格政策提供依据。对管网垄断能源价格进行监管，调查2016年企业供热价格及成本，落实价费政策，做好企业减负工作。完成东方学校、崇福镇养老服务中心、桐乡市社会福利中心、水务集团城市供水等4个成本监审项目，核减不合理成本费用1776.09万元，为正确制定收费价格提供成本依据。加强价格认证工作，全年为公安、检察机关出具价格鉴定结论605件，涉案标的金额2088万元。

【完善收费管理工作】 2017年，桐乡市物价局修订《桐乡市机动车停放服务收费管理办法》，主要修订内容将《管理办法》和后附的《实行政府定价管理的机动车停放服务收费标准》分开，新《管理办法》不再附《桐乡市实行政府定价管理的机动车停放服务收费标准》。新《管理办法》发布后，根据授权调整车站配套停车场、旅游景区配套停车场收费标准，出台《关于公布机动车停放服务收费标准的通知》，缩短免费停车时间，建立按时收费、阶梯式递增、每日最高封顶的停车收费制度，调节和控制市民选择合适交通工具出行，缓解停车压力。

【强化监管规范明码标价】 2017年，桐乡市物价局督促商家明码标价，强化日常监管。开展节假日市场价格大检查，主要分为商业零售市场专项检查、交通运输与旅游市场检查两大项，出动检查人员117人次，检查单位302家。围绕民生价格，联合市运管所对桐乡客运汽车站、高铁桐乡站进行检查；对出租车进行提醒和告诫，制止违规收费；联合市旅委检查全市旅行社，制止以零负团费等虚假价格宣传误导游客、违反合同约定擅自减少景点和服务项目等行为；联合工商、行政执法局巡查乌镇、乌村、红杉屯和福严寺等景区，检查乌镇景区外餐饮和饭店，督促餐饮明码标价政策落实；突击检查东兴、沃尔玛等超市，崇福镇、高桥街道等菜场，了解粮、油、肉、蛋、菜等生活必需品和居民日常消费特色食品的价格变动情况。检查中发现问题限定时间完成整改，规范明码标价行为，制止违规收费和价格欺诈等行为。

【调整乌镇景区门票价格】 2017年，桐乡市物价局做好乌镇景区门票价格调整落实工作，自8月1日起实行新价，西栅景区门票从每人120元调整到150元、东栅景区从每人100元调整到120元。市物价局专门召开乌镇景区门票价格调整专题会议，研究门票价格调整相关事宜，并开展风险评估，制定价格调整工作计划，向市政府和省物价局汇报。结合成本监审、专家意见等制定听证方案，在《嘉兴日报·桐乡新闻》、局网站分别发布听证公告，并召开听证会，邀请市人大代表、政协委员参加，根据听证报告形成《乌镇景区门票价格调整方案》，征求相关部门（单位）意见，针对听证人和部门意见较为集中的“桐乡人游乌镇”优惠政策方面，经局价格审查委员会集体审议，局党组会议研究，最后形成《乌镇景区门票价格调整方案（送审稿）》，提交市政府审议并通过。

【核定民办学校收费标准】 2017年，桐乡市物价局规范核定学校收费标准。鉴于众善学校刚创办，比照全市同类学校的办学成本和学费标准，核定初中3000元/生·学期、小学2800元/生·学期，浮动幅度为10%；结合成本监审、周边县（市）同行业水平、学生承受能力、社会影响等因素，调整东方学校学费标准，初中2300元/生·学期、小学2000元/生·学期，浮动幅度为10%；结合学生宿舍楼设施装修改造成本、周边同类学校住宿费价格水平，茅盾实验小学住宿费调整为1000元/生·学期，收费标准自秋季招收新生起执行。茅盾实验小学、濮院茅盾实验小学、现代实验学校、求是实验中学和茅盾中学5所民办学校学费上浮10%进行备案。

【进行清费减负工作】 2017年，桐乡市物价局根据国家和省市有关部署，清理10项行政事业性收费，其中取消3项、停免征6项、降低标准1项，同时在浙江省智慧价格项目平台及时更新。审核全市52家单位行政事业性收费执行情况，2016年全市行政事业性收费7.05亿元，对照各单位收费项目分别录入全国收费动态监管系统。梳理并完成4张目录清单（涉企行政审批前置服务收费目录清单、涉企经营服务性收费目录清单、涉企行政事业性收费目录清单、经营服务性收费目录清单）。

【加强市场价格监测工作】 2017年，桐乡市物价局加强价格监测工作。对崇福镇、乌镇镇、梧桐街道三个大型农贸市场猪肉、水产、禽蛋、豆制品、粮油、蔬菜六大类22种商品，进行价格采集、分析，形成农贸市场价格周报；每月监测56种农资商品价格和城市重要商品，向嘉兴市物价局报送价格监测信息，在中国桐乡阳光工程、桐乡市政府信息公开网站上发布价格信息100余期(篇)。加强农本调查工作，发挥《浙江省农产品生产成本登记簿》作用，调查生猪养殖、蚕桑种植、菊花生产、烟叶生产四项农业生产成本，为上级部门制定农业政策提供基础数据。

(沈旸炀)

市场监督管理

【概况】 2017年，桐乡市市场监督管理局强化市场监管执法。全年新注册各类市场主体2.13万户，比上年增长24.4%。全市商品市场成交额636.74亿元，其中网上市场成交额88亿元。完成行政处罚案件490起，罚没款495万元。加强"12315"咨询投诉平台处置工作，接受消费者投诉举报及咨询3375起，其中受理消费者投诉2517起，处理率100%，为消费者挽回损失199.51万元。食品安全列入综合目标责任考核和平安建设考核内容，实行"一票否决"制。市政府与各镇(街道)签订食品安全工作目标责任书。完善食品安全"地方政府负总责、各部门各负其责、企业是第一责任人"责任体系。在嘉兴市市场监管系统率先发布"最多跑一次"改革举措和清单，实现企业登记等120余个事项"最多跑一次"，90%以上工商登记当场办结。通过推行登记注册"同城通办"服务以及商事登记"证照联办"改革、全程电子化企业登记系统应用、"一窗受理、集成服务""最多跑一次"窗口标准化建设等确保"最多跑一次"各项举措落地。全年办理"最多跑一次"事项近6万件。完成桐乡长乐菜场、梧桐农贸市场、凤鸣同福农贸市场3家农贸市场双体系建设。此项工作自2015年开展以来，累计完成9家，实现市区农贸市场双体系建设全覆盖。食品药品检测中心装修工程完工，工作人员到位，完成首批仪器设备采购。完成第四届世界互联网大会·乌镇峰会食品安全保障工作。

【完成小微企业三年成长计划】 2017年，桐乡市第一轮小微企业三年成长计划完成。全年新增小微企业4186家，其中涉及信息经济、环保、健康、旅游、时尚、金融、高端装备制造七大产业小微企业3350户。推进"个转企"工作，全年完成"个转企"420家。市市场监督管理局在濮院毛衫小微企业创新园成长学院内设立创业创新服务站，从消费维权、注册登记、品牌培育、护密维权四个方面入手，为小微企业提供帮助。该项目被省工商局评为"浙江十大服务小微企业优秀项目"。

【深化商标品牌建设】 2017年，市市场监督管理局深化商标品牌建设，完善商标品牌培育库，形成"培育一批、储备一批、申报一批、发展一批"品牌创建机制，确保商标注册不断档、有后劲。全年新增注册商标4045件，累计突破2万件。全年完成商标质押融资5件，融资额6350万元。

【开展放心消费在桐乡活动】 2017年，市市场监督管理局在乌镇景区成为首批省级放心消费

10月26日，桐乡市举行小微企业三年成长计划工作推进会暨2017年民企金融对接活动　　市市场监管局提供

示范区基础上，开展放心消费在桐乡活动，以“消费者说了算”为核心标准，坚持政府推动引导、经营者公开承诺、消费者实地体验、第三方评估评价、社会动态监督、失信即时退出原则，在全市开展放心消费示范单位创建活动。年内，建成放心商店、放心网店、放心餐饮、放心市场、放心景区 148 家。

【加强食品安全监管】 2017 年，市市场监督管理局以食品安全县创建为重点，将食品安全创建工作纳入市年度工作目标责任制考核内容，层层签订食品安全责任书。开展食品安全排雷“百日攻坚”“平安护航十九大”“平安护航互联网大会”食品安全系列行动等专项整治，组织联合执法 46 次，立案查处违法行为 54 起。全年开展食品生产、流通环节监督抽检 515 批次，合格率 96.8%；开展餐饮环节监督抽检 316 批次，合格率 96.5%。实施食品生产经营单位随机抽查，全年随机抽查 84 家，重点检查食品生产环境、原料来源、添加剂使用情况、回收食品处置等，对存在问题企业督促限期整改，并跟踪整改落实情况。开展农村聚餐备案管理，全年指导农村集体聚餐活动 7910 次，累计 2.48 万餐次。承担市两会、中国乌镇·围棋峰会、中高考等重大活动食品安全保障监管任务 58 场次。

【强化药品、保健食品和化妆品安全监管】 2017 年，市市场监督管理局加强药品和医疗器械生产、经营、使用各环节监管。全年完成药品、医疗器械许可现场检查 82 件。继续开展企业信用分类管理，全市 340 家药品零售企业进行信用等级综合评定，信用等级合格 329 家，降级 11 家。评定结果对外公开，接受社会监督，警示失信企业，增加检查频次，加强行业诚信引导。继续开展“平安药品”创建活动，全市 132 家药店和 9 家药品及医疗器械生产企业取得年度“平安药店”和“平安药企”称号。加强药品不良反应、医疗器械不良事件监测，全年上报药品不良反应 501 例，上报医疗器械不良事件 89 例。促进药品和医疗器械再评价，加大药品违法行为打击力度，查处药品案件 16 起，医疗器械立案 1 起。抽检保健食品 10 个批次、化妆品 19 个批次，保健食品和化妆品生产企业监督抽验覆盖面 100%。

12 月 19 日，市市场监管局开展执法检查　　市市场监管局提供

【规范市场经济秩序】 2017 年，市市场监督管理局以“亮剑惠民生”“亮剑净市场”为主题，开展无证无照经营规范整治、网络经营整治、打击侵犯知识产权和制售假冒伪劣商品、重点食品生产销售环节整治、餐饮行业整治、药品医疗器械整治、非法加油站点整治等系列专项行动。出动执法人员 9410 人次，检查各类生产经营单位 1.05 万家，查处违法行为 174 起、移送公安 16 起；检查网站 1125 个，查处网络案件 12 起。保持打击传销高压态势。12 月，联合公安部门开展打击传销集中行动，取缔传销窝点 6 个，查获涉传人员 96 人、刑事拘留 8 人。深化市场监管领域“双随机，一公开”（在监管过程中随机抽取检查对象，随机选派执法检查人员，抽查情况及查处结果及时向社会公开）工作。全年抽取 530 家企业进行企业年报双随机抽查，随机抽查食品生产企业 84 家，药械经营、使用单位 70 家。抽查中发现企业存在台账记录不齐、功能布局混乱、从业人员未取得健康证明等共性问题，责令限期整改并跟踪

整改落实情况。同时,将每期抽查结果及时对外公布。

（朱炜君）

国土资源管理

【概况】 2017 年,桐乡市国土资源局推进耕地保护和农村土地综合整治工作,完成农村土地整治项目验收面积 212.13 公顷,全年合计下拨节余指标以奖代补资金 3.93 亿元;完成垦造耕地验收 205.4 公顷,建设高标准农田 3323.67 公顷,建设标准农田 7.8 公顷,认定标准农田 293.47 公顷。开展土地利用总体规划局部调整,上报规划局部调整方案 36 个,涉及 815 个地块,面积 369.67 公顷;上报农用地转建设用地和征收批次 13 个,面积 327.67 公顷;单独选址项目 1 个,面积 65.2 公顷。全年供应国有建设用地 522.33 公顷,收储土地 157.27 公顷。完成城镇低效用地再开发 80.6 公顷,消化农用地转用批而未供土地 127.35 公顷,完成盘活存量建设用地 201.33 公顷。开展不动产"一窗受理、限时办结"服务。全年受理不动产登记 7.4 万件,办结不动产登记 7.4 万件,已发证书 7.5 万本,查询查档 4.76 万件。构建国土资源监管协调机制,落实好镇、村二级土地监察网格化管理,全年开展土地执法巡查 1256 次,土地矿产卫片执法检查实现"个位数、零问责"。保障农民建房用地,全年完成 553 户"三房户"(无房户、危房户、困难户)建房用地保障,办理农户建房供地 73.95 公顷。开展农村宅基地及住房确权发证工作,完成地籍测绘 3.9 万户,完成房屋测绘 3.76 万户,完成权籍调查 3.41 万户,完成数据建库入库 3.1 万户。

【深化耕地保护责任机制建设】 2017 年,市国土资源局按要求划定永久基本农田 32666.67 公顷,其中示范区面积 16333.33 公顷,永久基本农田划定成果于 6 月通过省级验收,成果数据库通过质检复核。强化土地用途管制,实施耕地保护主体责任制。年初市政府与各镇(街道)签订《耕地保护目标责任书》12 份,各镇(街道)与所辖村签订《耕地保护目标责任书》176 份。健全利益调节机制,落实耕地保护激励性措施,全年发放耕地保护奖励资金 8039 万元。

【缓解土地规划空间要素制约】 2017 年,市国土资源局开展全市土地利用总体规划调整完善,开辟缓解规划空间要素制约通道。调整完善工作按照"基础数据不变,永久基本农田不变、新增规划空间规模不变"总要求,统筹调剂镇(街道)余额规划空间,激活流量空间,以"保重点、保民生"为基调,重点保障世界互联网大会·乌镇峰会基础设施及互联网产业项目,优化新农村建设用地空间。市级及中心城区土地利用总体规划于 12 月 6 日获省政府批准,崇福等 5 个镇土地利用总体规划于 12 月 24 日获嘉兴市政府批准。开展土地利用总体规划局部调整,上报规划局部调整方案 36 个,涉及 11 个镇(街道)815 个地块,面积 369.67 公顷。

【土地整治工作有序推进】 2017 年,市国土资源局有序推进土地整治工作,全年完成农村土地综合整治复垦 212.13 公顷,完成立项 34 个,规划复垦 211.87 公顷。推进高标准农田建设和标准农田建设,永久基本农田质量得到提升,建设高标准农田 3323.67 公顷,建设标准农田 7.80 公顷,认定标准农田面积 293.47 公顷。推进耕地建设性保护和质量提升。完成耕地质量等级提升面积 70.53 公顷,完成土地开发垦造耕地验收 205.4 公顷,完成旱地改水田面积 71.07 公顷。

【强化建设用地计划指标管理】 2017 年,市国土资源局调整新增建设用地计划指标分配机制,加强计划指标使用管理,实施建设用地总量控制。建立项目储备库并进行实时跟踪,优先保障省重大产业项目、浙商创业创新、民生、重点基础设施等建设需求。完善差别化计划指标分配机制,将年度盘活存量土地,前两年农转用供地、项目开工、竣工情况作为指标分配要素。全年获上级核拨新增建设用地计划指标 287 公顷,批准 13 个计划批次,上报项目面积 327.67 公顷,其中工业用地 150.47 公顷,经营性用地 66.53 公顷,农户建房用地 33.8 公顷,公共设施及道路等用地 76.87 公顷。

【提高土地节约集约水平】 2017 年,市国土资源局以节约集约用地缓解建设占用耕地压力,完善制度建设、注重示范引领、加强督查考核、聚集部门合力,运用税收、电价、水价、排污费等差别化价格杠杆倒逼低效工业用地企业有序退出，引导资源要素向高效优质集中。鼓励利用“三改一拆”拆后土地、淘汰落后产能腾退土地、城镇低效用地建设标准厂房，为小微企业发展提供用地空间。鼓励工业企业多渠道用地，通过新建、扩建、翻建多层厂房，提高现有工业用地容积率，实现增效不增地。全年完成城镇低效用地再开发 80.6 公顷，完成率 137%；消化农用地转用批而未供土地 127.35 公顷；完成盘活存量建设用地 201.33 公顷，完成率 222%；完成新建(改扩建)标准厂房面积 16.48 万平方米，完成率 127%。全年收储土地 157.27 公顷，其中市区 73 公顷，镇区 84.27 公顷。全年供应各类建设用地 269 宗，面积 522.33 公顷，出让总收入 141.99 亿元。建成批后监管一张图数据库，全市各镇(街道)和开发区批而未供、供而未用、用而未尽和闲置土地进行清理校核，9 月完成成果提交。建立月报制度，加强动态监管。列入专项行动项目开工 90 个，面积 315.87 公顷，项目开工率 91%；竣工项目 102 个，面积 340.4 公顷，竣工率 71%。年内，闲置土地处置率 100%，建设项目土地出让金按期收缴率 100%。

【实施土地执法信息化管理】2017 年，市国土资源局启动“慧眼守土”项目，借助移动网络资源、智能设备和软件，发挥“千里眼”作用，对土地利用情况实施全方位、多角度和实时、实景视频监管。通过“一人多点”巡查，提升信息化管理水平。构建国土资源监管协调机制，落实镇、村二级土地监察网格化管理，运用“慧眼守土”和“一张图”建设成果，开展高频次巡查，提升执法巡查效能，全年开展土地执法巡查 1256 次。

【加强土地矿产卫片执法监督检查】2017 年，市国土资源局加强土地矿产卫片执法监督检查。2016 年度土地变更调查遥感监测发现违法用地面积 9.65 公顷，其中耕地 5.24 公顷，作出处罚决定，没收占地建(构)筑物面积 6.35 万平方米，拆除占地建(构)筑物面积 5.1 万平方米，收缴罚没款 425.13 万元。2016 年度土地卫片执法监督检查违法占用耕地面积 1.86%。土地卫片执法检查实现“个位数、零问责”。完成国土资源部全天候遥感及省级卫片核查整改工作，其中国土部全天候卫片监测图斑 190 个，面积 566.93 公顷，拆除、整改 14 宗，面积 27.57 公顷，立案查处违法用地 1 宗，0.24 公顷；省级卫片遥感监测图斑 490 个，面积 522.55 公顷，拆除、整改 61 宗，面积 21.61 公顷，立案查处违法用地 5 宗，面积 0.63 公顷。

【推进各类专项行动】2017 年，市国土资源局继续开展“一严查两整治”(严查违法占用永久基本农田行为，整治农村房屋违法用地和设施农用地违法违规两项问题)行动，拆除农村房屋违法用地 107 宗，占地面积 3.12 公顷，建筑面积 4.61 万平方米，立案查处 41 宗，占地面积 2.52 公顷，建筑面积 3.25 万平方米，整治完成率 99.99%。立案查处违规使用设施农业用地 3 宗，面积 0.54 公顷，拆除、整改 9 宗，面积 6.01 公顷，完成 92.3%。完成国家土地例行督察发现问题整改工作，建立问题台账，制定整改方案，及时跟踪整改进度和销号情况，闲置土地未依法处置、未报即用、未供即用、违法用地未立案查处、形式供地用于抵押融资 5 大类 16 个问题全部整改到位。完成全市各类“大整治”工作，参与“三改一拆”“无违建县、市”创建工作，做好全市码头、堆场整治提升工作，整治主要道路沿线码头、堆场 10 家，其中依法取缔 1 家，整治提升 9 家，完成年度整治任务。

【加强国土资源领域改革】2017 年，市国土资源局梳理简化行政审批、行政确认、不动产登记、矿产管理等大事项 19 个、小项 40 个。通过简化办事流程、压缩办理时限、推行“互联网+政务服务”等措施，提高办事效率，实现“最多跑一次”。推动政务联办、不动产登记、二手房交易，开展“一窗受理、限时办结”，联合住建、税务设立不动产交易登记专窗，实行“一窗受理、集成服务”，从原来承诺的 5 个工作日办结缩短到 1 小时取件。农用地转用审批通过“三同步(准备农用地转用和征收材料与规划局部调整材料同步、准备供地材料与省厅申报备案同步、准备出让公告与征地公告同步)、五提前”(在受理前开发主体提前准备规划局部调整材料、在受理前开发主体提前准备资金、在用地指标安排前提前与建设规划部门对接选址和规划条件、涉及规划局部调整的提前与上级主管部门沟通、在省厅申报备案前提前准备财政资金）举措，优化报批流程，实现审批提速60%。

【深化供给侧改革创新】 2017年，市国土资源局继续深化供给侧改革创新。建设土地市场诚信体系，诚信评价2010—2016年购地、用地企业与个人，确定守信2040个、基本守信4个、失信2个，建立诚信“黑名单”。根据诚信评价结果，开展工业用地履约保证金清退工作。全额退付守信和基本守信工业用地主体履约保证金1.02亿元，构建土地市场诚信用地环境。开展工业用地市场化配置改革试点工作，通过工业项目准入管理，改进竞买保证金和履约保证金管理，鼓励工业企业节地挖潜等措施，提高工业用地利用效益，减轻工业企业负担，促进工业经济发展。推进差别化土地供应方式和差别化地价政策，全年以差别化年限出让工业用地12宗，面积6.95公顷，以差别化地价出让工业用地10宗，面积55.90公顷。

【拓展不动产统一登记服务新模式】 2017年，市国土资源局开展多项人性化服务，推出网上“分时段预约”服务新模式；通过微信公众号公开窗口业务、窗口电话、预约服务、材料预审、进度查询信息；开辟绿色通道，为生病、常年卧床等特殊群体提供上门服务；为临下班赶来办事的群众实行“延时服务”。全年开展上门服务32件，下班延时服务办理81件。设置自助查档机3台，提供不动产自助查询服务，方便群众自助查询户口迁移、入学、贷款、契税缴纳、房屋权属信息等五种类型信息，缩短等候时间。创新推出不动产登记与水、电、气华数联动过户模式，为群众减少上门次数3次，减少材料递交3份。

不动产中心推出不动产自助查询服务　　市国土局提供

【做好各项民生服务工作】 2017年，市国土资源局保质保量做好重点线型工程征迁、项目实施工作。完成土地质量调查样品采集工作，采集表土土壤样品2412件，河道底泥样品46件、农田灌溉水样样品46件，反映自然性状和剖面样品319件。编写完成《桐乡市1∶5土地质量调查项目2017年实施方案》《桐乡市基本农田质量档案建设工作方案》，制定表层土壤样品元素地球化学图册及其他部分地球化学图件。配合开展土壤污染项目调查工作，承担农产品及协同土壤样品采集任务，完成表层土壤无机样品采集437件。完成桐乡地热2号井开发可行性论证。配合做好46个地面沉降监测点，9个地下水监测点的地面沉降、水准点监测和地下水监测工作。做好重大会议期间信访维稳工作。继续做好政府信息公开、信访答复和土地权属争议立案调查处理工作，全年作出依申请政府信息公开答复20件。受理办理浙江省统一政府咨询投诉举报平台答复139件，办结率100%。落实“12336”微信举报平台运行工作，受理微信举报2件，办理2件。办理答复党代会代表提案、人大代表建议议案、政协会议提案27件。不动产登记档案数字化完成率95%，在嘉兴市不动产登记档案执法检查中得到通报表扬。

（葛春晖）

质量技术监督

【概况】 2017年，桐乡市质量技术监督局以“三强一制造”（质量强市、标准强市、品牌强市、浙江制造)为重点,增强服务发展、服务民生工作。修订完善质量工作、扶持经济政策,推进国家、省、市、县四级政府质量奖培育申报。巨石集团有限公司获省政府质量奖提名奖,浙江华友钴业股份有限公司、京马电机有限公司2家企业获嘉兴市市长质量奖。乌镇旅游股份有限公司、浙江恒昇装饰工程有限公司、嘉兴永发电子有限公司3家企业获桐乡市市长质量奖。推进国家级电子商务产品(蚕丝被)质量提升示范区创建。健全品牌企业培育库,推进品牌示范区建设,以全国毛针织行业知名品牌示范区、全国古镇旅游知名品牌示范区创建为契机,申报皮毛皮草全国知名品牌示范区。新增浙江名牌5个。推进浙江制造品字标认证。全年制定浙江制造标准4个,其中主导制定标准2个;2家企业通过2个产品认证;2家企业入围第三批标准立项目录。浙江制造产品认证企业数和标准制定企业数列嘉兴首位。筹建全市标准化人才智库,参与标准制修订。新增国家标准23个、行业标准7个。至年底,全市82家企事业单位制修订标准324个,其中国际标准2个、国家标准152个、行业标准147个、地方标准5个,联盟标准8个,浙江制造标准10个。推进企业标准公开,全市1028家企业公示1474个标准,涵盖1620个产品,其中企业标准421个,占全部公示标准数28.6%。公示企业数嘉兴首位。强化特种设备安全监管,全年出动执法人员1924人次,检查特种设备使用单位664家次,消除特种设备安全隐患206起,下达安全监察指令书140份,特种设备超期未检率控制在1%以下。开展食品相关产品、电线电缆、地条钢、水泥、蚕丝被等行业执法打假行动,立案113起。推行“双随机、一公开”(随机抽取检查对象,随机选派执法检查人员,抽查情况及查处结果及时向社会公开)工作,随机抽查事项13项,随机抽查企业638家,列入执法人员名录库15人。开展监督抽查6次,抽查企业256家次,参加执法检查人员692人次,并公开抽查结果。强化科技创新,技术机构完成各类检验检测近3万批次,开放共享实验室检验检测重点设备31台套,价值560万元。申报各级科研项目10项,公布立项5项。获授权发明专利1项、实用新型专利1项,申报发明专利3项。发表科技论文11篇,2篇英语论文收录于SCI美国《科学引文索引》。1项省级标准化试点项目和1项省局科研项目完成验收。推广使用创新券企业200余家,为企业节省开支285万元。嘉兴市皮毛和制鞋工业研究所获创新券绩效补助位列嘉兴市属省级平台第一。全年检定计量器具4.2万余台件,服务企业1500余家次,免收计量检定费150余万元。4月1日起,根据财政部《关于清理规范一批行政事业性收费有关政策的通知》精神,停征涉及企业计量器具强制检定收费。至年末,免收强制检定费用120万元。深化审批制度改革,9个办事及审批事项全部实现“最多跑一次”,7个审批事项全部纳入浙江政务服务网公共平台,实现网上办理。全年办理“最多跑一次”事项3.3万件,其中审批事项1076件。《国际(乌镇)峰会维稳安保平战结合工作标准化试点》立为嘉兴市标准化试点项目。该项目将ISO 9001质量管理体系认证引入乌镇峰会维稳安保工作,属国内首创。

【两个品牌入围区域品牌价值百强榜】 3月21日,全国知名品牌创建示范区建设暨2016年区域品牌价值评价结果发布会上,“乌镇旅游”以164.23亿元的品牌价值、“濮院毛衫”以75.01亿元的品牌价值分别名列2016年区域品牌价值评价百强榜第24位和第58位。同时,“乌镇旅游”入围全国服务业区域品牌10强;“濮院毛衫”品牌潜在价值317.13亿元,在全国最具潜力区域品牌30强排行第八位。

【创建国家级电子商务产品(蚕丝被)质量提升示范区】 8月14日,桐乡市获批创建国家级电子商务产品(蚕丝被)质量提升示范区。11月,召开全市质量动员大会,正式启动创建工作。加快电商换市步伐,推动蚕丝被产业转型升级,重点培育10家电子商务示范龙头企业,实行“一企一策”帮扶制度。完善“1+X”电商发展模式,推进综合性电子商务中心建设。推动信用市场发展,建立企业诚信机制,重点培育诚信企业57家,实行“一企一档”。建立电子商务人才培养体系,开展“百万英才青年电商培育工程”等公益性电商培训活动。组织电商企业在线上线下开展和参加各种形式的产品展示、推介会，加大桐乡蚕丝被产品推介力度。加强质量、标准、品牌等方面帮扶、引导，开展品字标“浙江制造”标准制定。由浙江蚕缘家纺有限公司主导制订的《桑蚕长丝绵被》被列入2017年第三批“浙江制造”标准制订计划。推进蚕丝被国家标准实施，引导帮扶企业参与标准制修订、采标等标准化活动。全年开展蚕丝被标准、电商产品质量监管等培训10余场次。推广使用“桐乡蚕丝被”证明商标。浙江银桑丝绸家纺有限公司、浙江钱皇网络科技有限公司等7家企业申请使用“桐乡蚕丝被”证明商标，累计申请“桐乡蚕丝被”证明商标防伪标签16万张。加强蚕丝被电子商务产品质量监督，构建“网上抽查、源头追溯、属地查处”互信合作的电子商务产品质量监督机制，开展风险监测和监督抽查电子商务产品质量执法打假专项行动。根据企业履行产品质量主体责任的保障能力和实现程度，将蚕丝被企业分为：A、B、C等三个类别，实施分类监管。完善产品质量追溯体系，排查辖区内企业、作坊300余家，将规模以上企业全部纳入监管平台。全年查获蚕丝被制假、售假案件11起。

【主导修订毛皮行业国家标准】 10月，由嘉兴市皮毛和制鞋工业研究所主导修订的国家标准《皮革和毛皮化学试验禁用偶氮染料的测定》获国家标准化管理委员会批准立项。禁用偶氮染料的监控是国际皮毛制品贸易中最重要的品质控制项目之一，也是生态皮革最基本的质量指标之一。近年来，嘉兴市皮毛和制鞋工业研究所以标准创新为突破口，持续做好标准化知识宣传贯彻，打造覆盖国家、行业、地方及联盟标准的完整标准体系。至年底，累计制修订皮毛行业国家标准8项、行业标准17项、联盟标准2项，对20余项国际标准提出意见或建议。

【桐乡养老项目中标省级标准化试点项目】 11月，浙江椿熙堂养老服务管理有限公司与桐乡市养老服务指导中心联合体共同承担的养老标准化试点项目中标省级标准化试点项目。该项目是嘉兴唯一中标的省级标准化试点项目，主要围绕机构养老、居家养老、健康护理、辅助器具、老年旅游、智慧养老、休闲文化七大领域，以试点和示范作用带动桐乡市养老服务业标准化水平整体提升。

【2项目入选国家级标准化试点项目】 12月，桐乡市民政局承担的“浙江桐乡市‘互联网＋’养老服务标准化试点”项目入选2017年度国家级服务业标准化试点项目。项目以乌镇“互联网＋”养老服务运营模式为依托，围绕信息平台建设、日间照料服务、居家养老服务、养老信息管理四个方面，建立适应老龄化发展趋势的社会养老服务标准，并逐步在各镇（街道）推广。嘉兴标点企业管理咨询有限公司承担的“整合管理体系的标准化服务试点”入选国家级标准化服务业试点项目立项名单。项目以整合管理体系为切入点，辅导建立整合型标准体系，根据企业规模、管理体系及标准化现状，顶层设计并策划含技术标准、管理标准、工作标准在内的企业标准体系，将各类管理体系要求和企业实际工作融入标准体系中，形成整合型标准体系。

【加强特种设备安全监管】 5月，市质监局引入特种设备安全保障工作新机制，制订《国际（乌镇）峰会维稳安保平战结合工作规范》，加强特种设备安全保障工作。第四届世界互联网大会期间，加强核心区及重点区757台套电梯等特种设备安全保障，开展提前检验或保障性检验。筹备期自动扶梯运转不少于32小时，客梯每晚自动模式运转800次；主会场做到半分钟响应、两分钟消除故障。至峰会结束，出动执法人员1924人次，检查企业664家，下达安全监察指令书75份，立案查处特种设备违法案件36起，消除特种设备安全隐患101起。实现特种设备安全事故和安全事件零发生，完成第四届世界互联网大会特种设备安全保障工作。

【强化民生计量工作】 2017年，市计量检定测试所结合省政府十大民生实事，强化加油机计量检定。在检定全覆盖基础上，将误差范围从±0.3%调校至±0.2%，检定加油机560台次，加油枪1500余枪次。首次检定合格率99%，调整后检定合格率100%。将所有加油机检定数据上传至省质监局计量管理系统，加油站现场张贴二维码公示其检定情况，并要求加油站做出诚信计量承诺。开展集贸市场、商场、医院计量器具检定服务，确保民生计量工作落到实处。全年检定医院22家，涉及计量器具1761台件。检定集贸市场以及大型商场44家，检定燃气表1.12万台件。

（裴付宇）

安全生产监督管理

【概况】 2017年，桐乡市安全生产监督管理局坚守安全发展理念，督促安全生产行业监管职责部门、镇（街道）按照“管行业必须管安全、管业务必须管安全、管生产经营必须管安全”原则，落实安全生产监管职责。贯彻落实《中共中央国务院关于推进安全生产领域改革发展的意见》精神，构建安全生产“1＋X”责任体系，出台安全生产委员会组织结构设置及工作规则，协调解决相关领域安全生产重点、难点问题。强化安全责任、完善监管体系、夯实基层基础，加强行政执法、措施落实，全市安全生产形势总体保持平稳。全市发生各类安全生产事故（不含火灾）41起，死亡42人。其中：工商贸事故3起，死亡3人；道路交通事故38起，死亡39人；生产经营性火灾68起，无人员伤亡。加大安全生产行政执法处罚力度，全年调查立案67起，实施行政处罚184.56万元，其中移交综合行政执法局9起，移交公安追究刑事责任1件。

· 相关链接 ·

“1＋X”责任体系

“1＋X”责任体系，即在1个市安委会下设X个专业安全生产委员会，指导协调各专业行业领域的安全生产工作。桐乡市建立了“1＋11”专业安全生产委员会，即1个市安委会＋市道路交通安全委员会、消防安全委员会、输油气管道安全委员会、建筑施工与城镇燃气安全委员会、旅游安全委员会、校园安全委员会、特种设备安全委员会、危险化学品安全委员会、农机安全委员会、社会福利机构安全委员会、电网安全委员会等11个专业安全委员会。

【加强重点行业执法检查】 2017年，市安监局贯彻落实安全生产年度执法检查计划，开展烟花爆竹专项检查、工贸企业生产安全专项检查、打“三非”（非法生产、非法经营、非法贮藏危险化学品行为）反“三违”（违反操作规程、违反劳动纪律、违反规章制度）活动、“三场所三企业”（有限空间作业场所、涉及可燃爆粉尘作业场所、喷涂作业场所，金属冶炼企业、涉氨制冷企业、船舶修造企业）安全生产与职业卫生联合专项执法、易制爆化学品专项执法检查等行动。年内，检查生产经营单位772家908次，发现并整改事故隐患777个，发出整改指令书133份，现场处理措施决定书22份，复查意见书136份。控制安全生产风险，消除安全隐患。春节期间开展烟花爆竹经营市场“打非治违”专项行动和烟花爆竹销售实名登记执法检查，抽查零售经营店190家、批发企业2家，整改隐患63个，收缴各类违法违规烟花爆竹商品120.5箱。

【强化安全生产监管责任】 2017年，市安监局强化落实政府属地监管责任、行业监管责任和企业主体责任，完善安全生产责任体系建设，实现“三级五覆盖”（三级即省、市、镇，五覆盖即党政同责、一岗双责、三个必须、政府主要负责人担任安委会主任、各级安监部门向同级组织部门通报安全生产情况）。在各镇（街道）、开发区推进安全生产社会化服务，鼓励企业依靠中介机构专家力量，建立完善安全生产管理制度、工作台账、安全技术操作规程，开展隐患排查、标准化创建后的持续改进等指导服务工作。至年底，开展安全生产社会化服务企业1451家。规范服务市场秩序，与市财政局联合发文《桐乡市安全服务中介机构服务质量考核办法》，加强对中介机构管理。加大“智慧用电”推广力度，明确安装企业，争取并用足用好安全生产专项资金，引导企业主动安装使用“智慧式用电”系统，并在学校、社会福利机构、宾馆、乌镇景区等地推广。全市企事业单位安装“智慧式用电”2056套。推进安全生产领域“最多跑一次”改革，深化“四张清单一张网”（权力清单、责任清单、企业投资负面清单、财政专项资金管理清单和政务服务网）改革，先后三次对相关事项进行梳理，25个审批事项实现“最多跑一次”，事项总数达本部门《指导目录》80%以上。配合完成“一窗受理、集成服务”改革。按照“前台综合受理、后台分类审批、统一窗口出件”的运作新模式，优化业务流程、精简审批材料，实现集成高效审批，方便办事群众。

【深化化学品行业安全监管】2017年，市安监局组织全市重点危险化学品企业开展危险化学品领域专项治理。下发《桐乡市危险化学品安全综合治理实施方案》和《明确危险化学品安全综合治理各企业实施措施的通知》，细化分解危险化学品企业安全风险管控和危险化学品安全综合治理工作，确定重点危险化学品、化工企业安全综合治理44家。组织化工企业进行危险化学品泄漏事故应急救援演练，并规定每家企业采取的治理措施和时限。列为原地整治提升的企业，聘请中介服务机构进行全面检查，制订《桐乡市危化企业三年综合治理原地整治提升一企一策实施方案》，确保治理方案落实。强化对危险化学品(烟花爆竹)领域日常监管检查。全年检查危险化学品企业、烟花爆竹经营单位265家次，发出《责令限期整改指令书》41份，发现并整改隐患145个，整改完成率100%。聘请专家人员参与检查69人次，实现全市重点危险化学品企业专家检查全覆盖。在重点危险化学品企业、烟花爆竹领域推进安全生产责任保险工作。通过政企对接、安保互动、以点带面，全面推进等措施，全市47家重点危险化学品企业和2家烟花爆竹批发经营公司完成投保(在建项目未投保)，总保费147.2万元，参保人数2603人。强化烟花爆竹禁售措施，对禁燃禁放区域内烟花爆竹零售店实施关闭，收回“烟花爆竹经营(零售)许可证”51家，实现禁放区域烟花爆竹零销售。

【加大安全生产公益宣传力度】2017年，市安监局落实《中共中央国务院关于推进安全生产领域改革发展的意见》精神，组织机关全体工作人员、基层安监站工作人员专题学习领会《意见》精神，并组织人员到生产经营单位进行集中宣讲，到各镇(街道)、村(社区)发放宣传资料。在“安全生产月”开展安全生产咨询日、安全生产文艺晚会、安全生产图板警示教育巡回展、安全生产摄影、安全知识竞赛等活动，增强全社会安全意识。印制发放安全生产知识读本500余册、悬挂安全生产宣传横幅250多条、向企事业单位发放宣传张贴画3000余幅，在全市设有LED电子屏单位推送安全生产宣传标语。加大安全生产公益宣传力度，与市电视台合作，定期制作播放《安监在行动》节目及安全生产公益广告，开通微信公众号，每周推出安全生产工作信息和安全生产知识，曝光安全生产违法违规案件。年内，举办各类培训班55期，培训企业负责人902人、企业安管员4045人，实施计算机考试，开考49场，考核4452人次。

危险化学品泄漏事故应急救援演练　　市安监局提供

【落实职业卫生监管措施】2017年，市安监局贯彻落实《中华人民共和国职业病防治法》及相关法规，利用广播、电视、报刊杂志和网络等媒体进行宣传，组织“职业病防治周”系列宣传活动，举办用人单位负责人、职业安全健康管理人员培训班，提升全民防治意识。落实用人单位主体责任，指导、督促用人单位开展职业卫生基础建设工作。全市尘毒企业参与示范企业创建，并通过验收25家。加强职业卫生“三同时”(建设项目职业病防护设施必须与主体工程同时设计、同时施工、同时投入生产和使用)制度落实，制定建设项目职业卫生“三同时”监管措施。全市完成职业病危害严重建设项目19个。开展涉及二甲

9月12日,市安监局检查尘毒危害治理示范企业　　市安监局提供

基甲酰胺生产和使用企业职业病危害专项整治、水泥行业淘汰落后产能安全生产和职业健康执法专项行动、尘毒危害(汽车制造和铅蓄电池生产行业)专项治理等行动,全年检查企业275家次,查出隐患197条,整改197条,整改率100%;发出检查记录93份、限期整改指令书14份、整改复查意见书17份、当场处罚决定书8份,1家企业实施行政罚款5万元。

(周艳娇)

审批办证服务

【概况】 2017年,桐乡市行政审批服务中心(公管办)以新中心启用为契机,以"最多跑一次"改革为引领,推进行政审批制度改革向纵深发展,深化公共资源交易平台建设。全年受理各类行政审批服务事项61.95万件,办结62.05万件(含上年结余),平均每个工作日办理2502件,承诺件按时办结率100%。收取各类税费171.5亿元(其中土地出让金121.5亿元)。市公共资源交易平台组织各类招投标467场次,项目1611项,交易金额184.03亿元。

【"最多跑一次"改革成效显著】 2017年,桐乡市将省委、省政府提出的"最多跑一次"改革作为重中之重,自我革新、自我加压,着力构建一窗式受理、一平台流转、一清单公开及一组审批骨干团队送服务的"四个一"服务模式,顺利推进"最多跑一次"。推行一窗式受理,梳理事项流程,对关联性强、涉及部门多的审批事项,按照分类、分条线思路建立特定事项多部门协同办理机制,设立统一受理窗口;推进事项网上一站式流转,实现审批数据共享互通,依托省政务服务网,打通省(市县)纵向信息传递和10部门横向联通的投资项目在线审批监管平台,实现项目实时监控;推出"组团审批"服务组,建立由审批中心牵头、各窗口部门配合的"组团审批"服务组,以项目推进中的问题为导向,做好政策咨询、疑难解答、现场办理等服务工作,组团服务、代办服务及高效办理机制的推动下,投资项目从取得土地至开工,企业投资项目最快提速到50天左右,政府投资项目提速到80天左右,比承诺时间提升87%;公开"最多跑一次"清单,全面梳理排摸各类事项,确定首批223项"最多跑一次"事项清单,主要涉及市场监管、公安、国土、建设等23个部门,其中包括企业名称预先核准、外商投资企业登记、不动产抵押权登记等事项,实现营业执照网上标识、会计从业资格申领等"零上门"事项10项。至年底,实现群众和企业到政府办事"最多跑一次"和"零上门"事项共计738项(大项),其中实现"最多跑一次"小项1371项,"同城通办"明细事项363项,"零跑次"明细事项296项,县级范围实现"最多跑一次"事项覆盖率98.1%。在省编办《关于印发政务环境指数评估报告的通知》中,桐乡市实现"最多跑一次"位列全省第五,嘉兴第一。桐乡市"最多跑一次"改革先后受到CCTV《新闻联播》、《浙江日报》等主流媒体专题报道。

【加强"一窗受理、集成服务"工作】 2017年,市行政审批服务中心按照"一窗受理,集成服务"改革理念,进行办事窗口整合,以群众和企业眼中的"一件事"标准对多部门、多环节事项进行梳理、整合。除省里下达的投资项目、不动产登记、商事登记、医保社保、公安服务等规定事项外，结合行政审批服务中心进驻事项集中特点，对纳税服务、公积金、出入境、社会组织登记实施综合受理。通过分设前台受理区和后台审批区，按照"前台综合受理、后台分类审批、统一窗口出件"要求开展综合服务，3月，实现不动产登记1小时办结；9月，在嘉兴市率先实施不动产权属与电力、水务、天然气、华数联动过户新模式。按照省、市一窗受理要求；7月，中心增设综合受理科，选派、划转综合受理人员17人至中心，开展综合受理工作。

· 相关链接 ·

电、水、气、华数联动过户模式

申请人在提交不动产交易过户申请后，凭不动产窗口出具的《不动产登记申请受理通知书（盖电、水、气过户专用章）》，即可到电力、水务、天然气、华数窗口申请办理电、水、气、华数联合过户业务，免去等待不动产权证书办理的审核制证时间，减少跑腿次数3次。

【深化"互联网＋政务服务"机制】 2017年，市行政审批服务中心利用"互联网＋政务服务"优势，推广"网上申请、在线服务、快递送达"，实现"零跑次"事项296个。打造最优办理渠道，借助投资项目在线审批监管2.0平台，审批投资大项目38个、实现网上申报、审批小项目71个。7月，推出分时段精准预约服务，减少办前等待时间；取消窗口办件复印件补正，在缺少部分复印件情况下，可由窗口工作人员通过高拍仪扫描、打印补件。依托浙江省公共服务支付平台，开通个人小额支付宝窗口即时支付。

【强化服务延伸】 2017年，市行政审批服务中心强化服务延伸，通过下放办事事项、设立代办网点，实现明细事项829个，"同城通办""同城多点"办理事项比例59.3%。公积金业务通过授权，实现全市均可办理住房公积金贷款前置受理业务合作银行13家；商事登记事项全部实现同城通办，市场监管与5家银行50余个网点开展业务合作，实行工商注册登记业务代办；社保部门依托全市59个农商银行网点，实现打印社保证明"就近跑一次"。

【深化项目代办服务】 2017年，市行政审批服务中心深化项目代办服务，夯实"立体式"代办网络、梳理"无缝式"代办流程，为项目业主提供"精细化"代办服务。全年代办中心全程代办项目42个，涉及投资金额57.88亿元。持续开展"组团式"审批服务，采取提前介入、上门服务、现场会商等形式，将审批服务送到基层第一线，提供项目服务76个。

【完善审批中介机构监管】 2017年，市行政审批服务中心根据《桐乡市行政审批中介机构管理办法》，评定122家中介机构的信用等级。在网上中介超市拓展服务功能，配合嘉兴市做好"淘中介"网络服务平台开发工作，至年底，中介机构入驻"淘中介"140家。利用中心搬迁契机，择优引进28家涉批中介进驻中心，建立社会中介实体平台，构建中介机构网上网下双通道服务模式。7月，会同物价主管部门开展15个行业涉企收费专项检查，推动中介降费提速。11月，清理规范行政审批中介服务事项，将保留的市级部门涉批事项予以公布，未纳入目录的中介服务事项，一律不得作为行政审批受理条件。

· 相关链接 ·

淘　中　介

为规范中介市场，嘉兴探索网上服务与实体大厅联动、线上服务与线下服务相结合的新型审批中介服务方式，开发"1＋7"形式的"淘中介"平台，完善中介机构信息、服务事项公开、信用评价公告、服务竞价撮合等功能，实现中介服务机构和委托人双向选择、快速配对、网上竞标。

【推进公共资源交易平台建设】 2017年，市行政审批服务中心持续推进公共资源交易平台建设。完善招投标诚信机制建设，对招标代理机构和评标专家实施"一标一评"考核制度，全年记录不规范招标代理行为6起，评标专家不规范行为2起。完善政府采购开标现场管理制度，实行开标现场投标文件密封性检查和商务标保管机制。建设工程探索尝试EPC招标新模式，完成"梧桐树＋"项目一期EPC（设计采购施工）工程总承包等EPC招标项目5个。加强小型平台业务指导，开展镇（街道）招标采购中心工作人员业务培训和现场指导，建立镇（街道）招标采购微信交流群，实时解答有关问题，提升小型平台管理水平和操作技能。市级评标专家语音抽取系统使用范围扩大至11个镇（街道）平台，实现评标专家资源共享。强化小型招标平台考核，将小型平台招投标工作列入镇（街道）综合目标责任制考核内容，促进小型平台规范有序运作和健康发展。

（杨丽莉）

审　计

【概况】　2017年，桐乡市审计局履行审计监督职能，求真务实，依法审计。开展财政预算执行审计、政府投资项目审计、领导干部经济责任审计、政策执行审计，深化审计整改工作。全年实施审计项目32项，其中上级同步审计项目9项，经济责任审计项目12项，自定项目11项。查出管理不规范金额1.52亿元，全年出具审计专报11篇，撰写审计信息126篇，被嘉兴市级以上刊物录用45篇，得到领导批示1篇，转报中共中央办公厅信息1篇。抽调业务骨干人员参加嘉兴市审计局组织的海宁市长安镇（高新区）经济责任审计、"最多跑一次"专项审计调查及嘉兴市被征地农民基本生活保障专项审计调查。

【财政预算执行审计】　2017年，市审计局根据省审计厅财政同级审工作方案部署和要求，完成财政同级审工作任务，完成梧桐街道、崇福镇、石门镇决算审计。在同级审中，利用嘉兴市县一体化大数据分析成果，采集多项数据进行综合分析，通过数据比对分析，指出公务卡使用率低及部门预算执行、国库集中支付未全覆盖等问题。在审计中对公款竞争性存放、行政事业性收费和政府性基金管理、财政专户清理规范、地方政府债券置换等重大财税政策措施执行情况进行梳理，重点关注预算编制、非税收入，特别是罚没收入征收等管理情况，从机制体制角度反映预算指标、非税征收中存在问题。针对问题，市审计局提出规范财政预算管理、完善全口径预算管理体系、优化部门预算管理，提高财政资金使用绩效、强化税费征收管理、发挥财税政策引导作用等审计意见和建议。市财政和相关部门对审计反映的问题进行整改。出台《进一步加强罚没收入收缴管理的通知》，对政府采购不规范行为和结果进行通报，撤销集中支付清算资金财政专户2个，收回滞留在市房地产交易所的房屋转让手续费结余资金。

【政府投资项目审计】　2017年，市审计局完成政府投资项目竣工决算审计11项。组织中介机构完成工程造价审核项目44个，合计送审造价1.98亿元，审定造价1.86亿元，核减1208万元，平均核减率6.11%，完成2015—2016年度中介机构审价质量复核项目2个。推广运行桐乡市政府投资项目审计系统，全年录入市政府投资审计系统审价项目75个，实现审价项目过程实时信息化管理。会同发改、地税、财政、公管办、市场监管等部门联合执法检查中介机构12家，督促、整改发现问题，并将检查结果运用于中介机构年度信用评价中。

【领导干部经济责任审计】　2017年，市审计局对梧桐街道、崇福镇、石门镇、老干部局、综合行政执法局、新居民服务管理办公室、质量技术监督局、国有企业监督管理办公室、供销总社、旅游委员会、行政审批中心、金凤凰集团等12家单位14名领导干部开展经济责任审计，协助市委组织部办理领导干部离任经济事项交接17人次。在经济责任审计项目中发现违法违纪案件线索移送桐乡市纪委处理7人。

【政策执行审计】　2017年，市审计局完成上级同步审计调查项目3个，2016年保障性安居工程跟踪审计、"五水共治"节水政策措施落实情况专项审计调查、基本公共文化服务资金专项审计调查。做好自定审计调查2项，国有企业资产负债运营情况审计调查、公共交通运营情况审计调查。在国有企业资产负债运营情况审计调查中，对市属6大集团公司及其下属管理的51家子公司的资本结构、资产质量、债务现况、运行绩效等情况开展审计调查，提出完善国有企业运营管理体制、加强国资监管机构建设等审计建议，审计结果得到市领导和有关部门肯定和运用。

【深化审计整改工作】　2017年，市审计局深化审计整改工作，推动审计整改到位，完成审计项目录入审计整改系统20个，实行审计问题整改挂销号制。做好审计结果公开工作，对2011年至2014年度财政科技资金管理情况专项审计调查结果、2014年度公务支出公款消费专项审计调查结果、2014年城镇保障性安居工程跟踪审计调查结果进行信息公开，保障审计结果公开透明。

（沈学明）

统　计

【概况】 2017年，桐乡市统计局围绕强化基础，提升能力主题，重点提高统计业务水平，加强经济社会运行监测和分析，做好地区生产总值核算，农业、工业、建筑业、服务业等日常统计工作，进行社情民意调查、专项调查及统计分析研究工作，为市委、市政府和有关部门决策、管理提供统计分析研究报告。完成统计公报编辑工作，编印《桐乡经济动态》《桐乡服务业》、月度主要经济指标动态卡片，出刊《2017桐乡统计简要本》《2017桐乡统计年鉴》等。全年提供统计信息57篇，撰写统计分析1篇，统计专报9篇。利用统计工作联席会议制度，开展基本单位名录库管理、固定资产投资统计、工业科技统计、地区生产总值核算与综合监测评价、服务业统计、农业统计6个专项小组活动。推进农村普查登记工作，审核验收完成普通农户10.65万户，规模农户1659户，农业经营单位656个的普查数据。做好新增单位入库工作，全市实际入库法人单位3593家，产业活动单位256家，镇（街道）入库率均达到95%以上。

国家统计局桐乡调查队按照“练内功、优队伍、强基础、提质量、重调研、抓稽查”工作思路，以创新为突破口，强化统计服务，围绕人民生活、宏观经济、三次产业调查，为国家宏观决策提供源头依据，并提升为地方政府服务能力。在人民生活方面，调查全市城乡居民记账户30个村（社区）300户；调查居民消费价格指数采价点155个，采价商品1101个；调查全市城乡居民劳动力15个村（社区）720户。在宏观经济方面，农产品价格指数全市调查生产户55户，涉及农林牧渔农产品近100个；工业生产者价格指数调查企业60家，涉及出厂价格及进厂价格160余个品种；采购经理调查指数调查企业30家。在三次产业方面，农作物播种面及产量、畜禽监测、规下工业及规下服务业调查样本1363个。

【深化联审辅导工作机制】 2017年，市统计局深化联审辅导工作机制，工业、能源、劳资、服务业、贸易等专业业务人员共同开展联审辅导16期，辅导调查对象200余家。专业制定企业培训计划，培训贸易、房地产专业200余家，农业、粮食监测以会代训，开展多期业务培训。深化统计改革，以新产业、新业态、新模式统计为突破口，补齐“短板”，纳入联网直报范围投资项目500万元—5000万元，加强投资统计业务培训，举办投资项目联网直报培训班。加强名录库维护管理，强化准“四上”（规模以上工业企业、资质等级建筑业企业、限额以上批零住餐企业、规模以上服务业企业）单位核查申报、部门间资料交换共享机制，动态监测各类法人企业，加强对各专业新增单位成长情况跟踪，提高单位申报及时性和入库率。

【加强统计信息服务】 2017年，为更好地发挥统计信息服务作用，市统计局开展特色小镇统计监测工作，客观反映全市特色小镇创建和培育成果。配合做好全国新产业、新业态、新模式统计试点工作和四众平台（众创、众包、众扶、众筹）专项统计调查、电子商务调查工作。着力加强统计制度方法研究，不断完善战略性新兴产业、高新技术产业、8大千亿产业、5大重点服务业等统计监测制度，加强对主要经济指标的监测和预警，及时撰写预警信息，提出对策和建议，做好月度、季度经济形势分析工作。加强部门协调，与部门协作开展文化发展指数、浙商回归等工作，探索软投入、人才发展指数、全域旅游统计工作。市统计局集合多方数据指标，为市委、市政府和有关部门决策、管理提供统计信息和统计分析。

【强化统计法制建设】 2017年，市统计局加强普法宣传，联合嘉兴市统计局和桐乡市调查队开展统计法实施条例上街宣传活动。加强法制学习，学习《关于深化统计管理体制改革提高统计数据真实性的意见》，主动与相关职能部门协调沟通，确保《意见》提出的任务落到实处。开展法制培训，以农村统计调查培训会议为契机，邀请嘉兴市统计局法规处对全市190余名村统计人员及镇（街道）专业人员进行统计法制培训。实施全员统计执法，开展经常性统计执法检查，抽调专业人员组成稽查组5个，抽取统计单位进行稽查50家，警告7家，行政处罚3家，金额9000元。

【推进农业普查登记工作】 2017年，市统计局对全市11个镇（街道）普查指导员进行系统培训1400多人次，开展镇级业务骨干集中培训辅导3次。传达桐乡市第三次农业普查领导小组办公室入户登记走访工作要求和掌上电脑数据处理方式方法，部署全市农户表、规模户和单位表自查、互查工作，部署数据导出、审核纠错工作，集中开展规模户表和单位表交叉检查。桐乡市第三次农业普查领导小组办公室分成3个督查指导组，分别包片联系镇、街区，负责每次不少于2个村现场督查、指导、实地上门访户。选择河山镇作试点，集中时间、精力，督促落实审核、纠错和分析评估。通过掌上电脑数据以表格形式导出，分村数据汇总，以普查小区为单位，将正式登记户数与清查摸底普查数进行核对，确保普查对象不重复不遗漏。全年完成普查数据审核验收工作，普查农户10.65万户，规模户1659户，农业经营单位656个。

【运用遥感测量技术调查】 2017年，国调队根据国家统计局统一布置，首次在全市种植面积调查中运用卫星遥感测量空间抽样方法。在耕作地以300米×300米为抽样单元，建立空间抽样单元，以监测品种种植比例为基础分层抽样，抽取样本数量满足抽样精确度95%。对抽中的样本单元进行高分辨率影像人工目视解译、无人机飞样和人工野外核实方法进行判别，推算出每层监测品种、种植面积，求和得出监测品种面积，并对此结果进行误差计算及评估。数据采集分为粮食作物种植面积和单位亩产。种植面积分为大宗作物遥感测量和其余品种对地调查。遥感测量数据采集分为内业与外业作业两部分。内业主要以卫星影像为基础，采用高、中、低分辨影像相结合方法。高分辨影像资料主要用于抽中样方的人工目视解译；中、低分辨影像用于监测作物生长周期、多期的品种分类。外业主要对无法识别的样方采用PDA人工野外调查方式，无法识别样方超过总样方20%以上采用无人机飞样调查方法。对地调查方法的数据采集，主要由辅助调查员按作物生长季节在抽中地块进行实地查看种植品种及面积方法。手持终端PDA人工野外核实通过程序及上网传输系统调查后直接上传汇总，实地调查按照统一的登记台账采用纸介质及电子地图互相对照方式登记后录入相应程序审核汇总。全市有梧桐街道同心村、乌镇镇金牛村、濮院镇新港村、屠甸镇荣星村、石门镇民丰村、洲泉镇马鸣村、大麻镇大庄村、崇福镇华光村8个村采用农作物播种面积遥感测量调查，调查小样方1364个。

· 相关链接 ·

目视解译

目视解译是遥感图像解译的一种，又称目视判读，或目视判译，是遥感成像的逆过程。指专业人员通过直接观察或借助辅助判读仪器在遥感图像上获取特定目标地物信息的过程。

【加强企业统计信用建设】 2017年，国调队在加强“两库”（本单位库和辅助调查员基本信息库）建设前提下，抓制度建设，建立样本单位管理办法和辅助调查员管理办法；抓工作落实，形成主要领导亲自抓、分管领导重点抓、责任科室具体抓、专业人员分别抓等同抓共管工作机制。在辅助调查员信息库中，大胆创新，调查样本中法人企业统计人员纳入辅助调查员管理框，实行同管理、同培训。加强企业统计信用建设。在“两库”中建立企业统计信用评价机制，按照国家统计局《企业统计信用管理办法》，推进全市法人单位统计信用等级评定，并根据《办法》要求分别按统计守信企业、统计信用异常企业、统计一般失信企业和统计严重失信企业，实施分类，动态管理。

【建立“三级”调查网络】 2017年，国调队加强调查网络建设，建立市、镇、村“三级”调查网络。抓队伍建设。明确镇（街区）配备和调查队各专业相配匹的专职或兼职业务人员；整合基层资源，通过对外聘请辅助调查员进行替换，让年轻、有专业水平的人员充实到辅助调查员队伍中，实现新老平稳交接。强化工作考核。国调队出台《关于工作人员工作考核方案》和《镇（街道）业务工作考核办法》，从队长约稿考核、上级考核工作考核、日常业务工作考核、统计调查服务与执法工作考核、队伍建设与日常管理工作考核、民主测评工作考核六个方面，对工作人员进行细化量化考核，达到制度管人、制度管事目的。开展对镇（街区）统计调查综合考核，评出梧桐街道、濮院镇为综合考核优秀单位，洲泉镇、屠甸镇、大麻镇为综合考核良好单位，并进行年度表彰。建立辅助调查员队伍和统计调查先进个人年度评比机制，在全市样本点村（社区）评出优秀辅助调查员16名，全市从事统计调查单位评出统计调查先进个人16名。

【建立数据质量提升机制】

2017年，国调队坚守统计调查底线，多措施建立数据质量提升机制。加强专业台账建设，保证调查数据质量。推行规模以下工业、畜牧业、工业品价格、居民消费价格、城乡住户、规模以下服务业电子台账建设，通过培训、指导落实到各个企业。加强纸质台账管理。采取分批上交核查、下基层实地检查等形式进行管理。加强数据评估审核，提升统计调查数据质量。各专业分别制定数据评估审核制度，按制度定期召开季度数据评估会议；各专业根据季（月）报情况，开展企业（户）走访，走访规定2个标准，规定动作是季（月）数据起伏较大的企业（户）必走，调查对象配合程度不高的企业（户）必走。至年底，完成年初制定的走访任务。加强数据审核。强调专业人员责任意识，减少差错率，提高数据质量。全年各专业召开数据评估会32次。开展数据片会联审，推进各项调查工作。各专业开展分片区联审辅导会议，将样本点划分成片，以分片区会议模式开展数据质量审核评估；深入分析数据，在片区会议上逐一分析，确保数据准确到位，并反馈给辅助调查员；落实核查片会上每个样本点形成的问题，要求调查员入企（户）核查，约定时间通报落实情况，确保片区会议效果；保持长效成果，通过分片区会议，解决存在的数据问题，提高数据质量。全年召开各专业片会数据联审22次。

【提升统计调查服务能力】

2017年，国调队根据统计服务主线，强化服务能力提升工作。开发挖掘调查资料应用能力。加强《桐乡调查资料》季度小册子编印工作，通过改进内页编排结构，充实资料内容，做好为领导、群众服务工作；开展分析研究工作，提升《桐乡调查》内刊质量。重视稿件发布前审核，规范科室负责人初审，综合调查负责人二审，分管领导终审的工作流程，全年发布《桐乡调查》内刊信息、分析52期；开展课题研究。年内参与国家统计局浙江调查总队独立课题1个、参与国家统计局嘉兴调查队联合课题2个、参与市委、市政府课题2个；狠抓统计调查服务能力提高。发挥调查队精准、快速、真实优势，服务于政府、社会，坚持以服务领导决策、提高信息质量、瞄准工作方式创新为切入点，提升调查信息的针对性、真实性、成效性。全年国调队被国家统计局浙江调查总队政务信息采用97篇，调查信息采用43篇，调查分析采用14篇，桐乡市委办、市政府办采用8篇，其中《桐乡市美丽牧场建设调查报告》等7篇调查报告与调查分析获市委书记盛勇军批示，《桐乡市传统产业转型升级现状与发展研究》被国家统计局浙江调查总队评为2017年度统计分析一等奖。

（范　雪　张炳泉）

9月22日，国家统计局浙江调查总队总队长仲柯（左三）到濮院调查特色小镇建设　国调队提供

中共桐乡市委员会

重要会议和决策

【全市三级干部大会暨实施“三大工程”动员会】 2月4日，桐乡市三级干部大会暨实施“三大工程”动员会召开。会议的主题是贯彻落实市第十四次党代会精神，把握经济建设这个中心不动摇，坚持稳中求进工作主基调，大力发展以先进制造业为核心的实体经济、以乌镇为核心的“一业一网”，全力实施实业兴市、创新驱动、开放融合、生态宜居、民生为本五大战略，扎实开展招商引智、项目推进、作风建设“三大工程”，开创桐乡经济社会发展新局面。市委书记盛勇军指出，“拼搏2017、奋战2017，必须强化目标意识，必须突出发展主题，必须强化工作落实，必须做到全民参与。”要以“三大工程”为抓手，撸起袖子加油干，用行动展示桐乡力量、用实干成就桐乡大业，为加快把桐乡建设成为先进制造基地、诗画水乡典范、旅游人文名城、网络智慧强市贡献每个人的力量。

【市委综合工作会议】 3月10日，桐乡市召开2017年市委综合工作会议，对2017年的市委条线工作进行全面、系统地部署和安排。市委书记盛勇军主持会议并讲话。他要求，2017年，全市各级领导干部要聚焦中心、突出重点、以上率下，在落实中凝聚澎湃力量，在落实中开创蓬勃气象，为加快把桐乡打造成为先进制造基地、诗画水乡典范、旅游人文名城、网络智慧强市而努力奋斗。市委副书记、政法委书记潘川弟，市委常委、组织部部长陈林根，市委常委、宣传部部长潘敏芳，市委常委、统战部部长周国强，人武部政委严培分别就政法、组织、宣传、统战、人武工作进行部署。

【全市领导干部会议】 6月19日，桐乡市召开全市领导干部会议。传达学习省第十四次党代会精神和省委书记车俊，省委副书记、代省长袁家军在参加嘉兴代表团审议时的重要讲话精神。市委书记盛勇军指出，中国共产党浙江省第十四次代表大会，是在浙江省进入高水平全面建成小康社会决胜阶段召开的一次十分重要的会议。大会实事求是总结了过去五年的辉煌成就，明确提出今后五年是浙江大有可为的战略机遇期、干事创业的发展黄金期、不进则退的转型关键期，并科学谋划了未来发展的宏伟蓝图。盛勇军强调，要学习宣传好、贯彻落实好省党代会精神，自觉把思想和行动统一到大会精神上来，把智慧和力量凝聚到大会提出的新目标、新任务上来，为实现好“两个高水平”，提供桐乡实践、贡献桐乡力量。

【市委十四届四次全体(扩大)会议暨市十六届政府第二次全体会议】 7月28日，桐乡召开市委十四届四次全体(扩大)会议暨市十六届政府第二次全体会议，认真贯彻落实省第十四次党代会精神，总结上半年工作，部署下半年任务，动员全市上下聚焦全年目标任务，狠抓落实、真抓实干，以一天也不能耽搁的干劲决战下半年、冲刺全年红，确保市第十四次党代会谋定的各项工作起步扎实、开局顺利，以优异成绩迎接党的十九大胜利召开。市委书记盛勇军作工作报告。会议表决通过《工作报告》和《中国共产党桐乡市委员会工作规则》。盛勇军强调，各级领导干部应当做到“四个必须”：必须保持战略定力；必须突出两个核心；必须增强创新自觉；必须彰显行动力量。当前要重点抓好经济发展、民生改善、队伍建设三件事。

【2017 国际经贸洽谈会】 9月24—26日，“聚焦桐乡·相约乌镇”2017国际经贸洽谈会在桐乡市召开。开幕式上，德勤中国政府及公共事务服务总监严庆乐发布《桐乡市投资环境研究报告》，桐乡市表彰近年来部分重大投资项目，签约33个投资项目和7个合作结对平台，美国库比蒂诺市与桐乡市签署缔结友好交流关系协议，意大利普利亚区法萨诺市与崇福镇签署建立友好关系城市备忘录，聘任8名热心桐乡招商引智工作的人士为“商务特使”。中电海康董事长陈宗年、经济学家曹和平等在开幕式上进行主题演讲。中国原创艺术研究发展中心、中国航天电子技术研究院、浙江省网信办、浙江省经信委等各级各领域的领导、专家、客商，来自美国、意大利、克罗地亚、巴西、阿联酋、保加利亚等20多个国家和地区的官员、客商，桐乡市四套班子领导及各镇（街道）和有关部门负责人参加洽谈会。此次经贸洽谈会活动重点围绕国家“一带一路”和桐乡市接沪融杭战略，突出“两个核心”，重点推进智能制造、互联网等领域交流对接，开展产业合作、项目洽谈和人才交流等活动。其间举行投资环境推介会台商专场、2017大数据与人工智能产业合作峰会、浙江桐德光电科技有限公司项目开工仪式、世界500强投资企业之先进制造业论坛、汽车汽配制造论坛暨中国汽车工业协会上市公司委员会2017年第二次理事会、新材料技术与应用研讨会、美国硅谷专场对接会、桐乡经济开发区智能装备制造专场推介会等。

【全市科技人才大会】 9月26日，2017年桐乡市科技人才大会召开，嘉兴市委常委、组织部部长连小敏，嘉兴市政府副市长洪湖鹏到会指导。市委、市政府主要领导出席会议。桐乡市部分企业家、科技工作者、人才代表和科技人才工作合作单位的代表以及桐乡市科技型中小企业负责人等近千人参加会议。会议全面贯彻落实全国、全省人才工作会议和全面创新改革有关工作精神，总结“十二五”以来全市科技人才工作成效，表彰科技人才系列先进，围绕“全面创新改革”，突出“企业主体”和“实业兴市”，动员和部署今后一段时期全市科技人才工作，为推动新旧动能转换、推进创新驱动发展，加快建设先进制造基地、诗画水乡典范、旅游人文名城、网络智慧强市奠定坚实的基础。会上，表彰2012—2016年桐乡市优秀创新型企业、优秀科技创新成果和桐乡市优秀创业创新领军人才、第二届桐乡市“金蓝领”高技能人才。为2个省博士后工作站和桐乡技师学院进行授牌，并聘任中国产业升级网总裁徐爱华等4人为人才工作顾问。同时，还揭牌成立桐商学院、桐乡市人才服务中心、桐乡市人才局。

办公室工作

【概况】 2017年，市委办公室围绕市第十四次党代会提出的“一个中心”“两个发展重点”“三大工程”“五大战略”的总体要求，加强队伍建设，服务市委中心工作，确保市委各项精神落到实处，组织3次经济形势分析会、2次项目集中开工仪式、1次党委书记交流会、4次企业负责人座谈会、1次市委读书会等。强化市委书记批示和基层意见建议督办工作，做到交办后1个月要反馈，事事有落实，年底组织回头看。加强对经济工作、生态建

9月26日，桐乡市科技人才大会召开 市委办提供

设、平安建设三大重点的日常督查，组织开展重点项目推进督查2次、剿灭劣Ⅴ类水专项督查2次、维稳安保平战结合督查5次。组织开展机关优秀团队暨“忠诚之星”“担当之星”“实干之星”评比，弘扬机关正能量。设计制作“桐乡”标志和“桐乡大讲堂”标志，提升桐乡的对外形象。围绕2017年度经济工作目标及重点工作任务，完善2017年度考核办法，每月对各主体经济发展工作进行排名通报，督促各主体围绕目标任务狠抓推进。研究出台《市委工作规则》，制定《市委市政府经济形势分析会议制度》《市委财经领导小组会议制度》《镇街道党委书记工作交流会议制度》《市委市政府平安建设形势分析会议制度》、企业负责人座谈会制度，出台《市四套班子领导和市直单位联系基层有关事项》《减轻基层主要领导事务性工作压力的通知》等。研究出台年休假的补充意见、职工疗休养的补充规定。进一步加强与“四办”和组、纪、宣、统等的统筹协调，强化工作的整体性和协调性。协调抓好乌镇镇、开发区、桐城委三大平台的行政区域调整，协调乌镇重点项目的有序推进。协调党的十九大和第四次世界互联网大会·乌镇峰会期间的维稳安保工作，保障全市的平稳运行。协调市委组织部、市发改局、市商务局围绕作风建设、项目推进、招商引资“三大工程”出台实施意见。积极发挥市委改革办职能作用，制订改革工作计划，统筹改革项目落地，推进桐乡市全面深化改革工作再上新台阶。统筹法治工作，在连续三年获得全省法治县(市、区)工作先进单位的基础上，2017年被授予创建全省法治县(市、区)示范单位称号。

为市委高效运转做好服务保障，在深入领会上级精神的同时，充分了解全市经济社会发展状况，起草市第十四次党代会工作报告，谋划五年的发展目标、工作重点和主要任务。完成市第十四次党代会第二次会议、三级干部大会和一系列的文字综合工作，努力把市委的精神转化为文字传达下去。实施政研室与市委办合署办公。政研工作强化调研工作，为市委决策出谋划策，全年承担调研课题20个。注重发挥信息主渠道作用，反映基层情况，总结基层经验，把控紧急信息，确保市委、市政府领导及时掌握社会面稳定情况。全年送紧急信息170条，刊发信息45篇，被省、嘉兴市录用信息320条。认真做好市委和市委办文件起草收发工作，加强党内规范性文件的审查与备案，做到不出错或少出错。全年发文桐委59个、桐委发40个、桐委办发107个、桐委干15个。不断加强各级会务的组织与保障工作，全年保障中央、省、嘉兴市级会议48个、桐乡级大型会议50多个、书记专题会议15个、市委常委会会议25个。认真做好接待工作，全年接待各类调研、考察学习105批次。严格落实一年365天、一天24小时值班和第一责任人制度，强化党的十九大和乌镇峰会期间的机要保障工作，完成密码通信保障工作，全年收发明密电报1790份，保障各类视频会议62个。加强保密工作，开展3项保密专项检查，完成第四次世界互联网大会·乌镇峰会期间中央和省领导的专用通信保障。健全完善市委、市政府总值班室工作制度，为市委领导及时了解掌握情况和指挥处置提供依据。

（范　俊）

纪检监察工作

【概况】 2017年，全市纪检监察组织牢固树立“四个意识”，忠实履行党章赋予的职责，在全面从严治党中严守职责定位，强化监督执纪问责，坚定不移正风肃纪、坚定不移惩治腐败、坚定不移深化改革，各项工作向纵深推进。加强对党的十九大和省市党代会精神贯彻情况的监督检查，开展优化发展环境系列专项检查，问责处理107名公职人员。严明换届纪律，严把党风廉政意见回复关。全面准确落实监察体制改革任务，按期完成监委组建和挂牌，实现党对反腐败工作的统一领导。先后对3名被调查人实施留置措施，查办桐乡市环宇实业有限公司原董事长施某贪污受贿案。召开全市落实全面从严治党主体责任工作会议，建立“五化一严”(主体责任清单化、项目化、痕迹化、数据化、科学化，严问责)责任落实机制，协助市委推动全面从严治党向基层延伸。坚持失责必问、问责必严，实施“一案双查”3起，追究领导责任4人。持续高标准抓好中央八项规定精神落实，查处违反中央八项规定精神27人，党纪政务处分5人。开展公款违规购买消费烟酒问题集中排查整治和违规收受礼品礼金问题专项治理，编印《作风建设新常态应知应会手册》，进一步构建作风建设长效机制。对农民专业合作社开展专项检查，开展“八廉八促”活动，持续加强农村基层党风廉政建设。坚持有腐必反、有贪必肃，全年接受各类信访举报340件，立案115件，给予党纪政务处分112人，其中涉及科（局）级领导干部2人。开展问题线索大起底，加强集中管理和集体会商，转隶时检察机关移交的10件存查问题线索全部处置完毕。常态化运用“四种形态”，全市处置423人次。开展廉政档案建档工作，为606名在职市管干部建立廉政档案。深化“千百十”纪律教育，开展家庭漫画创作、花鼓戏《补农训子》编排等家风教育系列活动，党风廉政宣传教育进一步加强。按照“一届市委任期内实现巡察全覆盖”目标，协助市委制定五年工作规划。启动十四届市委第一轮巡察，对20家单位开展综合巡察、专项巡察和“回头看”，推动开展二级巡察，发现并纠正问题564个，提出意见建议299条，移交问题线索11件，推动查处一批违规违纪案件。巩固派驻监督全覆盖成果，市委书记一对一听取派驻机构负责人廉情分析报告，各派驻机构探索形成主体责任驱动、专项检查、提醒教育、驻点监督等模式。加强纪检监察干部队伍建设，严格落实“五严守、五不准”的纪律要求，积极推进“两学一做”学习教育常态化制度化。加强机关党建工作，在执纪审查一线成立临时党支部。完善内部监督机制，对全市138名纪检监察干部开展个人重大事项报告和核查，谈话函询纪检监察干部1人次，防止“灯下黑”。

· 相关链接 ·

“八廉八促”活动

“八廉八促”活动是中共桐乡市纪委、市监委2017年10月18日印发的《关于开展农村基层党风廉政建设“八廉八促”活动的通知》，其内容是：开展纪律教育以倡廉，促廉政意识增强；建设廉政文化以育廉，促社会风清气正；推进村务监督以督廉，促权力规范运行；深化作风巡查以助廉，促干部履职尽责；落实专项整治以践廉，促惠农政策落实；起底信访线索以查廉，促矛盾纠纷化解；强化拍蝇惩贪以保廉，促百姓获得感提升；实施问责追究以守廉，促责任落实到位。

【完成监察体制改革试点工作】根据中央关于国家监察体制改革试点工作统一部署，桐乡市于2016年12月正式启动监察体制改革试点工作，2017年2月召开组建转隶工作大会，举行市监委挂牌仪式，撤销市监察局，市人民检察院的反贪污贿赂局、反渎职侵权局、职务犯罪预防局，组建成立市监察委员会，市监委与市纪委实行合署办公。市检察院有17名工作人员转隶到市监委工作，在不增加职数和编制的前提下，实际运作科室为11个，其中执纪监督科室8个，将精干力量全部向主责主业倾斜。在监察对象上，实现对行使

2月21日，桐乡市监察委员会举行挂牌仪式　　市纪委提供

公权力的公职人员监察全覆盖，改革后全市国家监察对象比改革前的行政监察对象增加329.64%。加强纪委、监委与公安、检察、法院等机关的联系沟通，健全案件移送管辖、审查起诉、审判及协调衔接机制。严格落实省监委下发的24项监察业务制度，建立健全案件监督管理、执纪监督、执纪审查、案件审理相互协调、相互制约的工作机制。规范案件审理流程，严把案件质量关。全面履行监察职能，相继出台一系列运行制度、履职流程图和监察文书模板。全要素试用监察措施，重点探索使用留置措施，形成了“一请示一方案四预案”（予以留置请示、留置工作方案、留置点预案、审讯预案、带人预案和安全办案防范预案）和“双同步”（嘉兴留置点审讯留置对象和桐乡询问点同步进行）的桐乡模式。全年市监委综合运用询问、查询、鉴定等监察措施235人次，对2起案件4名被调查人采取留置措施。随着监察体制改革的深入推进，党对反腐败斗争的统一领导进一步加强，党和国家监督体系更加健全。

（李　俊）

组织工作

【概况】 2017年，全市组织工作围绕市第十四次党代会提出的各项目标任务，落实全面从严治党要求，聚焦主责主业、强化担当有为，突出抓好“两学一做”学习教育常态化制度化、桐乡铁军锻造行动、村社组织换届、人才队伍建设等。

深入推进“两学一做”学习教育常态化制度化。召开全市“两学一做”学习教育常态化制度化工作座谈会，出台专项实施方案，抓深抓实主题党日，向全市4万名党员发放“学习包”。开展“深学十九大·干部进百村”活动，市领导和各单位党员领导干部带头到村开展大宣讲、大排查、大走访、大调研。围绕市委项目推进、征收征迁、小城镇环境综合整治、剿灭劣Ⅴ类水等四个“百日攻坚”专项行动，组织全市党组织和党员在服务中心中发挥好先锋模范作用。市级层面建立4个“基层党建（两学一做）”专项督查组，定期开展专项督查。

扎实推进全市干部队伍建设。以作风建设为抓手，实施比学赶超促发展、能上能下强担当、实战练兵强本领、关心关爱增活力铁军锻造四大行动。围绕全市中心工作和干部队伍建设需求，做好干部人事调整工作，全年提交常委会票决领导干部11批次378人次，提拔和转任重要岗位42人。启动新一轮副科级后备干部推荐工作，开展“85”后副科长级干部预备人选竞争性选拔，择优确定26名预备人选。实施“中层干部大交流”，34名优秀中层干部交流履新任职。开展百名干部多向挂职、一线实战行动，选派17名干部到上级部门挂职锻炼、11名干部参与“沪·挂”计划、226名干部驻点乌镇峰会承办、项目推进等一线。加强干部教育培训，全年安排市委主体班次27期，参与人数1937人次。开设中青年干部大讲堂，建立“专题调研、定期交流、学分考核”机制。推进干部社团兼职清理规范工作，做好领导干部个人有关事项报告工作。对12家单位开展经济责任审计，17名镇（街道）、部门主要领导实行经济事项离任交接。严格把好中层干部预审关，审批62批380人次。从严领导干部出国（境）审批，累计审批因公出国（境）30批68人次、因私出国（境）118人次、赴台6批22人次。强化监督预警结果运用，累计提醒、函询21人。强化干部严管厚爱举措，出台《推进领导干部能上能下实施细则（试行）》《桐乡市改革创新容错免责实施办法（试行）》。推进公务员职务与职级并行工作，完成221人职级晋升。

全面推进基层组织建设。完成211个村（社区）换届选举，一次成功率100%。大力实施领雁工程和壮大工程，举办村、社区党组织书记培训班和擂台赛，承办嘉兴市“喜迎十九大·奋勇当先锋”领雁论坛，5名村（社区）书记、1名“两新”组织书记获嘉兴“先锋书记”称号，17名村书记获市第三届“耕耘奖”。深化党小组长、村民小组长、妇女小组长“三小组长”小岗位大作为先锋行动，完成镇（街道）事业单位择优选聘大学生村官8名。实施全市首个村级集体经济壮大工程32村（含30个薄弱村）抱团项目，加强对党组织软弱落后村、经济薄弱村、美丽乡村支持力度，新选派12名农村工作指导员开展驻村指导。出台《关于加强和改进新形势下机关党的建设工作的意见》，开展“两新”组织“双覆盖攻坚五十天”行动，

2月3日，启动全市首个村级集体经济壮大工程32村抱团项目

市委组织部提供

实施新生代（青年）企业家“红色引领”工程，在嘉兴率先成立党建联盟及各镇（街、区）分站，选派第十批党建工作指导员26名，新认证党务“红色引领”183名。推进互联网党建工作，实施党建红云平台和“桐乡红云”APP改版升级工作，推动“菊乡先锋”微信公众号常态化发布运作。开展远教终端站点“两查两提高”（全面检查设备情况、提高完好率，督查使用管理情况、提高学用成效）专项活动自查，承办嘉兴市第三届“红船·追梦印记”微视频大赛。加快市党群服务中心建设，实施“五个一批”（一批平台、一批队伍、一批项目、一批活动、一批先锋）党员志愿服务行动。

切实加强人才引育集聚。出台桐乡人才新政27条，制定相关部门分工方案。召开全市科技人才大会，成立市委人才局，建立人才服务中心。完善考核指标体系，提高人才工作在镇（街道）区目标责任制考核中的权重。加强招才引智队伍建设，推动招才与招商、引智与引资并行。推进创业创新人才引进工作，全年申报国家“千人计划”6人，省“千人计划”6人，省“万人计划”9人，“创新嘉兴·精英引领计划”领军人才项目9个，申报参加“红船杯”全球创业大赛项目7个。完善“一事一评”快速评审机制，累计评审桐乡市级创业领军人才项目5批25个，入选12个。健全柔性引才机制，中博联研究院10位博士后到相关部门、平台和镇（街道）开展为期1年的挂职服务。常态推进高层次人才对接交流，全年组织对接洽谈人才（项目）218次，引进高层次人才443人，人才项目落地23个。强化市场化引才和企业自主引才力度，深化与清华大学校友总会、中博联、乌镇智库等组织（协会）合作，组织企业赴北京、上海、武汉等地招聘基础性人才，举办第二届“金蓝领”高技能人才评选活动。推进企业人才培育平台建设，新增国家级企业技术中心1家、省级领军型创业创新团队1个、省级院士专家工作站1家、省级博士后工作站3家、省级重点农业企业研究院1家、省级企业研究院4家。深化“金凤凰”人才服务联盟建设，启用400平方米实体服务联盟阵地，开展科技人才“大走访、大问计、大服务”活动。选派第二批8名市级领军人才企业助创专员和助创律师、会计师、税务师“一员三师”创业助理，完善创业创新领军人才“生活绿卡”制度。

【开展“深学十九大·干部进百村”活动】 11月起，由市委书记带头，34名市领导和142名市直部门（单位）党员领导干部分成176个工作组，深入全市所有村，全面开展“深学十九大·干部进百村”活动。深入支部“大宣讲”，明确时长、内容等刚性要求，由各组带队党员领导干部担任讲师，围绕党的十九大精神、习近平总书记南湖重要讲话精神，为全村党员上一堂专题党课。同时，深入网格“大排查”，聚焦互联网大会会址周边、城郊结合部、人员集聚区等重点区域开展“红袖章”万人大巡防，保障第四届世界互联网大会·乌镇峰会顺利召开。深入群众“大走访”，实现生活困难户、涉稳涉访户等重点群体走访全覆盖，并与镇街联村干部和村干部进行谈心谈话，累计走访农户1.32万户，办结民生事项764件。深入一线"大调研",每村召开党群恳谈会,聚焦基层组织建设、村级集体经济发展、民生实事工程、基层社会治理、美丽乡村建设等5个方面进行重点调研,对调研收集到的292个重点难点问题实行销号管理。

【实施桐乡铁军锻造行动】 2017年,市委组织部以作风建设为抓手,出台专项实施意见,打造"忠诚有信念、创业有激情、实干有担当、自律有正气"的铁军队伍。实施"比学赶超促发展"行动,定期召开镇街、部门"一把手"工作交流会,举办市、镇两级村书记"比担当、比实绩"擂台赛,市领导领衔攻坚178个重点项目,强势推进项目建设。实施"能上能下强担当"行动,出台《推进领导干部能上能下实施细则》等制度,健全日常分析研判机制,依托干部大数据管理平台和干部工作观察点、监督员,实时掌握管理干部信息。实施"实战练兵强本领"行动,构建全市后备干部资源库、重点培养干部库和近期可提拔干部库,对26名副科长级干部预备人选进行压担锻炼,推动200余名干部在省发改委、同济大学和项目推进办等不同的岗位实战中成长。实施"关心关爱增活力"行动,出台干部改革创新容错免责制度,健全干部分层分类谈心谈话制度,建立干部关爱资金,探索规定项目和自选项目相结合的干部体检新模式。

【中青年干部大讲堂】 7月1日,第一期桐乡市中青年干部大讲堂在市委党校举办。中青年干部大讲堂的200名学员是从全市各部门(单位)择优筛选,每季度开展一次集中授课。内容围绕中国特色社会主义理论、党性教育、全市中心工作等主题,市委书记作第一场专题讲座。大讲堂建立了"专题调研、定期交流、学分考核"机制,将200名中青年干部分设11个调研组,围绕基层党建、一业一网、政法维稳、民生保障、双招双引等重点课题,走访基层单位进行实地调研,开展调研68次、提出建议154条。定期交流学习感悟心得,帮助干部增强党性、提高本领,促使中青年干部健康成长。

7月1日,第一期桐乡市中青年干部大讲堂在市委党校举办

市委组织部提供

【实施农村基层带头人"领雁工程"】 2017年,市委组织部以实施"领雁工程"为抓手,推出选优配强、教育培养、激励保障、监督管理等一系列措施,打造一支讲政治、重实干、有本领、得民心的村党组织书记队伍。以村级组织换届为契机,采用民主推选、内部培养、能人回请等途径,选优配强村社干部。深化村级后备干部培养"青蓝工程",开展村级后备干部集中公开竞争招录,确保每个村不少于3名后备干部人选。村级组织换届后,第一时间开展新一届全体村社干部培训,市级集中培训176名村党组织书记,镇(街道)集中培训所有1251名村社干部。健全村干部报酬正常增长机制,全年市镇两级财政下拨村干部基本报酬4093万元。开展第三届"耕耘奖"推选,17名村书记获奖,营造学习典型的好氛围。健全完善监督、考核、管理、审计、问责等工作体系,划定红线、底线。以镇街为单位,制定村级工作和村干部考评机制。出台村社两委主职干部离任交接办法,开展农村集体经济审计工作。

【深化"三小组长"小岗位大作为先锋行动】 2017年,市委组织部拓展乌镇管家“党建＋治理”品牌，把党小组长、村民小组长、妇女小组长队伍建设作为加强农村基层组织建设的重点，深化小岗位大作为先锋行动。设定8条基本条件，列出10种不能推选为组长的标准，建立“三小组长”任前联审机制，严格把好入口关。根据岗位特点，分类设定20项具体职责，推行“一站一会一包一栏”（组长工作站、党群议事会、“三小组长”工作包、组务公开栏）工作法，镇（街道）统筹设置考核项目和标准，考准考实每名组长的履职实绩。制定“三小组长”履职报酬的正常增长机制，分岗位制定全年报酬“托底数”，2017年度按全年不少于3000元/人进行落实。

【实施新生代（青年）企业家“红色引领”工程】 2017年，市委组织部着眼提升新生代（青年）企业家对党的建设的认知、认可、认同，深入推进“红色引领”工程，助力实体经济青春建功和“先进制造基地”打造。在全市集中开展45岁以下新生代（青年）企业家队伍集中普查，针对普查到的242名新生代（青年）企业家（其中党员46名），建立“红色基因”信息库。在嘉兴率先成立新生代（青年）企业家创业联谊会党建联盟总站、镇（街道）分站，明确党建联盟孵化引育职责，强化组织引力，全年，孵化党组织4个，发展党员2名。建立教育培训、导师帮带、挂职锻炼、社会实践等“四合一”机制，将新生代（青年）企业家培训列为市委主体班次，组织红色教育、创业大讲堂、青春分享论坛等活动28场，提升接班能力。组织涉企部门（单位）联动开展“进企解难”“红色代办”、智力对接、银企对接、项目对接等5大类服务，增强发展动力。对优秀新生代企业家在各类政治安排中予以优先考虑，定期开展评优评选表彰，释放党建活力。

【不断推进“双招双引”工作】 2017年，市委组织部（人才办）从健全机制、突出重点、提升队伍和强化服务四方面推动招商引资、招才引智的“双招双引”工作，努力实现人才集聚与产业发展互促共赢。健全完善领导负责制、年度考核制、专题研讨制三项机制，市级领导参与联系单位的外出招商、项目考察等活动，规定基层党（工）委书记每月参与“双招双引”不少于三分之一时间，每年不少于100天。突出重点产业、重点平台、重点活动，梳理可利用的土地、厂房等资源和重点人才需求清单，充实完善各平台项目资源库，办好“聚焦桐乡·相约乌镇”国际经贸洽谈会、海外学子桐乡行等活动。建立“双招双引”专职队伍，不定期组织专题培训班，并将全市“双招双引”工作人员划分为若干小组，分片定向联系重点区域。强化快速反应联动服务，建立由市领导牵头的快速反应小组，实施快速评估；强化人才发展平台服务，提高招商项目和人才项目承接水平；强化人才项目服务，完善人才项目审批“绿色通道”制度，加快项目评估、审批、登记等环节速度。

（赵　银）

宣传工作

【概况】 2017年，桐乡市宣传思想文化战线围绕市第十四次党代会总体部署，坚持稳中求进工作主基调，加强思想理论武装，提高舆论引导能力，推动文化改革发展，弘扬社会主流价值，夯实基层基础，为桐乡建设提供有力思想舆论保证和精神文化支撑。

加强理论学习。组织开展市委中心组专题学习交流会4次、基层中心组集中专题学习12次，举办桐乡大讲堂集中专题学习7次，做好全市中心组理论学习平台的提升工作。健全市、镇（街道）、村（社区）三级学习宣讲体系，邀请省委讲师团、嘉兴红船讲师团，解读治国理政新理念新思想新战略。组建市委领导宣讲团、理论骨干宣讲团和微党课选手宣讲团，编发《主题精神宣讲提纲》，向全市党员干部群众开展主题精神教育，开展宣讲200余场次，受众人数3万余人次。完善市委理论学习中心组学习制度和基层党委（党组）中心组学习制度，下发《2017年度市委中心组理论学习意见》，优化学习形式、时间和要求，坚持学习交流点评反馈相结合，推动理论学以致用。实行“互联网＋理论”新模式，举办“红船精神助推互联网经济发展”专题宣讲会，以现场互动与电视、微信等新媒体传播学习相结合开展教育。举办“我在礼堂读新语”系列活动，全市100余名党员干部参与朗读活动。做好在线学习资源发布，全年上传理论微课堂专题学习36期、播出电视党校12期、公布《理论教育资源库》教育资源130余项，推动理论宣讲大众化、互动化。开展“勇立潮头话担当”微型党课比赛，1名选手获浙江省微型党课比赛三等奖。开展“最美宣讲员”征集活动，1名“最美宣讲员”获嘉兴级“最美宣讲员”并入选嘉兴“红船宣讲团”。开展“我最喜爱的习总书记一句话”系列微宣讲活动，制作微宣讲视频3个、微宣讲语音30个。开展市社科课题征集活动，入围嘉兴市课题立项29个，立项率100%，其中3项课题获嘉兴市重点课题。深化社科知识普及，开展“社科普及月”“普网行动”等系列活动，做好市级社科普及基地评优创新工作，非物质文化遗产馆成为桐乡市首个“浙江省社科普及示范基地”。

做亮舆论宣传。策划重大主题系列报道，开辟专题专栏，推出稿件1000多篇次，营造舆论声势。强化经济领域宣传，部署市级媒体刊发《解码桐企》《做强实体经济36计》《传统产业变形记》《桐乡工匠大展播》等专题经济类报道2000多篇，发挥宣传报道服务实体经济的作用。召开宣传例会、开展镇（街道）各主体宣传评比等，激活全市镇（街道）、部门（单位）宣传力量。构建“两报一台”“两微一端”及桐乡发布等融媒体传播格局，线上线下同步同频开展宣传报道，各平台订阅用户70多万人次，推出《奔跑吧！桐乡》《巡水的鱼》等系列作品，点击量10万次。对外宣传浓墨重彩。加强与中央电视台、人民网、《浙江日报》等上级主流媒体联系合作，积极对接韩国、尼泊尔、以色列、越南等新闻代表团及境外媒体到桐乡交流采访。制作中英文版本新闻指引《发现桐乡》，对接好域外媒体采访需求，建立新闻线索报送机制，及时向域外媒体提供新闻线索，提高用稿率和宣传频度。充分利用乌镇峰会的溢出效应，精心策划安排乌镇—濮院（传统产业升级篇）、乌镇—开发区（先进制造篇）、乌镇—石门（文化篇）、乌镇—崇福（机器换人篇）等9条媒体记者场外采访推荐线路，积极引导境内外媒体采访报道桐乡经济社会文化发展等内容。全年桐乡对外宣传媒体报道6745篇，其中中央媒体1765篇、境外媒体400篇，外宣报道总量居全省前十位、嘉兴市首位。中央电视台《新闻联播》报道的桐乡市“最多跑一次”改革、《浙江日报》头版刊登的“桐乡市新兴产业风头劲”等内容受到各界的高度关注和点赞。加强新闻发言人队伍建设，组织开展新闻发言人专题学习培训活动，提升发言人舆论引导能力。网络舆论平稳有序。汇聚网上正能量，做好重大节庆和重点活动的宣传，做到域内域外宣传和线上线下宣传的深度融合。组织策划全国网络媒体开展“先进制造桐乡行”活动，深入挖掘桐乡先进制造企业的典型，开辟“桐怼谣”辟谣品牌专栏，编印《互联网法律法规汇编》，普及互联网法律法规和网络安全知识。健全网络舆情工作机制，建立网上舆情回应、部门联动处置和谣言处置等机制，进一步规范网信工作程序；全年约谈10个平台，查删不实信息事件20多起。推出“吾乡鸣”评论文章，引导舆论重点，传递党委政府的最强音。筑牢网上安全防线，强化落实网站主体责任，有序推进网络实名制工作，开展2017年度网络安全保障应急演练，提升全市各主体单位的网络安全意识和应急处置能力。

推进文化建设。开展“风雅桐乡”建设，召开千人文化发展大会，评选表彰文化发展突出贡献团队、突出贡献人物、第四届道德模范、金凤凰奖获奖作品，聘任首批文化发展顾问23名。“茅盾文学院”和全国首个“中国网络文学桐乡创作基地”落户桐乡。制订《关于推进人文名城建设，打造风雅桐乡的实施意见》《推进人文名城建设 打造风雅桐乡三年行动计划》。围绕打造“风雅桐乡”城市文化品牌，开展一系列文化活动，举办第二届茅盾文学新人奖、第二届丰子恺中外散文奖、伯鸿书香奖评选活动及乌镇戏剧节感恩场公演等10余项文化活动。举办“扬帆2017”桐乡市迎春联欢晚会、“喜迎十九大 颂歌给党听”桐乡市机关合唱大赛、“风雅桐乡诵”诗文大赛、“匠心筑梦”桐乡市企业文艺汇演、“梧桐树下·凤凰湖畔”音乐节等20余项主题文化活动。加强文化精品创作扶持，完成第二批市文化精品创作扶持奖励项目评选，奖励图书、电影、舞蹈、戏剧等13个项目，计48万元。做好省、市文化精品及省“五个一工程”参评项目的推荐申报工作，《乌镇之恋》获省和嘉兴市“五个一工程奖”，《望蚕讯》获嘉兴市“五个一工程”奖，《张

8月25日，在桐乡市文化发展大会暨省文明城市创建动员大会上表彰文化发展突出贡献团队　　市委办提供

琴秋》《茅盾"三部曲"》《文学的鲁滨逊：木心传》《宫调声咽》等作品列入嘉兴市文化精品工程重点扶持项目。在第二十一届中国少儿戏曲小梅花荟萃比赛中，《是我错》获小梅花（金花）奖，《司马光砸缸》获"最佳集体节目"及"原创类最佳集体节目"第一名。

夯实基层基础。落实"意识形态工作责任制"，实施《桐乡市党委（党组）意识形态工作责任制实施方案》，把"重大负面报道、网络负面舆情、对外宣传报道、意识形态工作"列入工作目标责任制考核，开展对镇（街道）、市级各部门党委（党组）履行意识形态主体责任情况的检查。出台《关于开展"强本领、强担当、强活力、促发展"头脑风暴活动实施方案》，全面落实"一个责任体系四张清单"，逐个落实清单任务，补齐基层"短板"。深化"走转改"、强化"三贴近"，宣传战线作风建设得到加强。完善学习制度，定期开展集中理论学习12次，结合业务知识开展自学活动和支部实践活动，提高队伍的理论水平。举办新闻发言人培训班，出台《桐乡市宣传条线信息考核办法》，全年开展信息工作、公文写作等培训活动5次，宣传条线干部业务水平明显提升，信息工作进入全省前十名行列。加强宣传文化系统领导班子和干部队伍建设，召开月度全市宣传工作例会、部务工作例会等，规范工作交流机制。开展中层干部交流，调整优化岗位配置，提高宣传干部能岗适配度。配齐配好基层工作力量，积极培养基层文化活动骨干和带头人，不断增强把握中心服务大局的执行力行动力。

【农村文化礼堂建设扎实推进】2017年，桐乡市围绕"提质扩面、常态长效"主题，以建设高水平有质量的文化综合体为目标，扎实推进农村文化礼堂建设。成功承办全省农村文化礼堂建设工作现场会、全省农村文化礼堂骨干示范培训班、嘉兴市农村文化礼堂推进会，桐乡《打好"组合拳"，推动文化礼堂可持续发展》在全省作交流发言。桐乡市坚持立足实际，因地制宜，积极探索农村文化礼堂"建、管、用、育"一体化机制，形成宣传文化部门牵头指导、职能部门密切配合、各镇（街道）统筹推进、村具体实施、社会各界积极参与，多方互动、协作共建的良好工作格局，有效推动文化礼堂规范化管理、常态化使用、可持续发展。在综合考虑各村规划选址、人口集聚、资源要素和工程进度的基础上，明确全年建设任务，加强实地调研指导，建立健全规划建设、项目备案、日常督查和年终考评等制度。深化"文化礼堂理事会""乡贤参事会"等自主管理，试点法人治理，2家文化礼堂完成民办非企业法人登记。编制《桐乡市2017年农村文化礼堂服务菜单》，完善市镇两级菜单服务体系；下发《关于开展"文化礼堂四季行"活动的通知》，完善全年活动部署；以"文化礼堂、我们的家"为主题，充分发挥文化礼堂综合平台功能，开展各类活动2000余次。全年新建农村文化礼堂20家，五年累计建成农村文化礼堂110家，覆盖率62.5%。加强社区、企业宣传思想文化阵地建设，全年新增社区文化家园3家（环南社区、文昌社区、秀溪社区）、企业文化俱乐部3家（铭龙控股、巨石集团、桐乡烟草分公司）。星级管理文化礼堂，全年评选一、二、三星级文化礼堂52家，其中嘉兴市四星

4 月 17 日，全省农村文化礼堂建设工作现场会召开

市委宣传部提供

级文化礼堂 12 家、推荐参评省五星级文化礼堂 3 家。

【推进“书香城市”建设】 5 月 17 日，中国作协“文学照亮生活”全民公益大讲堂走进桐乡，优秀文学作品诵读会同时展开，作家王蒙作专题讲座，3 万余名爱好者通过现场或网络直播形式观看，掀起了全市朗诵热潮。市委宣传部以此为契机，举办“风雅桐乡·共享阅读”全民阅读广场体验系列活动，通过书记荐书赠书、“你选书·我买单”图书赠阅、阅读心得分享、经典诵读展示、百种经典书目展览等活动，营造浓厚的书香阅读氛围。开展“纪念建党 96 周年桐乡党史知识竞赛”，全市党员进一步学习党的理论、党的知识、党的历史，积极参加知识竞赛。开展头脑风暴“金点子”征集活动等，全市各单位围绕“转型发展”和“人文精神”两个方面，立足“桐乡发展的路径有哪些”“我们为桐乡的发展做什么”“桐乡的人文精神是什么”三个问题提供金点子，收集各类“金点子”100 余条，全部予以分类选编成册，供全市各单位学习借鉴，推进全市“书香城市”建设。

【微型党课宣讲团进基层系列活动】 2017 年，市委宣传部围绕“我最喜爱的习总书记一句话”主题，开展微型党课比赛。全市各镇（街道）和相关部门积极开展海选活动，12 个镇（街道）和卫计、教育等相关部门在组织集中比赛后，推荐相关成员参加全市比赛，全市推荐产生 20 名优秀选手建成微型党课宣讲团，结合“宣讲进礼堂”“宣讲进基层”活动，组织 20 名优秀宣讲员到农村文化礼堂和企事业单位开展 50 多场次宣讲活动，受众 1 万余人次。举行“我在礼堂读新语”活动，邀请市委领导、各镇（街道）宣传委员和开发区、振东新区分管领导朗读《之江新语》《习近平谈治国理政》等书中与本人职业经历有高度相关性的篇章，录成音视频在各文化礼堂进行循环播出。同时，发动基层单位、选手开展微视频、微语音的制作活动，并将制作完成的微视频、微语音上传至理论公众号、党建红云 APP 等指尖学习载体中，形成了浓厚的舆论氛围。

【文化产业稳步发展】 1 月 13 日，桐乡市出台《桐乡市文化产业发展“十三五”规划》，制订文化产业发展扶持政策和资金管理办法，全年完成文化产业投资 28.3 亿元。举办桐乡市文化产业客商对接会，做好桐乡文化创意产业园、中央新影桐乡园、华策电影产业园等重点项目的跟踪服务工作。抓好规模以上企业的培育工作，全年新增国标规模以上企业 2 家、省标 4 家，累计国标规模以上企业 60 家、省标 123 家。乌镇互联网文化创意街区列入 2017 年度浙江省文化创意街区榜单。组织参加深圳文博会、义乌文博会、合肥文博会等国内展会，获金奖 14 个、银奖 12 个、铜奖 23 个，其中丰达有限责任公司走出国门，参加阿斯塔纳（哈萨克斯坦首都）世博会。选拔企业参加嘉兴市首届创业创新大赛，获嘉兴市第二名、第三名。哀警卫获首批“大国非遗工匠”、中国传统工艺美术行业大师称号及浙江 2017 年度十大匠心奖。

【文化发展大会召开】 8 月 25 日，桐乡市文化发展大会暨省文明市创建动员大会在市科技会展中心召开。会议以“筑人文名城·颂风雅桐乡”为主题，参会人数1000人，中国文联、中国作协、中华文学基金会等领导出席大会，是近年来桐乡规模最大、层次最高的文化领域专题会议。会议表彰12支文化发展突出贡献团队，12名文化发展突出贡献人物，10名“桐乡市第四届道德模范”。3部作品获第七届文学艺术金凤凰奖、13部作品获提名奖。聘任首批文化发展顾问23名，并组织召开文化顾问座谈咨询会，为桐乡人文名城建设献计献策。会上，举行“茅盾文学院”和全国首个“中国网络文学桐乡创作基地”签约仪式；并签约乌镇泛娱乐产业园、益彰文化创业基地、中韩时装青年设计师孵化基地等一批文化产业项目；启动第二届“茅盾文学新人奖”暨首届“茅盾文学新人奖·网络文学新人奖”等。策划举办文化发展成就展，制作画册，市级媒体高频率地进行专题专栏专刊宣传报道。出台《关于推进人文名城建设 打造风雅桐乡的实施意见》，力争通过实施精神文明创建、全民阅读、城市形象塑造、打造文化品牌、公共文化服务体系建设、历史文化保护传承、文化产业发展壮大“七大工程”，全面打造文明示范城市、书香城市、国际化知名城市、品牌文化城市、公共服务标杆城市、历史文化名城和文化产业名城，为人文名城、风雅桐乡建设夯实发展基础。

【加大乌镇峰会舆论宣传力度】第四次世界互联网·乌镇峰会前夕，市委宣传部通过开展会前筹备及上下联络对接工作，确保大会顺利进行。筹划会前预热宣传，制作域内外各类广告牌3200余块，大会期间境内外数家媒体刊发大会报道13万篇次，讨论量200万次，为大会营造积极向上、热烈浓厚的舆论氛围。英文版《走读乌镇，感知中国》丛书通过Amazon（亚马逊网站）等渠道在海外发行销售；制作桐乡市LOGO（标志）以及中英文明信片及短视频等系列对外宣传品，其中短视频《世界网友@乌镇》点击量100余万人次，《乌镇：古城里的科技范儿》海内外观看量1200余万人次；助力水墨动画宣传片《相聚乌镇》拍摄并在美国有线电视新闻网黄金时段播出，向全世界介绍桐乡及乌镇的独特魅力。乌镇及桐乡的知名度、影响力进一步提升。《桐乡市全力确保乌镇峰会宣传舆论工作“精彩纷呈”》专报信息得到省委常委、宣传部部长葛慧君批示肯定。

（陈厚文）

8月25日，桐乡市文化发展大会暨省文明市创建动员大会召开

市委宣传部提供

统战工作

【概况】 2017年，桐乡市统一战线围绕市委“两个核心”“三大工程”，以“谈心交心同心”走访活动为主线，突出项目化引领、主题化设计，全面推进各领域统战工作。党的十九大召开后，市委统战部及时下发《中共桐乡市委统战部关于认真学习贯彻省第十四次党代会精神的通知》《中共桐乡市委统战部关于全市统一战线认真学习宣传贯彻党的十九大精神和习近平总书记南湖重要讲话的通知》，在全市统战系统掀起学习宣传贯彻热潮。抓好党外代表人士队伍建设特别是做好党外干部培养选拔工作，严格把好政治关、素质关、程序关，认真有序地做好党外人士政治安排工作。加大海外招商引资力度，服务台商台企，举办浙台合作周嘉兴专场活动和桐乡市国际经贸洽谈会台商投资

推介会，邀请中国国民党前副主席蒋孝严莅临并致辞，实现总投资2.1亿美元的4个台商项目签约。广泛凝聚港澳台和海外统战力量，加强与香港桐乡同乡会的联络，扎实推进同乡会组织建设。完成"四海一家·浙港同行"——浙港青年庆祝香港回归祖国20周年交流桐乡站活动。努力为港澳乡亲、回乡参访、探亲、创业、投资提供优质服务，组织台胞台属参加海峡两岸同胞裹粽比赛等活动，全年接待台胞台属4批次16人。指导留联会完成换届工作。做好海外华侨、华人、港澳同胞到桐乡的接待工作。

【推动多党合作】 2017年，市委统战部有序做好党外代表人士政治安排工作，抓好党外代表人士队伍建设特别是做好党外干部培养选拔工作，全年新提拔党外领导干部4名，其中副处级1名、正科级1名、副科级2名。至年底，全市有党外领导干部24名，其中县处级3名、正科级3名、副科级18名。规范换届工作程序，严格把好政治关、素质关、程序关，有序做好党外人士政治安排工作，党外人士中10名当选为嘉兴市八届人大代表，10名当选为桐乡市十六届人大代表，16名被推荐为嘉兴市政协委员，73名被推荐为桐乡市九届政协委员，政协委员中20名当选为政协常委。支持民主党派加强自身建设，将新一届民主党派领导班子的学习教育列入年初市委主体班次，组织54名民主党派新一届领导班子参加省社会主义学院举办的党外代表人士培训班。协助各民主党派结合自身特点，以专题学习会、座谈讨论会等多种形式，开展党的十九大、省第十四次党代会精神和习近平总书记南湖重要讲话等的专题学习，进一步凝聚思想政治共识。组织民主党派和知联会负责人调研小城镇环境综合整治、"最多跑一次"改革工作，为他们履行参政议政、民主监督职能搭建平台。全年，各民主党派、无党派人士提交提案议案160多件，社情民意40多条，报送《党派建言》5期，为市委、市政府科学决策提供参考。深化"同心·服务团"工作，召开全市"同心·服务团"工作现场会，支持"同心·服务团"创新活动载体，提升品牌影响力和扩大覆盖面，全年各服务团开展服务活动28次，服务群众3600余人。以各民主党派桐乡市基层组织成立30周年为契机，举办桐乡市各民主党派成立30周年庆祝大会，展现各民主党派不忘合作初心、继续携手前进的坚定信念，为推进桐乡市多党合作事业奠定基础。

【发挥各领域党外知识分子作用】 2017年，市委统战部引导党外知识分子奉献社会，发挥桐乡市知联会平台，推进各项工作。开展"我为'十三五'献一计"建言献策活动，围绕推动经济转型升级、促进创新创业、全面深化改革、保障和改善社会民生、提升城市功能、提高对外开放水平、加强生态环境保护等领域建言献策。知联会会员撰写建言献策30多篇，其中5篇上报嘉兴市委统战部。协助知联会组织好"加入知联会为什么、历史责任是什么、我为桐乡'干好十三五、奋勇当标尖'做什么"征文活动，引导无党派人士、党外知识分子积极投身改革发展实践，争做"干好十三五、奋勇当标尖"的坚定拥护者、积极宣传者、自觉实践者和有力推动者。提

4月26日，桐乡市召开统一战线"同心同行助发展"主题活动动员暨"同心·服务团"工作现场会　　市委统战部提供

交征文13篇。新的社会阶层人士统战工作取得实效。重视新的社会阶层人士统战工作，针对桐乡市实际，以网络统战为突破口，在成立桐乡市网络界人士联谊会的基础上，重点围绕如何发挥网联会积极作用，服务互联网大会、助推互联网经济、发出网络好声音，积极探索网络统战服务经济社会发展的新渠道，为统一战线更好地服务乌镇互联网创新发展实验区建设提供新思路。

【有效维护民宗领域和谐稳定】2017年，市委统战部组织开展宗教界“正言正行”系列活动，提升宗教界人士素质。以和谐寺观教堂创建活动为载体，加强宗教活动场所规范化建设。以平安护航重大峰会为目标，切实做好第四届世界互联网大会·乌镇峰会期间全市民宗领域安全维稳工作。先后对各个场所进行安全检查200多次，督促整改问题隐患200多项，顺利完成各项安保任务。创新民族“三进”工作，建立村、社区民宗联络员网格。以“最多跑一次”为目标，切实深化“放管服”改革，梳理17条“最多跑一次”办事事项（包括公共服务事项），并推送至浙江省政务服务网对外公开，全部实现“最多跑一次”目标。

【扎实做好非公有制经济领域统战工作】 2017年，市委统战部抓好非公有制经济人士教育培训，通过系列举措，增强非公有制企业家经营能力，提振企业发展信心。实施“四大工程”（红色引领工程、创业引领工程、素质引领工程、爱心引领工程），加强新生代企业家的教育培养，造就一支优秀的非公企业接班人队伍。走访企业130多家，帮助反映企业在项目推进、融资、用工等方面的问题23条。与检察院联合开展服务非公有制企业健康发展“十个一”活动，助力构建新型政商关系，协力打造“重商亲商安商”的良好氛围。加强商会组织建设，开设桐乡商界智慧服务平台，指导成立桐乡市湖北商会。

（钱丽玉）

信访工作

【概况】 2017年，桐乡信访工作围绕平安护航党的十九大，进一步夯实基层基础、强化责任落实、推动积案化解、加强工作创新、办好政务热线，着力建设“阳光信访、精准信访、法治信访、责任信访”，在控增量、去存量、提质量上下功夫，提升信访工作满意度，营造良好信访生态，信访工作在维护社会稳定、服务经济发展中的基础性作用进一步显现。全市受理群众信访32762件次。其中，来访1734批次5251人次，来信503件次，网上信访3560件次，政务热线（市长电话）来电26965件次。市信访局被嘉兴市委、市政府评为嘉兴市重大国际峰会保障服务工作先进集体，第四届世界互联网大会·乌镇峰会承办工作先进集体。

【确保重大活动期间信访稳定】2017年，市信访局根据信访维稳工作需要，建立信访维稳平战结合工作机制，并通过质量体系认证。确保重大活动期间信访稳定。“平时”，注重强化矛盾纠纷排查化解、重点人员教育稳控和案件化解等工作，市领导坚持每月下访。“战时”，市级党政领导在信访局轮值坐班接访，镇（街道）领导开门接访，全市上下形成大信访工作格局，畅通信访渠道，推动矛盾纠纷及时就地化解。实行信访信息零报告制度，借助一切积极因素，形成工作合力，做好重点人员的教育稳控以及应急劝返处置工作。全年完成各级“两会”、省党代会、中国乌镇·围棋峰会、党的十九大、第四届世界互联网大会·乌镇峰会等重大活动期间的信访维稳工作任务。

【落实信访工作责任】 2017年，市信访局坚持市委常委会、市政府常务会议等定期听取和研究部署信访工作，把信访工作考核列入党委政府目标管理考核、平安桐乡考核的内容。市委、市政府主要领导连续14年与各镇（街道）、30多个重点部门（单位）党政“一把手”签订信访工作目标管理责任书，落实信访工作责任。出台《桐乡市信访工作责任制实施细则》《预防和处置突发性越级上访事件应急预案》《市行政中心异常上访事件应急处置实施细则（试行）》等文件，明确工作责任，把明责、尽责、追责贯穿信访工作各环节全过程。坚持和完善市领导定期下访接待群众制度，把信访督查督办、调研走访、事项协调等工作结合起来，推动信访问题及时就地解决。全年市领导下访168人次，接待群众来访396批867人次，其中集体访18批256人次，批示交办189件。

【开展信访积案“清零”专项行动】 2017年，市委、市政府制定下发《信访积案“清零”专项整治活动方案》。排查梳理市级信访积案28件，由市四套班子领导分别包案督查，责任单位党政主要领导作为包案领导，分管领导为第一责任人，层层压实责任。市级领导结合每月下访、基层调研积极开展实地督查工作，有力地推动信访积案化解。事权责任单位积极落实信访事项“三到位一处理”（习近平总书记对信访工作的指示，诉求合理的解决问题到位、诉求无理的思想教育到位、生活困难的帮扶救助到位、行为违法的依法处理）工作要求，综合施策，加大化解力度，集中攻坚。同时积极借助社会第三方力量参与积案化解，邀请“两代表一委员”及村里有威望的干部、德高望重的老人、口碑良好的企业家等参与其中，采取群众公开评议、信访听证会、民情恳谈会等方式化解疑难案件。在全省率先成立桐乡市信访志愿者服务队，让在法律咨询、心理辅导、群众工作等方面有专长的志愿者，针对性地参与疑难信访积案的化解和稳控。2017年信访积案化解数比上年增长350%，有效稳控和化解率89.3%，比上年提高17.9个百分点。

【“互联网＋信访”提质增效】 2017年，市信访局深入推进“互联网＋信访”工作的创新和实践，在巩固来信来访等传统信访工作的基础上，把网上信访打造成群众信访重要渠道，让数据多跑路、让群众少跑腿。打造移动新媒体信访平台，建立信访微信公众号，定期推送信访热点、民生实事、信访宣传等信息，在《桐乡发布》等关注量大的政府门户微信公众号中开通“市长信箱”栏目，全年手机微信受理1327件，占网上信访总量的37.2%。推行网上信访代理工作，在全市11个镇（街道）和209个村（社区）实现网上信访代理工作站（点）全覆盖，变群众由“走访”为“网访”。推行远程视频接访，与各镇（街道）建立“云视讯”远程视频接访系统，公开设立面对群众的视频信访QQ号，发挥互联网优势，减少信访上行。全年，全市受理群众网上信访3560件次，是同期信访局受理来访量的4.2倍、来信量的10倍，推动信访秩序持续好转，营造良好信访生态。

【化解初次信访源头】 2017年，市信访局严格落实初次信访工作责任，提高首办环节工作质量和效率，从源头上预防和减少重复访、越级访。抓好“入口关”，要求首办责任单位和责任人一办到底，并加强业务培训，依托网上信访工作平台，进行规范化办理，确保事事有回音、件件有着落。抓好事中监督，设立回访组，落实专人对评价不满意或未评价的初次信访事项逐件进行回访、核实，属于信访人无理要求的，做好信访人思想教育疏导工作，属于办理工作不到位的，启动督查督办程序。抓好事后督查。对回访核实过程中，发现信息不录入、转交不及时、办理不规范、责任不落实等情况的，通过业务督办、实地督查、市级领导督办等方式，一律进行督查督办和责任追究。全市受理群众初次信访事项12134件，按时办结率100%，化解率98.1%，回访核实率100%，回访核实群众满意度评价99.5%。

【“12345”市长电话】 2017年，市信访局根据省政府建设统一政务咨询投诉举报平台要求，完成18家单位28条非紧急类政务热线整合，实现“12345”一个号码对外，24小时不间断受理政务咨询、投诉举报。全年政务热线服务中心（“12345”市长电话受理中心）受理群众来电2.7万件，比上年上升83.7%，创历史新高；交办8144件，占来电总数的30%；承办单位按时办结率99.8%，反馈率98.3%，满意率95.2%，问题解决率92%。继续做好市领导值班和“行风热线”工作，市领导及相关部门主要领导参加“行风热线”28人次，现场接听群众来电269件次。中心编发《今日要情》251期，市级领导批示108件次，内容涉及河道整治、违章建筑、道路安全、环境问题、城市建设等众多领域，中心及时交相关职能部门处理，并对办理情况进行跟踪落实，为群众解决大量实际问题。参与“最多跑一次”改革，建立政务服务知识库，收录项目审批、社保办理、公积金办理等公共服务事项办理流程、法律条文等内容，确保接线员在第一时间对大部分群众咨询类问题作出准确地回复和解答。在信访微信公众号桐乡市“12345”热线频道新增“快车道”“行政服务指南”栏目，市民只需通过微信动动手指，就能了解相关事项的办理流程和所需手续，实现“自助查询”。4月开通后，受理市民咨询1327多件，实现咨询和解答“最多等一天”。

（张　健）

政研工作

【概况】　2017年，桐乡市委、市政府政策研究室按照市委主要领导“情报部”“参谋部”的要求，围绕全市经济社会发展的热点难点重点问题，广泛开展调查研究，推进政研工作。组织协调和参与全市重点课题调研工作。确定市级重点课题46个，组织协调课题开展。承担全市重点调研课题《关于抢抓世界互联网大会红利释放，加快“三地”建设的路径研究》《县级国资的改革与创新》的实施工作，如期完成课题撰写任务。协调和指导全市各部门、镇（街道）年度重点课题的确定和开展。收集整理各部门主要领导的年度调研课题选题，结合全市中心工作和部门重点工作，协调和指导相关课题开展调研。组织评选上年度全市优秀调研文章，收到各部门（单位）、镇（街道）主要领导调研文章68篇，评出优秀调研文章33篇，汇编成《调研与思考》一书。围绕全市中心工作，开展专题调查研究。2017年，完成或发表《全面提升桐乡国际化水平的思考》《我市有效承接上海城市非核心功能的思考》《创新载体树形象整合资源谋发展—我市积极探索理论学习新模式》等7篇调研文章。围绕时尚小镇和时尚产业、汽配产业发展等开展专题调研，完成《关于濮院特色小镇时尚化发展的思考与研究》《关于加快推进桐乡市汽车汽配产业发展的思考与研究》等报告。

【多途径做好信息参谋工作】2017年，市政研室服务领导决策出刊《决策参考》，完成《勤政周记》交办单的答复工作。做好有关省管县财政体制专项调研任务，完成《关于财政“省管县”体制运行情况的调研与思考》研究课题。参与国务院国资委到桐调研“四化”同步工作、关于桐乡市（大麻）融入杭州开发建设、高桥平安科技城等重大项目调研，完成《关于“建设好乌镇、发展好桐乡”，更好地办好世界互联网大会·乌镇峰会的调研报告》《关于推进永宁街区保护与开发调研报告》。参与全市迎接环保部对浙江省环保督查并承担材料组资料收集报送及相关培训工作，承担市委财经领导小组相关部门职责、议题收集和相关文稿的起草和协调工作。

【全面推进深化改革工作】2017年，市政研室会同各专项小组起草2017年度改革工作要点和工作计划，研究部署全年改革工作。每季度召开专项小组工作会议，总结改革工作进展，做好嘉兴对桐乡市改革工作的考核材料准备。制定重点改革项目市级领导联系制度，明确由20位市级领导分别联系13项重点改革项目。开展改革试点项目“回头看”，全面掌握改革试点项目进展情况。开展重点改革项目专项督察，印发《2017年桐乡市重点改革项目专项督察工作计划》及实施细化方案，会同督考办对“最多跑一次”改革、“四个平台”建设、“三医联动”“五废共治”等重点改革项目进行专项督察。结合省改革督察工作，对农业“三项补贴”发放工作开展督察整改。印发《关于进一步做好改革宣传工作的通知》，联合相关部门开展各类改革宣传活动42次，结合省改革满意度评估工作编辑专题微信，在全市7个主要官方微信号进行推送，累计阅读量3.2万次。编发《桐乡改革简报》7期，总结提炼改革经验信息24篇。全年在中央人民广播电台“新闻联播”和《浙江日报》等省级以上主流媒体报道桐乡市改革工作经验介绍89篇。

（潘洪民）

老干部工作

【概况】　至2017年年底，全市有离休干部120名，其中享受县（处）级待遇58名，科（局）级待遇62名。按工作年代分：抗战时期18名，解放战争时期102名。属行政机关36名，事业单位30名，企业单位54名。垂直管理部门委托代管10名，异地到桐安置12名。市委老干部局贯彻落实中央办公厅、国务院办公厅《关于进一步加强和改进离退休干部工作的意见》精神，把握为党和人民的事业增添正能量的价值取向，围绕全市工作大局，不断提高老干部工作水平，凝聚和发挥老干部正能量。年底，经市委研究决定，建立中共桐乡市离退休干部工作委员会。

落实老干部政治待遇。市领导春节前上门慰问曾任县(团)实职的离退休干部。举办全市老干部读书会、迎春茶话会，改进和完善其内容和形式。进一步落实老干部参加重要会议和重大活动、情况通报会、参观考察等制度。组织曾任县处实职老干部参加政府工作报告、市委常委民主生活会征求意见座谈会。市人大、市政协“两会”，市党代会以及其他重要会议安排老干部代表参加。市委老干部局每月定期到有关镇(街道)组织老干部学习或向老干部传达上级重要文件、会议精神。创新载体，加强对离退休干部的思想引领，组织各离退休干部党支部开展网上晒风采、点赞活动，开展说句心里话留言活动，举办红色电影展播活动，组织书画摄影展及文艺演出等。强化对离退休干部党支部的指导，全年召开 2 次全市离退休干部党支部书记片组会议和 1 次离退休干部党支部书记培训班，进一步提升离退休干部党支部建设的整体水平。

落实离休干部生活待遇。加强与相关部门协调，规范统一离休干部生活待遇的相关政策，检查全市各单位离休干部生活待遇落实情况，确保离休干部及时共享改革发展成果。通过与财政、卫生、社保等部门协调，提高离休干部健康体检的标准、改进体检项目，不断优化离休干部体检方式，为离休干部提供多样化选择，对行动不便的离休干部开展上门体检。落实服务关爱机制，开展送温暖活动，走访慰问生病住院、家庭有特殊困难、异地到桐乡的离休干部和年内逝世的离休干部遗属。4 月，上门慰问安置在外地的 8 名离休干部。7 月，开展高温慰问，给离休干部送去防暑养生食品。积极推进社区“四就近”(就近学习，就近活动，就近得到关心照顾，就近发挥作用)服务工作，定期与社区互动，改进和完善“四就近”工作举措，加强与有关镇(街道)协调，全年下拨“四就近”工作经费 5.48 万元。

推进文化养老，拓展老干部学习活动领域。市老干部活动中心注重老干部的思想政治引领，通过“常青藤”宣传栏、开展走廊文化等多种形式和渠道发挥好思想政治阵地作用。结合春节、元宵节、端午节等节日开展活动，丰富老同志的精神文化生活。市老年大学创新教学管理，依托互联网、微信等平台，改进招生报名、信息互动、课堂教学等环节。开展对外交流，有效提升老年大学的社会影响力。扎实推进党建工作，通过建立党建特色班、举办政治公开课、开展“最美老党员”评选活动等举措，确保政治建校方向。

创新平台载体，发挥老干部正能量。3 月，市委老干部局与市委组织部联合发文，在全市离退休干部中开展“畅谈十八大以来变化、展望十九大胜利召开”主题活动，通过多种形式引导广大离退休干部助力助推桐乡市“两个发展重点”“三大工程”的深入实施。11 月，结合全市老干部读书会，开展“共话发展主题、共谋两个核心——桐乡市“银领向党”老干部正能量活动，活动收到老同志围绕党的建设、经济建设、民生工程等 6 个方面的点赞 120 多个、献计 180 多条。通过“银色人才志愿”行动，加强对涉老团体协会的指导和引导，打造老年大学慈善义工队、老干部自行车队等桐乡正能量活动品

11 月 12 日，市老年大学举办“我最喜爱的习总书记的一句话”主题朗读汇　　市老干部局提供

牌。市关工委借力“互联网+”，创新教育载体，建立“爱明天”公益项目，依托微信平台和“五老”（老干部、老军人、老教师、老专家、老模范）志愿者，开展实践体验、教育培训、亲子活动等六大类公益活动，全年组织手工制作、小红军体验营、非遗体验、走进美丽乡村等活动，拓展关工委工作的载体和渠道。关工委讲师团开展以社会主义核心价值观为重点的理想信念、爱国情怀、道德法制、革命传统、科普知识、心理与生理健康知识、家庭教育知识七个方面70个课题的专题教育，报告120场次，受教育人数3.1万人次。协助市文化部门加强对文化市场的监督和管理，调整充实“五老”文化市场义务监督员队伍，配合文化、市场监管、公安等部门到学校周边的文化体育用品店、音像制品店监督检查，促进社会文化环境的净化。各级关工委充分发挥各条战线各领域退休老同志的特殊优势，动员160多名有特长、有威望的“五老”加入11支关爱明天服务队，围绕心理疏导、行为教育、社区矫正等方面，加强对归正、涉毒、行为偏差等问题青少年的帮教工作。

【“银领向党”老干部正能量活动暨全市老干部读书会】 11月7—9日，桐乡市召开共话“发展主题”共谋“两个核心”——“银领向党”老干部正能量活动暨全市老干部读书会，全市离休干部及曾任正科以上实职的退休干部330多人参加。市委书记盛勇军在开学典礼上作经济社会发展形势报告，市委副书记、政法委书记潘川弟主持会议并宣读倡议书，鼓励广大离退休干部做经济建设的参与者、社会稳定的倡导者、美丽桐乡的守护者。根据活动安排，开展共话“发展主题”、共谋“两个核心”——桐乡市“银领向党”老干部正能量活动分组座谈讨论，以“我为美丽幸福新桐乡点一赞”和“我为桐乡经济社会发展献一计”为载体，引导老干部围绕“发展主题”“两个核心”畅所欲言，利用经验优势和政治优势，为桐乡发展建设出谋划策、点赞喝彩。在各小组组长座谈会时，盛勇军亲临现场听取各组长对讨论情况的汇报并对正能量活动表示肯定。

【建立市离退休干部党工委】 12月29日，市委决定建立中共桐乡市离退休干部工作委员会。落实全面从严治党要求、加强和创新离退休干部党建工作的重要部署，贯彻落实中办和省委办文件精神、推进离退休干部工作转型发展。离退休干部党工委指导全市离退休干部党支部建设，加强对离退休干部党建工作的领导；进一步规范全市离退休干部党支部的职责，组织和引导离退休干部党员发挥先锋模范作用；强化思想政治建设、纪律作风建设、组织建设和制度建设，努力把离退休干部党组织建设成为坚强的战斗堡垒。

（潘连城）

党校工作

【概况】 2017年，市委党校围绕桐乡市“实践高水平全面建成小康社会走在前列”发展目标，以提高全市干部理论水平和业务能力为重点，以提升教学科研影响力为核心，以完善行政管理为基础，积极开展对外宣讲，勇于探索内部改革。全年举办22期主体培训班，培训人数2486人次。为提高培训实效，党校推进教学形式创新，强化理论教学与实践教学的结合度，在村书记培训班中，举行“比责任、比担当、晒成绩”擂台赛，邀请先进村书记上台交流经验、分享心得，组织学员参观义乌何斯路村，激发村书记创业干事活力。在学习焦裕禄精神铸造“桐乡铁军”培训班中，通过现场教学、异地参观、党性教育等手段对学员进行全方位的深入教学，提升干部培训质量。以服务市委、市政府开展“三大工程”、发展“一业一网”等中心工作为目标，举办全市招才引智工作提升培训班、“五水共治”工作培训班、全域旅游专题研修班，提高党员领导干部工作针对性。立足服务全市干部能力提升，有效发挥岗位职责，开设纪检干部业务能力提升培训班、人大工作培训会、“互联网+”产业融合专题研修班、新闻发言人培训班等多个专门业务培训班。

【党的十八届六中全会精神轮训班】 2月27日，市委党校在浙江传媒学院桐乡校区举办桐乡市学习贯彻党的十八届六中全会精神集中轮训班。全市600多名科（局）级领导干部参加集中培训，培训主要内容是解读党的十八届六中全会的重大意义、习近平总书记重要讲话的精神

9 月 29 日，举行“喜迎十九大 颂歌给党听”全市机关合唱大赛

徐建荣摄

实质、《关于新形势下党内政治生活的若干准则》的基本精神、《中国共产党党内监督条例》的基本要求等。培训主要采用脱产培训和单位集中自学相结合的方式，其中，安排脱产培训时间为一天半，采取专家讲座和辅导方式进行。培训结束后，学员按要求结合学习与工作，撰写学习体会，并在干部教育新干线（网络学院）上参加理论考试，提高培训实效性。

【科研创新取得成效】 2017 年，市委党校认真探索科研工作改革，逐步实现科研向专业化、团队化转变的发展模式，在综合考虑教师研究领域、专业特长的基础上，成立科研小组，立足桐乡市情，围绕桐乡经济社会发展中的热点、难点问题，深入基层开展调查研究，发挥团队的整体科研能力与优势。课题组成员进驻乌镇镇、洲泉镇等开展相关调研，完成《乌镇互联网会展经济发展及其带动效应研究》《互联网＋背景下生态养殖业发展研究——以华腾牧业为例》《健康城市化语境下品质城市建设研究——基于崇福小城市建设的实践与思考》调研成果，为桐乡转型发展提供决策参阅，提高党校科研影响力。全年申报立项各类课题 34 项，在省市党校系统的课题立项数均创历史新高，科研立项成绩取得新的突破。年内，结题 15 项，提交创作论文 23 篇，在相关期刊发表论文 4 篇。党校精选科研成果，编制《市情研究》期刊 1 期，党校的科研咨政作用进一步发挥。

【深入基层开展教育活动】 2017 年，市委党校围绕党的十八届六中全会精神、党的十九大精神、党的基本知识、全面从严治党、推进“两学一做”学习教育常态化制度化等专题，安排教师深入机关、学校、社区、农村等基层组织，送去 80 余场次社会宣讲，受训干部群众 8500 余人。年内，党校承接 35 期外省、市培训班，带领学员实地观摩考察“三治建设”点，乌镇智慧养老中心、浙江大数据交易中心等现场教育基地，对外培训干部 1548 人。

（方　莉）

市直机关党建工作

【概况】 2017 年，市直机关党工委深入学习贯彻市第十四次党代会精神，扎实推进“两学一做”学习教育常态化制度化，把全面从严治党各项要求延伸到基层、规范到支部、落实到党员，以努力建设一支“干在实处、走在前列、勇立潮头”的桐乡机关“铁军”为目标，提高市直机关党建工作规范化、科学化水平。

加强机关党员干部的思想政治建设。运用理论中心组、桐乡红云、干部教育新干线和大讲堂等学习平台，认真学习贯彻党的十九大精神，广泛宣传市党代会精神，引导广大机关党员干部增强“四个意识”。组织广大党员干部围绕市委总体布局，联系自身实际开展学习讨论，加深理解消化，转化为自觉行动。紧跟信息发展的步伐，积极开展互联网＋党建。开设微信公众号“桐乡机关党建”，搭建“互联网＋党建”的教育平台，设立党建动态、党建知识、互动平台 3 个栏目，大力宣传党的路线、方针、政策，及时发布机关党建信息，积极交流机关党建工作经验，为党员干部提供在线学习交流的平台。

推进“两学一做”学习教育常态化制度化。以先锋联创活动为引领，围绕“两个发展重点”，开展“先锋联创树品牌，服务中心促发展”主题活动，突出

"红领先锋、堡垒先锋、创客先锋、服务先锋"争创，发挥机关党支部的战斗堡垒作用和机关党员的先锋模范作用。建强党务干部队伍，和部门领导积极沟通，结合支部换届，优化党务干部队伍结构，选优配强支部委员。48个基层党组织按时进行换届，支部委员会都设立纪检委员，完善纪检工作网络。打造机关服务品牌，创新开展机关党建项目化管理，对焦服务实体经济发展、服务群众，引导机关党支部找准机关党建工作结合中心工作，努力打造机关党建"一支部一品牌"，公布立项创新项目45个，全程做好跟踪指导，年终进行总结推广。《让人人都享受到改革成果》展示桐乡"最多跑一次"改革的经验和做法在中央电视台《新闻联播》播出。形成以党建品牌创建展示机关党建新形象，营造起党建强服务强的良好氛围。

严肃纪律规矩。充分挖掘运用党风廉政教育资源，开展党风党纪、廉洁自律教育。加强廉政文化建设，增强机关党员干部纪律规矩意识。持续抓好正风肃纪，在抓常、抓细、抓长上下功夫，扎实推进机关作风建设。加大纪律审查力度，深入实践监督执纪"四种形态"，保持监督执纪高压态势。对1名党员作出党内严重警告处分，协助市纪委做好3名违纪党员的纪律处分相关工作。

【规范机关党建工作】 6月，市直机关党工委制定出台《2017年度市直机关党建工作考核办法》，提出党支部规范化建设的指导意见，从责任落实、服务中心、党员管理、队伍建设、机关文化等24个方面，对机关党建工作进行量化考评。规范发展党员工作，审批接收新党员28名，预备党员转正23名。加强党员数据库信息化管理，做好全国党员信息管理系统录入和日常使用工作。突出典型示范，组织国税局、烟草专卖局等单位赴义乌、江西鹰潭学习机关党建经验，打造机关党建工作示范点。8月，按照市委领导意见，与市委办、市委组织部组成机关党建工作调研组，形成调研报告及《机关党的建设工作的实施意见（送审稿）》。9月28日，市委常委会专题研究机关党建工作，讨论通过《关于加强和改进新形势下机关党的建设工作的实施意见》。9月30日，召开全市机关党的建设工作现场推进会，对全市机关党建工作进行专项部署和推进。在调研的基础上，与市委组织部联合出台《关于理顺机关党组织隶属关系的通知》，进一步理顺机关党组织隶属关系，11个党委部门中的29个机关党组织527名党员的组织关系转入市直机关党工委。12月，对全市66个市级机关部门的机关党建工作进行专项考核。至年底，机关党工委共辖64个市直机关部门（单位）的168个基层党组织（含7个机关党委、16个党总支部）、2877名党员。

9月30日，桐乡市机关党的建设工作现场推进会召开

市直机关党工委提供

【加强机关文化建设】 2017年，市直机关党工委深入贯彻落实党的十九大精神，进一步加强机关文化建设，举办全市机关"新桐乡·新风尚"系列文化讲座，引导机关干部远离牌局、酒局等庸俗场所、走近高尚文化生活。举办《名家书法作品赏析与创作》《建宜居环境，与自然共存》《群体性事件及其引发的公共危机处理》《浙江高考政策变化与应对策略》等讲座。特别是中华全国律师协会理事、律师冯震远

以“群体性事件及其引发的公共危机处理”为主题的讲座，采用情景模拟的方式，生动、立体的直面各类公共危机事件，寻求破解该类危机的良策，让与会人员受益匪浅。开展系列文体活动。积极开展“五型”机关创建，认真组织开展各类机关文体活动，丰富和发展机关文化，努力在机关内部营造一种团结融洽，蓬勃向上，奋发有为的工作氛围。举办“风雅桐乡诵”诗歌朗诵比赛，组织“喜迎十九大 颂歌给党听”全市机关合唱大赛和“庆国庆、迎盛会”书画、摄影比赛等文化活动。开展办公室文化建设。贯彻落实市委《关于进一步加强干部作风建设打造勇立潮头桐乡铁军的实施意见》精神，工委等单位率先开展办公室文化建设，制订《关于加强机关文化建设的工作方案》，弘扬“忠诚、有为；激情、担当；崇德、自律”机关文化核心理念，唱响主旋律，传递正能量。工委党支部组织“读书月”活动，大家都撰写读书体会文章，上台交流学习体会，增强机关文化氛围。

（俞国强）

机构编制工作

【概况】 2017 年，桐乡市机构编制工作坚持市十四次党代会提出的高水平全面建成小康社会走在前列的奋斗目标，围绕中心、服务大局。推进“最多跑一次”改革，梳理公共服务事项 385 项，并通过浙江政务服务网进行公开。出台桐乡市全面推进“最多跑一次”改革实施方案，开展“局长窗口驻点办公”活动。全市对照省级指导目录已实现群众和企业到政府办事“最多跑一次”和“零上门”事项计 895 项（大项），实现“最多跑一次”小项 1353 项，363 个明细事项实现“同城通办”，162 个明细事项实现“零跑次”，县级范围已实现“最多跑一次”，事项覆盖率 91.98%。完善权力清单和责任清单，做好权责清单动态调整工作。推进“双随机、一公开”（在监管过程中随机抽取检查对象，随机选派执法检查人员，抽查情况及查处结果及时向社会公开）工作，加强对全市随机抽查工作的指导和督促。积极探索“部门联合、随机抽查、按标监管”的“一次到位”工作机制，全市“双随机一公开”工作取得实效。根据桐乡发展需要，在部分镇街区行政区划及相关管理体制机制调整过程中，出台《关于部分镇街区行政区划及相关管理体制机制调整中部门派驻机构及镇街区事业单位整合工作的实施办法》，确保桐乡市部分镇区行政区划及相关管理体制机制调整工作中部门派驻机构及镇街区事业单位整合工作有序推进，同步完成。积极调研，及时完成部分镇街区三定方案制定工作，规范全市机关、事业单位编外合同工管理，牵头联合市纪委、市财政等部门印发《关于严明纪律严格控制编外用工的通知》。

【推进基层治理体系“四个平台”建设】 2017 年，市编委办加强派驻人员属地管理。出台市级机关部门派驻镇（街道）机构管理办法，推进基层治理体系“四个平台”（综治工作、市场监管、综合执法、便民服务）建设。自 5 月起，5 个派驻机构的 350 人列入镇（街道）管理考核。完善全科网格建设。全面实行“一格多元”“一员多岗”的全科网格工作模式，确定全市网格数 1039 个。统一人员配备、联动指挥、考评实施、报酬筹措，由镇（街道）实行统一管理和调配。全年全市网格员采集信息数 18 万余条，处置问题 8 万多起，问题办结率近 100%。健全综合指挥体系。各镇（街道）设置综合信息指挥室，与镇（街道）内设机构综合治理办公室合署办公，形成信息收集、分流交办、执行处置、日常督办、信息反馈、督查考核闭环管理模式，确保综合指挥室高效顺畅运转。建立平台工作机制，实现平台运转高效化。各镇（街道）出台“四个平台”建设工作实施方案，成立领导小组，制定平台工作职责，建立联席会议制度及联合执法机制，理顺信息互通共享、会商研判处置等运行机制。

（朱　亮）

桐乡市人民代表大会

概　　述

2017年，市人大常委会始终坚持党的领导、人民当家作主和依法治国有机统一，按照“规定动作做到位、自选动作精而准、调查研究抓深入、交办任务做得实”的工作要求，围绕全市工作大局，认真履行宪法和法律赋予的各项职权，各方面工作取得新进展。全年举行常委会会议8次，听取和审议专项工作报告15项，提出审议意见10项，并就重大事项作出决议、决定9个；召开主任会议14次，听取专项工作汇报13项；专题视察市政府7个方面的重要工作，依法任免国家机关工作人员77人次，较好地完成市十六届人大一次会议确定的各项任务。常委会进一步抓好规范性文件备案审查工作，完善制度，加强培训，落实责任，形成合力，全年审查政府规范性文件18件，努力维护法制统一。重视群众来信来访，受理群众来信来访40件117人次，及时转交“一府两院”及有关部门研究处理。

8月7日，市人大常委会召开与“一府两院”工作联席会议

市人大办提供

重要会议

【市十六届人民代表大会第一次会议】 2月14—18日，市第十六届人民代表大会第一次会议召开。会议应到代表265名，实到代表262名。不是市十六届人大代表的市委、市政府领导及在桐乡的省、嘉兴市人大代表等187人列席会议，市级有关机构、单位负责人应邀参加大会开幕式、闭幕式。市政协党组书记、主席、副主席应邀参加第一、二、六次全体会议，出席市九届政协一次会议的全体人员列席第一、二次全体会议。会议期间，代表们认真听取和审查《政府工作报告》《市人大常委会工作报告》《市人民法院工作报告》《市人民检察院工作报告》，审查《关于桐乡市2016年国民经济和社会发展计划执行情况及2017年国民经济和社会发展计划草案的报告》《关于桐乡市2016年财政预算执行情况和2017年财政预算草案的报告》，通过了相应的6个决议，提出234件议案和建议。会议选举产生市第十六届人民代表大会常务委员会主任、副主任、委员，市政府市长、副市长，市监察委员会主任，市法院院长、市检察院检察长，桐乡市出席嘉兴市第八届人民代表大会代表，决定市第十六届人民代表大会专门委员会的设立及其组成人员的人选。

【市十六届人大常委会第一次至八次会议】 2月20日，市十六届人大常委会召开第一次会议。市政府、市监察委、市法院、市检察院主要负责人和市人大各专委、人大常委会有关委室负责人列席会议。会议表决通过有关人事事项。

4月14日，市十六届人大常委会举行第二次会议。会议听取和审议市政府《关于2016年度环境状况和环境保护目标完成情况的报告》，审议市人大常委会《关于各工作委员会组成人员的决定草案》《关于各街道工作委员会组成人员的决定草案》《关于代表资格审查委员会组成人员的决定草案》《关于进一步加强自身建设的决定草案》，并通过有关决定。会议根据市人大常委会主任张林洪、市长王申峰的提请，分别通过有关人事事项。

5月31日，市十六届人大常委会举行第三次会议。会议听取和审议市政府《关于"森林桐乡"建设情况的报告》《关于创建全省教育现代化市工作情况的报告》，通过有关审议意见。

7月8日，市十六届人大常委会举行第四次会议。会议听取和审议市政府《关于提请审议桐乡市部分镇（街道）行政区划调整的议案》，通过有关人事事项。

7月27—28日，市十六届人大常委会举行第五次会议。会议听取和审议市政府《关于桐乡市2017年上半年国民经济和社会发展计划执行情况及下半年工作重点的报告》《关于桐乡市2017年上半年财政预算执行情况的报告》《关于2016年财政决算情况的报告》《关于2016年财政预算执行和其他财政收支的审计工作报告》《关于2016年度依法行政工作情况的报告》《关于桐乡市剿灭劣Ⅴ类水工作情况的报告》。

9月18—19日，市十六届人大常委会举行第六次会议。会议听取和审议市政府《关于市十六届人大一次会议"关于进一步优化发展环境，促进以先进制造业为核心的实体经济发展"大会议案办理工作情况的报告》《关于市十六届人大一次会议"关于进一步完善生态建设长效机制，加快推进美丽幸福新桐乡建设"大会议案办理工作情况的报告》《关于市十六届人大一次会议代表建议办理工作情况的报告》《关于调整2017年度政府投资重大建设项目计划的议案》，审议区划调整中人大工作的相关事项及有关人事事项。会议表决通过有关审议意见草案、决议、决定草案和公告草案，并以无记名投票的方式通过有关人事事项。新任命人员进行庄严的宪法宣誓。

11月27—28日，市十六届人大常委会举行第七次会议。会议听取和审议市政府《关于招商引资工作情况的报告》《关于审计查出问题整改情况的报告》《关于2017年市财政预算调整的议案》，审议市政府《关于"森林桐乡"建设情况审议意见落实情况的报告》《关于桐乡市创建全省教育现代化市工作情况审议意见落实情况的报告》《关于桐乡市剿灭劣Ⅴ类水工作情况审议意见落实情况的报告》《关于2016年度依法行政工作情况审议意见落实情况的报告》。

12月27日，市十六届人大常委会举行第八次会议。会议听取和审议市政府《关于桐乡市2017年国民经济和社会发展计划执行情况及2018年国民经济和社会发展计划草案的报告》《关于政府投资重大建设项目2017年执行情况和2018年计划草案的报告》、市人大常委会《关于召开市十六届人大二次会议的决定草案》《关于市十六届人大二次会议筹备情况的报告》。听取和初审市政府《关于桐乡市2017年财政预算执行情况和2018年财政预算草案的报告》。审议、决定市十六届人大二次会议有关事项，审议市人大常委会工作报告草稿。初审市政府2018年民生实事候选项目情况报告及说明。讨论提出民生实事项目票决办法（草案）。会议表决通过有关审议意见草案、决议、决定草案和公告草案，并以无记名投票的方式通过有关人事事项。

重要活动

【增强监督工作实效】 2017年，市人大大常委会加大对实体经

9月27日，市人大常委会主任会议听取智慧城管建设工作情况汇报并实地视察　　市人大办提供

济发展、计划财政运行、重点领域推进等方面的监督支持力度，用监督实效护航社会经济发展。常委会组织视察市经济开发区和濮院针织产业园（羊毛衫市场）建设情况、乌镇“一业一网”建设情况、小城镇环境综合整治工作、智慧城市建设工作、全市食品安全工作、扩大杭嘉湖南排（杭平申线航道改造）工程、政府投资重大建设项目实施情况以及妇保院迁建等政府惠民实事工程实施情况，通过专题视察、专题会议建言献策，有效地增强人大监督工作实效。

【开展剿灭劣Ⅴ类水工作现场专项监督】 2017年，按照省、嘉兴市人大常委会的统一部署，市人大常委会组织开展对全市大气污染防治五年规划落实情况及剿灭劣Ⅴ类水工作的检查，常委会听取和审议市政府相关工作情况报告。以督办市十六届人大一次会议“关于进一步完善生态建设长效机制，加快推进美丽幸福新桐乡建设”大会议案为契机，利用各种监督手段，推进全市生态环境质量持续改善提升。6月6—20日，常委会组成7个专项监督检查组，分赴各镇（街道）开展剿灭劣Ⅴ类水工作现场专项监督。在听取和审议市政府“剿劣”工作报告的基础上，各监督检查组围绕实施方案提出的四方面重点内容及市第十五届人大常委会第三十二次会议《关于大气污染防治法律法规执行情况和“五水共治”工作情况审议意见》落实情况，听取各责任主体开展剿灭劣Ⅴ类水工作情况的专题汇报，并随机抽查了相关河道。监督检查组向市政府及各责任主体提出了深化思想认识抓合力、强化工作措施抓落实、完善治水机制抓长效三方面的意见建议，市政府高度重视，专门召集相关部门研究整改，针对审议意见落实工作措施，全市“五水共治”工作得到进一步深化，水环境质量得到持续改善。

6月7日，人大常委会开展剿灭劣Ⅴ类水工作专项监督

市人大办提供

【提升为民服务质量】 2017年，市人大常委会从提升代表素质入手，强化学习培训、服务保障，使代表履职能力进一步增强。常委会实行领导分工督办代表建议责任制，加强与“一府两院”的沟通联系，及时召开交办会议，确保办理工作顺利进行，提高为民服务质量。开展常委会主任、副主任集体接待代表活动，围绕代表建议办理情况和“一府两院”的工作，面对面听取代表意见建议。通过集体接待代表，汇总梳理出意见建议77条，并以联席会议的形式反馈至“一府两院”研究处理。抓好代表建议的督办工作，市十六届人大一次会议期间代表提出的234件议案建议均在规定的时间内进行办理，与代表见面率100%，代表对办理答复的满意和基本满意率100%，问题解决率56.4%，问题基本解决率29.5%。

（周鑫艳）

桐乡市人民政府

重要会议和决策

【政府全体会议】 2017年，桐乡市人民政府召开全体会议两次。

3月20日，召开市十六届政府第一次全体会议。会议贯彻落实市第十四届党代会第二次会议精神，根据市十六届人大一次会议通过的《政府工作报告》，部署2017年政府工作各项目标任务。

7月28日，召开市十六届政府第二次全体会议。（参见《党政·中共桐乡市委员会》中相关条目）

【政府常务会议】 2017年，市政府召开政府常务会议15次。

1月22—23日，召开市十五届政府第六十五次常务会议。会议同意授予浙江豪庭灯饰有限公司、浙江天女集团制漆有限公司和浙江中辉皮草有限公司2016年度桐乡市市长质量奖。会议原则同意《2016年全市招商引资考核奖励方案》《关于桐乡市2.5产业园重大项目的情况汇报》《2017年政府工作报告(征求意见稿)》和《乌镇景区门票调整方案(送审稿)》。

2月27日，召开市十六届政府第一次常务会议。会议原则同意《桐乡市崇福镇小城市培育试点三年(2017—2019)行动计划》《关于加快推进崇福镇小城市第三轮培育试点工作的若干意见》《关于污水处理整合工程和西部水源保护工程引进投资合作情况的汇报》《关于要求明确乌镇建设项目立项与招投标等相关事项的请示》《关于启动梧桐街道三新村车家埭征迁工作的情况汇报》《关于安郡置业、戴德实业等企业申请免除违约责任的情况汇报》《关于梧桐屠宰场关停工作的情况汇报》和《市政府领导分工方案》。

3月30日，召开市十六届政府第二次常务会议。会议原则同意《关于促进经济转型升级创新发展若干政策意见》《桐乡市制造业转型升级三年行动计划实施方案(2017—2019年)》《关于部分调整工业企业用能总量指标交易价格的通知》《桐乡市创建国家全域旅游示范区工作方案》《2017年〈政府工作报告〉责任分解方案》和《桐乡市十四届党代会代表提案建议和2017年“两会”建议提案办理责任分解方案》。会议同意给予于德荣、吴云华各记三等功1次。

5月3日，召开市十六届政府第三次常务会议。会议原则同意《关于进一步推动科技创新服务实体经济发展的若干政策意见》《2017年桐乡市深化接轨上海工作实施方案》《桐乡市制造业发展“十三五”规划》《桐乡市环境保护“十三五”规划》《桐乡市城镇污水管网设施运行管理暂行办法》《桐乡市城乡供水一体化农村管网改造工程实施意见》《关于浙江传媒华策电影产业园一期暨浙江传媒学院华策电影学院项目协议书的情况汇报》《桐乡市区清扫保洁养护资金结算办法》《桐乡市区市政绿化桥梁养护资金结算办法》《桐乡市化解债务风险工作方案》《桐乡市市级预备费管理办法》《桐乡市市属国有企业机构编制和劳动用工管理办法》《关于要求对濮院毛衫发展公司增资扩股的请示》《关于全面推进“最多跑一次”改革实施方案》和《第一季度安全生产工作及下阶段工作重点》。

5月22日，召开市十六届政府第四次常务会议。会议原则同意《桐乡市妇女发展规划(2016—2020年)》《桐乡市儿童发展规划(2016—2020年)》《关于对违法建筑实施“六不予”政策的实施意见》《桐乡市固体废弃物规范化监管处置实施方案》《关于加快推进创业创新中心建设的实施意见》。

6月29日，召开市十六届政府第五次常务会议。会议原则同意《关于解除陈洪标同志行政撤职处分的请示》《关于促进建筑业持续健康发展的若干意见》《桐乡市生活垃圾分类处置工作实施方案》《关于适当放宽全市民宿规模界定标准的情况汇报》《桐乡市危险化学品安全综合治理实施方案》《桐乡市人民政府关于2016年度依法行政工作情况的报告》。

7月8日，召开市十六届政府第六次常务会议。会议原则同意《桐乡市部分镇(街道)行政区划调整方案》。

7月24日，召开市十六届政府第七次常务会议。会议原则同意《桐乡市残疾人事业发展“十三五”规划》《半年度安全生产工作及下阶段工作重点》《关于桐乡市2016年财政决算的报告》《关于桐乡市2017年上半年财政预算执行情况的报告》。

8月17日，召开市十六届政府第八次常务会议。会议原则同意《关于公布2017年度住房保障相关标准的通知》《关于废止市政府行政规范性文件的通知》《桐乡市金融机构支持地方经济发展考核奖励办法（修订）》《关于推进人文名城建设，打造风雅桐乡的实施意见》。

8月23日，召开市十六届政府第九次常务会议。会议原则同意《关于调整部分镇街区行政区划及相关管理体制机制的通知》《关于桐乡经济开发区和高桥街道实施"区街合一"管理体制工作的意见》《关于调整城市开发建设管理体制工作的意见》《关于行政区划调整中部门派驻机构及镇（街道）事业单位整合工作的实施办法》《桐乡落实嘉兴市全面创新改革工作汇报》《桐乡市完善科技计划体系改革科技经费使用建立研发投入普惠性奖励实施方案》《桐乡市争创国家级高新技术产业开发区加快建设乌镇互联网发展试验区和乌镇大数据高新技术产业园区实施方案》《桐乡市盐业体制改革实施方案》《桐乡市开展四（三）轮厢式载人电动车整治工作的实施意见》。会议还通报《浙江省人民政府关于桐乡市部分行政区划调整的批复》，并对市人大常委会主任、副主任接待市人大代表意见建议的办理工作提出要求。

9月7日，召开市十六届政府第十次常务会议。会议原则同意《关于进一步加快总部经济发展的若干意见》《桐乡市总部企业认定办法》《凤凰湖总部基地招商选资实施办法》《关于杨家门旧城改造（三期）项目房屋征收的决定》《桐乡市国有土地上房屋征收补偿奖励标准》《关于调整2017年度2000万元以上政府投资项目计划的报告》《关于统筹城乡发展推进农房改造集聚工作的若干意见》《桐乡市农村宅基地及住房确权登记发证工作实施方案》《桐乡市机动车停放服务收费管理办法》《桐乡市盐业体制改革实施方案》。

9月21日，召开市十六届政府第十一次常务会议。会议原则同意《桐乡市国家知识产权强县工程试点县建设工作方案》《桐乡市实施创新驱动战略推进全面创新改革实施方案》《关于全市科技人才大会拟表彰先进名单的情况汇报》《关于2017国际经贸洽谈会相关事宜的情况汇报》。

10月26日，召开市十六届政府第十二次常务会议。会议原则同意《桐乡市饮用水水源保护管理办法》《桐乡市生态保护红线划定方案》《关于建立"1+X"专业安全生产委员会的通知》《关于印发〈桐乡市安全生产委员会组织结构设置及工作规则〉的通知》《桐乡市国家级电子商务产品（蚕丝被）质量提升示范区创建实施方案》《桐乡市政府职能向社会组织转移暂行办法》《桐乡市行政复议体制改革工作方案》。

11月24日，召开市十六届政府第十三次常务会议。会议原则同意《关于2017年预算调整的方案》《桐乡市国有土地使用权出让收入分配办法》《桐乡市新居民积分制管理暂行办法》《桐乡市推进企业股改上市和并购重组"凤凰行动"计划》。

12月7日，召开市十六届政府第十四次常务会议。会议原则同意《桐乡市医疗服务共同体试点工作实施方案（试行）》《桐乡市土壤污染防治及环境保护方案》《2017年桐乡市招商引资考核奖励办法》《关于调整被征地人员养老基本生活保障有关政策的通知》。

（潘　巍）

办公室工作

【概况】 2017年，市政府办按照科学行政、民主行政、依法行政的要求，把加快发展作为第一要务，发挥承上启下和协调左右的枢纽作用，在政务服务、事务管理和自身建设等方面取得新进展。

突出统筹协调作用。围绕全市重点工作开展协调分工。将抓好全市重要指标、重点项目、重要工作的落实推进作为工作的重中之重，及时进行责任分解，明确责任单位、工作目标、完成时限，关注完成进度，解决全市经济社会发展中的困难和问题。全年制定涵盖食品安全、医疗卫生、公共服务等领域8件惠民实事，并协调部门推进落实，全程跟进。

优化公文办理机制。全年签收处理各类公文3500余件，制定印发市政府、市政府办公室文件480余件，办理市委、市政府主要领导批示118件，处理各类勤政周记135件。抓好文件规范化，提高流转速度，减少发文差错，确保急件的安全、保密、及时办理，完善档案管理制度。完成政府工作报告、市政府全体会议报告等各类综合文稿起草工作。加强建议类、问题类信息的收集和报送，为政府决策提供参考，全年编发《每日要讯》90期、《工作交流》11期。国务院办公厅录用信息12条、省政府办公厅录用99条，获国务院领导批示3条，省领导批示11条、嘉兴市领导批示18条，信息工作考核获嘉兴市一等奖。

发挥服务保障作用。组织好重大会议活动，制订方案，规范办会程序，确保会议组织服务工作严谨到位，全年做好市政府常务会议、市长办公会议、市政府专题会议等400多次会议的会务工作。以勤俭节约、热情周到的理念做好公务接待工作。

推进电子政务建设。电子政务外网新增接入单位11家，接入计算机终端9000台，在党政机关单位推广使用浙江政务移动办公系统，重点做好基层治理体系“四个平台”信息系统建设的技术支撑工作，切实提高行政效能。政务云桐乡分中心落成启用，部署应用系统60多个，预审政府信息化项目120个，制定《桐乡市政务数据交换和共享平台管理办法》，打破信息孤岛，实现数据共建共享，一期平台接入部门10个，共享数据200多万条，覆盖企业登记、食品流通许可、商品房备案等领域。开展网络安全应急演练，建立网站安防清单，执行重要时期24小时安全监控，党的十九大和世界互联网大会期间，有效阻挡网络攻击92万次。

完善应急体系建设。依托110应急联动指挥平台，形成“统一接警、网络派单、处警跟踪、视频监控、集群寻呼、信息反馈”的应急网络平台，全年受理群众报警求助31.04万起，有效警情15.54万起，联动警情5926起。督促公安、交通、卫生等52个部门各自建立专业化的应急处置队伍，确保每个镇（街道）配备一支综合应急小分队，做到对突发情况有的放矢、科学救援、有效处置。强化应急联动机制，全年制订各类应急预案40余个，为科学有效处置突发事件提供依据；实地练兵，开展反恐、防空疏散、“5·12防灾减灾”、安全生产事故等应急演练30多次，强化多部门快速高效协作。

推进法治政府建设。推进行政执法主体资格确认公告工作，首批公告部门98个。参与政府重大项目决策25项，当好政府的法律顾问，做好公众参与、专家论证、风险评估、合法性审查工作。强化规范性文件监管，2017年市政府法制办办理文件合法性审查24件，出台规范性文件20件，对2006—2016年印发的2000多件规范性文件进行合法性复审和专家论证，废止93件、失效140件，保留295件，为经济社会发展提供良好的法治保障。做好行政复议和应诉工作，收到行政复议案件35件。加强行政调解手段运用，受理矛盾纠纷3269起，调解3145起，调解成功率96%，有效化解行政纠纷。办理以市政府为被告的行政应诉案件14件，出台《桐乡市行政应诉规则》，规范行政机关应诉机制。

搭建互联互通桥梁。加强因公出国（境）管理，全年累计申报因公出国（境）团组33批79人次，其中赴港澳3批9人次，列入计划管理党政干部52人次。服务重大外事活动，抽调机关事业单位外语人才组成服务团，参与第四届世界互联网大会·乌镇峰会涉外接待和咨询工作，实现重要外宾“一对一”翻译，提升峰会服务满意度，提高外事接待能力。推动国际友好往来，全年接待包括韩国前总理代表团、阿拉伯国家驻华使节团在内的外国使团34批410人次，与美国加州库比蒂诺市缔结友好交流关系。开展“侨商企业服务月”活动，鼓励引导侨商企业创业创新。组织海外高层次人才对接相关部门，引导其回乡创新创业。成立濮院海归毛衫人联谊会，促进会员间资源共享、抱团发展。推进社区侨务建设，“侨之家”“侨务工作站”“爱心门铃”等工作得到肯定。

深化金融服务工作。2017年全市新增银行3家、证券机构1家，银行存贷款余额实现双增长，金融实力增强。“新凤鸣”股票成功上市，“裕丰环境”成功挂牌新三板，企业直接融资66亿元，居嘉兴市前列。金融服务中心开业，10多家优质私募基金入驻。设立政府产业子基金8个，落户股权投资管理企业23家，股权投资基金86家，管理资金202.5亿元。设立中小微企业优助计划，累计帮助企业完成转贷超过10亿元。设立科创园天使基金，为科创型企业提供支持，继续开展“幸福新桐乡”农民普惠理财计划试点工作，全年为2.41万农民增加财产性收入1300余万元。组织开展投资理财咨询行业整治及互联网金融风险专项整治工作，严格执行投资类企业三方会审制度，建立“一企一档”，全面防控风险源头。

加大政府信息公开力度。出台《2017年桐乡市政务公开工作实施方案》，全面推进决策、执行、管理、服务和结果“五公开”，将重点领域信息公开工作情况纳入考核，提升信息公开质量。调整信息公开主体，整合信息公开目录，推进政府网站集约化建设，整合关停政府网站34个，建立全市统一的政府信息网站公开发布渠道，公开政府信息6767条，其中市政府办200多条，确保政府信息公开的全面性、时效性。

提升建议、提案办理质量。强化对政府系统承办的人大代表建议和政协提案的统筹协调，建立责任分解、全程监督、及时答复的办理机制，推动解决重点、难点、焦点问题，提高建议、提案落实率和代表委员满意率。对承办的51件党代表提案建议、230件人大代表议案建议、291件政协委员提案来信进行分解、交办，办结率100%。

（陆亚英）

外事侨务工作

【概况】 2017年，桐乡市严格执行有关规定和审核程序，办理因公出国（境）团组33批79人次，其中自行组团11批，列入计划管理党政干部52人次，赴港澳3批9人次。配合完成第四届世界互联网大会·乌镇峰会期间相关外事工作。协助嘉兴市外侨办做好热点和敏感地区外国人来华邀请审核，受理176批318人次。市外侨办（侨联）加强与海外华侨华人、留学人员和港澳同胞的联络联谊，发挥侨联、留学人员家属联谊会、归国留学人员俱乐部作用，凝聚侨心、汇集侨智、发挥侨力、维护侨益。走访慰问归侨侨眷55户，妥善处理涉侨农户建房、就学信访件4件，办理华侨、侨眷身份认定2件，审核转报浙江省归国华侨证1件。利用“侨心苑英语班”微信平台，为侨眷、留学生家属提供英语培训、政策资讯等服务。继续推进侨商服务联盟工作，了解侨商企业困难和需求，研究探讨企业加快发展、服务桐乡经济发展的对策和措施。接待各类外宾34批410人次，包括尼泊尔主流媒体和友好团体代表团、美国加州库比蒂诺市代表团、美国南卡罗来纳州里奇兰郡代表团、韩国前总理代表团、阿拉伯国家驻华使节团、越共高级干部考察团等重要团组及重点人士。接待日本浙江侨团总会会长、全日本华人书法家协会主席晋鸥，墨西哥华人安全委员会委员长冯成康，美国马里兰大学牙学院副院长徐华焜，美国休斯敦MD安德森癌症中心博士戴建良、澳大利亚侨商陈东军等海外重点人士。承办中国海外交流协会会员大会浙江参访团乌镇行活动。完成桐乡市留学人员家属联谊会第四届理事会换届选举工作。继续与嘉兴日报桐乡报社合作在《嘉兴日报·桐乡新闻》办好“桐乡人在海外”专栏。

【开展友好访问和经贸交流活动】 4月12—19日，市政协副主席孙晓东率团赴美国、加拿大开展经贸交流活动。代表团在南卡罗来纳州举办“桐乡—南卡罗来纳州经贸洽谈会”，考察拜访巨石美国玻璃纤维有限公司、南卡罗来纳州商务厅、加拿大威亭设备有限公司、汉德林专业设备有限公司、尼亚加拉地区商会和华商会等一批政府机构、知名企业和商协会，开展招商推介和经贸洽谈。5月10—18日，市委常委、组织部部长陈林根率团赴德国、法国开展招商引智活动。代表团参加由省委组织部举办的2017浙江（柏林）海外高层次人才洽谈会，与18位来自汽车、机械、医药、环境工程等领域的高层次人才建立联系。在柏林太库孵化器与海内外的创业者进行座谈，通过桐乡宣传片的播放、创业环境的推介，与太库孵化器签订战略合作框架协议。在巴黎，与法国公羊会相关的海内外人士进行友好洽谈与推介，桐乡创业创新的环境得到海内外人士关注及点赞。此外，代表团还拜访与桐乡市有业务往来的德国铂金埃尔默公司、生辉公司欧洲总部、法国ADDIS公司。5月28日—6月4日，市长王申峰率团对丹麦、德国进行经贸考察。代表团与丹麦欧洲雪猎鹰航空控股有限公司、西门子风力发电集团进行项目洽谈。与芬兰能仕科技公司举行会谈，能仕科技公司计划在桐乡经济开发区设立大数据＋工业节能公司，双方代表签订战略合作协议。代表团先后拜访德国北威州投资促进局、中国驻杜塞尔多夫总领事馆、德国中德工业4.0联盟总部，桐乡经济开发区管委会与中德工业4.0联盟签订战略合作协议。6月19—26日，常务副市长冯中海率团赴美国、墨西哥进行友好访问和经贸交流。代表团与埃尔卡特市市长蒂莫西·尼斯进行会谈，两个城市签订友好城市战略合作框架协议，确定在产业投资、商贸服务、科教文化、旅游互动、医疗卫生等方面的合作意向。埃尔卡特把该市一公园命名为“桐乡公园”。代表团还拜访美国爱拉姆软件公司、绿石公司与硅谷双边研究院。与墨西哥特佩特劳托克市政府官员会面，重点推介桐乡市的旅游业、纺织业和汽车产业。7月8—15日，副市长朱伟强率团赴德国、荷兰进行经贸洽谈活动。代表团与德国巴斯夫股份有限公司、菲雅贡公司、荷兰皇家壳牌集团、帝斯曼集团等进行项目洽谈。代表团在德国杜塞尔多夫举办“杜塞尔多夫桐乡日”专场活动，与德国企业家、研究机构代表展开交流，推介桐乡投资环境，探讨双方在先进制造业、互联网+、新材料等领域的投资与合作前景。8月31日—9月7日，市委书记盛勇军率团赴德国、瑞士开展友好访问。盛勇军与德国尼特瑙市市长举行会谈，双方就产业合作、建立长期友好往来等方面进行深入磋商。代表团与德国巴伐利亚中国企业促进会交流洽谈，获得德国先进制造企业来华投资合作的信息，并邀请对方到桐乡考察投资。代表团前往瑞士小镇达沃斯考察世界经济论坛，就会议活动、会务接待、安全保卫等方面进行学习交流，通过考察向国际一流标准看齐，办好世界互联网大会·乌镇峰会。代表团还拜访瑞士尼永市、量子通讯企业IDQ公司和德国斯托尔公司。

【美国加州库比蒂诺市代表团访问桐乡】　9月24日，美国加州库比蒂诺市可持续发展专员安吉拉·陈访问桐乡，代表库比蒂诺市与桐乡签订友好交流关系协议。市长王申峰会见安吉拉·陈专员，并就双方进一步开展友好交往进行交流。同日下午，常务副市长冯中海与安吉拉·陈专员一起，为桐乡市·库比蒂诺市缔结友好交流关系纪念雕塑揭幕。美国商务部硅谷分部项目总监雷蒙德·欧阳，投资美国委员会、汇丰银行等机构的外宾一并参加会见和揭幕仪式。

9月24日，美国库比蒂诺市代表团到桐乡访问　　市政府办提供

【成立濮院海归毛衫人联谊会】　5月17日，濮院海归毛衫人联谊会成立大会在濮院320创意广场召开。推选出联谊会会员27名，其中会长1名、副会长2名、秘书长1名。会员均为“85”、“90”后的年轻海归人才，在国外接受良好的教育，理论基础扎实，国际视野开阔，经过自身努力，很多人已成为行业的佼佼者，从业范围涉及毛衫设计研发、原料生产供应、毛衫生产销售、电商服务等毛衫行业各个领域。联谊会的成立，进一步整合濮院毛衫行业海归资源，为濮院毛衫行业中的海归人才搭建起联谊互动平台，有利于会员之间互联互通、资源共享，更好地实现优势互补，互促共进。有利于海归毛衫人发挥海外资源优势，为桐乡吸引更多的海外人才和先进项目，也有利于政府更好地为海归毛衫人创业创新提供服务，成为海归毛衫人创业发展的助推器。

【美国南卡罗来纳州里奇兰郡代表团访问桐乡】　10月16日，美国南卡罗来纳州里奇兰郡郡长乔伊斯·迪克森一行6人到桐乡访问，市长王申峰会见代表团，双方就进一步加强友好交往及在经济、旅游、文化方面交流合作达成一致意见。里奇兰郡是南卡州的地理中心，是南卡州人口第二大县。2016年，巨石集团决定在里奇兰郡投资2.9亿美元设立巨石美国玻纤生产线项目，计划于2018年建成投产。

（苏晓波　俞齐杰）

台务工作

【概况】 2017年，桐乡市台界人士担任嘉兴市政协委员1人，桐乡市人大代表1人，政协委员9人。全年组织赴台交流项目4个批次33人，其中市政府市长王申峰率领桐乡市经贸考察团赴台考察，访问台湾相关企业、休闲农庄等，在台期间举行桐台经贸洽谈活动。市人大常委会副主任潘家春率桐乡市基层交流团赴台，洲泉镇东田村和梧桐街道庆丰社区负责人随团，前往南投县对结对村埔里镇南村里（村）、东山里（村）进行回访。市政府副市长徐刚率领桐乡市农业考察团赴台，参访台湾神农科技协会、台一休闲农场、云林县林内乡农会、嘉义大学农艺学系（台湾农场经营协会）等，就桐台两地精致农业产业项目进行座谈交流。桐乡经济开发区负责人率团赴台进行招商项目推进。2017年，市台办指导7家企业赴台商务活动，组织台资企业联谊会会员单位例会8次，邀请有关部门作政策、法规讲座和咨询服务。开展相关法律法规宣传和政策解答，依法保护台胞合法权益，全年受理台胞台属来信来访36人次。帮助8名台属办理赴台探亲手续，接待台胞500余人次。举办台胞台属联谊活动4次，走访台属及台属所在单位60多次。台联界人士积极参政议政、建言献策，递交市政协九届一次会议提案5件。做好涉台调研信息工作，年内向上级台办等部门报送各类信息28篇，在桐乡统战微信群发送涉台信息35篇。配合市政协开展台资企业调研课题，撰写《桐乡市台资企业的基本情况及对策与思考》调研论文，报市政府决策参考。开展桐台两地交流联谊，全年向台胞寄发贺信、宣传资料和赠送桐乡土特产品等800余封（份），与在台桐乡籍台胞通信、通电30多次，及时传递家乡信息，开展联络问候。做好台湾上层人士及台胞到桐乡的接待工作，年内重点接待台湾神农科技发展协会考察团、高雄市国民党籍议员参访团、台湾南投县妇女联合会、南投县埔里镇访问团、南投县妇女商会、南投县政府访问团、嘉兴籍台胞故乡行参访团等。年内承办第九、第十届两岸邻里节桐乡站活动。加强与桐乡籍在台陆生的联系，年内组织第六批赴台新生3名，与桐乡籍陆生分别在暑寒假期间举行座谈会。6月，组织在桐台胞台属参加2017中国·嘉兴端午民俗文化节“五芳斋杯”海峡两岸同胞端午裹粽友谊赛。组织台商参加嘉兴市台办举办的党的十九大精神宣讲会。

【2017投资环境推介会台商专场活动】 9月21—22日，市台办配合2017浙江·台湾合作周活动和“聚焦桐乡·相约乌镇”2017国际经贸洽谈会，举办投资环境推介会台商专场活动，邀请岛内外100多位台湾政商界人士前来参加。市长王申峰出席会议并致辞，中国国民党前副主席蒋孝严应邀出席并致辞。市

9月21日，蒋孝严（左五）等参加2017投资环境推介会台商专场活动　　市台办提供

11 月，台湾颉栊苗艺有限公司总经理等到乌镇镇南庄桥村苗圃基地考察 市台办提供

商务局、旅游局、农业经济局等相关负责人进行推介。此次活动签约 4 个合作项目，意向投资 2.1 亿美元。

（严伟明）

档案工作

【概况】 2017 年，桐乡市级各部门、市直各单位、镇（街道）有档案从业人员 359 人，其中专职档案人员 81 人，占 22.6%；室藏档案 332.76 万卷（件、张、盒），比上年增长 24.96%。全市各部门、镇（街道）利用档案 2.27 万人次，提供档案 2.8 万卷（册）次；形成 2016 年度档案 26.6 万卷（件），至年底，市档案馆馆藏档案 188 个全宗、13.32 万卷、13.57 万件。文件查阅中心接待查档 5923 人次，查阅档案 15673 卷（册）次、11511 件次，复制档案资料 12494 页，提供档案证明 3945 份。

档案服务能力有新提升。根据省委、省政府关于“最多跑一次”改革重大决策和部署，结合档案工作职能，全面梳理公共服务事项 10 项，并向社会公布。完成 29 家单位，涉及 261 个主项、432 个子项的行政许可事项归档范围和保管期限的审核。确定市建设局、市司法局为行政许可事项电子化预归档工作试点单位，推进电子文件预归档工作平台搭建。加强重点建设项目及政府投资项目档案管理，完成 2 个省级重点建设项目、2 个中央预算内投资项目、80 个政府投资项目竣工档案专项验收。全市省级重点和中央预算内投资项目全部录入政务服务平台。

智慧档案建设取得新成绩。以数字档案馆项目建设为抓手，完成 93.4% 的馆藏档案数字化转换，并以档案数字化带动整合档案信息资源，建成全市档案信息资源总库，实现地区档案大数据检索。以数字档案室建设为抓手，推进基层单位档案信息化建设水平。列入进馆序列单位的 2016 年度及以前文书档案数字化率 100%，在全市一级机关部门全部实现嘉兴市级规范化数字档案室建设的基础上，完成创建省级示范数字化档案室 3 家、嘉兴市规范化数字档案室 2 家，桐乡市级数字档案室 16 家。完善民生档案远程利用服务工作。全年新签约馆室联动的远程利用服务单位 5 家，构建馆室联动平台，实现“横向到边”馆室联动、查档在线出证。至年底，可供远程利用的民生档案种类 27 种，远程查档量占全市档案利用总量的 53%。

档案基础建设实现新突破。桐乡市城市档案中心土建工程开工后，桐乡市档案局与建设主体单位桐乡市城区开发管理委员会通力合作、密切配合，按照确保“南湖杯”，争创“钱江杯”建设目标有序推进项目建设。落实项目专人负责制，对新馆建设项目进行全过程跟踪管理；建立项目建设联系制度，落实半月例会和每月推进会制度，确保工程建设无缝对接。12 月，实现主体建筑工程结顶并启动外立面工程建设。

档案法制工作实现新进展。制定《桐乡市档案行政执法“双随机”实施方案》，先后对 4 个部门（单位）开展执法检查，并抽调 8 人次分 4 批参加嘉兴市范围内“双随机一公开”档案规范化管理执法检查。以促进年度归档工作规范化、标准化和数字化水平为目标，继续以协作组为单位，开展以网上年检和归档评查相结合的档案年度检查工作。全年 143 家单位列入年检范围，其中免检 86 家、优秀 52 家、合格 5 家。

11 月 24 日，桐乡市数字档案馆系统通过国家级数字档案馆测试

市档案局提供

【通过国家级数字档案馆测试】 11 月 23—24 日，国家档案局委托浙江省档案局对桐乡市数字档案馆系统进行国家级测试。经专家组测试，桐乡市数字档案馆依据国家和行业相关标准规范，构建“三网隔离”的局域网馆藏基础平台、政务网室藏档案管理平台和因特网公众服务平台，建立较为完备的数字档案资源体系，开展“异地查档、跨馆出证”民生档案远程利用服务，初步实现档案管理现代化、资源数字化、利用便捷化。桐乡市数字档案馆系统通过“国家级数字档案馆测试”。

【推出查档便民服务举措】 2017 年，市档案馆依托档案数据库，以移动终端为载体，通过“桐乡档案”“桐乡发布”等微信平台实现“手机查询、远程服务、跨馆出证、就近取件”，被群众称赞为“口袋中的档案馆”。全年接待查档 426 人次，接待量占全嘉兴的 65%以上，出具证明 378 份。以打造“群众家门口的档案馆”、实现群众办事查档不出镇为目标，推进镇（街道）综合档案馆建设，2017 年石门镇档案馆、梧桐街道档案馆相继建成，至年底，全市有镇（街道）综合档案馆 4 家。

【档案文化交流活动】 2017 年，市档案馆积极挖掘茅盾、丰子恺、吴敦木等名人档案资源，主动参与到“人文名城”“风雅桐乡”的建设。5 月，启动第二届“情系家乡”桐乡籍名人、书画家作品征集活动。征集到 70 余位名家的各类作品 140 余件。坚持做好档案编研工作，编研出版《子恺漫画精选（第二卷）》。开展档案文化交流活动。9 月，举办“吴门墨韵、桐乡传情”苏州著名书画家及吴敦木先生弟子书画联谊会，来自苏州的 13 名书画家及吴敦木先生弟子现场挥毫泼墨，创作出 10 余幅书画作品，捐赠予档案馆永久保存。

（沈　琳）

史志工作

【概况】 2017 年，市委党史研究室、市地方志办公室围绕市委、市政府工作中心，聚焦主业、突出重点，做好史志的编纂工作。桐乡市志编辑部总结初审经验，抓质量、赶进度，扎实推进《桐乡市志（1991—2010）》复审工作。9 月 12—13 日，召开市志复审评审会，10 名与会专家围绕复审稿的政治观点、体例规范、行文规范、志书特色、初审意见、采纳吸收等方面作全面评审，提出五大类、7 万余字的书面复审意见。复审会后，编辑部全面梳理汇总专家复审意见，制定改稿计划，开展修改工作，进一步提高市志编纂质量。抓好乌镇名镇志试点工作。3 月初，中指办主任冀祥德到乌镇指导《中国名镇志·乌镇志》的编纂工作，随后组织专家组进行篇目优化、初审、复审，进行多轮反复修改。6 月 8 日在乌镇举行乌镇志终审会，终审会由中指办副主任邱新立召集。10 月底，《中国名镇志·乌镇志》由方志出版社出版，同时出版英文版，这是全国第一部英文版镇志。在 12 月初召开的第四届世界互联网大会上，《中国名镇志·乌镇志》作为特别礼物赠送国内外嘉宾，首次实现中国地方志书以中英文双语版本的形式亮相重大国际会议。助推乡镇部门志工作，指导《凤鸣街道志》《桐乡市财政税务志》编纂工作。3 月，凤鸣街道召开《凤鸣街道志》审稿会，省内外专家及全体编纂人员 20 余人参加会议。11 月，《凤鸣街道志》由方志出版社出版。3月，《桐乡市财政税务志》出版。指导《濮院镇志》《教育志》《文化志》《金融志》等乡镇部门志，以及《新联村志》《铭龙志》《福严寺志》等志书的编修工作。2017年，党史工作以党史三卷初稿编写为重点，完成资料长编向正式初稿的转化，形成桐乡党史三卷试写稿；在此基础上，责任编辑择取修改重点进行改稿，改稿方向为史料的查漏补缺、史实的准确性、体例的规范性、架构的严密性等。至年底，完成五轮通读修改，形成50万余字的《中国共产党桐乡历史（1978—2002）》初稿。启动《中共浙江省桐乡市组织史资料（第七卷）》征编工作。搭建完成组织史第七卷编纂纲目。8月底，与市委组织部联合发文，在全市启动开展组织史第七卷的编纂工作。启动组织史名录的编写工作。

8月23日，省委党史研究室副主任王祖强（右三）到桐乡市调研《中国共产党桐乡历史（1978—2002）》编写　　　市史志办提供

【《桐乡年鉴（2017）》出版】　12月，《桐乡年鉴（2017）》由方志出版社出版，向国内外公开发行。该书由中共桐乡市委、市政府主办，是桐乡市地方志编纂委员会编纂的年度资料性文献，主编吴云峰、庄永明，执行主编谭晓杰。全书设31个栏目、227个分目，68.9万字，大16开本，附彩色插页31页，收录彩色随文照片226幅、穿插表格68张。全面反映2016年桐乡市行政区域自然、政治、经济、文化、社会等多方面的基本情况。《桐乡年鉴（2017）》是自1998年创刊以来连续编纂出版的第20部年鉴，累计汇集信息资料1500余万字，客观翔实，实事求是地记录桐乡经济社会发展的基本情况，成为桐乡对外宣传的重要桥梁和窗口，也为桐乡各项事业发展发挥积极作用。《桐乡年鉴》在全面记载桐乡面貌的同时，注重挖掘桐乡区别于其他地区的地方特色，把桐乡好的新的做法反映出来。自创刊以来参加省级以上年鉴评奖15次，每次参评都能在全省和全国年鉴评比中获奖，2017年8月获全国地方志优秀成果（年鉴类）一等年鉴。

【《中国名镇志·乌镇志》出版】　10月，第二批中国名镇志丛书《中国名镇志·乌镇志》由方志出版社出版发行。沿袭“中国名镇志丛书”的传统，《乌镇志》由中国社会科学院院长、中国地方志指导小组组长王伟光和中国社会科学院副院长、中国地方志指导小组常务副组长李培林分别作序，以中宣部新闻局副局长刘汉俊的文章《有一个故事，叫乌镇》开篇。该志由浙江省桐乡市乌镇志编纂委员会编写，计41.5万字，收录图片300余幅，设《越疆吴界》《浙北古镇》《古镇保护》《枕水人家》《“互联”天下》《风情民俗》《文坛双星》《乡贤名人》《翰墨清芬》和《大事纪略》10个篇目，介绍乌镇的建制区划与自然环境、文物胜迹与商业文教、乌镇的古镇保护模式、景区物产、世界互联网大会·乌镇峰会、礼仪风俗、茅盾与木心两位文坛巨匠、乡贤名士望族及艺文作品。《乌镇志》是首部中英文双语版本的中国特色地方志书，并作为第四届世界互联网大会的特别礼物，赠予参会的国内外重要嘉宾。

（沈　贤）

政协桐乡市委员会

概　　述

2017年，政协桐乡市委员会落实市十四次党代会各项决策部署，坚决维护核心、紧紧围绕中心、广泛凝聚民心，以“服务发展、服务民生、服务基层”主题实践活动为载体，认真履行政治协商、民主监督、参政议政职能，充分发挥人民政协协商民主重要渠道作用，为建设美丽幸福新桐乡贡献智慧和力量。全年召开全体会议1次，常委会议6次，主席会议15次。

紧跟发展目标，在助推经济发展上贡献智慧。开展“走平台，看变化，议发展”集中调研活动，全程参与部分行政区划和机关管理体制机制调整的前期调研方案制定和实施过程中的协商指导，为做大做活平台献计出力。常委会议以“聚焦‘先进制造’，发展实体经济”为议题，围绕发挥要素杠杆撬动作用、特色优势产业时尚化转型、政策性融资担保体系建设、提高台资企业活力等四个内容进行专题调研，形成调研报告，开展专题发言和深入协商。主席会议围绕财政、金融重点项目推进，开展专题视察，深入协商。专题督办“优化实体经济经营环境，助推实体经济发展”重点提案，助推桐乡市实体经济高质量发展。

贴近群众需求，在提升民生福祉上议政出力。常委会以“发展民生事业，提高群众幸福指数”为议题，围绕从提升群众获得感看城西建设、深化医疗资源“双下沉、两提升”(推进优质医疗资源下沉和医务人员下基层，不断提升县域内医疗卫生服务能力和人民群众就医满意度)等四方面内容开展深入调研并作专题发言，开展协商讨论，提出意见建议23条。主席会议围绕小城镇环境综合整治、智慧教育和社保资金收支运行情况等内容，广泛协商建言，提出意见建议40多条。聚焦全面剿灭劣V类水、深化“五水共治”专项民主监督。开展“串起民生情，连起民生线”专题视察活动和“一讲五送”组团式服务，发挥委员优势，为群众谋实事办好事。

围绕团结和民主两大主题，在凝聚发展合力上积极作为。加强与各民主党派、工商联、人民团体、无党派人士的联系，召开民主党派、工商联、人民团体负责人座谈会。创新联谊方式，举办各界人士中秋联谊会，组织党派团体和政协委员中的文艺骨干，以歌咏形式抒发爱党爱国爱乡之情，凝聚共谋发展之力。支持党派团体履职，在桐乡市政协九届一次会议期间，市级各民主党派提交了7件团体提案，各民主党派、工商联和人民团体作了10个课题的大会发言，其中市科协、九三学社、民进、市工商联等提交的大会发言材料被评为市政协2017年度优秀调研报告。

加强委员履职管理，在增强委员履职动力上不断创新。继续举办全体委员参加的经济形势报告会，为广大委员更详尽地知情明政、把握形势搭建平台创造条件。创建不同层级的政协微信群35个，交流汇聚各委处组与界别的履职信息和委员建议。修订《进一步加强政协委员队伍建设发挥委员主体作用的若干规定》《先进政协委员评比办法》《社情民意信息工作考核评比办法》等相关制度11项，从正向激励和反向约束两个方面，加强委员履职管理的制度化建设。试行“桐乡市政协委员履职服务管理系统”，在实现委员履职服务管理现代化、精准化、规范化方面作积极探索。紧跟互联网时代趋势，创建

7月20日，市九届政协第八次主席会议视察浙江合众新能源汽车有限公司　　市政协办提供

“桐乡政协”微信公众号，及时宣传报道政协工作要闻和委员履职动态，提高人民政协的认知度和政协工作的认可度。

重要会议

【市九届政协第一次会议】 2月13—17日，政协第九届桐乡市委员会第一次会议举行，会议审议通过《中国人民政治协商会议第八届桐乡市委员会常务委员会工作报告》，审议通过《中国人民政治协商会议第八届桐乡市委员会常务委员会关于提案工作情况的报告》；与会人员列席市十六届人大一次会议，听取并讨论《政府工作报告》及其他有关报告；会议选举产生市九届政协主席、副主席、秘书长和常务委员，审议通过《政协第九届桐乡市委员会第一次会议提案审查委员会关于提案审查情况的报告》和《政协第九届桐乡市委员会第一次会议决议》。

【市八届政协第二十七次常委会议】 1月20日，市八届政协举行第二十七次常委会议，协商讨论《政府工作报告(征求意见稿)》《市八届政协常委会工作报告(讨论稿)》《市八届政协常委会关于提案工作情况的报告(讨论稿)》、市九届政协一次会议有关事项、市九届政协委员名单和人事事项等，并对市经信局、市环保局、市市场监管局2016年度的提案办理工作开展民主评议。

【市九届政协第一次至第五次常委会议】 4月17日，市九届政协举行第一次常委会议。会议审议通过《政协桐乡市委员会常务委员会工作规则》《政协桐乡市委员会专门委员会组织通则》《政协桐乡市委员会联络处、政协委员联络组工作简则》《关于进一步发挥界别作用的意见》《政协桐乡市委员会提案工作条例》《关于进一步加强反映社情民意信息工作的规定》《政协桐乡市委员会关于进一步加强政协委员队伍建设 发挥委员主体作用的若干规定(试行)》《政协第九届桐乡市委员会关于专门委员会设置的决定》等市九届政协相关制度以及《政协第九届桐乡市委员会关于费坤江等同志任职的决定》《关于确定政协第九届桐乡市委员会联络处、联络组负责人的决定》《关于确定政协第九届桐乡市委员会各界别负责人的决定》等人事事项。

5月31日，市九届政协举行第二次常委会议。会议专题协商“聚焦‘先进制造’，发展实体经济”，听取副市长朱伟强关于年初以来全市工业经济形势及主要工作开展情况的通报。市政协提案委、经科委、文教卫委、社法三胞委分别围绕发挥要素杠杆撬动作用、特色优势产业时尚化转型、政策性融资担保体系建设、台资企业活力提升等四方面作专题发言。

7月8日，市九届政协举行第三次常委会议。会议听取副市长卢爱驰关于《桐乡市部分镇(街道)行政区划调整方案》的通报并专题协商讨论桐乡市部分镇(街道)行政区划调整方案。

7月26日，市九届政协举行第四次常委会议暨形势报告会。会议听取市长王申峰所作的形势报告，协商讨论全市经济社会发展情况，回顾总结市政协上半年工作，明确下半年工作重点。

10月27日，市九届政协举行第五次常委会议。会议专题协商专题协商“发展民生事业，提高群众幸福指数”。专题学习中共十九大精神，听取和协商讨论常务副市长冯中海所作的关于2017年度政府惠民实事工程进展情况和市九届政协一次会议以来提案办理情况的通报。市政协提案委、经科委、文教卫委、社法三胞委分别围绕做强杭白菊全产业链、从提升群众获得感看城西建设、深化医疗资源“双下沉、两提升”、破解法院执行难等四方面作专题发言。

重要活动

【开展“服务发展、服务民生、服务基层”主题实践活动】 2017年，政协桐乡市委员会按照“让委员动起来、强起来，作用发挥出来”的要求，在政协委员和机关干部中深入开展贯彻全年的“服务发展、服务民生、服务基层”主题实践活动。4月，开展以“走平台、看变化、议发展”为专题的助推发展“调研月”活动。9月，开展“串起民生线，连起民生情”为专题的关注民生“视察月”活动。12月，开展以“一讲五送”(宣讲党的十九大精神，送信息、送卫生、送文化、送法律、送科技)为专题的走近基层“服务月”活动。深入各镇(街道)、开发区，走进企业一线车间，迈向村里田间地头和民生项目建设现场，真切感受建设热潮、生产热情、发展效率，汇聚来自基层的意见建议，为发展建言献策，为基层排忧解难，为民生身体力行。整个活动参与委员190多

12 月 20 日，市政协在洲泉镇开展“一讲五送”活动　市政协办提供

人次，提出意见建议 21 项 130 多条，活动得到市委的重视，群众的点赞，市委书记盛勇军作重要批示 3 次，对活动给予充分肯定。

【聚焦小城镇环境综合整治视察协商】　2017 年市政协聚焦小城镇环境综合整治开展视察和协商。6 月，主席会议实地视察崇福镇运河栈道、崇德中路环境综合整治提升工程和钱林集镇市场路环境综合整治工程。与会人员展开协商讨论，提出要远近结合，注重历史文化传承和生态环境保护，进一步提升城镇品位；要突出重点，统分结合，坚持跟进指导和意见反馈，确保工作顺利推进；在抓工作推进的同时，也要抓长效管理，提高镇(街道)管理的科学化、精细化、标准化水平；要通过各种宣传途径，引导广大群众支持和参与这项工作，高效推进桐乡市小城镇环境综合整治工作。

【建言桐乡“智慧教育”发展】　9 月下旬，市政协召开第十次主席会议，专题协商讨论智慧教育，与会人员视察了濮院翔云小学智慧教育和市互联网学校建设情况，听取市教育局关于桐乡智慧教育情况汇报，并进行协商讨论，主席会议提出要加强宣传引导，提高智慧教育认同感；突出需求导向，提高智慧教育应用度；拓展教学内容，建设智慧教育大平台；完善机制体制，促进智慧教育快发展四个方面的意见建议。

【深化“五水共治”专项民主监督】　2017 年，市政协开展聚焦全面剿灭劣Ⅴ类水，深化开展“五水共治”专项集体民主监督活动。制定专项集体民主监督实施方案和“干、查、督”具体行动方案，成立 6 个民主监督小组，采取以监督小组、委处组、界别联动互动，集中视察、随机暗访、就近就便监督等形式开展工作。市政协两次组织集体民主监督活动，参与委员 300 多人次，提出意见建议 125 条，得到党委、政府和相关部门的重视。市政协探索政协民主监督长效机制的规范化和制度化，推行的“五水共治”三项机制做法(专项民主监督信息共享机制、汇报交流机制、分析研判机制)得到省政协领导肯定，在省政协召开的专题推进会上作交流发言。

【不断提升提案工作水平】　2017 年，市政协通过开展委员专项培训、提供提案征集线索、评选优秀提案，激励广大政协委员通过提案建诤言、献良策。坚持市委、市政府领导领办提案，政协主席会议督办“优化实体经济环境，助推实体经济发展”和“完善城乡交通设施建设，缓解交通拥堵现状”两个方面的重点提案，常委会议专题评议市建设局、市综合行政执法局、市农经局三个部门的提案办理工作。坚持“两次反馈”“两次评议”，完善提案办理措施，创新联办、会办、现场办理等方法，提升提案办理质量。政协九届一次会议以后立案的 254 件提案，办理落实率 45.7%，基本落实率 53.1%，办理落实情况的满意率和基本满意率 99.6%。

【第三十六辑文史资料出版】　9 月，在钱君匋先生诞辰 110 周年和君匋艺术院建院 30 周年之际，由中国文史出版社出版，市文教卫体与文史资料委员会编辑的第三十六辑文史资料《流光记忆》出版。作者鲍复兴，作为钱君匋捐赠毕生珍藏的亲历者和君匋艺术院建设的参与者，以自己的日记为蓝本创作而成。该书翔实还原了君匋艺术院的酝酿、沟通、波折、共识以及建设，也生动展现钱君匋的生活点滴、艺术风范和浓厚乡情。

(顾潇峰)

民主党派

【概况】 2017年，全市有民主党派基层委员会6个。吸收新成员17人，至年底有成员395人。其中：中国国民党革命委员会桐乡市基层委员会有党员42人，中国民主同盟桐乡市基层委员会有盟员78人，中国民主建国会桐乡市基层委员会有会员69人，中国民主促进会桐乡市基层委员会有会员64人，中国农工民主党桐乡市基层委员会有党员74人，九三学社桐乡市基层委员会有社员68人。民主党派中担任浙江省十一届政协委员1人、嘉兴市八届政协委员14人（其中政协常委1人）、嘉兴市八届人大代表10人。桐乡市九届政协委员77人（其中市外4人，民盟传媒学院支部盟员1人、民进传媒学院支部会员1人，桐昆集团九三学社社员1人、合众新能源汽车有限公司九三学社社员1人），担任市九届政协常委20人，市十六届人大代表10人（其中人大常委8人）。担任市人大常委会副主任、市人民政府副市长各1人，担任正科（局）级领导干部3人，担任副科（局）领导干部9人。民革桐乡市基层委员会被民革浙江省委会授予民革浙江省2012—2016年度先进集体称号。民盟桐乡市基层委员会被民盟嘉兴市委会评为2017年度思想宣传工作先进集体。民盟盟员曾正君获浙江省民盟榜样人物提名奖。民革党员沈晓芸和费秋华分别被评选为2016年度和2017年度嘉兴民革“十佳党员”。民盟盟员张军、汤见光被民盟嘉兴市委会评为2017年度思想宣传工作优秀通讯员。民主党派成员被评为基层先进工作者48人，系统先进工作者16人，桐乡市级先进个人17人，嘉兴市级以上先进个人25人。民盟盟员高逸仙撰写的《领略古法生新奇》《金石入画如虎 掷笔千花万笔舞》等文章入选《群言》杂志。

各民主党派注重自身建设。坚持以思想建设为核心，组织建设为基础，制度建设为保障，以领导班子建设为重点，提高全体成员和领导班子整体素质。各民主党派组织参加中共十九大精神学习会，听取中央党校教授董振华所作的《深入学习宣传贯彻党的十九大精神》专题报告。听取清华大学教授、国务院参事何茂春《关于十九大精神和一带一路政策》的解读会。学习贯彻中共桐乡市第十四次党代会精神和“两会”精神，有84人次参加6期“桐乡大讲堂”。开展“不忘合作初心，继续携手前进”专题教育和征文活动，进一步加强政治思想建设。

各民主党派热心服务社会。发挥民主党派自身优势，参与经济建设和社会服务，继续组织“同心·服务团”成员到相应的“同心·服务基地”、街道社区开展送法律、送健康、送文化、送教育活动。上半年在原来6个“同心·服务基地”基础上，扩大覆盖面，服务范围遍及全市所有街道（镇）。以民进桐乡市基层委员会为主体的“同心·法律服务团”全年举办法制讲座6次，开展普法知识宣传8次，发放各类法律宣传册6000余份，解答群众法律咨询200余人次；以民建桐乡市基层委员会为主体的“同心·经济服务团”举办各类财务知识培训班10多期，培训企业财会人员1000多人次；以九三学社桐乡市基层委员会为主体的“同心·农业服务团”将董家村茭白基地、南王村湖羊基地、正福村荷博园、金牛村葡萄基地、元丰蚕业合作社、龙翔粮油合作社、绿康杭白菊基地等7个种养殖基地作为重点联系的服务基地，并举行授牌仪式；以农工党桐乡市基层委员会为主体的“同心·医疗服务团”配合市卫计局推进医疗资源下沉和医疗联合体建设，举办健康讲座20余场，开展义诊、上街服务6场，受益群众1800余人，发放宣传资料700余份；以民盟桐乡市基层委员会为主体的“同心·教育服务团”依托桐乡市互联网学校，通过网络化途经，组织同心名师工作室，向全市传播科学教育理念和先进教育方法，为基层学校开展教育教学提供资源和示范作用；以民革桐乡市基层委员会为主体的“同心·文体服务团”举办“碧水蓝天 美丽桐乡——桐乡市剿灭劣Ⅴ类水文艺宣传专场巡演走进新农村村”，联合屠甸镇举行君匋文学社成立暨桐乡市作家协会首个创作基地，联合市名人与地方文化研究会启动“书香传递”向农村文化礼堂赠书活动，联合举办“不忘初心、牢记使命”桐乡市学习宣传贯彻党的十九大精神专题文艺演出活动。

【民主监督】 2017年，全市各民主党派在中共桐乡市委领导下，充分发挥民主党派参政议政和民主监督作用，进一步推进桐乡市多党合作制度化、规范化、程序化建设。全市参加市委、市政府重要会议、重大活动12次，通报会、座谈会、协商会5次，提出建议112条。在浙江省政协十一届五次会议上提交提案2件；在嘉兴市政协八届一次会议上提交提案20件；在桐乡市政协九届一次会议期间，各民主党派及成员递交提案116件，其中6件提案被评为重点提案，8件提案被评为优秀提案；在桐乡市人大十六届一次会议期间，提交人大议案5件。市委、市政府各有关职能部门聘请民主党派成员担任特约审计员、纪检监察员、教育督导员、交通执法监察员、干部教育监督员、行风评议员和人民监督员等41名，受聘成员认真履行职责，开展民主监督。6个民主党派组织与12个政府职能部门开展对口联系活动，相互交流工作，征求意见建议，积极建言献策、履行监督职能。

【调研献策】 2017年，各民主党派广泛开展调查研究，通过各种渠道向市委、市政府有关部门反映社情民意，建言献策。民进会员施如玉撰写的社情民意《关于深化红船精神研究、加大红船精神宣传的建议》获中共浙江省委书记车俊批示。根据各民主党派的意见和建议编辑《党派建言》5期，送市委、市政府主要领导参阅，为党委、政府科学决策提供依据。民革桐乡市基层委员会撰写的《规上工业企业培育提质增效的建议》，民盟桐乡市基层委员会撰写的《互联网时代我市专业市场转型发展的建议》，民建桐乡市基层委员会撰写的《关于推进我市民宿经济健康发展的建议》，民进桐乡市基层委员会撰写的《特色优势产业的时尚化转型——以濮院为例》，农工民主党桐乡市基层委员会撰写的《我市妇幼保健事业健康发展的对策建议》，九三学社桐乡市基层委员会撰写的《标准引领，在供给侧推进桐乡产品和服务质量升级》6份调研报告在桐乡市政协九届一次会议上作大会发言。

【“同心同行助发展”暨“同心·服务团”现场会】 4月25日，桐乡市统一战线“同心同行助发展”主题活动暨“同心·服务团”工作现场会在石门镇召开。与会人员参观“同心·农业服务团”结对服务的董家村茭白基地、南王村湖羊专业合作社，并对6个镇（街道）同心·服务基地进行授牌，实现同心·服务基地在各镇（街道）的全覆盖。在现场会上，“同心·农业服务团”“同心·教育服务团”被桐乡市委统战部评为“优秀‘同心·服务团’”；“同心·法律服务团”“同心·经济服务团”“同心·医疗服务团”“同心·文体服务团”被评为“先进‘同心·服务团’”。

【“不忘合作初心 继续携手前进”专题教育】 2017年年初，全市各民主党派开展“不忘合作初心，继续携手前进”专题教育活动，组织开展“不忘合作初心，继续携手前进”征文活动，32人次参加征文比赛，通过开展形式多样的主题教育活动，引导广大党派成员深刻认识自觉接受中国共产党领导的历史必然、中国共产党与民主党派团结合作的光辉历程，坚持中国共产党的领导，坚定中国特色社会主义的道路自信、理论自信、制度自信、文化自信，夯实多党合作的共同思想政治基础，不忘合作初心，继续携手前进，为把桐乡打造成为先进制造基地、诗画水乡典范、旅游人文名城、网络智慧强市作出新的贡献。

【桐乡市各民主党派成立30周年庆祝大会】 9月27日，市委

9 月 10 日，桐乡市举行桐乡民盟成立 30 周年画展　　市委统战部提供

统战部举行桐乡市各民主党派成立 30 周年庆祝大会，大会在浙江传媒学院桐乡校区影视厅举行。各党派以大合唱、昆曲、小品等形式，热情讴歌中国共产党与各民主党派风雨同舟、肝胆相照的历史进程；其间，民盟桐乡市基层委员会召开座谈会，老中青三代盟员聚首一堂，共同回顾桐乡民盟成立 30 周年走过的光辉历程。举办“翰墨心声——庆祝桐乡民盟成立 30 周年画展”，出刊《桐乡民主党派三十周年》宣传画册，展示各民主党派组织 30 年来在自身建设、参政议政、社会服务等方面成就。

（张　军）

桐乡市工商业联合会

【概况】 2017 年，市工商联（总商会）注重发挥市工商联（总商会）职能作用，努力营造企业家健康成长环境，弘扬优秀企业家精神，更好发挥企业家作用，服务实体经济发展，为桐乡全面建成小康社会走在前列作出积极贡献。2017 年，市工商联获全国“五好”县级工商联和浙江省工商联系统先进单位称号。

发挥工商联服务经济的独特作用。开展“五问三送”（问情于企、问需于企、问政于企、问计于企、问智于企，送政策、送温暖、送服务）主题服务活动，走访企业 130 多家，帮助反映企业在项目推进、融资、用工、用地等方面的问题 23 条，对征求到的意见和问题通过专题汇报情况反映和勤政周记等形式加以解决落实。对执委企业中被列入市 2017 年重大工业投资的 27 个项目，建立跟踪联系制度，帮助解决项目推进中遇到的困难。开展在外桐乡籍人士基本情况专项调查，建立 1272 名在外桐乡籍创业人士基本情况数据库。走访条件成熟和桐商相对集中的杭州、深圳等地，筹建桐乡市驻杭州企业商会。搭建企业信息服务平台，定期开展异地商会会长联谊活动，指导成立桐乡市湖北商会。举办“上海、深圳知名浙（禾）商桐乡行”活动，50 多名浙商实地考察经济开发区相关企业，了解开发区投资环境。指导鞋业协会举办桐乡市首届真皮女鞋时尚博览会，指导大麻家纺协会参加 2017 中国家纺大会，举办“金秋十月 · 花开桐乡”首届桐乡杭白菊保护与发展论坛。组织皮鞋、皮草行业协会和其他服饰行业 18 家企业“走进濮院商会”，展开“会会合作”与品牌对接。组织传统工艺美术协会参加嘉兴市第二届工艺美术精品展。组织经编商会赴福建长乐市考察经编行业龙头企业。组织杭州商会 25 家企业参加德国汉诺威工业博览会。走进梧桐街道商会，为 30 多名会员讲解“传统产业转型中热点、难点问题剖析与对策”。

着力提升企业经营者综合素质。开展以“守法诚信、坚定信心”为重点的理想信念教育实践活动，以深化学习教育、优化发展环境、强化典型引导、抓好教育培训、建设企业文化为抓手，深化教育实践活动。组织杭州商会会员赴开化县开展理想信念教育暨“四好”商会推进会活动。组织 30 多名企业经营者赴嘉兴集中听取中共十九大精神宣讲。在商会组织中开展“深学十九大 · 聚力促发展”系列主题活动，以经济视角巡回演讲十九大精神，统一思想，凝聚力量，指导实践。举办清华大学桐乡企业家创新驱动高级研修班，48 名企业家参加为期 5 天的集中培训，学习新经济、新知识、新思维。组织12名企业经营者到香港理工大学、厦门大学学习培训，培育创新理念和创新精神。组织25名常执委游学考察鲁泰纺织、红领集团、海尔集团等山东知名企业，学习全国行业领军企业和全国业态创新标杆企业经验。组织15名企业家主席（会长）参观考察富阳金固股份、开化华康药业、衢州华友公司，加强互动交流，促进山海协作。举办“桐商大讲堂”“桐商论坛”3期，参会企业家970多人次。清华大学教授姜博仁作《企业管理的“破局、谋局、合局”》、清华大学教授何茂春作《十九大后的中国经济新走向》的解读，市长王申峰作《做强实体经济，再创发展优势》形势报告，沟通政商信息，激发和提振企业发展信心。

实施新生代（青年）企业家培育四大工程。在新生代企业家中实施红色引领、创业引领、人才引领、责任引领工程，实现新生代企业经营者总量大幅增加，结构明显优化，综合素质显著提高。组织新生代企业家学习习近平总书记系列讲话和党的理论知识，坚定中国特色社会主义信念，增强企业发展信心和对社会的信誉，引导他们自觉听党话，跟党走。成立新生代（青年）企业家创业联谊会党建联盟，建立党建联盟活动室。组织27名新生代企业家赴井冈山红色基地开展党性教育专题培训，组织20多名新生代党员企业家和入党积极分子到嘉兴瞻仰红船和中共一大革命纪念馆。继续开展新生代企业家走进身边名企活动，浙江华友钴业股份有限公司董事长陈雪华的创业故事和创业精神，激励新生代企业家。组织18名新生代企业家赴马来西亚考察学习。举办投资大咖眼中的转型升级企业家论坛，举办桐乡—海宁新生代企业家创业经验分享会，共谋发展之计。组织22名新生代企业家赴德国参加工业4.0先进智能制造高级培训班，25名企业家赴浙江大学管理学院学习。组织新生代企业家参加“2017凤栖桐乡·海外学子桐乡行”暨高层次人才对接交流会。组织4名新生代企业家到政府部门挂职锻炼。在新生代企业家中开展“致富思源，富而思进”“圆梦帮扶、捐资助学”活动，创建爱心基金会，资助学生就学、结对圆梦12人。

助推构建新型政商关系。中国巨石总裁、巨石集团董事长兼首席执行官张毓强参加中央电视台《对话》栏目，诠释他心目中的企业家精神。巨匠建设集团股份有限公司总裁吕耀能代表桐乡企业家在嘉兴市组织的座谈会上作《诚信守法、当好工匠，做遵纪守法的典范》的典型发言。工商界委员开展调研，撰写提案，在九届一次政协会议上提交提案20件，其中《发挥商会作用，服务实体经济》作大会发言，被市政协评为2017年度优秀调研报告。工商界委员参加市政协“最多跑一次”改革调研，开展“营造企业家健康成长环境，激发经济发展新活力”课题调研。召开原龙翔街道部分企业座谈会，听取企业对街道区域划归乌镇镇管辖的意见建议。工商界委员赴石门、河山等地开展治水剿劣专题督查，提出意见建议4条。组织委员赴濮院毛衫创新园视察，对濮院毛衫产业时尚化转型的方向和途径进行协商，助推时尚小镇建设。工商界委员赴崇福镇皮革品牌园、生态产业园视察，开展“两退两进”工作协商，征求退散进集工作政策意见。组织参观第四届世界互联网大会互联网之光博览会，感悟新时代新技术新经济发展趋势，增强转型创新发展紧迫感。温州商会建立“两代表一委员”工作室，拓宽了委员联系和服务群众的视野，更好地发挥委员的职能作用。组织4家商会与台资企业联谊会开展互动，促进台企与大陆企业融合发展。出刊《桐乡商界》杂志6期，推送微信公众号50期，宣传企业家105人次，政策咨询300多条。与市电视台联办《创业路上·企业家专访》50期，宣传企业家创业创新故事，弘扬桐商精神和桐乡创业环境。开展送政策到企业活动，分送《桐乡市服务企业指南》500份。与市检察院联合开展服务非公企业健康发展“十个一”活动，助力构建新型政商关系，协力打造“重商亲商安商”良好氛围。

开展“四好商会”建设。将“班子建设好、团结教育好、服务发展好、自律规范好”商会建设与协会商会年度工作考核有机结合，做到有章可循。完善协会商会工作考核实施细则，加强工作指导，开展2016年度协会商会工作达标考核和向经济类行业协会商会新型市场主体购买服务项目评审工作，表彰奖励19家先进协会商会和23个服务项目。建立市四套班子领导联系经济类协会商会制度，加强市领导与经济类协会商会的联系。修改完善《市工商联(总商会)工作规则》《执委分片联系活动制度》《关于加强领导机构成员队伍建设的办法》《协会商会信息工作考核办法》。举办全市协会商会秘书处工作人员业务能力培训班,对信息工作和商会工作进行专题辅导,提升商会秘书处业务能力。完善《桐乡商界》杂志、网站、微信公众号、微信群建设,建立会员资料数据库,搭建面向工商联常执委、会员企业、商会组织的桐乡商界智慧服务平台。

【建立桐商学院】 9月18日,市委办下发《关于建立桐商学院的实施意见》。9月26日,在全市人才科技大会上举行桐商学院揭牌仪式。桐商学院是面向全市工商企业设立的非营利性的“一院多基地”培训机构(“一院”即桐商学院,“多基地”即以市委党校、会展中心、互联网产业园、濮院镇和乌镇镇为重点的一批实训基地),是协会商会培训资源的综合性培训平台。其目的是加快培育一支数量充足、结构合理、素质优良的企业经营管理者队伍,为打造先进制造基地和网络智慧强市提供智力支撑。11月17日,市企业管理培训工作领导小组召开会议,研究制定《桐商学院教育培训工作实施细则》《桐商学院2018年教育培训计划》,与量子大学、浙江清华长三角研究院签订战略合作协议,并在乌镇互联网产业园举行首期桐商大讲堂开讲仪式。桐商学院将通过开办精英培训班、组织参加学历提升培训班、开设桐商论坛、桐商大讲堂等形式,提升企业家综合素质,增强企业经营能力,提振企业发展信心。

【市工商联获全国“五好”县级工商联称号】 12月8日,全国工商联办公厅下发《关于确认2017年全国“五好”县级工商联的通知》,桐乡市工商联被确认为2017年“领导班子好、会员发展好、商会建设好、作用发挥好、工作保障好”的全国“五好”县级工商联。市工商联贯彻落实全国工商联第十二次全国代表大会精神,围绕以先进制造业为核心的实体经济和以乌镇为核心的“一业一网”两个发展重点,促进非公有制经济健康发展和非公有制经济人士健康成长,坚持政治建会、团结立会、服务兴会、改革强会,努力增强工商联凝聚力、影响力、执行力,推动工商联事业不断创新发展,为桐乡经济和社会发展作出积极贡献。经过自下而上逐级推荐,对照全国“五好”标准和各地制定的细化量化指标,在省级工商联申报推荐、交叉审核和全国工商联复核基础上,经全国工商联主席办公会议审议通过。

(陈三星)

11月17日,举行桐商学院启动仪式　　市工商联提供

桐乡市总工会

【概况】 2017年,桐乡市总工会以各级群团组织改革为契机,把握“服务发展、服务职工”工作理念,助推实体经济发展,创建和谐劳动关系,履行维权帮扶基本职责,创新工会工作方式,推进工会改革,工会工作取得一定成效。指导开展基层工会组建工作,新增9家规模以上企业组建工会,全市非公有制经济组织工会组建率和职工入会率达到88%以上。按照“六有”(有牌子、有班子、有职级、有经费、有阵地、有机制)建设标准,深化“职工之家”创建,申报创建4家省级职工书屋、8家市级职工书屋。推动厂务公开民主管理工

作，镇（街道）各树立2家厂务公开示范企业，并通过召开厂务公开片区会议和开展厂务公开互检工作，督促各基层工会抓好厂务公开民主管理工作，全市厂务公开和职代会建制率保持在95%以上。

举行庆五一劳模座谈暨“工匠精神”大讨论。与会劳模围绕如何立足岗位，发扬劳模精神、工匠精神，服务实体经济建设各抒己见。做好浙江省五一劳动奖章，嘉兴市五一劳动奖状、奖章推荐工作，桐乡市环境卫生管理中心王根田获浙江省五一劳动奖章，生迪光电科技股份有限公司获嘉兴市五一劳动奖状，桐乡市伟邦针织有限公司吴建伟、浙江浅秋针织服饰有限公司朱惠红获嘉兴市五一劳动奖章。

推进工资集体协商工作。职工50人以上的单建企业工会开展工资集体协商要约；职工25人以下的小企业，集中在社区（村）开展区域性工资集体协商，在行业相近的企业集中区域开展行业性工资集体协商。在梧桐街道和洲泉镇召开工资集体协商片区会议，推动形成“企业单独协商为主、区域性协商为辅、行业性协商为补充”的工资集体协商工作模式，要求各镇（街道）开展工资集体协商示范工作。

加强职工劳动保护。联合市安监局在工会职校设立全市安监员计算机考试考点，全年举办安全生产考试49场，电工、电焊等特种作业人员考试13场，参与考核职工6000人次。引导企业自主参加“安康杯”竞赛，提高企业安全生产责任意识，提升竞赛活动实效性。组织和动员职工广泛开展“查事故隐患，提合理化建议”活动，收集合理化建议45条。举办学习《浙江省工会劳动法律监督条例》培训班，参加培训的基层工会干部、骨干100多人。

【职工劳动竞赛活动】 6—11月，市总工会举办“实业兴市、创新驱动”全市第十一届职工技能运动会，开展职工消防演练、针织服装设计、水上职业技能等12个竞赛项目。评选出金牌职工11人，桐乡市操作技术能手33人，桐乡市党员技能能手14人。开展重点工程立功竞赛活动，根据嘉兴市总工会、嘉兴市旅委《关于开展第四届世界互联网大会·乌镇峰会服务保障立功竞赛的通知》精神，协助嘉兴市总工会做好第四届世界互联网大会·乌镇峰会服务保障工作。

“中辉杯”皮毛小刀工操作比赛　　市总工会提供

【开展魅力工匠培育（选树）活动】 3月，市总工会发出《关于在全市开展“桐乡工匠”选树活动的通知》，开展“万名工匠共筑桐乡梦”活动，选树十佳桐乡名匠、选拔百名企业技能带头人、培育千名金牌职工、造就万名桐乡工匠。做好市级以上工匠选树推荐工作，桐乡市丰同裕蓝印布艺有限公司哀警卫和浙江易锋机械有限公司姚富强获十佳“嘉兴工匠”称号，哀警卫又获“浙江工匠”称号。活动期间，开辟“桐乡工匠”大展播专题栏目，联合桐乡电视台深度宣传报道全市制造业代表性的49名“优秀工匠”事迹。开展“弘扬工匠精神，服务实体经济”大讨论活动，围绕“对标工匠、补足差距、争创一流”主题，开展对工匠精神的学习和宣传，全市各基层工会组织大讨论65次。

【评选星级劳动关系和谐企业和“工人先锋号”】 2017年，市总工会做好第六批桐乡市级劳动关系和谐企业考核工作，命名表彰6家五星级劳动关系和谐企业、18家四星级劳动关系和谐企业。推进“工人先锋号”创建活动,做好第十轮28家工人先锋号考核工作,调整充实全市14支劳模技师金锤服务队力量,发挥工人先锋号和金锤服务队在服务实体经济中的作用。继续推进高技能人才(劳模)创新工作室评选,开展命名先进操作法和“小发明、小创造、小革新、小设计、小建议”活动,形成技术创新成果,嘉名控股有限公司染整事业部获浙江省工人先锋号称号,浙江新澳纺织股份有限公司周建恒获嘉兴市“工人发明家”称号。

【完善工会困难职工帮扶体系建设】 2017年,是开展职工医疗互助保障工作第三年,市总工会补充修订《医疗互助保障的暂行办法》,将报销比例由50%提高到55%。全年有职工医疗互助单位441家,参加职工4.7万人。完善工会困难职工帮扶体系建设,做到建档、帮扶、脱困,随时录入及时撤档的动态数据管理,完成排摸入档困难职工96人(其中全国级困难职工8人,县区级88人)。做好各级财政和各级工会专项帮扶资金预决算,坚持专款专用、合理使用、发放到位。2017年度,在金秋助学、爱心透析、大病医疗(乳腺癌)专项救助、全国级特困职工专项救助等工会帮扶活动中发放救济金31万余元。

【网上工会建设】 2017年,市总工会作为嘉兴市总工会“互联网+工会”建设试点单位,做好省市县职工之家一张网建设,实现线上导航、线下导流的互动互融工会服务模式。组织6批次工会干部参加全国总工会、浙江省总工会和市总工会举办的各类工会干部网络技能培训班,提高各级工会网上宣传和舆论引导水平,提升基层工会干部网络素质和实践能力。依托工会微信平台,开展“网言网语”征集活动,展示本市职工网络文化建设阶段性成效作品。以建设网络智慧强市为依托,完善职工互联网生活服务平台建设,为全市工会会员打造一个专属的线上互动载体。自2016年6月正式上线运行以来,职工互联网生活服务平台已推送信息800多条,线上线下工会服务活动280场次,签约特邀服务商170余家,公众号关注人数3.5万多人,职工申领电子会员服务卡1.5万多张。举办工会公益讲座,招募首批“工会公益讲师团”27人和2支服务团队,举办讲座10多次,参与职工2000多人。

(张娟娟)

中国共产主义青年团桐乡市委员会

【概况】 2017年,团市委按照党的群团工作会议要求,贯彻市第十四次党代会精神,注重思想引导、助推转型升级、服务青年需求、提升组织活力,引领广大团员青年为加快建设美丽幸福新桐乡奉献青春、智慧和力量。至年末,全市有直属团委32个,共青团员2万人。

以主题教育引领青少年,开展“青春喜迎十九大、学习十九大、践行十九大”主题教育活动。运用南湖丰富的红色资源,开展“不忘初心跟党走,青春建功新时代”专题活动,学习习总书记南湖红船讲话精神,重温入党誓词。开展“一学一做一争当”(学习总书记讲话 做合格共青团员 争当青年铁军)活动,在全市各基层团组织举行主题团课和组织生活会。结合重要时间节点,以五四青年节、六一儿童节等重大节日为契机,开展各类活动,引导激励广大青少年树立社会主义核心价值观。举行入队、入团仪式,举办青年分享会,14周岁集体生日暨少先队离队仪式,18岁成人仪式等活动,加强思想教育。选树先进典型激励青少年,评选表彰优秀青年企业家、优秀青年工匠、优秀团员团干部、美德少年、优秀辅导员和优秀少先队员。孟国芬被评为全国优秀共青团员,陈柏臻被评为全国农村青年致富带头人,余丹丹被评为2017CCTV中国创业榜样。开展“青年文明号”“青年岗位能手”创建评比活动,乌镇旅游公司酒店管理中心会展部被评为全国“青年文明号”,梧桐地税分局办税大厅、国网桐乡城区供电营业厅成功争创浙江省级“青年文明号”,利用全媒体平台进行宣传,引导广大青年向身边的青春榜样学习,传递青春正能量。

围绕中心工作,在服务大局上追求实效。在首届浙江省志愿服务创新发展论坛上,团市委作“平战结合做好世界互联网大会志愿服务工作”的发言。注重培育社会组织金名片,培育、扶持桐乡义工、凤鸣公益两家志愿服务自组织、社会组织。桐乡义工“情牵山区 有福童享”项目在

2017年浙江省志愿服务项目大赛中获银奖。召开预防青少年违法犯罪工作会议，与巨石集团等17家企业签约，成立"蒲公英计划"第二批青年就业帮扶基地。引入社会组织配强基层团青工作力量，成立桐乡市凡星青少年社工事务所，采取政府购买服务方式，围绕不同的青少年群体打造特色服务项目。成立人大代表、政协委员联络站，加强共青团与人大代表、政协委员面对面活动。开展"实体经济青春建功"活动，举办青年工匠分享会9场、青工技能比武会20场、企业单身青年联谊会12场，形成比学赶超良好氛围。建立阿里巴巴桐乡市互联网创业孵化中心，开展青年电商人才培育，以政府购买服务方式举办培训班15期，培训创业青年600多人。

紧贴实际需求，发挥桥梁作用。抓好"青春桐乡"微信公众号建设，在各类紧急舆情事件中，第一时间组织网评员和网络文明志愿者编辑、转发辟谣微信，全年参与网络舆论辟谣26次，把握青少年网络舆论引导主动权。"青春桐乡"微信公众号被共青团浙江省委评为2017年度"青年最喜爱的团县委微信订阅号"。成立桐乡市互联网团校、队校。定期和不定期直播互联网团课和队课，收看人数突破6万人次。发挥新生代(青年)企业家联谊会作用，带领青年企业家和青联委员赴杭州娃哈哈集团、上海通用汽车有限公司等企业参观学习。组织青年企业家代表参加吴晓波频道"2017转型之战·拥抱新零售"。根据企业家座谈会需求，组织青年企业家抱团进省内高校开展专场招聘会，充实企业人力资源库。配合组织好红色学习之旅、德国工业4.0专题研修班等工作。

加强共青团自身建设。在群团改革中配强团市委班子，配备挂职副书记2名、兼职副书记2名，团市委书记班子中专职成员比例低于50%。充实市少工委力量，召开桐乡市第八次少代会，选举产生市第八届少工委，来自基层的委员比例达50%以上，两名少先队员代表当选委员，1名大队辅导员和1名小学校长分别当选挂职副主任和兼职副主任。改革青联运作模式，实行青联轮值主席制度，开展企业家面对面活动、互联网之光博览会参观等活动。开展村团组织换届选举，全市176个村团组织顺利换届。抓实"双百双提升"〔面向全省乡镇(街道)团(工)委和以中学团组织为主要对象的基层团组织，开展实施的一项基层团建五年攻坚行动计划〕工作，确定提升对象、明确联系领导、加强检查督促，以立行立改的实际行动着力补齐短板，团省委书记朱林森对此项工作予以肯定。通过开展"打造桐乡青年铁军"专题活动，锻炼了意志，凝聚了团队精神。举办2017年桐乡市基层团干部培训班，系统学习团务、新媒体等方面知识，提升基层团干部履职能力。

【中国少年先锋队桐乡市第八次代表大会】 12月21日，中国少年先锋队桐乡市第八次代表大会在桐乡召开。市委副书记潘川弟出席会议并讲话。会议审议通过团市委副书记祝逸代表桐乡市第七届少工委所作的《高举队旗跟党走 红船精神代代传 为实现桐乡转型发展新跨越做好全面准备》工作报告，选举产生新一届少工委。会议表彰桐乡市十佳少先队队员、十佳少先队辅导员、十佳红旗大队。

12月21日，中国少年先锋队桐乡市第八次代表大会召开

徐王立摄

【举办桐乡市优秀青年企业家、优秀青年工匠表彰大会】 5月4日，团市委举办桐乡市2016年度优秀青年企业家、优秀青年工匠表彰大会。会议表彰贝文理等20名优秀青年企业家，马新荣等20名优秀青年工匠。会上，成立桐乡市青年工匠讲师团，20名优秀青年工匠被聘为讲师。讲师团成立后，赴全市各镇、街道、振东新区、经济开发区相关企业参加青年工匠分享会。

（归振华）

桐乡市妇女联合会

【概况】 2017年，全市有镇（街道）妇联11个，系统（局）妇委会22个，社区妇联35个，村妇联176个。2017年市妇联被评为嘉兴市实施妇女儿童发展“十二五”规划先进集体，获嘉兴市第七届家庭文化节优秀组织奖，市女企业家协会被评为2017年度省女企业家协会优秀会员单位。

引领妇女创业创新。实施巾帼创业“金凤凰”计划，与市总工会等群团组织联合下发《关于充分发挥群团组织优势服务实体经济、“一业一网”发展的实施意见》，发挥妇联作用，引领全市妇女助力实体经济。开展十佳“妇”字号创业基地、十佳巾帼创业之星等评选，挖掘和培育各类巾帼创业典型，营造良好的创业创新氛围。利用微信公众号等平台，宣传女性创业先进事迹，弘扬巾帼创业精神。召开桐乡市女企业家座谈会，市领导与女企业家畅谈巾帼建功，把脉实体经济大发展。举办女性专场招聘会，为求职女性与用工企业搭建双向选择的交流平台。与市委组织部、市委党校联合举办女领导干部素质提升培训班。开展妇女创业小额贷款贴息工作，发放贴息贷款10万元，受益妇女20余人，缓解农村妇女发展生产的资金紧缺问题。开展“巾帼心向党 岗位建新功”主题实践活动，组建“巾帼宣讲队”，发动全市各级巾帼文明岗岗位及成员积极开展“党的女儿话初心”“岗岗参与 清河剿劣”等五大行动，引领城乡妇女立足岗位、建功立业，全年开展各类活动300余次。在微信公众号中开设“巾帼心向党 喜迎十九大”“巾帼心向党 建功新时代”专栏，展播各类巾帼建功标兵、巾帼文明岗优秀事迹、基层妇女十九大感言等。下发《关于认真学习宣传贯彻党的十九大精神的通知》，组织巾帼文明岗开展学习中共十九大精神演讲比赛，组织女党员参观嘉兴南湖革命纪念馆等，引领全市妇女学习贯彻落实中共十九大精神。加强巾帼文明岗创建和长效管理，年内新增国家级巾帼文明岗1个、省级6个。开展多样化宣传，推送940余条微信，其中原创240余条。省市妇联媒体录用信息100余条。引导市女企业家协会助力实体经济，举办“不忘初心 美丽前行”联谊活动，总结部署协会工作，表彰优秀会员，开展优秀女企业家创业经历和感悟分享活动。联合市商务局等部门，组织女企业家协会组团走出国门参展，10家会员企业赴日本东京参加服装展并考察优秀企业。实施协会女企业家素质提升工程，组织会员企业赴江苏江阴市阳光集团、海澜集团参观学习，开阔视野。每季度召开理事会，并结合会员企业需要，邀请经信、劳动等部门为企业开展政策解读。

维护妇女合法权益。深化平安家庭创建工作，召开桐乡市预防和制止家庭暴力委员会成员单位会议，联合开展“反对家庭暴力 共建平安家庭”六个一专题活动和“11·25”国际消除对妇女的暴力日活动，开展“护航十九大大会战”“乌镇峰会维稳安保”平安家庭创建活动，编制《国际（乌镇）峰会维稳安保平战结合工作规范——桐乡市妇女联合会行动工作手册》。建立由妇女工作者、社会工作师、婚姻家庭咨询师和心理咨询师组成的“彩虹使者”婚姻家庭关系调解员队伍，承接市民政局婚姻调解项目，“彩虹使者”全年协助工作33次，调解拟离婚夫妻近400对，成功调解33对。联合市人民法院、市司法局建立家事纠纷多元化解联动机制，通过建立纠纷化解队伍、完善诉调衔接机制、完善反家暴协调机制等，提升家事纠纷联动化解能力。加强对贫困妇女儿童的关爱，充分发挥市妇女儿童关爱基金作用，动员社会力量为贫困妇女儿童献爱心，建立帮扶救助弱势妇女儿童的长效机制，年内新增捐款22万元，慰问贫困妇女儿童62人，救助资金17.02万元。促成嘉兴公益组织与20名贫困儿童结对，通过心理辅导、资金资助等方式开展长期帮扶。承接“焕新乐园”公益项目，对全市21户低保家庭进行儿童房环境改造。

继续开展城乡妇女“宫颈癌、乳腺癌”免费筛查，全年完成宫颈癌筛查2.53万例、乳腺癌筛查2.15万例，并对贫困妇女进行救助，发放救助款6.75万元，受助妇女27人。编制《桐乡市妇女发展规划（2016—2020年）》和《桐乡市儿童发展规划（2016—2020年）》，在涉及妇女儿童教育、卫生、社会保障等领域提出更高目标，确立妇女儿童发展的全省领先目标及任务措施。

推动家庭文明和谐发展。开展“美丽”系列活动，举办三八国际劳动妇女节107周年纪念大会暨“美丽女性 美丽家庭”优美庭院创建风采展示活动，并向全市广大女性、家庭发出“美丽庭院 我家先行”倡议书。举办优美庭院纪实图文大赛、“女画家笔下的‘优美庭院’”作品征集，在“桐乡妇联”微信公众号上开设“三八妇女节”“优美庭院”专题，推送相关微信100余条。2017年，创建桐乡市级优美庭院示范村11个村，嘉兴市级优美庭院示范村6个。加强家庭文明建设，联合市文明办举办桐乡市“美家庭 好家风”家庭漫画大赛，100户家庭以现场绘画形式画出心中的“美家庭好家风”。以家庭为参赛单位的现场漫画赛在全国尚属首例，中央电视台新闻频道和中国妇女报对活动进行宣传报道。继续在全市开展寻找“桐乡市最美家庭”暨2017年度百户特色文明家庭评选活动，2户家庭获评2017年度浙江省最美家庭，6户家庭获评第十届浙江省文明家庭，4户家庭获评浙江省绿色家庭。有嘉兴级各类特色家庭31户，“十佳最美警嫂”1人。开展“写家书、传家风”征集诵读活动，以征集家书、朗诵家书形式，倡导夫妻和睦、尊老爱幼、科学教子、邻里互助好风尚，传承良好家规家风。开展“五年发展·点滴印记——我家这五年”短文、段视频、照片征集活动，从家庭视角展示分享党的十八大以来的变化。向社会组织购买家庭教育服务项目，开展2017年度“科学家教城乡行”活动80余场次，传播先进家庭教育理念、科学家庭教育知识和方法。助力垃圾分类及清河治水工作，以“垃圾分类 我家先行”为主题，开展系列宣传活动，引领家庭从自身做起，从生活垃圾源头分类起步，促进垃圾减量。在“桐乡妇联”微信公众号上开设“环保酵素”“垃圾分类 我家先行”专题，推送相关微信近300条，开展“争做美丽酵主 助力清河治水”活动。

12月21日，桐乡市妇联举行“争做美丽酵主 助力清河治水”启动仪式　　市妇联提供

【完成妇联改革及“会改联”工作】 2017年，市妇联坚持党建带妇建，贯彻落实上级妇联改革要求，市委下发《桐乡市妇联改革实施方案》，明确改革要求，市妇联本级增配挂职副主席1人、兼职副主席3人。与市委组织部联合下发《关于认真做好基层妇联组织改革工作推动妇女参与基层民主管理的通知》，至7月底，完成村（社区）“会改联”工作，将村（社区）妇代会改成妇联。每个村（社区）妇联执委不少于7人。改革后，176个村新增执委1310人，35个社区新增执委245人，全市建立各类功能性妇女小组914个，建立妇女干部主导的QQ群、微信群600余个。实行“第一妇联主席”制度，促进城乡妇女共建。

【完成镇（街道）妇联改革换届工作】 2017年，市妇联完成镇（街道）妇联改革换届工作，11个镇（街、区）妇联新增执委66人，新增兼职副主席20人,5个镇(街道)妇联设立常委会。为进一步发挥各级执委会作用,市妇联将“五亮一晒”执委会联系群众制度在全市推广,建立“执委工作站”,亮身份、亮妇徽、亮连心卡、亮服务承诺、亮服务项目,晒实事项目,发挥各级执委作用,努力打造新形势下妇联工作新格局。启动“双网双争”轮值活动,加强镇(街、区)妇联区域化建设,努力实现网上妇联建设与网下妇联工作同步创新。

【制作推广环保酵素】 2017年,市妇联贯彻落实全市实施生态宜居战略的指导思想,在全市家庭中制作推广环保酵素,号召将家庭废弃的厨余垃圾制作成环保酵素,促进垃圾减量、源头减排,助力五水共治、垃圾分类工作。全年举办环保酵素培训班350多场,制作环保酵素3万千克,建立巾帼环保酵素基地9个,巾帼文明岗环保酵素推广点5个,供市民取用环保酵素站点100多个。通过制作推广环保酵素,利用厨余垃圾6000多千克,促进垃圾分类减量,减少化学洗涤用品使用,净化了下水道,清洁了水质。

(吴琳莉)

桐乡市科学技术协会

【概况】 2017年,桐乡市科学技术协会所属市级学会(协会、研究会)32个,市级农村专业技术协会5个;镇街道科协14个(含经济开发区科协、桐城委科协)。成立浙江百力达太阳能股份有限公司和浙江华赢特钢科技有限公司2家企业科协,累计有企业科协17家。2017年,市科协被中国科协评为全国科普日特色活动优秀单位,被浙江省科协评为县级科协工作优秀单位,在嘉兴市县级科协目标责任考核中连续四年考核第一。桐乡市被中国科协评为2016年度全国科普日特色活动优秀单位,列为2016—2020年度浙江省科普示范市。

新建桐昆集团、合众新能源公司2家嘉兴市级院士专家工作站。浙江华赢特钢科技有限公司获评浙江省第八批院士专家工作站,并在桐乡市科技人才大会上授牌。至年末,有国家级院士专家工作站1家,省级院士专家工作站4家,嘉兴级院士专家工作站13家,列嘉兴首位,全省前五。加强企业科协建设,6月,企业科协创新争先服务实体经济现场会在浙江双箭橡胶股份有限公司召开。全年,企业科协组织开展各类技术创新攻关43项,技能培训53场次,新产品开发36个。11月,全省企事业科协建设研讨会在温州召开,桐乡市科协作交流发言。

开展嘉兴市级科普教育基地整治提升工程。桐乡市博物馆、乌镇互联网医院、丰子恺纪念馆3家科普教育基地被认定为嘉兴市优秀基地,杨家门社区人体健康科普馆等5家科普教育基地被认定为嘉兴市合格基地,乌镇互联网医院和乌镇植材小学被认定为嘉兴市科普教育基地。新命名乌镇腾讯众创空间等12家为桐乡市级科普教育基地。在全市相关村、社区、企业、文化礼堂新增28台科普e站;全年在报纸和电视台刊登、播出“科普让生活更美好”专栏内容144期;编印科普挂图5期30张。9月19日,举行桐乡市2017年全国科普日开幕式暨“创新驱动发展,科学破除愚昧”广场宣传活动,现场进行青少年科学实验秀、科普e站大屏推广、在线科普有奖答题、宣传咨询和3D打印、无人机、机器人展示等。9月,开展“创新驱动发展,科学破除愚昧”为主题的全国科普日活动,其间组织开展科普宣传活动27项。

开展社会团体清理整顿,根据所属学(协)会办会现状,清理1家,更名9家。指导化工协会、安全生产技术协会、燃气协会、暖通制冷协会进行换届。建立学会重点活动申报制度,全年立项开展17项重点活动。实施“厂会协作”项目10项。联合市委组织部、宣传部、人社局、科技局开展第八批青年科技奖、优秀科普工作者评选和第十届优秀科研论文评选,评选表彰青年科技奖、优秀科普工作者各10人、优秀科研论文65篇。新凤鸣集团股份有限公司总裁庄耀中获嘉兴南湖百杰青年菁英奖。编发科技工作者建言献策4期。老科技工作者协会撰写的2篇调研文章获市主要领导批示,被浙江省老科技工作者协会评为2017年度建言献策组织奖。在第四届世界互联网大会·乌镇峰会上,参与做好中国科协主办的“前沿技术领域科学家高峰对话”和桐乡市人才办承办的“互联网人才培养和交流”工作,中国科协党组书记怀进鹏出席论坛并致辞。

【联手搭建科技服务平台】 2017年,市科协先后联系王一德等8名院士专家到桐乡,合力解决企业技术难题和项目攻关。全年,院士专家工作站制定技术标准16项,发明专利29项,培养技术人才33人次。牵线濮院针织产业园与中国流行色协会成立中国流行色协会桐乡时尚产业技术创新联盟,获评首批嘉兴市创新驱动助力工程产业技术创新联盟(学会服务站);牵线上海太阳能学会与河山百力达公司建立学会服务驿站,建立上海交大太阳能研究所百力达技术中心,在工艺改良、节能降耗方面成效初显;牵线中国电子学会与乌镇镇政府就VR/AR产业与展览进行接洽。牵线国千专家、中国海归创业联盟理事长、美时医疗董事长马启元教授等4人为桐乡市首批人才顾问。与中国科学院院士上海浦东活动中心签订合作框架协议,联手搭建科技服务平台。

【举办桐乡市创新驱动助力工程启动仪式暨2017中国濮院时尚色彩融创论坛】 9月11日,由中国流行色协会和桐乡市政府主办,市科协和濮院针织产业园区管委会承办的桐乡市创新驱动助力工程启动仪式暨2017中国濮院时尚色彩融创论坛在濮院镇举行。中国流行色协会执行副会长朱莎、秘书长贺显伟,上海市太阳能学会理事长、上海交通大学太阳能研究所所长沈文忠,上海交通大学太阳能研究所李正平博士,省、嘉兴市科协和桐乡市相关领导及濮院镇企业、商户代表等200人参加论坛。此次活动是"聚焦桐乡·相约乌镇"2017国际经贸洽谈会系列活动之一。启动仪式上,对桐乡市时尚产业技术创新联盟、上海太阳能学会百力达创新服务驿站和被评为"嘉兴市第八批院士专家工作站"的浙江华腾牧业有限公司、桐乡市龙翔纺织有限责任公司进行授牌。启动仪式后,举行以"色彩·创新的融合"为主题的2017中国濮院时尚色彩融创论坛,围绕打造濮院时尚第一镇和推动桐乡时尚产业发展,数位业内领军人物和知名专家从产业层面、智能技术层面和色彩层面就针织行业的时尚创新、转型升级等进行交流发言。

9月11日,桐乡市举办创新驱动助力工程启动仪式暨2017中国濮院时尚色彩融创论坛　　市科协提供

【首个全国科技工作者日庆祝活动】 在首个全国科技工作者日(5月30日)到来之际,市科协围绕"凝聚科技工作者力量,服务实体经济发展"主题,组织一系列庆祝活动。与市委人才办、市人社局、市科技局联合开展桐乡市首届优秀科技工作者评选活动,评选产生桐乡市首届优秀科技工作者22人,其中18人来自先进制造业一线。5月27日,召开庆祝全国科技工作者日暨首届优秀科技工作者表彰大会,市四套班子领导出席并讲话,来自全市各条战线的科技工作者代表270多人参加大会。会议表彰优秀科技工作者22人,现场采访部分优秀科技工作者,分享他们的创业创新故事;优秀科技工作者代表发出《自觉履行使命担当,创新服务实体经济——致全市广大科技工作者的倡议》,号召广大科技工作者牢记使命责任,积极投身科技创新和经济建设主战场。在《嘉兴日报·桐乡新闻》《钱江晚报·今日桐乡》和桐乡电视台以及科协网站、微信公众号、科普e站等平台,开设"实体经济'弄潮儿'——桐乡市首届优秀科技工作者风采"专栏,宣传优秀科技工作者在科技创新促进实体经济发展中的先进事迹。发动所属学会开展向

科技工作者送知识、送政策、送关怀活动，增强科技工作者的归属感。

· 相关链接 ·

全国科技工作者日

2016年5月30日，习近平总书记在全国科技创新大会、两院院士大会、中国科协第九次全国代表大会上发表重要讲话，发出向世界科技强国进军的号召。经国务院批准，自2017年起，将每年5月30日定为全国科学技术工作者的节日。

【开展“三年普网行动”——“网络e安全”知识行动】 2017年，市科协针对网上侵犯个人隐私、窃取个人信息、诈骗网民钱财等违法犯罪行为时有发生的情况，联合市委宣传部开展以“网络e安全”为主题的普网行动。5月，召开“网络e安全”普网行动推进会，邀请腾讯大浙网资深媒体老师、杭州安恒信息技术有限公司副总裁冯旭杭对普网讲师进行专题培训和技术指导；编印发放《网络安全你知道吗?》科普读本8万册，发放到全市重点人群；联合北京科技报社，利用“桐乡科普”微信公众号开展网络安全科普知识微信有奖竞赛，参与答题500多人次；在全市村（社区）开展以“网络e安全”为主题的科普讲座102场。至此，桐乡市自2015年被省科协列为科普信息化试点市以来开展的“三年普网行动（普及互联网知识行动）”顺利完成。

（杨娟丽）

桐乡市文学艺术界联合会

【概况】 2017年，市文联学习贯彻中共十九大精神和习近平总书记在中国文联十大、中国作协九大开幕式上的重要讲话精神，履行联络、协调、服务职能，培育“德艺双馨”文艺队伍，引领指导文艺精品力作的创作，为推进桐乡“人文名城”建设、打造“风雅桐乡”作出积极贡献。市文联主办、承办的重大活动有第二届丰子恺中外散文奖颁奖典礼，“文学点亮生活”专题讲座，第七届文学艺术金凤凰奖推荐评颁活动，“弘扬传统美德，传承良好家风”诗词征文颁奖仪式暨中秋诗会，第五届“菊乡文学新苗”培育工程，“文学史视野中的中国现代作家茅盾”2017年乌镇论坛暨钟桂松新书《起步的十年——茅盾在商务印书馆》首发式，第四届全国水墨漫画理论研讨会暨浙江桐乡、河北邱县、湖北安陆水墨漫画三地联展，第二届“茅盾文学新人奖”暨首届“网络文学新人奖”颁奖典礼，纪念钱君匋诞辰110周年暨君匋艺术院建院30周年活动等。《桐乡文艺》在全省群众文化期刊评比中获一等奖。

下属各协会走进基层、贴近群众，以喜闻乐见形式开展文艺活动。市作家协会、市美术家协会、市书法家协会、市漫画家协会、市诗词楹联学会等赴镇（街道）开展剿灭劣Ⅴ类水主题采风活动。市作家协会配合“修羽杯·风雅桐乡诵”诗文大赛，承担征文和征集“桐乡名篇”建库工作；举办“喜迎十九大·我的家乡我的梦”征文比赛；承办第四届“菊乡文学新苗”培育工程系列活动；先后走进茅盾中学、屠甸小学、桐乡六中、求是实验中学开展“作家进校园”活动；赴桐乡华能热电公司、大麻镇黎明村、平湖市新埭镇、临安市采风；邀请著名诗人芦苇岸讲学。市美术家协会、市漫画家协会参与举办“金猴闹春送吉祥，百画进入百姓家”文艺惠民活动；举办“丹青传情”——乐清、桐乡中国画联展，“山水之约”——乐清、桐乡中国画联展。市书法家协会举办“喜迎十九大”——桐乡市书法作品展、“尊法学法守法用法”——《中华人民共和国宪法》百米长卷展示活动。市曲艺家协会、市戏剧家协会创作《望蚕讯》《补农训子》《一只鞋子》等剧目赴各地演出。市摄影家协会举办“运河古镇·活力石门”“醉美凤凰湖”“生活着的古镇”“飞越·高桥”等摄影比赛。市民间文艺家协会举办清明轧蚕花、“我们的节日”等民俗活动。市音乐家协会、市舞蹈家协会举办排舞培训班，组织排舞下乡活动。市名人与地方文化研究会组织人员编纂《人文河山》，送书下镇下村下景区。市茅盾研究会举办《乌镇·茅盾》首发式。市丰子恺研究会举办《给我的孩子们》丰子恺生平图片展、《日月楼中日月长》和《漫画丰子恺》首发式。市吕留良研究会编纂《吕留良与崇德人文》。市太虚大师研究会参与举办纪念太虚大师圆寂70周年系列活动。市女作家协会出刊诗词专辑，编辑会刊。市青桐印社举办“雅逸之间”——许雅颖、高逸仙书画展、“素以为绚”——潘利平、李忠其艺术展、首届“吴蓬艺术奖”暨青少年书画大奖赛。市崇德琴社举办古琴、二胡独奏音乐会等雅集活动4次。

创作类协会成果丰硕。编辑《桐乡文艺》4期、《桐乡名人与地方文化》2期、《凤鸣》1期、《太虚》1期。出版的书籍主要有小说集《红尘无梦》、诗文集《梦春诗文》、散文集《门对孤山：丰子恺与杭州》《道旁》《道旁拾遗》《角落》《不变也是一种美》《耕芸》《聚桂文丛》，地方文史集《吕留良与崇德人文》《人文河山》等。

表演类协会精品迭出。市舞蹈家协会的舞蹈节目《囡囡的香包》获第九届“小荷风采”全国少儿舞蹈展演浙江赛区金奖；市音乐家协会胡淑雅演唱的歌曲《红旗颂》获嘉兴市第十届社区之声文艺汇演金奖；市戏剧家协会创作的《一只鞋子》获第三届江浙沪美好生活现代小戏邀请赛创作金奖、表演银奖，《望蚕讯》获嘉兴“五个一”工程奖。

镇（街道）文联的主要活动有梧桐街道文联举办家庭文化节，凤鸣街道文联举办素食文化节，崇福镇文联举办“一村一韵”节俗活动，濮院镇文联编撰《聚桂丛书》，乌镇镇文联开办地方文化讲学，石门镇文联举办“文化走亲”活动，洲泉镇举办清明蚕花胜会，屠甸镇文联举办文艺活动15场，大麻镇文联举办“文化走亲”活动，河山镇文联编纂地方文史类书籍《锦绣河山》，高桥镇文联赴海宁长安联办“不忘初心，牢记使命”走亲汇演。

2017年成立君匋研究会、朗诵学会，至年末，市文联有协会（研究会、学会）22个。市作家协会成立“凤凰湖诗社”，创刊《凤凰湖》诗刊，在茅盾中学建立首个“诗教基地”，屠甸小学设立首个创作基地。市摄影家协会在各镇（街道）成立摄影分会。市戏剧家协会在洲泉中心小学开设花鼓戏培训班。市女作家协会成立凤鸣女子诗社。市青桐印社成立君匋少年印社。

【凤鸣女子诗社成立】 3月8日，市女作家协会凤鸣女子诗社在市图书馆成立，市委常委、宣传部部长潘敏芳等领导以及女作协、诗词楹联学会的部分会员参加。成立会上，邀请江苏吴门诗社社长董学增作《女词人李清照和朱淑真作品赏析》的诗歌讲座。凤鸣女子诗社是市女作协的团体会员，首届会员20余人，社长徐玲芬。

【第七届文学艺术金凤凰奖揭晓】 8月25日，桐乡市文化发展大会在科技会展中心召开，会议表彰第七届文学艺术“金凤凰奖”“金凤凰提名奖”。经过推荐、初评和终评，张振刚的纪实文学作品《逃难记——章桂和丰子恺的风雨人生》、桐乡市文化艺术服务中心的舞台表演作品《望蚕讯》、费胤斌的篆刻作品《戒堂胤斌印痕》获金凤凰奖。13件作品获“金凤凰提名奖”，分别为陈伟宏的诗集《50度》，徐春雷的名人传记《摄影大师徐肖冰》，颜剑明、褚红斌、陈亚琴的非遗专著《桐乡高杆船技》，沈楚涵的越剧《北地王选段哭祖庙》，吴冰瑶的越剧《哑女告状选段——哑背疯》，桐乡市曲艺家协会、石门文体站的舞台表演作品《兰花指》，胡少青的中国画《秋染一色》，虞燕燕、岳阳的连环画《蚕娘记》，苏惠民摄影作品《风雨路上》，李渭钫、李力群、李群力的作品集《乌镇——李家父子五十年水乡影像》，俞尚曦的地方文史作品《桐乡书画篆刻人物》，吴蓬、徐玲芬的名人传记《太虚画传》，沈慧兴的作品集《胡匊邻印存》。

· 相关链接 ·

桐乡市文学艺术金凤凰奖

桐乡市文学艺术金凤凰奖设立于1994年，是桐乡市最高文艺奖，由中共桐乡市委、桐乡市政府颁发，每三至六年举行一次，表彰在规定年度内由桐乡市专业或业余文艺工作者创作（表演）的优秀文艺作品。至2017年，共举行7次。

【凤凰湖诗社成立】 10月24日，市作家协会凤凰湖诗社在梧桐街道凤凰湖畔成立，首批会员27人，诗人梁晓明、伊甸被聘为顾问并到会指导。诗人芦苇岸作“网络时代的诗意慕求和自我修为”诗歌讲座。同日，社刊《凤凰湖》创刊号首发。凤凰湖诗社是市作协的团体会员，社长陈伟宏。

【《人文河山》出版】 参见《街道镇发展概况·河山镇》中相关条目。

【第二届丰子恺中外散文奖】 参见《街道镇发展概况·石门镇》中相关条目。

【第二届"茅盾文学新人奖"暨首届"茅盾文学新人奖·网络文学新人奖"颁奖】 12月16日，第二届茅盾文学新人奖暨首届网络文学新人奖颁奖典礼在浙江传媒学院桐乡校区举行。纪红建等10人获第二届"茅盾文学新人奖"，唐家三少(张威)等10人获首届"茅盾文学新人奖·网络文学新人奖"。全国人大常委、中国作协原党组书记、副主席金炳华，中国作协副主席、中华文学基金会理事长何建明，中国作协副主席高洪波，中国作协网络文学委员会主任陈崎嵘、中国作家出版集团管委会副主任鲍坚和桐乡市四套班子领导出席颁奖典礼。

·相关链接·

茅盾文学新人奖
(网络文学新人奖)

茅盾文学新人奖(网络文学新人奖)由中华文化基金会于2015年设立，每两年举行一次。2017年增设网络文学新人奖，由中华文化基金会与桐乡市政府主办。

【第五届"菊乡文学新苗"系列培育活动】 12月，由市文化局、市文联、市教育局和浙江传媒学院文学院主办，市作家协会承办的第五届"菊乡文学新苗"系列活动启动。活动有全市中小学生作文现场赛，《雏凤清声——获奖作品集》结集刊印，"文学之星"、优秀文学社和优秀文学指导老师评颁，文学讲座、采风等。26日，现场作文赛在浙江传媒学院文学院进行，全市263名中小学生参赛，10人获一等奖，并被授予"文学之星"称号，20人获二等奖，32人获三等奖。

【《桐乡文艺》获全省群文期刊一等奖】 12月26日，《桐乡文艺》在2017年度全省群文期刊评比中获一等奖，是嘉兴地区唯一一家获一等奖的文艺杂志。《桐乡文艺》是一本具有60年历史的文学刊物，在市内外享有较高声誉。《桐乡文艺》内容分文学、艺术和人文三大版块。全省群众文化期刊每年评比一次，2017年度参与评比的刊物有60余家。《桐乡文艺》已连续四次获一等奖。

(颜剑明)

12月16日，第二届"茅盾文学新人奖"暨首届"茅盾文字新人奖·网络文学新人奖"颁奖 市文联提供

桐乡市残疾人联合会

【概况】 2017年，桐乡市残疾人联合会认真落实加快残疾人事业发展的决策部署，聚焦残疾人脱贫攻坚和全面小康进程，加强残疾人基本民生保障，提升残疾人基本公共服务水平，优化残疾人融入社会环境，不断增进残疾人民生福祉，努力推进各项残疾人工作全面发展。

全面实施残疾人民生保障工程。抓好残疾人"两项补贴"落实。对重度残疾人护理补贴在享对象的生活自理能力开展复核(复评)，及时调整发放档次。至年末，困难残疾人生活补贴在享人数2371人，重度残疾人护理补贴在享人数5698人，全年发放生活补贴约570万元、护理补贴1420万元。抓好基本民生保障。全年为72名残疾人个体工商户和1111名灵活就业人员参加城乡居民基本养老保险发放补贴268.55万元；为1011名残疾人参加城乡居民基本养老保险给予个人缴费补贴46.27万元；为9865名残疾人参加城乡居民基本医疗保险给予补助345.28万元。为1.38万名残疾人投保意外伤害险，全年理赔33人，理赔金额22.03万元。全年资助残疾学生321人、贫困残疾人家庭子女19人，补助金额28.05万元；对9名高校在读残疾人大学生减免学费、住宿费7.65万元。抓好就业创业扶持。对全市1200多家企业和129家机关事业单位按比例安置残疾人就业工作情况进行审核，全年有效安置残疾人就业2597人(其中新增34人)。继续推动党政机关带头安置残疾人，通过单招单考形式，市教育局下属单位招录事业编制1人。联合市人社局举办残疾人就业专场招聘会，现场提供残疾人岗位60多个，达成就业意向30多人。积极鼓励残疾人从事个体就业创业，发放个体就业创业社保补助17.12万元，贷款贴息153.36万元，对残疾人扶贫基地帮扶55.95万元。委托浙江青韧网络科技有限公司在市残疾人电商创业就业孵化基地和4个镇(街道)分别举办残疾人电商知识培训班，为90多名残疾人开展"小班化、精准化、专业化"培训，实现稳定就业3人、初始创业人员4人；全职阿里巴巴"村小二"1人、兼职"淘帮手"2人，约有100名残疾人从事微商(电商)。成功创建省级残疾人电商创业孵化基地。抓好职业技能培训。开展残疾人职业技能和实用技术培训，全年举办农村实用技术培训班9期，培训人数389人。推举16名残疾人选手参加嘉兴市第五届残疾人职业技能竞赛，获一等奖1个、二等奖2个、三等奖3个；1人在浙江省工匠大赛中获"男装制作"项目第一名。举办第九期中国手语培训班，镇(街道)残联和市级机关公共服务窗口的37名工作人员参加培训并通过考试。

全面推进残疾人康复服务行动。实施残疾人康复工程，继续做好助听助明助行"三助"行动。全年补助白内障复明59例，助听器验配补助15台，助视器验配补助20台，安装假肢9条，髋或膝关节置换术补助7例，盲人定向行走培训15人，投入资金23万元。加强残疾儿童康复救助。以0—6周岁残疾儿童抢救性康复为重点，为7—14周岁儿童康复为补充，全年聋儿语训5人、脑瘫儿童康复训练16人、人工耳蜗手术1人、智残儿童康复训练19人、孤独症儿童康复训练22人、肢体矫治手术2人、矫形器装配8人，补助资金近117万元。推进无障碍设施建设。实施无障碍设施进家庭(宜居家庭)工程，为有需求的困难残疾人家庭进行家居环境和无障碍设施改造，配发无障碍辅助器具。全年完成家居环境和无障碍设施改造58户，无障碍辅助器具进家庭189户，投入资金近60万元。凤凰社区完成全市首个无障碍社区创建工作。提升康复服务能力。全年为22名残疾人和16名肢体功能障碍患者提供康复治疗与训练，投入资金近50万元。全市首个儿童康复治疗中心——市残联托养康复中心儿童康复病区投入使用，为残疾儿童提供"家门口"的一对一个体化康复方案和训练模式。完善精神残疾人康复服务体系。完善以精神卫生专科医院为技术骨干、社区康复为重点、残疾人家庭为依托、非专业服务队伍积极参与的综合性精神残疾人康复服务体系，精防康复覆盖总人口85万人。继续做好精神病人康复治疗"两免两优惠"政策实施，贫困家庭精神残疾人免费服药、免费住院，贫困精神病人门诊服药给予全额保障，一般家庭精神病人服药和门诊治疗给予优惠。

全面提升残疾人文体生活品质。运用新闻媒体，强化正面宣传。定期制作、播出《爱的家园》宣传片6期，并配以手语；电台早中晚黄金时段多次播放扶残助残公益广告；《嘉兴日报·桐乡新闻》《钱江晚报·今日桐乡》每季度刊登残疾人微商(电商)创业等典型事迹。开通"桐乡残联"微信公众号，在"桐乡残联"门户网站宣传助残惠残政策和残疾人自强典型。及时更新网站信息，全年网站登载信息555篇。更新市残疾人综合服务中心大厅宣传展板14块，设计制作"一路同行 共奔小康"宣传画册，多方位展示全市残疾人工作新形象、新亮点、新成果。搭建活动载体，细化节点宣传。利用春节、助残日等节点，掀起扶残助残热潮。以市领导春节慰问为契机，发动社会各界开展困难残疾人走访慰问和结对帮扶活动。全年走访慰问残疾人家庭230多户。围绕"推进残疾预防，健康成就小康"活动主题，在全国助残日期间集中举行"最美残疾人"表彰、才艺大比拼、残疾人就业专场推介会、"无障碍辅助器具进家庭"等9项活动。借力赛事培训，提升文体水平。举办2017年青少年残疾人暑期游泳培训班，聘请市少体校专业教练员开展个性化、针对性教学和训练；选拔22名选手参加嘉兴市体育比赛，获团体总分第二，陈禹阳获省第六届乒乓球等级积分赛台州站联赛第五名；精心创作桐乡花鼓戏《一只鞋子》，获嘉兴市第六届残疾人文艺汇演金奖、省第八届残疾人文艺汇演戏曲类银奖及创作奖；舞蹈《中国红·少年梦》获嘉兴市三等奖，《断裂一瞬间》在嘉兴市第五届残疾人摄影比赛中获人文纪实类优秀奖。结合文化助残，打造幸福行动。结合"全民健身日""残疾人健身周"等，借助文体部门平台和资源，依托文化礼堂，各镇（街道）组织开展残疾人运动会、残疾人才艺大赛、残疾人卡拉OK文艺大比拼等形式多样的残疾人文体活动。一批具有文艺特长的残疾人利用业余时间深入村（社区）和残疾人集中的企业、托养所表演"三跳"，将全民健身计划打造成全民幸福行动。举行巡回演出218场次，覆盖130多个村（社区）和企业、残疾人托养所，观众8020人。依托志愿助残，营造浓厚氛围。新增志愿者162人，开展志愿者帮助困难残疾人家庭收榨菜、采菊花、摘蚕茧、送农技信息以及为残疾人托养所送清凉、送温暖等助残活动100余次，参与志愿服务577人，受助3000余人次。

【《桐乡市残疾人事业发展"十三五"规划》出台】 7月28日，市政府出台《桐乡市残疾人事业发展"十三五"规划》。"十三五"期间，全市将建立完善的残疾人社会保障体系、基本公共服务体系和权益维护体系，重点推进兜底保障、医疗康复、特殊教育、创业就业等"十大"提升行动，加快推进残疾人全面小康进程。到2020年，全市残疾人全面小康实现程度达98%以上。逐步扩大残疾人最低生活保障覆盖面，全面落实困难残疾人生活补贴、重度残疾人护理补贴、残疾人康复补贴和残疾人社会保险补贴等福利补贴制度，不断提高残疾人社会保障水平。

【开展残疾人基本服务状况和需求信息数据动态更新试点工作】 根据国务院残工委统一部署，桐乡市2016年、2017年连续两年承担全国残疾人基本服务状况和需求信息数据动态更新全国试点工作。根据省政府残工委秘书处要求，从2016年6月全面开展桐乡市残疾人基本服务状况和需求信息数据动态更新工作，此项工作涉及残疾人经济及住房、教育、就业扶贫、社会保障、基本医疗与康复、无障碍、文化体育等8个方面41项指标，于2017年9月上旬完成。全市调查持证残疾人18162人，其中入户调查17973人，入户率99.6%。试点中严格把握动态更新工作流程、入户登记率、总差错率和时间节点，受到省残联、中残联有关领导肯定，先后在全国动态更新经验交流会和全省残疾人基本服务状况和需求信息数据动态更新培训班上作经验交流。

【桐乡市残疾人托养（庇护）中心启用】 桐乡市残疾人托养（庇护）中心于2014年10月开工建设，2017年7月投入使用。占地面积0.73公顷，建筑面积7943平方米，总投资3602万元。中心设施齐全，环境舒适。有工场作业区、农场耕作区、生活住宿区、娱乐活动区和健身理疗区，设置床位180张。委托浙江同辉纺织股份有限公司旗下子公司浙江雅雪染整有限公司具体运行，开展"以工养残，以工代疗"模式的残疾人辅助性就业，

8月22日，桐乡市残疾人托养（庇护）中心启用仪式　市残联提供

以帮扶精神、智力残疾人实现身心康复、回归社会、自立自强、就业脱贫。中心招收桐乡市户籍劳动年龄段内精神、智力残疾员工 120 人，配备管理人员 18 人，其中兼职医护人员 1 人。

【市残联第七次代表大会】 12月 26—27 日，市残联第七次代表大会召开，143 名代表参加大会。市四套班子主要领导出席开幕式，市委书记盛勇军作重要讲话。大会回顾总结市残联第六次代表大会以来工作，部署今后五年工作任务。大会听取并审议市残联理事长曾正君代表第六届主席团所作的《不忘初心，牢记使命——为实现全市残疾人对美好生活的向往而努力奋斗》工作报告，选举产生市残联第七届主席团委员 33 人，选举卢爱驰为第七届主席团主席，聘请潘川弟、潘家春、李云飞为名誉主席，推举曾正君为市残联第七届执行理事会理事长。会议还选举产生残疾人各专门协会主席、副主席 6 人，出席嘉兴市残联第七次代表大会代表 22 人。

（朱　颖）

红十字会

【概况】 2017 年，桐乡市红十字会通过首批省级“红十字工作示范县（市、区）”复评，获浙江省红十字会 2017 年度工作考评综合优秀单位，连续 6 年获嘉兴市各县（市、区）红十字会重点工作年度考评一等奖。

坚持依法治会。5 月，召开桐乡市红十字会第四届理事会第六次（扩大）会议，表彰 2016 年度红十字“三救三献”（应急救援、应急救护、人道救助；捐献造血干细胞、捐献器官遗体以及无偿献血）工作先进集体和先进个人，选举更换理事 18 人。8 月，根据人事调整专门增开第四届理事会第七次（扩大）会议，选举产生新的常务理事、副会长。调整后有理事单位 55 家，理事 59 人，常务理事 15 人，兼职副会长 11 人。加强基层工作考核，制订《2017 年桐乡市红十字会“三救三献”工作目标管理考核评分标准》，对基层红十字工作进行考核激励，实行规范化管理。

加强交流协作。5 月，浙江省红十字会到桐乡专题调研基层组织建设工作，对桐乡结合实际开展有特色的红十字人道传播表示肯定。6 月，完成中国红十字会总会“海上丝绸之路地区国家社区发展能力建设研修班”外宾学员到桐乡交流考察相关工作。11 月 29 日，中国红十字会总会党组书记、常务副会长徐科一行到桐乡，实地考察调研梧桐街道杨家门社区红十字会工作，肯定桐乡基层红十字会工作接地气，善于从身边的事做起，真正得到群众拥护。

服务乌镇峰会。在第四届世界互联网大会·乌镇峰会期间，市红十字会作为志愿服务组成员，派出人员常驻乌镇，参与志愿服务工作。11 月 27 日，第四届世界互联网大会·乌镇峰会“小梧桐”志愿者出征仪式上，桐乡市红十字志愿者、浙江省一级救护培训师唐晓岚为 1240 名志愿者普及培训心肺复苏、创伤包扎等应急救护知识，为大会顺利召开做好保障工作。在各应急服务点、志愿者之家和景区民警室放置急救箱、急救包；及时清点乌镇景区红十字募捐箱爱心捐款，确保募捐箱完好无损。

开展志愿服务。3 月，市红十字会联合市委组织部、乌镇镇、乌镇旅游公司在东栅景区开展“急救服务、志愿有我”主题活动，向景区内党员经营户、党员住户、乌镇管家代表赠送家庭急

6 月 2 日，桐乡市红十字会举办“救援救护、助力剿劣”活动

市红十字会提供

救箱，对东苑社区105名党员、群众代表进行现场救护培训。5月，开展世界红十字日上街便民服务、红十字爱心病房等系列“博爱周”活动。6月，开展红十字在行动——“救援救护、助力剿劣”活动，防范和减少意外伤害、意外溺水等事件发生。加强与红十字救援服务队的联系协作指导，在梧桐街道杨家门社区成立红十字教育基地和红十字救援队物资储备室，提供急救包、急救箱、AED等急救设施，开展防灾减灾应急救援演练与应急救护培训，提高居民群众防灾减灾意识和应急应变能力。红十字“爱心病房”救助暨结石病普查志愿服务项目获桐乡市2016年度“十佳志愿服务项目”。

加强宣传传播。4月，推荐红十字志愿者张剑参加省红十字会组织的“朗读者——我与红十字的故事”活动，作品《红十字的道路》在浙江省红十字会微信公众号上发布。继续加强与新闻媒体合作，在桐乡电视台《今日桐乡》栏目播出红十字新闻4期，制作“情暖桐乡·红十字在行动”2015－2017宣传片，选择4处人流量较大的公共自行车站点设置红十字精神宣传栏，在红十字网站、微信公众号等宣传阵地，组织开展红十字各项主题宣传活动，使红十字人文精神更好地融入文化建设中，发挥党委、政府人道领域的助手作用。

【深化救护培训“六进”工程】 2017年，市红十字会发挥救护培训基地和乌镇景区·红十字急救志愿服务点的作用，推进现场救护培训进企业、进农村、进社区、进学校、进市场、进机关工作。“5·8”世界红十字日期间，开展应急救护培训进企业活动。6月为治水联络员、河道保洁员普及应急救护知识培训，7月为宗教界人士举办应急救护培训，提高宗教场所突发事故应变能力。开展“红十字救在身边——社区行”活动，在市区所有社区举办救护员培训。全年开设救护培训班133期，培训1.62万人次，其中救护员培训2660人次，均超额完成上级目标要求。

【推进博爱救助工程】 2017年，市红十字会探索“互联网＋公益”模式，创新筹资方式，开通微信捐款通道，可通过扫描桐乡市红十字会官方微信捐款通道二维码进行捐款。5月，浙江桐乡民泰村镇银行向市红十字会捐赠725万元，指定捐赠款全部用于桐乡市卫生系统购置救护车、采血车等，这是桐乡市红会历史上单笔数额最大捐赠。9月，联合市慈善总会开展“2017年慈善一日捐”活动，引导、鼓励社会各界参与慈善活动，形成“人人可慈善、人人能慈善”良好氛围，全年募得爱心款物885.85万元，创历史新高。在基层推行红十字博爱救助金制度，全市有村级博爱救助金8个，社区博爱救助金2个，全年募得6.26万元，发放5.88万元，各个项目运作良好，基层红十字组织自救自转能力得到增强。春节前夕开展红十字博爱送万家活动，发放慰问金和慰问品价值25万元，惠及全市236户家庭。会同市卫计局慰问桐乡籍麻风病人，开展“寒冬送暖”行动，在全市范围内发放由爱心企业捐赠的羊毛衫，价值34.62万元，惠及困难群众近5000人。继续开展“红十字爱心病房”资助活动，向60户家庭发放救助金16.33万元。全年发放救助资金物资计89.72万元。

【推进生命关爱工程】 2月24日，濮院镇油车桥村村干部王冬良在浙江省中医院成功捐献造血干细胞悬液286毫升，成为桐乡市第6位、浙江省第332位造血干细胞捐献者，成为嘉兴市首位捐献造血干细胞的村干部。“5·8”世界红十字日期间，联合团市委、市志愿者协会开展纪念“5·8”世界红十字日暨造血干细胞志愿登记采样活动，经过筛选，60多名青年志愿者到现场进行登记，接受血液采样，加入中华骨髓库。6月底召开造血干细胞成功捐献者座谈会，建立和推进捐献后随访工作机制，为捐献者提供力所能及的人道关怀帮助。全年实现造血干细胞成功捐献1例，志愿者登记入库83例，初筛22人，再动员7人。继续做好人体器官、遗体捐献工作的来电来访等咨询服务工作。6月，桐乡籍男子王某，因交通事故，不幸身亡，其家人帮他完成了大爱之举，这是桐乡市第5例器官捐献，也是桐乡籍首例器官捐献。全年实现器官捐献2例，器官志愿者登记6例，遗体志愿者登记5例。

（钱小磊）

概　　述

2017年，桐乡市人武部以强军目标为统揽，举旗铸魂，聚焦备战，推动年度各项重点工作落实。坚定高举旗帜、听党指挥，加强思想政治建设，以多种形式开展党的十九大精神学习，重点抓“两学一做”(学党章党规、学系列讲话，做合格党员)。抓练兵备战，以乌镇峰会安保为契机，提高遂行多样化军事任务能力，战备规范化建设成效显著，实战化训练有效落实，重大峰会安保勇挑重担。坚持创新驱动，以“智慧国防”牵引国防动员全面升级，“智慧国防”建设稳步推进，打牢国防动员基础，征兵工作质量提高。依法从严治军，以“精准抓建”为规范，提升安全管理水平，依法规范岗位职责。市人武部被浙江省军区评为先进团单位。

桐乡市人防(民防)办结合“最多跑一次”改革，承诺时限由法定20个工作日压缩至1个工作日；完成人民防空方案修编及上报工作。市人防办被嘉兴市人防办评为年度人防工作先进单位。武装警察部队桐乡市中队加强常规工作落实，聚焦中心任务，被省武警总队评为基层建设先进中队。全年担负押解勤务84次，押解犯人640人。12月，根据武警总部命令，调整编制体制，精简中队人员。桐乡市消防大队加强消防治理和安全管控。全年接报警1529起，出动车辆1896辆，出动警力1.18万人，抢救疏散被困人员193人，抢救财产价值4379.2万元。11月12日，乌镇消防大队成立并进驻、运作。

人民武装

【概况】 2017年，市人武部加强思想政治建设，加深对党的十九大精神的学习理解，利用党日活动时间，开展集中读书和学习交流，确保学习教育落实。强化市民兵应急大队训练，提高反恐维稳、抢险救灾、应急处突能力，落实上级训练指示要求，全年完成基干民兵分队实案化训练。集中民兵应急大队人员进行为期1个月的射击、擒敌拳、盾牌操等课目训练，组织安保誓师动员暨汇报表演。推进“智慧国防”建设，开展国防动员潜力调查，兵役登记、体检、政审和征兵宣传等工作。兵员质量提高。完成新兵征集任务，无退兵情况。加强国防教育与军民共建工作，组织第十七个全民国防教育日暨纪念“九一八事变”86周年宣传周活动，增强忧患意识和国防观念。第四届世界互联网大会期间，组织市民兵应急大队全体人

5月11日，市人武部组织民兵整组集中点验大会　　市人武部提供

员集中参加安保工作，分市区和乌镇两片进行治安巡逻。各镇（街道）武装部组织民兵，在辖区内进行治安巡逻。

【组织基干民兵军事训练】 2017年，市人武部加强基干民兵队伍建设，落实年度训练任务。全年组织基干民兵训练20余次110余天，应急大队训练12天。训练内容主要包括体能训练、技能训练、战术训练、政治教育等。训练重点突出应战应急、反恐维稳、抢险救灾、值勤备勤等。通过各种训练，提高民兵队伍应对急难险重任务，维护社会和谐稳定能力。

【民兵整组集中点验大会】 5月11日，市人武部在市民兵训练中心对全市28支基干民兵分队1173人进行集中点验。市委书记盛勇军、常务副市长冯中海、镇（街道）主要领导和各编兵单位主要领导参加点验大会。会上，市人武部领导宣布民兵干部任职命令，举行基干民兵分队授旗仪式，全体基干民兵宣誓，新入队基干民兵代表作表态发言，市领导及市人武部领导作重要讲话。

【党政领导"军事日"活动】 6月10日，市人武部组织市党政领导"军事日"活动。市委、市人大、市政府、市政协领导以及镇（街道）、宣传部、交通局等部门主要负责人前往宁波和舟山，参加"军事日"活动。分别参观镇海口海防历史纪念馆、中国防空博览园、海军战斗支援舰部队和舟山警备区勤俭创业修理连，并体验部队军事生活。

【大学生预征对象教育动员大会】 8月11日，市人武部召开全市大学生预征对象教育动员大会。会上，市人武部领导作军队建设情况介绍和征兵政策集中解读。考入军校大学生士兵代表、大学生预征对象代表和家长代表发言，市领导进行动员讲话。会后，100多名大学生预征对象和家长走进驻嘉某部队体验军旅生活，坚定参军入伍决心，点燃参军报国热情。

【开展纪念"九一八事变"86周年国防宣传周活动】 9月，市人武部结合全民国防教育日和"九一八事变"86周年，开展《中华人民共和国国防法》《中华人民共和国国防教育法》学习宣传活动。通过图片展、参观革命遗址等形式对基干民兵、中小学生进行国防教育，弘扬爱国精神、强化国防观念。18日，组织全市各镇（街道）90余名民兵预备役人员在市革命烈士纪念馆瞻仰革命烈士纪念碑，缅怀先烈，重温红色革命年代。晚上，在市政广场举办"赞颂辉煌成就、赓续红色基因、支持改革强军""牢记历史、勿忘国耻"国防教育文艺晚会。通过歌舞、小品、诗朗诵、武术表演等形式，展现当代军人"强大国防、保家卫国"斗志。

【退役士兵返乡欢迎会】 10月17日，桐乡市举行退役士兵返乡欢迎仪式。全市2017年度退伍士兵200人参加欢迎会。会上，市人武部部长何建撑发言，对退役士兵表示热烈欢迎，致以崇高敬意。会议对全市退伍士兵进行优抚政策宣讲。

【开展国防潜力数据调查工作】 2017年，市人武部开展国防潜力数据调查工作。10月11日，市人武部召集全市各镇（街道）专武干部及国动委各办（综合办、人武办、政动办、经动办、信动办、科动办、交战办、人防办）负责人，召开潜力数据调查工作部署和业务培训会议。各单位及

9月18日，市人武部在市政广场举行国防教育宣传周广场文艺晚会　　市人武部提供

时上报潜力数据。市人武部安排人员专职负责、审核各单位上报数据，并按时将数据汇总上报，得到上级好评。

【民兵应急大队誓师动员大会暨汇报演练】 11月24日，市人武部在民兵训练中心组织民兵应急大队举行第四届世界互联网大会誓师动员大会暨汇报演练。演练分轻武器实弹射击、防暴队形、警棍盾牌术、擒敌术和擒敌拳5个课目。演练结束后，军分区领导、市人武部领导作重要讲话，提升民兵参训、参战士气和应急处突能力。

【完成年度征兵任务】 2017年度，市人武部执行全国、省、市征兵工作会议指示精神，围绕国防动员部“五率”（上报率、上站率、合格率、择优率、退兵率）考评标准开展征兵工作。联合市纪委、市监委、市委宣传部、教育局、公安局、民政局、财政局、人力社保局、卫生和计划生育局等单位成立征兵工作领导小组，召开征兵宣传工作会议，齐抓共管征兵工作。体检秩序规范、政治考核严格，完成征兵任务。所征新兵中含进藏兵40名、女兵5名、直招士官2名，其中大学生士兵占总数79.53%。

【加强“智慧国防”建设力度】 2017年，市人武部加强“智慧国防”建设，打造市、镇、村三级平台建设、虚拟云桌面等新功能建设。至年底，完成与全市200多个村（社区）民兵连联通工作。重点突出软件业务开发与应用，与软件开发公司沟通协调，完善前期设计的功能缺陷，新增智慧化程度更高的功能模块。增强系统操作性与实用性，提高系统智慧化水平，在国防动员系统中引起广泛反响。

【国防后备力量基层建设达标考核】 2017年，市人武部梳理市、镇、村三级后备力量建设情况，制定镇（街道）、村（社区）民兵连评星挂牌考评细则，组织市人武部干部带队对全市146个村（社区）民兵连进行国防后备力量基层建设达标评星挂牌考评。全市有103个村（社区）民兵连达到“三星级”标准，13个村（社区）民兵连达到“四星级”标准。

（倪宇阳　余童芯）

8月11日，市人武部组织应征入伍大学生入营参观　市人武部提供

人民防空

【概况】 2017年，桐乡市人防（民防）办加快推进《桐乡市人防工程专项规划》编制工作，市域总体规划初稿基本完成，根据省建设厅、省人防办关于《控制性详细规划人民防空设施编制标准》工作要求，在全市相关区块控制性规划中落实人防指标。结合“最多跑一次”改革，制定权利事项服务指南，所有事项做到一次办结，承诺时限由法定20个工作日压缩至1个工作日。完成人民防空方案修编及上报工作。市人防办被嘉兴市人防办评为年度人防工作先进单位。

【加强指挥体系建设】 2017年，市人防办完成全市警报数字化升级改造37台、警报器储能电池组配置1套，完成防灾减灾日和“九一八事变”纪念日警报试鸣任务，鸣响率100%。改造短波通信接收系统，优化通信环境。注重常态化演习训练，时刻保持指挥作战状态，完成人民防空指挥部成员调整和“浙江金盾—1705”人民防空检验性演习。组织全市民防指挥中心操作人员进行设备和技能培训，完成海盐县和桐乡市濮院镇、凤鸣街道民防应急指挥中心建设管理互观互检任务。完成重要经济目标单位普查上报和濮院镇、凤鸣街道、梧桐街道3个民防应急指挥中心建设，镇指挥平台融入市“综治工作、市场监管、综合执法、便民服务”四个平台建设。完成人防合成专业队和民防志愿者队伍整组工作。全市有人防合成专业队144人，民防志愿者队伍1033人，组织无线通信分队进行按纲施训并参加“浙江金盾－1705”演习，组织人防专业队和民防志愿者骨干参加上级培训、开展战备数据信息采集准备工作。

【开展宣传教育系列活动】 2017年，市人防办以“3·1”国际民防日活动、“5·12”防灾减灾日宣传周、“全民国防教育日”和“九一八事变”等时间节点开展宣传活动。开展“防灾减灾”为主题宣传活动，举办知识讲座5场次、民防知识竞赛2场次、组织广场宣传15场次、悬挂宣传横幅45条、展示宣传展板15场次、刊发黑板报15期、分发宣传资料1.5万份、发送宣传短信1万余条，组织东兴等4个社区开展消防灭火应急疏散逃生演练，各类活动参与者累计2万余人次，群发信息2万余条。联合民政、科技、消防等部门开展“减轻社区灾害风险，提升基层减灾能力”为主题宣传周系列活动，活动周期间，11个镇(街道)、26个社区和24所中小学、幼儿园开展防震减灾知识宣传和应急救援逃生演练，参加人员1.87万人次，举办专题讲座8场次、业务技能培训4场次、专题晚会2场次、大型广场宣传8次、上街宣传15场次、开展各种演练活动15次、悬挂宣传横幅158条、展示宣传展板245块、发放宣传资料3.45万份。组织各镇(街道)开展人防宣传和疏散演练活动，如高桥街道组织初中教师进行“关注人防、关爱生命”演讲比赛。与桐乡凤凰艺术团合作，成立以凤凰艺术团为主体的人防文艺宣传队，探索创作具有人防元素的文艺节目。全年刊登各类稿件34篇，其中《浙江民防》2篇、浙江人防网站4篇、嘉兴人防网站28篇，利用人防政府信息网、人防网站报道各类活动信息50余条次。

5月12日，桐乡市开展“全国第九个防灾减灾日”启动仪式暨应急疏散演练　　市人防办提供

【人防工程建设稳步推进】 2017年，桐乡市人防工程建设稳步推进。F801自建工程完成竣工验收，F802、F803项目完成发展和改革局立项。全年办结人防竣工备案项目38个，合计竣工面积52.89万平方米，其中标准人防建筑面积19.08万平方米。全年办理人防行政审批事项227件，其中办理应建防空地下室的民用建筑项目报建审批23件，新审批人防面积15.6万余平方米；人防工程易地建设核实及人防工程易地建设费征收204件，完成36块土地供地前人防规划审核工作。

【落实人防工程管理三级责任制】 2017年，市人防办落实人防工程管理三级责任制，组织监督人员参加培训课程3次。检查、清理、核查人防工程内人员、物品、工程质量，确保人防工程内部无违规人员居住，无易燃易爆等可疑物品，无工程质量隐患。竣工人防工程专项检查165个，发现问题督促整改并组织复查。以随机抽取被检查对象、随机选派执法检查人员方式，依据事先确定的随机抽查事项清单，检查在建人防工程人防监理企业7家。落实全市人防工程项目办理质量监督手续，巡查在建人防工程16次，抽查工地20余个。人防工程监管平台与建设工程质量监管智慧平台相融合，实现人防工程质量监督网络化、信息化，人防工程监管平台已处于试运营阶段。协调人防工程产权归属政府项目推进工作，开展产权归属人防办的人防工程按照人防专项备案、不动产初始登记、使用管理步骤等工作。年内，人防产权、使用权统一归人防办项目33个、面积约16万平方米，其中竣工4个、面积约5.1万平方米。

（陈卫成）

武装警察部队

【概况】 2017年，武装警察部队桐乡市中队坚持“全面过硬、再创标兵”工作目标，加强常规工作落实，聚焦中心任务。落实各项战备工作，完成“三大战役”备勤、濮院常态化联合特警武装巡逻、第四届世界互联网大会和党的十九大召开期间安保勤务。加强应急班实战化训练，坚持“零建队”思想，开展“防骄破满”专题教育，被省武警总队评为基层建设先进中队。完成看守所监区照明白昼化和高压电网改造工程；担负押解勤务84次，押解犯人640余人。12月，根据武警总部命令，调整编制体制，精减中队人员。

桐乡市公安消防大队以党的十九大、第四届世界互联网大会消防安保工作为主线，聚焦消防治理和安全管控。开展冬春火灾防控、区域性火灾隐患整治，夏季消防检查、民房等重点领域消防安全专项整治等工作。全年接报警1529起，出动车辆1896辆次，出动警力1.18万人次，抢救疏散被困人员193人，抢救财产价值4379.2万元。比上年接报火灾数下降12.6%，死亡人数、受伤人数均为零，直接财产损失下降41.7%。11月12日，乌镇消防大队成立并进驻、运作。

【维护驻地社会安全稳定】 2017年，武警桐乡中队在第四届世界互联网大会和党的十九大召开期间，根据市委、市政府和市公安局统一部署，每天出动武警20名，协助公安机关担负市政府广场、商业街、高铁站、汽车站等重地进行武装巡逻。加强与公安部门情报系统进行信息沟通，制定巡逻方案，挑选能力、素质和责任心强的官兵参加勤务，协助公安机关处置警情10余起。

【加强实战化练兵备战】 2017年，武警桐乡中队加强实战化练兵备战，深化“八落实”（人员、时间、内容、质量、弹药、摩托或飞行小时、教练员、场地）、运用“六种组训模式”（组织定向培训基地化，室内训练网络化，训练教材规范化，组训方式层次化，编修教案通俗化，小教员传、帮、带辐射化），按照教员全覆盖、教案全配套、“四会”（会讲、会做、会教、会做思想工作）全达标、责任全落实要求，加强教练员队伍建设，提高干部、士官组织训练任教能力；学习《战备工作规定》等法规文件，加强国际国内形势分析预判，掌握处置各类突发事件主动权。完善“三圈”（3分钟核心区、5分钟控制圈、30分钟封控圈）模式，保证5分钟内全员、全装出动；完善“五防一体化”（人防、物防、技防、联防、犬防）建设，落实经常性执勤工作，部署临时勤务。提高“三员一兵一组一班”（作战勤务值班员、网络查勤员、领班员，哨兵、应急小组、应急班）能力、落实“三分四定”（携行、运行、后留，定人、定物、定车、定位），“三化”（科学化、制度化、经常化）及反恐装备配备到位，确保中心任务完成。

【深化“双拥”共建活动】 2017年，武警桐乡中队协助市教育局开展国防教育训练，参训学生2000余名；落实爱国主义教育基地建设，接待到营区参观学生、群众2500余名。与市民政局共同举办国家公祭日纪念活动，缅怀革命先烈和民族英雄；义务清扫道路积雪20余次；参加地方文艺演出10余次。

【开展出租房火灾隐患整治行动】 2017年，市消防大队开展出租房火灾隐患整治行动。全市有出租房5.13万家，其中10人以上出租房1.07万家；累计检查出租房2.65万家，整改隐患6.29万处，处罚电动车违规停放及违规充电案件4390起，搬离电动车8300余辆次，完成乌镇镇浮澜桥区域等3个挂牌整治对象的督改摘牌工作。

【加强消防安全专项治理工作】 2017年，市消防大队加强消防安全专项治理工作。根据各镇（街道）行业性、区域性火灾隐患特点，以劳动密集型企业、人员密集场所、易燃易爆企业等对象为重点，开展全方位、地毯式消防检查。全年累计检查单位2.05万家，督促整改隐患2.02万处，处罚单位436家，临时查封22家，责令“三停”（停产、停业、停止使用）122家，处罚款216.24万元，拘留147人。

（张海波　钟龙飞）

概　　述

2017年，桐乡市政法系统立足本职，发挥政法职能优势，全力服务、保障市委、市政府中心工作。创新引入质量管理理念，建立峰会维稳安保平战结合工作常态化机制，夯实社会治理和维稳安保根基，实现“平安桐乡”十二连冠，获平安金鼎。年内，全市未发生严重危害国家安全事件、严重影响社会稳定事件、重特大刑事犯罪案件、严重影响经济秩序案件、重大安全生产事故和重大公共安全事件。

服务中心工作。市委政法委组织参与“五水共治”“三改一拆”和小城市环境综合整治等中心工作。制定《关于充分发挥政法职能服务保障实体经济和“一业一网”快速健康发展的意见》，发挥政法系统各部门的职能作用，为全市经济建设营造和谐稳定的发展环境。会同市发改局、市经信局，梳理汇总2017年市级重大项目和镇(街道)、部门自报项目，确定2017年度市级稳评项目17个，探索第三方参与方式，推进重大项目顺利实施。

强化风险防控。根据中央维稳办、省委维稳办总体部署，积极排查不稳定因素、化解矛盾纠纷。推进市、镇、村三级人民调解组织规范化建设，推进行业性、专业性人民调解组织建设，构建多元调解格局。成立嘉兴市首家人民调解员协会和嘉兴市保险行业人民调解委员会桐乡工作室。全年排查发现各类安全隐患10000余个，调处矛盾纠纷6135件，调处成功5968件。

提升维稳安保能力。部署开展维稳安保平战结合工作，制订《桐乡市乌镇峰会维稳安保平战结合工作总体方案(试行)》，将乌镇峰会的安保分为平时和战时两个阶段，努力提高“平时成绩”。引入质量管理理念，成立ISO项目推进工作小组，把质量管理体系导入世界互联网大会·乌镇峰会维稳安保，推进峰会维稳安保工作标准化、规范化和程序化。9月8日，桐乡市(国际)乌镇峰会维稳安保平战结合工作通过ISO 9001质量管理体系认证。每月开展综合督查和专项督查，督查督办各项措施的落实，补齐工作短板。全年督查22次，编发《情况通报》10期，发放平安维稳问题交办单338份。

夯实基层基础。市委政法委牵头推进综治工作平台建设，探索建立“1＋4＋X”的综合信息指挥室，提升基层社会治理能力。至年底，11个镇(街道)综治工作平台和综合信息指挥室全部按要求建成并投入使用。出台《关于加强全科网格暨网格员队伍建设的实施意见》，按照“一长三员”(网格长，专职网格员、网格指导员、网格信息员)标准，规范网格划分，加强网格人员配备，组织网格员综合业务技能培训，努力实现网格员队伍全能化。明确协助治安管理、安全生产、市场监管等32项网格事务准入事项，梳理网格员收集网格信息工作清单115项。全年通过网格收集上报事项19余万件。

加强队伍建设。开展“一月一学”、集中夜学等，加强党风廉政建设和纪律作风建设。组织全市政法干警参加中央政法委举办的政法干部学习讲座，提升政法综治干部对服务中心工作、党群工作、队伍建设的认知度。组织开展思想大教育、技能大培训、业务大闯关、岗位大比武、成效大展示“五大活动”。加强基层网格员、综治维稳队伍业务技能培训，全年举办培训91场次，5962人次参与。落实政法干警疗休养制度和健康体检制度，加强政法干警心理健康教育，聘请专业心理辅导师为政法干警调节心态、舒缓压力，强化和提高政法干警的心理素质。

是年，桐乡市政法各部门工作成效显著。市委政法委获全省“综治工作先进集体”称号；桐乡市人民法院被评为全省“法院信息化工作先进集体”；桐乡市人民检察院获全省“先进基层检察院”称号；市司法局被省委政法委和省人力资源和社会保障厅评为“2015—2016年度政法系统先进集体”；市公安局被公安部记集体一等功。

市委政法委根据上级统一部署，结合桐乡实际，继续在全市政法系统组织开展“百名政法干警联网格送服务”活动和政法系统“系列十佳”及人民满意先进集体、先进个人评选活动，评选出十佳调解能手、十佳办案能手、十佳执法标兵、十佳政法辅助人员、十佳综治维稳队员、10个人民满意先进集体和17名人民满意先进个人。

社会管理综合治理

【概况】 2017年，桐乡市以护航重大国际峰会为契机，围绕中心工作及全市平安综治重点工作，以“三基”（基础设施、基础工作、基层队伍）建设为依托，以重大活动安保维稳为主线、以建设更高水平“平安桐乡”为目标，深入推进“三治合一”（法治、德治、自治）和“两网融合”（平安建设信息系统融合网格化管理组团式服务）等基层基础建设。总结维稳安保工作经验，将峰会维稳安保分为平时和战时两个阶段，建立平战结合常态化工作新机制。系统梳理出185项峰会维稳安保重点工作，制定责任清单，编制操作规范，整合各部门（单位）涉及专项行动的工作内容，制定行动工作手册，打破“各自为战”局面。12月11日，召开峰会维稳安保平战结合机制现场推进会，总结完善平战结合工作。推进重大决策社会稳定风险评估工作，完善项目建设风险评估机制，提早分析研判重大项目建设可能引发的不稳定因素，提前介入处置潜在隐患。年初，确定市级风险评估项目16个，确保重大事项应评尽评。坚持以“自治、法治、德治”为理念，不断深化“三治”工作的18项长效机制，推动社会治理桐乡模式纵深发展。建立完善部门执法、社区自治、居民自理联动推进的共治机制，加强社区、社团、社工联动，推动落实村规民约、社区公约履约工作。出台《关于进一步加强社会组织建设的实施意见》等，进一步发挥社会组织在社会治理中的协同作用。制订《桐乡市乌镇峰会维稳安保平战结合群防群治大行动工作方案》，加强“乌镇管家”“梧桐义工”等群防群治特色品牌队伍建设。以镇（街道）为单位，有计划分阶段组织安排村（居）民家庭代表、机关党员干部参与万人大巡防活动，全民参与平安建设。护航党的十九大和第四届世界互联网大会·乌镇峰会，开展“红袖章”万人大巡防，全市17万余人次参加巡防。借鉴参考“义工时间银行”等做法，拓展积分兑换“微激励”渠道，加强与公共服务部门和社会各方面力量的合作，吸引和稳定平安志愿者队伍。探索发挥企业在创新社会治理中的重要作用。6月19日，召开全市“推进企业平安建设暨应急演练”现场会。

（姚晓青）

政府法治建设

【概况】 2017年，桐乡市按照《浙江省法治政府建设实施标准》的要求，落实《桐乡市法治政府建设规划（2016—2020）》年度工作任务，扎实推进依法行政，被评为嘉兴市法治政府建设先进县（市）。落实法治建设第一责任人责任，从领导干部学法做起，落实政府常务会议学法制度，全年开展常务会议学法14次。全面落实“一把手”专题听取依法行政工作情况机制。6月起，各镇（街道）、开发区、市级行政执法部门开展办公会议学法。至年末，合计组织学法64次。严格执行行政规范性文件“三统一”制度，深化征求公众意见机制，提高行政规范性文件的制定质量。全年制定行政规范性文件48件，其中市政府及市政府办出台行政规范性文件21件（已向本级人大和嘉兴市政府同步备案）；部门、镇（街道）出台行政规范性文件27件。开展行政执法主体资格确认公告工作，明确主体公告的职责、方式和步骤，对外公告首批98个部门，健全完善行政执法主体资格管理制度。市政府法制办全年办结行政复议案件33件，确认违法或撤销8件。嘉兴市政府受理以桐乡市政府为被申请人的行政复议案件2件，均予维持。发生市政府作为被告的案件16件，被人民法院确认违法案件2

件。发生市政府部门、镇(街道)为被告的案件59件,被人民法院确认违法案件10件。出台《桐乡市行政应诉规则》,进一步规范行政机关应诉机制。是年,市政府本级行政负责人出庭应诉率66.6%,镇(街道)和政府工作部门行政负责人出庭应诉率97.3%。深化行政执法与刑事司法衔接工作机制,出台《桐乡市行政执法与刑事司法衔接考核办法》和《桐乡市行政执法检察监督与政府法制监督协作工作联席会议制度》。贯彻《浙江省行政调解办法》,全市受理矛盾纠纷3269起,调解成功3145起。开展"推行全员执法、打造执法尖兵"行动,加强执法队伍建设,组织执法资格培训,243人参加考试,通过214人。综合行政执法、环保、市场监管等重点部门持证率100%,其余执法部门接近90%,镇(街道)公务员执法证执证率80%。举办首届"执法标兵比拼赛",营造执法队伍依法行政氛围。开展"法谚在心间"行政执法口号征集活动。加强法制宣传,做好信息报送工作。

【加强政府法律顾问建设】 2017年,桐乡市执行《桐乡市重大行政决策程序规定》和《浙江省重大行政执法决定法制审核办法(试行)》,规范市政府重大行政决策各项程序规定。组建第二届政府法律服务团,聘任陈柳裕、章剑生等为政府法律顾问。对招商引资领域投资额度大、决策风险高、法律关系复杂的涉法事务,由政府法制办、政府法律顾问全程跟踪、全领域参与、全环节把关。在征收征迁领域,政府法制办整体把关征收决定、补偿决定和行政强制等,部门法律顾问全程跟踪,提供法制审查服务。年内,京杭运河桐乡段"四改三"工程(四级航道改三级航道整治工程)、扩大杭嘉湖南排工程(桐乡段)、濮院旧镇改造项目及杨家门旧城改建项目进展顺利。强化制度审查和个案政策适用的法制审查,市政府法律顾问参与审查"退二进三"政策过渡期方案和政策意见,全年实施"退二"企业11家、15.27公顷,完成"进三"项目10个、28.59公顷。规划建设领域严格按照专家论证、征求公众意见、法制审查、集体讨论、市政府决定等程序,做好每个控制性详细规划、专项规划的制订工作,市政府完成13项市区重点规划和5项专项规划的论证工作。

(赵云飞)

公　安

【概况】 2017年,桐乡市公安机关立足公安职能,贯彻上级精神,开展"云端2017"专项行动和"猎狐2017"专项行动,围绕全市发展大局,维护全市的社会政治稳定和治安平稳。坚持打防并举、防控优先,全市110接报刑事警情比上年下降15.98%,降幅系嘉兴市最大;破获各类刑事案件3200余起,移送起诉2200余名,现发命案连续12年全破;依法查处治安行政案件2100余起,处罚违法人员3700余名。登记常住人口697602人、流动人口557366人。打击防范经济犯罪,建立打击经济犯罪联席会议制度,完善经侦机制,夯实经侦工作根基。全年立各类经济犯罪案件72起,破获各类经济犯罪案件59起,采取刑事强制措施100人,起诉102人,挽回经济损失7000余万元。依法严查道路交通违法行为,减少事故发生。全年全市发生交通事故224起,死亡62人,受伤201人,直接经济损失80余万元,分别比上年下降9.68%、17.33%、11.45%和56.57%。推进火灾安全事故防控体系建设,年内全市发生火灾280余起,零伤亡,直接财产损失1100余万元。加快智慧警务建设,成立情指联勤中心,会同省公安厅、浙江警察学院、嘉兴市公安局、阿里巴巴公司联合研发"浙江公安大脑·乌镇"项目,创新推出电子居住证、电子银行、电子车牌、电子导航、电子超市"五大电子"工程,推进"雪亮工程"、智安小区建设,提升防控能力。推进"最多跑一次"改革,推出"一窗受理、集成服务"、容缺受理、权限下放、支付宝电子缴费、证件快递送达等措施,推广人脸识别系统、掌上APP,最大限度实现"一次跑""就近跑"和"零跑腿"。梳理公布"最多跑一次"改革项目99项,占全部公安项目的89.9%。构建全面从严治党、全面从严治警"六层五级"主体责任层级管理架构,开展"轮回巡诊"活动,以"问诊、坐诊、会诊、分诊、回诊"形式,与民警、辅警谈心谈话917人次,走访党政机关、社区、企业102家。开展"素质能力提升年"活动,全年未发生民警违法违纪事件。年内,全市公安系统有7个集体、67名个人立功受奖；市公安局被公安部记集体一等功。

【推进智慧警务建设】 2017年，市公安局把握“云上公安、智能防控”建设的机遇，推进智慧警务建设。启动“浙江公安大脑·乌镇”项目，推动安保与现代科技深度融合。推出电子居住证、电子银行、电子车牌、电子导航、电子超市“五大电子”工程，实现数据反哺基层、服务实战，特别是“电子居住证”项目通过扫描二维码办证，打造“云上办证”模式。推进“雪亮工程”建设，新建治安监控2901路，23个开放式小区试点建设“智慧安防小区”，提升治安防控能力。

【建立情指联勤中心】 6月1日，市公安局转型升级勤务运行机制，在嘉兴市率先建立情指联勤中心。该中心汇集人才、技术、数据等优势资源，开展常态化会商、常态化合成作战、常态化请求服务。至年底，情指联勤中心认定违法犯罪嫌疑人948名，抓获677名，破案周期缩短近70%，传统型案件破案率由14.8%提至30%。

【组织开展全警大走访活动】 5—12月，市公安局组织开展全警大走访活动，分期分批组织民警深入联系村（社区），排摸社情民意，征求意见建议，化解矛盾纠纷，开展安防宣传，进一步密切警民关系。其间，走访群众6.2万名、单位1.7万家，化解矛盾纠纷1500余起，整治安全隐患7500余处，发现线索850余条，协助破获案件391起，收集

民警在全警大走访活动中收集基础信息　　市公安局提供

意见建议2200余条，发放防范资料8.9万份。

【开展“创文明交通、治秩序乱象”系列行动】 3月1日—12月31日，市公安局开展“创文明交通、治秩序乱象”系列行动，以乱行车、乱停车、乱过路、酒驾、毒驾、涉牌涉证“三乱两驾一牌证”和摩托车、电动三轮车（四轮车）违法为重点整治内容，以全市治堵重点道路、重点单位周边道路为重点整治区域，全力营造安全、畅通、有序的交通环境。其间，查处各类交通违法行为46.16万起，其中现场查处9.37万起，非现场查处36.79万起。

【开展小城镇环境综合整治行动】 3—12月，市公安局组织开展小城镇环境综合整治行动，会同市行政执法局对“车乱开”“道乱占”等交通违法行为开展联合整治。其间，共查处各类交通违法行为10.5万起，其中车辆和行人不按交通信号灯规定通行7187起、车辆逆向行驶551起、机动车占用非机动车道行驶2500起、无证驾驶机动车2080起、驾驶无牌无证机动车1536起。

（钟龙飞）

检　察

【概况】 2017年，市人民检察院依法履行法律监督职责，不断完善各项检察工作。依法打击刑事犯罪，全年受理提请批准逮捕刑事案件858件1228人、移送审查起诉1614件2263人，经审查，决定批准逮捕649件859人、提起公诉1339件1734人，移送嘉兴市人民检察院和其他人民检察院审查起诉21件35人。加强刑事审判监督，依法出庭支持公诉1188件1700余人，提出抗诉1件、提请抗诉3件，改判3件。坚持严审细查，重视追究漏罪漏犯，全年依法追诉被判处3年以上有期徒刑5人、10年以上1人。强化刑事申诉检察监督，立案复查刑事申诉案件3件。加

强民事审判监督和行政诉讼活动监督，市人民检察院全年办理民事执行监督案件5件、行政执法监督案件8件、提请抗诉案件1件。加强刑罚执行监督，考察监外执行等五种人犯1500余人次，审查看守所提请减刑罪犯44人，开展羁押必要性审查并建议变更强制措施获采纳31人，监督社区矫正收监执行12人，开展财产刑执行专项监督，确保刑罚全面依法执行。践行绿色司法，努力保障人权，严格逮捕措施适用，依法不批捕371人、不起诉229人，实现审前羁押率、轻刑案件起诉率"双降"。制定《捕后刑事和解实施办法》，明确刑事和解范围与启动程序，为社会关系修复留出空间，办理捕后刑事和解案件9件。加强未成年人检察工作。开展未成年人人格甄别试点，制订《涉案未成年人人格甄别实施办法（试行）》，对15名涉罪未成年人启动人格甄别工作；探索未成年人综合司法保护，市人民检察院会同司法行政机关开展法律援助66人次，通知法定代理人或者合适成年人到场115人次，听取辩护人意见76人次，封存犯罪记录78人次，成功办理嘉兴市首起支持起诉撤销监护权案件，该案例被评为全省未成年人司法保护精品案例。探索建立惩治职务犯罪衔接机制，实现与桐乡市监察委员会在职务犯罪案件接收、证据转换、线索移送等方面的衔接，受理市监察委移送审查起诉案件1件1人，并提起公诉。加快落实司法责任制，坚持"谁办案谁负责、谁决定谁负责"原则；推动诉讼制度改革，开展以审判为中心的刑事诉讼制度改革，加强侦查活动监督，防止发生冤假错案，依法排除非法证据6件。完善内部监督机制，出台《审查逮捕案件质量管控规范（试行）》，实施"二会一表一书"（检察官联席会议、审查逮捕公开审查会，《重大、疑难、复杂案件捕诉衔接情况表》，《不批准逮捕理由说明书》）质量管控机制，进一步规范侦查监督工作；开展案件质量评查，集中评查不逮捕、不起诉等案件47件。

【向市国土局发出公益诉讼诉前检察建议】 2017年，市人民检察院在履职过程中发现：市国土局梧桐分所原副所长吴某在负责桐乡市汇才红木家具有限责任公司征迁过程时滥用职权罪，造成国家直接经济损失540余万元。7月1日，公益诉讼制度正式实施当天，经嘉兴市人民检察院、省人民检察院审核，市人民检察院依法向市国土局发出检察建议书，系嘉兴市首份，正式启动公益诉讼工作。该诉前检察建议要求市国土局依法向桐乡市汇才红木家具有限公司追缴多给予的拆迁补偿款。11月，相关款项追缴到位。

【以非法吸收公众存款罪依法起诉易乾宁桐乡分公司6名被告人】 8月22日，市人民检察院以非法吸收公众存款罪依法起诉南京易乾宁金融信息咨询公司桐乡分公司负责人周某某及5名业务团队长。据查，2014年12月，被告人周某某被南京易乾宁金融信息有限公司聘任为该公司桐乡分公司负责人，周某某招聘顾某某等5人组成公司架构，在未经有关部门批准的情况下，以从事金融创新业务、开展P2P为名，以回报稳定、低风险、有保障为诱饵，吸收社会不特定大众资金，截至2016年4月被公安机关查获时，非法吸收1500余名不特定社会公众人员资金共计3.01亿元。

（张　棋）

审　判

【概况】 2017年，市人民法院忠实履行职责，全力维护社会公平正义。推进执行工作，保障胜诉当事人权益，全年受理执行案件6797件，执结6226件，执行到位资金19.3亿元。依法宽严相济惩治犯罪，受理刑事案件1330件，审结1308件，判处罪犯1784人，其中审结危害食品药品安全、污染环境、电信网络诈骗、赌博等犯罪86件193人，审结贪污、贿赂等职务犯罪6件8人。1784名罪犯中，587名符合条件依法适用缓刑。推进以审判为中心的刑事诉讼制度改革，年内通知证人、鉴定人、侦查人员等出庭作证29人次。坚持调判结合，妥善处理民商事纠纷。全年受理民商事案件11879件，审结11566件，结案标的30.1亿元，76.3%的案件通过调解或和解撤诉解决，其中审结婚姻家庭、人身损害、劳动争议等案件3981件，审结借款、买卖、承揽等商事合同纠纷案件7585件。坚持差异化原则妥善办理涉企案件，全年办结涉企案件6140件，解决争议标的13.4亿元。加强破产审判，助推"僵尸企业"处置，新收破产案件10件，办结"利展""宏展"等4件破产案件，"德美彩印"等3件案件完成资产处置。妥善处置涉商贸综合体纠纷，涉商贸综合体案件处置领导小组每月会商，分管领导包案协调，强化"立、审、执"兼顾机制，试行示范性诉讼，"香港城""世贸中心"等系列案件处置稳中有进。支持依法行政，协调化解行政争议，年内受理行政诉讼案件73件，审结72件，21.1%的案件经协调和解撤诉。维护行政强制措施的严肃性，依法审查国土、环保等行政非诉执行案件307件，裁定准予执行277件。向市政府提交《关于新行政诉讼法实施两年来行政审判工作基本情况分析》。落实行政机关负责人出庭应诉制度，应诉率100%。推进司法体制改革，实施司法人员分类管理。开展第二批员额法官遴选，新入额11人。推动院领导办案常态化，入额院领导全年办案1229件。将裁判权下放到员额法官，组建以员额法官为核心的新型办案团队。推进繁简分流改革，10月将院本部4个民商事案件审判庭整合成简案部和繁案部。乌镇人民法庭被评为2017年度全国法院先进集体。

【推进基本解决执行难工作】 2017年，市人民法院围绕"用两到三年基本解决执行难"目标，全方位推进执行工作。4月，推动成立市基本解决执行难工作领导小组，召开推进会，24家成员单位签订《共同协助法院基本解决执行难承诺书》。加强执行联动建设。7月，市人民法院会同市拘留所成立司法拘留社会矛盾化解工作室。10月，市人民法院联合保险机构，推出执行悬赏保险；11月，在嘉兴率先与移动、电信、联通三大运营商合作，为失信被执行人定制失信彩铃。加大执行宣传，市人民法院配合嘉兴市中级人民法院在《嘉兴日报》设立执行宣传栏目，参与制作嘉兴市首部有关执行的微电影，联合桐乡电视台开办《执行曝光台》栏目。打击拒执行为，每季度开展集中专项执行行动。年内，以"拒执罪"移送公安立案侦查2人，判处刑罚1人；司法拘留755人，纳入失信黑名单1831人。

【开展"三大机制"建设】 2017年，市人民法院以"最多跑一次"改革为契机，开展"大立案""大服务""大调解"三大机制建设。推进"大立案"，落实立案登记制，推进网上立案和跨域立案，53.1%的民商事案件当事人通过网络递交诉讼材料。9月，建立一站式、立体化、综合性的新型诉讼服务中心，可为当事人提供材料收转、案件查询、诉讼费缴退等多项司法服务，从而推进"大服务"。3月，在全省率先引入公证参与调解；4月，与嘉兴保险行业协会合作，在市社会矛盾纠纷联调中心设立嘉兴市保险行业人民调解委员会桐乡工作室，实现道路交通事故纠纷网上快速调解。年内，市人民法院与有关单位构建"大调解"机制，全年在诉讼外或开庭审理前有效化解各类纠纷912件。

【开展电子卷宗随案同步生成和深度应用改革试点】 2017年，市人民法院推进"智慧法院"建设，在全省率先开展电子卷宗随案同步生成和深度应用改革试点。立案阶段，当事人提交纸质诉讼材料的，将资料扫描生成电子卷后，由系统智能提取并自动回填当事人身份信息、诉求等；当事人在网上提交PDF立案文书的，系统则生成PDF和JPG两种格式的电子卷，满足法官利用及日后归档。庭审环节，系统能够通过电子卷宗初步生成简易裁判文书。年内，市人民法院扫描生成电子卷宗文书8.08万页。市人民法院电子卷宗随案同步生成和深度应用改革试点经验在全省法院系统作介绍。

（魏琳钰）

司法行政

【概况】 2017年，市司法局履行司法行政职能，加强法治宣传、法律服务和法治保障，为推进"平安桐乡"建设和"法治桐乡"建设作出贡献。制订《桐乡市司法局维稳安保平战结合工作手册》，建立健全形势分析机制和应急联动机制等，开展矛盾纠纷大排查大调处大化解、社区矫正大走访大排查大整治等专项行动，营造安全稳定的社会环境。建立普法责任清单制度，出台《关于建立桐乡市法治宣传教育第七个五年规划责任清单制度的意见》。加强领导干部、公务员学法用法，进一步完善政府常务会议学法制度等。在嘉兴市率先启动"公务员学法用法三年轮训"行动，年内1200余名公务员参训。加强青少年普法，评选"遵纪守法好学生"。全面建立

11月24日，桐乡市举办“学习贯彻十九大精神 尊法学法守法用法”主题宣传活动暨宪法百米长卷展示仪式　　市司法局提供

市、镇、村三级微信群，传播法律知识，提供法律咨询。开展“12·4”国家宪法日系列宣传活动，重点举办“学习贯彻十九大精神 尊法学法守法用法”主题宣传活动暨宪法百米长卷展示仪式等。贯彻《桐乡市公共法律服务体系建设“十三五”规划》，推进公共法律服务各平台互联互通。10月，市公共法律服务中心被省司法厅命名为“五星级规范化公共法律服务中心”。出台《关于进一步加强法律援助工作的实施意见》，优化服务方式，深入推行容缺受理、预约服务、上门服务等措施。全年受理法律援助案件1179件，解答法律咨询2789件，挽回经济损失1199.84万元。实施“名所、名品、名律师”培育工程，强化法律服务行业监管。优化公证服务，市公证处4月搬迁至市公共服务中心，软硬件全面升级。探索建立诉讼与公证对接机制，在市人民法院设立公证咨询窗口和公证驻法院工作室，形成诉调对接公证“一站式”服务。全年办理各类公证10570件，为政府重点项目、困难群众减免费用203.1万元。加强人民调解组织建设，成立嘉兴市首个人民调解员协会和3个商会调解委员会。健全完善矛盾纠纷多元化解机制，有效化解社会矛盾纠纷，全年受理各类矛盾纠纷4834件，调处成功4811件。制定《社区矫正刑罚执行权力清单》和《社区矫正工作责任清单》，建立形势分析制度、会商制度和联席会议制度等，实行社区矫正公示制，推行社区矫正网上审批。完善推行每月5日、15日和25日集中教育制和在线教育制度，开展“学法、明理、励志”学习活动。年底，全市在册社区服刑人员504人，年内未发生在册社区服刑人员严重犯罪情况。

【开展惠企便民法律服务专项行动】 2017年，市司法局开展惠企便民法律服务专项行动，推出司法行政惠企便民法律服务21条。健全完善法律顾问制度，以律师为主力军，发挥三级法律服务团在惠企便民工作中的作用，为市镇两级政府、部门重大行政决策、行政措施等把好法律关；为企业开展“法律体检”，规避法律风险；为村(社区)开展“村务体检”，提出法律建议。组建“一带一路”、知识产权维权、服务中小企业、楼宇经济等惠企便民法律服务团。开展“百名干部、百名律师进村入企”集中大走访活动，走访企业1100余家，为企业出具法律意见书、风险提示函1350余份，帮助企业解决法律问题425个；走访村(社区)211个，为3580余人次群众提供法律咨询。

【推进四大工程、百个项目的法治创建】 2017年，桐乡市按照“规划、培育、申报、考核、命名”五步工作法，积极推进民主法治村(社区)、诚信守法示范企业、法治文化建设示范基地和“七五”普法依法治理示范点的创建工作，四大工程涉及近百个创建项目。年内，成功创建全国、浙江省、嘉兴市、桐乡市各级民主法治村(社区)27个，嘉兴市级、桐乡市级诚信守法示范企业17家，桐乡市法治文化建设示范基地31个，桐乡市“七五”普法依法治理示范点17个。

(孙洪洲)

教　育

概　述

2017年，桐乡市有各级各类学校、幼儿园105所。其中全日制高校1所、成人高校1所、普通高中5所、中等职业学校3所、义务教育学校55所、特殊教育学校1所、少体校1所、幼儿园38所，注册学生11.2万人，在职教职工9003人。年度财政性教育经费预算12.74亿元。生均公用经费小学2786.74元，初中4011.29元，均超省最低标准30%以上。抓好项目建设筹划，完成濮院茅盾实验小学二期工程、桐乡半岛蒙特梭利幼儿园、洲泉中学体艺馆、桐乡实验小学教育集团凤鸣小学教学楼、河山镇中心学校体艺馆等8个项目的新建、改扩建；桐乡高级中学选修大楼拆建、启新学校小学部扩建、桐乡实验小学教育集团振东小学扩建、高桥初中扩建、世纪路学校扩建等11个项目开工；提升中小学校学生供餐保障能力；全市义务教育学校省标准化学校达标率94.5%，处于省内领先水平。队伍建设显著加强，全年招聘事业编制教师122名，推动64名普通教师、56名骨干教师、24名校长有序交流，组织各级名师及学科基地学校研发培训项目60项，培训教师4198人次，组织79名新教师开展浙江首场新教师“浸润式”（一种全程参与的跟岗实训方式）培训，教师专业发展培训绩效考核列嘉兴市第二。

学前教育、基础教育、成人教育、社区教育和职业教育等各类教育健康协调发展。2017年，学前三年幼儿入园率99.77%、义务教育入学率100%、在校生巩固率100%、“三残”（智残、体残、肢残）儿童入学率100%、十五年（三年学前教育、九年义务教育及三年高中教育）教育普及率99.95%。高考一段上线人数达858人，上线率24%，上线人数和上线率再创历史新高，其中清华大学、北京大学录取7人（嘉兴地区录取9人）。

2017年，桐乡市制定出台全市学前教育资源布局和建设专项规划，以公益性幼儿园扩容工程（2017年嘉兴市民生实事工程）为抓手，着力补齐学前教育发展短板。全市全年新增省二级幼儿园2所、省三级幼儿园1所，幼儿园等级覆盖率97.1%，公益性幼儿园覆盖率80.1%；招聘事业编制教师19人，专任教师持有教师资格证比例达到99.7%，办园水平得到有效提升。

12月27日，省教育厅学前教育专题调研工作组到桐乡调研

市教育局提供

"最多跑一次",成立教育惠民服务中心,提升教育服务功能,切实打通服务群众的"最后一公里"。改革完善"互联网+教育"新模式,"一网两微一端"(桐乡智慧教育网、微博和微信、教育APP)。构建起桐乡教育家校共育融媒体桥梁,全年推送微信450多条,桐乡教育APP用户14万户,活跃用户12万户,点击量1400万次。实施优质教育资源共建共享工程,2017年互联网学校全面实现PC端、TV端和手机端"三屏融合"。

10月13—15日,桐乡市举办第五十三届中小学田径运动会

市教育局提供

义务教育注重均衡发展,完善和巩固"城乡学校共同体""抱团发展联盟"等发展模式,多措并举促进教育优质均衡发展。深入实施义务教育学科教学质量"发展性增量评价",培养学生全面素质、核心素养。坚持"阳光招生",做好中考保送生制度、民办学校招生等教育热点工作。推进校园文化建设,抓特色学校创建、学科基地建设和学校体育艺术工作,建立中小学拓展性课程体系,彰显学校内涵,中小学学生体质健康合格率97.82%。全年新增全国国防教育特色学校1所、全国青少年校园足球特色学校5所、省青少年校园足球特色试点学校5所、嘉兴市绿色学校2所。

进一步深化普高教育课程改革,扎实开展生涯规划教育,积极适应浙江省新的高考及招生制度改革,有效提升教育质量。深入推进高中综合素质评价,完善走班制、分层次教学改革,注重学生个性成长、多元发展,有效实现从"育分"到"育人"转变。2017年高考,4名考生成绩进入全省前100名,包揽嘉兴市前4名。

职业和成人教育办学水平持续提升。职业教育着力校企合作、产教融合,弘扬工匠精神,厚植工匠文化。7月,筹备3年的桐乡技师学院成立。各类技能大赛成绩优异,2017年全国第十三届"文明风采"大赛中,桐乡市获金牌14枚,位居全省各县市区首位,嘉兴市第十二届技能大赛桐乡技师学院获3金5银13铜。部分专业水平省内领先,桐乡市卫生学校康复治疗技术专业被评为省品牌专业。深化社区教育,全面推进学习型城市建设,有序推进扫盲教育及各类成人教育培训工作。教育改革不断深化,教育创新持续发力,智慧教育扎实推进,"桐乡气质"的教育现代化全面推进。围绕省市中心工作,加速推进教育

基础教育

【概况】 2017年,全市有38所幼儿园,其中市区15所、镇(街道)23所;省一级幼儿园10所、省二级幼儿园14所。在园幼儿2.42万人。小学27所,在校学生4.43万人。普通中学32所,其中初中27所(含九年一贯制学校10所),在校学生2.32万人;普通高中5所,在校学生1.14万人。高中学校录取新生6623人(普通高中3787人、职业类高中2836人)。完善中考招生制度,加大保送生招生力度,增加保送生招生名额,实行提前招生。全年1051名初中毕业生被保送进入桐乡市高级中学等5所普通高中就读,茅盾中学"中加班"(中国与加拿大联合办学)毕业班学生100%被国外大学录取。实行义务教育阶段学校新居民适龄子女积分入学管理,年内1977人持积分卡申请入学。开展随迁子女接受义务教育后参加高中段学校录取资格审查,372名随迁子女通过审核。至年底,全市有民

办教育机构58所，其中民办中小学8所，在校学生1.29万人；民办新居民子女学校2所，在校学生3740人；民办幼儿园20所；民办培训学校28所。

【建设足球特色项目学校】2017年，市教育局在全市各学校开展学生体育竞赛活动，继续推进学校体育特色项目建设。年内新增龙翔小学、桐乡实验小学教育集团北港小学，茅盾实验小学、同福初中、濮院小学教育集团毛衫城小学5所国家级足球特色项目学校，崇德小学、启新学校、桐乡六中、求是实验中学、凤鸣同福小学5所省级足球特色项目学校。桐乡市被命名为浙江省青少年足球试点县（市、区）。

【创新送教上门新模式】 桐乡市作为“国家级特殊教育改革实验区”和“国家级残疾人职业培训基地”，以全纳教育为目标，积极实施国家、省、市《特殊教育三年提升计划》，全面提升特殊教育发展水平，全市义务教育阶段“三残”儿童少年入学率在99%以上。推进特殊教育“两头延伸”工作，加强高中段和学前特殊儿童教育，首届5名职高毕业生全部进入市辅助性就业机构就业，振东新区中心幼儿园成为嘉兴市学前融合教育实验基地。实施“普校＋特校”共同送教，编印全国领先的送教辅助教材，创新送教模式，送教上门经验在全国37个国家级试验区参加的专题研讨会上作交流汇报。11月2日，举办嘉兴市特殊教育送教上门推进会，引起很大反响。春晖小学启动实施“卫星班”建设试点工作。全市建有12所资源教室，其中崇德小学、实验小学教育集团中山小学、乌镇植材小学、濮院小学教育集团毛衫城小学4所小学被评为嘉兴市合格资源教室。

· 相关链接 ·

卫　星　班

卫星班是指特殊教育学校附设在普通中小学中服务于特殊教育学生需要的班级，它是促进特殊教育走向融合教育的一种新型安置方式。

【深化推进课程改革】 2017年，桐乡市扎实推进义务教育课程改革，注重课程建设与学校特色相结合，充分利用校内外的课程资源，开发培育校本课程，一批具有特色的精品校本课程开始凸显，如乌镇植材小学的“走读乌镇”全课程活动、虎啸中心小学的运河文化课程体系、桐乡实验小学教育集团的《童蒙养正 微课慢育》等。年内，积极推动初中基础性课程分层走班教学试点。开展STEM教育的探索，12月，桐乡市实验中学入围浙江省STEM教育项目培育学校，培养学生更多视角认识不同学科间的联系，提高综合运用知识解决实际问题的能力。推进普通高中课程改革特色化、多样化发展，构建新的课程体系，以“有利于普通高中课程改革积极稳妥地实施、有利于教师的专业成长和学生素质的提升、有利于学校品位和办学特色的凸显”为指导思想，进一步提高普通高中教育质量和办学水平，加快教育现代化建设。

· 相关链接 ·

STEM 教育

“STEM”是科学（Science）、技术（Technology）、工程（Engineering）数学（Mathematics）四门学科英文首字母的缩写。其中科学在于认识世界、解释自然界的客观规律；技术和工程则是在尊重自然规律的基础上改造

4月19日，振东小学运动会开幕，足球元素抢眼　　市教育局提供

世界、实现对自然界的控制和利用、解决社会发展过程中遇到的难题；数学则作为技术与工程学科的基础工具。STEM 教育就是科学、技术、工程和数学的教育。2016 年教育部出台的《教育信息化“十三五”规划》中明确指出有效利用信息技术推进“众创空间”建设，探索 STEM 教育、创客教育等新教育模式，使学生具有较强的信息意识与创新意识，养成数字化学习习惯，具备重视信息安全、遵守信息社会伦理道德与法律法规的素养。

【丰富素质教育活动】 2017 年，市教育局进一步推动学校艺术教育的改革与发展，提高学生审美和人文素养，举办 2017 年桐乡市中小学生美术作品赛暨浙江省中小学生艺术节美术作品选拔赛。比赛选拔 28 幅作品、选送 7 个表演类作品参加浙江省中小学艺术节美术类评比。组织开展嘉兴市第九届“石榴奖”校园文化艺术节“阳光下成长”小学生才艺表演大赛，29 个作品获奖。选送 12 件作品参加浙江省第五届“兰亭奖”中小学生书法大赛。开展“我浙五年、砥砺奋进的五年”中小学书法比赛，366 名学生参赛，部分作品参加省报刊总社的展出。开展“中学生天地杯”作文大赛。传承和弘扬中华民族优秀传统文化，在全市中小学中积极开展“高雅艺术进校园（戏曲）活动”；高桥中心小学原创越剧《司马光砸缸》在第二十一届中国少儿戏曲小梅花荟萃中获最佳集体节目。开展经典诵读活动，在浙江省第十一届青少年中华经典诗文诵读活动中，桐乡实验小学教育集团北港小学的《满江红》获二等奖，并参加电视展演。组织高桥镇中心小学申报浙江省艺术教育实验学校，开展 2017 省艺术素养监测省级抽测工作和 2017 年迎元旦文艺汇演。

【加强规范化办园】 2017 年，市教育局严格落实幼儿园年检、年审制度，开展幼儿园常规管理检查，加强日常监督和规范化管理。与各幼儿园签订《幼儿园规范办园承诺书》，督促幼儿园规范招生编班、规范教师配备、规范保育教育。全面推行“1 市 7 片 17 格”的网格化管理模式，实现学前教育管理的全覆盖，加强和提升学前教育管理的综合水平。制订《桐乡市幼儿园精准帮扶网格化管理方案（试行）》《桐乡市教育局关于进一步规范幼儿园办园行为的通知》。教育局人事科、计财科、基教科、督导科、安全法制科等科室组成联合督查组，对幼儿园开展常规管理督查。对年审不合格的幼儿园下发整改通知，对违规招生的两所幼儿园进行调查取证、责令整改。推进幼儿园等级评估、结对帮扶、看护点转型升级等工作，以评促建提升规范化办园水平。2017 学年，全市 7 所幼儿园通过省一级复评，10 所幼儿园通过省二级复评，5 所幼儿园通过省三级复评，1 所幼儿园评定为省二级幼儿园，1 所幼儿园评定为省三级幼儿园。

· 相关链接 ·

1 市 7 片 17 格

“1 市 7 片 17 格”是一种网格化层次管理的概称。在市教育局（一级网格）全方位指导下，全市划分 7 个片区（二级网格），片区负责管理全市 17 所省Ⅰ级、Ⅱ级幼儿园（17 格），每所幼儿园管理 1—4 所其他幼儿园或看护点。

【促进心理健康教育】 2017 年，市教育局根据浙江省关于启动“300 个中小学心理健康示范点建设和 50% 中小学心理咨询与健康教育机构达标工作的通知”精神，开展凤鸣高级中学、求是实验中学、桐乡卫校 3 所学校的心理健康示范点建设和桐乡市高级中学等 34 所学校的心理健康标准化建设。10 月，该两项工作通过浙江省心理健康指导办公室和省政府督导组的检查验收。

2017 年桐乡市学生参加省级及以上竞赛主要获奖情况

表 25

序号	赛事名称	获奖等第	获奖人次	学科
1	浙江省青少年科技创新大赛科技实践活动（省级）	一等奖	3	小学综合实践

续表 25

序号	赛事名称	获奖等第	获奖人次	学科
2	浙江省青少年科技创新大赛科技实践活动(省级)	二等奖	7	小学综合实践
3	浙江省青少年科技创新大赛科技实践活动(省级)	三等奖	3	高中生物
4	浙江省第十四届中小学机器人比赛 WER(省级)	一等奖	4	小学综合实践
5	第十七届中国青少年机器人竞赛	一等奖	2	初中综合实践
6	第十七届中国青少年机器人竞赛	二等奖	2	小学综合实践
7	浙江省头脑奥林匹克竞赛争分夺秒项目(省级)	二等奖	4	初中综合实践
8	全国信息学(计算机)奥林匹克联赛	三等奖	1	高中信息技术
9	浙江好家风演讲比赛(省级)	三等奖	1	小学德育
10	浙江好家风演讲比赛(省级)	二等奖	1	初中德育
11	全国中学生乒乓球锦标赛	第四名	团体	高中体育
12	省中学生篮球联赛初中女子总决赛	第七名	团体	初中体育
13	省中学生足球联赛高中总决赛	第二名	团体	高中体育

职业教育

【概况】 2017 年，桐乡市职业教育学校 3 所，其中中等职业学校、技师学院和成人中等专业学校各 1 所。专任教师 611 人，专业课、实习指导课教师 358 人，“双师型”教师 307 人。开设 11 个专业大类，32 个专业。在校学生 8740 人，招收新生 2836 人，毕业 2078 人。毕业生双证书取证率 99.9%。全市职业类学校报考高职学生 459 人，上线 454 人，上线率 99.6%。全省各专业大类前 100 名中有 52 名同学名列其中。本科录取 134 人。2017 年全国第十三届“文明风采”大赛中，桐乡市获金牌总数 14 枚，位居全省各县市区第一名。嘉兴市第十二届技能大赛中技师学院获 3 枚金牌、5 枚银牌、13 枚铜牌，其中服装设计项目包揽前 3 名。技师学院获“第十一届浙江省电子商务大赛”团体一等奖。2017 年浙江省“中等职业教育质量提升行动计划”公布的立项项目 4 个。桐乡市卫生学校康复治疗技术专业被评为省品牌专业，桐乡市乌镇镇成人文化技术学校被评为省级现代化成人学校，桐乡市卫生学校护理教育专业杨建芬获得名师及名师工作室立项。乌镇镇被评为“2017 年全国社区教育示范镇”。2017 年浙江省“中等职业教育质量提升行动计划”申报立项项目 5 个：桐乡市卫生学校康复技术专业马建强中职名师及

5 月 31 日，桐乡技师学院举办服装节　　市教育局提供

名师工作室项目，桐乡市卫生学校护理专业浙江省中职学校品牌专业项目，桐乡市卫生学校“义工银行”中职德育品牌项目，崇福镇成人文化技术学校现代化成人学校项目，桐乡社区学院“特色产业从业者素质培养”成教学习品牌项目。

成人教育

【概况】 2017 年，桐乡市扫盲900 人，文盲率降至 1.79%。成人中等教育毕业生 599 人，成人高等教育毕业生 417 人。成人非学历培训 109562 人，其中家政培训 2227 人，其他培训107335 人。成人非学历培训中中职学校 13722 人，成人学校95840 人。继续推进老年教育工作，全年接受老年教育 50243人，占 60 岁以上人口的 34.7%。开展实验项目申报、社区教育论文评选、微课评比等工作，深化社区教育，全面推进学习型城市建设。完成 2017 年“成人学校社会培训成果信息存入学分银行”工作。

（陈中华）

高等教育

【概况】 2017 年，桐乡市有浙江传媒学院桐乡校区 1 所高等学校，校区设有文学院、管理学院、设计艺术学院、文化创意学院和音乐学院 5 个二级学院，开设汉语言文学、文化产业管理、视觉传达设计、摄影、公共关系学、网络与新媒体、舞蹈编导等 23 个本科专业及专业方向。校区有2014—2017 级在校学生 5097人，教职员工 400 余人，其中正高职称 29 人、副高职称 73 人，浙江省新世纪“151”人才工程培养对象 12 名，省中青年学科带头人 5 名。2017 学年校区获省部级及以上课题 12 项，获厅局级项目 8 项，各项科研成果 90余项，发表各类论文 100 余篇，出版专著或译著 27 部。校区还组织学生参加各类大赛，获各类竞赛国家级奖项、省级奖项 300余项。2017 年，1396 名毕业生走向社会。

· 相关链接 ·

新世纪“151”人才工程

新世纪“151”人才工程是浙江省委、省政府为实施人才强省战略、加速培养造就适应全省现代化建设需要的年轻学术带头人和创新团队的一项人才培养工程。根据浙江省提前基本实现现代化的战略目标和经济社会发展的需要，按照滚动培养，重点资助，跟踪管理，鼓励竞争的要求，培养造就一批不同层次的新世纪学术和技术带头人及后备人选。自 2010 年起，每 5 年一轮，每轮培养第一层次 100 名左右具有国内外科技前沿水平、能进入国家“新世纪百千万人才工程”序列的学术技术带头人；第二层次 500 名左右具有省内外领先水平，在浙江省各学科、技术领域有较高学术技术造诣的带头人；第三层次 1000 名左右列入各市和省直有关单位重点培养计划的、在各学科领域做出较大成绩、起骨干作用、具有发展潜能的青年优秀人才。

【校地合作】 2017 年，校区各二级学院和职能部门积极协助文化合作项目的具体实施工作，搭建校地合作平台，与桐乡市文化局的项目合作从原来的定向合作逐步发展成多渠道、宽范围的合作。文学院举办“茅盾研究”延伸项目中国茅盾研究会理事

11 月 1 日，晁浩建师生音乐会在浙江传媒学院桐乡校区举行

浙江传媒学院桐乡校区提供

会暨“茅盾与20世纪中国文学史”学术研讨会，《茅盾研究年鉴》如期出版，设计艺术学院启动“景行”全国大学生摄影作品双年展，文化创意学院举行第三届“魅力桐乡”微电影大赛，音乐学院举办第二届世界互联网音乐大赛，为进一步推动校地文化合作奠定基础，增强校地双方文化合作互信。

【校园文化】 2017年，校区各二级学院继续结合自身专业优势发扬校园文化。5月10日，由桐乡市文化广电新闻出版局、文化创意学院主办的第三届“魅力桐乡”微电影大赛颁奖晚会在桐乡校区小剧场举行。5月13日，由浙江省中国当代文学研究会与浙江传媒学院联合主办、桐乡市文化广电新闻出版局协办、浙江传媒学院文学院承办的浙江省中国当代文学研究会第十一届年会暨浙江百年新诗反思学术研讨会在文学院召开。11月1日，音乐学院和桐乡市文化广电新闻出版局联合承办晁浩建教授师生音乐会，桐乡市四套班子主要领导出席。11月16日，由中国高等教育学会摄影教育专业委员会、浙江传媒学院、丽水学院共同主办，浙江传媒学院设计艺术学院、丽水学院中国青瓷学院承办的“2017初相——国际高校摄影联展暨摄影教育论坛开幕式”和“浙江省第五届大学生摄影竞赛”颁奖仪式举行。12月9日，管理学院举办2017影视产业与区域发展国际学术研讨会，来自国内影视行业、高校、媒体以及来自法国、加拿大、意大利、索马里、巴基斯坦等国家的专家学者共享学术盛宴。12月8日，协办2017“丰子恺杯”第二届世界互联网音乐大赛。文学院继续组织承办第五届新概念作文大赛、第五届“剧才杯”大赛、第六届书法大赛、第二届汉字听写比赛，承担省艺术统考的监考、阅卷等组织统筹工作，组织承担桐乡市第五届“菊乡文学新苗”现场作文赛，组织学校学生参加国家职业汉语能力测试；管理学院和浙江老木头乡村休闲文化有限公司、乌镇横港国际艺术村等单位建立教学实践基地的合作关系；文化创意学院开办网络与新媒体培训班，为桐乡市文化产业协会、桐乡市文化广电新闻出版局等选送的40多名学员进行互联网内容创意与运营等的培训；音乐学院开展“创意舞蹈快闪”“浙里之水”主题音乐会、“唱支红歌给党听”主题音乐会、“青年学子学习青年习近平——新生演讲赛”等主题教育实践活动。

【2017“丰子恺杯”第二届世界互联网音乐大赛颁奖典礼】 12月8日，2017“丰子恺杯”第二届世界互联网音乐大赛颁奖典礼在浙江传媒学院桐乡校区举行。大赛由中国互联网协会、桐乡市政府、浙江传媒学院、北美音乐家协会、国际中国音乐家联合会共同主办。大赛以2015年首届世界互联网音乐大赛为基础，7月启动，收到来自中国、美国、德国等世界各地的参赛作品581首，作品风格迥异、构思巧妙、旋律富有鲜明的地域特色。大赛常务副秘书长吴红非表示，此次大赛鼓励创作者深入挖掘“一带一路”区域的民歌、地方戏曲、传统民间歌舞等文化传承符号，用不同类型、风格的音乐作品来描绘音乐人心中的祖国印象，抒发其对祖国的炽热情感，并鼓励更多的音乐人关注世界互联网大会永久会址——桐乡，用特有的桐乡地域音乐文化与世界音乐文化进行碰撞和联通。经评委

12月8日，“丰子恺杯”第二届世界互联网音乐大赛颁奖典礼举行

浙江传媒学院桐乡校区提供

会专家的评审，最终有30多部作品获奖。其中，指南针乐队主唱刘迦帝创作的歌曲《我要去桐乡》获桐乡文化元素特别奖一等奖、原创歌曲组一等奖2项大奖。

• 相关链接 •

2017“丰子恺杯”第二届世界互联网音乐大赛获奖名单

电子音乐创编组

一等奖　《梦呓》

二等奖　《粉墨—青衣》《纻—为古筝人声而作》

三等奖　《罕达盖》《散落下，阵阵鼓声》《梦回·莺啭》

优秀奖　《o醉f汉o》《丝路之翼》《丝路精绝》《三打白骨精》

原创歌曲组

一等奖　《我要去桐乡》

二等奖　《燃烧的理想》《一位老人》

三等奖　《刀郎木卡姆》《正义审判》《杳杳》

优秀奖　《我自己的路》《魔鬼审判日》《Ulala》《北山牧场(序曲)》

桐乡文化元素特别奖

一等奖　《我要去桐乡》(同获原创歌曲组一等奖)

二等奖　《杳杳》(同获原创歌曲组三等奖)《绸弦》

三等奖　《tong xiang》《子恺》《桐乡小镇》

优秀风格奖

最佳“一带一路”奖　《丝路之翼》(同获电子创编组优秀奖)

最佳“民谣风格”奖　《那时花开》

最佳“摇滚风格”奖　《燃烧的理想》(同获原创歌曲组二等奖)

最佳“流行风格”奖　《没有错的人》

最佳“乐队表演”奖　《大圣归来2016》

最佳“人气表演”奖　《北方牧场(序曲)》(同获原创歌曲组优秀奖)

最佳“电子风格”奖　《壹—为京剧人声、古琴、电贝司和电子音乐而作》

【浙江传媒华策电影产业园一期项目】　参见《城乡管理建设·城区开发管理》中相关条目。

2017年浙江传媒学院桐乡校区各二级学院省部级以上科研立项课题

表26

序号	学院/部门	项　目　名　称	级　别	项　目　类　别
1	文学院	网络文学评价体系及引导机制研究——以“网络浙军”及“浙江模式”为例	省部级	浙江省哲社规划课题
2		数字艺术“间性”美学研究	省部级	浙江省哲社规划课题
3		话本小说与戏曲叙事研究	省部级	浙江省哲社规划后期资助课题
4		媒介传播中的简·奥斯丁意义再生产研究	国家级	国家社会科学基金项目
5		厉鹗与康乾诗坛	国家级	国家社会科学基金后期资助项目
6		唐诗与唐代园林景观的审美建构研究	国家级	国家社会科学基金后期资助项目
7		格雷厄姆·格林的国际政治小说研究	国家级	国家社会科学基金后期资助项目
8	管理学院	微信谣言的形成机理、传播路径及治理策略研究	国家级	国家社会科学基金项目
9	文化创意学院	当代中国广告文化史研究(1978—2016)	省部级	浙江省哲社规划一般课题
10		网络迷群公共讨论中情感传播的动力机制研究	省部级	教育部人文社科青年项目
11	音乐学院	魅力新思路	省部级	浙江省文化精品工程项目
12	图书馆	面向高保真三维打印的多光谱材质建模与显示关键技术研究与系统开发	省部级	浙江省级公益技术应用研究项目

(葛燕青　陈纬梁)

教师队伍

【概况】 2017年，桐乡市各级各类学校教职工总数10935人，其中在职教职工9003人、离退休教职工1932人。在职教职工中，普通高中1008人，职业中学645人，初中1904人，小学2774人，幼儿园2585人，电大桐乡学院28人，特殊教育学校41人，少体校18人。全市专任教师学历合格率分别为普通高中99.89%，职业高中98.03%，初中100%，小学100%；高一层次学历分别为初中95.65%，小学98.45%。全年招聘教师122人，其中研究生学历11人、本科学历96人、大专学历15人。依托互联网技术，继续开展中小学教师专业发展培训，建立并完善集资源、管理、学习三位一体的教师培训管理平台。

2017年，桐乡高级中学校长获"南湖百杰——嘉兴市名师名医奖"；濮院小学教育集团翔云小学1名教师被授予"浙江省第五届师德先进个人"称号；桐乡实验小学教育集团、高桥新区中心学校、凤鸣天女小学3名校长被授予"嘉兴市名校长"称号；桐乡市高级中学、桐乡实验小学教育集团春晖小学、桐乡市代代康幼儿园各1名教师被评为2017年"浙江省教坛新秀"；全市65名中小学教师成为"嘉兴市学科带头人"；1人被授予"嘉兴市最美教师"称号；2人获"嘉兴市最美教师提名奖"；2人被授予"嘉兴市优秀教育工作者"称号，18人被授予"嘉兴市优秀教师"称号，1人被授予"嘉兴市十佳班主任"称号，16人被授予"嘉兴市优秀班主任"称号，6人被授予"嘉兴市中小学教坛新秀"称号。年内评选产生桐乡市级学科带头人111人、骨干教师221人。

【实施新教师"浸润式"培训】 2017年，市教育局根据"完善并严格实施教师准入制度，严把教师入口关"要求，改革桐乡市新教师见习期培训制度，对新教师实施"浸润式"培训。新教师"浸润式"培训由教师进修学校组织指导，培训学校和新任教师聘任学校共同承担。市教育局对培训实施情况进行年检，年检结果计入学校发展性评价。9月，79名中小学新教师走进17所学科基地学校，进行为期16周跟岗培训，通过参与课堂教学、班级管理、教学研究等在岗实战训练，提升职业感悟与师德修养，在实践中锤炼教学技能，在优秀教育团队和专门指导老师的引领与学科基地学校优质育人文化的浸润下，强化其教学实践能力，尽快胜任教育教学工作。

教育行政

【概况】 2017年，桐乡市投入4.32亿元，新建校舍面积7.2万平方米。桐乡高级中学体育馆、耀华国际学校等8个项目建成并投入使用。桐乡实验小学教育集团振东小学和启新学校小学部扩建工程等6个项目顺利推进。继续实施义务教育标准化学校建设工程，年内达标学校达到52所，标准化学校率94.5%。教师待遇得到保障，全年非在编教师人均收入8.06万元。

全力推进等级幼儿园创建，全年有7所幼儿园完成省一级幼儿园复评，10所幼儿园通过省二级幼儿园复评，5所幼儿园通过省三级幼儿园复评，1所幼儿园评定为省二级幼儿园，1所幼儿园评定为省三级幼儿园，全市幼儿园等级覆盖率97.1%，办园水平得到有效提升。

2017年，义务教育学校公用经费稳步提高。学校规模700人以内的小学生人均公用经费每生每年900元，初中生1000元；超过700—2000人部分，按小学生人均每年700元，初中生800元。义务教育学校安排设备经费1876.39万元，用于满足新一轮浙江省标准化学校建设的设备要求，安排特色装备297万元，推进学校录播教室、创新实验室等新型教育场所建设。学前教育专项经费3400万元，小班化经费补助200万元。完善公共教育经费资助民办教育制度，全年安排民办教育专项经费3404.9万元，其中民办高中经费补助2323.84万元，民办义务教育免课本费和杂费842.58万元，民办中小学安保经费70.2万元，民办幼儿园经费补助111.68万元。加大农村教育点经费投入，每个教育点增加6万元。加快推进"智慧校园"建设工程，投入1600万元，3所学校被列入首批嘉兴市智慧校园示范建设学校。全市中小学购置图书18.97万册、计算机2341台、互动触摸式一体机多媒体557套。

进一步发挥教育资助中心作用，继续做好助学工作。修订公布《桐乡市困难家庭学生助学实施办法》。抓住全国学生资助规范管理年的契机，实现资助工作检查全覆盖。2017年，免学前教育保教费、代管费104人次、23.2万元；义务教育学校营养餐资助2090人次、104.5万元，寄宿制学生生活补助38人次、2.35万元；普高助学金受助401人次、40.1万元，普高免学费128人次、15.84万元；中等职业学校助学金466人次、46.6万元，免学费1.71万人次、3252.12万元，有力保障广大贫困学生接受公平就学机会的权利。

2017年，重新划分责任区和聘任市督学，组建督学联络员队伍。星级学校督导评估新增学校汇报和督学量化打分环节，11所学校通过升级评估和8所学校通过星级复评。年初修改原义务教育阶段学校年度发展性评价方案，下半年在全市中小学和幼儿园开始推行学校发展性督导评估。对崇福镇志华中心小学进行学校发展情况专题调研；对石门路学校进行教育教学常规专项督导；对濮院新星学校和东方学校开展规范办学专项督导；与有关科室组成联合督查组，对22所民办幼儿园开展常规管理督查，对初中学校实施综合素质评价工作情况进行督查，对全市中小学开展教育技术装备规范管理示范校（室）专项督导和党建专项督导；开展课程改革推进常规督导和幼儿园"一园一品"专项督导。做好教育现代化监测数据上报和全国优质均衡县市创建准备工作；迎接国务院教育督导委员会对薄弱学校改造的专项督导。年内，教师资格认定333件。受理民办学校行政许可申请11件，其中设立许可4件、筹设许可6件、变更名称许可1件。

智慧教育——茅盾中学学生在地理创新实验室上课　　市教育局提供

【互联网学校三屏融合】　2017年，桐乡市互联网学校打造"在线课堂"平台，聘请近100名教师，开设免费网络直播课，至年底，开设4期直播课，涵盖9个学科，312节课，收看直播和点播学生54万人次。全市教师参与微课制作1600多节，开设家庭教育栏目。5月，桐乡智慧教育TV端正式上线；9月，桐乡网校APP上线，实现互联网学校电脑、电视、手机三屏融合。

【提升中小学校学生供餐保障能力工程】　提升中小学校学生供餐保障能力工程是市政府八件惠民实事之一。2017年，中小学校学生餐厅扩容提升工程主要是通过改扩建学校餐厅，分步解决完善在校中小学生就餐问题，同时强化学校餐饮安全保障。年初确定濮院茅盾实验小学、屠甸镇小晏城校区、实验小学教育集团振东小学、启新学校小学部、桐乡十中等5所学校的学生餐厅建设项目，建设规模6200平方米，增加座位5500个，年底前建设项目全部完成，改善学生就餐环境。

【全市学校安全稳定和谐】　2017年，全市学校深入推进"三防"建设，全市学校逐步推广张力式电子围栏、鹰眼摄像头、智慧用电和燃气泄漏监测等基础设施设备，全面完成校园访客系统和防冲撞设施建设，提高安全防范能力。市教育局组织百名学校安管主任培训以及全市学校525名保安的培训，提升全市学校安保队伍的专业水平，学校安保工作步入规范化、常态化管理模式。年内，开展消防安全大排查大整治、校园及周边综合治理、传染病防控、食品安全集中整治及民办幼儿园专项督查等活动。继续以创建和复查为抓手，巩固并提升学校食堂餐饮服务安全管理成果，确保师生饮食安全。年内，开展第八届预防溺水专项主题教育、暑期消防安全宣传教育、“创文明交通，迎接十九大”道路交通安全知识竞赛、反恐怖宣传教育、食品安全等安全教育活动。市教育局创作的公益视频短片《共同成长》获“平安桐乡”创建十二连冠公益视频短片创作大赛三等奖，并在桐乡市广播电视台新闻综合频道、文化旅游频道播出。启动第二轮等级平安校园评审工作，至年底，全市 AAAAA 级平安校园 30 所、AAAA 级 53 所。年内，市教育局被评为嘉兴市平安建设先进单位、桐乡市社会管理综合治理先进集体。

教育科研

【概况】 2017 年，桐乡市教育科研列入中国教育学会“十三五”教育规划课题立项 1 项（北港小学）；省级课题立项 10 项，其中省教科院规划课题重点研究课题 3 项、一般规划课题 4 项，省教研室教研课题 3 项；嘉兴市课题立项 97 项，其中：重点研究课题 3 项，一般规划课题 42 项，微型课题 33 项，教育技术专项课题 19 项；桐乡市各类课题 593 项。

2017 年省级教科研成果评比桐乡获一等奖 1 项（桐乡六中），三等奖 1 项（凤鸣高中）；全省科研人员优秀科研成果评比桐乡获二等奖 1 项，三等奖 2 项。嘉兴市第十届教育科研优秀成果评比综合类课题一等奖 5 项，二等奖 13 项，三等奖 19 项；微型课题一等奖 2 项，二等奖 9 项，三等奖 15 项。嘉兴市教育学会重点调研课题成果一等奖 1 项，二等奖 4 项，三等奖 5 项。桐乡市第十届教科研优秀成果获奖 374 项，其中一等奖 41 项、二等奖 100 项、三等奖 233 项。2017 年振东新区中心幼儿园、崇福镇中心幼儿园、桐乡市虎啸中心小学、桐乡市茅盾中学 4 项成果参加嘉兴市第二届教科研成果展示。

浙江省教育厅教研室教学论文评比获奖 31 篇，嘉兴教育学院教学研究论文评比一等奖 66 篇，二等奖 370 篇，桐乡市教育教学论文评比一等奖 1015 篇。

凤鸣高级中学、桐乡市实验幼儿园被评为省教科研先进集体，崇福镇中心幼儿园、崇德小学、桐乡卫生学校各 1 名教师被评为省教科研先进个人。桐乡市卫生学校、桐乡六中、崇德小学 3 所学校被评为嘉兴市教育科研先进集体，全市 2 名校长被评为嘉兴市科研型校长，3 名教师被评为嘉兴市教育科研先进个人。

2017 年桐乡市中小学教师参加省级及以上教学活动评比获奖情况

表 27

序号	学科	级别	项目名称	获奖人次
1	各学科	国家级	“一师一优课”“一课一名师”活动评选	12
2	各学科	省级	“一师一优课”“一课一名师”活动评选	23
3	各学科	国家级	2017 年度学科教学论文评比	4
4	各学科	省级	2017 年度学科教学论文评比	59
5	高中生物	省级	2017 年浙江省高中生物学科竞赛	6
6	自然科学	省级	2017 年浙江省科技创新大赛	4
7	艺术类	国家级	2017 年艺术类竞赛	7
8	艺术类	省级	2017 年艺术类竞赛	9
9	综合	省级	浙江省名师（特级教师）工作室年度评比	1
10	信息技术	省级	浙江省中小学教师信息技术应用创新大赛	3
11	各学科	国家级	课堂教学评比	8
12	各学科	省级	课堂教学评比	56

（陈中华）

概　述

2017年,桐乡市贯彻创新驱动精神,落实省、嘉兴市创新改革试验实施方案要求,以系列国字号创建为重点,破除体制机制障碍,补齐制约发展短板,为振兴实体经济提供科技支撑。根据省科技统计监测报告显示,全市转型升级综合评价居全省第7位。连续第三次承办中国创新创业大赛互联网及移动互联网行业总决赛,成为创新创业“国赛”史上首个县级承办单位。全市入选国家知识产权示范企业1家,实现嘉兴市零突破;桐乡市被列入国家知识产权强县工程试点县,濮院毛衫市场被列入国家知识产权保护规范化培育市场;产学研合作成效显著,连续三年获“国际科技合作项目”立项;与中国航天科工集团第三研究院第三一〇所合作,创建首个军民融合互联网+双创基地;新培育国家高新技术企业36家,高新技术产业投资增幅44.7%;企业载体建设取得新突破,新增省级企业研究院5家,累计21家,居嘉兴市首位;科创园孵化企业取得新突破,新引进国家千人计划4人,新增规模以上企业3家,高新技术企业2家。嘉兴驭光光电科技有限公司获两轮7000多万元知名基金投资;农业研发平台取得突破进展,浙江华腾牧业有限公司建成桐乡市首家省级重点农业企业研究院,农业科技实现跨越提升;科技宣传领先,获评省级科技宣传工作先进单位、省级政务信息工作先进单位。根据省科技统计监测报告显示,全市转型升级综合评价居全省第7位,达到近年最高水平。

10月30日,2017年第六届中国创新创业大赛在桐乡举行

市委办提供

高新技术

【概况】 2017年,市科技局以国家高新技术企业为重点,抓创新主体培育。加强企业梯度培育建设,新增高新技术企业研发中心10家、国家高新技术企业32家,累计149家;新增省级科技型企业84家,累计400家。企业自主创新能力提升,全市高新技术产业投资增幅44.7%,高新技术产业增加值111.8亿元,比上年增长11.1%;占规模以上企业工业增加值39.9%,提高0.4个百分点;全市研究与开发经费投入23.8亿元,占国内生产总值2.97%。获省级科技进步奖7项、嘉兴市级科技进步奖16项,争取上级资金5000余万元。累计实施国家级科技项目56项,获国家科技进步奖3项、浙江省科技进步奖21项、嘉兴市科技进步

奖110项。新增省级企业研究院5家，累计21家，居嘉兴市首位；新增省级研发中心10家，累计60家；全市设立研发机构的企业436家，居全省第5位。

【新增5家省级企业研究院】 8月18日，根据浙江省科技厅《关于公布2017年省级企业研究院认定结果的通知》，浙江省桐昆恒隆新油剂新表面活性剂研究院、浙江省同辉绿色纺织染整技术研究院、浙江省天女新型涂料研究院、浙江省中辉皮草毛皮工业工程研究院、浙江省洋紫荆绿色之星高速印刷油墨研究院5家企业研究院被认定为省级企业研究院。

【2项目入选省重点研发计划项目】 9月28日，根据浙江省科技厅《关于下达2018年度省重点研发计划的通知》，浙江合众新能源汽车有限公司“先进驾驶辅助技术研究——基于域控制器的智能驾驶传感器融合及决策算法技术研究”项目和新凤鸣集团股份有限公司“聚酯熔体直纺柔性产品配方研究及产业化”项目入选。浙江合众新能源汽车有限公司是一家智能互联新能源汽车企业，此次入选项目主要是研究复杂交通环境条件下，基于雷达和机器视觉融合的环境感知与理解技术，研究可实现控制干预的车道自动保持、自动紧急制动、自适应巡航、拥堵辅助、换道辅助等先进驾驶辅助系统（ADAS）核心技术，项目执行期2017.5－2019.12补助金额300万元。新凤鸣集团股份有限公司“聚酯熔体直纺柔性产品配方研究及产业化”研究项目内容包括聚酯熔体直纺柔性生产技术及装置研发、聚酯母粒配方产品的载体选用及生产、颜料及微量功能改性添加剂与载体的混合与分散、配方产品的复合功能性开发、混合元件的开发组合对配方产品分散性的影响。项目将通过优化生产工艺，重点进行下游细分子行业的差别化、功能性、高性能聚酯的柔性化生产装置研发以及聚酯配方产品的研究和产业化应用，同时在为客户提供系统的增值服务以及柔性化、小批量、定制化服务方面，提供一个前瞻性的企业创新生产经营模式，项目执行期2017.1－2019.12，补助金额300万元。

【3家企业入选浙江省国家高新技术企业创新能力百强榜单】 12月10日，浙江省高新技术企业协会会员大会暨高新技术产业发展论坛在杭州召开，会上公布年度浙江省国家高新技术企业创新能力百强榜单。桐乡巨石集团有限公司、桐昆集团浙江恒通化纤有限公司、振石集团东方特钢有限公司3家企业上榜百强，数量居嘉兴各县（市）首位，其中巨石集团有限公司同时登上年度浙江省国家高新技术企业创新能力进步十强榜单。

2017年桐乡市新增高新技术企业研发中心名单

表28

序号	研发中心名称	企业名称	归口部门
1	巨石攀登玻纤电子材料省级高新技术企业研究开发中心	巨石攀登电子基材有限公司	开发区
2	凯盛汽车空调压缩机零部件省级高新技术企业研究开发中心	桐乡市凯盛精密机械有限公司	河山镇
3	浙江卓逸铝业铝合金表面处理及智能加工省级高新技术企业研究开发中心	浙江卓逸铝业有限公司	开发区
4	浙江巨能化工废水治理与资源化省级高新技术企业研究开发中心	浙江巨能环境工程有限公司	梧桐街道
5	波力复材用品省级高新技术企业研究开发中心	桐乡波力科技复材用品有限公司	开发区
6	德盛铁路器材省级高新技术企业研究开发中心	浙江德盛铁路器材股份有限公司	开发区
7	戴德隆翠旅居车与新能源物流车省级高新技术企业研究开发中心	浙江戴德隆翠汽车有限公司	开发区
8	汇丰经编针织省级高新技术企业研究开发中心	浙江汇丰经编针织有限公司	凤鸣街道

续表 28

序号	研发中心名称	企　业　名　称	归口部门
9	运盛纺织功能型半精纺针织纱线省级高新技术企业研究开发中心	桐乡市运盛纺织有限公司	乌镇镇
10	帝斯曼中肯亲水胶体省级高新技术企业研究开发中心	浙江帝斯曼中肯生物科技有限公司	高桥街道

农业和社会科技

【概况】 2017年，桐乡市科技惠民工作持续推进。浙江省华腾牧业有限公司建成桐乡市首家省级重点农业企业研究院，石门优新水果星创天地被认定为省级星创天地，农业科技研发水平再上台阶。承办全省农业科技工作现场会，并作“打造互联网时代农业科技孵化器”典型发言。第七批科技特派员实施农业科技示范项目9项，被评为省、嘉兴市优秀科技特派员5名，数量居嘉兴首位。“5·12”防灾减灾日期间开展应急演练，组建救援队、建立示范基地等防震减灾系列活动，防震减灾知识普及率提升，全市地震观测台站资料评比获全省第一。

【全省农业科技工作会议在桐乡召开】 6月20日，全省农业科技工作会议在桐乡市召开。会议总结全省农业科技工作，交流各地工作进展情况和经验，研究部署下阶段农业科技工作。省科技厅副厅长曹新安、科技部农村司基层处处长杨如、桐乡市副市长徐刚等出席会议。会上，科技部农村司、省科技厅农村处相关负责人作农业科技政策专题讲座。市科技局围绕农业星创天地，就政策传导、规划布局、平台打造和融入互联网发展等内容，介绍互联网时代农业科技孵化器特色和做法。

6月20日，全省农业科技工作会议在桐乡市召开　　市科技局提供

【桐乡首家省级农业重点企业研究院建成】 10月23日，根据浙江省科学技术厅《关于公布2117和2018年度省级重点农业企业研究院创建单位的通知》，浙江省华腾牧业有限公司的“华腾生态循环养猪技术省级重点农业企业研究院”榜上有名，成为桐乡市首家省级农业重点企业研究院。浙江华腾牧业有限公司坚持经济效益与环境保护并重，与欧洲养殖业接轨，发挥生猪养殖技术、饲料研发、销售方式等优势，主打生态循环农业，对生猪养殖产业链每个环节制定量化标准，推行高质、高效生猪养殖模式。全年实现品牌产值1.07亿元，“桐香”牌猪肉被评为浙江省十大名品猪肉之一，供应杭州G20峰会和世界互联网大会。省级重点农业企业研究院建设周期为三年，责任期满两年及满三年后，省科技厅将依据相关考核标准对省级重点农业企业研究院创建情况进行中期检查和期满考核。

科技合作

【概况】 2017年，市科技局不断加强院地、校地、军地合作，连续三年获国际科技合作项目立项。与中国航天科工集团第三研究院第三一〇所达成合作协议，成功落户浙江省首个军民融合“互联网＋”双创基地；与中国巨石股份有限公司、桐昆集团股份有限公司等4家企业签约合作；与清华大学、浙江大学、浙江理工大学、上海理工大学等10余所大学合作共建创新载体73个。创新“名校硕博进桐乡”“科技人才导师团”等系列校地合作品牌，聘请上海交通大学、华东理工大学等15名专家教师到市行业平台、企业担任科技人才导师；对接硕士、博士入驻企业，开展暑期实践活动，累计207名硕士、博士带着课题任务进驻企业，为企业改进技术及工艺65项。

【航天军民融合成果转化基地成立】 9月26日，航天军民融合成果转化基地在桐乡科创园揭牌成立。揭牌仪式上，中国航天科工集团第三研究院第三一〇所分别与桐乡巨石集团、桐昆集团、双箭橡胶和天女集团4家企业签约，开启探索桐乡企业“民参军”新路径。航天军民融合成果转化基地将线下建设军民融合成果展示交易中心，成为集成果展示、成果交易和综合服务为一体的军民融合特色成果转化服务线下平台；线上帮助企业开展创新链全流程服务的综合性云服务，实现地方规模以上企业接入平台，为桐乡市民营企业提供“民参军”过程中的咨询服务，搜集高新民用技术服务于航天技术创新工作。合作期内将利用航天人才、专家、技术等资源优势，以项目合作方式解决桐乡市企业转型升级过程中的技术难点、重点问题。同时开展军民融合成果推广转化工作，定期筛选评估出一批项目进行推广转化，提供知识流、技术源和委托研发、政策咨询等服务，促进项目落地，力争实现投资、产出和税收等实质性目标。

【第四届“创新驱动促转型、名校硕博进桐乡”活动】 7月10日，第四届“创新驱动促转型、名校硕博进桐乡”活动启动。此届活动有来自10余所高校的35名硕博士参与，对接的企业有纺织服装、机械制造、新材料等行业19家，覆盖全市所有镇（街道）、开发区。硕博士带着课题进驻桐乡有关企业，开展为期1个月的技术服务工作。活动从2013年实施以来，市科技局组织来自浙江大学、四川大学、华东理工大学等18所高校的硕士、博士207人次，带着课题任务进驻企业87家次，为企业改进技术及工艺65项。

9月26日，“互联网＋”航天军民融合成果转化基地揭牌成立

市科技局提供

知识产权

【概况】 2017年，市科技局推进企业专利创造、运用、保护和管理工作，全市专利申请5661件，比上年增长6.7%，其中发明专利1927件，增长16.2%；专利授权2928件，增长7.3%，其中发明专利授权232件。加强示范企业培育，新增国家专利奖2项，成为嘉兴唯一获奖的县（市），总量7项，居嘉兴首位；新增国家知识产权示范企业1家，实现嘉兴市零突破；桐乡市被列入国家知识产权强县工程试点县，濮院羊毛衫市场被列入国家知识产权保护规范化培育市场。开展打击假冒专利执法检查，对商品流通领域上千件专利产品开展清查，查出涉嫌假冒专利商品59件，立案59件，结案率100%。

【桐乡列入国家知识产权强县工程试点县】 3月15日，根据《关于确定新一批国家知识产权强县工程、传统知识知识产权保护示范、试点县（区）的通知》，浙江省有两个县(市)被认定为国家知识产权强县工程试点县,桐乡市榜上有名。国家知识产权强县工程是国家知识产权局为深入实施国家知识产权战略,发挥知识产权在县域经济发展中的重要作用开展的一项工作。此次成为试点县,是对桐乡市知识产权工作肯定。近年来,全市实施创新驱动发展战略,加快科技体制改革步伐,落实"八倍增、两提高"专项行动,以科技创新促转型升级取得显著成效,连续七次蝉联全国科技进步先进县(市),成为浙江省首批创新型城市、浙北首个国家可持续发展实验区。2014 年,桐乡市被认定为浙江省知识产权示范市。根据最新全省科技统计监测报告显示,科技产出综合评价升至全省第 7 位,达到历史最高水平。

【2 项发明专利获第十九届中国专利优秀奖】 12 月 11 日,根据《国家知识产权局关于第十九届中国专利奖授奖的决定》通知,桐乡市巨石集团有限公司的"一种环氧高压管道用无碱玻璃纤维直接纱的浸润剂"、桐昆集团股份有限公司的"一种涤纶细旦多孔扁平纤维及其生产方法"两项发明专利获第十九届中国专利优秀奖,成为嘉兴市唯一获奖的县(市)。桐乡市累计 7 项发明专利获"中国专利优秀奖",数量居嘉兴市首位。巨石集团有限公司自 2002 年申报第一件专利为起点,加强知识产权管理、保护和利用,此次获奖是该公司继 2013、2014 年后第三次获中国专利优秀奖。作为国家级重点高新技术企业,桐昆集团依托自身企业技术中心平台,凭借一直以来对化纤生产技术的钻研,在涤纶长丝生产和研发方面走在国内前列,多项科研成果和高新技术产品填补了国内空白,并拥有自主知识产权。

【巨石集团入选国家知识产权示范企业】 12 月 13 日,根据国家知识产权局《关于确定 2017 年度国家知识产示范企业和优势企业的通知》,桐乡市巨石集团有限公司榜上有名,成为市首家入选的国家知识产权示范企业。全市累计拥有国家级知识产权示范企业 1 家,国家级知识产权优势企业 1 家,省级专利示范企业 15 家。

科技创业

【概况】 2017 年,市科技局以打造先进制造业基地为目标,提升服务水平,新增优质项目 19 项,引进国家千人计划 4 人,培育规模以上企业 3 家,高新技术企业 2 家,省级科技型中小企业 11 家,创新"嘉兴·精英"引领计划 3 项,桐乡市级领军人才计划 12 项,企业销售额突破 7 亿元,比上年增长 13%。园区聚集了驭光光电、赫茨电气、科瑞迪医疗器械等一批优质企业,7 家企业参加互联网之光博览会。全年新增实到注册资金 1.9 亿元,实到市外内资 2.1 亿元。科技金融取得新突破,设立首支政府主导的科杭天使基金,首期规模 1000 万元,探索投贷联动新模式,新增孵化企业 6 家,贷款余额 630 万元;招商引资取得新进展,引进项目 19 个,实到市外内资 2.11 亿元,实到注册资本 1.91 亿元,超额完成招商引资考核任务;孵化工作踏上新台阶,全年完成孵化企业考核 23 家,拨付种子资金 88.6 万元,限期整改 6 家,搬离 5 家,组织各类培训交流、参观学习活动 10 余次。

【桐乡科创园获省孵化器协会优秀单位 A 类】 4 月 27 日,浙江省科技企业孵化器协会三届三次理事会在嘉善召开。会议公布 2016 年度会员单位重点双创活动评选结果,桐乡科创园获优秀单位 A 类项目。桐乡科创园作为市规模最大、功能最全的国家级科技企业孵化器,以打造"一个引擎(引领全市创业创新)、两个基地(创新人才示范基地和成果转化示范基地)、三大平台(商务总部、科技研发、公共服务)、四大产业(互联网服务、智能制造、节能环保、新特材料)"为目标,凭借良区位优势,完整的孵化链条、齐全的配套设施,以及全方位的创业服务,在双创服务上表现突出,并连续承办中国创新创业大赛互联网及移动互联网行业总决赛,在科技孵化领域影响力不断提升。

【神州量子公司沪杭干线首单落地】 7 月 11 日,浙江神州量子通信技术有限公司与上海超未网络科技有限公司签署量子干线产品服务合同,标志着沪杭干线首单正式落地。沪杭干线是全球首条量子保密通信商用干线,由神州量子公司投资建设。干线全长约 260 千米,途经上海秀浦路、漕河泾、大港、嘉兴东、

8月2日，全国网络媒体“先进制造桐乡行”团队参观量子展厅

市科技局提供

桐乡、杭州6个中继站。沪杭干线可以用量子保密方式安全传输信息和数据。神州量子与超未网络的牵手，开启了量子保密通信商业化运营大幕。超未网络是一家参与城域网、光纤网络运营和推广的专业公司，在长三角特别是上海有着丰富的客户资源，依托超未网络资源优势，推广神州量子的量子通信、光纤租赁等业务，推动沪杭干线在长三角地区规模化应用。

【第六届中国创新创业大赛互联网及移动互联网行业总决赛】10月27—30日，第六届中国创新创业大赛互联网及移动互联网行业总决赛在桐乡市举行。此次大赛项目涵盖领域广、科技含量高、发展空间大，除西藏外，全国各省均有项目入围，上海、广东、江苏、浙江入围行业总决赛的企业居多。参赛项目涉及金融区块链BaaS云服务平台、基于大数据的跨屏精准营销云平台、基于人工智能的语言学习平台等项目。行业总决赛采用“半决赛＋决赛”的竞技规则，入围企业被分成6个初创组和12个成长组进行半决赛评审，企业创始人通过8分钟项目路演，向5名评委展示企业的发展情况，并接受评委7分钟的提问。决赛项目由7名创投及技术专家进行评审，决赛现场通过浙江在线、腾讯大浙网、趣看科技以及“中国高新区科技金融信息服务平台”进行网络直播。最终，北京九天微星科技发展有限公司和成都明镜视觉科技有限公司在295个互联网及移动互联网行业入围项目中脱颖而出，分获成长组和初创组一等奖，此外132个参赛企业获“优秀企业”称号。此次互联网及移动互联网行业总决赛，由科技部火炬中心、中国互联网投资基金、科技部创新基金管理中心、科技日报社、陕西省现代科技创业基金会、北京国科中小企业科技创新发展基金会共同承办，由浙江省科学技术厅地方承办，浙江火炬生产力促进中心、桐乡市政府地方协办。

【驭光科技获千万基金投资】2017年，嘉兴驭光光电科技有限公司获由新东方联合创始人徐小平联合创立的天使投资基金——真格基金青睐，得到真格和联想之星两大基金1300万元融资。驭光科技致力于先进衍射光学和微纳光学设计、制造及应用，开发了世界领先的衍射光学设计软件和独特的光学系统模组设计、制造流程，提升了国内新材料、新产品及光电子技术的核心水平。其中衍射光学器件，拿到多家国内500强大公司生产订单，产品用于3D扫描、智能3D传感识别、机器人视觉、三维计算机视觉、AR/VR虚拟现实、行为大数据分析、安防监控等众多领域。公司与清华大学、麻省理工学院以及斯坦福大学合作开发，研发核心团队已拥有20项国内外专利权。首创的衍射光学设计软件平台以及生产工艺，产品技术指标达到国际领先水平。

（陈晓清）

概　　述

2017年，桐乡市文化部门学习贯彻党的十九大精神和习近平总书记系列重要讲话精神，围绕市十四次党代会提出"诗画水乡典范、旅游人文名城"总体目标，深化公共文化服务体系示范区创建成果，统筹城乡发展，提升公共服务水平，提高文化体育治理能力，壮大文化体育产业，保障人民群众文化权益，丰富精神生活。

加强公共文化设施建设。推进图书馆新馆建设，完成丰子恺故居改扩建工程征迁工作，君匋艺术院景区化改造提升工程竣工，并投入使用；改造提升全市镇(街道)、村(社区)基层文化阵地建设。

强化公共文化人才队伍建设。重点抓好第二轮文化下派员下派工作，培育文化下派员和文化专职管理员两支队伍，举办人文名城建设专题培训、文化专职管理员业务培训、服务基层系列文化培训等，加强基层文化队伍建设。采用"请上来""走下去"模式，提升管理员组织策划活动能力，引领群众参与文化活动。

创新文化服务体制。做好省第六次乡镇综合文化站评估定级工作，开展基层绩效考核工作，建立"馆一村文化结亲"服务机制，建立公共文化服务培育引领工程试点村13个，覆盖全市各镇(街道)。深化"文化有约"服务，对接群众文化需求，制定、落实"文化菜单"。

拓宽文化惠民活动。举办以迎春联欢晚会为中心的春节系列文化活动，放映农村公益电影4500场次，开展全市公益大讲堂等群众文化活动150余场次，举办书画展览60余场次，引进文艺演出30余场次。

筑牢文化遗产保护基础。开展文物安全排查行动，层层签订文物保护责任书；完成省级文物保护单位"四有"(有保护范围、有保护标志、有记录档案、有保管机构)工作；崇福镇孔庙、梧桐街道夏氏府第被列入省级文物保护单位(古建筑)。

完善文化产业发展扶持政策，引导、扶持文化产业。市政府出台《关于促进经济转型升级创新发展若干政策意见(2017—2019年)》《关于服务业强县(市)培育发展的若干政策意见》。降低印刷审批准入门槛，精简娱乐场所审批程序。销售体育彩票1.24亿元，获公益金452余万元。电影公司和会展中心放映电影8600场，观众近20万人次。丰同裕蓝印布艺有限公司的"忆江南——蓝染创意产品系列"和浙江天铖制衣有限公司的"梧桐韵"精品服装在嘉兴市文化创意大赛总决赛上获银奖。嘉彩文化创意有限公司等4家优秀文化企业参加第十二届中国义乌文化产品交易会，获优秀参展企业、工艺美术金奖和创新设计奖。

强化文化管理，净化文化市场。与市场监督、卫生、消防、安全等部门开展"一窗受理、集成服务"，实现"证照联办"，文化市场审批实现"最多跑一次"。网吧市场开展"净网""秋风""剑网""护苗"等专项整治行动。

推进全民健身活动。推进体育小康村建设，完善体育网络组织。更新公共体育场所健身器材，参加全国武术之乡评比，丰富群众体育活动，参加嘉兴市青少年锦标赛等10余项赛事。

公共文化

【概况】　2017年，市文化部门坚持普惠性原则，丰富文化惠民活动。参与举办中央电视台《我们的中国梦》——2017"东西南北贺新春"特别节目录制，从市文化馆、文化艺术服务中心和各镇(街道)文体站挑选演职人员和群众300余人，参与晚会10余个节目的录制；举办“欢乐文化汇”2017年桐乡市春节系列文化活动、2017桐乡市“乡风乡韵桐乡荟”活动；举办“喜迎十九大、乐舞颂桐乡”第三届排舞大赛、2017年“琅琅书声”走进文化礼堂暨桐乡市村级文化管理员诗文诵读比赛；举办摄影长训班、舞蹈长训班和各种文化业务技能培训班300余场次；举办“文学照亮生活”全民公益大讲堂暨优秀文学作品诵读会、《戏曲艺术之美》全民公益讲座；举办“荷博杯”桐乡市首届童心筑梦少儿美术大赛、“锦绣河山”筑梦新征途视觉艺术展、第三届“桐乡好声音”大赛、“东兴杯”青少年钢琴大赛、“剿灭劣V类水，共创美好家园”少儿书画大赛、“共建平安嘉兴 共享平安幸福”——嘉兴市文艺大篷车进基层惠民巡演、机关单位大合唱比赛、“戏曲进校园”活动、第二届浙江省少儿戏曲比赛、第三届江浙沪现代小戏邀请赛、文化惠民评弹专场演出等。全年举办广场文艺75场、助力百千万文化下乡活动350多场、“2131”工程放映电影3000多场。

【传统戏曲进校园】 4月17日，桐乡市文化艺术服务中心老师走进启新小学，为师生们表演越剧《梁山伯与祝英台》选段、桐乡花鼓戏《庵堂相会》选段和原创戏曲小品《割肉还娘》等经典剧曲，并建立培训班，为学生们讲解戏曲常识。这是桐乡市文化艺术服务中心“高雅艺术(戏曲)进校园”活动之一。启新小学是继北港小学、高桥中心小学、春晖小学和洲泉中心小学义马校区之后建立的又一高雅艺术培训学校。

【“欢乐文化汇”春节系列文化活动】 2月10—22日，市文化馆、市文化演出中心在全市范围举办“欢乐文化汇”春节系列文化活动。除夕举办“扬帆2017”桐乡市迎春联欢晚会，春节期间进行“微心愿、新起点”新春祝福语征集评选和“迎新春送文化”等15个活动。组织文艺工作者150人次参与演出，观众达5万余人次。

桐乡市迎春联欢晚会　　市文化局提供

【第二届浙江少儿戏曲小金桂奖决赛在桐乡举行】 4月22—23日，由省戏剧家协会和桐乡市文化局、文联主办，市文化演出中心和市戏剧家协会承办的第二届浙江少儿戏曲小金桂奖决赛暨第二十一届中国少儿戏曲小梅花荟萃选拔赛在桐乡市文化馆举行，来自全省各地60多名小朋友参加比赛，其中20人获小金桂奖。此次比赛分初赛、决赛两个阶段进行，初赛于1月份开始，有300余人参加。剧种涵盖越剧、京剧、婺剧、绍剧、姚剧、瓯剧，年龄最大14岁，最小5岁。

【中国作协全民公益大讲堂暨优秀文学作品诵读会】 5月17日，中国作协“文学照亮生活”全民公益大讲堂暨优秀文学作品诵读会在桐乡科技会展中心举行。著名作家、文化部原部长王蒙作《文学帮助我们感受和抒情》讲座。王蒙引经据典，用幽默的言辞和通达的观点，与桐乡读者共享文学盛宴，感悟文学可以让记忆更长久、让感动更长久，美化我们的生活。同时，桐乡市作家协会主席陈伟宏等朗读者为读者朗读原创作品《可爱的家乡》《致橡树》《海燕》等。文学作品诵读会由中国作家协会主办、桐乡市委市政府承办，市委书记盛勇军，市委副书记、政法委书记潘川弟，市委常委、宣传部部长潘敏芳，副市长徐剑东等参加活动。

【“乡风乡韵桐城荟”文艺晚会】 7月25日—8月5日，由市委宣传部和市文化局主办，市文化馆、市文化艺术服务中心和各镇（街道）党委承办的“乡风乡韵桐城荟”文艺晚会在市文化馆连续上演11台（场）。晚会汇聚各镇（街道）创作的群众文艺节目。参与演员200余名，观众5000余人。

【第三届排舞大赛】 9月12日，由市委宣传部、市文化局主办，市文化馆、市文化艺术服务中心承办的“喜迎十九大·乐舞颂桐乡”第三届排舞大赛在市政广场举行，全市36支排舞队分社会文艺团队、文化礼堂、镇（街道）三场进行比赛，700余人参与。经过角逐，乌镇炫我风采舞蹈队《找到爱》、梧桐街道先锋舞蹈队《打岔调》、梧桐街道世纪缘舞蹈队《云朵上的家乡》获社会文艺团队组金奖，梧桐街道庆丰村排舞队《哦，宝贝》、崇福镇芝村村排舞队《快乐的口哨》、大麻镇西南村排舞队《快乐的口哨》获文化礼堂组金奖，凤鸣街道排舞队《快乐的口哨》、崇福镇排舞队《城里最有趣的女孩》、洲泉镇排舞队《你爱我吧》和《思念你的人》获镇（街道）组金奖。

【第三届江浙沪现代小戏邀请赛在桐乡举行】 11月18日，由浙江省文化馆、江苏省文化馆、上海市群众艺术馆和浙江省戏剧家协会主办，桐乡市文化局承办的第三届江浙沪现代小戏邀请赛在桐乡大剧院举行。参赛剧目有缙云县文化馆的婺剧小戏《老鼠娶亲》、阜宁县文化馆的淮剧小戏《理财组长》、浦东区川沙镇文化服务中心的沪剧小戏《睦邻深情》、桐乡市文化服务中心的花鼓戏《一只鞋子》等。《一只鞋子》获创作金奖、表演银奖、优秀导演奖、优秀作曲奖、优秀演员奖和优秀组织奖。

文物 博物

【概况】 2017年，市文化部门推进文物保护基础工作，制订《桐乡市野外文物保护工作制度》《文物安全保卫人员工作守则》。加强不可移动文物保护和管理，推进全国重点文物保护单位罗家角遗址保护设施建设项目，完成遗址安防监控布设，实施罗家角遗址展示馆基建工程。配合罗家角遗址周边村庄“整改拆项目”推进，完成“整改拆项目”设计文本编制。对照浙江省考古遗址公园创建标准开展考古遗址公园建设，开展浙江省第二批省级考古遗址公园申报工作。编制省级文物保护单位河山镇俞家湾桑基鱼塘、崇福镇永丰典当和司马高桥维修保护方案。启动屠甸镇钱君匋故居、大麻镇苕溪丝厂遗址修缮方案。修缮夏氏府第古建筑群。完成君匋艺术院景区化改造提升工程。启动罗家角文化遗址展示馆工程、丰子恺纪念馆改扩建一期工程。市博物馆、茅盾纪念馆等5家文博场馆获平安桐乡示范单位。

【乌镇论坛暨《起步的十年——茅盾在商务印书馆》首发式】 3月27日，茅盾逝世36周年纪念日，“文学史视野中的中国现代作家茅盾”2017年乌镇论坛暨《起步的十年——茅盾在商务印书馆》首发式在茅盾纪念馆举行。论坛由中国茅盾研究会、桐乡市文化广电新闻出版局、桐乡市文学艺术界联合会主办，桐乡市茅盾纪念馆、桐乡市文学艺术界联合会茅盾研究会承办。茅盾研究者、报刊媒体、出版研究

3月27日，举行《起步的十年——茅盾在商务印书馆》首发式

市委办提供

机构等，茅盾孙女沈丹燕夫妇、中国社会科学院评价中心副主任吴敏及部分桐乡市茅盾研究会学者参加活动。《起步的十年——茅盾在商务印书馆》作者、中国茅盾研究会顾问钟桂松介绍策划、撰写与出版此书的概况。论坛由中国茅盾研究会会长杨扬主持，从文学史研究角度，研讨以茅盾研究为主的中国文学史研究的历史变迁与面临的突破。

【沙孟海书法艺术展】 4月28日，由浙江省博物馆、桐乡市文化广电新闻出版局和桐乡市文学艺术界联合会主办，桐乡市博物馆、桐乡市书法家协会承办的沙孟海书法艺术展在市博物馆开展。展出收藏在省博物馆的沙孟海篆、行、草、楷诸书作品37件，其中有《振迅天真》《奋发》等精品。展览至6月12日结束。

【市博物馆馆藏明清水陆道场画外出展览】 6月29日—7月28日，由桐乡市博物馆与邯郸市博物馆主办的重彩佛影——桐乡市博物馆馆藏明清水陆道场画精品展在河北省邯郸市博物馆展出。桐乡市博物馆藏有水陆道场画157幅，为原崇德县崇福寺旧藏。这批画作绘制精美、刻画细腻、工笔重彩、风格富丽，内容以佛、菩萨、罗汉、诸天为主，兼及道家人物及世间众生，是民间工笔人物画的珍贵遗产。这是馆藏水陆道场画修复后首次外出展览，展出藏品60幅。

【桐乡市博物馆馆藏扇面精品展】 7月5—12日，“清风徐来”——桐乡市博物馆馆藏扇面精品展在市博物馆举办，展出清代至民国扇面精品60件120余张，分书法、绘画两大类。作者有吴昌硕、吴淦、任伯年、张熊、钱慧安、吴滔、朱善祥、董燿、潘雅声等。

【日本东京中国文化中心合作伙伴团参观缘缘堂】 9月5日，日本东京中国文化中心合作伙伴团参观丰子恺先生故居——缘缘堂和丰子恺漫画馆。现任日本动画协会理事长、手塚株式会社董事长松谷孝征等一行在东京中国文化中心主任石永菁，桐乡市文化广电新闻出版局、桐乡市文化馆领导陪同下参观丰子恺纪念馆，了解丰子恺先生生平事迹和艺术成就。

【盛欣夫捐赠市博物馆书画作品展】 10月28日—11月8日，由桐乡市政府主办，桐乡市文化广电新闻出版局、桐乡市文学艺术界联合会承办的“独写人生——盛欣夫捐赠桐乡市博物馆书画作品展”开幕式在市博物馆举行。盛欣夫从事书法艺术半个多世纪，在创作、教学、研究、评述上皆有很高造诣和独到见解，有书画论著20余种出版，是国内少有的集书画创作、教学研究于一身的学者型艺术家。盛欣夫将毕生创作的书法、绘画及陶瓷等作品700余件，捐献给桐乡市政府，由桐乡市博物馆永久收藏。同时，书画作品集《独写人生》首发，并举办盛欣夫书画艺术研讨会。

【钱君匋诞辰110周年暨君匋艺术院建院30周年庆典】 11月10日，钱君匋诞辰110周年暨君匋艺术院建院30周年庆典活动在桐乡举行。中国文联副主席、西泠印社副社长兼秘书长陈振濂，浙江省文化厅副厅长、文物局局长柳河，桐乡市委书记盛勇军等领导和文化界人士及钱君匋亲属、弟子等100余人参加。活动有“流光三十年”——君匋

11月10日，举行钱君匋诞辰110周年暨君匋艺术院建院30周年庆典 市委办提供

艺术院退休及在岗人员书画篆刻展、“艺兼众美”——钱君匋艺术人生学术研讨会、“翰墨大观”——君匋艺术院藏品展、海外藏钱君匋书画精品展、君匋艺术院30年院史展等。

【浙水千秋·最美杭州——“写意江南”油画名家邀请展】 11月28日—12月8日，由杭州市文学艺术界联合会、桐乡市人民政府主办，杭州市美术家协会、杭州油画院、桐乡市委宣传部、桐乡市文化广电新闻出版局、桐乡市文学艺术界联合会承办的浙水千秋·最美杭州——“写意江南”油画名家邀请展在市博物馆举行，展览参展作品80件，作者均系在全国具有一定影响力的知名油画家，题材统一以江南的山、水、人为主题。

非物质文化遗产

【概况】 2017年，市文化部门挖掘、整理、申报非物质文化遗产项目。丰同裕成功申报嘉兴市非遗保护示范基地。申报第五批省非遗项目代表性传承人5名。蓝印花布印染技艺申报第一批国家传统工艺振兴项目。蓝印花布参加第十二届中国（义乌）文化产品交易会获金奖，丰同裕蓝印花布制作有限公司获优秀企业奖。5月，蓝印花布、竹刻、木雕等非遗项目参加第七届中国（浙江）工艺精品博览会，84件作品获4金7银2铜，其中染织挂画《游》获金奖。市非物质文化遗产馆获省第七批“科普基地”称号。完成第四批桐乡市非遗项目及传承人申报工作。举办传承人对话设计师“青出于蓝——传统染织技艺桐乡论坛”。

【“我们的节目”系列民俗活动】 2017年，市非物质文化遗产陈列馆开展“我们的节目”系列民俗活动。活动有“我们的年味”——第三届臼打年糕大赛、第三届“欢乐闹元宵”民俗游艺会（猜灯谜、做汤圆、提灯走桥、舞龙、踩高跷）、清明轧蚕花（蚕花仙子评选、巡游撒福）、第三届芽麦塌饼传统制作技艺大赛、端午民俗展示（裹粽子、佩香囊、点雄黄、沐兰花、烧野火饭）等。

2月21日，在市文化中心广场举办大型民俗表演活动　市文化局提供

【传统染织技艺桐乡论坛】 7月6日，传承人对话设计师“青出于蓝——传统染织技艺桐乡论坛”在市非物质文化遗产陈列馆举行。桐乡蓝印花布印染技艺、瑞安夹缬印花技艺、传统棉纺织技艺、畲族彩带纺织技艺、杭罗织造技艺、振兴祥中式服装制作技艺等非遗传承人与设计师、专家学者进行对话，研讨传统技艺融入现代生活的方式，探索生产性保护新途径。会上，丰同裕蓝印花布有限公司与苏州工艺美术学院、北京泰丰合慧设计公司签署合作协议。省文化厅厅长金兴盛、文化部非遗司副司长陈通等领导和国家级非遗传承人、设计师、专家学者50余人参加论坛。

【非遗馆接待八方来客】 2017年，市非遗馆接待中外游客约10万人次。主要有来自西班牙、德国、俄罗斯、菲律宾、索马里等13个国家17名摄影爱好者组成的“外国人看桐乡”摄影采访团、“非遗浙江行”中央电视台采访组、全国县级文化馆馆长采访团、“四海一家——浙港同行”采风团；安徽合肥市小记者研学活动采风团等。

文化市场管理

【概况】 2017年，市文化部门推动传统文化产业发展，挖掘经典产业项目，加强地域文化优秀品牌推介。桐乡蓝印花布创新制作团队参加第十二届中国(义乌)文化产品交易会并获奖;加大体育产业发展引导力度,组织、推荐波力科技复材用品有限公司参加省健康产业“四个一批”企业评选,推介波力运动旗舰馆参加省体育产业发展资金项目库评定;联合市旅游委员会做好省运动休闲旅游项目推荐,大麻畅想园竞技垂钓项目成功获评优秀项目。完成体育产业机构名录库更新工作。推进文化市场建设,管理规范文化产业发展。市文化市场执法大队规范行政许可项目审批程序,全年新批、变更文化经营单位 39 家,其中网吧 17 家,出版物经营单位 2 家。全年开展“净网”“清源”“秋风”“剑网”“固边”专项行动 5 项。开展元旦、春节文化市场安全检查,人代会、政协会、第四届互联网大会期间文化市场保障行动,开学前校园周边文化市场专项整治,出动文化执法人员 1478 人次,检查各类文化经营场所 582 家次,办理行政处罚案件 34 件,取缔黑网吧 34 家。

【4 家文化企业参展第十二届义乌文交会】 4 月 27—30 日,第十二届中国(义乌)文化产品交易会在浙江义乌国际博览中心举行,嘉彩文化创意有限公司、濮院 320 创意广场、浙江新纪元文化休闲有限公司和倍思特家具制造有限公司等 4 家优质文化企业参加,其中嘉彩文化创意有限公司获“优秀参展企业”称号和“工艺美术金奖”,新纪元文化休闲有限公司获“创新设计金奖”和“工艺美术铜奖”。

【取缔黑网吧专项行动】 8 月,市文化执法大队开展取缔黑网吧专项行动。经排查,全市有黑网吧 34 家,其中 4 家已在行动前自行关停。行动前,市文化执法大队发放行政告诫书 30 份。行动期间,出动 98 人次,检查 105 家次,其中与公安、综合执法、市场管理等部门联合行动 6 次,至 9 月中旬,取缔 15 家,关停 15 家,收缴主机、服务器、显示器、路由器等设备 50 余件。

群众体育

【概况】 2017 年,市体育局鼓励、支持社会力量建立体育协会、健身俱乐部、健身辅导站(点),制订《桐乡市单项体育协会管理考核办法(试行)》,加强体育协会管理和业务指导。建立健全以市体育总会为中枢,以老年人体育协会、各镇(街道)文体站、单项体育协会为分支机构,以体育俱乐部和健身站(队)为活动点,以政府主导、社会参与、条块结合的多元化群众体育网络。培养体育人才,发动体育骨干参加省、市培训班 25 次,选派 156 人参加培训,提升体育人才素质。举办、承办各级各类运动会 152 次,参与群众 10 万余人次,社会体育指导员每千人 4 人。全市有体育场地 1967 个,面积近 120 万平方米,人均 1.76 平方米。举办、承办主要体育赛事有中美篮球对抗赛、第六届冬泳邀请赛、第二届武林大会、“波力杯”亲子羽毛球趣味赛、庆祝第九个全民健身系列活动。

【参加各级体育赛事】 3 月,市体育局组队参加嘉兴市第五届市民运动会。全市参赛运动员 300 余人,比赛项目有乒乓球、笼式足球、气排球、篮球、羽毛球、轮滑等,获团队总分第三名。4 月,组队参加嘉兴市龙舟、踏白船比赛,获金牌、银牌各 1 枚。5 月,组队参加浙江省第三届体育大会太极拳比赛,获第三名。7 月,组队参加全民健身浙北片区种文化——南浔古镇定向寻宝活动,获团体二等奖。

【第九个全民健身日活动】 8 月 8 日,由市政府主办,市体育局、市老年体协承办的桐乡市庆祝第九个全民健身日活动启动仪式暨武术比赛在市体育馆举行。来自 12 个镇(街道)260 名体育爱好者参加。镇(街道)组织棋类、乒乓球、跑步等健身活动。武术比赛分公开组和老年组。梧桐街道、乌镇镇、振东新区、濮院镇、崇福镇代表队获公开组金奖,崇福镇、乌镇镇、洲泉镇、梧桐街道代表队获老年组金奖。

竞技体育

【概况】 2017 年,市体育局根据市竞技体育特点和现状,加强少体校和布点学校培训工作的协调和管理。组队参加嘉兴市青少年锦标赛,承办其中的田径、篮球比赛。组队参加嘉兴市特色学校体育赛事,全市 21 所学校 200 余名选手参加。全年组织赛事 10 项,项目有足球、篮球、排球、乒乓球、田径、幼儿趣味等,全市学校参赛运动员 6000 多名。加强后备人才梯队建设,

2017年注册青少年运动员185名，累计注册人数1300余人，举办各类培训班6个。累计建嘉兴市级特色项目学校18所，桐乡市级训练布点学校25所，建省级后备人才基地1个，嘉兴市级后备人才基地2个。

【第五十三届中小学田径运动会】 10月13—15日，桐乡市第五十三届中小学田径运动会在桐乡技师学院举办。全市中小学65支代表队986名运动员参加比赛。比赛项目分短跑、中长跑、跳高、跳远、铅球等16项。比赛结果：小学部团体总分，甲组第一名桐乡市实验小学集团中山小学；乙组第一名启新学校小学部。初中部团体总分，甲组第一名桐乡第六中学；乙组第一名石门路学校初中部。高中部团体总分，第一名茅盾中学。屠甸镇中心小学伍文建以26秒33成绩打破嘉兴市小学男子甲组200米短跑纪录；求是实验中学叶晨萱以28.04米成绩打破桐乡市初中女子甲组标枪纪录；桐乡高级中学俞瑞祥、张昊垒、吕森海、朱恒以45秒19成绩打破桐乡市高中男子4×100米纪录。

（颜剑明）

广播电视

【概况】 2017年，桐乡市广播电视台精准聚焦市第十四次党代会提出的“一个中心、两个核心、三大工程”重大决策部署，着力做好新闻宣传，讲好“桐乡故事”。《桐乡新闻》推出《发展实体经济 聚焦先进制造》《百日攻坚在行动》《剿灭劣Ⅴ类水》等近20个专栏，播出新闻报道250余篇；开设深度访谈栏目《新闻会客厅》，播出以工匠精神、招商引资等为话题的访谈节目44期；推出镇（街道）部门“一把手访谈”、大型经济报道《这边风景独好》、H5互动页面《巡水的鱼》等多种形式栏目。围绕党的十九大胜利召开，电视新闻推出《新时代 新征程 新篇章》等专题报道20余篇、《踏上新征程 创造新业绩》等综合性主题报道60余篇。

2017年，市广电台3件作品获浙江省广播电视广告公益奖；3件作品获嘉兴市政府奖一等奖，6件作品获二等奖，7件作品获三等奖。

【开设《新闻会客厅》节目】 2017年，市广电台开设电视新闻深度访谈节目《新闻会客厅》。节目聚焦全市中心工作、关注民生热点，每期选取1—3名热点新闻中有关人物进行访谈。3月4日首播，每周1期，每期15分钟，全年播出44期。

【成立桐乡市广电传媒有限公司】 8月，桐乡市广电传媒有限公司成立，按照“依托主业做大产业、做大产业反哺主业”思路，确立政务资源、商业会展、文化创意、少儿培训四大产业布局。年内，传媒公司举办凤凰湖音乐节、家装博览会等活动20余场，拍摄《天下桐乡》《凤栖梧桐》等宣传片30余部，签约超2100万元，净收入超1800万元。

【融媒体互动宣传】 2017年，市广电台传统媒体平台与网络微信平台实现新闻事件联动宣传。4月，电视新闻推出《剿灭劣Ⅴ类水》主题报道，微信平台同步推出《巡水的鱼》H5互动页面，一周吸引35万多人次参与“网络治水”，创出桐乡新媒体单条宣传传播最高纪录；5月，电视新闻推出《发展实体经济 聚焦先进制造》主题报道，微信平台同步推

3月4日，《新闻会客厅》节目首播　　市广电台提供

出《奔跑吧，桐乡》H5 互动页面，展示一季度桐乡纳税值前 30 名制造业明星企业，为以先进制造业为核心的实体经济发展宣传造势。

（张　宁）

报　业

【概况】　2017 年，《嘉兴日报·桐乡新闻》紧扣市委、市政府中心和重点工作，全方位、多角度聚焦实体经济发展。以“围绕中心 服务大局 唱响桐乡经济社会发展好声音”为主题，开设“撸起袖子干 夺取开门红”“发展实体经济 企业家要有为”“全面剿灭劣Ⅴ类水”“菊乡新语”等栏目，唱响主旋律，弘扬正能量。全年出刊 254 期。嘉兴日报桐乡分社获嘉兴市年度“新村走基层”活动先进集体；《创造新业绩 迎接“十九大”从“之江新语”看“桐乡村变”》系列报道获嘉兴市年度好新闻主题报道创新活动三等奖。

《钱江晚报·今日桐乡》围绕市委市政府中心工作，强化主题策划，围绕突发公共事件、社会经济民生热点等内容，坚持突出主线、把握导向，确保第一时间发布市委、市政府重大决策部署及权威信息，在报道内容出彩、报道形式出新上取得成效，完成各项宣传报道工作。主动适应媒体转型发展，做大做强新媒体平台，在重大事件、重要阶段，用新媒体传播方式进行全方位、立体化宣传报道。全年出刊报纸 245 期，其中《一张老照片牵出 38 载幸福“农”事》《一部话剧，折射一座城市的文明》获浙江省县市区域报好新闻奖消息类一等奖，《西进北上，追寻那一抹桐乡红色基因》获浙江省县市区域报好新闻奖通讯类一等奖，《桐乡人情系列报道》获浙江省县市区域报好新闻奖系列报道类一等奖，《你好！乌镇》获浙江省县市区域报好新闻奖新媒体界面设计类一等奖，省级一等奖获奖数量创历年之最。4 件作品分别获浙江省县市区域报好新闻奖二、三等奖。

【聚焦实体经济发展】　2017 年，《嘉兴日报·桐乡新闻》全方位、多角度聚焦实体经济发展，开设多个栏目，推出系列报道，为桐乡实体经济发展鼓劲。开设“撸起袖子干 夺取开门红”栏目，呼应市党代会和市“两会”精神，展现全市各个开发主体落实“三大”（招商引智、项目推进、作风建设）工程，实现经济发展开门红；开设“服务尽天职 甘做店小二”栏目，聚焦全市上下推动经济发展新举措、新经验，特别是反映围绕经济发展，相关的主体和部门如何提供保姆式服务，做好“最多跑一次”改革等。围绕全省重点、热点新闻，结合记者“走转改”，推出聚焦“剿灭劣Ⅴ类水”系列报道，以记者深入治水现场形式，报道全市各地治水做法；围绕“最多跑一次”改革，用“1＋1”（头版一个数千字的综述，反映桐乡“最多跑一次”的理念、作为；用一个通版版面，报道全市 13 个相关部门“最多跑一次”的具体举措）模式进行报道，并开设《最多跑一次窗口蹲点》栏目。

【弘扬桐乡文化与文明】　2017 年，《嘉兴日报·桐乡新闻》根据桐乡市首届文化发展大会精神，开设为期 1 个月的《告诉你一个风雅桐乡》栏目，以每天一篇稿件的形式，策划“文化四人”（文化名人、文化传人、文化匠人、文化“民人”）系列，通过这四类不同群体，展现桐乡百姓对文化的喜爱、传承，弘扬桐乡城市文化与文明。大会前夕，《嘉兴日报·桐乡新闻》四个版面全部围绕桐乡文化与文明做文章，提炼和概况桐乡文化发展成就和文化自信源泉。在桐乡经贸洽谈会期间，推出特刊 16 个版面和微信同步发布新闻，反映全市各平台成就、招商需求等，进行招商引资宣传。

【承担基层媒体宣传职责】　2017 年，《嘉兴日报·桐乡新闻》承担基层媒体宣传职责，加强党的十九大与第四届世界互联网大会宣传报道工作。通过纸媒与新媒体融合报道，开设“创造新业绩·迎接十九大·桐乡这五年”专栏，宣传全市各个领域过去五年的成就，展现各条线上奋发向上的工作态度，全市经济社会发展态势。大会期间，每天刊登与大会相关报道，反映全市百姓学习领会党的十九大精神劲头。如《菊乡儿女话盛会 干劲十足迎未来》等。《嘉兴日报·桐乡新闻》微信公众号上，每天转载来自《人民日报》、新华网等权威微信公众号上有关党的十九大内容，微信刊登文章 16 篇，点击量超 1.5 万人次。大会后，推出《新时代·新生活 深化走转改 记者在一线》栏目，以普通百姓生活、工作为切入点，通过发生在他们身上的事情为依据，展现新时代美好生活，传递社会正能量。推出《十九大精神·红船精神在基层 走进新时代 记者百村行》栏目，通过记者在村里的所见所闻，展现党的十九大精神和红船精神在基层贯彻落实情况。提升第四届世界互联网大会报道。推出《喜迎乌镇峰会‘创’字看桐乡》《互联网改变生活》等栏目，宣传报道桐乡乌镇成为世界互联网会址的发展历程、文化积淀和世界网络科技最新成果等。同时，通过记者体验式报道形式，感受互联网带给桐乡人在衣、食、住、行、游、娱、购、医等方面变化。

【传播桐乡经验】 2017年，嘉兴日报桐乡分社在《嘉兴日报》《嘉兴宣传》《经济日报》等报纸和刊物上发表文章，宣传桐乡经验。在《嘉兴日报》上，发表《嘉兴桐乡科技合作走出国门》《第四届世界互联网大会将于12月3日至5日在桐乡乌镇举办》《桐乡：用心填好“四张报表”点亮腾飞梦想》《浙北最大女鞋产业基地向时尚化要“红利”》《公安勤务改革的桐乡探索》《桐乡4万党员干部奋战剿劣一线》《桐乡以“红色引擎”驱动项目“加速跑”》《桐乡用短期“阵痛”换取长期向好发展》《桐乡打通基层治水监管“最后一公里”》等新闻20余篇。在《嘉兴宣传》上，发表《乌镇通过互联网手段做好思想宣传文化工作》。在《经济日报》发表《浙江崇福纺织业走向个性化定制》。

【强化主流舆论宣传】 2017年，今日桐乡报社强化主流舆论宣传。年初在重要版面开设以“深化走转改”为主题的《记者一线行》专栏，走进各行各业，宣传桐乡实施实业兴市、创新驱动、开放融合、生态宜居、民生为本五大战略，确保建成小康社会走在前列的实践、成就和经验启示。“两会”召开前夕，推出《迎两会 看成就》栏目，对桐乡经济社会发展取得的成就进行回顾总结，为“两会”召开营造氛围。“两会”期间开设《代表委员议事厅》《会场连线》等栏目。围绕“五水共治”专项行动，开设“清流计”和“清流行动”栏目，刊发近100篇稿件。结合桐乡连续12年获评平安县（市、区），捧回“平安金鼎”等重大事件，做到早策划、早部署，总结桐乡经验，鼓舞人心。结合全市百日攻坚行动开辟系列专栏，报道各镇（街道）、部门特色工作、典型做法，以点上经验推进面上工作。提前策划“七一”建党节，派出两路记者，一路西进追寻张琴秋，一路北上探究王会悟，以报道形式探寻两位桐乡革命先辈足迹，汲取红色精神；从基层一线挖掘线索，开设《凝聚在党旗下》栏目，报道先进党员和组织的事迹。全市村（社区）换届，开设《新班子 新气象》栏目，报道村（社区）换届后新气象。提前策划世界互联网大会报道形式，注重创新。在互联网大会开幕前10天，推出倒计时栏目，以封面照＋人物故事形式，讲述一个个因互联网而改变的故事。大会期间，推出“四遇峰会”特刊，“有梦此刻尽飞扬”“有梦有为有未来”“有梦携手拓新程”三大主题。

【加大经济报道力度】 2017年，今日桐乡报社加大经济报道力度。全年推出《拼搏2017 奋战2017》《桐乡商界》《创业录》《比学赶超抓实体》《桐乡年中成绩单》《走近和谐企业》《职场一线》《倾听桐乡品牌新声》《迎接十九大 实现全年红》《深化走转改 喜迎十九大 耳目一新看桐乡》等，栏目数量，为历年之最。注重报道形式创新，用图、视、绘等形式，让版面生动形象。围绕市第十四次党代会，以及“两会”提出发展以先进制造业核心的实体经济、以乌镇为核心的“一业一网”（旅游业、互联网），聚焦实体经济发展。采写20名桐乡企业家的发展“小目标”，刊发公益广告。整版或半版形式推出“贯彻落实市党代会精神一把手访谈”，介绍各地经济发展新思路、新目标和新举措，在版式上予以创新。推出《拼搏2017 奋战2017》栏目，聚焦相关镇（街道）、部门创新举措。推出《比学赶超抓实体》栏目，晒各地、各部门如何发展，助力实体经济发展。围绕“2017中国·濮院时尚周”，开设《倾听桐乡品牌新声》栏目，讲述品牌背后的故事，刊发报道52篇。开设《聚焦桐乡·相约乌镇》2017国际经贸洽谈会栏目，做好会前预热、会中跟进的系列报道，累计刊发版面及新媒体报道30余篇。推出《桐乡“最多跑一次”事项清单再扩容》等系列报道。

【注重民生热点报道】 2017年，今日桐乡注重民生热点报道，体现人文关怀。以图文并茂形式报道乌镇大道通车，并配发记者手记，进行深入报道；重点包装

《温暖瞬间》和《刷刷朋友圈》两个民生栏目；展示最美桐乡人，刊发稿件百余篇；推出《移风易俗系列》报道，把视角锁住桐乡社会普遍存在的铺张浪费风气，通过采访提出解决办法，引发社会讨论。围绕教育方面热点、难点问题，推出《市区义务教育阶段学区划分》，为市民解惑；结合高考恢复40年、浙江新高考招生录取方案发布等，在报纸上作全面解读。提前推出报道市审批中心及各进驻窗口部门搬迁至桐乡市公共服务中心信息；及时报道共享单车在桐乡，与读者就共享单车如何管理问题展开探讨；做好借节日、讲故事文章，使节假日报道出彩。

【加强新媒体平台策划】 2017年，今日桐乡报社加强新媒体平台策划。在重大事件、重要阶段、重大报道中，用新媒体传播方式策划出相应的报道。在第四届世界互联网大会期间，H5产品收获点击量10万余人次。日常报道推陈出新，新媒体稿件《何必再去北上广，我在桐乡刚刚好》获桐乡人大量转发，引发社会自豪感；“爱桐乡的100个理由”征集活动，掀起社会各界表达爱桐乡热潮。新媒体产品注重内容的贴近性和服务性。《别了，属于杨家门的美食记忆》等有关桐乡记忆文章，深受读者喜爱；《食味人生》栏目将关注点从美食本身转移到美食制作者，展现了大批美食制作者的传承、坚守、执著，他们的故事感染了大批读者。年内，今日桐乡报社承接“花开桐乡”旅游嘉年华和“风雅桐乡诵”诗文大赛等活动。“风雅桐乡诵”诗文大赛，是今日桐乡报社首次承办的大型活动，历时5个月完成，彰显桐乡文化自信。今日桐乡报社代运营的“桐乡发布”围绕“两个核心”（以先进制造业为核心的实体经济、以乌镇为核心的“一网一业”），立足市委、市政府重点工作，精心策划，通过图解、H5、视频等载体，向桐乡市民以及关注桐乡发展的社会各界人士呈现砥砺奋进新桐乡；借“桐乡发布”上线三周年之际，推出3.0版本，打造智慧、权威的政务类发布平台。

（潘晓琴　张娟玉）

网络媒体

【概况】 2017年，桐乡市加强桐乡新闻网、桐乡新闻、周游桐乡等平台建设和管理，总体运行平稳。全市有机关单位微信公众号107个，影响力较大企业微信公众号27个，个人微信公众号84个；机关单位官方微博36个，影响力较大个人微博20个；APP客户端3个；论坛3个，市级主流新媒体传播平台11个，订阅关注用户约220万人次，日均推送发布各类新闻信息120条次。其中，“桐乡发布”微博微信作为市委、市政府官方信息发布平台，全年推送各类时政、民生服务信息1500余条，累计阅读人数466万人次，点赞数突破6万人次。

【网络宣传凝聚正能量】 2017年，市委宣传部围绕“两会”、党代会、香港回归20周年、“党的十九大”等重大节庆和重点活动进行主题宣传，结合多元宣传渠道的传播特色，实施域内域外宣传和线上线下宣传融合。扩大各网络平台传播力，全年开展“温暖中国”网络媒体新春走基层、“网民看水乡——五水共治微新闻大赛”“红船精神 伴我成长”“网络强国这五年”等12个网上主题宣传活动，设置“禾城治水在行动”“治水剿劣战”“浙五年·这五年”等20多个微博话题讨论，推出《奔跑吧！桐乡》《巡水的鱼》等系列网络作品，点击量超100万人次。

【全国网络媒体聚焦桐乡先进制造业】 8月2日，市委宣传部组织策划全国网络媒体“先进制造桐乡行”活动，邀请人民网、新华网等国内知名媒体，腾讯、网易、今日头条等知名网站、省内网络大V近30家走进桐乡，挖掘报道桐乡先进制造企业的典型，感受桐乡市先进制造业的发展。8日，人民网、新华网、中国新闻网、中国网、中新社、腾讯大浙网、浙江在线、嘉兴在线等主流网站刊发相关报道50多篇，阅读人数100余万人次。

【营造本土特色网络评论品牌】 2017年，市网信办创新网络评论传播模式，在新媒体平台设立《和鸣锵锵》《嘉里坐》栏目，营造桐乡特色评论品牌。至年底，形成以“新桐”“吾乡鸣”为主的核心网络文化传播志愿者团队，发表微评论50多篇，如《撸起袖子加油干》《为什么要抓“两个核心”》《先进制造业是发展实体经济的必由之路》等，在融媒体平台传播，阅读量超100万次，点赞2000多次。

（王　颖）

卫　生

概　　述

2017年,桐乡市卫生计生局深化医药卫生体制和计划生育服务管理改革,深入实施卫生人才战略,加强卫生监督与疾病控制,满足人民群众日益增长的多样化健康需求,在实施医疗开放合作、分级诊疗体系、智慧医疗建设、全面二孩政策工作中取得一定成绩。2017年,桐乡市成为浙江省首批县域医疗服务共同体建设试点县(市)。新的市妇幼保健院、市公共卫生中心启用。全市有各级各类医疗机构311家,其中:公立综合性医院2家,中医医院1家,精神病医院1家,妇幼保健院1家,皮肤病专科医院1家,护理康复医院1所,急救站1家,社区卫生服务中心2家,镇(街道)卫生院9家,民营医院9家,门诊部15家,个体诊所(坐堂医)86家,厂校医务室、卫生站19家,社区卫生服务站、村卫生室162家,其他医疗机构1家。

全市有医疗床位3682张,千人床位数4.39张。其中,市级公立医院2464张,镇(街道)卫生院606张,民营医疗机构612张。全市卫计系统有在岗员工5244人,执业医师(助理)1956人,注册护士2241人;每千人执业医师(助理)2.33人,每千人注册护士2.67人。其中事业在编人员3151人,专技人员3099人。有硕士研究生及以上学历129人、大学学历2451人、专科学历434人,专科及以上学历占专技人员97.3%。有正高职称118人,副高职称483人,中级职称1070人,中级及以上职称占专技人员53.9%。全市医疗机构门(急)诊、出院人次分别为703.23万人次、9.69万人次。

全市出生上报人口6765人,其中一孩3285人、二多孩3480人,计划外67人,人口出生率9.73‰,自然增长率2.36‰。考核年度出生人口性别比107.49。

卫生行政

【概况】 2017年,新的市妇幼保健院完成搬迁,按三级乙等妇幼保健院标准建设。市公共卫生中心正式启用,市疾控中心、市卫生监督所和市急救站搬迁入内。全市医疗卫生机构公开招聘普通高校应届毕业生39人;面向社会公开招聘28人;委托温州医科大学仁济学院定向委培本科社区医生13人,委培毕业生回桐乡工作59人;引进高端医学类紧缺人才2人。市卫生学校创建为全国唯一的中职院校护士执业资格考试试题开发基地,全国“文明风采”竞赛获

5月19日,桐乡市政府与上海中医药大学附属曙光医院深化医疗战略合作签约仪式　　市卫计局提供

第一名，单招单考护理本科居全省第一。全年办理行政许可2438件。其中：公共场所卫生许可552件，执业医师注册496件，护士注册708件，医疗卫生机构设置执业许可443件，放射诊疗许可30件，母婴保健专项技术服务许可6件，集中式供水单位卫生许可1件，再生育审批201件。完成第四届世界互联网大会·乌镇峰会各项医疗卫生保障工作。峰会期间，对景区内外旅店、民宿、游泳池、互联网大会场馆等300余个公共场所及直饮水厂（点）开展全方位监督检查；设置固定医疗点16个、临时医疗点1个，抽调浙江省、嘉兴市、桐乡市各级医院医护人员60余人，卫生监督和传染病防控专业人员20余人。开展行政权力事项信息规范比对工作和医疗机构、医护人员电子化注册工作。医疗机构设置、医护人员执业许可、再生育审批、公共场所卫生许可四大类行政许可事项中就有关禁止性条款推行承诺制。取消开展社会办医疗机构需出具资信证明、验资证明和资产评估报告的相关材料，取消再生育审批中浙江省户籍申请人原需提交的婚育情况证明材料，部分公共场所不再要求提交卫生检测年度报告。制订群众和企业办事服务指南，实现66个办事事项“最多跑一次”。

【人才队伍建设】 2017年，市卫生计生局深入实施卫生人才战略，确定卫计系统第一轮第二批优秀学科带头人2人，第五轮第二批学科带头人培养人选5人、学科骨干培养人选5人、医坛新秀培养人选15人。市第一人民医院麻醉疼痛科主任、主任医师杜建龙被评为嘉兴市第四批“南湖百杰”优秀人才（嘉兴市名师名医奖）。市第二人民医院内一科副主任、副主任医师周峻，嘉兴市康慈医院副院长、主任医师李国荣入选嘉兴市首批杰出人才第二层次培养人员。市第二人民医院周峻、高桥镇中心卫生院院长姚菊英分别赴新疆沙雅县、青海都兰县开展人才智力对口支援，市中医医院副主任医师张伟强赴新疆沙雅县维吾尔医医院医疗援助。

【市卫校成为全国护士执业资格考试试题开发基地】 3月29日，国家卫生计生委与市卫生学校签署国家护士执业资格考试试题开发基地协议，成为全国唯一的中职院校护士资格考试试题开发基地。8月，国家卫生计生委人才中心副主任胡荣波专程调研该校基地建设情况，就全国护士执业资格考试情况、全国护考基地及命题情况作详细介绍，并提出“严守保密纪律，保障考试安全；针对考试目标，确保命题质量”的工作要求。

【市妇幼保健院启用】 12月15日，新的市妇幼保健院搬迁至市区石门路156号（石门路与文华路交界，市皮肤病防治院南侧）。市妇幼保健院异地迁建项目于2014年开工，按三级乙等妇幼保健院标准建设，占地3.33公顷，总建筑面积4.9万平方米，开放床位300张。整合市第一人民医院、市中医医院和洲泉镇中心卫生院产科资源，以及市第一人民医院新生儿科资源，重点打造妇科、内分泌科、宫颈科、不孕不育科、乳腺外科、中医（妇、儿）科等特色专科，建立完善的医疗卫生服务体系。

卫生监督与疾病控制

【概况】 2017年，全市公共卫生重点围绕第四届世界互联网大

新落成的桐乡市妇幼保健院　　市卫计局提供

会保障，加强重点传染病防控、严重精神障碍患者管理、非法行医查处等开展工作。加强公共卫生监督工作，组织市卫计局、农经局、市场监管局、行政执法局对全市农贸市场进行联合检查，规范源头管理，落实活禽交易外环境监测，开展人感染H7N9禽流感风险评估。加强医疗机构发热门诊管理，开展人感染H7N9禽流感和不明原因肺炎病例排查。8月13日、14日，发现2例境外（印度）输入性登革热病例，同月21日，2名患者康复出院，未发生二代病人。市卫计局、市公安局完善应急联动机制，协调落实肇事肇祸精神病人救治。加强疾病预防控制工作，实施中盖结核病防治试点项目，印发《中盖结核病项目三期桐乡市结核病防治综合模式实施方案》，推进支付方式改革项目工作。探索完善艾滋病“四位一体”管理模式。加强地方病防制工作，开展石门、崇福湖羊交易市场重点职业人群布鲁菌病检测。加强卫生监督执法工作，立案查处非法行医18起。公共场所评审A级单位27家，B级单位39家，C级单位1623家。对3家集中式供水单位、10家纳入国家监测网络的二次供水单位每年开展2次监督检查。加强学校卫生监督，出动监督员463人次，监督覆盖率100%。评选出第三届优秀健康卫士3人、优秀健康守门人7人。

【重点传染病监测】 2017年，全市无甲类传染病发病报告。报告乙类传染病发病15种2040例，年报告发病率244.16/10万，比上年上升16.44%。乙类传染病死亡报告3例，年报告死亡率0.36/10万例，下降50.31%。其中，肠道传染病全年报告发病43例，无死亡病例，发病数占传染病总数2.11%，报告发病率5.15/10万例，下降28.78%。呼吸道传染病报告发病308例，无死亡病例，发病数占传染病发病总数15.1%，报告发病率36.86/10万例，下降6.69%。自然疫源性及虫媒传染病全年报告发病19例，死亡1例（狂犬病），发病数占传染病总数0.93%，报告发病率2.27/10万例，增长169.72%。血源及性传播传染病报告发病1670例，死亡2例（艾滋病），发病数占传染病发病总数81.86%，报告发病率199.88/10万例，增长23.29%。

【重性精神疾病防治管理】 2017年，全市登记在册严重精神障碍患者3753人，危险性评估三级以上28人。排查辖区范围内实有人口中的疑似严重精神障碍患者和未登记精神障碍患者745人，确诊62人，部分患者经家属同意后纳入精神病管理系统。嘉兴市康慈医院排查曾在全市住院的新居民精神障碍患者276人，离开本地53人，死亡5人，地址不详74人，建议重点管理85人，经家属同意后纳入精神病管理系统36人。

【打击非法行医】 2017年，全市接到无证行医投诉举报33起，其中群众举报16起，市长电话8起，有关部门移送及其他9起。出动执法人员171人次，包括卫生监督员160人次、公安10人次、药监1人次。立案查处18起，罚没款金额25.8万元。根据《桐乡市打击非法行医投诉举报奖励办法（试行）》，举报奖励14起，发放奖励款0.91万元。复查2014—2016年无证行医点41处，发现非法行医场所1处。

【推行责任医生签约服务】 2017年，桐乡市开展新一轮责任医生签约服务，优先满足并实现老年人、慢性病、计生特殊家庭人员等重点人群签约服务全覆盖，逐步扩展到普通人群。建立签约服务经费多渠道筹集机制，服务经费用于补助为群众提供有效服务的责任医生签约团队。2017年，全市777名医务人员组建市镇村三级签约团队166个，完成签约21.64万人，签约率31.24%，其中重点人群签约率67.31%。屠甸镇卫生院成为浙江省签约服务示范点。

【桐乡市被评为中国慢性病前瞻性研究项目先进集体】 4月24日，中国慢性病前瞻性研究项目（CKB）年度工作会议在湖南省长沙市召开。桐乡市以全国年度工作考评第一的成绩，被中国医学科学院和牛津大学评为中国慢性病前瞻性研究项目2016年度先进集体，这也是桐乡市连续第六次获此称号。中国慢性病前瞻性研究项目是经卫生部批准，由中国医学科学院和英国牛津大学合作的大型慢性病流行病学研究项目。该项目是全球最大型的以人群为基础的前瞻性流行病学研究，旨在探讨各类慢性病的发生发展规律、致病因素和流行趋势。该项目在中国选择5个城市点和5个农村点，桐乡市属于5个农村点之一。该项目自2004年启动以来，历经57704人的基线调查、两次重复调查和长期随访监测工作，并通过医保住院事件的收集、住院事件病例复核等多途径核实、补充监测数据，以提高随访监测质量，为制定慢性病防治策略提供科学依据。

医疗服务

【概况】 2017年，桐乡市卫生计生局实施新一轮医药卫生体制改革，制定医疗质量提升行动方案，强化落实医疗质量管理办法及18项核心制度，成立市级临床各专业医疗质量控制中心20个，全年开展质控联合检查3次，重点检查医院23家（市级医院7家、中心卫生院5家、乡镇卫生院5家、民营医院6家）和7家口腔诊所。实施医疗服务行动计划，改善群众看病就医体验。构建统一的信息化服务平台，建立“健康桐乡”APP，将信息化技术全面应用于就医全程；医疗机构整合院内资源，实施信息化医疗服务流程。推广微创手术及MDT诊疗模式，二级以上医疗机构积极开展微创手术。推广临床路径管理，医疗机构临床路径率11.86%，居嘉兴市第二位。5家市级医疗机构落实优质护理服务，病房全覆盖率100%，各中心卫生院病房全覆盖率50%以上。2017年，桐乡市成为嘉兴市唯一的省级首批县域医疗服务共同体建设试点县（市）。改革完善公立医院药品集中采购机制，首次开展公立医疗机构药品采购新机制价格谈判。贯彻落实《中华人民共和国中医药法》，巩固全国基层中医工作先进单位创建成果，推动中医药事业振兴发展。

【桐乡市列入浙江省“医共体”建设试点县】 9月，浙江省医改办将桐乡市指定为11个医疗服务共同体试点县（市）之一。成立由市政府主要领导任主任，分管领导任副主任，各相关部门领导为成员的医疗集团管理委员会。下设办公室，市卫计局局长兼任办公室主任。12月，出台《桐乡市医疗服务共同体试点工作实施方案（试行）》，组建以桐乡市第一人民医院、市第二人民医院、市中医医院为牵头医院的三个紧密型医疗集团，形成服务、责任、利益、管理共同体，实现资源、人才、管理“三下沉”；成立由三家牵头医院院长为理事长，12家成员单位负责人为副理事长的医疗集团理事会，实现医院与基层医疗机构一体化运作。

【中医药特色服务】 2017年，市卫生计生局贯彻落实《中华人民共和国中医药法》，巩固全国基层中医工作先进县（市）创建成果，推动中医药事业振兴发展。市第二人民医院通过全国综合医院中医药工作示范单位创建验收；市中医医院成立全市首个中医针推康复中心，中西医结合骨伤科被列为“十三五”浙江省中医药（中西医结合）重点学科。新增国家级基层名老中医传承工作室1个、嘉兴级各类名中医4人；7家基层医疗机构建设基层中医馆。

【智慧医疗建设】 2017年，健康桐乡APP2.0发布上线，整合全市医疗资源和数据信息，涵盖智能导诊、预约挂号、报告查询、专科介绍、健康咨询等近20项便捷服务。建设完善临检中心、影

11月30日，健康桐乡APP2.0发布上线　市卫计局提供

像会诊中心和心电诊断中心，实现区域内医疗信息、资源和技术共享。开展医学人工智能“腾讯觅影”合作项目，成立腾讯互联网＋医疗大数据研究示范基地。探索临床诊疗与公共卫生业务协同与数据融合，通过健康档案动态管理、慢病人群数据共享等实现医疗与公共卫生服务水平双提升。

【公立医疗机构药品采购新机制】 2017年，全市公立医疗机构组成采购联合体，按照“带量采购、以量换价、成交确认”原则，与药品生产企业开展两批次价格谈判，掌握药品采购主动权，进一步压缩药价利润空间。此次价格谈判目录涉及448种药品、3117个品规（药品的规格）、1237家生产企业，成交427种药品、795个品规（药品的规格），涉及542家生产企业，药价整体降幅8.11%，最高降幅52.09%。嘉兴市康慈医院联合同类医院开展抗精神病药价格谈判，整体降幅5.56%。

妇幼保健

【概况】 2017年，全市妇幼健康服务体系进一步完善。全市总剖宫产率40.7%，本地户籍剖宫产率46.3%。深入推进生育全程优质服务，完成孕前检查820对，婚前医学检查2756对，婚前医学检查率85.7%；新生儿疾病筛查1.01万人，筛查率99.5%；新生儿听力筛查1.01万人，筛查率99.9%。市新生儿疾病筛查管理中心获省级先进集体奖及质量优胜奖。优化计划生育技术服务，国家规定的免费计划生育技术服务实现全覆盖，免费计划生育药具获得率90%以上。推广使用《母子健康手册》，提供生育全程保健服务和健康指导。实施《浙江省城乡妇女免费“两癌”检查项目实施方案》。加强出生人口性别比综合整治，出生性别比107.49，控制在考核目标以内。

12月29日，上海市红房子妇产科医院院长徐丛剑（前中）考察市妇幼保健院　　市卫计局提供

【妇幼健康关键指标】 2017年，全市无孕产妇死亡，围产儿、婴儿、新生儿、5岁以下儿童死亡率分别为2.06‰、1.66‰、0.97‰、2.21‰，处于嘉兴市较低水平，总体呈下降趋势。全市总剖宫产率40.7%，本地户籍剖宫产率46.3%。本地孕产妇健康管理人数6927人，活产数6981人，高危孕妇发生数为4396人次，高危孕妇发生率为63.5%；流动孕产妇建册人数4146人，流动孕产妇在本地分娩数4505人，流动孕妇高危发生数为2540人次，高危孕妇发生率61.53%。

【出生缺陷综合防治】 4月22日，市卫计局整合原国家免费孕前优生检查中心和婚检中心，设立国免婚检中心，发挥整合优势，婚前医学检查率明显上升。全年完成孕前检查820对，婚前医学检查2756对，纯婚检422对，婚前医学检查率85.65%，检出具有风险因素268人，检出率6.7%，开展风险评估和发放告知书3461人次，录入早孕随访1664人次，妊娠结局随访2184人次。

科研与交流

【概况】 2017年，市卫生计生局加强医疗“接沪融杭”工作，与浙江省人民医院、上海市红房子妇产科医院、上海中医药大学附属曙光医院等医药高等院校建立合作项目5项，开展新技术92

项、新项目35项。选派学科带头人及业务技术骨干95人赴上海、杭州等地三级医院进修。加强继续教育针对性和有效性，举办各类继续教学班讲座和培训班100余场次，培训1万余人次，其中主办国家级继续教学项目4个，承办国家级继续教学项目2个，主办省级继续教学项目3个，主办市级继续教学项目29个。继续加强科研工作，立项一般项目111个，重点项目5个，嘉兴第三批科技项目8个，验收科研项目62个，其中一般引导性项目61个、重点项目1个，科技进步奖9个。

【医疗开放合作】 2017年，深化市第一人民医院与浙江省人民医院医疗合作，新增眼科、麻醉疼痛科两个合作学科。市中医医院与上海中医药大学附属曙光医院深化医疗战略合作，成立肛肠分中心和不孕不育分中心。市妇幼保健院深化与上海市红房子妇产科医院合作，上海专家到桐乡坐诊20批次、授课培训12人次，赴上海进修培训21人次。嘉兴市康慈医院加盟浙江省精神卫生专科联盟，成立浙北地区首个独立科室建制的睡眠障碍诊疗中心。市皮肤病防治院与上海市皮肤病医院合作成立上海市皮肤病医院桐乡分院，共建皮肤病专科诊疗中心。嘉兴市第二医院精准扶助市中医医院外一病区（肝胆、泌尿）、心血管专科。

【成立医院博士工作站】 2017年，浙江省人民医院桐乡院区成立浙北地区首个县（市）级医院博士工作站，血液病科、肾脏病科、胃肠胰外科、神经内科、心血管内科、肝胆胰外科、妇科、骨科、肝胆胰外科等9个学科首批博士生导师进站工作，通过2—3年的合作，全方位、多层次提升全市医疗卫生服务水平和科研创新能力。获省部级科技计划项目3项，省医药卫生科技计划项目4项。

计划生育

【概况】 2017年，桐乡市稳步实施全面二孩政策，改革完善计划生育服务管理机制。全年出生上报人口6765人，人口出生率9.73‰，人口自然增长率2.36‰。办理生育登记服务卡3859例，再生育审批201例。出具新居民计划生育证明3261例。落实计划生育家庭奖励扶助对象17701人，其中新增奖扶对象4525人；落实计划生育家庭特别扶助对象886人，其中新增特扶对象122人。发放奖扶、特扶资金2465.85万元。支出计划生育公益金61.24万元，其中养老保险补助18人4.89万元，慰问困难户118户22.05万元，低保计划生育家庭子女考取高校补助16户3.2万元，失独再生育补助6户11.92万元，统一缴纳计划生育特殊家庭2018年度城乡居民基本医疗保险446户19.18万元。推进优生、优育、优教工作，新增省级“三优”示范争创点1家。全年开展教育培训200多期、参与群众30多万人次，目标人群受教育率80%以上。市计划生育协会召开第七届理事会第四次全体会议，选举市卫计局局长徐汉会担任第七届理事会常务副会长，增补理事13人。全市有协会组织455个，其中镇（街道）计生协会11个，村（社区）协会211个。2017年，市计生协会成为浙江省“十二五”期间先进县级计生协会。

【优生优育优教促进工作】 2017年，全市各镇（街道）“三优”促进工作覆盖率100%。开展“三优”培训200多期，宣传服务

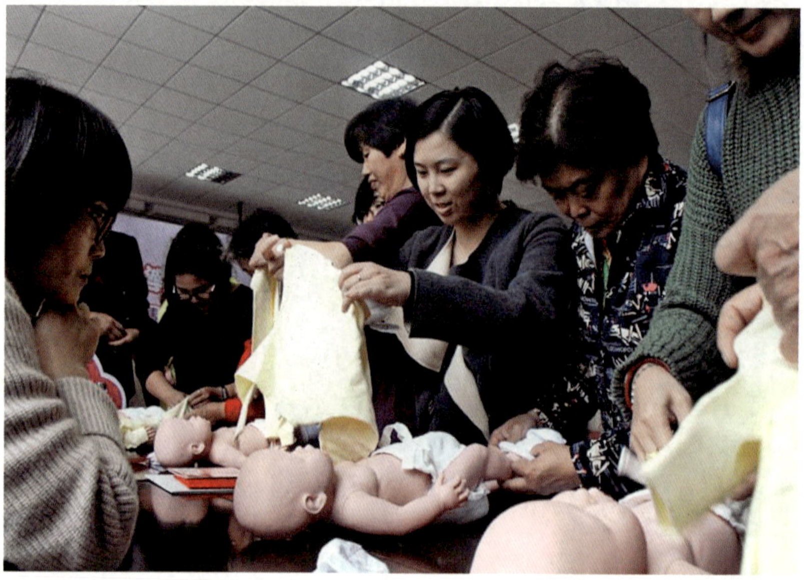

优生优育优教培训　　市卫计局提供

活动400多场次，参加人员30多万人次。规划“三优”省级示范点建设，新增省级“三优”示范争创点1家。建立一支“三优”讲师团，由妇儿科医务人员、计生技术服务人员、早(幼)教教师等78名讲师组成。拓展培训场地，推出“流动课堂”。建立孕前宣教微信群两个，400多对新婚夫妇入群，提供个性化服务1500多人次。发放“三优”宣传资料，入户率90%以上。推出“三优”工作与传统国学相结合的育儿早教模式。

【计划生育服务管理】 2017年，市卫生计生局完善计划生育服务管理，实施生育登记服务制度，对生育二孩以内的，由家庭自主安排生育。启用全省统一的生育服务登记信息平台，实行网上办事、代办服务、一站式受理和婚育情况承诺制。发放生育服务登记卡3859张，其中一孩1849张、二孩2010张。加强人口数据变动动态监测，率先在嘉兴市域内启用全员人口信息平台替代原WIS系统，开展全员人口信息动态统计分析和基础信息核查。7月，完成国家卫计委开展的全国生育意愿调查，涉及梧桐、凤鸣、屠甸3个镇(街道)6个样本点，计120份调查问卷。

【流动人口卫生计生基本公共服务均等化】 2017年，桐乡市与安徽省泾县等16个省、市51个县(市、区)签订协作协议，通过浙江省全员人口和计划生育管理服务综合平台向户籍地通报婚孕育服务信息1.22万条。全面落实流动人口婚育证明电子化工作，实现流动人口办证率、持证率、验证率90%以上。结合新一轮户籍制度改革和居住证制度改革，重新调整新居民积分管理中有关计划生育证明的出具办法，查验新居民积分计生证明3261例，其中电子婚育证明935例。完成2017年度国家流动人口计生动态监测工作，涉及梧桐、洲泉、屠甸和濮院4个镇(街道)8个村点。流动人口基本公共卫生计生服务目标人群覆盖率85%以上。

【“青春健康”主题教育】 2017年，市卫生计生局青春健康沟通之道家长培训项目覆盖全市所有镇(街道)，探索以沟通之道家长培训项目为主体，以市卫校青春健康教育基地和环南社区青春健康俱乐部为两翼的工作模式。全年开课50场次，培训家长3000余人。面向青少年学生培训98场次，培训5000余人。青春健康教育工作在全省青春健康教育工作经验交流会作典型发言，并承办嘉兴市青春健康教育工作经验交流会。2017年，市计生协会成为浙江省“十二五”期间先进县级计生协会。

(夏滨彬)

爱国卫生

【概况】 2017年，市创卫办巩固发展国家卫生城市和国家(省)卫生镇(街道)创建成果，推进爱国卫生工作。市委、市政府出台《关于调整市创建国家卫生城市领导小组的通知》，巩固发展省级卫生镇(街道)创建成果。乌镇镇被全国爱卫会命名为国家卫生镇，濮院镇、屠甸镇通过国家卫生镇复审，高桥镇、大麻镇、河山镇通过省级卫生镇复审，梧桐街道通过省级卫生街道复审。贯彻落实《桐乡市城乡环境卫生“四位一体”长效保洁工作实施意见》，完善长效管理机制。年内新增省级卫生先进单

11月29日，浙江省卫计委主任张平(前左三)到桐乡考察第四届世界互联网大会医疗卫生保障工作　　市卫计局提供

位5个、卫生村6个，嘉兴市卫生先进单位19个、卫生村3个，桐乡市卫生先进单位26个、卫生村1个。通过复查考核重新确认省级卫生先进单位3个、卫生村3个；嘉兴市卫生先进单位14个、卫生村8个；桐乡市卫生先进单位23个。开展第三十个世界无烟日系列活动，评选无烟单位和控烟积极分子，树立控烟典型，有浙江省无烟单位4家、省级控烟积极分子4人，桐乡市无烟单位10家、控烟积极分子14人，以榜样示范作用带动全民控烟。开展全民健康素养监测工作，对1280名居民开展健康素养监测。以纪念爱国卫生运动65周年为契机，开展爱国卫生月系列活动，上街开展健康宣传咨询活动，举办专场文艺演出，开展城乡春秋季灭鼠和夏秋季灭蚊蝇活动。

【第二十九个"爱国卫生月"系列活动】 2017年，市创建办结合第四届世界互联网大会和国家卫生城市巩固工作需要，开展以"全员动员，清洁卫生"为主题的第二十九个爱国卫生月系列活动。加强环境卫生专项执法整治，依法查处市区沿街店铺"门前三包"（包卫生、包绿化、包秩序）不落实现象及影响市容市貌的违法行为；组织卫生义务劳动，重点清理楼道、车库、棚顶堆积杂物和丢弃垃圾，清理"牛皮癣"，疏通沟渠，清理卫生死角；举办创卫宣传和健康知识讲座；镇（街道）结合"四位一体"长效保洁工作，开展环境卫生大整治。开展"世界卫生日"暨健康城市宣传活动，向市民宣传健康、卫生等科普知识，开展健康咨询，举办健康知识有奖竞答，为市民量血压、血糖测试、国民体质测试；举办"爱国卫生月"文艺演出活动。开展春季病媒生物监测和防治工作，采取专业除"四害"和群防群治相结合方法，开展以春季灭鼠为重点的病媒生物消杀工作，清理早春蚊蝇孳生地。

4月27日，桐乡市举行第二十九个"爱国卫生月"广场文艺演出

市创建办提供

【开展病媒生物监测和防治工作】 2017年，市创建办加强病媒生物监测和防治工作，开展全市统一的病媒生物监测，制定《桐乡市病媒生物防制工作方法指导意见》，建立病媒生物联络员制度，形成市、街道、社区和单位三级病媒生物监测和防治工作网络。年内，全市开展"除四害"培训840人次，报刊宣传38期、广播58次、专题活动12次，发放宣传资料4000多份。组织开展城乡春、秋季统一灭鼠和夏、秋季灭蟑、灭蚊蝇工作，全市投入"除四害"经费66.6万元，其中城区范围内投放溴鼠灵毒饵3.3吨，市区外环境放置"毒鼠屋"和"捕蝇笼"，重点单位和一般单位的重点场所安装防鼠、防蝇、防蚊等设施，病媒生物监测和防治成效显著，"四害"密度达到国家规定标准，建成区鼠、蚊、蝇、蟑螂密度达到国家病媒生物密度控制水平标准C级。

【巩固国家卫生城市创建成果】 2017年，市创建办巩固和发展国家卫生城市创建成果，以推进健康城市建设、打造宜居水乡为目标，管理体制逐步理顺，市容市貌明显改善，市民卫生意识和健康水平得到提升，巩固国家卫生城市工作取得明显实效。调整完善市创建国家卫生城市工作领导小组，市长任组长，市四套班子7名领导任副组长，39个职能部门为成员单位；完善创卫片长、路长制度，16个市级部门一把手担任片长，194个市级机关、企事业单位主要负责人担任路长；实行市级领导联系督导市区创卫片区工作制，督促解决创卫工作中的重点、难点问题；市政府与相关部门、镇（街道）签订爱卫创卫工作责任书，并列入考核内容；把环境卫生大整治行动、“三改一拆”“五水共治”、承办世界互联网大会和国家卫生城市巩固发展工作有机结合，同步推进；加大基础设施投入和污水管网建设，城区范围内排水管道总长度586千米，其中污水管313千米、各类检查井和进水口2.73万口，城市生活污水集中处理率90%以上；提高市容市貌管理水平，开展市容环境卫生大整治行动，对越门经营、城市“牛皮癣”、违法处置建筑垃圾行为等进行综合治理；启动城乡垃圾分类工作。

（董爱民）

健康城市建设

【概况】 2017年，市创建办深入推进健康城市、健康村镇建设工作，被全国爱国卫生运动委员会办公室确定为全国健康城市建设首批试点城市。贯彻市委、市政府《关于建设健康城市的决定》，以健康进万家行动、中国公民素养促进行动和全民健康促进行动为载体，推进健康城市建设。国家卫计委到桐乡调研健康城市建设实践与探索情况。茅盾中学通过省爱卫办健康促进学校（金牌）复评考核，乌镇植材小学被嘉兴市爱卫办命名为健康促进学校（银牌）。开展健康城市宣传周、世界无烟日大型宣传活动，成员单位参与活动220余次，受益市民2.1万余人次。2017年桐乡市居民具备健康素养的总体水平为20.4%。

【健康教育讲师团】 2017年，为加快建设健康城市，加大全市健康教育工作力度，提高健康教育效果，将健康科普进农村（社区）工作落到实处，桐乡市建设健康城市健康教育讲师团各成员单位以建设卫生单位和健康单位为载体，开展健康教育与健康促进活动，弘扬健康文化，倡导健康行为，全年举办各类健康教育讲座463场次，其中村（社区）362场次，受益人群2.6万余人，在全市掀起普及健康知识，倡导健康行为和健康生活方式的高潮。桐乡市爱国运动委员会办公室授予桐乡市中医院等9家单位为桐乡市建设健康城市健康教育讲师团先进成员单位，授予诸亮亮等13人为先进讲师。

【世界无烟日活动】 2017年，为进一步提高全社会对吸烟危害的认识，努力营造无烟环境，在世界无烟日，市创建办联合相关部门，对窗口单位、公共娱乐场所、商场、宾馆等单位进行控烟检查；举行大型控烟宣传咨询活动，组织讲师团开展“无烟·健康·发展”专题控烟讲座活动，在活动现场志愿者通过生动形象的展板和知识问卷向市民们讲述吸烟危害，在学校举行“拒吸第一支烟，做不吸烟的新一代”签名宣传活动，传播无烟生活的健康理念。开展无烟单位和控烟积极分子评选工作，评选省级无烟单位4家、省级控烟积极分子4人，桐乡级无烟单位10家、控烟积极分子14人。

（陆明海）

5月31日，桐乡市举行第三十个世界无烟日宣传活动　市创建办提供

新居民事务

【概况】 2017年，桐乡市登记在册新居民55.74万人，其中16周岁以上50.09万人、16周岁以下5.65万人。新居民总量比上年上升17.5%。新居民党员999人，其中预备党员100人，新居民党员占新居民总数0.2%。登记在册新居民与全市户籍人口(69.76万人)比例为0.8∶1。全市11个镇(街道)中，有10个镇(街道)新居民超万人，其中梧桐街道、开发区(高桥街道)、濮院镇新居民人数超本地户籍人口。新居民来源以省外人员，汉族为主。16周岁以上新居民中，来自省外50.25万人，占总数90.2%，其中河南省、安徽省和四川省居多。新居民同籍聚居化明显，相对稳定。区域上，以居住在梧桐街道、濮院镇居多。梧桐街道、开发区(高桥街道)、濮院镇有新居民26.11万人，占全市新居民总数46.84%。新居民住宿以租赁房屋为主。全市有40.42万人(不包含16周岁以下儿童)新居民租赁房屋居住，占新居民总数72.5%。租赁房屋范围主要集中在城乡接合部和农民新村。加强全市87家新居民需求服务站指导、考核工作，对梧桐街道城东村等7个新居民平安和谐集聚区给予表彰。接听新居民热线电话1921个，接办市长电话17个；为符合救助条件新居民争取救助资金4起，发放救助金1.7万元；为10名新居民发放计生公益金0.6万元。年内，举办第二届桐乡市新居民羽毛球比赛，全市11支队伍71名运动员22名领队教练参赛；拍摄《我的桐乡我的第二故乡》宣传片；组织50名新居民子女参加2017“圆梦桐乡·共享阳光”夏令营活动；组织30余名桐乡市优秀新居民代表参加“凤栖梧桐·圆梦人生”畅谈会活动；举办“同辉杯”新居民“知桐乡·爱桐乡”知识大赛。党的十九大和第四届世界互联网大会召开期间，与各镇(街道)和公安部门，联合开展全市出租房屋与新居民基础排查整治大行动，加强新居民信息核查工作。4月27日，桐乡市编制委员会下发《关于调整完善市新居民事务局管理体制的通知》，桐乡市新居民事务局更名为桐乡市新居民服务管理办公室，归口市公安局管理，其机构性质、规格、领导职数及人员编制暂维持不变。

【拓展IC卡式居住证功能】 2017年，桐乡市新居民服务管理办公室以IC卡式居住证为载

“同辉杯”桐乡市新居民“知桐乡·爱桐乡”知识大赛

市新居民服务管理办提供

体，推进IC卡式居住证应用功能，完成旅游、公共服务、商业应用三方面应用功能拓展。与乌镇旅游公司、桐乡图书馆、桐乡中影嘉博电影院达成意向，新居民凭“浙江省居住证”在乌镇旅游、借阅图书可享受本地居民待遇，观影可享受会员价优惠措施。全年全市受理IC卡式“浙江省居住证”7.15万张，完成发放5.44万张。

【开展出租房专项整治行动】 2017年，桐乡市新居民服务管理办公室结合党的十九大和第四届互联网大会等大型安保活动，先后组织开展3次出租房屋专项整治行动，加强流动人口、出租房屋排查，化解矛盾纠纷，维护社会稳定。全年采集新居民信息89.05万人次，注销71.56万人次，变更信息39.43万人次，流动人口居住信息登记率、准确率、出租房屋登记率明显提升。

【出租房屋“旅馆式”管理试点工作】 8月，市委、市政府下发《关于转发〈嘉兴市居住出租房屋“旅馆式”管理工作实施方案〉的通知》，明确出租房屋“旅馆式”管理参照旅馆业开业审查、入住登记、督查检查、人走注销管理模式，将分散的出租房屋实行集中管理，确定在梧桐街道东方红村、濮院镇永乐村开展出租房屋“旅馆式”管理试点工作。通过设置门禁卡，对出租房屋人员进出进行自动录入，提高流动人口登记率、信息准确率和人户一致率，起到“以房管人”作用，有效治理居住出租房屋消防安全隐患，防止各类事故发生。

【深化新居民积分制管理】 2017年，桐乡市新居民服务管理办公室贯彻《嘉兴市进一步调整完善新居民积分制管理办法的意见》要求，按照“供需有度、动态完善、可控有序、公开透明、素质优先”原则推行积分制管理。11月24日，市政府第十六届十三次常务会议审议通过《桐乡市新居民积分制管理办法》，原2013年发布的《桐乡市新居民积分制管理暂行办法》在《办法》施行之日起废止。全年办理积分卡2749张，比上年增长12.9%；全市在读新居民子女2.08万人，比上年增加938人，上升4.7%。

【搭建网上服务新平台】 2017年，桐乡市新居民服务管理办公室深入推行“互联网+”服务，以“最多跑一次”改革为支点，将“新居民居住登记”“‘浙江省居住证’申领”“居住出租房屋登记”三项事项纳入“最多跑一次”改革工作，在浙江政务服务网上公布细则。在互联网、移动网络上推广居住证APP，不需要重复审核原始资料和人工录入，简化办事程序和手续，提高工作效率。

（江雪琴）

人民生活

【概况】 2017年，桐乡市城镇居民人均可支配收入5.2万元，比上年增长8.4%。人均工资性收入3.4万元，增长7.7%，占人均可支配收入66%；经营性收入6752元，增长9%；转移净收入4941元，增长12.2%；财产净收入5867元，增长8.6%。农村居民人均可支配收入3.2万元，增长8%，其中：工资性收入1.88万元，增加1177元，增长6.7%，工资性收入增加额对可支配收入增加额的贡献率49.8%；经营净收入1.04万元，增长8.1%，其中第一产业经营净收入1169元、第二产业经营净收入4898元、第三产业经营净收入4358元，分别增长1.2%、4.9%和14%。

【城镇居民消费支出保持平稳】 2017年，桐乡市城镇居民人均生活消费支出2.67万元，比上年增长9.5%。八大类消费支出均有不同程度增长。人均食品消费支出7913元，增长9.5%，恩格尔系数29.7%，其中人均饮食服务支出2068元；人均衣着消费支出1966元，增长12.8%，其中人均服装类支出1574元，增长13.7%；人均居住消费支出4826元，增长9.5%；人均生活用品及服务类支出2077元，增长13.3%；人均医疗保健消费支出1651，增长26.2%；人均交通通信消费支出4508元，下降3.1%，其中人均交通类支出3738元，下降2.9%；人均娱乐文教服务支出3162元，增长15.4%；人均其他用品和服务支出568元，增长29.3%。

【城镇居民生活质量改善】 2017年，桐乡市城区居民人均住房建筑面积41.3平方米。所有家庭都用上自来水、液化石油气或管道天然气。各种耐用消费品不断增加。抽样调查显示，折算成每百户家庭拥有家用汽车75.7辆、摩托车或助力车149.6辆、空调250台、计算机134.9台、彩电222.5台、移动电话315.8部。信息化水平提高，计算机和移动电话入网率分别为98.6%和82.6%。

【农村居民消费增长较快】 2017年，桐乡市农村居民生活消费保持较快增长。全市农村居民人均生活消费支出1.9万元，比上年增长7%。其中人均食品消费支出5236元，增长6.8%，恩格尔系数27.6%；人均衣着支出1114元，增长8.9%；人均居住消费支出3702元，增长6.2%；人均生活用品及服务支出902元，增长17.9%；人均交通和通信消费支出4623元，增长4.9%，其中人均通信类支出735元，增长3.5%；人均教育和文化娱乐消费支出1931元，增长10.8%；人均医疗保健消费支出973元，增长13.9%；人均其他用品和服务消费支出471元，下降11.3%。

【农村居民家庭设施完备】 2017年，桐乡市农村居民人均住房建筑面积98.1平方米，所有家庭均为管道供水入户。汽车和计算机等耐用消费品不断增多，抽样调查显示，每百户家庭拥有家用汽车73.8辆、摩托车或助力车212.9辆、空调246.6台、计算机126台、彩电241.4台、移动电话355.9部。信息化水平与城镇差异不明显，计算机和移动电话入网率分别为96.4%和83.9%。

【全市物价涨幅温和】 2017年，桐乡市居民消费价格总水平比上年上涨1.9%，总体呈温和上涨态势。八大类商品及服务价格"七涨一跌"，食品烟酒类下降0.2%，交通与通信、教育文化和娱乐、居住、其他用品和服务、衣着、医疗保健、生活用品及服务类价格分别上涨5.1%、4.7%、2%、1.8%、1.3%、1%、0.9%。食品价格下降1.9%，其中猪肉、鲜菜、蛋类价格分别下降10.4%、8.5%、6.7%，水产品价格上涨4.4%。服务项目价格上涨3.6%，其中衣着加工价格上涨9.9%，租赁房房租价格上涨3.6%，家庭维修服务价格上涨4.5%，教育服务价格上涨6.2%，景点门票价格上涨9.4%。工业品价格上涨1.8%，其中汽油、柴油价格分别上涨9.3%、8.5%；金饰品、铂金饰品、银饰品价格分别上涨7.6%、4.1%、1.7%；滋补保健品、中药、西药价格分别上涨9.7%、5.1%、2.6%。

2017年桐乡城乡居民消费支出构成情况

表29　　　　单位：元

指标名称	城镇		农村	
	绝对额	比上年(±%)	绝对额	比上年(±%)
人均消费性支出	26671	9.5	18952	7
一、食品烟酒	7913	9.5	5236	6.8
二、衣着	1966	12.8	1114	8.9
三、居住	4826	9.5	3702	6.2
四、生活用品及服务	2077	13.3	902	17.9
五、交通通信	4508	−3.1	4623	4.9
六、教育文化娱乐	3162	15.4	1931	10.8
七、医疗保健	1651	26.2	973	13.9
八、其他用品和服务	568	29.3	471	−11.3

（王　伟）

民政和社会福利

【概况】 2017年，桐乡市民政局在省民政厅年度县(市、区)民政工作考核中，被评为先进单位；在嘉兴市政府年度民政(社会)工作目标责任制考核中，被评为优秀单位。

构建社会"大救助"体系，制订《桐乡市全面构建社会"大救助"体系实施方案》，提高社会救助、困难帮扶针对性。至年底，全市有低保2909户4696人、低保边缘454户1268人，全年发放低保金2543.19万元。落实和完善低保标准自然增长机制，12月1日起调整低保标准至每月796元/人，比上年提高19.9%。资助低保、低保边缘、特困人员参加合作医疗个人筹资部分，按人均430元标准，资助5256人次226万元。开展医疗救助工作，救助1.65万人次，1146.56万元。开展“救急难”工作，下拨市级临时救助资金239万元至镇（街道）。镇（街道）按7∶3配比配套安排临时救助资金。加强救助对象家庭经济状况核对工作，全年核对、核查低保、低保边缘户2万多户，保障房申请1000多户，检出率6.4%。出台《关于进一步建立完善社会救助监督检查长效管理服务机制的实施意见》，开展社会救助专项检查活动，推进救助领域廉政风险防控工作。全年检查涉及资金4098.89万元、救助发放记录8万余人次，发现问题4个，全部完成整改。加强防灾、减灾、救灾能力，开展“5·12”防灾减灾日宣传周活动，改建、扩建避灾安置点5个，投入福利彩票公益金24万元充实避灾安置点物资储备。梧桐街道文昌社区被民政部评为全国综合减灾示范社区，梧桐街道东兴社区、凤凰社区和崇福镇李家坝村被省减灾委员会命名为浙江省综合减灾示范社区。加强流浪乞讨人员救助管理工作，全年巡查700余次、发放救助物资200余件、救助外省籍人员返乡61人次。

加快社会福利事业发展。完善适度普惠型儿童福利体系，全市有困境儿童763人，全年发放基本生活费9468人次277.05万元。完成“添翼计划”排摸，12名贫困家庭残疾儿童纳入年度“添翼计划”。4月1日起取消收养登记费用，依法办理收养登记103件，解除收养登记2件，撤销收养登记1件。强化福利企业服务和监管，至年底全市有福利企业38家，比上年减少1家；福利企业职工总数4987人，其中安置残疾职工1565人，占职工总数31%；残疾职工人均月工资3190元，人均参保894元。推进福利彩票发行销售安全管理，全年销售福利彩票2.13亿元，筹集福利彩票公益金918万元。福利彩票公益金使用规范，中福在线桐乡销售厅被浙江省福利彩票发行中心评为四星级销售厅。

市民政局制订《关于进一步加强社会组织建设的实施意见》《关于加强城乡社区协商的实施办法》《关于加强社会工作专业人才队伍建设的实施意见》等文件。编制完善桐乡市社会组织承接政府转移职能和购买服务推荐性目录，健全政府购买服务工作机制。推进基层自治创新，村（社区）减负工作，开展村规民约、社区公约修订，做好村（社区）工作事项定期公布检查指导工作。指导村（社区）培育社区社会组织，引导社会力量参与基层社会治理。在屠甸镇各村成立村级“乡贤参事会”组织，深化“三治”（自治、法治、德治）融合乡村治理体系。依法进行社会组织登记，全年办理社会团体成立登记43家，变更登记52家，注销登记6家；民办非企业单位成立登记17家，变更登记5家，注销登记1家，累计注册登记社会组织388家。全年新增备案社区社会组织354家，累计备案社区社会组织2567家。完善社会组织信用体系建设，通过年检社会组织314家，进行财务审计并反馈审计结果社会组织32家，评估社会组织51家。至年底，全市获A级以上评估等级社会组织259家，其中3A级以上61家。实施社会组织统一信用代码制度改革，办理“三证合一”（原民政部门核发的法人登记证书、质量技术监督部门核发的组织机构代码证、税务部门核发的税务登记证，改由民政部门核发统一社会信用代码法人登记证书）社会组织385家。建立失信社会组织“黑名单”管理制度，健全社会组织信息公开制度，落实社会组织年度报告和重大事项报告等规定。深化政社分开，开展行业协会商会与行政机关脱钩工作，民政、财政、组织、机关事务局等相关部门，分别出台脱钩配套政策9个，其中市民政局出台《桐乡市行业协会商会负责人任职管理办法（试行）》。完成清理整顿51家业务主管单位涉及的社会团体264家、行业协会商会与行政机关脱钩工作16家。加强市、镇两级社会组织孵化园建设，市级孵化园有入驻机构11家。完善社会组织综合党委管理体制，以“三化五同步”（三化：组织覆盖多样化、组织建设标准化、组织运行实体化；五同步：社会组织培育与党组织孵化同步、社会组织登记与党建覆盖同步、社会组织年检与党建“体检”同步、社会组织评估与党建评价同步、社会组织领导班子换届与党组织负责人调整同步）工作机制推动党组织和党的工作全覆盖，全年移交新成立社会组织党建材料43份。“96345”热线全年受理市民各类求助3.1万件，回访满意率99.9%，办结率100%。配合市委组织部做好“96345”党员志愿服务工作，推动全市党员志愿服务实体化运行。加大社工人才培养，新增持证社工147人，全市累计持证社工999人。遴选首批桐乡市社会工作领军人才和社区工作领军人才各10名。培育发展社工机构，打造“社工+”服务品牌，全市有民办社工服务机构16家，其中年内新成立3家。推进社工、社区社会组织与社区协调发展，城乡社区设立社会工作站150个。深化民政领域及社工委成员单位社会工作专业服务工作，以政府购买服务方式在社会救助、青少年社会工作等领域开展专业社工服务。

推进“双拥”创建工作。春节、“八一”节期间，开展多种形式慰问驻桐部队、优抚对象、现役军人家属等活动，累计发放慰问金138.18万元、慰问品1800多份、光荣牌300多张、年历画2万多张，解决退役士兵实际生活困难100人次；组织座谈会、文艺演出等拥军活动20余场次。开展“清明祭扫”和“9·30”烈士纪念日活动，市革命历史纪念馆全年接待130批次4.3万人次。组织开展“爱心献功臣”结对帮扶、重点优抚对象短期疗休养、为现役义务兵父母购买意外伤害保险和免费健康体检等活动，营造拥军优属氛围。落实抚恤优待工作。根据市优抚金自然增长机制和省级文件要求及时调整抚恤补助标准，发放优抚金2187.57万元、医疗补助金167万元。做好义务兵优待工作，发放2016年秋季入伍全日制普通高校大学生士兵一次性奖励金178人393.66万元，发放义务兵家庭优待金629户1404.77万元。完成退伍安置工作。发放2016年秋（冬）季退役士兵自主就业一次性经济补助285人998.26万元。开展退役士兵职业技能教育培训和学历教育，政策知晓率和有培训意愿的退役士兵参训率100%，累计发放补助89.82万元。接收年度退役士兵（复员军人）329人，完成符合政府安排工作退役军人1人。做好部分退役士兵数据采集、退役士兵权益保障自查、维护退役士兵合法权益等工作。

做好移民后期扶持工作，出台《桐乡市大中型水库移民技能培训和创业培训项目实施办法》《桐乡市大中型水库移民小额贷款贴息项目实施办法》。开展三峡移民“大走访、大帮扶”活动，救助和慰问困难三峡移民家庭。全年发放移民直接补助资金每人600元，累计56.94万元。开展平安边界建设，完成“嘉湖线”行政区域界线联合检查，召开“苏浙线”平安边界建设联席会议，启动“苏浙线”“秀桐线”界桩移位工作，平安边界创建实现零纠纷。加强地名公共服务体系和地名文化建设，通过省市第二次全国地名普查抽查验收，推进地名普查成果转化利用，编制新版地图，出版《桐乡市地名词典》，完成编写《中国标准地名词典》桐乡部分。出台《桐乡市地名文化遗产保护实施办法》，公布第一批地名文化遗产名录22个。开展地名审批核准及门牌、路牌规范化设置工作，全年设置楼幢牌991块、单元牌1073块、楼层牌1330块、户室牌5540块、道路门牌6839块、弄牌9块，农村门牌277块，新发门牌证1.61万本。下发地名命名批复文件46件，其中命名道路地

《桐乡市地名词典》首发式　　市民政局提供

名12条、住宅小区地名34个、商业(办公、工业)建筑物地名6个。设置安装道路牌50块。完成3个老小区门牌规范化整治。推进殡葬改革。清明期间,龙山公墓、殡仪馆、各镇(街道)公益性公墓(安息堂)等殡葬服务场所接待祭扫人员60余万人次,实现“文明祭扫、平安清明”工作目标。推动树葬、海葬等节地生态安葬工作,完善惠民殡葬政策,全年累计为5174户丧户减免395.38万元。完成生态墓地新改扩建工作,累计新建穴位4535个,发放补助资金45.35万元。

·相关链接·

添翼计划

添翼计划项目是利用儿童福利机构的康复医疗人才资源优势,专门为7—18周岁的贫困家庭重病和残疾儿童提供为期3—9个月的集中养育和康复训练,主要通过制定个体评估方案,实施有针对性的专业化康复训练,集中开展家长康复技能培训,定期开展跟进回访等工作,不断提高孩子生活适应能力和心理应对能力。主要内容包括:

1.对所有参加添翼计划项目的患儿进行康复功能评估,根据儿童的功能状况,障碍程度,康复潜力及估计康复的预后,制定个体评估方案(康复计划);

2.根据方案分阶段实施集中养育和康复训练;

3.开展家长康复技能培训,加强家庭康复养育指导,使其掌握简单的训练方法,巩固孩子的康复效果,为家庭康复打下良好的基础;

4.开展后续跟进的定期回访服务,及时掌握患儿康复情况,了解其下一步的康复需求;

5.定期对项目开展进行总体效果评估,以保证添翼计划项目的可持续发展。

【探索社会救助工作社会化】 4月,市民政局引建桐乡市惠民社工事务所,采用政府购买服务方式,协助市民政局开展政策宣传与培训、申请(享受)救助家庭经济状况核(复)查、救助对象主动发现等工作,为社会救助工作增加监督渠道。全年,桐乡市惠民社工事务所承接入户核查业务400余笔,核查居民家庭经济状况核对系统平台业务2万余笔,抽查村(社区)工作32个,检出不符合救助政策申请户263户,涉及资金200余万元。

【完成全市村(居)委会换届选举工作】 5月,桐乡市完成市第十一届村民委员会和第四届社区居民委员会换届选举工作。全市选举产生村(居)委会主任211人、村(居)委会副主任及委员588人,村(居)民代表1.18万人,选举成功率100%。加强村(社区)干部队伍建设,举办2017年桐乡市社区党组织书记、村(居)民委员会主任培训班,全市33个社区党组织书记、122个村(居)民委员会主任155人参加培训。培训中,坚持理论联系实际,安排城乡社区治理、“两学一做”、优秀村(社区)书记经验介绍,以及赴长兴县雉城街道大西门社区、龙山街道渚山村参观考察等内容,具有较强针对性和实用性。

【“光荣之家”凝聚社会力量拥军】 2017年,市民政局以政府购买服务形式,委托市退役士兵服务中心为承接“光荣之家”优抚服务项目,实施村(社区)网格化对接,因地制宜发展专兼职服务队伍,深化政策宣传、节日慰问、困难帮扶等家园式服务。洲泉镇民间拥军协会作为全市首家民间拥军协会,以开展困难军人家庭救助、军地青年联欢联谊、重大节日慰问烈军属等活动为主要业务范围,通过调动社会各界和群众力量,在全镇形成主动开展拥军优属风气,全年慰问

11月9日,欢迎退役士兵光荣回乡　　市民政局提供

全镇退役军人90余人。

【婚姻登记处提档升级】 4月24日，市婚姻登记处入驻市公共服务中心，完成婚姻登记处提档升级。全年办理结婚登记4662对、离婚登记1664对、补结婚登记证995本、补离婚登记证148本、出具无婚姻状况证明1份。推广婚姻家庭辅导，聘用社会组织"彩红家庭工作室"、中锐律师事务所、国毅律师事务所，全年劝回想离婚当事人26对，免费指导签订离婚协议135份。为300多对新人免费提供颁证仪式服务。

2017年桐乡市新命名道路

表30

序号	新命名道路地名	地址	里程
1	安康路	梧桐街道众善村村部东面，南起校场西路、北至振兴西路，穿过众善小区二区和众合小区两个居民区	637米
2	宏晖路	梧桐街道校场东路北侧，东起桂祺路、西至爱国路	303米
3	桂祺路	梧桐街道梧桐华府东侧，南起校场东路、北至和平东路	581米
4	新中路	崇福镇开发区内，南起崇福大道(320国道)、北至店街塘港	1224米
5	永兴中路	洲泉镇镇区，南起金鸡路、北至利民桥	680米
6	汇智路	乌镇镇西栅景区，东起西栅大街、西至乌镇互联网国际会展中心停车场	460米
7	青恒路	洲泉镇青石集镇青成名苑东侧，南起青石路、北至青石村费家角自然村	660米
8	康达路	洲泉镇晚村集镇南塘桥路北面，东起晚村路、西至晚村村西浜里自然村	720米
9	湘洲南路	洲泉镇镇区，南起环城南路、北至金鸡路	1100米
10	湘洲北路	洲泉镇镇区，南起金鸡路、北至德胜路	1200米
11	福兴南路	洲泉镇镇区湘洲南路东面，南起中洲东路、北至金鸡路	700米
12	兴翔路	乌镇镇龙翔工业区，东起新开河、西至东怡路	310米

老龄工作

【概况】 2017年，桐乡市60周岁及以上老人17.46万人，占全市总人口25%，其中：80周岁及以上老年人2.39万人，占老年人总数的13.7%；百岁老人18人。全市有养老机构24家，床位6237张，每百名老人拥有养老机构床位3.57张；护理型床位2938张，占总床位47.1%；民办养老机构3家，床位681张。实现居家养老服务照料中心全覆盖，全年完成镇级居家养老服务照料中心示范点建设3家，24家居家养老服务照料中心新建或提档升级，其中新建13家，提档升级11家。政府出资为全市60周岁以上户籍老年人购买意外伤害保险301.62万元，全年总报案数1063人次，结案赔付622人次，赔付金额157.4万元。全市1.71万名80周岁及以上高龄老人发放津贴，人均发放月标准50元。全市3.5万名老年人参加城镇职工医疗保险。建立完善农村医疗保险机制，参加城乡居民医疗保险老年人14.61万人。完善低保动态管理制度，纳入最低生活保障困难老年人3471人。

全年办理、发放老年优待证5427张。全面完成桐乡市第四届老年人协会换届选举工作。老年电大春、秋两季招生学员1.4万人，开展老年电大第二、三课堂活动。组织各类为老志愿服务，开展第三届桐乡市"敬老文明号"创建活动。在全国第二届敬老文明号评选中，桐乡市社会福利中心获全国"敬老文明号"称号。市椿熙堂老年社会服务发展中心获省级"敬老文明号"称号。浙江双箭橡胶股份有限公司沈耿亮获全国敬老养老助老模范人物，崇福镇养老服务中心沈建萍获全省敬老养老助老模范人物；河山镇倪会新获嘉兴市“十佳孝子”称号；梧桐街道唐秀娟、董秋霞获嘉兴市“十佳为老志愿者”称号。第五个“老年节”期间，开展宣传、慰问、表彰等系列活动。实施养老服务人员素质提升工程，举办首届养老机构院长论坛，130 多名一线人员参加养老护理员和养老机构专项技能培训，其中 70 人获养老护理员证，42 人获专项技能证书。全年完成人大、政协议案、提案答复 11 件。

【强化养老服务设施建设】 2017 年，市民政局开展公办养老机构服务质量建设专项改造，投入 500 余万元。在全市养老机构中推广使用智慧式用电安全隐患监控服务系统；在市社会福利中心试点引进科技智能产品，推动养老服务模式转型升级。凤鸣街道养老服务中心与桐乡和济颐养院有限公司签订委托托管协议，成为全市规模最大、投入最多、设施最全的公建民营养老机构。完善居家养老服务功能，推进新业态建设。乌镇椿熙堂照护之家集居家养老和机构养老为一体，成为全市首家社区养老服务综合体；屠甸镇恒丰村建成居家养老服务综合中心集居家养老、医疗卫生、文化活动、便民服务为一体，成为全市建设村级居家养老综合中心样板。

【打造“智慧养老”服务品牌】 2017 年，乌镇“智慧养老”试点进入第三年，试点经验逐步推广。在全市按照“低成本、高效率、可复制、易推广”的原则，实施智慧养老模式的推广和落地。崇福居家养老服务照料中心正式揭牌启用，梧桐街道智慧养老示范点完工建成，洲泉镇等镇（街道）筹备建设居家养老服务照料中心示范点。乌镇“互联网＋”养老服务新模式被国家发展改革委办公厅、民政部办公厅、全国老龄办综合部评选为全国养老服务业发展典型案例。乌镇获得智慧健康养老全国示范镇，并作为代表上台接受工信部、民政部、卫计委授牌，智慧养老已经成为桐乡智慧城市建设过程中的一张“金名片”。

和济颐养院凤鸣分院　　市民政局提供

【推进医养结合发展】 2017 年，桐乡市加快推进医养结合发展，为满足不同层次老年人就医需求，通过政府试点、机构探索、社会协作等方式，探索创新多种医养结合模式。颐康养护院建成护理院，设置护理床位 90 张，成为全市第一家医养结合型养老机构。乌镇椿熙堂照护之家养护院、桐乡市颐康养护院、桐乡和济颐养院列入市首批长期护理保险定点服务机构范围。市社会福利中心、镇（街道）养老服务中心就近和社区医疗卫生服务中心（站）签订协议，社区医生定期上门提供基础医疗服务。全市 160 家居家养老服务照料中心与所属社区卫生服务站开展医养结合工作签约，50 家居家养老服务照料中心与嘉兴市康慈医院、市一院、市中医医院等 20 多家医疗机构和单位开展一对一、多对一的医养结对帮扶志愿服务活动。在镇（街道）社区卫生服务中心、康复医院、康慈医院等医疗机构设置医养结合护理型养老床位，开展康复服务。

【提升养老服务标准化水平】 2017 年，市民政局通过政府购买服务与嘉兴市老年服务业协会和嘉兴市青鸟社会服务中心两家第三方组织签订协议，对养老机构、居家养老服务照料中心进行星级评估。全市 17 家养老机构共有13家获得星级，上星率76.5%，发放运营补助资金180.8万元；评出AAA级以上的照料中心96家，下拨以奖代补的运营经费448万元。桐乡市成为嘉兴地区首个实现养老服务质量评估机构和居家全覆盖县(市)，并走在全省前列。加强养老机构食堂食品安全管理，创建"阳光厨房"养老机构10家，带动养老服务业标准化水平整体提升，成功申报国家级服务业标准化试点项目("互联网＋"养老服务标准化试点项目)和省标准化养老试点项目。

2017年桐乡市百岁老人名录

表31

序号	姓　　名	性　　别	出生年月	家庭地址
1	高春香	女	1910.02	崇福镇星火村
2	劳叙英	女	1914.01	崇福镇东安村
3	张楚云	男	1914.06	石门镇墅丰村
4	王士元	男	1914.10	崇福镇上市村
5	金生浩	男	1915.01	崇福镇东安村
6	程阿大	女	1915.02	梧桐街道梧桐村
7	姚富英	女	1916.01	乌镇镇东苑社区
8	褚三宝	女	1916.05	屠甸镇海星村
9	江振宇	男	1916.08	梧桐街道永宁社区
10	陈发来	女	1916.11	河山镇华台村
11	金玉珍	女	1917.02	洲泉镇众安村
12	陈月清	女	1917.02	开发区李家弄村
13	朱有根	男	1917.03	乌镇镇单桥村
14	曹云娥	女	1917.05	崇福镇上市村
15	柴秀英	女	1917.06	乌镇镇南宫社区
16	沈云珍	女	1917.10	屠甸镇屠甸社区
17	冯杏宝	女	1917.12	乌镇镇银杏社区
18	蔡美金	女	1917.12	濮院镇新星村

(沈　娟)

慈善工作

【概况】 2017年，桐乡市慈善总会募集慈善资金和增值资金3597.25万元，全市三级慈善资金累计结余24354.3万元；各项救助和公益项目等资金支出2364.24万元，5229个家庭受惠。慈善"一日捐"活动有104个部门(单位)、11个镇(街道)3.13万人参与，募集善款和互助基金514.77万元。接收企业冠名基金增值资金、企业定向资金、企业专项基金、村级帮扶基金及各界爱心人士捐款等3082.48万元，其中桐昆集团、新凤鸣集团、新澳集团、恒美服饰、佳源房产、华友钴业、巨匠集团、恒基建设等企业捐款超1000万元。接收桐乡佳韵纺织品有限公司捐赠特制新棉被300条，浙江梦卡诺家纺有限公司捐赠的棉被、床垫、枕套等5140条(套)，桐乡市致远环保科技有限公司捐赠围巾140条。开展市三级慈善组织联动"祥和春节"救助活动，发放救助及慰问善款869万元，救助困难家庭3700多户，助老慰问4500多人；年内对因病、因残、无劳力、无经济来源困难家庭或发生突发性事件需要帮助的家庭发放救助金

300多万元，近800户家庭受惠；对新学年92名大学新生和历届246名在读大学生、研究生发放助学金159.15万元，至暑假，累计资助困难家庭大学生1196名，发放助学金1525万元，833名学生完成学业，走上各自工作岗位；大病医疗慈善互助进入第三个年头，相关规定完善，对市行政机关事业单位2017年度符合补助条件、报批手续齐全的188名大病患者家庭，发放大病医疗慈善互助补助金221.66万元，成为政府救助的有效补充；向市康复疗养院捐赠电视机、洗衣机和微波炉等物品，为美化城市作出贡献的1000多名环卫工人赠送雨披、T恤、大衣3400多件，为开化县贫困山区留守儿童赠送衬衣7100多件。慈善义工在册登记2417名，慈善义工队15支，2.9人次参与各类献爱心活动，服务时间6.9万小时，新增注册义工230人、星级义工301人，涌现一批省市级先进团队和先进个人，市慈善义工协会获评市AAA级社团组织。市慈善总会加强自身建设，举办各分会秘书长、财务人员和总会全体工作人员业务培训会；党员先锋站组织开展增强党员宗旨意识、争当"两学一做"（学党章党规、学系列讲话，做合格党员）主题党日活动；培养青年积极分子，向社区推荐入党积极分子1人，协助培养预备党员1人。市慈善总会被市委、市政府授予2017年度桐乡市"优秀社会组织"称号，获评嘉兴市2017年度"优秀社会组织"称号。

【慈善创新持续推进】 2017年，市慈善总会开展"党员引领、千名慈善义工助力剿灭劣V类水巡查行动"，500余名党员义工引领1000余名义工分赴191条河道开展巡查，为全民治水战营造良好氛围；服务党建工作，与市委组织部联合开展纪念建党96周年困难党员集中慰问活动，向40名困难党员发放慰问金和慰问品；服务信访善后，开展特殊对象个性化帮扶，一批相关人员突出问题得到妥善解决。拓展慈善平台，年初，市慈善总会联合梧桐街道义工联合会、浙江东兴商厦股份有限公司、桐乡市广播电视台，在东兴生活广场举办慈善迎春嘉年华活动，活动集慈善文化宣传、春联祝福、义诊和各类社会志愿者服务以及小额募集；9月，与市电视台合作举办秋季家博会活动，结对助困开展慈善募集，使慈善理念融入企业、社会；尝试与市网联会合作，拓宽微信平台对外募捐通道，形成"人人可慈善"氛围。提升项目成效，鼓励困难大学生奋发进取、全面发展，新设大学生励志慈善奖学金，对56名大学生的78个奖项，每项发放600元—5000元不等的奖励，发放奖学金10.34万元。

8月25日，市慈善总会举行2017年大学生助学金暨奖学金发放仪式　市慈善总会提供

【实施造血型扶贫救助】 2017年，市慈善总会根据省第二轮农信基金造血型扶贫项目要求，实施造血型扶贫救助。扶持全市27个村78户困难家庭，饲养春蚕种136张。扶持户一季蚕茧总产量0.66万千克，平均张产48.6千克，总收益31.87万元，户均收入4086元。其间举办饲养技术培训班，技术人员多次上门对农户进行技术指导，慈善义工帮助采摘茧子。赠送饲养120天的蛋鸡390只给16户扶持户，并提供多批鸡饲料。扶持养羊，种植杭白菊、蜜梨以及劳动就业等扶持户29户，给予化肥、农药等生产资料支持和资金补助，扶持户收益明显增加。新增"绿色过冬"子项目，17户种植榨菜扶持户，户均增收2000余元。省慈善总会对"因户制宜帮扶，量力而行

选项”做法给予肯定和赞赏。

【传播慈善文化】 2017年，全国报道桐乡慈善的媒体21家，文章144篇。其中《钱江晚报·今日桐乡》《桐乡通讯》等市级媒体66篇，《嘉兴日报》《南湖晚报》等地市级媒体36篇，《浙江民政》《浙江慈善》等省级媒体27篇，《慈善公益报》《中国社会报》《人民网》《中国网》等国家级媒体15篇。发行《钱江晚报·桐乡慈善》专版12期36万份。《桐乡慈善网》视频与《桐乡新闻网》衔接，关注人数增加；桐乡慈善微信公众平台，全年发布39期136篇。印发《2017年桐乡慈善爱心册》《桐乡市行政事业单位人员大病医疗慈善互助基金参加人员名册》数千册。慈善救助对象信息通过《2017年桐乡慈善爱心册·救助篇》依法公开。年内，山东省临沂市慈善总会和浙江省开化县、德清县、海盐县、南湖区、秀洲区等省内外同行到桐乡进行工作交流。

（周汉江　胡佳境）

消费者权益保护

【概况】 2017年，桐乡市消费者权益保护委员会受理各类消费者来信、来人、来电7123件，其中咨询4711件、投诉1761起、举报651起，处理率100%，比上年分别增长163%、308.2%、93.8%和6.4%，为消费者挽回损失171.66万元。围绕中国消费者协会“网络诚信 消费无忧”年主题，开展“3·15”国际消费者权益日宣传活动。多种方式展示消费维权成果，通过活动现场和报纸媒体发布桐乡市消费维权十大案例及食品药品违法十大案例，引导理性消费。组织29个部门及公用企业进行现场宣传咨询活动，发宣传资料6045份，接受咨询958人次。

【实施放心消费在桐乡行动】 2017年，市消保委根据浙江省政府办公厅《关于全面实施“放心消费在浙江”行动的意见》文件精神，出台“放心消费在桐乡”行动实施意见，召开市消费者权益保护工作联席会议。由联席会议办公室承担实施“放心消费在桐乡”行动日常工作，通过报纸、微信、海报等形式进行宣传，动员全市经营主体申报浙江放心消费示范单位。全市申报放心商店59家、放心网店59家。组织消费维权义工对上述申报的消费场所进行消费体验。新建消费维权绿色通道企业13家、发展先行赔付企业7家，新增金融消费维权服务站4家。打造乌镇景区放心消费样板，为放心消费注入互联网元素，指导乌镇景区出台放心消费无理由退货实施办法，将无理由退货内容与二维码相结合，消费者只需扫描店铺二维码即可了解该店无理由退货承诺情况，使游客放心消费“可看、可感、可检查”。

【完善消费维权网络体系】 2017年，市消保委巩固消费维权五进机制（即进社区、进市场、进超市、进学校、进景区），完善消费维权网络体系，做到国家AAA以上旅游景点维权服务站全覆盖。通过“自律、规范、监督、服务”并行的维权举措，保障网购消费安全。景点维权服务站协助调解旅游景区内网购消费纠纷，收集与反馈网购消费信息，全年调处网购消费纠纷16起。

【开展维权队伍全员培训】 2017年，市消保委加强对消保工作人员法律法规知识和心理素质、化解矛盾、舆情管理等能力的综合培训。全年组织学习《浙江

3月15日，举行放心消费在桐乡 食品安全保民生大会　市消保委提供

省实施〈中华人民共和国消费者权益保护法〉办法》，分别开展消保条线师资培训和全员培训，培训100余人。做好全国“12315”互联网平台操作培训，落实操作规范，明确职责分工与协调配合。全国“12315”互联网平台分流件，每件投诉、举报件均及时规范处理与反馈。并按照“八个一”（具有一处相对固定的场所、一块标识牌、一名以上专职或兼职工作人员、一块宣传栏、一部相对固定电话、一台计算机、一本受理和处理消费者投诉登记簿、一套受理和处理消费者投诉的工作制度上墙）标准，统一工作流程、工作制度、快速反应机制，定员定岗，公开电话，方便消费者及时消费投诉。

【羊毛衫质量比较试验】 2017年，市消保委随机抽样注册地在桐乡有羊毛衫网店的实体店，抽取不同商家不同规格羊毛衫20个批次，重点选取影响消费者人身健康以及消费者关注度较高的一些指标，主要包括可分解致癌芳香胺染料、纤维含量、起球、pH值、异味、色牢度、使用说明等。根据16个批次合格、4个批次不合格的检测结果，通过比较分析，引导消费者正确消费。

（程　辉）

宗　教

【概况】 2017年，桐乡市有佛教、基督教、伊斯兰教三大宗教和市佛教协会、基督教协会、基督教“三自”爱国运动委员会3个宗教团体。批准开放宗教活动场所25处，其中佛教寺院12处、基督教堂11处、天主教堂2处、穆斯林礼拜点1处；民间信仰活动场所75处，宗教教职人员83人。1月15日，《太虚》会刊第二期首发仪式暨太虚大师诞辰127周年纪念法会在桐乡市慈云禅寺举办。2月10日，香海禅寺成立全市首个微型消防站，进行“防消宣一体化”运作。4月4日，双庆寺举办第十一届双庙渚·江南水上蚕花盛会。4月29日，福严民俗节暨第四届福严寺景区素食文化旅游节开幕。6月21日，佛教界人士赴河北省西柏坡革命根据地接受红色教育。7月19日，市民宗局联合市红十字会举办宗教界人士应急救护培训。9月8日，市民宗局举办第五届“宗教界人士看桐乡”活动，带领宗教界人士参观乌镇互联网国际会展中心和乌镇乌村。8月16日，市佛教协会联合桐乡市青少年宫远赴云南贫困山区开展“爱心助学”公益活动。9月29日，市民宗局召开“识大局、守规矩、起作用”全市基督教青年传道人座谈会。10月18日，佛教协会组织佛教界人士和信众收看中共十九大开幕式。11月28日，市民宗局组织全市佛教界开展消防实地演练。

【《太虚》会刊第二期首发仪式暨太虚大师诞辰127周年纪念法会】 1月15日，《太虚》会刊第二期首发仪式暨太虚大师诞辰127周年纪念法会在市慈云禅寺举办。活动首先举行《太虚》会刊第二期首发仪式，桐乡市太虚大师研究会会长叶瑜荪及市民宗局、市文体局等领导，向寺院代表赠送会刊。纪念法会在大雄宝殿进行。市民宗局、市佛教协会有关领导，市太虚研究会理事全体成员，中央国家机关美术家协会名誉主席、桐乡籍画家吴蓬及各寺僧俗代表、太虚大师故里乡贤等近60人参加活动。

【公共事务管理（寺院管理）大专班开班】 4月13日，市2017公共事务管理（寺院管理）大专班

4月13日，桐乡市2017公共事务管理（寺院管理）大专班举行开班典礼　　市民宗局提供

开班典礼在市佛教协会举行。全市各寺院28名僧人走进大专课堂，开始为期两年半大专课程学习。大专班主要课程为《哲学》《马克思主义基本原理》《管理学》等基础课程，以及《佛学概论》《戒律学纲要》《社会学概论》等专业课程。20门学科教学由远程教育和面授课相结合，每门课程都要参加期末考试，满学学生颁发西南大学大专学历文凭。市佛教协会推出奖励政策，鼓励全市僧人学习社会知识，提升僧人自身修养。

【第五届汉传佛教讲经交流会】 4月23日，桐乡市第五届汉传佛教讲经交流会在市佛教协会举行，全市6处寺院10名僧人交流学习佛经心得体会。讲经交流会以"慈悲·圆融·宏博"为主题，围绕《金刚经》《心经》《阿弥陀经》《坛经》等16部经典佛经进行交流。每位讲经者从一部经书中选择部分经典内容或某些论点，结合自己修学心得体会，阐释佛法奥义。经过评委老师筛选和点评，评出一等奖1名、二等奖2名、三等奖3名。

【启动宗教界不当旁观者活动】 4月24日，市民宗局组织"'剿劣'百日攻坚 宗教界不当旁观者"公益活动在屠甸镇海星村启动。全市宗教界代表和信教群众代表参与，展现宗教界助力剿劣热情和决心。仪式上，市佛教协会会长乘心法师宣读倡议书，呼吁全体宗教界人士和信教群众以主人翁态度，参与剿劣攻坚战。剿灭劣Ⅴ类水事关生活、工作在桐乡每个人，需要全民参与，当好剿劣宣传员、战斗员、监督员。宗教界代表与海星村签订七分坝浜共剿协议，由宗教界认领海星村七分坝浜为剿劣对象，开展剿劣活动、河道管护。市佛教协会和基督教"两会"分别捐款4万元和1万元用于七分坝浜各项剿劣工作。

【民间信仰场所消防安全分类监管和委托协管签约仪式】 8月24日，市民宗局举行民间信仰场所消防安全分类监管和委托协管签约仪式。全市各镇（街道）、开发区分管统战领导，已备案登记场所所在地村（社区）协管村干部和民间信仰场所主要负责人150余人出席，嘉兴市民宗局副局长马继宁应邀参加签约仪式。会上，民间信仰场所代表卫曹庙、东田庙、秀庄庙、黄坡庵负责人与嘉兴永恒消防技术有限公司签定委托协管协议。嘉兴市民宗局向徐家庙、崇福庵、含村庙负责人颁发消防安全等级牌。第三方消防检测机构嘉兴永恒消防技术有限公司通报前期对民间信仰场所检测过程中发现的安全隐患，并从场所消防安全制度、提升消防安全能力、用火用电安全及正确使用消防灭火器材四个方面进行培训。

民　　族

【概况】 2017年，桐乡市有少数民族50个，人口4.38万人，其中常住少数民族人口4024人、外来少数民族人口3.97万人。少数民族人士中，担任嘉兴及桐乡市级人大代表各1人，担任桐乡市第六届政协委员2人，担任桐乡市第十三届党代表1人。市民宗局与乌镇镇政府对接，依托"乌镇管家"开展"乌镇管家＋民族服务"，创新城市少数民族服务工作。5月10日，举办少数民族妇女插画培训。11月11日，濮院镇少数民族代表组队参加全民运动会。市民宗局会同有关部门开展民族团结宣传，做好服务工作。按照相关政策、法规，维护少数民族群众合法权益，照顾少数民族子女入学，办理高考确认证明3人。

【举办"民族团结一家亲"专题文艺汇演】 4月27日，桐乡市民宗局、濮院镇党委主办的"民族团结一家亲"专题文艺汇演在濮院镇永联村文化大礼堂举行。500多名群众观看演出。演出在新联村舞狮队表演中拉开序幕，新疆维吾尔族同胞表演都达尔弹唱、新疆舞；随后开展少数民族知识有奖问答环节，介绍少数民族相关知识，增强各民族相互了解。演出活动以"民族团结一家亲，欢聚一堂心连心"为主题，展现少数民族群众才艺，增强少数民族同胞在桐乡工作、生活的认同感和归属感，传递民族团结、进步正能量。

（周　海）

概　　述

2017年，桐乡市引进各类人才6410人，其中高层次人才443人，引进培育市级以上创业创新领军人才10人。新增市级外国专家工作站1个，入选省级海外工程师1人、嘉兴市级海外工程师2人，新建博士后工作站(基地)6个，授牌开题3个。推进就业再就业工作，全年新增城镇就业人员1.56万人，城镇失业人员实现再就业7780人，其中帮助困难人员实现再就业2317人。扶持农村电商创业1109人，农村电商创业带动就业5695人。扶持大学生创业367人，发放创业贷款1086万元。帮扶残疾人创业就业57人。城镇登记失业率控制在2.87%以内，就业形势基本稳定。全年新增职工基本养老保险3.37万人，净增基本医疗保险参保5600人、失业保险参保6992人、工伤保险参保3580人、生育保险参保3580人。全年新增高技能人才3980人，创业培训902人，农村电商培训2102人，残疾人电商培训125人。

全年完成劳动保障书面审查8152家，企业劳动保障信用评价1500家。主动监察用人单位222家3.06万人；办理各类案件220件，其中欠薪167件，涉及职工517人675.2万元。处理欠薪突发事件4件，涉及职工32人57.7万元。向公安机关移送涉嫌拒不支付劳动报酬犯罪案件13件，涉及职工264人428.7万元。全年立案受理劳动争议331件，审结329件，其中调解结案291件，调解率88%。调处10人以上集体争议案件11件。

人才工作

【概况】 2017年，桐乡市深入开展招才引智活动，做好创业创新领军人才队伍、人才开发、人才引进、人才服务等一系列人才工作。

制定"人才新政"实施细则，在政策兑现上不另设门槛，简化办理程序，营造开放包容的政策环境。统筹推进企业经营管理人才、高技能人才、专业技术人才、社会工作人才等6支人才队伍建设，推进新农村建设人才、现代服务业高端人才、教育人才、文化人才、卫生专业人才等人才队伍建设，为全市各行各业提供人才支撑和保障。接轨上海有序推进，全年赴上海开展招才引智3次，引进上海高层次人才43人。

开展人才项目推荐申报工作，获评"创新嘉兴·精英引领计划"3人，其中创业类人才项目C类2人、创新长期人才项目B类1人。全年开展桐乡市级创业创新领军人才项目申报评审3次，认定贾韬博士及其"微型智能植物工厂的研发与产业化"等12名海内外高层次人才及项目为2017年度桐乡市级创业创新领军人才及项目。抓好领军人才项目落户工作，2016年入选的7个嘉兴市领军人才项目，成功落户桐乡6个，累计落户45个，其中创业类领军人才项目39个，累计注册资本7.2亿元。

加强企业与高校合作，提升科研水平。全年新增桐昆集团股份有限公司、新凤鸣集团股份有限公司、浙江双箭橡胶股份有限公司、浙江嘉澳环保科技股份有限公司、浙江巨能环境工程设备有限公司、巨匠建设集团有限公司为浙江省博士后工作站。桐昆、双箭、新凤鸣等3家企业博士进站，已授牌开题。全市有博士后工作站8家，其中国家级1家、省级7家，授牌5家，招收培养博士后9人(4人已出站，5人在站)，巨石博士后工作站获项目择优资助1项，华友钴业1出站博士企业签约留用。

做好外国人来华管理服务工作，引导全市企业合法聘用外国人工作。4月，完成外国人入境就业许可和外国专家来华工作许可整合，全面运行外国人来华工作管理服务新系统；梳理全市企事业单位聘用外国人情况。全年“外国人来华工作管理系统”注册单位67家，其中认证单位22家；全年引进外国人才28人，累计80人。其中具有专家证9人、就业证47人、新工作证24人。引进港澳台人才74人。

打造阳光职称评审，公布2016年度评审取得资格1126人，全年审核各系列高中初级评审申报材料1312人。加强资格考试，多途径培养专技人才，全年24类考试取得资格927人。充实基础专技人才队伍，全年审核确定高中初级资格1057人次。择优推选，培养发展高层次专技人才，入选嘉兴市首批杰出人才13人；入选2017年度浙江省“151”人才工程第三层次3人，其中1人获资助3万元。加强专业技术人员继续教育培训工作，组织各企事业单位专技人员完成年度90学时培训，组织6人参加省经济专业高研班培训。

开展技能大师工作室创建活动，全年新增省级技能大师工作室1家，累计3家；新增嘉兴市级技能大师工作室2家，累计7家；新增桐乡市高技能人才工作室13家。获评“南湖百杰”工匠之光奖1人。重视高技能人才推优评优工作，有浙江省首席技师1人、嘉兴市首席技师6人、南湖百杰高技能人才奖4人、嘉兴工匠1人。

【桐乡市博士后工作现场会】 参见《工业·化纤》中相关条目。

【颁发首张新版“外国人工作许可证”】 4月，桐乡市全面实施外国人来华工作许可制度，将“外国人入境就业许可”和“外国专家来华工作许可”整合为“外国人来华工作许可”，实行来华工作外国人统一管理，简称“两证合一”。7月3日，桐乡市人社局为茅盾中学的外国专家Johnmar Deligero颁发全市首张新版“中华人民共和国外国人工作许可证”。这位专家属菲律宾籍，受聘于桐乡市茅盾中学，9月开始在该校从事英语教学工作。

11月9日，桐乡市博士后工作现场会在桐昆集团恒通企业研究院召开　　市人社局提供

【首位外国专家获省级“海外工程师”资助】 10月25日，浙江华友钴业股份有限公司聘请的外国专家高炯信入选2017年度浙江省扩大海外工程师引进计划入选人员名单，是全市首位，并获资助。高炯信，韩国国籍，具有近20年的专业领域工作经验，是公司研发新产品、提升公司技术水平和核心竞争力引进的高层次科技创新人才，现任公司新材料研究所所长，为公司产业化发展、走高端国际化路径，提供有效的技术支撑和保障。

【首次发放嘉兴市杰出人才补助】 2017年，13名专技人才入选嘉兴市首批杰出人才培养人员，其中第二层次4人、第三层次9人，分别来自教育、卫生、质监和企业一线，均为各自行业专业型人才。全年2次组织入选人员7人参加疗休养。兑现落实首批嘉兴市杰出人才三年培养周期经费资助，发放第二层次人员的一次性补助和13位入选人员年度工资外津贴，合计10.45万元。

【第二届桐乡市“金蓝领”高技能人才评选活动】 7—9月，桐乡市开展第二届“金蓝领”高技能人才评选活动。活动分组织发动、申报初审、综合评定、表彰奖励4个阶段进行，评选对象为桐乡市行政区域内的企业生产一线从事生产或作出贡献，具有高级工及以上职业资格证书的技能人才，热爱祖国，遵纪守法，爱岗敬业，具有良好的职业道德和敬业精神。重点从桐乡市支柱产业、先进制造业、“一业一网”（旅游业、互联网）、新兴产业及非遗文化领域等技能含量较高的岗位中选拔一批技能尖兵和行业模范，推动优秀高技能人才脱颖而出。最终评选出10名桐乡市“金蓝领”高技能人才。

人事管理

【概况】 2017年，市人力社保局规范开展人事考录工作。实行公务员“阳光招考”，报名2944人，参考2323人，招录65人，为3名报考其他地区面向残疾人招录职位的考生专设考场。全年事业单位公开招聘报名5095人，参考4083人，招录166人。面向应届师范类毕业生招聘教师37人，招聘高层次人才5人，大学生村干部8人，国企员工17人，选调事业单位工作人员5人。招聘教育系统紧缺专业应届毕业生38人，卫计系统39人。

稳步推进公务员管理和军转安置工作。完成2016年度全市3031名公务员年度考核工作，获三等功92人、嘉奖477人，2名考核不称职人员作降职处理，审核批复138人晋升相应职级。对新进入公务员队伍的107人进行任职定级，为其中88人办理公务员登记报批手续。年内办理公务员转任99人。开展全市公务员“学法用法三年轮训行动”第一年的轮训工作，1261人参加培训。对60名新录用公务员开展初任培训，组织没有基层工作经历的新公务员到基层锻炼。开展以大数据时代政府治理创新为内容的公务员更新知识网络培训，培训3470余人。安置营及以下军队转业干部12人，做好1名自主择业军转干部服务和84名企业军转干部维稳解困工作。

9月30日，2017年桐乡市新录用公务员军事训练活动在市行政学校举行　　市人社局提供

做好事业单位岗位设置和聘任管理工作，对市卫计系统医疗单位、市民政局、市委宣传部、市机关事务管理局等进行岗位设置方案变更调整。做好专技人员岗位聘任审核工作，审核聘任专技人员1000余人。对卫计局下属事业单位进行第二轮岗位设置工作，设置岗位3100余个。做好事业单位人员调动审批工作，全年办理事业单位调动52人，其中市内调动23人、市外调入17人、调往外市12人。

落实各项工资福利政策。完成机关公务员两年一次正常晋升级别工资档次、五年一次正常晋升级别工资和事业单位工作人员一年一次正常晋升薪级工资工作。核定市人民检察院、市人民法院绩效考核奖。完成机关公务员和企事业高级专业技术人员体检工作。组织10批次189名优秀公务员外出疗休养。对政调企人员进行慰问及因病救助，慰问170人107.1万元，救助36人9.9万元。对1949年10月1日至1950年6月30日参加革命工作享受供给制待遇的27名退休干部进行慰问。

【公务员“阳光招考”呈现四个新变化】 2017年公务员“阳光招考”考录时间大幅提前，笔试由以往每年4月全国联考，提前到1月上旬举行，考录试题由省里自主命题；根据基层需求，安排一线执法岗位以及乡镇机关招录21个职位，面向嘉兴市生源或户籍进行考录，约占全市招录的43%；笔试科目类别减少，继续采取分级分类考试模式，取消公安和综合行政执法职位，公共科目考试调整为基层类、优秀村干部类两种类型；面试成绩比重变大，笔试、面试占总成绩比例由原来5∶5调整为4∶6，更加侧重于考生的面试表现，方式也更加灵活多样。

【创新规范事业单位公开招聘】 2017年，市人力社保局创新举措、规范程序，提升事业单位公开招聘公信度。由纪检监察人员对试卷取送、保管进行全程监督，确保考试信息安全；面试全部聘请异地考官，并实行“三抽签”（主考、考官、考生随机抽签）制度，考场实行全封闭管理，面试方式、面试标准按照公务员模式进行；随机抽签产生体检医院，确保体检工作的公平公正；首次把浙江传媒学院桐乡校区毕业生作为生源地列入桐乡事业单位招聘范围。

【职称外语和计算机应用能力考试改革】 2017年，桐乡市深入推进职称制度改革，从4月1日起，专业技术人员职称外语和计算机应用能力考试作出重大调整。专业技术人员在申报评审各系列中级资格、初定中级资格和通过考试取得中级资格聘任职务时，职称外语和计算机应用能力考试不作为必备条件；鼓励专业技术人员根据专业技术岗位需要，通过多种方式加强学习，不断提升外语水平和计算机应用能力，更好适应行业发展和经济社会发展需要；专业技术人员申报评审高级资格时，对职称外语和计算机应用能力考试要求，根据省有关规定执行。

就业创业

【概况】 2017年，市人力社保局贯彻落实《桐乡市人民政府关于支持大众创业促进就业的实施意见》，对乌镇镇、濮院镇发放2016年度创业小镇场租补助335.7万元，协助崇福镇开展创业小镇申报。落实各项政策性补贴，公益性岗位安置34人，享受补贴74.4万元，审核发放各类灵活就业人员社保补贴8696人2459.7万元，审核通过小微企业招用高校毕业生社保补贴4人2.8万元，审核发放创业担保贷款贴息5971.6元。审核18家大中专毕业生见（实）习基地补贴，涉及171人74.4万元。新申报创业基地2家，累计9家。

减轻企业负担，全面落实2016年度企业稳岗补贴申领发放工作，涉及818家企业1100余万元。新增领取失业金职工1246人，全年领取2147人，发放失业金1.04万人次1296万元，基金滚存节余4.92亿元。核发农民合同制职工生活补助3302人次，窗口办理“就业失业登记证”2670人次。为残疾人提供就业创业政策指导，开展电商培训，举办残疾人就业专场招聘会，帮助30多名残疾人实现就业。

落实征地人员分流安置工作，全年分流安置失地人员7836人，其中养老保险安置4252人，占54.3%，涉及资金28746万元；一次性货币安置3584人，涉及资金3811.8万元。帮助群众办理失地农民身份证明，联系申请生活补助等，解决群众历史遗留问题。贯彻落实被征地农民衔接转入企业职工基本养老保险新政策，协助群众办理相关转接手续。做好京杭运河航道整治工程征迁分流安置工作，全年

7月14日，桐乡市2017年高校毕业生专场招聘会在市人力资源市场举行　　市人社局提供

审核通过符合享领条件的征地人员 811 人，对符合条件人员发放每月 100 元的生活补助，涉及 5000 余人次。

引导培育民办培训机构，全年审批民办培训机构 4 家，增加培训资质机构 7 家，市外培训机构到桐乡备案 2 家。做好嘉兴市职业技能竞赛活动，参加一类竞赛 56 人，承办嘉兴市电子商务员（网页设计）技能竞赛。严格培训资金审核，形成培训鉴定补贴结报长效机制，全年完成培训资金结报 6 次，发放培训补贴 7232 人 363.5 万元。举办各类培训班 66 期，其中高级工班 45 期。

为用人单位和求职者搭建招工求职平台，全年举办招聘会 68 场，参会单位 8741 家，提供岗位 11.5 万个，达成初步意向 2.26 万余人。赴武汉、甘肃、杭州举办招聘会 12 场次，参会单位 100 余家，提供岗位 1500 余个，达成初步意向 400 余人。发布网络招聘 800 余家，提供岗位 4000 余个，收到应聘简历 1.1 万余份。办理高校毕业生报到手续 852 人，新增高校毕业生档案 4212 份，其中应届本科 2021 份，创历年新高。完成 2017 年度困难家庭大学生就业援助工作，援助 4 人。监测企业 221 家，其中失业企业 43 家。

全年开展职业技能培训 11 期，培训 395 人，其中技师 60 人、高级工 140 人、初级工 195 人。规范职业技能鉴定程序，提升鉴定质量，全年鉴定 7251 人，发证 6187 人，涉及汽车维修工、育婴员、养老护理员等 20 余个工种；鉴定电子商务创业培训 574 人，合格 427 人。两次开展职业类院校国家职业技能等级联考，2234 名学生分 75 场次参考，涉及收银员、车工、食品检验工等 20 余个工种，通过率 99%以上。

【桐乡技师学院成立】 7 月 23 日，浙江省人民政府批准设立桐乡技师学院。学院制定三年发展规划（2017—2019 学年），加快发展高级工、技师教育，按需发展中级工教育，拓展办学渠道。8 月底全面完成实训大楼内部功能改造装修工程。做好数控技术应用省级实训基地、省级高技能人才公共实训基地两个项目建设。深化高等院校对接，与 8 所高职院校开展合作办学。加强校企对接，6 个专业系部 10 余个专业实施“工学结合”“现代学徒制”人才培养。借助“校企合作”联盟平台，技师学院按系部专业群与巨能环保、其乐工贸、乌镇旅游、宇都电商等对口企业合作，开展“现代学徒制”人才培养工作。创新“镇校合作”模式，举办桐乡技师学院（筹）2017 招聘会暨“培育工匠 · 服务家乡”宣讲会，与石门镇、高桥街道、河山镇签订合作协议，帮助 703 名实习生达成初步就业协议。做好技师学院 2017 届 1430 名毕业生档案及毕业证书办理工作。组织学生参加高职考试，上线 136 人，其中本科 5 名。立足校情，适应桐乡经济社会发展需求，启动实施品牌专业、品牌教师、品牌德育项目、精品课程和品牌服务项目建设。

【创业项目资本对接会】 5 月 20 日，“凤栖梧桐． 赢创未来”——创业项目资本对接会在浙江传媒学院桐乡校区举办。凤岐茶社乌镇创客空间、乌镇互联网产业园、石门镇作为桐乡市创业平台代表作平台情况介绍。浙江传媒学院与各创业平台签订创业教育实践基地建设合作协议，并举行授牌仪式，为在校大学生创客提供业界指导和资本对接机会。4 个浙江传媒学院优秀学生创业团队上台详细介绍各自项目，并接受现场嘉宾点评，助推大学生提升创业意识，积累创业经验。

2017 年桐乡市大型人力资源专场招聘情况

表 32

名　　称	时　间	进场招聘单位（家）	提供就业岗位（个）	进场人数（人）	初步达成就业意向（人）
春季人才招聘大会	2 月 5 日	354	5312	6525	2130
春季劳动力交流招聘周	2 月 6—10 日	1347	20154	9730	4302
夏季人才招聘大会	7 月 14—15 日	416	5061	2102	980
秋季人才招聘大会	10 月 27—28 日	449	4064	2351	781

2017 年桐乡市公益性专场招聘情况

表 33

名　　称	时　间	进场招聘单位（家）	提供就业岗位（个）	进场人数（人）	初步达成就业意向（人）
农民工专场招聘会	2 月 18 日	167	2518	1956	583
第十四届“架金桥·促发展”妇女就业专场招聘会	3 月 4 日	160	2415	1736	592
“春风行动”送岗位专场招聘会	3 月 11 日	160	2465	1677	556
春季服务新居民招聘会	3 月 18 日	144	2145	1452	513
制造行业专场招聘会	4 月 1 日	133	1945	1250	482
技术人才专场招聘会	4 月 8 日	128	1895	1365	506
第三届旅游行业专场招聘会	4 月 15 日	147	2186	1392	536
2017 年“真情助就业”青年专场招聘会	4 月 22 日	134	2054	1456	525
残疾人推介会专场招聘会	5 月 6 日	148	2212	1396	485
大中专实习生/毕业生就业招聘会	6 月 17 日	192	2306	839	246
退役士兵专场招聘会	7 月 29 日	138	1562	926	310
销售人才专场招聘会	8 月 19 日	148	1756	872	302
化工、服装企业专场招聘会	9 月 9 日	144	1626	869	281
电子商务专场招聘会	9 月 16 日	132	1520	726	292
大中专毕业生见习基地专场招聘会	9 月 23 日	132	1505	552	218
退伍军人专场招聘会	11 月 4 日	108	1059	815	221
服务企业专场招聘会	11 月 18 日	106	1245	325	123
制造业专场招聘会	12 月 30 日	76	696	225	52

2017 年桐乡市外出招聘情况

表 34

名　　称	时　间	参会单位（家）	提供就业岗位（个）	接待人数（人）	初步达成就业意向（人）
湖北高层次高技能系列人才招聘会	3 月 14—16 日	6	300	314	23
2017 年浙江省高校毕业生就业公益性招聘大会	6 月 3 日	15	505	1230	102
嘉兴职业技术学院 2017 届毕业生大型就业招聘会	10 月 28 日	31	450	550	53
2017 年浙江嘉兴—长沙人才交流洽谈会	11 月 3—6 日	16	672	263	46
2017 年浙江桐乡—武汉人才交流洽谈会	11 月 16—20 日	19	700	800	59

劳动关系

【概况】 2017 年，市人力社保局开展以农民工工资支付、清理整顿人力资源市场秩序、用人单位遵守劳动用工和社会保险法律法规执行情况的检查，严厉打击恶意欠薪违法犯罪等专项行动，检查用人单位 6900 多家 12 万人次，排查出欠薪隐患企业 43 家，责令支付工资 217.3 万元，涉及职工 252 人，查处违法行为 5 件。全年主动监察用人单位 222 家 3.06 万人，办理各类案件 220 件（其中欠薪 167 件，涉及 517 人 675.2 万元），处理欠薪突发事件 4 件，涉及 32 人 57.7 万元；向公安机关移送涉嫌拒不支付劳动报酬犯罪案件 13 件，涉及 264 人 428.7 万元。

创新监察方式，化解劳资纠纷。在省内率先实行劳动保障书面审查数据本地化，利用一体化平台，采用企业网上申报方式进行书面审查，提高工作效率。深化“双随机”（随机确定检查对象，随机确定执法检查人员）执法检查制度，严格按照劳动保障书面审查信息系统中用人单位信息库作为主动监察对象，全年对辖区内 180 家 20 人以上的用人单位进行随机抽查。规范来信来访、“12345”市长电话、“96309”劳动者维权呼叫电话等处理程序，全年办理各类投诉 258 件。及时做好劳动者维权工作，作出行政处罚 14 件。通过送法上门，源头防控劳资纠纷，全年开展宣讲 6 次，惠及 500 多人次。

完善仲裁机制，加大案件调解力度。全年受理案件 331 件，审结 329 件，其中调解结案 291 件，调解率 88%。借助基层力量开展委托调解 55 件，发挥监察、法律援助、仲裁联动模式开展集体争议案件调解，缩短案件处理周期。完善派出庭建设，提升调处劳动争议能力。桐乡市劳动人事争议仲裁委员会第一派出庭处理劳动争议 84 件，调解 71 件，裁决 13 件。扩充兼职仲裁员队伍，新聘兼职仲裁员 5 人，累计 11 人，全年兼职仲裁员办理案件 92 件。推行仲裁建议书，建立仲裁员分片联系企业制度，关注在企业源头预防劳动争议。完善法律援助机制，构筑绿色通道，全年法律援助案件 68 起。

营造和谐氛围，指数测评再创佳绩。制订“双爱”（企业爱职工，职工爱企业）活动综合试验区实施方案，构建桐乡特色的新型和谐劳动关系。在两次企业劳动关系和谐指数实地调研测评工作中，桐乡市均取得优秀等次，分数位居嘉兴前列。完成桐乡市第六批劳动关系和谐企业评选工作，6 家企业晋升为五星企业，18 家企业为四星企业。开展 2017 年度人力资源市场工资指导价位和企业薪酬调查，涉及样本企业 60 家。开展劳务派遣行政许可专项检查，排查辖区内 16 家劳务派遣企业。全年办理劳务派遣经营许可企业 6 家，核验 11 家，8 家通过；办理特殊工时制度审批 108 家。全年接到“12333”咨询服务热线来电 3.7 万个，服务总量 3.5 万个，人工接听率 90.5%。

推进依法行政，诉讼风险得到控制。积极应对行政复议与诉讼，全年发生行政诉讼 18 件，内容涉及工伤、工龄认定，胜诉 13 件。完善规范性文件审查备案工作，完成规范性文件合法性审查 4 件。行政处罚审批 5 件，研讨并指导工伤疑难案件 16 次，从源头降低行政诉讼败诉风险。开展全局范围内规范性文件清理，涉及 76 件，发文时间跨度 10 年以上，予以废止 5 件，失效 23 件，清理规模创历年新高。开展普法系列活动，全年开展“服务企业·送法入企”活动 2 期，参与、开展大型普法宣传 8 次。组织开展综合法律知识培训，12 人申领行政执法证。

【开展劳务派遣行政许可专项大检查】 2 月 27 日—3 月 20 日，桐乡市开展劳务派遣行政许可专项大检查。检查从事劳务派遣业务用人单位（中介机构）是否取得劳务派遣经营许可证，有无违规营业劳务派遣业务；外地劳务派遣驻桐乡分支机构是否已在桐乡人社部门备案，有无违规经营劳务派遣业务；劳务派遣单位（中介机构）社会保险缴费情况；劳务派遣单位（中介机构）用工情况及派遣协议签订情况。检查发现已注册登记劳务派遣经营项目但未取得劳务派遣行政许可单位 7 家，通过排摸，对其中 2 家违规劳务派遣单位责令整改。

【开展“12333”全国统一咨询日活动】 3 月 29 日，市人社局、市信访局联合在高桥镇开展以“话说居民养老保险”为主题的“12333”全国统一咨询日活动。

活动通过悬挂横幅、发放宣传册、开展知识问答等方式，向群众普及城乡居民基本养老保险知识，倾听基层群众声音，了解基层群众所求，提高群众对居民养老保险的认识。活动接受现场咨询450人次，发放宣传资料1830份。

【新增6家五星级劳动关系和谐企业】 2017年，桐乡市开展第六批劳动关系和谐企业评选，24家企业通过考核验收，其中浙江嘉名控股有限公司、桐乡市丰同裕蓝印布艺有限公司、浙江银桑丝绸家纺有限公司、嘉兴市桐乡大中汽车销售服务有限公司、浙江联洋新材料股份有限公司、浙江内曼格机械制造有限公司为五星级劳动关系和谐企业。同时，有18家企业晋升为四星级劳动关系和谐企业。4月28日，桐乡市庆五一总结表彰暨工会服务实体经济发展推进会上对24家企业进行表彰。

社会保障

【概况】 2017年，市人力社保局加强社会保障，完善社会保险政策。推进机关事业单位养老保险改革，参保单位477家2.1万人，其中在职缴费1.5万人，退休6002人，对825名机关事业单位退休"中人"计发退休待遇。将全市行政区域内建筑施工企业及建设工程项目纳入工伤保险范围，建筑业工伤登记210家1.12万人。调整和扩充市劳动鉴定委员会办公室医疗技术鉴定小组成员，鉴定专家从27人增至50人，全年受理因病丧失劳动能力提前退休113人。调整企业死亡职工遗属及精减退职等人员的补助标准。确定2017年企业退休人员最低月基本养老金标准为1282.4元。

落实各项社保待遇。按时足额发放各项社会保险待遇，每月发放企业退休人员养老金约2亿元，涉及9.4万余人，社会化发放率100%。发放企事业单位离休干部2016年度福利补贴71人77.46万元。首次实现企业和机关事业单位退休人员养老金调整办法的统一，9.3万名企业退休人员和机关事业单位退休人员，调资总金额9245.6万元。全年结报职工医保7.57亿元、居民医保4.83亿元、工伤保险0.55亿元、生育保险0.58亿元、城乡居民养老保险3.7亿元。居民医保报销医药费用246.7万人次，报销医药费用3.6亿元，比上年增长13.4%。

实施惠民实事工程。长期护理保险实施作为2017年全市八大惠民实事工程之一，市人社局开展长期护理保险前期调研，配合嘉兴市统一制定出台主体政策和4个主要配套政策。全力做好定点护理服务机构确定、失能人员评估等工作，确保符合条件失能人员能够享受长期护理待遇。首批确定定点护理机构17家，有护理床位811张。首批申请长期护理300人，其中245人为重度失能，开始享受长期护理保险待遇。

深化医保制度改革。推进医保个人账户"家庭共济"工作，参保人员授权绑定给近亲属，近亲属持本人卡在医疗机构直接结算费用，全年医保个人账户共济享受2.87万人次，使用历年个人账户资金195万元。推进金融市民卡换发，全年制发市民卡61万张。完善定点医药机构准入管理制度和退出机制，对3家定点零售药店暂停医保服务协议，终止2家跨区域迁移的定点药店医保服务协议。扩大定点医药机构范

6月2日，市领导陈林根、卢爱驰在桐乡技师学院2017年招聘会上　　市人社局提供

围,全年新增定点医疗机构 64 家、定点零售药店 74 家。完善总额预付支付方式改革,五类 25 种病种实施按病种付费。

推进医保异地联网结算。桐乡市居民医保接入省、嘉兴市平台,实现异地联网结算;8 月,职工医保和居民医保实现全国异地联网。桐乡市第一人民医院、市中医医院、乌镇中心卫生院按省异地就医规范完成系统升级改造,接入国家异地就医结算系统;康慈医院确定为嘉兴市异地联网医院;实现与中国人民解放军第四五五医院等异地医疗机构联网,方便群众异地就医结报。至年末,全市有 3 家医院进入全国异地就医平台和全省异地就医平台,28 家医院和 64 家药店纳入到嘉兴市异地联网结算平台。

创新工伤工作模式。在嘉兴地区率先推行“互联网+工伤”申报模式,压缩认定时限,实现网报率 88%。全年受理工伤案件 1880 件,认定工伤 1795 件,其中认定工亡 18 件、不予认定 7 件;集中组织劳动能力鉴定 11 次,鉴定工伤职工 843 人,工伤工作实现零投诉、零复议、零败诉。完善部门协作机制,加强与法院、公安、法制办、司法、安监等部门的沟通协调,认调对接模式化解工伤纠纷案件 200 余起,减少工伤行政复议和行政诉讼发生率。全年查实 3 家单位虚报工伤案件,避免工伤基金损失 118 万余元。取消职工伤残医务劳动能力鉴定费,简化鉴定环节,为企业和工伤职工减负。

【开启职工医保个人账户“家庭共济”新模式】 从 2017 年起,桐乡市职工医保个人账户历年结余资金,可用于支付职工基本医疗保险参保人员近亲属的医疗保障费用,实现家庭成员之间共济互助。参保人员授权绑定给近亲属后,近亲属可持本人社会保障卡在医疗机构就医时直接结算费用,方便参保人员和近亲属就医。全年有 1407 人办理授权手续,被授权人 1905 人,1174 人在医疗机构结算 6933 人次,使用历年个人账户资金 39.8 万元。

【市社保服务大厅获“全国巾帼文明岗”称号】 5 月,全国妇联发文授予桐乡市社保服务大厅“全国巾帼文明岗”称号。8 月 30 日,在桐乡市“巾帼赛”工作会议上,举行“全国巾帼文明岗”奖牌授牌仪式,这是嘉兴市人社系统首个被授予“全国巾帼文明岗”的单位。桐乡市社保服务大厅主要负责全市养老、医疗、工伤、生育、失业五大保险的参保登记、待遇审核等业务,有干部职工 55 人,其中女职工 34 人,占 62%。

【调整城乡居民基本养老保险基础养老金标准】 2017 年,桐乡市再次提高城乡居民基本养老保险基础养老金标准,由原每人每月 145 元调整为 165 元。此次调整是桐乡市继 2011 年起第五次提高城乡居民基本养老保险基础养老金标准,调整惠及 10.2 万人。同时,城乡居民基本养老保险一次性丧葬费补贴标准按参保人员死亡当月基础养老金标准的 20 个月计算,一次性丧葬费补贴标准由原 2900 元/人调整至 3300 元/人。

(沈秀芬)

全国巾帼文明岗——桐乡市社保服务大厅　　市人社局提供

街道、镇发展概况

梧桐街道

【概况】 梧桐街道为桐乡市政府所在地，是全市政治、经济、文化、科技中心。南与开发区(高桥街道)、凤鸣街道相邻，西与石门镇相接，东与濮院镇、屠甸镇相连，北靠京杭大运河，与乌镇镇隔河相望。西距杭州市65千米，东至上海市区148千米，北上苏州市93千米，320国道穿境而过，距沪昆高速公路屠甸入口8千米、高铁桐乡站6千米。街道辖区面积78.3平方千米，其中建成区面积51.2平方千米。8月26日，中共桐乡市委、市政府发出《关于调整部分镇街区行政区划及相关管理体制机制的通知》，将原振东新区托管的振东社区、凤凰社区、莲花社区、城南村、革新村划归梧桐街道管辖，将梧桐街道管辖的众善村、安乐村、百福村划归开发区(高桥街道)托管，调整后管辖14个村，406个村民小组；16个社区，1743个居民小组，总人口15.19万人。流动人口17.67万人。2017年实现地区生产总值140.55亿元，比上年增长6.1%；工农业总产值204.26亿元，增长1.7%；财政收入7.05亿元，增长25.5%；完成全社会固定资产投资72.54亿元，增长17.4%；农村居民人均可支配收入3.13万元，增长9.9%。

产业发展 街道主要土特产有杭白菊、小桑苗、榨菜、晒红烟、湖羊皮、优质水果等。粮食播种面积1265.73公顷，产量8955吨；油菜107.33公顷，产量309吨；烟叶41.27公顷，产量104吨；菊花467.73公顷，产量1078吨；蔬菜928.87公顷，产量2.59万吨；水果225.73公顷，产量7926.9吨。全年饲养蚕种8853张，蚕茧产量476吨。年出栏湖羊1.34万头、家禽4.99万羽，肉类产量826吨，小湖羊皮1.91万张。全年农业招商项目4个，引进投资1000万元以上规模化生产示范基地和农产品加工(流通)企业各1个。有嘉兴市农业龙头企业3家，桐乡市农业农头企业5家，省级示范性家庭农场1家，桐乡市示范性家庭农场3家。列入省级现代农业发展建设项目1个，桐乡市主导产业品牌基地建设项目2个，新认证无公害农产品1个。发展村级集体经济，各村村级经常性收入全部达到70万元以上，其中100万元以上占92.8%。街道有规模以上企业83家，规模以上企业实现工业

2017年梧桐街道主要经济社会指标完成情况

表35

指　　标	单　位	数　值	比上年(±%)
地区生产总值	亿元	140.55	6.1
财政收入	亿元	7.05	25.5
农业总产值	亿元	2.3	−9.4
粮食总产量	万吨	0.90	−2.9
工业销售收入(规模以上企业)	亿元	74.59	−21
固定资产投资	亿元	72.54	17.4
其中工业生产性投入	亿元	19.6	13.2
实际利用外资	万美元	2690	21.7
利用市外内资	亿元	7.3	−4.8
外贸出口额	亿元	22.63	12.7
农村居民人均可支配收入	万元	3.13	9.9

总产值70.7亿元，实现利税总额6.09亿元。完成全社会固定资产投资72.54亿元，增长17.4%，其中工业生产性投入19.6亿元，增长13.2%；服务业投资52.62亿元，增长5.9%。有房地产开发企业34家，完成房地产开发投资37.03亿元，竣工面积68.61万平方米；全年商品房销售面积70.67万平方米，增长22.5%；商品房销售额69.46亿元，增长51.8%。培育规模以上工业企业7家，新增高新技术企业1家、省级研发中心1家、管理创新企业1家、股份制改造企业2家、新三板上市企业1家。完成技改投入16亿元，实施"机器换人"项目38个，申请专利824件。出让服务业用地19.57公顷。着力发展楼宇经济，新进嘉兴重点楼宇1家、桐乡重点楼宇3家。新增限额以上服务业企业24家。创新招商模式，拓宽招商渠道，全年开展各类招商活动30多场，拜访和接待企业客商200余批次，新引进工业项目9个、服务业项目14个。合同利用外资5716万美元，实际利用外资2690万美元，实到市外内资7.3亿元，注册资金6.4亿元。"浙商回归"到位资金6.6亿元，工业市外内资实到2.5亿元，注册资金1.71亿元。2017年获"嘉兴市利用外资十强乡镇"称号。加快发展旅游业和"庄园经济""农场经济"。新增农民专业合作社、家庭农场11家。桃园村获"浙江省生态文化基地"称号，桃园村、新玄村被评为浙江省首批A级景区村庄。

城乡建设 加快城市有机更新，实施西门小区一期、九曲小区、教工新村和城福小区老旧小区改造项目，改造区域总面积16.2万平方米，受益户数3692

2017年梧桐街道各村(社区)基本情况

表36

村(社区)	户数(户)	户籍人口(人)	中共支部(总支、党委)书记	村委(社区)主任	集体经济总收入(万元)
东方红村	968	4113	张海良	朱国强	1081.07
城东村	1168	4806	朱海良	汤建国	1570.57
逾桥村	948	3679	钱柏祥	张永彬	252.43
庆丰村	917	3756	张荣祥	金志远	1028.63
三新村	1244	4742	朱连根	陈婵萍	511.79
民安村	977	3935	韩林松	费锋强	709.52
城西村	1132	4557	高建兴	朱月忠	546.89
同心村	616	2551	杨晓飞	范乙平	503.58
钱林村	621	2503	何振华	沈明强	407.6
梧桐村	911	3846	章聪强	沈建辉	279.09
革新村	1184	4890	朱玉建	沈柏洪	228.5
城南村	1498	6265	虞正伟	庄学明	373.4
新玄村	553	2360	高月明	李月兵	817.33
桃园村	589	2545	徐建锋	周洪英	914.2
凤鸣社区	4025	10305	朱长兴	张　瑜	—
环南社区	4570	12252	周佳亮	乔爱芬	—
复兴社区	1765	4927	郑翠萍	陈东霞	—
庆丰社区	1605	4339	周志红	沈小梅	—
永宁社区	1197	3183	夏雪标	吴妍飞	—
东兴社区	2167	5346	罗进潮	朱晓敏	—
学前社区	2028	5281	葛明强	朱伟磊	—
九曲社区	1863	4839	吴荣奎	毛晓芳	—
杨家门社区	2987	7809	曹建奎	魏亚平	—
文昌社区	2874	7560	沈汉康	徐佳燕	—
大发社区	2032	5105	袁　扬	汤丽斯	—
同庆社区	492	1179	何　岚	何　岚	—
百乐社区	762	2137	胡　蓉	胡　蓉	—
莲花社区	998	2706	杨瑞英	许丽华	—
凤凰社区	2650	6472	李红霞	吴伟清	—
振东社区	2204	5780	叶　宇	徐雪明	—

户;推进危旧住房治理改造,加强对城镇31幢C级危旧房的动态跟踪检测,完成6幢D级房屋治理改造任务;配合实施杨家门旧城改建工程,城市形象不断优化,功能不断完善。实施梧桐园区三期扩征。推进乌镇大道"最后一公里"征迁工作,主干道房屋全部拆除。有序推进车家埭征收工作,房屋征收签约率50%以上。基本完成梧桐村水墙门等组征迁工作。临杭大道梧桐段率先完成征地,工程全线开工。杭平申线梧桐段,在运东段率先完成所有征迁工作。市屠宰中心新建征迁如期完成任务。全线推进园区三期扩征5.6平方千米的基础设施建设,完成环城东路、秋实路、河滨路硬化绿化亮化和稻乐路主干道建设;完成横跨秋韵港、丁家桥港、秀才桥港4座桥梁建设,梧桐港世纪大桥开工,运河片区"三纵四横五桥梁"框架体系基本形成,为梧桐运河片区(乌镇大道梧桐北段及其周边区域)发展奠定基础。完成钱林集镇小城镇环境综合整治,接受省级考核。完成桐德公路梧桐段两侧整治工程。加速推进农村土地综合整治,完成2个项目整体验收和8个项目单体验收,新立项6个项目,全年完成拆旧复垦面积35.07公顷。推进"两新"工程建设,完成8个村村庄规划编制、设计、上报。完善交通设施建设,实施道路大中修2.4千米,改造危桥1座。系列美丽创建工作取得新进展,成功创建美丽社区9个、美丽小区83个、美丽村庄5个。实施"打造整洁田园 建设美丽农业"系列活动,打造提升美丽乡村精品线路,完成桃园、新玄、百福绿化提升;推进农村土地承包经营权有序流转,农村土地确权颁证工作平稳推进。成功创建桃园村"百亩片林"和嘉兴市绿化示范村1个。落实"四位一体"保洁工作,结合发布红色召集令,做好村(社区)环境卫生整治工作,推进农民新村环境卫生长效管理,8个农民新村实行建筑垃圾清运市场化运作,"四位一体"考核名列全市前茅。启动实施垃圾分类工作,通过省卫生街道复查。治水治气成效显著,创新开展"三色"河道管护机制,重点开展剿劣"百日攻坚"专项行动,完成11条劣V类河道、5条问题河道整治任务;完成285户农户农村生活污水治理工程。加快水利设施建设,开展防汛、防台、抗旱工作,维修水闸4座,新建排灌泵站3座,开展第七批小型农田水利项目扫尾、验收工作。禁控农业面源污染,实现生猪零散养,城西牧场有序腾退。完成旧住宅区、旧厂区、城中村改造48.5万平方米,拆除违章建筑27.8万平方米。完成万顺煤场腾退和土地复垦,城乡环境更加优美。

· 相关链接 ·

"三色"河道管护机制

街道辖区范围内存在污水溢流、保洁不到位的河道,被市级以上媒体曝光、上级督办、群众举报,经整治后仍有反弹隐患的河道。根据河道现状及管护要求,建立"红、橙、黄"三色管护机制,分别落实管河要求。

社会事业 坚持教育优先,优化学前教育资源配置,建成中心幼儿园新园区,三新幼儿园建设有序推进。开展系列文明创建活动,做好1个国家级、2个省级文明单位创建验收和19个省级文明单位复评工作,完成2个文化礼堂建设,新增社区文化家园2家、提升2家,新增企业文化俱乐部1家、提升2家;开展"弘扬优良家风 传承精神力量"系列活动;抓好网络微群建设,营造浓厚宣传氛围;做大做强特色文化品牌,举办第七届桃园槜李文化节、第四届农民文化节、梧桐街道篮球嘉年华等群众文体活动。加强和谐社区建设,在"社区+社工、项目+基地、动态+常态"工作模式基础上,围绕"人、资源、资金、项目"四个方面开展"彩虹桥"计划,入驻民办非企业单位(组织)5家、注册社区社团30个、备案社团460个;创新发展梧桐"义工联合会",成立帮扶基金,开展幸福家园心贴心便民服务活动,让更多人受益。深化平安梧桐建设,自治、法治、德治建设进一步巩固和深化,基本完成四个平台建设;建立出租房屋一户一档,开展城弘小区出租房屋旅馆式管理试点工作;抓好安全生产、消防安全、新居民等工作,推进"七五"普法工作,获"平安金鼎"。开展城乡合作医疗健康体检,全面推进责任医生签约服务。推进养老服务各项工作,新建东方红村居家养老服务照料中心,环南社区提升工程进入装修阶段;启动街道智慧养老服务项目,加强18家村(社区)居家养老服务照料中心监管;两个敬老院合并运营。完善

11 月 3 日，梧桐街道启动幸福家园心贴心便民服务活动仪式

梧桐街道提供

社会保障、社会救助体系，发放各类社会救助金 453.4 万元、残疾人救助款 333.5 万元、优抚优待金 351.4 万元。有序实施全面二孩政策，推进计划生育家庭关爱工作，计划生育符合率 98.9%。完成全国第三次农业普查及各项专项统计工作。

· 相关链接 ·

四个平台建设

根据全省统一要求，为了建立政府治理与村居自治有机融合的新型治理模式，梧桐街道在上级部门的指导下，努力做好“四个平台”建设，坚持 1＋4＋X 模式。即：一个中心由社会服务管理中心，四个平台由综治工作平台、行政执法平台、市场监管平台和便民服务平台组成，X 即由其他成员单位组成。

【小城镇环境综合整治工作通过省级考核】 2017 年，梧桐街道城西村钱林集镇(市区西大门)展开小城镇环境综合整治。整治项目库 43 个项目(包括 27 个省考项目)，累计完成投资额 5470 万元，其中省考项目投资 3390 万元。9 月 26 日，通过省小城镇环境综合整治省级考核。钱林集镇面貌大改变。雨污水分流改造，居民生活污水、企业污水全部纳管排放；占道经营、摆摊、设点、货运车辆随意占道卸货等现象得到有效治理；“四位一体”卫生保洁长效机制不断完善。对桐德公路钱林段、商业街、高家湾路两侧房屋进行立面改造，街容街貌美观协调；投资 370 多万元，实施植树增绿、见缝插绿、拆违补绿行动。重点整治区域内，路面破损、低洼进行修复，机动车道铺设沥青路面，实现道路黑化；改造、新增路灯 48 套，亮灯率 100%。拆除各类违法建筑，取缔清理废品收购点；建造集贸市场、篮球场、停车场(位)、文化礼堂、休闲广场、滨河绿道、亲水平台等公共设施。

【梧桐街道获“平安金鼎”】 8 月 30 日，在嘉兴市全面建设法治嘉兴·平安嘉兴暨平安护航十九大动员会议上，梧桐街道平安创建“十二连冠”，获“平安金鼎”。12 年来，梧桐街道坚持平安创建工作，走出一条以平安建设促经济社会发展、保障人民群众安居乐业的成功之路。从夯实基础工作做起，加大人防、物防和技防投入，推动社会治理创新。在城郊结合部，外来人员高度集中的 6 个村，成立示范综治工作站，探索“旅馆式”出租房管理，应用“互联网＋”思维，把分散居住的出租房连接成“加盟式”旅馆。同时，街道加快建设立体化、信息化社会治安防控体系，全街道 1900 多个二级、三级社会面以及开放小区视频监控发挥积极作用。人人参与群防群治，有志愿者 1500 人，设立平安志愿者中队、小队，实行统一登记、统一标识、统一编号、统一调度指挥、统一开展活动。

【“裕峰环境”在新三板上市】 8 月 25 日，浙江裕峰环境服务股份有限公司在全国中小企业股份转让系统(新三板)挂牌上市，股票简称“裕峰环境”，股票代码 872014，是桐乡市首家在新三板挂牌的服务业企业。公司成立于 2008 年，是一家专业从事环境综合服务的企业，服务内容包括环境卫生管理、智能环卫机械化作业方案解决、垃圾分类及减量化管理、新型城镇化环卫服务等。裕峰环境有员工 2100 人，其中管理人员逾 100 人。在上海、杭州、嘉兴分别成立子公司，业务涉及南京、杭州、宁波、嘉兴等多个城市。公司拥有机扫一体车、压缩车等各类特种车辆设备 40 多辆，全自动洗地机、镜面处理机、大理石养护机等保洁专用设备 100 多台，依据多年管控经验开展设备自行改造和研发，设计出一批适合不同场所使用的工具和器材。

（顾秋蓉）

凤鸣街道

【概况】 凤鸣街道位于桐乡市中部，与梧桐街道、高桥街道、石门镇、崇福镇接壤。320 国道斜贯境内，长山河横贯全境。总面积 43.17 平方千米。8 月 21 日，桐乡市调整部分镇街区行政区划，凤鸣街道管辖的长新村、桑园桥村、李家弄村、史桥村划归开发区（高桥街道）托管。调整后，管辖 10 个村，292 个村民小组。1 个社区，3 个居民小组。总户数 12602 户，总人口 3.72 万人。2017 年实现地区生产总值 28.99 亿元，其中第一产业 1.88 亿元，占 6.5%；第二产业 18.21 亿元，占 62.8%；第三产业 8.91 亿元，占 30.7%。财政收入 1.61 亿元，农村居民人均可支配收入 3.02 万元。

产业发展 凤鸣街道传统农业较为发达，主要以小桑苗、菊花、蚕种饲养和大棚蔬菜种植为主。2017 年，街道粮食播种面积 531.8 公顷，年产量 3044 吨；杭白菊种植面积 897.73 公顷，产量 3467 吨；蔬菜面积 1186.07 公顷，产量 39370 吨；果树种植面积 7.73 公顷，水果产量 2502 吨；花卉苗木种植面积 183.4 公顷；饲养蚕种 2.93 万张，产量 1579 余吨；小桑苗嫁接面积 266.7 公顷，约 1.2 亿株。围绕“深化产城融合，建设精致凤鸣”发展目标，全面建设桐乡中部产城融合新高地，依托 320 国道和临杭大道布局四个产业发展平台（凤鸣工业园区、灵安集镇、临杭大道沿线农业产业集聚区、福严寺景区），工业经济初步形成以纺织服装、化学制品及化纤制

2017 年凤鸣街道主要经济社会指标完成情况

表 37

指　　标	单　位	数　值	比上年(±%)
地区生产总值	亿元	28.99	11.7
财政收入	亿元	1.61	5.9
农业总产值	亿元	3.12	−11.4
粮食总产量	吨	3044.3	−11.6
工业销售收入（规模以上企业）	亿元	81.86	16.1
固定资产投资	亿元	15.3	39.5
其中工业生产性投入	亿元	10.02	23.4
实际利用外资	万美元	304.6	1.7
利用市外内资	亿元	4.28	61.3
外贸出口额	亿元	11.66	30
农村居民人均可支配收入	万元	3.02	12.3

2017 年凤鸣街道各村(社区)基本情况

表 38

村(社区)	户数(户)	户籍人口(人)	中共支部(总支、党委)书记	村委(社区)主　任	集体经济总收入(万元)
环南村	3129	8280	姚建忠	陆利强	222.29
灵安村	1183	4697	顾利敏	黄洪强	541.59
红旗村	1006	4043	蒋建良	蒋卫民	1295.86
路家园村	699	2848	钟增烜	徐晓明	431.67
西牛桥村	505	2074	闻元明	王国强	755.03
新农村村	1086	4005	王兴标	倪利根	975.94
联庄村	1056	4294	吴秋秋（—4 月） 朱立达（4 月—）	徐　杰	665.15
建胜村	990	3770	鲍东明	徐建强	301.52
合星村	1051	4001	黄爱忠	沈建强	473.00
中群村	1053	4292	孙国强	孙国强	530.19
灵安社区	179	718	韩兴良	管民兴	—

造业为主体，机械器材、制鞋业等产业共同发展的工业格局，主要产品有油漆、化纤丝、铜材、白厂丝、丝绵羽绒制品、经纬编织品、床上用品系列、服装配饰、皮鞋、杭白菊等。街道有工业园区2个，规模以上企业69家，其中亿元企业17家，10亿元企业1家。2017年规模以上企业实现产值81.86亿元。完成固定资产投资15.3亿元，比上年增长39.5%。其中：工业生产性投资10.02亿元，增长23.4%；服务业投资5.04亿元，增长92.8%。实际利用外资304.57万美元，增长1.7%。利用市外内资4.28亿元，增长61.3%。

城乡建设　以建设精致凤鸣为目标，加快推进剿灭劣Ⅴ类水、小城镇环境综合整治、项目推进、退散进集等工作。8条劣Ⅴ类河道和3条问题河道全部消号，交接断面水质考核保持优秀。投入1300多万元对同福集镇实施改造提升。整治“四无”（无证无照、无安全保障、无合法场所、无环保措施）企业179家，引导13家入驻工业园区，腾退低效用地项目6个，盘活土地5.47公顷。狠抓“三改一拆”，拆除违法建筑13.06万平方米；完成“三改”项目12.92万平方米。持续推进临杭大道、扩大杭嘉湖南排等市级工程建设。投入200多万元新建路家园村和合星村两处美丽乡村自然村落提升点。加强水利重点项目建设，新建水闸7座、泵站8座、渠道2.7千米，实施土地开发项目65.1公顷，加快推进671.3公顷高标准农田建设项目，农村基础设施建设不断完善。完成28.3公顷绿化建设任务，红旗村成功创建嘉兴市绿化示范村，路家园村成功创建省级森林村，联庄村申报建设桐乡市“三个一”绿化提升工程。稳妥推进“两新”工程建设，集聚新村农户50户。引入佑通物流项目盘活江南钢材城。灵安集镇商住地块以65%溢价拍出历史新高。投资2000多万元启动民茅线（新羔线至八字桥）2.4千米提升改造工程。

社会事业　街道有中小学4所，义务教育普及率100%。其中初中2所，在校学生646人，教师98人，入学率和在校生巩固率均为100%；小学2所，在校学生2518人，教师167人，小学入学率和巩固率均为100%，小学毕业升初中比例100%。幼儿管理进一步完善，全面提高幼儿入园率。有中心幼儿园1所，下设3个分园，中心幼儿园、新区分园成功创建为省二级幼儿园，同福、二幼为省三级幼儿园。在园幼儿1280人、教职工128人。有医疗机构15个，其中卫生院1所，分院1所，社区卫生服务站13个，核定床位28张；医生52人，其中社区医生12人，执业医师（助理医师）40人，开展家庭医生签约服务工作。街道合作医疗参保率99.8%。凤鸣街道养老服务中心暨和济颐养院凤鸣分院投入运营，探索开展公建民营居家养老新模式。实现街道、村（社区）两级公共文化服务体系建设全覆盖，有村（社区）文化活动中心11个，申报中群村文化礼堂1个，累计文化礼堂7个。举办第三届凤鸣街道群众运动会，设球类和竞技类参赛项目15项，500多人次参与。全年举办群众文化活动60余场，文化惠民5000多人次，放映电影132场。社会救助、慈善力度增强，形成多层次、广覆盖社会保障体系。

【凤鸣街道养老服务中心暨和济颐养院凤鸣分院揭牌运营】　11月1日，凤鸣街道养老服务中心

11月1日，凤鸣街道养老服务中心暨和济颐养院凤鸣分院启用

凤鸣街道提供

暨和济颐养院凤鸣分院揭牌运营。该中心是桐乡市规模最大、投入最多、设施最全的公建民营养老机构，于2014年启动建设，建筑面积8000多平方米，总投资3000万元，床位246张，配有健身房、阅览室、娱乐室、无障碍设施等多个功能区，是一所集生活照料、文化娱乐、休闲养生为一体的信息化、智能化、社会化养老服务中心。入住老人39人，有工作人员11人，其中持有护理师证4人（高级1人、中级2人、护师1人）。该中心推行公建民营模式，引进桐乡市民办养老机构和济颐养院作为承接托管单位，采用先进养老服务模式开展运营。

【首次引入社会资本对福严寺景区实施改造提升】 4月，街道成功引入浙江乐游旅游文化有限公司对福严寺景区实施改造提升。项目投资2000多万元，主要涉及福严寺景区文化苑、步行街景观、建筑外立面、停车场、入口道路等场所改造提升。完善景区基础设施建设，增加文化内涵，提升景区游客接待量，带动周边区域经济活力。改造提升后的福严寺景区将成为集佛事体验、祈福朝圣、禅修悟道、休闲品茗、购物观光、餐饮娱乐、文化传播、艺术展示、工艺创作等功能为一体的宗教观光圣地，禅文化休闲胜地，文化艺术精品展示园。4月29—30日，举办2017福严庙会暨第四届福严寺景区民俗文化节，活动现场集合各地美食展、本地特色美食、专场文艺演出、“招蚕纳福”花船巡游、全民饮茶日、亲子游园、手抄佛经等，单日游客再创新高。

【建立新农村村法治阳光驿站】 8月，新农村村法治阳光驿站成立。该驿站以热心宣传法律、耐心答疑疏导、关爱弱势群体、用心依法维权为宗旨，通过“一站式”综合服务，解决基层老百姓法律需求。至年末，法治阳光驿站受理民间矛盾纠纷33起，提供法律服务咨询10多次，全村无刑事案件发生。法治阳光驿站已成为司法行政服务基层人民群众的“法律超市”、基层民主法治建设的有力“助推器”，也是桐乡市“三治融合”建设在新农村的生动实践。

【凤鸣街道中心公园暨党建文化广场投入使用】 凤鸣街道中心公园位于街道所在地同福集镇，2017年7月开工建设，11月竣工并投入使用。公园占地1.53公顷，投入资金近300万元，设计采用低碳、海绵城市理念，园内设有低碳环保的透水混凝土游步道、健身塑胶场地、灯光篮球场等休闲健身设施。街道以“党建+”为引领，以中心公园为依托，启动凤鸣街道党建文化广场建设，广场融合“三治”建设、党建文化、道德文明和健康科普为一体，是集镇居民和附近村民休闲娱乐的综合性公园。

（张　静）

高桥街道

【概况】 高桥街道位于桐乡市东南部。东与屠甸镇交界，南与海宁市接壤，西邻崇福镇，北靠凤鸣街道。8月26日，中共桐乡市委、市政府发出《关于调整部分镇街区行政区划及相关管理体制机制的通知》，决定撤销桐乡市高桥镇建制，设立高桥街道，由

9月27日，高桥街道办事处揭牌仪式　　高桥街道提供

桐乡市政府直辖，街道办事处驻高架路68号（原高桥镇政府驻地）。调整后，街道总面积55.02平方千米。辖15个村、443个村民小组；1个社区，1个居民小组。总户数1.23万户，总人口4.82万人，其中新居民人口7373人。区域内有高桥、骑塘、南日、亭桥等4个集镇。区域交通便利，沪杭铁路客运专线、沪昆高速公路横贯，并分别设立高铁站、互通区，是全国为数不多的同时拥有“高铁、高速”便捷通道的街道之一。2017年实现地区生产总值26.58亿元，财政收入1.52亿元。工农业总产值64.12亿元，其中农业总产值5.61亿元，比上年增长16.9%。外贸出口额4.37亿元，增长0.7%。农村居民人均可支配收入3.06万元，增长11.7%。

产业发展 有耕地3495.13公顷，其中水田2857.33公顷，旱地637.8公顷。农业以粮食生产为主，蚕桑、畜牧、蔬菜等多种经营全面发展。粮食种植面积1943.1公顷，年产粮食1.38万吨；桑地766.8公顷，饲养蚕种3.76万张，蚕茧产量1972吨；种植蔬菜2934.4公顷，产量11.93万吨。现代农业稳步发展，新改建粮食功能区1个，新增示范性家庭农场1家，流转土地740.8公顷。工业以包装、皮革、轻纺、化工、食品加工等行业为主。2017年新增规模以上（限额以上）企业3家，规模以上企业实现工业总产值48.15亿元，比上年下降33.8%；完成固定资产投资29.45亿元，增长2%，其中工业生产性投入10.17亿元，增长16.2%。腾退低效用地

2017年高桥街道主要经济社会指标完成情况

表39

指　　标	单　位	数　值	比上年(±%)
地区生产总值	亿元	26.58	−11.1
财政收入	亿元	1.52	68.9
农业总产值	亿元	5.61	16.9
粮食总产量	万吨	1.38	1.5
工业销售收入（规模以上企业）	亿元	51.53	−26.5
固定资产投资	亿元	29.45	2
其中工业生产性投入	亿元	10.17	16.2
实际利用外资	万美元	2426	−0.5
利用市外内资	亿元	16.32	26.7
外贸出口额	亿元	4.37	0.7
农村居民人均可支配收入	万元	3.06	11.7

2017年高桥街道各村(社区)基本情况

表40

村(社区)	户数(户)	户籍人口(人)	中共支部(总支、党委)书记	村委(社区)主　任	集体经济总收入(万元)
迎丰村	1052	4180	李兴江	魏冰杰	409
越丰村	756	3012	沈春雷	周建良	503
新丰村	646	2514	沈炳洪	陈忠华	375
落晚村	1229	4728	王学根	王学根	462
楼下角村	763	2954	戚连兴	戚连兴	354
高桥村	1091	4458	沈如胜	钱金海	424
范桥村	587	2331	朱炳华	沈琳芳	405
永安村	699	2783	朱赢芬	朱赢芬	513
毛水浜村	524	2143	计炳洪	计炳洪	275
三村村	676	2685	朱晓良	朱晓良	628
亭桥村	803	3093	张顺昌	沈学林	340
漕泾村	636	2308	沈德金	沈德金	1429
骑力村	750	2720	许利仁	许利仁	452
湘庄村	1070	4176	徐明强	徐明强	624
龙南村	808	3038	张晓东	张晓东	317
高桥社区	572	1075	李瑞松	李瑞松	—

84.3公顷，淘汰落后产能项目13个，实施技术改造项目59项、机器换人项目31项。加快发展现代服务业，平安养生养老综合服务社区项目一期竣工，东润国际大厦、金凯悦总部项目等建设基本完成，耀华国际教育学校桐乡校区正式落成开学。全年完成服务业投入18.81亿元，下降4.2%。利用市外内资16.32亿元，实到注册资金6.64亿元；合同利用外资4217万美元，实际利用外资2426万美元；完成“浙商回归”资金10.85亿元。做大做强建筑业，全年完成建筑业总产值75.6亿元。全年实施省级以上科技项目9项，新认定高新技术企业3家，新增省级高新技术研发中心1家，引进各类高层次人才10人。

城乡建设 基础配套不断优化，完成文教区块下水道、污水管道、道路等基础设施建设，做好高桥村学前小区提升改造工程，骑荆线至扶架桥(3.15千米，龙南村)列入市公路段大中修计划，董家桥至元宝桥(0.76千米，亭桥村)道路通车，年内修筑道路28千米、新建改建桥梁4座。全面推进小城镇综合整治，做好公铁沿线整治工作，开展砂石料码头专项整治。完成毛水浜村、亭桥村、三村村、漕泾村、湘庄村、骑力村、龙南村、落晚村、楼下角村9个村的村庄规划。持续推进“四位一体”长效保洁，继续抓好“五水共治”“三改一拆”工作，全年整治劣Ⅴ类河道20条，整治问题河道14条，清淤11万立方米，水质考核优良；完成“三改”23.63万平方米，拆违18.9万平方米。小农水重点县高桥项目、亭桥和龙南农综项目完成，启动南沙渚塘综合工程，农村承包地、宅基地确权工作有序展开。

社会事业 有初级中学1所、中心小学1所、九年一贯制学校2所，学生2122人；中心幼儿园1所，分园2所，新区幼儿园1所，幼儿765人；教职工457人。2017年启动实施高桥初中和高桥卫生院住院部扩建项目；实施高铁广场改造提升，新建第二停车场；完成高架路、社会停车场改造提升工程；新建亭桥村、史桥村2个文化礼堂。强化基层公共文化服务，开展村级公共文化服务绩效评价和星级创建活动。开展群体性文体活动，全年举办各类广场文艺演出120场次，举办第四届农民运动会。推进城乡居民社会养老保险工作，城乡居民基本养老保险参保率99.9%，城乡居民基本医疗保险参保率99.6%，其中参加居民基本医疗保险3.34万人，参保率99.7%。全年累计发放各类低保金、救助金761.2万元，建成农村居家养老中心11个。社会治理“高桥模式”影响继续放大，全年调处各类矛盾纠纷50起，调处成功率100%，办理市长电话244件，按时办结率100%，化解信访积案3起。“四个平台”建设全面推进，“七五”普法、平安建设持续深化，圆满完成第四届世界互联网大会·乌镇峰会维稳安保工作，“平安高桥”实现十二连冠。

【第四届农民运动会】 6月3日，高桥镇第四届农民运动会在高桥新区学校操场举行，全镇25支代表队，近500名运动员参加。比赛设拔河、春播秋收、抢运粮食等运动项目，各代表队发扬敢于拼搏、勇于争先精神，体现高桥农民奋发向上精神风貌。范桥村代表队、高桥新区代表队获金奖。此届农民运动会项目比赛持续4个多月，乒乓球、象棋、篮球比赛在全镇范围内陆续展开。

【耀华国际教育学校落成开学】
9月15日，耀华国际教育学校桐乡校区落成开学。市领导盛勇军、蒋惠玲、潘家春、徐剑东，香港耀华国际教育机构董事局主席叶国华等出席开学典礼。学校位于高桥新区，占地面积7.8公顷，其中一期项目5公顷，建筑面积约9万平方米，学段涵盖学前教育、小学、初中以及高中等，办学总规模为2000名学生。作为耀华国际教育学校在中国内地的第五个校区，桐乡校区采用剑桥国际课程与中国传统教育相结合的“双语”教学模式，开设包括机器人制作、戏剧和英语、文化探索等在内的一系列特色课程。

【平安养生养老综合服务社区项目一期竣工】 平安养生养老综合服务社区项目于2012年9月23日在高桥新区正式启动。该项目一期A1、A2、A3三个区块开发建设已竣工，总占地23.33公顷，总建筑面积21万平方米，累计完成投资35亿元。项目由中国平安集团子公司深圳平安不动产有限公司投资经营，总规划用地180公顷，建筑面积约90万平方米，总投资额约90亿元，建设周期约8年，主要打造成一个面向长三角高端人群，以绿色健康为主题，集养生养老、医疗教育、休闲旅游、娱乐餐饮、商业等相关产业为一体的欧洲风情小镇风格的养生养老基地。

（夏　燕）

崇　福　镇

【概况】　崇福镇位于桐乡市西南，西与大麻镇相接，东与高桥街道相邻，北与洲泉镇、石门镇、凤鸣街道相连，南与海宁市接壤。全镇总面积100.14平方千米，建成区面积12.05平方千米。辖26个村，543个村民小组；3个社区，285个居民小组。总户数2.71万户，总人口10.2万人，新居民人口4.05万人。2017年实现地区生产总值78.27亿元，财政收入3.86亿元，城镇和农村居民人均可支配收入分别为5.28万元、3.19万元，比上年增长9.9%、7.9%。

2017年崇福镇主要经济社会指标完成情况

表41

指　　标	单　位	数　值	比上年(±%)
地区生产总值	亿元	78.27	-1.8
财政收入	亿元	3.86	9.9
农业总产值	亿元	5.56	16.7
粮食总产量	万吨	2.91	-12.5
工业销售收入(规模以上企业)	亿元	120.22	-24.2
固定资产投资	亿元	63.02	-8.5
其中工业生产性投入	亿元	33.79	4.3
实际利用外资	万美元	2705	11.1
利用市外内资	亿元	12.16	-4.3
外贸出口额	亿元	19.16	2.4
农村居民人均可支配收入	万元	3.19	7.9

产业发展　大小麦种植面积421.98公顷，晚稻种植面积2668公顷；粮食总产量2.91万吨。新增粮食生产功能区7个，面积321.13公顷，累计2001.67公顷，占全市18.8%；新建利顺烘干中心，累计建成粮食烘干中心4个。种植油菜261.53公顷，产量713.1吨；杭白菊231.4公顷，产量697.5吨；蔬菜产量6.63万吨；饲养蚕种2.42万张，蚕茧总产量1585吨。肉类产量1383吨，禽蛋产量2017吨。苗木花卉面积581.13公顷。新增土地流转面积85.56公顷，累计流转面积2490.71公顷。编制《桐乡市崇福果蔬特色农业强镇建设规划》，形成“一园一带三区多点”农业发展总体框架。全年完成农业投资6558万元，完成农创中心和孵化园二期建设，引进农业特色项目4个，五丰村通过省级中心村验收。全年完成水利建设项目投资3100余万元，新建改建闸站14座、泵站24座，新建渠道23千米，累计清淤河道62条，池塘3个，清淤57.82万立方米。有各类工业企业4218家，职工4.33万人。有规模以上企业113家，超亿元企业28家。全年实现工业总产值392.24亿元，比上年增长6.9%。其中规模以上工业企业实现产值121.15亿元，下降31.4%；实现增加值23.54亿元。完成全社会固定资产投资63.02亿元。新澳纺织技改项目成效明显，中鼎纺织技改项目开工建设，纺织行业转型升级步伐加快；成立时尚裘皮服装服饰分会，对接濮院资源，推进皮草产业转型发展。整治关停园区外“四无”（无证无照、无消防设施、无合法生产场所、无安全保障）企业125家，腾退土地21.53公顷。培育新特材料、节能环保、装备制造等新兴产业，全年新兴产业（规模以上）产值18.2亿元，占规模以上企业总产值10.4%。完成服务业生产性投入29.3亿元，新增限额以上企业6家、个转企61家。完成普洛斯项目一期工程；发展智慧之星等楼宇经济项目，签约江南文创园项目。发展特色旅游业，崇福镇被列入省级风情小镇培育名单。引进市外内资12.16亿元，注册资金6.14亿元；合同利用外资4374万美元，实际利用外资2705万美元；引进“浙商回归”资金10.5亿元。与银江孵化器、杭州天和高科技产业园、杭州华业高科技产业园等签订框架协议，为崇福未来产业转型升级、经济持续发展打下基础。

镇村建设　新建桐乡市第二人民医院停车场4700平方

米,实施北大街街景立面一体化改造、道路绿化种植与提升改造、重点路口增设交通信号灯等工程,鹏辉大道、杭福路改造工程完工通车。继续完善农村基础设施建设,完成农村生活污水改造2111户,完成农村公路大中修和危桥改造工程,改造危桥8座,道路8.5千米。推进"两新"建设,集聚农户306户。店街塘村获省级美丽宜居示范村称号。推进"三改一拆"工作,全年实施"三旧"改造64.5万立方米,拆除违章建筑34.9万立方米,蓝色屋面整治15.1万立方米。围绕"六大专项行动",开展小城镇环境综合整治工作,项目完成率98.9%。完善"路长制""弄堂长"等工作机制,发动群众积极参与支持整治工作,城镇整体环境得到明显改善,小城镇环境综合整治通过嘉兴市验收。制定"一河一策""一塘一策"等措施,"治水剿劣"行动成效明显,全镇52条劣V类河道全部销号,河道水质持续向好。

社会事业 全年新增城镇就业人员2344人,实现再就业1012人;新增社保单位162家,城乡居民基本医疗保险参保率99.6%;新增低保对象51户,发放慈善救助金76.4万元,优抚安置金319万元,大病救助、残疾人补助金354.1万元。新建农村文化礼堂4个,举办"争创省级文明镇,共建品质小城市"等文艺演出146场次,承办全市端午民俗展示展演活动,"崇福发布"微信公众号正式上线。挖掘崇福名人文化、乡贤文化,出版《吕留良与崇福人文》。全年举办各类体育活动及比赛100余次,完成600人公民体质测试和680人国民体质测试。运河步道、中心幼儿园建成启用,桐乡市第二人民医院改建工程开工建设,腾空D级危房220户,签约城市有机更新204户。加强公共卫生服务,各类传染病得到有效防治。加强国防后备力量建设,输送优质兵员37人。社区智慧化养老中心和三优中心建成并投入使用;农村垃圾直运工程完成并投入运行;北大街街景立面一体化改造工程基本完工;公共自行车二期工程完工,进入试运行阶段;世纪大道(语溪大道至崇新线段)相关土地征迁工作进展顺利。

崇福镇语溪公园　　崇福镇提供

【崇福镇获2016年度全省小城市考核优秀单位】 5月,2016年浙江省小城市培育试点工作考核结果公布,崇福镇位列全省43个试点镇第5位,连续三年获得考核优秀。自开展小城市培育试点工作以来,崇福镇根据全省小城市培育试点"以人为本、四化同步、城乡融合、体制创新、特色发展"总要求,全镇上下齐心协力、奋勇拼搏、克难攻坚,围绕建设中国皮草名城,加快推进新型农业化、新型工业化、新型城镇化以及服务业现代化,全镇经济社会继续实现平稳较快发展。

【五丰村通过省级中心村验收】 12月,中共桐乡市委农业农村工作办公室公布五丰村通过省级中心村验收。在创建期间,中心村建设共投资407万元。2015年开始创建,为期两年。完善基础设施和公共服务体系,开展大面积绿化种植,全村有绿化面积39.17公顷,人均绿地面积95.3平方米,提升了人居环境质量。2014年投入61.5万元对新村路灯及原有路灯进行安装及维修,路灯亮化率达到100%。2015年投入155.6万元修建文化大礼堂1座,对新村道路进行浇筑,方便村民的生产生活。2016年投入6万元修建健身场1个;

2017年投入226.9万元，重点建设越茂桥游步道景观工程，在全村开展绿化补种，道路浇筑、村庄环境整治、河道整治等工程。

【东安、店街塘村被评为浙江省A级景区村庄】 12月，经桐乡市旅游委员会、中共桐乡市委农业和农村工作办公室批准，崇福镇东安村、店街塘村被评为浙江省首批A级景区村庄。东安村位于崇福镇西南部，地处杭嘉湖平原，地形平坦，河道交错，水质良好，环境优美，是典型的江南水乡。东安村先后获浙江省绿化示范村、浙江省卫生村，桐乡市文明村、桐乡市小康型老年体育示范村等称号。东安村旅游资源丰富，文化活动设施完善，村里有国家AAA级旅游景区森利园，以及东安公园、老年门球场、果园等优美景点。店街塘村位于桐乡市崇福镇东北部。村集体先后获得浙江省卫生示范村、省级培育示范中心、嘉兴市生态村、嘉兴市卫生村、嘉兴市绿化示范村等称号。店街塘景区是国家AA级旅游景区。近年来，店街塘村大力实施党建＋旅游文化＋新村点建设等的美丽乡村特色精品村建设，以推进新农村建设为重点，开展各类创建活动，着力改变村庄整体面貌。

【崇福镇列入第一批浙江省旅游风情小镇培育名单】 8月，经浙江省旅游局批准崇福镇列入第一批浙江省旅游风情小镇培育名单。省级旅游风情小镇为省政府评比达标表彰项目，是浙江旅游的新名片、新高地。崇福镇是全国重点镇、全国综合实力百强镇。崇福镇文化底蕴深厚，是一座有着6000多年文明史和1100多年建镇史的江南古镇。人杰地灵，创造了马家浜文化和良渚文化，走出了明末清初学者、思想家吕留良，北宋状元沈晦，晚清画家吴滔，中科院院士程庆国等历史名人。崇福镇旅

2017年崇福镇各村(社区)基本情况

表42

村(社区)	户数(户)	户籍人口(人)	中共支部(总支、党委)书记	村委(社区)主　任	集体经济总收入(万元)
城郊村	1228	5515	朱冬毛	沈永根	758
上市村	1227	5413	徐雪强	沈伟国	365
东安村	1226	5533	钟红卫	金才学	421
民利村	1066	4598	方建国	陈娟宝	403
星火村	603	2568	沈迎新	沈迎新	235
新益村	433	1884	戴叙兴	戴叙兴	191
上莫村	589	2546	李法学	李法学	293
联丰村	1224	5225	闻雪强	屠肖燕	410
利顺村	929	3973	俞佐国	俞佐国	201
五丰村	943	4145	闻明汉	闻明汉	357
芝村村	1098	4580	盛金春	盛金春	558
湾里村	887	3360	陈森鑫	陈森鑫	428
留良村	1122	4504	陈长青	陈长青	242
御驾桥村	613	2434	周建学	周建学	276
新桥村	797	3236	陆嵩祥	陆嵩祥	548
南阳村	595	2497	张国伟	张国伟	274
华光村	523	2190	蔡荣华	蔡荣华	217
李家浜村	474	1860	范煜忠	范煜忠	257
陈家埭村	521	2016	王林江	王林江	278
店街塘村	827	3327	方建清	方建清	543
芦母村	531	2121	钱建国	钱建国	215
景卫村	640	2727	费松良	费松良	181
中夫村	643	2710	姜锦泉	姜锦泉	173
钱家埭村	381	1595	沈加飞	沈加飞	140
茅桥埭村	760	3145	宋伟奇	宋伟奇	198
李家坝村	602	2570	沈伟强	沈伟强	168
中山社区	2557	6104	徐富仁	邹　武	—
崇德社区	1726	4289	吕松发	沈志娟	—
语溪社区	2315	5317	陈益群	孙红莺	—

游资源丰富，核心的就是一河、一街、一园，即运河栈道、崇福横街和中山公园。此外还有国家AAA级旅游景区森利园、国家AA级景区店街塘、崇福庄园、运河栈道等旅游景点。

（倪　旻）

乌　镇　镇

【概况】　乌镇镇位于桐乡市北部，东临濮院镇，南壤梧桐街道，西接湖州市南浔区，北界江苏省苏州市吴江区。距市区13千米，距杭州、苏州均为80千米，距上海140千米。申嘉湖高速设有乌镇互通区。8月26日，中共桐乡市委、市政府发出《关于调整部分镇街区行政区划及相关管理体制机制的通知》，决定撤销龙翔街道建制，将原龙翔街道管辖的区域和濮院镇所辖的西浜村划归乌镇镇管辖。总面积110.93平方千米，其中建成区面积9.35平方千米。辖4个社区，26个村，总户数2.34万户，总人口8.48万人。登记新居民人口3.25万人。2017年实现地区生产总值60.2亿元，比上年增长18.9%；完成农业总产值5.14亿元，增长5%；完成工业总产值145.1亿元，增长5.5%；财政收入4.08亿元。按户籍人口计算，全镇人均生产总值6.93万元，增长18.9%。城镇居民人均可支配收入5.21万元，增长8.4%。农村居民人均可支配收入3.04万元，增长11.9%。

2017年乌镇镇主要经济社会指标完成情况

表43

指　　标	单　位	数　值	比上年(±%)
地区生产总值	亿元	60.2	18.9
财政收入	亿元	4.08	22.1
农业总产值	亿元	5.14	5
粮食总产量	万吨	2.27	−7.1
工业销售收入(规模以上企业)	亿元	82.15	14.5
固定资产投资	亿元	46.63	14.2
其中工业生产性投入	亿元	13.44	5.5
实际利用外资	万美元	2303	59.8
利用市外内资	亿元	22.3	74.5
外贸出口额	亿元	29.2	16.1
农村居民人均可支配收入	万元	3.04	11.9

产业发展　2017年，全镇粮食功能区总面积2051.3公顷，年产粮食2.27万吨(其中晚稻1.76万吨)，油菜籽438吨，菊花835吨，蚕茧715吨，蔬菜7.15万吨。年产猪羊肉729吨，禽肉719吨，禽蛋5193吨，小湖羊皮1.41万张。生猪、羊、家禽、家兔年终存栏量分别为5568头、1.42万头、30.37万羽、1.43万只；出栏量分别为6051头、1.52万头，47.51万羽，2.17万只。蚕种饲养量1.19万张、产量715吨。水产养殖面积114.31公顷、产量1510吨。有农业龙头企业6家，其中三珍斋食品有限公司为国家级农业龙头企业，实现销售收入5.25亿元，比上年增长30.8%。有桐乡市示范性农民专业合作社4家，成员375人。新注册家庭农场9家，总数48家；新增嘉兴市示范性家庭农场1家，桐乡市示范性家庭农场1家。加快制造业转型升级，规模以上工业企业实现产值82.15亿元，工业增加值突破18亿元，分别比上年增长14.5%、9.3%；完成全社会固定资产投资46.63亿元，其中工业生产性投入13.44亿元；完成机器换人67项，全年实施重点技改项目71项，设备投资8.9亿元。新增规模以上企业14家、亿元企业3家。推进“两改两创”工作，完成股份制企业改造3家，高新技术投资7.8亿元，申报国家高新技术企业3家，新授权发明专利23件。全年实现外贸进出口总额30.9亿元，其中出口额28.8亿元，分别增长15.8%、16.1%。推进“退散进集”“退低进高”和“低小散”行业整治，完成低效土地腾退6.2公顷，完成“低小散”行业整治企业200家，淘汰落后产能设备303台(套)。合同利用外资4200万美元，实到外资2303万美元；引进市外内资22.3亿元，增长74.5%；“浙商回归”到位资金24.5亿元，增长46.6%。大力发展互联网经济，全年引进互联网项目86个，注册资金18.5亿元，实现税收收入1.3亿元。乌镇景区全年接待游客868.23

万人次，增长14.4%；乌镇旅游股份有限公司实现营业收入16亿元，增长14.8%。国际汽车露营地、小城故事2个项目入选省服务业重大项目计划。

镇村建设 依据行政区划调整内容重新编制《乌镇镇城镇总体规划》和《乌镇历史名镇保护规划》。启动新一轮涉及23个村的村庄规划，开展国际社区城市设计工作。全面开展小城镇环境综合整治工作，完成整治项目94个，常态化推进整治项目29个，并以全省第一的成绩通过首批省级验收考核。推进"三改一拆"工作，全年拆违28.25万平方米，其中违章18.68万平方米、禽舍9.58万平方米；完成三改68.86万平方米，其中旧住宅11.37万平方米，旧厂区11.65万平方米，城中村45.85万平方米。完成土地综合整理16.53公顷，新村集聚农户756户。深入推进"五水共治"工作，全镇19条劣V类河道全部剿灭并无反弹现象，澜溪塘出现全市首个二类水质断面。做好截污纳管、河道整治和城乡污水处理工作，清淤河道57条，清理淤泥45.4万立方米，沟通水系26处，新增河道水生植物面积8800平方米，新建生态护岸8920米，完成农村（城镇）生活污水治理1480户。开展绿化工作，全镇新增植树造林面积4.59公顷，农村主要道路、河道绿化整治提升面积6.29公顷，完成姚太线北段景观绿化提升工程，全镇森林覆盖率达到25.5%。

社会事业 继续加大教育、卫生、文化、计生、消防等事业投人。全镇有中小学校5所，其中初中学校2所，在校学生1239人，中学教师150人；初中毕业449人，升入高中425人，初升高比例94.7%。小学学校3所，在校学生2939人，小学教师214人。乌镇植材小学获评AAAAA级平安学校、嘉兴市综治先进单位、省健康促进学校、省未来课堂培育学校；乌镇中学获评嘉兴市卫生先进单位、桐乡市教育装备示范学校、AAAAA级平安学校、六好文明校园；民合小学获中国书法等级考试基地，第十批嘉兴市绿色学校称号；龙翔小学为教育部青少年校园足球特色学校、第六批市特色学校；桐乡十中办学成绩优秀。年末拥有医疗卫生机构17个，其中乌镇人民医院1个，卫生院1个，卫生服务站15个，有病床135张。有卫生技术人员251人，其中医生124人。推行城乡社区居家养老服务照料中心社会化管理运作，新建村级居家养老服务中心3个，基本实现区域全覆盖，浮澜桥照护之家养护院投入使用。有公共文体中心2个，图书分馆2个；辖区内30个村（社区）均建有综合文化中心，有文化礼堂14个。建有文化志愿者队伍31支、群众文艺团队16支，做好文化专职管理员、文艺爱好者、文化志愿者、文艺骨干、业余文艺团队培训辅导工作，全年举办6次。组织文化活动10次，其中大型文化活动6次；放映电影398场，文艺演出149场，文艺活动479场，送戏下村（社区）30场；完成跨区域文化交流活动3场。全年新创舞台类节目11个，其中参加市级以上演出比赛的节目11个。《中国名镇志·乌镇志》中英文版出版，作为全国首部双语版本的中国特色地方志书，在海内外公开发售，《走读乌镇，感知中国》《乌镇·茅盾》等书籍相继出版。全年发放低保、低收入群体及残疾人各类生活补贴、临时补贴1280万元，新增低保户91户，新增低保对象144人，发放各类补助救助金565.2万元。实施积极就业政策，全年新增城镇就业1184人，失业人员实现再就业519人。统筹推进重点人群就业，新增城镇就业人员796人，帮助城镇失业人员实现再就业359人。社会基本养老保险、医疗保险参保率分别达到98.6%和99.6%。结合"乌镇管家"队伍建设，建立乌镇管家联动中心，及时、妥善和高效处理各类隐患、纠纷和民生等问题2.67万件。

【乌镇派出所获"全国优秀公安基层单位"称号】 5月19日，全国公安系统英雄模范立功集体表彰大会在北京召开。会上，桐乡市公安局乌镇派出所获"全国优秀公安基层单位"称号。近年来，乌镇派出所不断创新警务新模式，扎实做好世界互联网大会·乌镇峰会的安保工作，从内部联动，外部联动，群防群治三个方面纵深推进社会治安治理工作，构建立体化防控网络体系。2015年，由乌镇镇党委、镇政府牵头，乌镇管家队伍正式成立，队伍由各行各业群众、百姓参与，2017年已壮大到3000余人。乌镇管家队伍构建立体化警民联动的群防群治网络，依托"智慧警务"理念，建立快速反应警

2017 年乌镇镇各村(社区)基本情况

表 44

村(社区)	户数(户)	户籍人口(人)	中共支部(总支、党委)书记	村委(社区)主任	集体经济总收入(万元)
分水墩村	1082	4044	丁 蓉	丁 蓉	394
浮澜桥村	919	3524	胡明明	胡明明	519
横港村	719	2654	朱建新	朱建新	502
白马墩村	848	3421	姚云峰	姚云峰	300
虹桥村	1175	4257	杨丽芳	杨丽芳	251
陈庄村	666	2669	蒋小民	蒋小民	661
南庄桥村	785	3112	张国荣	张国荣	271
碓坊桥村	829	3258	沈祺浩	沈祺浩	337
陈家村	444	1738	冯和明	冯和明	502
彭家村	495	1937	曹中明	曹中明	352
双塔村	618	2456	钱建锋	钱建锋	254
新翁村	647	2556	严雪春	严雪春	306
颜家村	712	2800	王 震	王 震	286
浙月村	782	3165	沈惠章	沈惠章	619
民合村	714	2901	钱建松	钱建松	576
五星村	709	2882	宋京汉	宋京汉	543
皂林村	807	3178	沈林泉	沈林泉	870
南王村	475	1920	吴洪霞	吴洪霞	259
金牛村	773	3104	王建强	姚培根	221
董家村	624	2476	吕立峰	朱文娟	177
正福村	467	1950	陈福新	陈福新	168
杨园村	787	3180	沈晓华	姚坤潮	360
元丰村	716	2818	蒋柏荣	蒋柏荣	432
单桥村	772	3020	穆建华	穆建华	440
翔厚村	1171	4589	邹雪明	邹雪明	301
西浜村	569	2204	徐玉良	许梅芳	787
东苑社区	1098	2493	钮月明	钮月明	—
南宫社区	1658	4188	丁华君	丁华君	—
银杏社区	1462	3411	李立成	李立成	—
秀溪社区	393	1142	陈福祥	朱红燕	—

务机制，成立以来上报案事件线索、安全隐患、环境卫生、民生问题等各类信息 30000 余条，协助公安机关查获各类违法犯罪嫌疑人 7 名，辖区警情和刑事警情比上年分别下降 11.5%和 17.8%，有效震慑各类违法犯罪行为。

【乌镇入选国家 2017 年智慧健康养老示范街道(乡镇)】 12 月 28 日，工业和信息化部、民政部、国家卫生计生委在人民大会堂召开智慧养老 健康中国 智慧健康养老产业发展大会，会上为入选国家 2017 年智慧健康养老应用试点示范单位授牌。乌镇镇入选国家 2017 年智慧健康养老示范街道(乡镇)。乌镇智慧养老建设以信息化、社会化、社交化理念为根本，建设满足多样化选择与个性化需求的智慧养老服务体系与交互平台，从居家、社区、机构三个维度，借力互联网整合、调动社会资源，以集中供给向满足个性化需求、提供持续性服务、提升为老服务能力，优先解决老人基本生活需求、逐步提升老年人生活品质和生命质量，提升乌镇老人幸福指数。乌镇智慧养老建立起社区居家养老服务交互系统、智能照护系统、老年综合数据中心、服务规范标准化、养老综合管理平台，成为完整的系统并拥有自主知识产权，可复制性、推广性都很强。

【乌镇互联网文化创意街区被命名为浙江省文化创意街区】 乌镇子夜路互联网文化创意街区位于桐乡市乌镇镇子夜路及其延伸段，街区核心路段范围为乌镇大桥西堍到乌镇大道南侧。2017年年初启动创建工作，大力发展互联网特色文化产业。12月18日，被浙江省委宣传部命名为浙江省文化创意街区。乌镇子夜路互联网文化创意街区以世界互联网大会永久落户乌镇为契机，以“文化创意产业＋互联网文化产业”为主导，突出文化创意业态多样化和互联网技术应用的功能性，强化传统与现代、国际化与本土化相融合，着力打造集古镇旅游、文化休闲、创客空间、艺术设计、电子商务、金融服务等功能于一体的综合性文化创意街区。至年末，该街区已集聚文化企业84家，占街区企业比例79%，文化产业从业人数4000余人，累计投入建设资金45亿元。

【《中国名镇志·乌镇志》出版】 参见《党政·史志工作》中相关条目。

【中国乌镇·围棋峰会】 5月23—27日，中国乌镇·围棋峰会在桐乡市乌镇镇举行。世界排名第一的中国棋手柯洁与围棋人工智能程序“阿尔法狗”(AlphaGo)对弈。浙江省副省长郑继伟、国家体育总局棋牌运动管理中心党委书记兼主任罗超毅、中国围棋协会主席王汝南、桐乡市委书记盛勇军、Alphabet董事长埃里克·施密特(Eric Emerson Schmidt)等出席开幕式。经过激烈比赛，“阿尔法狗”最终以3∶0胜柯洁，充分显示人工智能时代的日新月异。闭幕式上，中国围棋协会宣布乌镇被授予“围棋峰会永久会址”。

【小城镇环境综合整治考核位列全省第一】 乌镇镇作为全省44个小城镇环境综合整治样板镇之一，根据全省统一部署，从2016年10月开始，以镇政府驻地建成区为对象，全面实施以“一加强三整治”(加强规划设计引领，整治环境卫生、整治城镇秩序、整治乡容镇貌)为主要内容的小城镇环境综合整治行动，划定整治范围面积6.95平方千米，排定整治项目94项，其中加强规划设计引领类8项，整治环境卫生类12项，整治城镇秩序类45项，整治乡容镇貌类29项，共安排财政预算4亿元。在此基础上，乌镇镇落实六大专项行动措施，小镇环境质量进一步改善、服务功能持续增强、乡容镇貌大为改观、管理水平显著提高、世界互联网大会红利进一步释放。根据省小城镇环境综合整治行动领导小组办公室9月26日发布的《关于公布2017年度年中全省小城镇环境综合整治考核结果的通知》，乌镇镇位列全省第一。

小城镇环境综合整治后的姚太线　　乌镇镇提供

【浙江省首个房车4S服务中心落户乌镇】 8月13日，浙江省首个房车4S服务中心落户乌镇。现场展出国内外各品牌最新款房车50余辆，吸引全国各地房车企业、厂商代表、房车俱乐部、房车意向客户、房车车友等500多人参加。作为浙江省第一家以汽车露营地为依托的乌镇房车4S服务中心，主要经营房车新车销售、房车维修、房车配件供应、房车个性化改装、车辆信息反馈、房车增值租赁和房车托管、房车自驾游等几大业务板块，服务中心解决了以房车工厂店和会展销售的服务模式远不能满足日益增长的房车销售服务需求的问题。

（费夏黎）

濮院镇

【概况】 濮院镇位于桐乡市东部，与嘉兴市秀洲区及桐乡市梧桐街道、乌镇镇接壤。全镇总面积60.47平方千米，其中建成区面积12.5平方千米。辖5个社区，144个居民小组；13个村，319个村民小组。总户数1.35万户，总人口4.87万人，登记在册流动人口约15.3万人。2017年8月，因行政区划调整，西浜村划归乌镇镇。2017年实现地区生产总值97.29亿元，比上年增长9.7%；工农业总产值256.74亿元，增长6.4%；财政收入3.73亿元，增长21%；农村居民人均可支配收入3.25万元，增长12.8%。

产业发展 有耕地3223.6公顷，粮食播种面积1661.74公顷，年产粮食1.13万吨、油料作物(油菜籽、芝麻)164.4吨、蚕茧175.8吨。出栏生猪3.81万头、湖羊2857头、家禽10.01万羽。农业“两区”(粮食生产功能区、现代农业综合示范区)建设不断发展，完成《桐乡市省级运北现代农业园区建设规划》，成功列入省级现代农业园区创建对象，推进油车桥村66.67公顷(1000亩)粮食功能区建设。全镇粮食生产功能区创建全面完成，总面积1200公顷，4家生猪园区完成“省级美丽牧场”建设。全年完成固定资产投资66.34亿元，其中工业性生产投入28.45亿元，增长8.8%；实现工业总产值253.6亿元，增长6.4%，其中规模以上企业工业总产值56.89亿元，增长10.1%；缴纳税金4.11亿元，增长14.9%。有市级重点项目16个，开工率100%。新增亿元工业企业1家，新增规模以上工业企业18家，完成“个转企”116家。盘活存量土地38.12公顷，腾退低效土地11.6公顷，完成低效用地再开发21.88

2017年濮院镇主要经济社会指标完成情况

表45

指　　标	单　位	数　值	比上年(±%)
地区生产总值	亿元	97.29	9.7
财政收入	亿元	3.73	21
农业总产值	亿元	2.89	−12.1
粮食总产量	万吨	1.13	−9.2
工业销售收入(规模以上企业)	亿元	56.89	10.1
固定资产投资	亿元	66.34	11.3
其中工业生产性投入	亿元	28.45	8.8
实际利用外资	万美元	4045.42	40.9
利用市外内资	亿元	13.48	5.8
外贸出口额	亿元	1.38	2.4
农村居民人均可支配收入	万元	3.25	12.8

2017年濮院镇各村(社区)基本情况

表46

村(社区)	户数(户)	户籍人口(人)	中共支部(总支、党委)书记	村委(社区)主任	集体经济总收入(万元)
新河村	1493	6753	张兴强、徐炳春	祁桂仙、吴界玲	460.13
永联村	623	2326	姚锦民	苏忠明	1886.13
永越村	906	4071	庄明火	庄明火	725.16
永乐村	1155	3082	胡建良	徐炳春	921.7
新濮村	800	3224	周哲斌	周哲斌、贝志强	340.8
新星村	1055	4359	朱建锋	朱建锋	2412.61
新东村	542	2118	计利锋	计利锋	339.29
红旗漾村	561	2202	周建生	周建生	358.12
新妙智村	530	2124	沈利新	杨森坚、程伟理	309.65
油车桥村	420	1608	钟　华	钟　华、朱伟冬	255.23
新联村	653	2545	朱永良	沈海杰	2614.68
新港村	687	2617	黄培江	朱建峰	575.35
星旗村	458	1780	金国良	朱新美	511.51
锦苑社区	1518	3871	徐伟红	徐伟红	—
梅园社区	1792	4433	倪丽秋、章颂舜	倪丽秋、章颂舜	—
双龙社区	92	229	甘晓莉	甘晓莉	—
永乐社区	707	1732	胡建良	徐炳春	—
新生社区	156	366	朱永良	沈海杰	—

公顷。招商引资有序开展,合同利用外资2亿美元,实际利用外资4045.42万美元,利用市外内资13.48亿元,其中注册资金4.33亿元。引进"浙商回归"资金8.29亿元。全年完成服务业投资37.66亿元,增长14.4%;实现服务业增加值56.04亿元,增长9%;实缴税金4.1亿元,增长26%。濮院羊毛衫市场成交额380亿元,增长10.2%;货物周转量43.5万吨。新增规模以上服务业企业12家。深入推进省级服务业集聚区建设,濮院针织产业集群生产性服务业集聚区在2017年全省考核同类中排名第一,合理配置佳源中心广场、上上城等商贸体功能布局,加快推动楼宇经济与时尚业态的融合发展。320创意广场、毛衫创新园分别入驻设计服务类机构和设计师团队63家、20家。实现电商成交额100亿元,电商行业协会会员66家。加大品牌培育力度,新增中国服装成长型品牌3个,新增嘉兴名牌1个。

镇村建设 加快与桐乡主城区功能及规划对接,完成濮院镇总体规划修编及村庄规划编制工作。省级特色小镇2016年考核优秀,古镇有机更新项目通过国家AAAA级旅游景区景观质量评审,核心景区项目建设稳步实施,北更楼、古井酒店等主体建筑基本完成,成功创建特色小镇AAA级景区。完成桐星大道、滨河大道北段、中兴路拓宽征收工作及新生集镇道路改造,实施永越大道、濮院大道节点提升工程。稳步推进农村土地综合整治和新村集聚,全年集聚农户515户,完成宅基地复垦35公顷。完成污水管网改造600户,新增污水管网建设8.7千米。推进小城镇环境综合整治,顺利通过国家卫生镇第二轮复查,不断深化"三改一拆""五水共治",全面完成22条劣Ⅴ类水河道、16条问题河道销号验收,大力推进4个生态牧场规范化管理及13.44万平方米鸭棚拆除工作。全面开展农村土地承包经营权、农房及宅基地确权登记颁证工作。绿色生活漫步带等6个民生实事工程基本完成。

社会事业 有中小学5所,在校学生6549人,其中新居民学生3890人;有新居民子女学校1所,在校学生1325人。启动濮院茅盾实验小学三期工程和毛衫城小学扩建工程,第四中心幼儿园、濮院茅盾实验小学二期工程进展顺利。有中心卫生院1所,社区卫生服务站13家,民营医院1家。有敬老院1所,床位141张。有居家养老服务照料中心10家。全年发放困难群体救助金296.2万元,慈善救助金96.8万元。城乡居民基本医疗保险参保3.17万人,参保率99.6%;城乡居民基本养老保险参保1.03万人。扎实推进镇文化艺术中心建设工程,成功举办第二届非物质文化遗产节、第四届全民运动会、"梅泾一雀屏杯"夏季篮球赛。新联村获全国文明村称号,全省文化礼堂现场会在新港村召开。有文化活动中心14个、农家书屋13个、文化礼堂8个,聘任村(社区)专职文化管理员17人。出刊《濮院时间》6期。高质量完成28个农民小区"三合一"(生产、储存、经营其他物品的场所与居住场所设置在同一建筑物内)消防整治工作,消防安全事故比上年下降60.7%。深化"法治、德治、自治"建设,加强专职网格员队伍建设。

【第二届濮院镇非物质文化遗产节】 1月1日,第二届濮院镇非物质文化遗产节暨展演活动在镇政府广场举行,活动由桐乡市文化广电新闻出版局、濮院镇政

1月1日,濮院镇举办第二届非物质文化遗产节　　濮院镇提供

府主办。以文化演出的形式将舞狮、舞龙、川剧变脸、面人制作、糖画、编草鞋等非遗项目展示给群众，濮院13个村、2个社区的民间艺人利用民俗资源和非遗资源，集中展示了“一村（社区）一韵”的技艺魅力，活动当天吸引了5万多名群众参与。据了解，濮院历史遗迹众多，文化底蕴深厚，古镇街区至今保存完好，非物质文化遗产节的举办对传承发展优秀传统文化、丰富群众文化生活具有积极的助推作用，接下来，濮院将进一步挖掘濮院历史文化遗存，办好非物质文化遗产节。

【濮院320创意广场列入第二批纺织服务创意设计试点园区（平台）】 参见《开发区建设·濮院针织产业园区》中相关条目。

【新联村获“全国文明村”称号】 11月17日，全国精神文明建设表彰大会在北京举行，濮院镇新联村获“全国文明村”称号，成为桐乡市唯一的国家级文明村。近年来，新联村积极营造文明氛围，以提高农民文明素质，提升全村文明程度，完善社会民生事业为抓手，不断推进村风、民风的持续向好。新联村曾获省级文明村、省级培育示范中心村、省级美丽乡村精品村、省级民主法治村、省级示范村级便民服务中心、嘉兴市“春泥计划”先进村、嘉兴市文化礼堂先进村、嘉兴市绿化示范村、嘉兴市慈善村、桐乡市先进基层党组织、桐乡市村级集体经济壮大示范工程先进村等称号。

（李夏洁）

石　门　镇

【概况】 石门镇位于桐乡市中部，距市区10千米，与梧桐街道、凤鸣街道、乌镇镇、崇福镇、河山镇、湖州市接壤。全镇总面积63.23平方千米，其中建成区面积4.9平方千米。辖1个社区，34个居民小组；18个村，360个村民小组。总户数1.32万户，总人口5.24万人，新居民人口0.92万人。2017年全镇实现地区生产总值31.44亿元，工农业总产值117.82亿元，财政收入1.51亿元，实缴税金3.31亿元，农村居民人均可支配收入3.04万元。

产业发展 有耕地面积4002.13公顷，其中水田3077.8公顷、旱地924.33公顷、桑园792.13公顷。全年粮食播种面积2078.5公顷，油菜125.33公顷，杭白菊727.73公顷，蔬菜1748.27公顷，水果278.4公顷。年产粮食1.42万吨，油菜籽302吨，杭白菊2082吨，蔬菜6.48万吨，水果9166吨。生猪存栏4782头，出栏3028头；湖羊存栏3.36万头，出栏5.15万头。全年饲养蚕种1.11万张，蚕茧产量642吨；水产养殖面积36.47公顷，水产品产量292吨。强化粮食生产安全，全面完成202.5公顷粮食生产功能区创建，收储土地流转面积130.7公顷。现代农业彰显特色，全年新增桐乡市级农业龙头企业1家、AAA级现代农庄1家、家庭农场4家。持续开展新型农业经营主体信用等级评定。农业品牌意识不断增强，全镇新增绿色食品认证1个，无公害农产品产地、产品认证3个。农业项目扎实推进，完成石门湾国家农业公园综合服务中心前期报批工作，全面完成春丽桥至周墅塘公路景观绿化工程，基本建成石门省级现代生态循环农业示范区项目。实施石门湾联合社农业综合服务中

2017年石门镇主要经济社会指标完成情况

表47

指　　标	单　位	数　值	比上年(±%)
地区生产总值	亿元	31.44	20.2
财政收入	亿元	1.51	7.2
农业总产值	亿元	4.39	2.7
粮食总产量	万吨	1.42	−7.1
工业销售收入(规模以上企业)	亿元	60.59	22.4
固定资产投资	亿元	24	21.2
其中工业生产性投入	亿元	14.26	25.5
实际利用外资	万美元	300	—
利用市外内资	亿元	4.75	32.5
外贸出口额	亿元	3.76	11.7
农村居民人均可支配收入	万元	3.04	7.9

心建设工程。农村土地承包经营权确权登记工作稳步推进。完成全社会固定资产投资24亿元，比上年增长21.2%，其中工业生产性投入14.26亿元，增长25.5%。实现工业总产值113.22亿元，完成工业增加值0.91亿元。年内4个市级重点项目全部开工，累计完成投资3亿元。新增规模以上企业11家，累计78家，实现规模以上工业企业产值60.59亿元，利润5.55亿元，全年完成“个转企”20家。狠抓“退散进集”工作，完成“低小散”行业整治企业253家，处置“僵尸企业”2家，中小微企业入园22家。完成拆迁农户8户，安置失地农民191人。投入4572万元加大园区基础设施建设。完成存量土地挖潜14.9公顷。淘汰落后产能13家，实施“机器换人”项目55项，完成投资9.8亿元。开展招商引资，全年引进项目30个，引进市外内资4.75亿元，其中注册资金2.85亿元。合同利用外资3550万美元，实际利用外资300万美元。完成省外项目投资2亿元。新增高新技术企业2家，累计7家；新认定省级科技型企业6家，累计23家。全年申请专利397件，其中发明专利81件。申报各类科技计划项目31项，其中省级新产品12项，有省级院士专家工作站1家。新增限额以上服务企业5家，累计29家。完成服务业投资9.12亿元。完成石门湾鞋业城项目主体工程建设。协办桐乡首届真皮女鞋时尚博览会，多次赴上海、广州、温州等地招商引资，提升石门鞋业产业知名度。开展电子商务实用技能培训，提高电商企业竞争力。旅游业蓄势待发。乌镇—石门省级旅游度假区申报国家级旅游度假区，并通过省级初评。石门被列入省级旅游风情小镇培育名单，殷家漾千亩梨园成功创建省级果蔬采摘旅游示范基地。完成丰子恺纪念馆周边征收工作，顺利实施果园路创意水果雕塑及附属休闲设施工程，逐步推进罗家角遗址展陈馆一期工程及停车场建设工程。

镇村建设 深入推进“五水共治”，疏浚河道32条20.25千米，池塘2处1700平方米。建设生态浮岛4760平方米；17条劣Ⅴ类水河道成功销号。稳步推进“三改一拆”，完成拆违面积14.93万平方米，完成“三改”面积25.17万平方米，宅基地复垦21.33公顷。推进扩大杭嘉湖南排（杭平申线航道改造）2.5千米石门段工程。启动镇区及周边二级污水管网改造，完成城镇居

2017年石门镇各村(社区)基本情况

表48

村(社区)	户数(户)	户籍人口(人)	中共支部(总支、党委)书记	村委(社区)主任	集体经济总收入(万元)
安全村	722	3228	沈云丰	华根洪	347
羔羊村	758	3183	顾铭强	顾铭强	325
二大埭村	383	1668	沈雪根	姚一飞	260
崇安村	760	3262	钟明鑫(1—12月) 钟斌杰(12月—)	钟明鑫(1—12月) 钟斌杰(12月—)	356
郜墩村	918	3917	张晓平	徐　强	623
东池村	688	2960	陆进华(1—12月) 凌伏林(12月—)	陆进华(1—12月) 凌伏林(12月—)	1039
石门村	339	1053	褚云锋	褚云锋	159
颜井桥村	811	3371	郭振潮(1—12月) 张云国(12月—)	张云国	371
桂花村	637	2729	钟明富	钟明富	890
叶新村	772	3226	钟子兴	诸建强	617
民联村	757	3086	朱钰祥	邱晓东	478
白马塘村	611	2448	朱一鸣	张爱英	1510
民丰村	744	2971	高掌莲	高掌莲	756
周墅塘村	657	2589	汤雪坤	汤雪坤	390
墅丰村	870	3672	窦国勇	窦国勇	1080
春丽桥村	562	2307	张卫兴	张卫兴	432
殷家漾村	474	1918	施玉祥	施玉祥	324
陆家庄村	528	2029	张惠强	张惠强	450
玉溪社区	1242	2808	颜伟强	张建丽	—

民生活污水入网360户，农村居民生活污水治理767户。创建省级生态美丽牧场1个、省级森林村庄1个、嘉兴市级绿化示范村1个，被评为2017年度省级美丽乡村建设示范镇。有序开展内港码头（堆场）整治19个，其中拆除关停经营性砂石料码头7个。全力以赴开展小城镇环境综合整治工作，落实六大专项行动措施。新增“两新”集聚231户，积极推进“两新”配套基础设施建设。实施各类道路改造提升工作，累计完成投资3550万元。改造农村桥梁7座，加强羔羊集镇和安兴集镇环境整治建设。深入实施“四位一体”（在镇区、公路、河道、村庄四大区域实行“一个部门统筹、一条线管理、以块为主、属地负责”的环境卫生保洁新机制）工作，以巩固创建国家卫生城镇为契机，加大环卫基础设施建设，实行精细化考核督查，创新环境卫生管理新模式，镇区环卫保洁实行市场化运作，在2017年度“四位一体”考核中获得全市第二名。

社会事业 教育事业稳步发展，义务教育入学率100%，幼儿入园率100%。文化事业繁荣发展，名人文化和文化品牌效应不断扩大，委托作家出版社编辑出版《全球首届丰子恺散文奖获奖作品集》，承办第二届丰子恺中外散文奖评选大赛，制作专题宣传片《石湾清流——丰子恺和他的散文人生》，展示丰子恺的散文创作生涯。拥有村级文化礼堂11个，覆盖率60%，举办各类广场文化活动41场，文化下乡演出22场，电影下乡236场次。卫生事业稳步发展，拥有医疗卫生机构17个（包括社区卫生服务社），医疗床位88张，卫生技术人员185人。贯彻实施全面二孩政策，加快推进卫生计生深度融合，计划生育符合率99.14%。加强食品药品安全监管，提升医疗服务水平，提高群众健康水平。落实病媒生物防治工作，通过嘉兴市病媒生物控制水平C级评估认可。深化“德治、法治、自治”建设，完成“四个平台”（镇、街道综治工作，综合执法，市场监管和便民服务）建设，组建“全科”网格员队伍，确保社会和谐稳定。全镇19个村（社区）成功创建无邪教村（社区），石门镇成功创建无邪教镇。组织开展万人大巡防活动，有效维护辖区社会平安稳定。年内新增城乡居民基本养老保险参保人员152人，参加农村新型合作医疗3.66万人，参保率99.95%，全年为42.69万人次报销医药费3975万元。社会救助力度持续加大，全年累计发放低保金、救助金815万元，发放失业保险金175万元。不断完善养老服务体系建设，有居家养老服务照料中心17个，改造提升敬老院，加强院内住宿管理，床位68张，安置48人。落实扶贫建房7户。

【第二届丰子恺中外散文奖】 11月8日，由桐乡市政府、西安美文杂志社联合主办，石门镇政府和市文联承办的第二届丰子恺中外散文奖颁奖典礼在桐乡市举行。此次征文从2016年6月1日起，面向全球写作者征集散文作品，至2017年5月31日结束，收到参赛作品5000多篇。西安美文杂志社在征文过程中设立专栏，择优刊登参赛作品。与首届丰子恺散文奖不同的是，此次增设外国散文奖。大赛评委分为两组，负责评审中国散文部分的是中国作协书记处书记、著名评论家李敬泽，中国作协副主席、《美文》主编贾平凹，《人民文学》主编施战军，《收获》主编程永新，《当代》主编孔令燕，中

11月8日，第二届丰子恺中外散文奖颁奖典礼　　石门镇提供

译出版社总编辑张高里，《光明日报》文艺部主任彭程，《散文》主编汪惠仁，《美文》执行副主编穆涛。负责评审外国散文部分的是李敬泽、贾平凹、北京语言大学教授张华、西北大学外语学院院长胡宗锋、西北大学国际文化交流学院院长任惠莲。经评选，余秋雨等10名作者获第二届丰子恺散文奖，田周民等5名作者获优秀奖。罗素·邓肯（美国）等10名作者获第二届丰子恺散文奖·外国散文奖，杨美英（泰国）等5名作者获外国散文优秀奖。

·相关链接·

第二届丰子恺中外散文奖获奖名单

第二届丰子恺散文奖（10篇）

《书架上的他》，作者余秋雨；

《一个人的地图》，作者南帆；

《苏东坡的历史观》，作者熊召政；

《汉字简化是顺应世界潮流》，作者陈若曦；

《春秋时代的春与秋》，作者李舫；

《人的城》，作者邱华栋；

《司马迁的选择》，作者徐可；

《走在天地间》，作者杨海蒂；

《评酒师》，作者任林举；

《晴朗》，作者姜念光。

第二届丰子恺散文奖·外国散文奖（10篇）

《负责任的利益攸关方——习近平和特朗普时代的全球领袖》，作者罗素·邓肯（美国），胡宗锋译；

《“丝绸之路”的起点》，作者罗宾·吉尔班克（英国）；

《怀念吴天明》，作者叶坦（美国）；

《我与西安的故事》，作者扎卡利亚·马哈茂德·阿卜达布塞（巴勒斯坦）；

《中国的“农耕”与阿拉伯的“游牧”》，作者叶海亚（埃及）；

存在、虚无、浪漫、绝望与《伤逝》，作者乔治·路易斯（古巴）；

《波斯女性》，作者纳莉（伊朗）；

《浪漫主义在越南》，作者陈氏海瑛（越南）；

《老鹰和乌鸦》，作者叶席（伊朗）；

《以色列人眼中的儒家智慧》，作者鹿欢（以色列）。

【殷家漾村获“全国一村一品示范村”称号】 7月，农业部公布第七批全国一村一品示范村镇名单，石门镇殷家漾村名列其中。殷家漾村以蜜梨种植生产为特色产业，2016年全村有蜜梨种植户260户，蜜梨种植面积140公顷，产值2599万元，占全村农业产值70%，成为村里的“支柱产业”和“惠民产业”。近年来，殷家漾村通过各类项目扶持，不断完善基础设施，提升产业品质；适时举办梨花节、采摘节，参加各类农产品展销、推介活动，提升蜜梨品牌知名度；结合农庄经济发展，推动蜜梨产业与旅游业深度融合。殷家漾蜜梨先后通过无公害农产品和国家级绿色食品认证，2009年被评为嘉兴市著名商标，殷家漾蜜梨专业合作社被评定为省级示范合作社。

【石门镇被评为2017年度省级美丽乡村建设示范镇】 12月，浙江省“千村示范、万村整治”工作协调小组办公室公布2017年度浙江省美丽乡村示范乡镇和特色精品村名单，石门镇被评为省级美丽乡村建设示范镇，石门镇墅丰村被评为特色精品村。近年来，石门镇围绕加快农业现代化建设要求，积极推进现代农业园区建设，先后创建为“石门湾省级现代农业综合示范区”“省级标杆性农业示范区”。墅丰村依托丰厚的文化底蕴，突出展示地方历史和人文景观，挖掘“三跳”“成人开蒙礼”等民俗，建设黄桃、蓝莓、日本甜柿等多个精品水果基地，建有沈家墩庭院经济示范点，进一步增加农民收入，繁荣农村经济。

（沈怡华）

洲　泉　镇

【概况】 洲泉镇地处桐乡市最西端，东接崇福镇、石门镇，南邻大麻镇和杭州市余杭区，西连湖州市德清县，北靠河山镇，距桐乡市区22千米，离杭州、嘉兴、湖州均不足50千米。全镇总面积73.36平方千米，其中城镇建成区面积9.3平方千米。辖19个村、1个社区，433个村民小组、46个居民小组，总户数1.56万户，总人口6.42万人。2017年实现工农业总产值573.3亿元，比上年增长21.5%；实现地区生产总值109.46亿元，增长25.4%。财政收入5.04亿元，增长28.3%。农村居民人均可支配收入3.09万元，增长13.4%。

产业发展 全镇拥有耕地4015.13公顷，其中水田3552公顷，旱地463.2公顷。年产粮食

1.41 万吨，比上年下降 34.1%；全镇粮食种植面积 2106.67 公顷，下降 31.8%；各类经济作物种植面积 2511.8 公顷，下降 3.88%。油菜籽产量 292 吨，下降 19.1%；蔬菜 4.38 万吨，下降 14.4%。农业总产值 5.2 亿元，其中牧业产值 12555 万元，下降 9.2%，占农业总产值的 24.2%。生猪饲养量 5.94 万头，增长 17.24%，出栏 3.63 万头，下降 7%；湖羊饲养量 1.61 万头，下降 5.9%，出栏 7364 头，下降 22%；家禽出栏 108.28 万羽，下降 16.8%；饲养蚕种 5106 张，增长 1.6%，蚕茧产量 282 吨，增长 2.6%。全面完成中小河流治理重点县综合整治及水系连通试点桐乡市洲泉东项目，涉及河道 36 条，总长度 16.84 千米，总投资 2666.36 万元；完成含山塘港道村段综合整治工程；完成清淤 9.26 千米，17.87 万立方米。新建泵闸站 11 座，生产桥 3 座，渠道衬砌 1.4 千米，地下低压管道 660 米，滴管面积 8 公顷，联丰圩区标准化建设成功创建并通过省级验收。农业新续建投资项目 5 个，总投资 5298 万元，其中国家农业综合开发区域生态循环农业示范项目 2900 万元、农业主导产业转型升级建设项目 700 万元、美丽乡村绿化工程 598 万元、洲泉镇高标准农田建设项目 600 万元、洲泉镇育秧仓储中心项目投资 500 万元。新增专业合作社 2 家、家庭农场 9 家、农业企业 4 家；嘉华牧业被评为国家畜禽标准化养殖示范场及全国农业信息化示范基地。镇工业园区规划面积 1791.2 公顷，开发利用面积 507.47 公顷，入园企业 123 家，工业园区全年完成现价产值 412.5 亿元，增长 31.6%，实现税收收入 8.05 亿元，增长 24.8%。全镇有工业企业 2857 家，其中规模以上工业企业 133 家，新增 19 家；有亿元企业 23 家、10 亿元企业 8 家、百亿元企业 1 家。规模以下企业 2720 家。全年完成工业总产值 568.3 亿元，增长 21.7%。其中规模以上工业企业完成产值 496.13 亿元，增长 27.3%，产销率 99.4%。完成工业增加值 70.88 亿元，增长 16.31%(统计局按速度法测算)。工业企业实现销售产值 567 亿元，增长 20.6%，其中规模以上工业企业销售产值 496.13 亿元，增长 25.2%。实现工业利税 55.41 亿元，增长 32.18%，其中规模以上工业企业实现利税 44.62 亿元，增长 20.8%；实现工业利润 45.2 亿元，增长 31%，其中规模以上工业企业实现利润 34.89 亿元，增长 20.9%。服务业发展步伐加快，坚持高起点、全方位发展方针，以产业化为目标，积极构筑多层次、多功能、外向型的第三产业格局。全镇有服务业户数 4412 户，增长 2.6%；从业人员 10006 人，增长 1.7%；实现增加值 15.53 亿元，下降 1.5%。完成服务业投资 7.06 亿元，增长 34.4%；完成服务业税收 6744 万元，增长 33.18%。全年房地产投资 1.51 亿元，增长 55.7%。旅游行业蓬勃兴起，主要旅游项目有马鸣老街、华腾猪舍里庄园、东田村东湖景区、马鸣村青园度假区和湘溪庄园等；野林滩金岛景区创建为国家 AA 级旅游景区，马鸣村被评为浙江省首批 AAA 级村庄，获浙江省“十大最美乡村”“中国最美村镇”称号，坝桥村和道村村被评为浙江省首批 A 级村庄。2017 年全镇服务业引进市外内资 7100 万元，洲泉足佳鞋材市场全年交易额 20 亿元，下降 9.1%。

2017 年洲泉镇主要经济社会指标完成情况

表 49

指　　标	单　位	数　值	比上年(±%)
地区生产总值	亿元	109.46	25.4
财政收入	亿元	5.04	28.3
农业总产值	亿元	5.2	−4.2
粮食总产量	万吨	1.41	−34.1
工业销售收入(规模以上企业)	亿元	496.13	27.3
固定资产投资	亿元	46.32	25.2
其中工业生产性投入	亿元	38.73	24.2
实际利用外资	万美元	157	424.3
利用市外内资	亿元	13.61	14.3
外贸出口额	亿元	36.87	13.3
农村居民人均可支配收入	万元	3.09	13.4

有省级企业研究院 5 家，其

2017 年洲泉镇各村(社区)基本情况

表 50

村(社区)	户数(户)	户籍人口(人)	中共支部(总支、党委)书记	村委(社区)主　任	集体经济总收入(万元)
众安村	874	3686	金建华	吕祥兴	679
马鸣村	933	4032	屠香荣	谈文洪	558
义马村	1375	5325	钟雪华	沈银南	902
湘溪村	791	3389	朱雪根	杨继红	373
屈家浜村	732	3234	杨建忠	蔡钰湘	486
金家浜村	703	3004	钱建南	张金兴	344
石山头村	590	2527	徐根荣	沈明伦	426
南庄村	443	1945	王根明	吴焕杰	502
清河村	503	2260	吴立峰	翟荣坤	281
青石村	906	3790	唐惠兴	蔡跃章	1881
东田村	542	2364	费金伦	费荣平	981
小元头村	648	2852	张松清	赵家驹	556
岑山村	1051	4683	庄建学	张掌泉	625
合兴村	870	3669	俞伟清	徐正杰	579
后塘村	320	1372	钱觉明	倪志良	174
晚村村	924	4005	沈如孝	朱权康	442
道村村	713	3212	李维江	沈锋连	281
夜明村	585	2476	李金权	朱明权	360
坝桥村	578	2442	唐建忠	沈　杰	1104
朝晖社区	1584	3942	许炳忠	俞雪根	—

中省级重点企业研究院(新凤鸣)1 家,省级企业研究院(浙江京马电机、双箭集团、浙江恒通化纤、浙江恒隆化工)4 家。国家级院士工作站 1 家(新凤鸣集团),嘉兴市级院士工作站 2 家(桐昆集团、华腾牧业),省企业高新技术研究中心 6 家,省企业技术中心 4 家。市级企业高新技术研究中心 47 家。完成专利申报 498 件。全年申报国家重点研发计划专项 2 项,省重点高新技术产品开发项目 2 项。省级新产品试制计划 181 项,桐乡市引导性科技计划项目 42 项。科技成果登记 22 项,推荐申报市级以上科学技术进步奖项目 11 项。有省创新型试点示范企业 4 家、嘉兴市创新示范企业 4 家。全镇新产品产值率 48%。有国家级高新技术企业 9 家、出口商品免验企业 1 家。中国驰名商标 3 件,中国名牌产品 3 个,国家免检产品 3 个,省级著名商标 7 件,省级名牌产品 6 个,浙江省著名商号 3 件,嘉兴市级著名商标 19 件,嘉兴市级名牌产品 8 个。

镇村建设　稳妥推进 5 个新市镇和 15 个农村新社区建设,及时出台“两新”建设奖励政策,全年集聚农户 127 户。加强市政基础设施建设力度,加大镇区道路建设及破损道路改建力度,开展路灯、路牌、标志标线维修和完善,增强镇区交通安全意识,进一步扩大绿化种植面积,美化镇区环境。加大长效管理工作力度,有长效管理站 19 个,配备保洁员 198 人。完成农村公路大中修 6 条,改造农村危桥 6 座。“五水共治”强势推进,进一步深化“河长制”建设,完成农村生活污水治理 560 户、城镇生活污水治理 200 户,新市镇生活污水治理 111 户,工业企业污水入网 10 家,累计已完成 205 家。农业面源污染得到进一步治理,畜禽排泄物资源化利用率 100%,病死动物无害化处理率 100%,黑鱼退养整治涉及养殖面积 43.67 公顷,养殖户 13 户,已完成治理。深入推进“清三河”防反弹与提升河道体质工作,完成南木桥港等 4 条精品河道建设,开展剿灭劣Ⅴ类水工作,15 条劣Ⅴ类河道全部完成整治。断面水质考核保持优秀。推进大气污染防治整治,不断完善秸秆禁烧和综合利用长效机制,秸秆综合利用率 95%以上。

社会事业　有中小学校 4 所,在校学生 4202 人,教师 315 人,教职员工 44 人;幼儿园、托儿所 8 所。有文化体育中心 1 个,农村文化户 21 家,农村广播入户率 95%,全镇数字电视入户率 90%以上,全年举行广场文体活动 11 场,文化下乡 468 场次,其中放映电影270场次，举办文化经营户培训班15次，培训170人次，镇图书馆藏书9.6万册。进一步强化医疗卫生体制改革，医疗卫生设施有较大改善，公共卫生服务能力和医疗卫生服务水平不断提高。有社区卫生服务中心1所，分院3所，社区卫生服务站13个；医疗床位88张，卫生技术人员227人，其中医生102人。强化“平安洲泉”建设，顺利完成“护航十九大”、乌镇峰会维稳安保工作。切实提升公共安全技防水平，全年新增社会治安监控装置128个。有效打击各类犯罪，破获各类刑事案件220起，打击各类犯罪嫌疑人127人，查处治安案件99起，处罚486人，人民群众安全感明显提升。全面开展“七五”普法，严格落实“谁执法谁普法”责任，分层次开展普法教育，健全普法教育工作网络。不断完善预防化解矛盾纠纷综合机制，全年受理来信来访30件，办理市长电话264件，受理各类劳资纠纷49起。切实加强安全生产，安管员新训复训435人，开展作业场所职业病危害因素检测企业52家，企业安装智慧用电268套，安全生产形势持续好转，突发事件应急处置能力不断增强。

【新凤鸣成功登陆上海A股主板】 参见《工业·化纤》中相关条目。

【浙江华腾牧业有限公司被评为省级重点农业企业研究院】 参见《科学技术·农业和社会科技》中相关条目。

【马鸣村被评为浙江省AAA级景区村庄】 10月，马鸣村被评为浙江省首批AAA级景区村庄。马鸣村位于洲泉镇西面，是典型的江南水乡平原村落，全村地域面积6.08平方千米，人口4000余人。经过近三年的精心建设和营造，马鸣古村景区有八大建设成果和供参观游览项目：马鸣茶馆老街、马鸣老庙、将军湖、林荫小道观光、文化长廊（马鸣历史人文）、新型现代农业庭园经济示范区（葡萄架、果蔬、成片格桑花）、私人庄园（马鸣青园）、农家乐。民宿在开发规划建造中。整个古村景区亮点纷呈、配套齐全，形成了一个标准化、特色化的村庄生态系统。

【东田村入围浙江省第六批历史文化重点村】 12月8日，东田村正式入围浙江省第六批历史文化村落保护利用重点村。东田村位于洲泉镇东部，全村常住人口2343人，外来人口2200人，村域范围面积2.5平方千米。东田村一直十分重视对历史文化的保护利用，先后投入2亿多元启动东湖水系项目，目标将东田村建设成为集游览观光、乡村休闲与商务度假为一体的新型体验村落。多年来，东田村获得嘉兴市农村经济百强村、嘉兴市全面小康建设整治达标村、省级全面小康建设示范村、省级卫生村、省级文明村、省级绿化示范村、浙江省“双强百佳”行政村、浙江魅力新农村、浙江省级中心村、浙江省级历史文化村落保护利用一般村等多个称号。

【洲泉镇文体中心建成】 10月，洲泉镇文体中心土建竣工。文体中心位于洲泉中学南侧，2016年4月动工，面积2084平方米，建筑面积4143平方米，架空层2084平方米，可停放汽车100余辆。总投资1500万元。建有全天候体育馆一个，内有篮球场1个、羽毛球场2个、乒乓球台4个，一层有图书室、书画展厅、非遗历史文化陈列室，二层有会议室、教室、音乐训练室、书法美术室、舞蹈排练室等，三层为报告厅。

（范依婷）

屠 甸 镇

【概况】 屠甸镇位于桐乡市东南部，与梧桐街道、高桥街道和海宁市、嘉兴市秀洲区交界，东距上海107千米，西离杭州54千米，距桐乡、海宁市区各9千米，沪昆高速公路设有屠甸互通区，盐湖公路和南排工程长山河穿镇而过。总面积41.11平方千米，辖8个村、208个村民小组；1个社区，29个居民小组，总户数7789户，总人口30044人。2017年实现地区生产总值30.18亿元，比上年增长17.3%；财政收入1.37亿元，下降3.1%；农村居民人均可支配收入3.1万元，增长13.1%。

产业发展 实现农、林、牧、渔业总产值3.42亿元，比上年下降6.7%，其中：农业产值2.32亿元，下降1.5%；牧业产值0.49亿元，下降6.3%。农作物播种面积5220.6公顷，其中粮食播种面积1743.47公顷，总产量1.2万吨，分别下降8.7%和7.2%。蔬菜种植面积2425.67

公顷，下降1.2%，产量9.3万吨，下降2.2%；杭白菊种植面积133.33公顷，增长11.4%，产量355吨，增长7.3%；果树面积174.47公顷，增长1.6%，产量4098吨，增长2.2%；增长2.8%。流转土地1123.7公顷，占耕地面积70.1%。实施科技兴农战略，推广水稻良种1.2万公斤，落实晚稻百户优质高产示范户16户。加大支农扶农力度，机械化插秧面积392.67公顷，晚稻机收面积846.67公顷，机收率98%。抓好633.33公顷粮食功能区管护，新建成粮食功能区100公顷并通过验收。饲养蚕种4975张，产量249吨。年末拥有农业机械总动力9672千瓦。农村经济总收入123.81亿元，比上年增长19.7%。全年完成固定资产投资16.15亿元（其中房地产1.56亿元），增长18%；其中工业生产性投入10.3亿元，增长12.7%。完成服务业投资6.22亿元，增长31.7%。全年规模以上企业实现产值72.93亿元，增长14.4%。启动"退散进集"工作，完成"低小散"企业整治118家，淘汰落后设备298台，实现中小微企业入园9家，腾退土地1.34公顷。加快淘汰落后产能工作，淘汰落后产能项目14个。强化科技创新，新增高新技术企业4家，引进"国千"人才1人。新增嘉兴市级研发机构1家、桐乡市级研发机构2家；新增省级科技型企业2家，新增高新技术企业4家，申请桐乡市级以上专利167个，发明专利51个。新增亿元企业2家、5亿元企业2家、规模以上企业6家、限额以上服务业企业8家、个转企11家。

镇村建设 优化镇区空间格局，完成镇域发展概念性规划编制，启动屠甸镇总体规划至2035年修编工作，完成和平、万星6个村村庄规划编制和修改完善工作，实现全镇村庄规划全覆盖。完成小城镇综合整治规划、莫太师桥等拆迁点安置方案和朱公桥港整治提升方案等设计。杭嘉湖南排工程拆迁工作强势推进，完成国有土地房屋、

2017年屠甸镇主要经济社会指标完成情况

表51

指标	单位	数值	比上年（±%）
地区生产总值	亿元	30.18	17.3
财政收入	亿元	1.37	−3.1
农业总产值	亿元	3.42	−6.7
粮食总产量	万吨	1.2	−7.2
工业销售收入（规模以上企业）	亿元	72.93	14.4
固定资产投资	亿元	16.15	18
其中工业生产性投入	亿元	10.3	12.7
实际利用外资	万美元	380	12.1
利用市外内资	亿元	2.86	36.1
外贸出口额	亿元	9.62	20.7
农村居民人均可支配收入	万元	3.1	13.1

2017年屠甸镇各村（社区）基本情况

表52

村（社区）	户数（户）	户籍人口（人）	中共支部（总支、党委）书记	村委（社区）主任	集体经济总收入（万元）
汇丰村	1136	4779	陆炳康	王建发（5月—）	2254
恒丰村	723	2979	钱国强	张旭霞	342
荣星村	634	2538	金福良	姚勤锋	240
和平村	738	3095	徐瑞兴	范元松	245
联星村	740	3052	陈银洲	陈银洲（兼）	223
万星村	748	3079	朱瑞强	王胜华（5月—）	215
海星村	802	3435	王建锋	张珍松	276
红星村	978	4039	岳晓锋	张德松	227
屠甸社区	1290	3048	陆千红（1—4月，总支委员；4月—书记）	陈琦（5月—）	—

农村集体土地房屋和企事业单位征迁签约225户，安置房项目主体工程基本结束。规范城乡建设管理，加大“三改一拆”力度，建立“两违”巡查队和城乡联合审查机制，从源头上管控，成功创建嘉兴市无违建先进镇。全年拆除各类违章建筑13.81万平方米，拆违215户。全面实施小城镇环境综合整治，实施“网格＋”管理机制，开展沿街、背街小巷、木材市场、废品收购站整治，取缔非法码头；启动“垃圾处置能力提升战”，顺利通过国家卫生镇复审考评。农村土地确权颁证工作顺利推进，农户合同签订率99%，启动农村宅基地及住房确权登记发证工作。继续推进森林屠甸建设，全镇林木覆盖率32.3%。抓好美丽乡村精品路线和精品村、一般特色村、历史文化旅游村建设。优化发展乡村旅游，荣星村成功创建省特色精品村、省老年养生旅游示范基地。恒丰村成功创建嘉兴市“优美庭院”示范村。推进城乡生活污水入网，新建农村生活污水管网5千米，新增农村生活污水治理419户；建设城镇生活污水管网4.5千米，改造治理城镇居民生活污水400户。加强农田水利设施建设，新增节水灌溉面积130公顷。完成2017年度河塘清淤(污)工程，清淤河道19条、9270米、13.24万立方米，疏浚河道9.3千米，种植河道水生植物2300平方米，全年交界断面水质考核良好。

社会事业 有中小学校2所，在校学生1985人，教师148人；义务教育普及率100%，小学和中学入学率、巩固率均为100%，初升高比例100%；幼儿园2所，在园幼儿1295人，教师71人。公共图书馆1个，藏书量4.79万册；村级文化礼堂7个，文化活动中心9个，文化示范户9户，文化示范户放映电影116场；5户家庭被评为桐乡市特色文明家庭。有线数字电视用户7220户，入户率92.54%；调频广播5462只，入户率70.1%；应急广播171只。中心卫生院1所，社区卫生服务站8个，卫生技术人员76人，床位20张。新增城镇就业192人，帮助城镇失业人员再就业164人，城镇登记失业率2.9%。深入推进社会保险扩面工作，2017年度全镇城乡居民基本医疗保险参保率99.7%，城乡居民基本养老保险参保率96%。新一轮农村合作医疗参保1.92万人，参保率99.7%；提高低保保障水平，发放低保救助金及生活补贴140.32万元；居家养老服务中心实现全覆盖，有AAAAA级3家、AAAA级3家、AAA级3家。继续巩固国家卫生镇创建成果，建立健全“四位一体”长效保洁考核奖励制度。开展法治德治自治工作，深化平安系列创建，完成第四届世界互联网大会屠甸维稳安保工作，镇平安建设12连冠获“平安金鼎”。全年调解矛盾纠纷82件，受理来信来访及网上投诉53件，办理市长电话184件，受理各类劳资纠纷84起。深入推进人文屠甸建设，举办屠甸镇首届“屠甸百人百姓榜”评选表彰活动，表彰先进100人。提升村级综合文化活动中心5家，启动钱君匋故居维修工程。举办“寻根屠甸、寻味屠甸”文化惠民活动300余场次，成立屠甸文学社、君匋少年印社。举办文化下乡巡演活动21场次，开设戏曲、排舞培训35场次。

【全市村(社区)组织换届选举试点】 2月，屠甸镇作为全市村(社区)组织换届试点单位，率先启动换届工作。2月6日召开全镇村(社区)组织换届班子考察回访工作布置会，并于当月完成考察及换届人事调整。3月22日，召开全镇村(社区)换届选举动员大会，要求从严把握候选人(自荐人)资格条件，完善“先定事、后选人”制度，组织党组织班子候选人开展治水剿劣口头亮诺、书面承诺、行动践诺活动。4月10日—5月9日，先后完成新一届村(社区)党组织、村(居)委会以及村(居)务监督委员会和村股份经济合作社换届选举。此次村(社区)换届选举，产生村(社区)“三套”班子成员57人，其中大学学历9人、大专学历35人、高中学历6人、中专学历5人、初中学历2人。选举产生新一届村(社区)党组织书记9人，其中女书记1人；选举产生新一届村委(居委)30人，其中女13人，平均年龄36.5岁；选举产生新一届村股份经济合作社董事长8人，其中7个村由村书记兼任。一次选举成功率100%。

【屠甸镇通过国家卫生镇复查】 2017年，屠甸镇通过新一轮国家卫生镇复查。根据国家卫生镇标准，制定《屠甸镇迎接国家卫生镇复评工作方案》，成立9个工作组，划分14个创卫责任区，由镇领导班子成员作为各工作组和各创卫责任区的直接领导，分工督办。制定爱卫创卫等相关工作制度,明确工作任务,广泛宣传、组织发动群众参与爱国卫生工作。在落实责任基础上,开展路段自查、责任区自查、专项督查、对口检查、现场会等多种形式的自查督查。结合实际情况,先后制定相关管理规定,对城镇环境卫生、环境保护等进行依法管理。城建、卫生、工商、城管等部门依法整治占道经营,取缔违章建筑,清除各类不符合规定的广告,没收和销毁变质、过期食品,取缔不符合卫生要求的食品经营单位(户),使创卫工作成果得到巩固。通过深化创卫活动,城镇基础设施进一步完善,镇容镇貌明显改观,居民卫生意识进一步提高。

【开展乡贤参事会试点工作】 为了能够充分发挥乡贤的亲缘、人缘、地缘优势,优化社会资源配置,凝聚人心人力,发挥乡贤在基层治理中的参谋建议、示范引领、桥梁纽带作用,屠甸镇作为全市试点,率先开展乡贤参事会工作。9月上旬,荣星村作为全镇试点,启动乡贤参事会建设。11月22日,荣星村乡贤参事会成立,会议选举产生会员33人,其中会长1人、副会长2人、秘书长1人,魏建华任会长。会议通过《屠甸镇荣星村乡贤参事会章程》,章程中所称"乡贤",是指因品德、才学为乡人推崇敬重的本土精英,因求学、致仕、经商而走入城市的外出精英,以及市场经济环境下在农村投资创业的外来精英。乡贤参事会的宗旨是"村事民议、村事民治",协助推动群众参与基层社会治理,服务农村经济社会建设,激发群众组织活力,"共谋、共建、共治、共享"美好家园。乡贤参事会的业务范围是弘扬优秀传统文化,组织慈善公益活动,积极引智引才引资,参与公共事务服务,推动健全、实施村规民约,收集、了解村情民意,协调邻里纠纷。至11月30日,全镇8村全部成立村级乡贤参事会。

(姚春燕)

11月22日,荣星村乡贤参事会成立　　屠甸镇提供

大麻镇

【概况】 大麻镇位于桐乡市西南部,与洲泉镇、崇福镇、海宁市许村镇、杭州市余杭区接壤,京杭大运河、科洲公路贯穿全境,320国道、沪昆高速公路紧依其旁。全镇总面积32.64平方千米。辖1个社区,3个居民小组;11个村,264个村民小组。总户数8371户,总人口3.68万人。全年实现地区生产总值27.9亿元,比上年增长19%;财政收入7667万元,下降3%;农村居民人均可支配收入3.03万元,增长8.9%。

产业发展 实现农业总产值2.3亿元,其中渔业产值9512万元,占41.5%。有耕地1642.47公顷,其中水田1230.2公顷、旱地412.27公顷。粮食播种面积1066.5公顷,总产量7289吨。严格耕地保护,强化粮食安全保障,鼓励土地流转,新增粮食生产功能区133.33公顷,土地流转面积766.13公顷。油菜籽种植面积55.5公顷,产量172吨;蔬菜种植面积473.7公顷,产量1.53万吨;水果种植面积104.2公顷,产量2885吨。湖羊出栏1.96万头,存栏1.42万头;家禽出栏4.39万羽,存栏1.21万羽。推进第五批和第七批重点县小农水项目,实施2017年农业综合开发土地治理项目,建成泵、闸站19座,渠道38千米,水泥路27千米,砂石路22千米,生态护岸2千米。完成河道清淤8.8千米。加快特色水产业转型升级。全面推进水产养殖业配合饲料替代冰鲜杂鱼应用,增加一个试验点 0.23 公顷，实现乌鳢养殖转型升级。推进“两改两创”工作，实施“机器换人”项目 30 项，设备投资 4.23 亿元，引进高档纺织机械等成套设备 106 台套，企业装备水平不断提升。加强杭州湾轻纺城市场培育，加快电子商务集聚区建设，全年引进各类电商企业 6 家，新增农村淘宝服务点 1 个。启动家纺物流园区建设，新增服务业规模以上企业 2 家。全年完成服务业投资 5.01 亿元，比上年增长 18.9%，经济结构进一步优化。建立个转企、规模以上企业、亿元企业三个培育数据库，强化跟踪服务，解决发展难题。全镇有规模以上企业 55 家，新增 8 家；亿元企业 11 家，新增 2 家。规模以上企业实现工业产值 29.99 亿元，增长 1.5%。全年完成全社会固定资产投资 10.84 亿元，增长 13.4%，其中工业生产性投入 5.55 亿元，增长 9.2%。强化招商引资“一把手”工程，推进以商招商、以企引企，全年引进市外内资 3.6 亿元，增长 133.7%，合同利用外资 550 万美元，实际利用外资 266.3 万美元。开展十佳工业企业和规模企业“创先争优”竞赛活动，营造比学赶超氛围，推动 120 余家次企业组团赴上海、广州等地参加展会，鼓励有条件的企业“走出去”，参加法兰克福等家纺博览会。拓展国内外市场，实现外贸出口额 7.9 亿元，增长 33.4%。强化品牌创建和科技支撑，申报专利总数 289 个，其中发明专利申请数 85 个，新增市级企业研发中心 5 家，新增高新技术企业 1 家，实现零突破。大力发展旅游业。加快海华历史文化旅游村建设，海华村成功创建浙江省首批 AAA 级景区村庄，完成环河绿道建设 1.9 千米，加快青少年素质教育实践基地等旅游景点建设。

镇村建设 启动新一轮村庄规划修编，稳步推进新村集聚，进一步加强农村建房管理，实施农村危旧房屋改造 39 户。启动实施农村道路大中修 2.9

2017 年大麻镇主要经济社会指标完成情况

表 53

指　　标	单　位	数　值	比上年(±%)
地区生产总值	亿元	27.9	19
财政收入	亿元	0.77	−3
农业总产值	亿元	2.3	10.7
粮食总产量	万吨	0.73	−4.3
工业销售收入(规模以上企业)	亿元	29.99	1.5
固定资产投资	亿元	10.84	13.4
其中工业生产性投入	亿元	5.55	9.2
实际利用外资	万美元	266.3	−26.2
利用市外内资	亿元	3.6	133.7
外贸出口额	亿元	7.9	33.4
农村居民人均可支配收入	万元	3.03	8.9

2017 年大麻镇各村(社区)基本情况

表 54

村(社区)	户数(户)	户籍人口(人)	中共支部(总支、党委)书记	村委(社区)主　任	集体经济总收入(万元)
大庄村	911	4287	朱文根	吴日青	129.66
崇益村	723	3242	强忠良	强忠良	84.89
光明村	784	3592	费林甫	费林甫	154.88
麻溪村	592	2686	沈桂其	沈金狗	109.81
西南村	700	3288	潘其夫	钱国清	123.58
湘洋村	831	3899	李国富	李国富	108.87
百富村	733	3185	王荣毛	王荣毛	105.39
海华村	717	3136	罗洪炎	杨惠娟	103.36
黎明村	646	2902	蔡惠昌(1—8 月)	蔡惠昌	130.72
吉字浜村	546	2432	沈新权	沈新权	126.02
永丰村	780	3188	蔡武强	蔡武强	130.96
大麻社区	421	1019	范银虎	张熊麟(1—4 月) 蔡建中(5 月—)	—

千米，改建危桥3座，斜百线等重点工程开工建设。结合“三改一拆”“四边三化”等工作，加大对违法建筑的查处和整治力度。拆除违法建筑11.99万平方米，完成市定任务149.9%，完成“三改”面积12.38万平方米，完成市定任务154.8%。整改蓝色屋面12户，整改面积8.56万平方米。巩固提升“美丽乡村”建设，推进沿线垃圾清运、农房立面改造、绿化填土种植和景观墙砌筑提升等一系列工程，新增造林面积12.85公顷。深化美丽乡村建设，吉字浜村晋级省级美丽宜居示范村。成功创建嘉兴市级优美庭院5个，桐乡市级优美庭院8个。持续推进“五水共治”，完成农村生活污水改造628户，全年疏浚河道17条8.8千米、清除淤泥13.25万立方米，完成劣Ⅴ类水河道整治27条，河道水体生态修复与样板河道建设工程全面完工。认真开展爱国卫生工作，“四位一体”长效保洁考核名列全市第一，顺利通过省级卫生镇复查验收。启动农村生活垃圾分类处置工作。持续开展“五气共治”，有序推进印染行业整治搬迁工作。推进农村文化礼堂建设，新建永丰村文化礼堂，新增星级文化礼堂4家。

社会事业　有中心幼儿园1所，学生874名。九年一贯制中心学校1所，学生2164名。小学升初中、初中升高中比例均为100%。中心幼儿园创建为省二级幼儿园。加快发展各项社会事业。深化农村居家养老服务，实现12个村(社区)全覆盖。做好低保救助、困境儿童扶助资金发放，加大临时救助力度。完善社会保障基层服务平台建设，推进充分就业村(社区)创建，做好城乡居民养老保险和征地人员分流安置工作。加强社会综合治理。全年城乡居民基本医疗保险参保2.82万人，参保率99.6%，办理失地农民养老保险1079人。新增低保对象21户，发放各类救助金352.46万元。启动中心幼儿园分园建设项目。公共卫生服务扎实开展，各类传染病得到有效防治。继续落实全面二孩政策和计划生育家庭奖励扶助政策，发放奖扶金、特扶金135.19万元。国防后备力量基层建设整体水平不断提升，输送优质兵员11名。镇关心下一代工作委员会获嘉兴市级先进集体，统战、老干部、档案、统计、食品药品安全等工作取得新进展。深化居家养老服务，崇益村居家养老服务照料中心完工，完善低保救助、优抚安置和扶残助残工作，全年发放低保金126.31万元，慈善金27万元，临时救助金14.6万元，救助困境儿童748人次。

【大麻镇获“平安金鼎”】　2017年，大麻镇强化“平安大麻”建设，推进“四个平台”建设，顺利完成“护航十九大”、乌镇峰会维稳安保工作。5月，实现“平安大麻”十二连冠，获“平安金鼎”。有效打击各类违法犯罪活动，全年查获各类违法犯罪嫌疑人140人，刑事发案比上年下降33.3%，人民群众安全感明显提升；全面开展“七五”普法，全镇嘉兴市级民主法治村(社区)创建率75%；排查化解各类矛盾纠纷175起，通过人民调解委员会立案调解63起，其中镇级25件、村级38件，调处成功率100%；处理群众来信4件，接待群众来访25次，网上信访5件，领导信箱27件，嘉兴市长电话18件，桐乡市长电话130件；完善社会治安监控系统，安装治安监控297个，制高点监控5个，社会监控182个，建立动态社会治安监控中心；加强安全生产监管督查和治理，安全生产形势持续好转，突发事件应急处置能力不断增强。

【大麻镇通过小城镇环境综合整治省级考核】　2017年，大麻镇高标准开展小城镇环境综合整治，整治范围1.05平方千米，投入资金4.67亿元。9月26日，通过小城镇环境综合整治省级考核。按照“一加强三整治”总思路，落实开展六大专项行动(道乱占整治，车乱开整治，线乱拉整治，规划设计引领，卫生镇创建，低小散整治)。采购、替换垃圾桶、果壳箱、卫生宣传板400余件。镇垃圾转运站翻新改造，实现“日产日清”。镇区5个公共厕所进行修缮，无害化卫生厕所普及率100%。结合“五水共治”，对镇区污水管网改造提升，200余户居民生活污水纳管排放，污水收集率92%。疏通河道28条，拆除镇区沿街沿河违章建筑13处，修复桥梁5座，镇域4条劣Ⅴ类河全部摘除劣Ⅴ类帽子。查处各类交通违法1900余起，清除“僵尸车”40余辆，排查交通隐患60余处。对“道乱占”行为开展专项整治行动20余次，发放宣传资料400余份，整治越门经营1380起、乱摆摊

2230起，签订“门前三包”责任协议书461份。新建停车场2个，增加停车泊位313个。改造建筑物外立面1.5万平方米，加强沿街建筑物外立面保洁工作，清理乱张贴1000余张，拆除广告牌235块，清理未审批横幅27条，凿除非法接坡1453米。

【海华村被评为浙江省AAA级景区村庄】 10月，嘉兴市旅游委员会、嘉兴市农业和农村工作办公室公布《嘉兴市浙江省AAA级景区村庄公示名单》，大麻镇海华村名列其中。海华村境内“梅花洋”“河白漾”“苕溪”“牛女河”等水系洒落村中，是桐乡市域内鲜有水系如此丰富且保存完好的村庄。全村拥有各类树木数10万株，其中树龄40年以上的大树3万多株，成片绿地面积3.19万平方米，绿化覆盖率95%，可谓“天然氧吧”和“养生湿地”。海华村地处桐乡市西南部，与余杭、海宁、德清交界，地理位置优越，紧靠320国道、京杭大运河，交通便利。景区村庄设施完善，设有应急停车场、应急避灾场所、生态农庄、文化广场、亭阁等供游客休憩，游客集中区域基本实现WiFi覆盖。

【开展“最美大麻人”评选活动】 4月，大麻镇开展“最美人物”系列评选宣传活动。评选活动坚持好中选优、公平公正、宁缺毋滥原则，把弘扬社会主义核心价值观贯穿于评选活动全过程。通过发动社会力量找、人民群众评的方式，深入挖掘一批群众身边平凡普通、默默奉献、感动人心的优秀典型。5月10日，在大麻中心学校举行颁奖典礼，表彰“最美村务工作者”“最美村(居)民组长”“最美家纺人”“最美媳妇”“最美志愿者”“最美新居民”19人。

【大麻镇与东华大学签订产学研合作协议】 7月24日，大麻家纺协会与上海东华大学校企合作签约仪式在东华大学纺织学院举行。桐乡市科技局副局长姚辉，大麻镇副镇长管伟栋，大麻家纺协会会长张忠华，上海东华大学纺织学院党总支书记王新厚，上海纺织协会副秘书长蔡玉华等出席签约仪式。双方就产学研合作细节、学生实习基地、大麻家纺产业规划等事项进行深入交流。飞帆纺织、新光明印染、雅雅纺织、鑫宝莱纺织等9家企业与东华大学专家就创意设计、功能性后整理、清洁生产、创新技术等方面进行现场对接。通过校企合作，充分发挥双方各自优势，加快科技与产业深度融合，为大麻镇家纺产业在产品创意设计、新材料开拓、家纺后整理转型升级、品牌建设和科技人才项目等方面有所突破和提升，实现向“时尚”“科技”“创意”产业转型。

（陆 威）

5月10日，举行“最美大麻人”表彰典礼 大麻镇提供

河山镇

【概况】 河山镇位于桐乡市西北部，西临德清县，北接湖州市，南依洲泉镇，东靠石门镇，距上海市198千米，邻杭州市85千米，离苏州市131千米。申嘉湖、练杭高速公路贯穿河山。全镇总面积39.3平方千米。辖9个村，241个村民小组；1个社区，3个居民小组。总户数6673户，总人口2.76万人，新居民10698人。2017年实现地区生产总值22.66亿元，比上年增长8.7%；工农业总产值82.5亿元，其中工业总产值80.6亿元，增长5.54%；外贸出口额8.95亿元；财政收入1.15亿元，增长

2017 年河山镇主要经济社会指标完成情况

表 55

指　　标	单　位	数　值	比上年(±%)
地区生产总值	亿元	22.66	8.7
财政总收入	亿元	1.15	28
农业总产值	亿元	1.83	−13.9
粮食总产量	万吨	0.63	−14.4
规模以上工业总产值	亿元	51.5	5.2
固定资产投资	亿元	12.84	10.1
其中工业生产性投入	亿元	8.04	6.1
实际利用外资	万美元	172.2	−50
利用市外内资	亿元	3.33	31.4
外贸出口额	亿元	8.95	37.6
农村居民人均可支配收入	万元	2.93	8.7

2017 年河山镇各村(社区)基本情况

表 56

村(社区)	户数(户)	户籍人口(人)	中共支部(总支、党委)书记	村委(社区)主任	集体经济总收入(万元)
八泉村	879	3582	陈越新	陆月平	336
东浜头村	482	1929	朱树荣	陆春雷	149
庙头村	708	2867	陆锦良	诸顺年	679
堰头村	676	2819	唐荣方	唐荣方	401
五泾村	963	4063	张国强	张国强	548
华台村	507	2117	陆云松	陆云松	580
王家弄村	632	2584	倪剑峰	倪剑峰	252
河山村	776	3220	姚荣林	陈国民	402
石栏桥村	923	3935	蔡月飞	王晓明	277
河山社区	157	520	董钟良	董钟良	—

28%；农村居民人均可支配收入2.93万元，增长8.7%。

产业发展　全镇耕地面积2380.13公顷，其中水田1858.27公顷、旱地521.87公顷、桑园面积435.07公顷。农作物播种面积2502.93公顷，其中粮食播种面积977.53公顷，年产粮食6327吨；油菜种植面积160.8公顷，产量506吨；蔬菜种植面积653.2公顷，产量2.08万吨；杭白菊种植面积142.33公顷，产量353.9吨，育苗面积488.4公顷。湖羊出栏9237头，存栏5704头。蚕种饲养量5468张，蚕茧产量297吨；水产养殖面积160.4公顷，产量1411吨；实现农业总产值1.83亿元。切实加强农田水利基础设施建设，完成31条河道清淤，整治河道1.23千米，清淤16.96万立方米，疏通河道4.2千米，砌筑护岸1.2千米，挖除土坝4座，新建桥涵2座，打造精品河道1条。以农业“两区”建设为重点，优化产业结构，现代农业保持健康协调发展。全镇有家庭农场25家，面积125.1公顷，其中桐乡市级示范性家庭农场2家，规范化家庭农场4家。有农民专业合作社24家，各类特色基地18个。实施工业强镇战略，全镇有工业企业760家，其中规模以上企业61家，培育规模企业5家，亿元企业3家，“个转企”9家，新认定高新技术企业2家，申报各类专利295件。完成全社会固定资产投资12.84亿元，比上年增长10.1%。引进市外内资3.33亿元，增长31.4%。开展园区内低效企业的专项整治，促进园区内企业“退低进高”“腾笼换鸟”，盘活低效土地6.2公顷、闲置厂房1.2万平方米，园区内企业亩均税收从上年11.73万元提高到15.85万元。

镇村建设　以小城镇环境综合整治为契机，先后开展镇区集中拆违、乱停车专项整治、农贸市场周边环境提升等专项行动，镇区环境面貌和秩序明显改善，全年拆除违法建筑12.46万平方米，完成三改面积12.5万平方米，成功创建嘉兴市“基本无违建镇”。加大城乡基础设施投入力度。先后启动和实施河含线道路改造工程、河山镇区和五泾集镇生活污水纳管工程、河山中学桥改造工程、临杭新社区绿化工程、工业园区环境提升工程等一批基础设施项目建设，完成企业污水入网28家，居民生活污水治理200户，农村道路大中修1.2千米，改建农村危桥4座。全面打响剿灭劣V类水攻坚战，在全市率先完成剿灭劣V类水工作。深入开展大气污染防治，拆除燃煤锅炉11台，全面完成燃煤锅炉拆除工作，实现统一供气供热。认真落实中央环保督查的意见要求，切实完成各项整改措施。

社会事业 有学校3所，其中幼儿园2所，共有在校学生1906人，教师156人，本地幼儿入园率98.6%，河山中心学校初升高比例98.5%，顺利通过国家级校园足球特色学校复评验收。文体事业蓬勃发展，先后开展第29届河山迎春文化艺术节等一系列大型活动和十余场专题活动，编撰出版《人文河山》，拍摄“锦绣河山”微视频。稳妥推进失地农民养老保险办理工作，全年新增失地农民养老保险490人，完善城乡居民基本医疗保险参保工作，参保率99.7%。全年为20.2万人次报销医疗费2000万元。积极开展助残扶贫活动，全年发放低保金131.9万元，各类救助款554.5万元。深入开展欠薪排查整治工作，受理并调处劳动纠纷41处，企业职工权益得到有效保障。

【《人文河山》出版】 10月，河山镇政府编辑的人文历史书籍《人文河山》由九州出版社出版。印刷3000册，全书约20万字，分历史沿革、地名来历、文物遗迹、人物传奇、逸闻旧事、风物特产、民俗风情、传说歌谣、诗文辑录九个部分。此书提炼和发掘河山文化精髓和历史文化资源，广泛吸收河山本地丰富多彩的文化元素，生动体现敢为人先的河山精神，展示河山民间民俗文化的艺术魅力，充实了河山文化在地方史籍上的记载。《人文河山》是河山镇第一部比较全面介绍当地人文历史的书籍。

【河山镇实现文化礼堂全覆盖】 自2011年开始，河山镇集中财力物力在各村建造文化礼堂，随着2017年五泾、石栏桥两村文化礼堂建成，河山镇9个村全部完成文化礼堂建设，总投入约1500万元，在全市率先实现文化礼堂全覆盖。各文化礼堂配有专职文化管理员。统一了各村文化礼堂工作职责、开放管理、财产管理等各项制度，开展星级文化礼堂创建评定活动，已创建一星级文化礼堂3家，三星级、四星级文化礼堂各1家，建有特色展馆2家。

【河山镇卫生院中医馆投入使用】 河山镇卫生院中医馆改造工程于2016年12月正式启动，历时半年，总投入100余万元，中医馆于2017年7月改造完成投入使用。新建成的中医馆面积达到250平方米，设有中医骨伤科、中医内科、中医妇科等科室，配备颈腰椎牵引床、华佗电针治疗仪、理疗仪、神灯等中医治疗设备，就诊环境有了很大提升，有利于进一步弘扬中医文化，提升基层中医服务能力，满足周边群众对中医治疗的需求。

（范春晓）

河山镇卫生院中医馆　　河山镇提供

桐乡市市级领导班子、党政社团、街道镇负责人名录

（2017 年 1—12 月）

中共桐乡市委员会

书　记　盛勇军
副书记　王申峰（女）
　　　　潘川弟
常　委　盛勇军
　　　　王申峰（女）
　　　　潘川弟
　　　　戴金明
　　　　王永飞（　—10 月）
　　　　陈林根
　　　　潘敏芳（女）
　　　　周国强
　　　　冯中海
　　　　姜　玮
　　　　戚鸿峰
　　　　张月琴（女，10 月—　）

中共桐乡市纪律检查委员会

书　记　王永飞（　—10 月）
　　　　张月琴（女，10 月—　）
副书记　谢　峻
　　　　张月萍（女）

监察委员会

1 月，撤销桐乡市监察局，成立桐乡市监察委员会。

主　任　王永飞（2—11 月）
副主任　谢　峻（2 月—　）
　　　　张月萍（女，2 月—　）

桐乡市第十五届人大常委会及其办事机构

主　任　张林洪（　—2 月）
副主任　沈建坤（　—2 月）
　　　　沈济贤（　—2 月）
　　　　曹荣金（　—2 月）
　　　　朱　红（女，　—2 月）
　　　　费玉林（　—2 月）
　　　　张建林（　—2 月）

人大办（研究室）

主　任　吴志强

内务司法工委

主　任　陆振宇（　—2 月）

预算工委

主　任　夏觉民（　—2 月）

教科文卫工委

主　任　施掌林（　—2 月）

农业与农村工委

主　任　蒋南强（　—2 月）

城乡建设与环资保护工委

主　任　张应中（　—2 月）

代表与选举任免工委

主　任　吴丽娅（女，　—2 月）

桐乡市第十六届人大常委会及其办事机构

主　任　张林洪（2 月—　）
副主任　沈建坤（2 月—　）
　　　　潘家春（2 月—　）
　　　　沈济贤（2 月—　）
　　　　朱　红（女，2 月—　）
　　　　费玉林（2 月—　）
　　　　张建林（2 月—　）

人大办（研究室）

主　任　吴志强

法制（内务司法）委员会（内务司法工委）

主任委员　陆振宇（2 月—　）

内务司法工委

主　任　陆振宇（4 月—　）

财政经济委员会

主任委员　夏觉民（2 月—　）

预算工委

主　任　夏觉民（4 月—　）

教科文卫工委

主　任　施掌林（4 月—　）

农业与农村工委

主　任　蒋南强（4 月—　）

城乡建设与环资保护工委

主　任　张应中（4 月—　）

代表与选举任免工委

主　任　吴丽娅(女,4月—　)

市人大党组

书　记　张林洪

市人大机关党组

书　记　沈建坤(　—8月)
　　　　张建林(8月—　)

桐乡市第十五届人民政府

代市长(副市长)
　　　　王申峰(女,　—2月)
副市长　戚鸿峰(　—2月)
　　　　潘敏芳(女,　—2月)
　　　　周国强(　—2月)
　　　　冯中海(　—2月)
　　　　姜　玮(　—2月)
　　　　邹志岗(　—2月)
　　　　郭贵恩(　—2月)
　　　　杨加鸥(　—2月)
　　　　朱伟强(　—2月)
　　　　徐　刚(　—2月)

桐乡市第十六届人民政府

市　长　王申峰(女,2月—　)
副市长　戚鸿峰(2月—　)
　　　　冯中海(2月—　)
　　　　邹志岗(2—4月)
　　　　杨加鸥(2月—　)
　　　　朱伟强(2月—　)
　　　　沈根潮(2月—　)
　　　　徐　刚(2月—　)
　　　　卢爱驰(2月—　)
　　　　徐剑东(2月—　)
　　　　余东升(7月—　)

市政府党组

书　记　王申峰(女)

中国人民政治协商会议桐乡市第八届委员会及其办事机构

主　席　池晓明(　—2月)
副主席　周　民(　—2月)
　　　　陈　英(女,　—2月)
　　　　孙晓东(　—2月)
　　　　顾根梁(　—2月)
　　　　李云飞(　—2月)
　　　　陈炳荣(　—2月)
秘书长　张关林(　—2月)

政协办

主　任　赵兴华

提案委

主　任　杨庆祥(　—1月)
　　　　费坤江(1—2月)

经科委

主　任　周跃荣(　—1月)
　　　　张茂华(1—2月)

文教卫体与文史委

主　任　周少勤(女,　—2月)

社法与三胞委

主　任　章征宇(　—1月)
　　　　杨庆祥(1—2月)

中国人民政治协商会议桐乡市第九届委员会及其办事机构

主　席　蒋惠玲(女,2月—　)
副主席　周　民(2月—　)
　　　　陈　英(女,2月—　)
　　　　顾根梁(2月—　)
　　　　李云飞(2月—　)
　　　　陈炳荣(2月—　)
秘书长　赵裕华(2月—　)

政协办

主　任　赵兴华

提案委

主　任　费坤江(4月—　)

经科委

主　任　张茂华(4月—　)

文教卫体与文史委

主　任　周少勤(女,4月—　)

社法与三胞委

主　任　杨庆祥(4月—　)

市政协党组

党组书记　蒋惠玲(女)

市政协机关党组

党组书记　赵裕华

中国人民解放军桐乡市人民武装部

党委第一书记
　　　　卢跃东(　—1月)
　　　　盛勇军(1月—　)
党委书记　严　培
部　　长　何建撑
政　　委　严　培

桐乡市人民法院

院　　长　许邦清
党组书记　许邦清

桐乡市人民检察院

检 察 长　沈小平
党组书记　沈小平

市委工作部门

市委办

主　任　姚毅军

组织部

部　长　陈林根

宣传部

部　长　潘敏芳(女)

统战部
部　长　周国强

政法委
书　记　潘川弟

政研室
主　任　陈伟宏

机关党工委
书　记　王　勇

编委办
主　任　戴建国（　—8月）
　　　　张凌云（女，8月—　）

市政府工作部门

政府办公室（政府法制办公室）
主　　任　陈　东（　—4月）
　　　　　王利浩（4月—　）
党组书记　陈　东（　—4月）
　　　　　王利浩（4月—　）

发展和改革局
局　　长　卢达民
党组书记　卢达民

经济和信息化局（互联网经济发展办公室）
局　　长　姜伟国
党委书记　姜伟国
主　　任　姜伟国

教育局
局　　长　施勤高
党委书记　施勤高

科学技术局
局　　长　范忠伟
党组书记　范忠伟

民族宗教事务局
局　　长　金雪明

公安局
局　　长　戴金明
政　　委　鲁晓峰
党委书记　戴金明

民政局
局　　长　俞少杰
党委书记　俞少杰

司法局
局　　长　王正华
党组书记　王正华

财政局
局　　长　朱政华
党委书记　杨顺坤

人力资源和社会保障局
局　　长　沈富春
党委书记　沈富春

国土资源局
局　　长　张明德
党委书记　张明德

环境保护局
局　　长　董建根
党组书记　董建根

住房和城乡规划建设局（人民防空办公室）
局长（主任）　张富强
党 委 书 记　张富强

交通运输局
局　　长　王利浩（　—4月）
　　　　　陈　东（4月—　）
党委书记　王利浩（　—4月）
　　　　　陈　东（4月—　）

水利局
局　　长　盛月良
党组书记　盛月良

农业经济局（农办）
局　　长　顾妙根
党委书记　顾妙根

商务局（粮食局）
局　　长　费建良
党组书记　费建良

文化广电新闻出版局（体育局）
局　　长　吴利民
党委书记　吴利民

卫生和计划生育局
局　　长　徐汉会
党委书记　徐汉会

审计局
局　　长　茅永良（　—1月）
　　　　　许　雷（1月—　）
党组书记　许　雷

统计局
局　　长　徐剑东（　—4月）
　　　　　沈月飞（4月—　）
党组书记　沈月飞

市场监督管理局
局　　长　陆福根
党委书记　陆福根

安全生产监督管理局
局　　长　冯富强（　—7月）
　　　　　钱建良（7月—　）
党组书记　冯富强（　—7月）
　　　　　钱建良（7月—　）

质量技术监督局
局　　长　朱建平
党委书记　朱建平

综合行政执法局
局　　长　胡国盛
党组书记　胡国盛

市直属、派出单位

旅游委员会
党工委书记　卢跃东（兼，—1月）
　　　　　　金水平（1月—　）
主　　　任　金水平

开发区管委会
8月，开发区和高桥街道“区街合一”。
党工委书记　屠建忠（　—8月）
主　　　任　屠建忠（　—8月）

城区开发管委会（振东新区建设管委会）
8月，振东新区建设管理委员会更名为桐乡市城区开发管理委员会。建立中共桐乡市城区开发工作委员会。

党(工)委书记　赵月祥
主　　　　任　赵月祥

濮院羊毛衫市场管委会(濮院针织产业园区管委会)

党工委书记　姚伟平
主　　　任　姚伟平

高桥新区管委会

12月,撤销中共桐乡市高桥新区工作委员会。

党工委书记　张雪根(石门镇人,—8月)
主　　　任　(暂缺)

临杭经济区管委会

12月,撤销中共桐乡市临杭经济区工作委员会。

党工委书记　陈　政(—12月)
主　　　任　(暂缺)

乌镇国际旅游区建设管委会

12月,撤销中共乌镇国际旅游区工作委员会。

党工委书记　(暂缺)
主　　　任　(暂缺)

互联网大会承办工作委员会

主　　任　施如玉(女)
党组书记　文建新

崇福经济区管委会(崇福皮毛市场管委会)

主　　任　(暂缺)

石门湾现代农业示范区管委会

12月,撤销中共桐乡市石门湾现代农业示范区工作委员会。

党工委书记　(暂缺)
主　　　任　(暂缺)

乌镇—石门旅游度假区管委会

8月,建立中共桐乡市乌镇—石门旅游度假区工作委员会。

主　　　任　姜　玮(8—12月)
　　　　　　徐国平(12月—　)
党工委书记　姜　玮(8月—　)

档案局(馆)

局(馆)长　魏昱初
党组书记　魏昱初

老干部局

局　　长　张春标

信访局

局　　长　计亚平(女,　—4月)
　　　　　田思轶(7月—　)

机关事务管理局(接待办)

局长(主任)　陈丽悦(女)
党组书记　陈丽悦(女)

新居民服务管理办公室(新民局)

主任(局长)　陈建华
党组书记　陈建华

审批中心

主　　任　张雪根(凤鸣街道人)
党组书记　张雪根(凤鸣街道人,—9月)
　　　　　冯中海(9月—　)

党校

校　　长　陈林根
党委书记　金剑辉

史志办

主　　任　吴云峰

广电台

台　　长　杨雪乾
党委书记　杨雪乾

国企办

主　　　任　(暂缺)
党工委书记　(暂缺)

供销总社

主　　任　葛柏金(　—4月)
　　　　　张雪根(石门镇人,8月—　)
党委书记　葛柏金(　—4月)
　　　　　张雪根(石门镇人,8月—　)

农商银行

理 事 长　魏　良
主　　任　陈银华
党委书记　魏　良

水务集团

董事长(总经理)　沈其芳
党　委　书　记　沈其芳

城市发展集团(公投集团)

董事长(总经理)　张　标
党委书记　张　标(　—8月)

金凤凰集团

董事长(总经理)　高建学
党委书记　高建学(7月—　)

恒通公共交通集团

副董事长(副总经理)
　　　洪怡龙(7月—　主持工作)

垂直管理部门(单位)

国税局

局　　长　钟　华
党组书记　钟　华

地税局

局　　长　朱政华
党委书记　杨顺坤

邮政管理局

局　　长　姚峥嵘(兼)

国网桐乡市供电公司

总 经 理　张祖光(　—6月)
　　　　　项志荣(6月—　)
党委书记　项志荣(　—6月)
　　　　　张黎明(6月—　)

邮政公司

总 经 理　吴洪义
党委书记　吴洪义

烟草专卖局

局　　长　周雪峰
党组书记　周雪峰

气象局

局　　长　钱炳强

电信公司

总 经 理 陈国庆

党委书记 陈国庆

人民银行

行 长 胡菊新

党组书记 胡菊新

银监办

主 任 陈为群(女)

工商银行

行 长 岳一民

党总支书记 岳一民

农业银行

行 长 胡正茂(女)

党委书记 胡正茂(女)

建设银行

行 长 葛明洲(—4月)

沈丽萍(女,5月—)

党委书记 葛明洲(—4月)

沈丽萍(女,4月—)

中国银行

行 长 沈信祥

党总支书记 沈信祥

农业发展银行

行 长 吴荣兴

党支部书记 吴荣兴

人保财险

总 经 理 沈建洪

党支部书记 沈建洪

人寿保险

经 理 王明臣(—10月)

临时负责人 杨利平(10月—)

党支部书记 王明臣(—9月)

杨利平(9月—)

太平洋财险

总 经 理 杨静艳(女,—7月)

刘露泽(兼,9月—)

临时负责人 潘建委(7—8月)

太平洋人寿

经 理 孙剑波

党组书记 孙剑波

嘉兴日报报业传媒集团桐乡分社

常务副社长 陶克强

今日桐乡文化传媒有限公司

董 事 长 张 静(女)

总 经 理 朱越峰

党支部书记 张 静(女)

浙江传媒学院桐乡校区

党工委书记 戚鸿峰

主 任 张 梁

人民群众团体

总工会

主 席 祖建国

党组书记 祖建国

团市委

书 记 陈晓雷(—8月)

副 书 记 钱丽芳(女,8月—主持工作)

党组书记 陈晓雷(—8月)

妇联

主 席 赵银海(女)

党组书记 赵银海(女)

科协

主 席 周建富

党组书记 周建富

残联

主 席 周国强(—12月)

卢爱驰(12月—)

理 事 长 吴丽娅(女, —12月)

曾正君(女,12月—)

党组书记 沈春山

红十字会

会 长 费玉林

党组书记 朱雪良

工商联

主 席 陈炳荣

党委书记 金雪根

文联

主 席 吴利民

侨联

主 席 张锦英(女)

街道、镇

经济开发区(高桥街道)

8月,开发区和高桥街道“区街合一”。

党(工)委书记

屠建忠(8月—)

人大工委主任

沈众元(9月—)

管委会主任 姚国中(8月—)

办事处主任 沈建良(8月—)

梧桐街道

党委书记 苏伟明

人大工委主任 沈瑞芬(女)

办事处主任 吴伟杰

凤鸣街道

党委书记 蒋 凡

人大工委主任 郁 欢

办事处主任 沈国峰

龙翔街道

8月,撤销龙翔街道建制。

党委书记 张凌云(女, —8月)

人大工委主任

李玉娟(女, —9月)

办事处主任 姚国中(—8月)

濮院镇

党委书记 姚伟平

人大主席 龚林海

镇 长 姚伟平(—1月)

徐华君(1月—)

乌镇镇

党委书记 姜 玮

人大主席 黄伟明(—9月)

李玉娟(女,11月—)

镇 长 姚富强

屠甸镇

党委书记 吕忠飞

人大主席 陈洪富(—1月)

章建祥(1月—)
镇　　长　盛楚江

崇福镇

党委书记　张建林(—7月)
王　群(7月—)
人大主席　范炳田
镇　　长　王　群

高桥街道(高桥镇)

8月,撤销高桥镇建制,设立高桥街道。

党委书记　张雪根(石门镇人, —8月)
人大主席　曾正君(女, —1月)
沈众元(1—9月)
主任(镇长)　沈建良(—9月)

大麻镇

党委书记　张浩锋
人大主席　章雪芳
镇　　长　穆海英(女)

洲泉镇

党委书记　陈　政
人大主席　陆永良(—1月)
许发根(1月—)
镇　　长　许　雷(—1月)
俞国斌(1月—)

石门镇

党委书记　朱学龙
人大主席　高宜海
镇　　长　吕忠飞(—1月)
徐新良(1月—)

河山镇

党委书记　徐永强
人大主席　陈洪富(1月—)
镇　　长　李　锋(1月—)

(董雅芬　孙　宇　许晓芬)

新任县处级领导简介

【张月琴】　女,汉族,1975年7月出生,浙江省嘉兴市人,1995年8月参加工作,1995年6月加入中国共产党,省委党校研究生学历。曾任嘉兴市信访局办事员,嘉兴市委办公室科员、信息督查室副主任、信息处副处长、处长、综合调研二处处长、室务会议成员、秀洲区洪合镇党委副书记(挂职),嘉兴市纪委常委。2017年10月任中共桐乡市委常委、纪委书记。

【沈根潮】　男,汉族,1963年12月出生,浙江省桐乡市人,1982年12月参加工作,1985年3月加入中国共产党,中央党校大学学历。曾任桐乡县新生公社办事员,民兴乡公安助理员,市(县)委组织部办事员、科员、组织科副科长、科长、部务会议成员、副部长、常务副部长,市水利农机局局长、党组副书记,市水利局局长、党组书记,市政府党组成员、市政府办公室主任、党组书记、法制办公室主任,濮院镇党委书记、濮院羊毛衫市场管委会常务副主任、濮院针织产业园区管委会常务副主任,濮院羊毛衫市场管委会主任、濮院针织产业园区管委会主任、副县级干部、濮院羊毛衫市场党工委书记,市委办公室主任,市政府党组成员。2017年2月任桐乡市政府副市长。

【卢爱驰】　男,汉族,1968年2月出生,江西省修水县人,1992年8月参加工作,1990年12月加入中国共产党,省委党校研究生学历。曾任桐乡市(县)卫生学校教师,市卫生局科员,市委办公室科员、信息科副科长、科长,市振东新区党委委员、纪委书记、管委会副主任,桐乡经济开发区管委会副主任、党工委委员、党工委副书记(正科级)、市经济技术开发总公司总经理,大麻镇党委书记,市政府党组成员、市旅游委员会主任、党工委副书记,市科学技术局局长、党组书记,市政府党组成员。2017年2月任桐乡市政府副市长。

【徐剑东】　男,汉族,1974年8月出生,浙江省桐乡市人,1995年8月参加工作,民革党员,在职大学学历。曾任桐乡市石门中学教师、副校长,河山中心学校常务副校长,乌镇镇初级中学校长,高桥镇副镇长、高桥新区管委会副主任(兼),市政府合作交流办公室主任、市发展和改革局副局长,市统计局局长。2017年2月任桐乡市政府副市长。

(周伟红)

先进人物

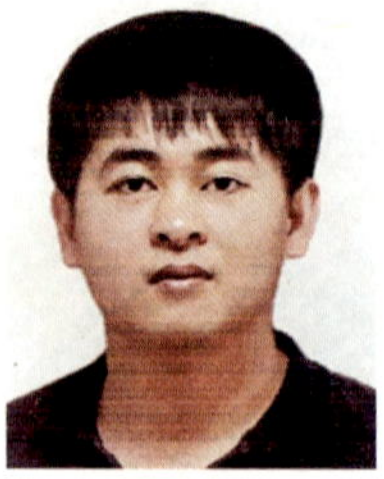

【陈柏臻】　男,1990年6月出生,浙江省台州市人,2011年8月参加工作,大学学历,中共党员,现任浙江青韧网络科技有限公司总经理,桐乡市电子商务行业协会执行会长。2017年2月被共青团中央、农业部授予2017年度“全国农村青年致富带头人”称号。陈柏臻2011年创办浙江青韧网络科技有限公司,专心从事电商服务,为桐乡线下企业提供电商服务的同时,还在相关部门的牵头下,将桐乡农特产“打包”搬上网络,将桐乡榨菜、鸡蛋干、茭白等农产品

通过淘宝推介给全球客户，打造电子商务进万村新模式。经过多年的创业，青韧发展成为提供电子商务公共服务体系建设、互联网服务培训、农产品溯源体系搭建、区域品牌运营、平台建设、营销策划等服务的专业公司。在桐乡培训电商技能、岗位、创业人员超过1890人次，培养电子商务师198名，孵化创业者300名，累计销售2500余万元。个人曾获“最美浙江人”“浙江省农村电子商务创业示范青年”“全国农村青年致富带头人”等称号。

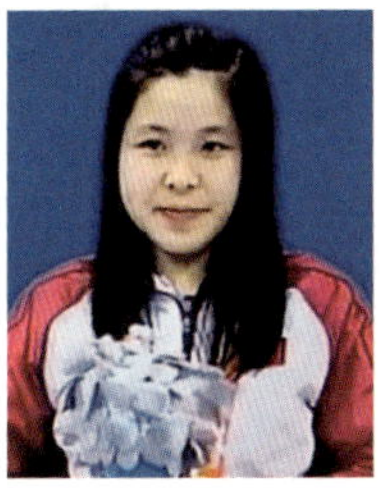

【孟国芬】　女，1992年5月出生，桐乡市崇福镇人，肢体二级残疾运动员，现任桐乡市残疾人联合会第六届主席团委员。2017年5月被共青团中央授予“全国优秀共青团员”称号。孟国芬于2008年从事游泳训练以来，凭借坚韧不拔的毅力和顽强拼搏的精神，克服重重困难，不断刷新自己的纪录，屡次在国际国内大赛中获得奖牌，在各级赛事中获30多枚奖牌。2015年9月，在第九届全国残疾人运动会上，打破S3级50米仰泳和100米自由泳世界纪录，成为两个项目世界纪录保持者。同年10月，在俄罗斯索契举办的世界轮椅与截肢人运动会上，获女子S3级50米仰泳冠军、4×50米自由泳冠军等。2016年9月，在巴西里约热内卢残奥会上获S3级50米仰泳亚军、S3级100米自由泳第5名。孟国芬先后被授予“嘉兴市自强模范”“嘉兴市三八红旗手”“第三届桐乡市自强模范”等称号。

（归振华）

【葛明洲】　男，1958年6月出生，桐乡市崇福镇人，中央党校大学学历，经济师，1978年11月参加工作，1991年4月调任建设银行桐乡支行工作。中共党员，曾任中国建设银行股份有限公司桐乡支行党委书记、行长，现任中国建设银行股份有限公司桐乡支行高级经理（正处级），2017年4月被全国总工会授予全国金融“五一劳动奖章”称号。葛明洲26年来扎根基层，重视“两张皮”的有效融合，提出既要抓业务工作的实绩，又抓员工思想建设的政绩的“一岗双职”责任制，牵头梳理支行行政、安保、考核、业务、党建和文明建设等6大块58个规章制度，探索建立“制度管人”的高效管理模式。重视员工综合素质的提升，1996年起创办“业余党校”和“求知文明学校”，率先推行“五项承诺”服务，形成“行党委向全行员工承诺、部门向一线承诺、一线向社会承诺”的“三级承诺”服务体系，独创性地构筑大服务格局。推出“四必谈”和“五必访”制度、网点弹性排班制度，建立扶助困难员工的长效机制，帮助解决职工生活中遇到的实际困难。在葛明洲的带领下，建行桐乡支行2010年—2017年期间，存贷款新增102亿元，存贷款余额达221亿元，增长率86%。2017年不良率0.1%，人均创利连续六年突破100万元。39年无案件，无重大违规违纪行为，桐乡支行几十年无重大负面舆情，无重大责任事故多次获全国文明单位及各种总行、省分行授予的称号。

（朱丹奕）

逝世人物

【李康吉】　（1931.11—2017.2）男，浙江省桐乡市人。1948年12月参加革命，1950年11月加入中国共产党。历任第三野战军3纵3师23团战士；第二野战军10军28师83团团部通讯员、警卫员、宣传员；四川省南溪县县大队三中队文书，警卫营3连文化干事，人武部政治干部；宜宾军分区政治部组织科见习员；四川省珙县兵役局助理员。转业到地方后，曾任中共桐乡县委五办工作人员，石门供销社工业品商店经理，石门镇市管会副主任，桐乡县煤矿公司石门商店负责人，石门镇供销社副主任、调研员。1991年12月离休。

【李尚义】　（1929.4—2017.3）男，山东省海阳市人。1945年3月参加革命，1945年12月加入中国共产党。历任山东胶东东海司令部电话班战士、班长，第32军94师通信队电话班班长、副排长、排长、副队长，第35军新兵司令部通信参谋。转业到地方后，曾任桐乡县崇福镇邮电支局局长，桐乡县邮电局副局长、局长，安吉县邮电局局长、正局级调研员。1989年11月离休。

【王永礼】（1925.10—2017.5）男，安徽省巢县人。1942年7月参加革命，1943年4月加入中国共产党。历任新四军第7师19旅57团3连战士、通信员、旅部警卫员；华东俘虏管理处副排长；华东1纵9兵团第20军59师177团排长，267团1营3连副政治指导员，后勤部营房所助理员、主任；志愿军59师177团1营机炮连排长、营部参谋、团司令部管理股管理员、主任。转业到地方后，曾任桐乡县乌镇食品商店经理，乌镇饮服商店副主任，桐乡县洲泉食品商店主任、经理。1980年9月退休，1981年1月改办离休。

【傅鲁山】（1926.1—2017.6）男，浙江省宁波市镇海区人。1949年6月参加革命。历任嘉兴军分区政治部文工团团员，桐乡公安局侦保股侦查员。转业到地方后，曾任桐乡专卖公司驻厂员，安兴供销社生产资料合作部营业员，河山合作商店、石门中西药合作商店营业员。1986年11月离休。

【张月华】（1930.8—2017.7）女，浙江省嘉善县人。1949年9月参加革命。曾任屠甸区政府工作人员，乌镇派出所民警，桐乡公安局秘书股资料员、治安股办事员，桐乡化工厂、乌镇陶瓷厂车间干部，乌镇镇市管会工作人员，乌镇镇工商所办事员。1985年6月离休。

【董　临】（1927.8—2017.7）男，江苏省泰州市人。1949年3月参加革命，1956年1月加入中国共产党。曾任中国人民银行嘉兴中心支行办事员，崇德县支行股长、行长，桐乡县支行行长，桐乡县南日公社党委书记，南皋桥煤矿党委副书记，桐乡县城乡建设环境保护局副局长、巡视员。1987年12月离休。

【汪应毛】（1928.2—2017.9）男，浙江省桐乡市人。1949年8月参加革命，1949年10月加入中国共产党。曾任崇德县委民运部通讯员，洲泉区组织干事、农会干事，城关区组织委员，石门镇党委书记，崇德县委监察委员会监察员，留良乡乡长，留良公社党委委员、副社长，高桥供销社党支部书记，大麻公社党委委员、副主任，虎啸公社党委委员、副主任。1982年4月离休。

【骆广深】（1930.9—2017.10）男，山东省莱阳市人。1949年5月参加革命，1954年2月加入中国共产党。曾任浙江省蚕丝合作大队学员；桐乡县蚕业指导所副指导员、指导员，农林科副科长，屠甸区公所副区长，县人民委员会副县长，民合乡党委副书记，乌镇公社副书记、社长；嘉兴地区蚕桑研究所负责人；桐乡县民合公社（革委会）、钱林公社（革委会）、南日公社（革委会）主任、党委书记，桐乡县委常委，县政府副县长，县委农工部部长，县人大常委会主任。1993年12月离休。

【沈之恒】（1930.10—2017.10）男，浙江省桐乡市人。1949年6月参加革命，1954年4月加入中国共产党。曾任崇德县灵安区团工委书记、副区长、粮管所副主任，崇德县粮食局秘书股副股长，高桥乡乡长，崇福粮管所副所长，梧桐粮管所副书记，崇福米厂副厂长、调研员。1990年12月离休。

【刘长江】（1926.11—2017.10）男，吉林省通化市人。1947年10月参加革命工作，1950年2月加入中国共产党。历任安东省集安县七区青沟子中队、辽东省独立8团2营6连、第四野战军44军军部警卫团2营5连战士，湖北孝感军分区独立8团2营4连战士、文书，湖北黄冈军分区兼211师633团1营1连文书、1营营部书记、政治处见习干事，湖北军区631团政治处干事、组织助理员，中南军区暂编16团政治处组织助理员、保密员，海军航空兵15团司令部保密员、队列参谋，海军航空兵土城子基地场站政治处组织助理员。转业到地方后，曾任衢州化工厂炼焦分厂保卫科干事，浙南第二技校党支部副书记，浙江先锋机械厂组织科科长、协理员。1985年6月离休。

（潘连城）

总户数总人口

表 57

	计算单位	2017 年	2016 年	2017 年为 2016 年%
一、年末总户数(户籍数)	户	190049	188535	100.8
二、年末总人口(户籍人口)	人	697602	692754	100.7
#城镇人口	人	401729	398242	100.9
乡村人口	人	295873	294512	100.5
总人口中:				
男	人	343504	341730	100.5
女	人	354098	351024	100.9
性别比(以女性为 100)	%	97.0	97.4	99.6
总人口中:				
18 岁以下	人	103911	101195	102.7
18—35 岁	人	140413	143949	97.5
35—60 岁	人	278714	280538	99.3
60 岁以上	人	174564	167072	104.5
总人口中:				
镇人口	人	467496	465787	100.4
街道人口	人	230106	226967	101.4
三、迁入人口	人	13929	9726	143.2
#省外迁入	人	3815	2588	147.4
四、迁出人口	人	11567	8326	138.9
#迁往省外	人	793	850	93.3
五、全年出生人口	人	7637	6955	109.8
出生率	‰	10.99	10.07	109.1
六、全年死亡人口	人	5122	4607	111.2
死亡率	‰	7.37	6.67	110.5
七、全年自然增长人口	人	2515	2348	107.1
自然增长率	‰	3.62	3.4	106.5
八、暂住人口(12 月末)	万人	55.7	47.44	117.4

注:1.资料来源:市公安局、新民办;
2.2015 年嘉兴全市完成户籍制度改革试点工作,取消农业户口和非农业户口,仅作城镇人口和乡村人口的区分,并对迁入迁出人口的统计口径作了调整。

城乡个体户基本情况

表 58

	户　　数 （户）	从业人数 （人）	注册资金 （万元）
城乡总计	78285	168861	677437
＃城镇合计	44523	93933	390278
＃农村合计	33762	74928	287159
1. 农、林、牧、渔业	630	2048	32394
2. 采矿业			
3. 制造业	10845	47531	119915
4. 电力、燃气及水的生产和供应业	3	13	53
5. 建筑业	215	792	6841
6. 交通运输仓储邮政业	3335	4540	24882
7. 信息传输业	94	146	298
8. 批发零售业	46656	77380	364186
9. 住宿餐饮业	7907	17720	63878
10. 金融业	7	8	17
11. 房地产业	209	362	1252
12. 租赁和商务业	514	1047	5767
13. 科研技术服务和地质勘查业	134	268	800
14. 水利、环境和公共设施管理业	56	139	280
15. 居民服务和其他服务业	7211	15330	48901
16. 教育	43	128	480
17. 卫生社保和社会福利业	56	133	630
18. 文化体育和娱乐业	362	1265	6841
19. 其他	8	11	22

注：统计范围为在市场监管局注册登记的所有个体经营户。

主要年份规模以上工业企业主要经济指标

表 59

	计量单位	2010	2012	2013	2014	2015	2016	2017
企业个数	个	1590	854	982	1057	1111	1128	1057
#亏损企业个数	个	160	96	79	69	99	85	96
工业总产值	万元	9545111	11329638	12547273	13671035	13584093	13658965	14725728
#新产品产值	万元	1989792	3128872	5042254	5752071	5773093	5855833	6291718
工业销售产值	万元	9461246	11183469	12240122	13397704	13079379	13395178	14486639
#出口交货值	万元	1324877	1544982	1583300	1842032	1771596	1850358	2013448
全部职工年平均人数	人	153056	129577	132415	136163	138913	133067	130408
利税总额	万元	820163	839613	1031896	1165722	1246257	1512288	1542823
#利润总额	万元	563799	437198	558689	702513	754594	1040122	1042657
亏损企业亏损额	万元	19659	22052	22746	18182	32268	33845	43960
主营业务收入	万元	9485199	10998193	12173498	13208242	13050712	13325808	14615136
流动资产年平均余额	万元	4049112	4644555	5544812	5928926	6346411	6698012	7237808
固定资产净值年平均余额	万元	2860380	3571095	3716482	3976089	4669570	4587737	4698863
资产总计	万元	7816303	9284483	10881131	11936628	13063931	13860520	15562370
负债总计	万元	4568937	5127362	6326910	6854327	7461489	7150096	7746353
产品销售率	%	99.12	98.71	97.55	98.00	96.28	98.07	98.38
资产负债率	%	58.45	55.23	58.15	57.42	57.12	51.59	49.78
成本费用利润率	%	6.29	4.12	4.80	5.61	6.12	8.04	7.33
企业亏损面	%	10.06	11.24	8.04	6.53	8.91	7.54	9.08
亏损率	%	3.37	4.80	3.91	2.52	4.10	3.15	4.05
新产品产值率	%	20.85	27.62	40.19	42.07	42.50	42.87	42.73

注:“流动资产年平均余额”和“固定资产净值年平均余额”从 2009 年起调整为“流动资产”和“固定资产合计”。

固定资产投资完成情况

表 60　　单位:万元

	2010	2012	2013	2014	2015	2016	2017
全社会固定资产投资额	2112601	2552250	3096814	3723334	4281450	4806125	5208143
#限额以上投资	1773234	2552250	3096814	3723334	4281450	4806125	5208143
#工业生产性投入	1121599	1227732	1452807	1747931	1940148	2099677	2350603
一、按报表种类分组							
1.固定资产投资项目	1715629	1928259	2186947	2998349	3581836	4020540	4079677
2.房地产开发	396972	623991	909867	724985	699614	785585	1128466
二、按经济组织类型分组							
1.国　有	214060	245023	286215	446229	777382	516320	553283
2.集　体	144605	126172	69712	248074	242379	156601	84047
3.其他有限责任公司	803700	1056073	1002880	869304	922024	1205178	1062854
4.私　营	596734	901943	1373998	1728581	1782368	2249619	2929765
5.港澳台商投资	62980	101239	252920	210565	269614	325772	191106
6.外商投资	158081	97452	84118	117361	128417	142850	175286
7.其　他	132441	24348	26971	103220	159266	209785	211802
三、按三次产业分组							
第一产业	51690	20149	31101	36876	42300	49774	58774
第二产业	1132691	1249596	1461778	1750366	1940698	2102327	2350603
第三产业(含农户建房)	928220	1282505	1603935	1936092	2298452	2654024	2798766

注:2000—2010 年统计范围为计划总投资 50 万元及以上项目,2011 年开始为计划总投资 500 万及以上项目。

主要年份社会消费品零售总额

表 61　　　　　　　　　　　　　　　　　　　　　　　　　　单位:万元

	2010	2012	2013	2014	2015	2016	2017
合　计	1571168	2160803	2386274	2686632	2988361	3278691	3615486
一、按销售地区分							
城镇	1290007	1828950	1998453	2258378	2523581	2568854	3048456
乡村	281160	331853	387821	428254	464780	709836	567030
二、按行业分							
批发零售业	1279264	1747206	1985505	2250778	2424520	2757497	3036338
#限额以上企业	239651	389692	435275	534293	575429	637119	698508
限额以下企业及个体户	1039612	1357513	1550230	1716485	1849092	2120379	2337830
#批发业	74126	109343	106994	117757	117485	126976	143896
零售业	1205137	1637863	1878511	2133021	2307036	2630521	2892442
住宿餐饮业	176713	244537	280678	306354	341677	393240	431545
#限额以上企业	31044	43751	43951	37753	45035	50476	48153
限额以下企业及个体户	145669	200786	236727	268601	296641	342764	383392
异地零售额	115191	169060	120091	129500	123590	127954	147604

注:1. 限额以上指批发业年主营业务收入 2000 万元以上,零售业年主营业务收入 500 万元以上,住宿餐饮业年主营业务收入 200 万元以上;

2. 2010 年零售额的分组中不包括其他栏,并且单列了异地在桐产业活动单位的零售额;

3. 2010 年按销售地区分城镇和乡村,与以前年份的分组方式不同。

外向型经济主要指标一览

表 62

	计算单位	2010	2012	2013	2014	2015	2016	2017
一、当年新批三资企业	家	43	28	29	33	32	54	65
累计批准三资企业	家	950	1011	1040	1073	1105	1159	1224
累计投产(开工)三资企业	家	563	492	521	529			
二、当年新批三资企业总投资	万美元	71248	46500	75078	66240	67705	70987	234478
累计总投资	万美元	553058	661473	736551	802791	870496	941483	1175961
三、新批三资企业注册资本	万美元	38969	25700	38241	46377	40496	58321	132388
累计注册资本	万美元	322602	381027	419268	465645	506141	564462	696850
五、当年合同利用外资	万美元	38664	32963	38494	46881	50670	60070	94885
累计合同利用外资	万美元	280103	351184	389678	436559	487229	547299	642184
六、当年实际利用外资	万美元	24758	22693	23928	33123	33597	34408	35374
累计实际利用外资	万美元	138499	181421	205349	238472	272069	306477	341851
七、引进技术设备投产项目	项	97						
全年实际用外汇	万美元	24642						
八、全市进出口总值	万美元	293070	386160	413791	428657	425558	426894	532185
#进口总值	万美元	108231	130882	144416	122334	119378	105091	172672
出口总值	万美元	184839	255278	269375	306322	306180	321803	359513
#进出口总值	万元					2638575	2815345	3604739
出口总值	万元					1899379	2120432	2437525
#外贸自营出口	万美元	75119	142474	162778	185014	187469		234431
外商投资企业出口	万美元	109720	112804	106597	121309	118710		125082

注:1.资料来源于市商务局、市经信局;
2.自 2016 年起,进出口数据以人民币计。

主要年份财政一般预算收入

表 63 单位:万元

	2010	2012	2013	2014	2015	2016	2017
总　　计	530024	759870	814935	916030	1004140	1004535	1083102
一、中央级收入	246975	342226	359634	398636	452701	424533	466202
增值税	161181	203553	232864	249360	273529	202151	183219
消费税	484	931	1165	1020	947	745	913
企业所得税	64110	111911	92887	112366	137762	135178	155850
个人所得税	21200	25831	32718	35890	40463	38802	48096
二、地方级收入	283049	417644	455301	517394	551439	580002	616900
增值税	53727	67958	82783	90524	100417	174767	260909
营业税	88247	106432	110798	117856	124916	59149	434
企业所得税	42740	74607	61924	74910	91842	90119	103900
个人所得税	14133	17221	21812	23926	26975	25868	32064
城市维护建设税	15239	24336	26362	27986	29877	30969	35786
房产税	11183	17500	23990	26514	27759	26939	28309
耕地占用税	5820	26928	13921	7340	9577	11347	2140
契税	27424	32337	32185	30840	27267	36731	37543
其他税收	30609	39910	58967	61576	60155	64142	73602
国有企业亏损补贴	−22000	−15900	−9000	−7000	−7000	−7000	−7000
行政性收费收入、罚没收入及其他	6823	13615	18090	22542	11499	16084	34032
专项收入	8723	12322	13181	40223	46520	42424	9754
国有资源(资产)有偿使用收入	381	378	288	157	253	8463	5427

注:1.资料来源于市财政局(地税局);

2.2000 年的数据按照现行口径进行了调整。2015 年的数据有调整。

主要年份财政一般预算支出

表 64　　单位:万元

	2010	2012	2013	2014	2015	2016	2017
总　　计	301962	412294	471587	554989	632991	640061	665038
＃民生支出	240213	327345	374829	452681	526103	546294	571782
1.一般公共服务	35118	47557	50964	50126	54105	55505	58556
2.外交							
3.国防	552	681	709	775	828	874	921
4.公共安全	24952	30031	32740	36176	41354	44531	48610
5.教育	85645	126178	136680	161357	162666	163774	168564
＃教育费附加支出	7167	10182	14059	8167	15933	14201	13353
6.科学技术	13517	17817	19863	22442	25642	27732	30166
7.文化体育与传媒	10010	10188	11146	13211	14730	15779	16939
8.社会保障和就业	15917	24273	26315	34032	37353	40473	44223
9.医疗卫生与计划生育支出	23445	29646	34117	45873	50978	54754	58977
10.节能环保支出	13897	18688	20852	24012	29764	32190	35117
＃排污费支出	1073	1199	1833	2110	1669	2179	
11.城乡社区事务	24679	28432	44384	41263	73186	73307	101555
12.农林水事务	25894	38937	45297	71998	82513	83026	58582
13.交通运输	13614	20726	25338	31339	28616	13483	6751
14.地震灾后恢复重建支出	2257						
15.住房保障支出		3155	3435	2317	7917	10728	9049

注:1.民生支出是指地方财政支出中用于社会保障和就业、教育、文化体育传媒、医疗卫生、公共安全、环境保护、科学技术、城乡社区事务、农林水事务、地震灾后恢复重建、住房保障的支出;

2.2000年的数据按照现行口径进行了调整,2015年的数据有调整。

(市统计局提供)

重要文件选载

中共桐乡市委
桐乡市人民政府
关于推进人文名城建设
打造风雅桐乡的实施意见

桐委发〔2017〕30号
（2017年8月25日）

文化是民族的血脉，是人民的精神家园，是城市综合实力的重要体现。桐乡具有7000多年的文明史，文化底蕴深厚，文化名人众多，马家浜文化、良渚文化、运河文化、农耕文化、古镇文化、蚕桑文化交相辉映，素有“文化之邦”的美誉。“文化基因”既是桐乡经济社会发展的重要依托，也是桐乡塑造城市精神、培育城市气质、丰富城市内涵的重要优势。

“十三五”时期，是高水平全面建成小康社会的决胜阶段，更是实现好习近平总书记“建设好乌镇、发展好桐乡”殷切嘱托的关键阶段。推进文化大发展，提升文化软实力，有利于进一步弘扬改革创新、与时俱进的时代精神，有利于进一步凝聚、激发桐乡人民的创造潜能，为全面落实“两个核心”战略提供强大引擎；为提升城市品质，优化发展环境，打造“风雅桐乡”提供巨大动力；为增进民生幸福，促进社会和谐，高水平全面建成小康社会提供重要支撑。为深入贯彻落实省、市第十四次党代会精神，着力推进“人文名城”建设，打造具有国际化城市气质的风雅桐乡，以优异成绩谱写“文化浙江”的桐乡篇章，以实际行动迎接建党一百年，特制定本实施意见。

一、指导思想

深入贯彻习近平总书记系列重要讲话精神，坚定文化自信，增强文化自觉，强化文化担当，紧紧围绕“建设人文名城、打造风雅桐乡”的目标任务，以“创新、协调、绿色、开放、共享”五大发展理念为引领，以“七大工程”为抓手，全面打造文明示范城市、书香城市、国际化知名城市、品牌文化城市、公共服务标杆城市、历史文化名城和文化产业名城，全面推进以文化人、以文惠民、以文兴业、以文立城，为把桐乡建设成为“先进制造基地、诗画水乡典范、旅游人文名城、网络智慧强市”凝聚强大精神力量，提供丰润文化滋养。

二、基本原则

坚持正确方向。以人民为中心，以社会主义核心价值观为引领，以中华优秀传统文化为根脉，切实保障和实现好人民群众的文化权益，不断提高公共文化服务能力水平，推动成果共享，增强人民群众的获得感、认同感和幸福感。

坚持创新发展。以发展为主题，以改革为动力，以体制机制创新为重点，做出更加有效的制度安排，创新文化发展模式，扩大群众参与，引导社会力量参与文化建设，不断提升文化创新力和竞争力。

坚持协调发展。树立经济、社会、文化协调发展的理念，推进文化与经济、文化与城市、文化与生活融合发展，事业和产业、社会进步和社会管理协调发展，推动区域、群体之间均衡发展，补齐文化发展短板。

坚持绿色发展。促进文化与其他领域深度融合，提升文化产业在国民经济中的占比，提高经济发展的文化品质，优化文化发展方式，促进文化消费，实现区域经济社会更有效率、更可持续发展。

坚持开放发展。坚持引进来和走出去并重，构建多层次、宽领域对外文化交流格局，全面提高文化开放水平，扩大文化对外影响，提升文化国际化水平。

坚持彰显特色。立足实际，

因地制宜，推动主流文化与乡土文化、传统文化与现代文明的融合创新，培育独具魅力的桐乡人文精神，塑造具有鲜明个性和时代特色的城市文化形象，努力将资源优势转化为发展优势。

三、总体目标

力争通过三至五年的努力，“人文名城、风雅桐乡”享誉海内外，成为桐乡靓丽的名片。到2020年，城市文化文明形象持续提升，跨入省文明市行列；全民阅读氛围不断浓厚，读书成为桐乡人的一种精神追求和生活方式，成功打造“书香城市”；城市知名度极大提升，国际化城市气质、城市内涵不断丰富，打造国际化知名城市；国际国内文化品牌建设持续推进，巩固中国民间艺术（漫画）之乡、中国书法之乡、中国摄影之乡、中国排舞之乡、中国文学之乡、中国武术之乡，成功创建中国戏剧之乡、中国篆刻之乡、中国围棋之乡；公共文化服务体系建设整体水平走在全国前列，成为公共文化服务的标杆城市；历史文化弘扬继续深化，文物保护水平保持全省领先，争创省级历史文化名城；文化产业对经济发展的贡献率不断提高，培育年主营业务收入超亿元企业20家以上，文化产业增加值占GDP比重达到7%以上。文化产业、文化事业齐头并进，群众精神文化需求得到全面满足，文化成为推动经济社会发展的强大动力。

四、主要任务

（一）着力推进精神文明创建工程，打造文明示范城市

1.大力弘扬城市精神。持续开展中国梦和中国特色社会主义宣传教育，大力弘扬红船精神、浙江精神，进一步增强思想认同。加强意识形态工作，强化社会主义核心价值观的教育引导、实践养成和制度保障，致力推动内化为市民的自觉追求和行为规范。深入研究挖掘桐乡在发展历程中特别是改革开放以来沉淀形成的精神财富，承继弘扬崇文厚德、正直大气、开放包容的人文精神，打造自信文化，塑造有内涵、有格局、有品位、有情怀的新时代桐乡人。统筹传统媒体与新兴媒体资源，发挥主流媒体的舆论引导作用，强化重大主题宣传，进一步坚定共同奋斗理想，筑牢共同思想基础，凝聚强大精神力量。

2.提升公民道德水平。开展道德模范、身边好人、“最美桐乡人”系列评选活动，完善宣传、关爱、奖励机制，倡导“最美”精神，传播榜样力量。加强道德主题实践活动，大力开展良好家教家风、校风学风、企业精神、乡贤文化和区域道德品牌的宣传挖掘和培育传承，推进社会公德、职业道德、家庭美德、个人品德建设。加强和创新学校思想政治教育工作，构建以社会主义核心价值观为引领的大中小幼一体化德育体系，引导教师以德立身、以德立学、以德施教，引导学生铸就理想信念、掌握丰富知识、锤炼高尚品格，坚持不懈培育优良校风和学风，全面落实立德树人根本任务。完善学校、家庭、社会“三位一体”教育网络，组织开展形式多样、健康向上、格调高雅的社会实践活动，努力打造关爱未成年人成长的共同推进机制。

3.深化文明创建活动。以创建省文明市为抓手，广泛开展文明单位、文明村镇、文明示范窗口、文明家庭、文明校园等丰富多彩的群众性文明创建活动。完善社会志愿服务体系，推进志愿服务活动制度化常态化，深化志愿服务品牌建设。协调推进城乡文明建设，加强农村移风易俗，全面实施小城镇文明行动，共促乡风文明。加强网络文明建设，倡导文明建网、文明上网、文明用网，依法加强网络空间治理，加强网络内容建设，营造风清气正的网络空间。大力倡导“讲文明树新风”，加大公益广告宣传力度，深入开展文明交通、文明旅游、文明服务、文明餐桌、文明上网系列实践活动，全面提升市民整体素质，为推动桐乡实现城乡一体化、迈向国际化夯实人文生态环境基础。

（二）着力推进全民阅读促进工程，打造书香城市

4.拓展阅读平台。将全民阅读设施建设纳入城乡建设规划，科学规划、合理布局，有计划地建设覆盖城乡、实用便利、服务高效的各类全民阅读设施。加大市级图书馆、镇（街道）图书馆分馆的建设力度，优化农家书屋网点布局。增加阅读点，建设一批城市书吧、校园书屋、社区书屋、职工书屋、机关书屋、24小时自助图书馆和城乡公共阅读报栏（屏）等。利用汽车图书馆、漂流书亭消除阅读盲点。开展书香机关建设，鼓励设置阅读角、书吧等阅读场所，开辟书香气息浓郁的公共阅读空间，倡导机关干部带头读书，营造机关浓厚的书香氛围。通过购买服务、

社会捐赠等形式引导社会力量参与，逐年增加阅读资源总量。

5.丰富阅读活动。以“4·23”世界读书日为契机，组织开展全民读书月、读书周等覆盖广泛、内容丰富的读书活动，着力推动阅读特色品牌建设，推动全民阅读进家庭、进农村、进社区、进校园、进企业、进机关。进一步深化学习型党组织、学习型领导班子和学习型城市建设，构建全民学习平台，提升“桐乡大讲堂”等学习品牌，设立市民公益大讲堂，扩大“伯鸿书香奖”活动影响，鼓励“聚桂文会”“梧桐阅社”等民间阅读组织和阅读志愿服务队伍的发展，引导广大干部群众爱读书、读好书、善读书，把读书作为一种精神追求和生活方式，形成全民阅读的良好氛围，建设“书香桐城”。

6.提升阅读服务。充分利用现代数字技术，构建新媒体阅读平台，为全民阅读提供充分的平台与资源。在全市城乡阅读场所实现无线网络全覆盖，加快数字阅读普及。邀请国内外学者、专家来桐乡作专题讲座，为群众提供阅读相关知识和技能，加强全民阅读引导。建立和完善社会各界为重点群体开展志愿者服务、出版物捐赠等捐助和服务的渠道，保障群众阅读需求。到2020年，力争我市居民综合阅读率达到90%以上。

（三）着力推进城市形象塑造工程，打造国际化知名城市

7.彰显城市文化个性。承接国际先进理念、先进思维，全面规划设计城市形象，注重将传统文化标志性元素纳入城市规划，提升城市建设文化含量、文化水准，提高城市品位。加快推进永宁区块以及其他古街区、古建筑的保护性修复，延续城市文脉、留住城市记忆。有机融入梧桐、凤凰、蚕桑、运河、漫画等地方文化符号，凸显城市文化个性和文化张力。做足中国漫画之乡文章，在城市建设、对外宣传、公益广告、文明创建中融入漫画元素，做到时时见漫画、处处有漫画，打造“漫画之城”。全面加强古镇、古村落、传统建筑、古树名木的保护利用工作，充分挖掘发挥历史文物资源的价值内涵，加强桐乡地名历史文化内涵研究，围绕名人故居、重大事件、历史遗址、街巷桥梁、河道码头，多建城市雕塑，多树碑立牌进行说明，留住历史痕迹，记载城市变迁，讲好桐乡故事，展示桐乡地方特色文化。

8.加强城市形象宣传。深入实施文化“走出去”战略，充分利用世界互联网大会等国际性、全国性重大活动、重要展会等平台，整体设计包装城市形象，策划开展主题宣传活动，充分展示桐乡“国际范”和地方特色兼具的文化特点，提升城市外宣形象。加强与重要媒体、知名专家合作，打造适合传播桐乡的新闻、文学等外宣作品。善于吸纳优秀文化，加强本地特色文化与各地优秀文化的融合，提升桐乡文化国际化水平。

9.扩大文化互动交流。立足桐乡地域文化特色和资源优势，深化内容建设，创编对外交流文艺节目，策划对外交流展览项目，开发对外交流文化产品，加大名人、古镇、运河、桑蚕和漫画等文化资源推介力度，推动桐乡文化及文化产业走出去，着力提高文化开放水平。组织文化单位、文化团体赴国内外开展文化互访和文艺采风，支持引导民间力量进行对外文化宣传交流，鼓励与日本、保加利亚等国加强印学、漫画等艺术交流。充分发挥区位优势，主动学习、接轨、融入沪杭。依托互联网国际会展中心等资源，以国际化的眼光和视野，加大对具有较大影响力的国际性演艺活动、艺术展的引进力度，加强文化互动交流，扩大文化国际影响，提高国际知名度。

（四）着力推进文化名片闪亮工程，打造品牌文化城市

10.做大做强名人文化。采用走出去与请进来相结合的办法，高质量、高规格办好茅盾文学新人奖、“子恺杯”全国漫画大展、“徐肖冰杯”全国纪实摄影展、丰子恺中外散文奖等重大名人文化活动，联合中国作协共建茅盾文学院，力争让“茅盾文学奖”重回桐乡，不断扩大活动内涵和影响力。加强名人场馆建设，加快金仲华纪念馆新馆、陆费逵图书馆、丰子恺纪念馆、张琴秋纪念馆、茅盾纪念馆等名人场馆的新建及改扩建工作。进一步拓展茅盾、丰子恺等文化名人研究领域，立体化、精细化梳理其人格魅力、作品价值，通过喜闻乐见的形式融入大众文化、对外宣传、文化创意及经济建设。着力推进张履祥、劳乃宣、太虚、张琴秋、木心等重要历史人物研究，不断丰富名人文化、乡贤文化资源。加强名人文化、乡贤文化的推介力度，创作一批桐乡名人题材的图书、纪录片、

微电影等文化精品。

11.打响群众文化品牌。持续办好漫画艺术节、“菊乡文学新苗”现场作文比赛、排舞大赛等活动，巩固中国民间艺术（漫画）之乡、中国排舞之乡、中国文学之乡等文化品牌。加强戏曲和围棋艺术传承，积极创建中国戏剧之乡、中国围棋之乡。大力弘扬篆刻艺术，争创中国篆刻之乡。策划举办“风雅桐乡诵”诗文大赛、凤凰湖音乐节、“我们的节日”“我们的村晚”等活动，培育时尚与传统深度融合的文化活动精品，打造“一镇一品”“一村一韵”基层特色活动品牌。做精做亮乌镇戏剧节、当代艺术展等国际性文化活动项目，打造乌镇文化小镇。

12.鼓励文化精品创作。全面贯彻“二为”方向、“双百”方针，以“五个一工程”为抓手，鼓励艺术家创作一批贴近实际、贴近生活、贴近群众的优秀文艺作品，带动文艺创作生产整体水平提升。完善文化精品创作、人才培养等扶持奖励政策，优化“文学艺术金凤凰奖”“群众文艺菊花奖”评奖办法，设立市长文化奖，切实加大对题材重大、地方特色鲜明的文化精品创作生产的扶持力度，进一步激发广大文艺工作者创作热情。积极探索建立文艺精品创作生产招标制和采购制，支持文艺院团发展。加大对优秀作品的宣传推介力度，鼓励参加各级各类艺术展览和评比，力争打响桐乡文艺品牌。建立中国网络文学创作基地，设立网络文学奖，推动网络文学发展。

13.推进企业文化建设。推广企业文化俱乐部建设，开展“企业文化建设示范单位”评选，引导企业加强企业文化建设研究和探索，不断提升企业凝聚力、创造力和竞争力，保障企业在经济转型和企业改革中实现稳定发展。加强员工典型选树，通过劳模精神、工匠精神的挖掘和宣传，充分发挥先进典型在构建企业文化，践行社会主义核心价值体系中的模范引领作用，不断提升员工队伍素质和道德水平。围绕经营生产，努力探索企业文化落地途径和载体，结合学习培训、岗位技能比武、导师带徒等活动，把企业文化细化融汇为班组文化，增强员工对企业文化的认同感。积极开展形式多样、内容丰富的群众性企业文化活动，丰富职工精神文化生活，营造全员参与、全员共建的良好文化氛围。

（五）着力推进公共文化服务体系建设工程，打造公共服务标杆城市

14.加强公共文化设施建设。巩固提升城乡公共文化体育设施建设和服务水平，优化15分钟文化服务圈。加快推进图书馆新馆、城市档案中心、体育中心等重大文化体育设施项目建设，新增一批市民公共活动空间。规划建设丰子恺美术馆，实施君匋艺术院扩建工程。推进镇（街道）综合文化站建设，实现镇（街道）省定一级站全覆盖，其中特级站达到50%以上，新增省文化强镇1个以上。完善公共文化网络服务支点，实现村级综合性文化服务中心、农村文化礼堂、社区文化家园全覆盖，推进“建、管、用、育”一体化，鼓励民间资本、民营力量参与文化设施的投资建设和运营管理。力争到2020年，每万人拥有公共文化设施面积2000平方米以上，人均体育场馆面积达到2平方米以上，省级文化示范村10个以上，进一步优化服务网络。

15.丰富文化惠民产品供给。加强全民艺术普及。整合社会资源，深化“淘艺吧”“学艺吧”等艺术培训平台建设，鼓励群众参与艺术知识、艺术欣赏、艺术技能、艺术活动培训和体验，倡导“一人一艺”，提高群众的获得感和参与性。办好市镇两级特色节庆活动和品牌活动，挖掘传统特色文化，鼓励村民自办文化。做实农村文化活动“158”工程（每月看1场以上电影、每年看5场以上演出，每年组织8次以上文体活动），深化送戏、送书、送展览和文化走亲“三送一走”活动，鼓励基层文化反哺。推动文化艺术进校园、进企业、进社区、进文化礼堂，保障特殊群体基本文化权益。加强农村文化工作指导，开展“馆一村文化结亲”活动，不断提高农村文化活动质量和组织水平。

16.推进文化服务创新发展。促进政府购买公共文化服务的常态化、规范化，制定服务规范和服务标准。推进图书馆等事业单位开展法人治理结构建设，试点推行在基层综合文化站、农村文化礼堂、综合文化服务中心实行理事会和议事会制度，切实提升服务效能。深化文化馆、图书馆、非遗馆总分馆体系建设，打造具有桐乡特色的总分馆推广模式。创新“互联网+公共文化”服务模式，延伸“文化

有约”供给互动服务，打造互联互通、共建共享的公共文化数字服务网络，实现精准对接。

（六）着力推进历史文化保护传承工程，打造历史文化名城

17.加大文物保护力度。做好文化遗产保护和传承工作，制定实施历史文化名城保护规划，积极争创省级历史文化名城。开展乌镇江南水乡古镇联合申遗工作，扎实推进申遗规划整治和环境景观保护。加强大运河世界文化遗产长效管理，巩固和完善大运河监测预警和管理体系。加强谭家湾遗址、罗家角遗址、东园遗址、俞家湾桑基鱼塘等重点文保单位的有效维护。

18.推进非物质文化遗产保护利用。实施传统工艺振兴计划、传统戏剧保护振兴计划，保护传承方言文化。完善市镇村三级非物质文化遗产保护制度，加强保护体系建设。建立健全非遗项目和传承人评审激励机制，做好各级非遗名录、传承人以及非遗传承教学基地评选和申报。深入实施传统节日振兴工程，常态化开展“我们的节日”节庆民俗文化展示展演体验活动。

19.全面加强地域文化普及。加强桐乡地域历史文化研究，编撰出版系列历史人文著作，丰富文化普及教学资源。加强馆藏文化精品普及推介。抓好中长期教育规划，开展历史文化教材、参考书籍的系列化、适龄化开发，推进青少年历史文化学习。鼓励各中小学校开发校本课程，大力推广特色教学。建立传承教学基地，构建多层级、多元化的传承教学体系。利用报纸、电视、电台及“两微一端”新媒体，开设人文专题专栏，加强桐乡地域文化普及宣传。

（七）着力推进文化产业发展壮大工程，打造文化产业名城

20.优化产业发展市场环境。降低市场准入门槛，促进非公有制文化企业发展，鼓励社会资本投资兴办文化企业，加大市场主体培育力度。深化行政审批制度改革，简政放权、优化服务，实现企业办事“最多跑一次”。充分发挥行业组织的管理职能，理顺文化市场管理体制，鼓励各类市场主体公平竞争，有效规范市场经营行为。推行文化市场“双随机”监管机制和“阳光执法”工作，加强安全管理，提升管理效能。

21.完善产业结构布局。完善文化产业发展专项规划和空间布局，提高文化产业规模化、集约化、专业化水平。推动文化休闲旅游、互联网信息服务、创意设计等优势产业持续迅猛发展，积极培育影视传媒、文化演艺、会展服务等新兴行业业态，逐步形成以文化休闲旅游业为龙头，以互联网信息服务、创意设计、现代传媒影视、会展服务为特色的“一个龙头、四个特色”的文化产业新格局。加快形成以文化创意产业园建设为核心，东部创意设计时尚区、西部生态观光休闲区、北部文化休闲旅游度假区“一核引领，三区联动”的文化产业空间布局。

22.做强产业发展平台。加快产业平台建设，推进文化创意产业园、乌镇互联网产业园、濮院时尚特色小镇、乌镇互联网特色小镇等重点平台建设，形成功能完备、运行高效的文化产业集群。加快濮院古镇改建项目、濮院毛衫创新园、中央新影桐乡园、浙江传媒华策电影产业园等重大项目建设进度。加强产业招商，完善扶持政策，大力引进科技含量高、创新意识强、带动作用大的优质项目，争取世界文化创意产业发展大会等重大文化活动和文化产业项目落户，争创国家级文化产业园区（示范基地）1个以上、省级文化产业园区（示范基地）2个以上。鼓励有实力的文化企业跨地区、跨行业、跨所有制兼并重组和上市。力争到2020年，拥有年主营业务收入超亿元企业20家以上，文化产业增加值占GDP比重达到7%以上。

23.促进产业融合发展。促进文化产业与制造、科技、旅游、金融等相关产业融合发展，培育新型文化业态，开拓文化产业发展新空间。发挥移动互联网、云计算、大数据、物联网等新一代信息技术作用，推动数字新媒体、数字视听、通信设备制造、信息软件、版权交易等行业发展。利用名人文化、文化遗产等资源优势，大力开发文创产品，延伸衍生产品产业链条，做大做强人文旅游品牌。创新文化消费金融产品，完善文化企业融资服务链。

五、组织保障

1.加强组织领导。完善文化建设领导小组、文化产业发展领导小组，建立健全党委统一领导、党政齐抓共管、宣传部门牵头协调、主管部门负责落实、有关部门各司其职、社会力量积极参与的工作格局。充分发挥人大、政协监督职能，发挥民主党派、无党派人士和人民团体作用，通过各种形式参与推进文化建设和文化产业发展。加强部门配合，协调推进文化建设、文化产业发展。建立考核评价体系，完善工作责任推进机制。组建文化发展专家顾问团，邀请文化各行业领域的知名权威专家为桐乡文化及产业发展献计献策，充分发挥文化顾问在设计、规划、建设、项目决策等方面的咨询和参谋作用。

2.加大扶持力度。加大财政资金支持力度，完善文化投入机制，做到财政公共文化投入不低于上年水平。有效落实基层公共文化服务绩效评估制度，加强科学性和长效性。全面落实社区公共文化设施建设从城市住房开发投资中提取1%及鼓励社会组织、机构和个人捐赠公益性文化事业所得税税前扣除相关政策规定。提高彩票公益金用于体育事业比重。将购买公共文化服务资金纳入各级政府财政预算，建立政府主导、社会参与的多元文化投入机制。落实各项税收优惠政策，保障文化发展用地优先供给。

3.深化体制改革。进一步转变政府职能，简政放权，优化服务，按照政企分开、政事分开原则，推动文化部门由办文化向管文化转变。加强行业协会建设，逐步引导行业协会承接政府转移的部分职能。继续推进文化事业单位法人治理机制改革，深化总分馆体系建设和理事会管理机制建设。坚持“创新体制、转换机制、面向市场、壮大实力”的方针，进一步深化广电、报社等经营性文化单位体制机制改革，着力推进媒体融合发展，构建“声、屏、纸、网”多媒体联动的立体传播格局。

4.加强人才保障。制定文化人才中长期培养与发展规划，拓宽引进渠道，创新引进方式，不断增加文化人才数量、优化人才结构。充实地方基层文化队伍，改善队伍结构，巩固“两员”制度，保持基层专职文化队伍整体的稳定性和活跃性。整合市、镇、村三级资源，形成以“专职队伍”系统轮训、“文艺骨干”分层辅导、“普通群众”点单培训相结合的培训体系，创设专类服务团队，提升专业服务水平。加强业余文艺团队扶持管理，探索推行志愿服务、团队建设积分制管理和激励回馈制度，培育壮大文化队伍。

中共桐乡市委 桐乡市人民政府 关于印发《桐乡市实施创新驱动战略推进全面创新改革实施方案》的通知

桐委发〔2017〕33号
（2017年9月25日）

为认真贯彻落实《国家创新驱动发展战略纲要》（中发〔2016〕4号）和《中共嘉兴市委嘉兴市人民政府关于印发嘉兴市全面创新改革试验实施方案的通知》（嘉委发〔2017〕3号）文件要求，结合桐乡实际，制定本方案。

一、指导思想

认真贯彻党的十八大和十八届三中、四中、五中、六中全会以及全国、全省科技创新大会精神，深入学习贯彻习近平总书记系列重要讲话精神，按照“五位一体”总体布局和“四个全面”战略布局，牢固树立创新、协调、绿色、开放、共享发展理念，认真落实中央、省委和嘉兴市委关于创新驱动发展一系列战略部署，以实现创新驱动发展为目标，以破除体制机制障碍为主攻方向，开展以科技创新为核心的全面创新改革试验，大力发展以先进制造业为核心的实体经济、以乌镇为核心的“一业一网”，全力实施实业兴市、创新驱动、开放融合、生态宜居、民生为本五大战略，扎实开展招商引智、项目推进、作风建设三大工程，以全面创新改革突破来推动经济社会新发展，为把桐乡打造成为先进制造基地、诗画水乡典范、旅游人文名城、网络智慧强市提供强有力的支撑。

二、基本原则

（一）坚持问题导向

紧扣制约创新转型升级发展的突出问题和深层次矛盾，集中资源和力量，聚焦产业抓创新，打通科技向现实生产力转化的通道，培育创造新的增长点，加快实现经济发展动能转换、方式转变。

（二）坚持企业主体

紧扣产业转型升级配置创新资源，发挥企业在扩大研发投入、凝聚创新人才、加快成果转化、推动产业升级中的主体作用，提高现有产业科技含量和科技装备水平，促进产业迈向中高端水平，一批高新技术企业进入全省百强。

（三）坚持人才为先

深入实施人才优先发展战略，进一步解放思想、完善机制，创新人才引进、培养、使用和激励模式，着力集聚掌握前沿核心技术、引领产业行业发展的高精尖人才，实现人才、资本、技术、知识广泛汇集和自由流动，最大限度激发、释放人才创新创造创业活力。

（四）坚持重点突破

紧扣科技创新和体制机制创新双重任务，找准改革突破口，大胆先行先试，全面推进经济、科技等相关领域改革，营造创新驱动发展的良好生态和政策环境。

三、总体目标

通过三年努力，在科技体制机制、科技成果转化、企业创新能力、科技金融和科技人才等方面取得重大突破，全面创新改革试验取得重大成果，推动科技与经济融合更加紧密，创新引领产业发展能力显著提升，形成新材料产业、大数据产业、高端装备制造业等具有核心竞争力的产业集群。创新资源集聚效应显著增强，培育一批创新“引擎”企业。优秀科技创新人才不断集聚，全社会创新活力充分激发。“大众创业、万众创新”的发展格局基本构建，形成适应创新驱动发展要求的制度环境和政策环境，完善科技创新支撑体系。突出“一区一园一走廊”，即落实乌镇大道科创集聚区规划布局，推进省级乌镇大数据高新技术产业园区建设，努力打造乌镇大道科创大走廊，引领推动各镇街道经济实体发展，争创国家高新技术产业开发区，率先进入国家创新型城市行列。

到 2019 年底，全市研究与试验发展经费支出占地区生产总值比重力争达到 3％以上，万人发明专利拥有量达到 20 件；

提前实现高新技术企业和省科技型中小企业“双倍增”，分别达到 200 家和 500 家，努力打造 10 家具有引领性、战略性的科技领航型企业；

高新技术产业投资年均增速达到 16％以上，战略性新兴产业增加值、高新技术产业增加值占规上工业增加值的比重分别提高到 40％和 45％以上，规上科技服务业增加值占规上服务业增加值比重达到 30％，科技服务业增速高于服务业增速 2 个百分点以上；

重点培育新材料、大数据、高端装备制造产业集群，三大产业集群总产值力争突破 1000 亿元；

累计引育国家“千人计划”、省“千人计划”和创业创新领军人才分别达到 22 名、12 名和 50 名，每万人从业人员中研发人员数达到 125 人；

科技型挂牌上市企业力争达到 20 家以上，全员劳动生产率年均增幅 8％以上，品牌贡献率达到 20％以上，工业增加值率达到 20.5％以上；

科技进步贡献率达到 65％以上。

四、主要任务

（一）创新科技决策管理体制

1.创新科技管理体制机制。按照精简统一效能原则，推进市级相关部门的职能整合，理顺权责关系，建立人才科技创新协同机制。强化对科技创新工作的组织领导和统筹协调，加快构建权界清晰、分工合理、权责统一、运转高效的科技创新管理体制。

2.健全基层科技服务体系。完善科技工作服务机制，加强各镇、街道和开发区科技人才服务中心建设，配备专职人员。

3.改革政府专项资金支持方式。建立健全符合市场规则的支持采购创新产品和服务的政策体系，完善政府采购促进中小企业创新发展的相关措施，加大对创新产品和服务的采购力度，促进创新产品研发和规模化应用。

4.建立政府科技投入统筹联动机制。完善科技创新投入决策和协调机制，重点支持重大科技攻关、重大科技应用示范、重大科技成果转化和重大创新平台、重大人才工程等建设，提升政府科技投入效益。

5.完善科技计划体系。改革科技经费使用办法。简化预算编制，提高间接费用比重，加大绩效激励力度，充分调动科研人员积极性。

（二）创新与沪杭科技协作机制

6.促进与上海之间要素资源流动。对接和利用上海全球科技创新中心建设，探索建立桐乡与上海的科技合作机制。按照“两个无差别、三个更好”的要求，全面推进与上海的“政策协同、要素融入、产业承接、服务融合”等创新举措，争取实现无缝对接。

7.推进与沪公共服务一体

化。加大与上海教育、医疗、养老、社保等领域合作，吸引上海高校、医院、养老机构等在桐设立分支机构。

8.加快重大合作平台建设。主动融入大湾区建设和沪嘉杭G60科创大走廊建设，积极利用临沪临杭优势，有效承接沪杭创新要素和产业溢出。

9.加大科技招商引智力度，推进“双招双引”。建立健全科技招商引智考核激励机制，将科技型企业、领军人才企业、创新型载体和资源的引进作为经济工作的重点来抓。建立健全科技招商引智服务机制，组建科技招商引智专业队伍，建立科技招商引智人才储备库和“智库”，提供精准化服务。建立健全与沪杭各类研发机构、创新平台的对接机制。市外高新技术企业落户桐乡，备案后可直接享受桐乡市内高新技术企业的优惠政策。抓住技术上“军转民”、资源上“民参军”两大融合点，扎实推进军民融合项目引进、技术转化、人才引育、要素整合和创新平台建设。

（三）创新科技型企业培育机制

10.构建科技型企业微成长、小升高、高壮大的梯次培育机制。完善《桐乡市高新技术企业培育管理实施方案》，认真落实《嘉兴市高新技术企业“育苗造林”行动计划（2017～2020年）》（嘉政办发〔2017〕44号）文件精神，建立高新技术企业培育库，明确培育对象，重点培育新材料、大数据、高端装备制造产业等领域的创新型企业，实现符合条件的企业应进尽进。

11.鼓励企业以自主创新成果为基础，参与国际标准、国家标准、行业标准和团体标准制订和修订工作。到2019年，争创“浙江制造”认证企业5家，参与制订“浙江制造”标准5项以上。

12.探索实施桐乡市企业家素质提升工程，推进企业家素质提升，培养造就一支职业化、专业化、国际化的企业家队伍。

13.充分发挥企业主体作用，加快重点实验室、工程技术研究中心、企业技术中心、高新技术研发中心等创新载体建设。到2019年，基本实现规模以上工业企业研发机构、科技活动全覆盖，省级企业研究院达30家，建立院士专家工作站10家。

14.建立鼓励企业创新的普惠机制。落实研发费用加计扣除政策，进一步简化研发费用归集和核算管理及流程。完善企业研发费用投入普惠性扶持政策，扩大创新券使用范围。

15.推进国家知识产权强县工程试点县建设。鼓励发明创造，对国内外专利给予一定奖励。建立知识产权维权援助中心，支持专利维权保护，试行专利保险制度。支持企业实施专利战略，鼓励企业实施知识产权管理规范国家标准，支持企业和行业建设专利数据库。探索知识产权金融试点，支持金融机构开展知识产权融资业务。

（四）创新科技平台集聚机制

16.加快推进乌镇互联网创新发展试验区、桐乡经济开发区（高桥街道）、乌镇大数据高新技术产业园区、濮院针织产业园区四大省级以上平台建设，积极打造乌镇大道科创大走廊，争创国家高新技术产业开发区。

17.实施桐乡市科技孵化机构建设三年行动方案（2017—2019年），科学规划布局，建设一批覆盖重点产业集聚区、特色明显的专业化、市场化、国际化的科技企业孵化器、众创空间，到2019年底，孵化面积达到60万平方米。

18.建立孵化器、加速器、产业园等创业创新平台的利益联动和反哺机制。完善科技企业孵化器、众创空间认定管理和考核评价办法，加大对运行成效突出的科技企业孵化器、众创空间（星创天地）的支持力度。探索政府引导、市场化运作的海外孵化器建设机制，积极争取纳入省级创新平台予以重点扶持。

19.积极推进高新技术特色小镇建设。充分发挥我市比较优势，通过市场化方式构建一批创新与创业相结合、线上与线下相结合、孵化与投资相结合的高新技术特色小镇。

20.完善科技合作平台，建设好军民融合互联网＋双创基地。拓宽科技合作渠道，推进校地、院地、军地合作，加强与高等院校、科研院所所及军工单位的合作渠道，加强双向沟通，将高端人才、专家教师等人才引入企业，畅通合作交流通道。

21.完善科技成果转移转化平台体系。建立科技成果项目库和信息发布系统，建好科技大市场，以技术需求和技术成果为出发点，集聚创新资源要素，做好技术需求和服务的市场化供给，促进科技成果规范、有序的交易流转。

22.引导科技合作方向，推

动产业研究院建设。围绕我市产业分布特点建立产业研究院，扩大产业覆盖效应。依托产业研究院的科研、人才资源，实现科学和技术的落地，达到以产业促企业，以企业促产业的效果。

（五）创新高新产业集聚机制

23. 加快互联网产业发展。以乌镇大数据高新技术产业园区为主平台，全力打造互联网产业创新发展集聚区，重点发展智能终端、物联网、云计算与大数据、量子通信、虚拟现实、智能装备等产业，加快培育一批竞争力强的互联网品牌企业，互联网经济整体规模、效益和竞争能力居全省前列。

24. 加快高端装备产业发展。重点发展智能制造装备、汽车和零部件与高端装备制造业发展密切相关的新材料，着力“强链”“补链”，突破整机、整车制造。到2019年力争累计认定首台（套）产品50项。

25. 促进传统产业转型升级。在重点行业培育基于互联网的协同化制造、个性化定制、服务化制造等新模式，鼓励企业从生产制造向“制造＋服务”转型，从简单的“机器换人”向机联网、数字车间、互联网工厂发展。

26. 推进“互联网＋服务”融合发展。鼓励服务业企业运用互联网技术创新发展，积极打造服务业发展新引擎。重点在现代物流、金融、科技与信息、文化旅游、健康服务业等领域，做强一批服务业重点企业，创建一批特色楼宇，提升一批集聚平台。

（六）创新科技金融服务机制

27. 健全科技创新创业投融资体系。以“全生命周期”服务理念和科技金融政策创新为突破口，根据科技型企业生命周期不同阶段资金需求及风险收益特征，建立和完善多元化、多层次科技创新创业投融资服务体系，为科技型企业提供一站式、无缝式对接的综合金融服务。通过综合运用财政金融手段，实现政府引导和市场主导的有机契合，吸引和带动各类社会资本投入到科技创新创业领域，形成全链条、全方位、具有桐乡特色的科技创新创业投融资机制。

28. 完善科技金融组织机构体系。鼓励银行、保险等传统金融机构设立科技信贷专营机构或事业部，对科技型企业服务占比高、规模增速快、专业化服务能力强的专营机构或事业部给予差别化待遇。支持产业链核心龙头企业按规定设立财务公司，并开展关联企业的应收账款质押融资服务，强化其为供应链上科技型企业提供金融服务的功能。加强对投资、担保、融资租赁、小贷等金融组织的引导和支持，进一步完善各科技金融服务平台的线上线下对接机制，努力建成围绕创业创新的科技金融服务新体系。

29. 创新科技金融信贷产品体系。不断完善银行业金融机构科技贷款评估导向制度，鼓励银行业金融机构积极开发契合科技型企业生命周期的科技金融产品，积极创新知识产权、股权、订单、应收账款质押等担保方式，扩大信用贷款规模，努力拓宽科技型企业无形资产货币化通道。支持银行业金融机构与创业投资、证券、保险、信托等机构合作，创新交叉性金融产品，建立和完善信息交流共享机制和风险共控合作机制。探索联合支持、收益共享、风险共担的综合服务模式，大力推进投贷联动试点。力争到2019年底，全市科技型企业贷款余额达到100亿元。

30. 培育创业投资市场体系。发挥产业投资引导基金的撬动作用，吸引更多社会资本广泛参与我市战略性新兴产业的投资与发展。通过参股引导、直接股权投资等市场化资本化方式支持我市产业发展。支持民间资本参与或发起设立天使投资基金、创业投资基金、并购基金等各类股权投资基金。鼓励科技型企业引进股权投资。鼓励孵化器、园区通过天使投资俱乐部、创业投资俱乐部等形式汇聚创业投资资源。

31. 完善多层次资本市场服务体系。进一步完善正向激励和反向倒逼工作机制，积极推动科技型企业股份制改造、挂牌上市和并购重组。支持科技型企业发行公司债、企业债、短期融资券、中期票据、小微企业增信集合债等债务融资工具。鼓励我市符合条件的科技型企业开展以产业升级及科技创新为主导的海外跨境并购，引进技术和生产经验、研发团队。鼓励有条件的科技型企业到海外发行债券融资。进入市重点培育企业库和拟上市企业库名单的，优先给予资本市场融资支持服务。到2019年底，全市科技型企业累计直接融资50亿元以上。

32. 全面推进科技保险创新发展。鼓励保险机构积极创新、先行先试，为科技型企业人才引进、研发、融资、产业化等提供保险支持。根据科技产业发展的保险需求，结合我市各类扶持政策，明确重点支持的科技保险产品种类和支持办法，对符合国家政策导向及鼓励产业的保险业务给予相应的财政支持。

33. 完善金融支持科技创新创业的风险分担和退出机制。进一步加强和优化风险补偿资金的引导功能，探索建立科技保险、科技小贷、科技担保等多层次、差别化的风险补偿机制。加快构建科技领域的政策性融资担保体系，积极完善“银保”合作机制，拓宽科技型企业融资渠道。进一步实施好“优助计划”，发挥公益性转贷基金应急功能，为有续贷需求但缺乏短期流动资金的科技型小微企业提供转贷资金支持。创新股权债权退出机制，鼓励具备资质的银行业金融机构对符合条件的科技型企业开展市场化债转股，降低企业杠杆率。依托知识产权交易平台或专业中介机构，探索开展贷款、保险、财政风险补偿捆绑的专利权质押融资试点，为开展知识产权质押融资提供高效便捷服务。

34. 加快建立健全科技型企业信用体系。由相关部门和金融机构共同推动，建立市科技型企业信用信息动态数据库。由经认定资质较好的信用服务中介机构，在有效整合我市科技型企业相关信息基础上，形成企业信用评级报告，作为信息动态数据库的基础内容。建立科技型企业信用信息共享和激励机制，鼓励金融机构根据信用评级结果实施差别化管理。建立科技型企业信用信息激励机制，资信评级良好的科技型企业在融资获得、评奖评优、首购首贷等方面享受“信用惠企”的差别化待遇。

（七）创新人才引育和发展机制

35. 积极推进人才发展机制改革。深化人才发展机制改革，先行先试。围绕桐乡主导产业发展导向，引进和培育一批科技产业急需的创业创新型高层次人才，坚持招才引智与招商引资协同推进，坚持企业为主、政府推动、项目带动、注重效益的原则，积极引进培育适合本地实际的创业创新高层次人才和团队，开辟创业创新高层次人才引进“绿色通道”。到 2019 年，引进培育对我市产业发展具有重大影响、经济和社会效益显著的领军型创新创业团队 10 个，新增国家、省“千人计划”人才 8 人以上。

36. 建立人才“柔性”引进制度。定期对全市各行业部门和企事业单位进行急需紧缺人才调查统计，编制紧缺人才需求目录，定期向社会发布。鼓励各类人才通过兼职、咨询、科研活动、讲学、技术合作、技术入股、投资办企业、结对挂靠等多种形式到我市工作、创业；鼓励用人单位采取岗位聘用、项目聘用、任务聘用、项目交流、互聘客座教授等合作方式灵活引进优秀人才和智力。通过在海外设立海外人才工作站（点）形式，进一步拓展海外人才引进渠道。大力开展国际项目合作，实现外国专家、留学人才、科技项目与我市企事业单位需求项目的有效对接。

37. 健全高新技术产业的人才链引育新机制。制定完善工作计划和行动方案，注重高新技术产业集群与人才链的互动。不断探索企业骨干人才优惠政策的多种实现形式。创新科技人才培养与分类评价机制，建立健全以业绩和贡献为奖励标准的人才扶持政策。加强高技能人才培养。到 2019 年，新增高技能人才 9000 名以上。

38. 全面建立人才服务的长效机制。完善人才生活绿卡制度，畅通公共服务绿色通道，不断满足各类人才对教育、医疗特别是国际教育、高端医疗等服务。对国有企事业单位科研人员因公出国实行分类管理试点，简化审批程序。充分发挥“金凤凰”人才服务联盟等作用，促进科技人才互动交流。加强科技人才工作者队伍建设，不断强化服务能力和水平。

五、工作步骤

（一）启动准备阶段（2017 年 1 月—6 月）

成立桐乡市推进全面创新改革试验区建设领导小组，制定《桐乡市实施创新驱动战略推进全面创新改革实施方案》，分解落实相关工作任务，启动全面创新改革工作。

（二）组织实施阶段（2017 年 7 月—2018 年 12 月）

根据《桐乡市实施创新驱动战略推进全面创新改革实施方案》，全面落实各项改革任务，制定阶段性工作推进计划，明确各阶段工作目标、具体任务、完成时间节点，及时协调解决实施过程中重大问题。

（三）整改提升阶段（2019 年 1 月—6 月）

对照各项改革任务，基本完

成主要目标和重点任务，开展中期评估总结，同时查找问题，补齐短板，进一步深化全面创新改革各项任务，确保重大改革任务取得实质性突破。

（四）评估总结阶段（2019 年 7 月—12 月）

全面梳理创新改革工作，对主要目标、任务完成情况开展评估，总结经验。

六、保障措施

（一）加强组织领导

成立由市委、市政府主要领导任组长，分管领导任副组长，市级有关部门负责人为成员的桐乡市推进全面创新改革试验区建设领导小组，统筹全面创新改革的规划、政策制定及工作协调、总体部署等重大事项。领导小组下设办公室，办公室设在市科技局。

（二）加强统筹推进

围绕改革主要任务，加强创新政策、规划和改革措施的统筹协调，充分调动各镇、街道和市级部门积极性，形成上下联动、协同推进的工作格局。市级各有关部门和各镇、街道要按照本方案的任务要求，制定具体工作方案和相关政策措施。同时，要加强与上级部门的对接联系，积极争取上级部门的政策支持。

（三）加强督查考核

建立工作督导机制，建立重要改革试点工作任务定期报告制度。建立领导小组定期会商制度，及时研究解决改革推进中重大问题。制定全面创新改革的路线图，重点任务列入市委、市政府中心工作，分解落实到各镇、街道和各部门的年度工作目标之中，并进行定期通报。建立创新考评机制，进一步加大创新的权重，体现创新的绩效，完善党政考核的指标体系。

附件：

桐乡市重点突破的专项改革清单

表 65

序号	主　要　内　容	责　任　单　位	时间要求
1	根据乌镇大道科创集聚区规划布局，加快建设乌镇互联网创新发展试验区、乌镇大数据高新技术产业园区，打造乌镇大道科创大走廊，争创国家高新区	市科技局、市经信局、开发区、乌镇镇、濮院镇	2019 年底
2	完善科技计划体系，改革科技经费使用办法，建立企业研发费用投入普惠性奖励机制。落实研发费用加计扣除政策，扩大创新券使用范围	市科技局、市国税局、市财政局（地税局）	2017 年底
3	推进国家知识产权强县工程试点县建设。鼓励发明创造，支持企业实施专利战略。探索知识产权金融试点，支持金融机构开展知识产权融资业务。完善知识产权维权援助体系，支持专利维权保护，试行专利保险制度	市科技局、市金融办、市财政局（地税局）、市经信局、市市场监管局、市文化局	2018 年底
4	健全基层科技服务体系，完善科技工作服务机制，各镇、街道和开发区科技人才服务中心人全覆盖	市科技局、市委组织部（市人才办）、市编委办、各镇（街道）、开发区	2017 年底
5	建立与上海的科技合作机制，全面推进与上海的“政策协同、要素融入、产业承接、服务融合”等创新举措	市发改局、市科技局、市经信局、市民政局、市人力社保局、市卫生和计划生育局	2017 年底
6	完善《桐乡市高新技术企业培育管理实施方案》，重点培育新材料、大数据、高端装备制造产业等领域的创新型企业，高新技术企业和省科技型中小企业总数分别达到 200 家和 500 家	市科技局、市经信局、市国税局、市财政局（地税局）	2019 年底
7	实施桐乡市科技孵化机构建设三年行动方案（2017－2019 年），建设一批覆盖全市、特色明显的专业化、市场化、国际化的科技企业孵化器、众创空间	市科技局、有关镇（街道）、开发区	2019 年底

续表 65

序号	主要内容	责任单位	时间要求
8	试点开展高新技术特色小镇建设，通过市场化方式构建一批创新与创业相结合、线上与线下相结合、孵化与投资相结合的高新技术特色小镇	市发改局、市科技局、乌镇镇、濮院镇	2019 年底
9	完善科技合作平台，建设好一批双创基地。引导科技合作方向，推动产业研究院建设	市科技局、市发改局、市经信局	2019 年底
10	健全科技创新创业投融资体系。完善创业投资引导机制，实现政府引导和市场主导的有机契合，吸引带动社会资本加快向创新领域集聚	市金融办、市财政局(地税局)、市经信局、市科技局、市商务局、	2018 年底
11	完善银行业机构科技金融评估体系，扩大知识产权、股权、订单等质押融资和信用贷款规模。完善科技贷款风险补偿机制，建立科技保险风险补偿机制	市金融办、市科技局、市经信局、市财政局(地税局)	2018 年底
12	落实《关于服务实体经济建设人才集聚新高地的若干意见》，打造“最优人才发展生态环境”	市委组织部(人才办)、市科技局、市人力社保局、市发改局、市经信局、市商务局	2017 年底

桐乡市人民政府关于印发桐乡市制造业转型升级三年行动计划实施方案(2017—2019 年)的通知

桐政发〔2017〕12 号
(2017 年 4 月 13 日)

为全面贯彻落实市第十四次党代会精神，大力发展以先进制造业为核心的实体经济，加快转型升级，转变发展方式，做大做强先进制造业，提升实体经济的整体素质和综合实力，努力把我市打造成全省先进制造业基地，特制定本实施方案。

一、指导思想

全面贯彻五大发展理念，按照《中国制造 2025》和《中国制造 2025 浙江行动纲要》等战略部署，坚持稳中求进，以制造业转型升级为主线，以“两化”融合为手段，以提质增效为核心，以创新驱动为动力，大力发展四大重点产业，着力实施六大重点任务，推进产业智能化、绿色化、服务化、高端化发展，努力构建现代产业新体系，推动以先进制造业为核心的实体经济持续稳定健康发展。

二、基本原则

注重优化结构。加快构建先进制造业现代产业体系，做大做强装备制造产业，做特做亮互联网(电子信息)产业，做强做优新材料产业，做精做优时尚产业，培育一批具有核心竞争力的现代产业集群。

强化创新驱动。以创新引领实体经济转型升级，优化创新环境、完善创新体系、深化创新合作、培育创新主体、集聚创新人才、加快从要素驱动、投资驱动向创新驱动转变。

突出智能制造。把智能制造作为“两化”深度融合的主攻方向，大力培育“互联网+”等制造业新业态、新模式，全面提升企业研发、生产、管理和服务的智能化水平。

坚持品质先行。深化“质量强市”建设，推进“浙江制造”战略，弘扬“工匠精神”，提高精品制造能力，促进企业生产增品种、提品质、创品牌，加快推进产品供给创新、质量提升和品牌建设。

优化要素配置。充分发挥财税、产业、金融、土地、环保、能源等政策的导向作用，进一步完善市场倒逼机制，引导生产要素向重大项目、重点平台和高端产业领域集聚。

加快绿色发展。牢固树立绿色发展的理念，全面推进节能减排、清洁生产和资源综合利用,淘汰落后产能,提高先进制造业可持续发展能力,推动制造业绿色低碳发展。

三、目标任务

通过三年努力,全市先进制造业实力稳步提升,自主创新能力显著增强,两化融合迈上新台阶,产业结构持续优化,绿色发展模式逐步形成。到2019年末:

(一)规模总量持续增长

规模以上工业总产值达到1750亿元;累计规上企业达到1500家,百亿企业3家,10亿元企业20家,亿元企业300家。

(二)产业结构更加合理

累计完成工业生产性投资800亿元,其中设备投入占比65%以上。战略性新兴产业、高新技术产业增加值在规模以上工业中的比重均提高到45%。

(三)创新驱动步伐加快

规模以上制造业研发经费支出占主营业务收入的比重超过1.5%,规模以上制造业新产品产值率超过45%;新增发明专利授权量达1000件。

(四)质量效益稳步提高

规模以上制造业增加值率达到20%,主导产品采标率达到71%以上;"浙江制造"认证企业达到10家,省以上名牌达到48个。

(五)"两化"融合深度拓展

数字化、网络化、智能化技术在重点领域得到广泛应用,两化融合发展水平总指数达到90以上;装备数控化率达到55%。

(六)绿色发展成效明显

能源利用效率和资源集约利用水平显著提升,单位工业增加值能耗下降率完成上级下达的目标任务。

四、产业发展方向

通过三年努力,全市制造业转型升级取得新进展,逐步形成以装备制造产业为引擎、以新材料产业为支撑、以互联网产业(电子信息)为亮点、以时尚产业为特色的先进制造业现代产业体系。

(一)装备制造

发展目标:加快打造以汽车零部件、新能源汽车、电气机械、其他专用设备等为重点的区域性特色装备制造基地建设,进一步提高核心竞争力,做大产业规模,塑造产业竞争新优势。到2019年末,规上总产值超过200亿元。

发展重点:

汽车零部件及新能源汽车:立足自身基础优势,瞄准行业发展趋势,以易锋机械、双环传动、合众新能源等企业为带动,重点发展新能源汽车、汽车空调压缩机、齿轮等关键零部件以及汽车冲压件、汽车仪表、齿轮等汽车零配件产品,并向系统化、模块化方向发展。

电气机械装备:以京马电机、创嘉机电等龙头企业为代表,加大设备制造的创新性设计,促进科技成果的转化与应用,加快发展高效节能电机、串激电机、变频电机、电梯配套产品等高科技、绿色节能输变电设备,培育发展军民融合企业自主创新。

其他专用设备:以同力重机、内曼格等企业为龙头,培育引进一批大型专用设备制造企业,重点发展水泥、化工、石化、新能源、冶金、环保等行业专用设备。

(二)新材料

发展目标:以加快打造国家级化纤新材料基地和全球性复合新材料产业基地为目标,加快发展化纤新材料、玻纤及复合材料、橡胶等产业,推进产品结构优化和产业链延伸,提高核心竞争力。到2019年末,新材料规上总产值超过850亿元。

发展重点:

化纤新材料:以桐昆、新凤鸣两大百亿企业为引领,以涤纶、锦纶两大产品为主导,积极推动新一代差别化、功能性、高仿真、超细旦等高附加值纤维的开发和生产,并积极拓展各类高性能纤维、复合型纤维,加快产业升级,推动化纤产业向"高端化、差别化、功能化"方向发展。

玻纤及复合材料:以巨石集团为带动,强化技术优势、行业领先地位,依托玻纤品种和规模优势,加快引进以玻纤为原料下游的玻纤制品及复合材料企业,不断向后端玻纤制品及复合材料延伸,提高玻纤产品、玻纤复合材料行业规模,打造产业集群。

其他新材料:以双箭股份、华友钴业等企业为龙头,瞄准前沿科技,以技术改造、技术创新、管理创新、整合资源为手段,积极开发前沿新材料,重点发展橡胶、过滤、钴等新材料,扩大产品应用领域,延伸产品应用领域的通用性和广泛性。

(三)互联网(电子信息)

发展目标:加快打造创新能力强、集聚效应明显、产业链完善、海内外创客云集的互联网产业集群,助推传统产业互联网化，加快形成“一核一带多点”发展格局。到2019年末，培育发展互联网(电子信息)企业200家，实现互联网(电子信息)产业产值200亿元以上。

发展重点：

电子信息制造业：培育发展电子材料、电子元器件、LED照明、智能终端、通讯设备、光伏电池及组件等高端电子信息制造业，鼓励企业加快智能化产品研发，拓展智能电表、智能医疗设备、LED灯具模组等各类应用电子产业发展，探索“制造+服务”融合、网络化协同制造等新模式，提升市场竞争力。

软件和信息技术业：建设浙江乌镇大数据高新技术产业园区，依托乌镇互联网产业园、浙江省大数据科技产业园等产业平台，重点引进和发展以互联网应用和服务、信息系统集成、信息技术咨询、软件技术服务外包等行业，培育云计算和大数据应用服务产业。大力发展生产智能化所需的工业控制类嵌入式软件产品，重点发展面向本地企业生产智能化升级的生产控制和管理应用等定制化软件。

(四)时尚产业

发展目标：顺应消费市场发展趋势，以打造“时尚之都”为抓手，推动纺织服饰、皮革皮草、家纺家居、时尚女鞋等特色产业向研发设计、品牌化方向发展，挖掘传统与现代工艺美术、提高产品附加值，推广应用新技术、新工艺、新材料，推动块状经济向现代产业集群发展。到2019年末，全市时尚产业实现规上工业总产值500亿元以上。

发展重点：

纺织服饰：依托濮院毛衫(服装)市场，重点发展时尚羊绒衫、梭织服装、高档内衣、高档T恤和针织外衣等产品，采用新型纺纱技术、先进后整理工艺，着力加强设计创新、品牌创新、模式创新，加强工艺设计数字化研发，提高智能化和信息化技术的应用，加快培育一批有区域影响力的纺织服装龙头企业和优秀品牌，创建时尚之都。

皮革皮草：以创建“崇福皮草”全国知名品牌示范区为契机，依托崇福皮草，以时尚化、精品化、高档化为方向，加强创意设计，发展个性化定制，强化品牌建设，着力开发一批生态、仿真皮毛和毛革、高档毛皮服装、裘皮服装，积极探索皮草元素在服装、鞋帽、家具、生活用品、汽车用品中的多元化应用，拓展产业发展空间。

家纺家居：依托大麻家纺布艺名镇和洲泉蚕丝被名镇，以艺术化、系列化、功能化、品牌化为方向，重点发展中高档被褥、被套、蚕丝被等床上用品，沙发布、装饰布、窗帘布等布艺类产品，地板、家具等时尚家居类产品，以科技研发、创意设计、工艺创新、质量提升、品牌建设为突破，优化产业链、提升价值链、构建循环链。

时尚女鞋：以石门和洲泉区块为重点，鼓励龙头企业加强智能设备的应用，加强创意设计，强化自主品牌建设，加快新产品开发，提高产品的功能性和时尚性，引导企业由加工制作型向创意型、营销型转变，着力提升产品附加值，全力创建中国“女鞋之都”区域品牌。

五、重点工作

(一)狠抓工业项目建设，增强工业发展后劲

1. 全面开展产业招商。健全区域交流合作机制，主动对接沪杭产业平台，深化与沪杭产业对接和科技合作。围绕装备制造、新材料、互联网(电子信息)等战略性新兴产业，加快引进投资强度大、科技含量高、创税能力强、带动作用大的龙头项目和成长型项目，实施精准招商。加强重大招商项目与土地、资金、环境容量、人才等要素供给联动保障，加快重大产业项目落地建设。三年累计引进工业市外内资150亿元，合同利用外资15亿美元，实际利用外资11亿美元。(责任单位：市商务局、发改局、经信局、科技局、国土资源局、环保局、建设局)

2. 加大有效投入力度。突出重大项目抓投资，重点实施3个50亿元以上省级重大产业项目，15个省级技术改造重点项目，150个市级5000万元以上重大工业和信息化项目建设。鼓励企业采用新技术、新工艺、新设备、新材料，对生产设施、工艺条件等进行改造提升，实施一批“零土地”、“智能制造”等现代化技改项目，努力扩大工业有效投资。三年累计完成技改投入680亿元，高技术产业投资占比50%以上，设备工器具购置占比65%以上。(责任单位：市经信局、发改局、国土资源局、环保局、建设局、质监局)

3. 创新投融资方式。设立10亿元的制造业转型发展产业专项资金，重点支持新兴产业、

重大项目和企业开展兼并重组与改造升级。发挥龙头骨干企业引领作用，加快发展相关配套产业及融资租赁等生产性服务业。推进国家产融合作试点，创新科技金融等服务产品，力争制造业贷款占比提高5个百分点。发挥政策性融资担保主渠道作用，为中小企业增信提供支持。（责任单位：市金融办、经信局、科技局、财政局、商务局、银监办、人民银行）

（二）强化科技创新驱动，增强产业核心竞争力

1.加快科技创新力度。鼓励企业创建企业研发（技术）中心、企业研究院、工程技术研究中心，支持有条件企业与高校、科研院所开展合作，开展产学研用协同创新。支持企业创建国家级高新技术企业，支持科技型中小微企业创新创业。三年累计新增重点实验室、企业研究院、工程技术研究中心、企业研发（技术）中心21家以上，国家高新技术企业75家以上。（责任单位：市科技局、经信局）

2.推进企业技术进步。围绕装备制造、新材料和电子信息等重点产业，加快共性技术的应用和核心技术的突破。实施军民融合工程，支持企业积极承担国家和省军民融合重大专项计划项目，参与军工装备产品的配套生产。加强专业工业设计机构、人员引进和企业设计创新，促进生产企业工业设计的提升发展，培育一批嘉兴市级以上工业设计企业、中心，提升特色传统产业的工业设计能力，重点发展个性化定制、众包设计、服务型制造等新型制造模式。大力开发应用新产品、新工艺、新装备，加快产品由中低端向中高端提升，增强企业核心竞争力。（责任单位：市科技局、经信局、质监局）

3.大力实施“三品”工程。围绕“增品种、提品质、创品牌”，加快“质量强业、质量强企”建设，积极创建“浙江制造”品牌。实施“标准化＋”行动，支持企业参与各类标准的采标和贯标，鼓励和支持行业龙头企业参与制定各类标准。实施“三名”企业培育行动，大力扶持知名企业发展，培育名牌产品和品牌企业，加强企业家队伍建设，推进企业管理创新，增强企业核心竞争力。三年累计新增嘉兴市级以上著名（驰名）商标40件、嘉兴市级以上名牌产品36件。（责任单位：市经信局、质监局、市场监管局）

（三）推进企业协调发展，增强转型升级活力

1.做大做强骨干企业。强化大企业大集团龙头带动作用，改善产业配套环境，延伸产业链，提高产业协作配套能力。加大高成长企业的培育力度，支持中小企业“专精特新”发展，打造一批细分行业中的“单打冠军”和“隐形冠军”。鼓励我市优秀企业利用自身技术、管理、品牌优势，借助资本市场进行产业整合。引导大企业与中小企业通过专业分工、服务外包、订单生产等多种方式，建立协同创新。到2019年末，亿元以上企业达到300家，其中：新增5亿元以上企业10家、10亿元以上企业20家。（责任单位：市经信局、科技局、市场监管局、质监局、金融办）

2.鼓励企业上市与兼并重组。支持企业加快股改上市，引导有条件的行业龙头骨干企业开展兼并重组，鼓励资产管理公司、创投公司、股权投资基金等参与企业并购重组。推动优势中小企业强强联合，实现规模化、集约化经营。三年累计完成兼并重组企业40家，新增股改企业70家、上市企业3家、新三板挂牌企业10家、直接融资300亿元。（责任单位：市金融办、经信局、市场监管局）

3.做专做精中小企业。扎实推进“个转企、小升规、规上亿”工作，加快培育科技型、创新型和成长型小微企业。加快推进传统行业小微企业规范提升，加大政策扶持力度，培育企业规模发展。引导和支持小微企业为大企业、大项目和产业链提供优质配套产品和配套服务。支持企业参加省、市相关部门统一组织的境内、境外展销会，大力拓展企业市场营销。三年力争培育小升规企业400家，“专精特新”中小微企业10家，“个转企”800家。（责任单位：市经信局、科技局、财政局〈地税局〉、市场监管局、质监局、金融办、国税局、人民银行、银监办）

（四）强化智能制造引领，推进“两化”深度融合

1.实施智能制造示范。以成功创建“两化”融合国家示范区为契机，支持企业开展“两化”融合示范，鼓励龙头企业开展“两化”融合集成应用、产业链协同应用，推动企业开展“两化”融合管理体系贯标。发展服务型制造，推广应用计算机辅助设计、个性化定制等技术，将电

子信息技术嵌入工业产品，促进产品的更新换代。引导企业实施机联网工程，大力培育“数字化车间”“物联网工厂”。（责任单位：市经信局、科技局、质监局）

2. 深化“机器换人”。实施“机器人+”行动，加快推进企业生产向信息服务业转型，全面提升制造业智能化水平。鼓励企业应用电子信息技术，采用数控机床和柔性制造系统、加工中心、机械臂、机器人等智能化设备提高生产制造自动化水平，改进生产方式，提高效率，降低成本。开展“政府送云”，促进创新资源分享交流和转型提升，降低创业成本，提升企业信息化水平。三年累计实施“机器换人”改造项目1000项，总投资300亿元。（责任单位：市经信局）

3. 鼓励“电商换市”。运用“互联网+”促进新技术、新产品、新业态和新模式的发展，推进电子商务与传统产业的深度融合发展，加速电商销售对采购、生产、研发等上游环节的逆向重构，带动产业的转型升级。推动工业企业充分利用国内外知名电商平台，实现线上线下的同步发展。提升完善配套服务，加强人才培训，完善电商服务体系，形成良好发展生态。到2019年末，实现年网络零售额350亿元。（责任单位：市商务局）

（五）优化要素供给方式，促进工业转型发展

1. 推进工业节能减排。鼓励企业开展光伏发电和资源综合循环利用，推进企业节能、节水技术改造和开展清洁生产审核，支持企业开发及应用节能新设备、新技术和新工艺，促进新型墙体材料推广应用，引导企业创建工业循环经济示范企业、绿色企业和节水型企业，推动企业开展绿色制造。推进工业园区集中供热，加快供热管网建设，完成燃煤小锅炉淘汰改造。三年累计完成节水型企业5家，完成60家企业清洁生产审核。（责任单位：市经信局、发改局、财政局、环保局、质监局）

2. 淘汰落后过剩产能。全面实施“退散进集”“退低进高”“空间换地”“腾笼换鸟”，推进园区外规上企业和有培育前景的企业集聚入园。加快处置僵尸企业，坚决遏制低水平重复建设，加快淘汰落后低效生产线和生产工艺，有效化解产能过剩。三年累计共淘汰落后产能300项；整治“四无”“低小散”企业3000家。（责任单位：市经信局、发改局、财政局（地税局）、国土资源局、环保局、建设局、安监局、市场监管局、质监局、消防大队、水务集团、整治办、国税局、供电公司）

3. 推进资源要素差别化配置。完善企业亩产效益分类综合评价，并实施差别化的电价、水价、排污权、城镇土地使用税、用地、用水、用能交易、金融信贷等政策。加大转而未供、供而未用土地处置力度，盘活低效用地，推进节约集约。严格项目准入，强化土地、资金、用能、排放等资源要素的竞争性配置，促进资源要素优先向重点发展平台、产业集聚。（责任单位：市经信局、发改局、财政局（地税局）、国土资源局、环保局、水利局、金融办、审批中心、水务集团、供电公司、银监办、人民银行）

（六）提升平台发展能级，增强平台承载能力

1. 优化提升发展空间。开发区要发挥主战场作用，拓展发展空间，加快产业升级，促进产城融合，全力创建国家级发展平台。濮院针织产业园区要进一步发挥对相关产业的辐射带动作用，完善产业链，壮大企业规模，努力打造全球知名毛针织服装设计、创意、研发中心和总部基地。崇福要加快新兴产业引进培育，提升皮草和纺织两大特色优势产业。洲泉要突出龙头企业和块状经济发展，推动产业提档升级，加快打造国家级化纤新材料基地。到2019年末，开发区及濮院、崇福、洲泉均新增产业项目用地3000亩以上。其他产业园区（平台）围绕产业发展定位，通过整治淘汰挖潜改造提升发展。（责任单位：市发改局、经信局、国土资源局、环保局、建设局、各主体平台）

2. 强化平台配套功能。加强产业园区的物流配套、技术研发、信息咨询、产品检测、技工人才培训等公共服务平台建设，进一步完善平台的综合配套功能，打造优良的营商发展环境。（责任单位：市发改局、经信局、科技局、人力社保局、市场监管局、质监局、各主体平台）

3. 加快“两创”中心建设。加快推进“两创”中心建设，完善创建“两创”中心扶持政策，鼓励利用低效用地、拆改土地等建设“两创”中心，以政府为主导，吸引社会资本参与“两创”中心建设，着力为中小微企业创新发展

和实体企业二次创业搭建良好平台。三年累计新建标准厂房45万平方米。(责任单位:市经信局、国土资源局、建设局、各主体平台)

六、保障措施

(一)加强组织领导

成立市制造业转型升级三年行动计划实施领导小组,由市政府主要领导任组长,分管领导任副组长,领导小组下设办公室(设在市经信局),负责领导小组日常工作。各镇街道、开发区要建立相应的协调工作机制,加强工作协调和组织领导。各有关职能部门要制定切实可行的工作方案,排出具体工作计划,明确责任领导、落实责任人员,认真贯彻落实制造业转型升级的各项目标和任务。各成员单位要各司其职、加强沟通协作,密切配合,形成高效协调的工作机制。

(二)加大政策扶持

进一步加大财政资金扶持力度,抓紧研究制定出台推进制造业转型升级的"准、狠、实"配套政策,确保奖励扶持资金不低于税收增幅。扶持方向由"传统制造"向"先进制造"转变,由"规模"扶持向"创新"扶持转变,通过专项资金支持、税费优惠、财政补贴、产业基金引导等方式,支持企业转型升级。加大金融创新力度,拓宽企业融资渠道,推行绿色信贷,降低融资成本,引导更多的信贷资金投向实体经济。

(三)强化要素保障

各部门要组织开展联合执法,强化对企业违法用地、环境污染、违法建筑等失信行为监管力度,建立企业黑名单制度,健全社会信用奖惩联动机制,加快企业信用体系建设。开展新一轮工业企业绩效综合评价工作,将有限资源要素向优势产业、企业倾斜,优先支持优质工业技术改造项目和重大工业项目建设用地,实现效益最大化。深入实施"金凤凰计划",加大工业领域"国千、省千"高端人才和重点创新创业团队引进培育力度,加快打造领军型企业家队伍、创新型专业技术人才队伍、工匠型高技能人才队伍,为改造提升传统动能提供智力保障。

(四)优化发展环境

深化审批制度改革,推进"四张清单一张网"建设,加快推进"最多跑一次"改革,切实提升行政审批和为企服务水平。全面落实降本减负各项政策举措,降低企业税费负担。以"企情在线"为平台,当好"店小二",深入开展"重实业、强实体、办实事"活动,为企业解困和发展提供精准、专业服务。

(五)加强督查考核

市领导小组办公室定期对制造业转型升级实施情况进行督查,并将转型升级年度目标任务作为年度责任考核的重要内容。把工作任务完成情况作为镇街道、开发区和相关部门绩效考核、评优评先等的重要依据。建立通报制度,及时通报制造业转型升级重点工作任务完成情况。开展专项督查,对制造业转型升级工作进度慢、执行不力的镇街道、开发区和有关部门实行行政问责。

(六)加大宣传力度

充分发挥新闻媒体的舆论导向作用,加大对制造业转型升级工作以及典型企业的宣传力度,开展形式多样的宣传活动,在全社会营造推进制造业转型升级、提升企业竞争力的良好氛围。

桐乡市人民政府关于印发全面推进"最多跑一次"改革实施方案的通知

桐政发〔2017〕13号

(2017年5月12日)

为贯彻落实《浙江省人民政府关于印发加快推进"最多跑一次"改革实施方案的通知》(浙政发〔2017〕6号)和《嘉兴市人民政府关于印发全面推进"最多跑一次"改革实施方案的通知》(嘉政发〔2017〕8号)精神,全面推进我市"最多跑一次"改革,进一步转变政府职能,加快建设服务型政府,特制定本实施方案。

一、总体要求

牢固树立以人民为中心的理念,围绕群众和企业到政府办事"最多跑一次是原则、跑多次是例外"的目标,在市政府各部门、承担行政职能的事业单位、镇(街道)政府(办事处)、垂直管理部门推行"最多跑一次"改革,充分运用"互联网+政务服务"和大数据,加快体制机制创新,倒逼各部门简政放权、放管结合、优化服务,提升"四张清单一张网"改革成效,进一步改善发展服务环境,在今年9月底前实现群众和企业到政府办事"最多跑一次"事项覆盖80%以上。

二、主要任务

(一)推进简政放权,实现“最多跑一次”

1.优化行政权力运行流程。全面梳理群众和企业到政府办事事项的申报材料,加强政府部门内部和部门之间信息共享,减少重复递交申报材料,实行群众和企业到政府办事容缺受理机制,全面清理并减少审批事项前置条件,坚决杜绝互为前置条件。精简审批环节,部门内部需要多个处室共同办理的审批事项,一律实行并联办理,减少办理环节,进一步简化优化行政流程,今年6月底前,各部门行政审批承诺办理时间至少再缩短20%,即办件比例达到60%以上。实施企业投资项目高效审批,深化投资项目代办制全程服务,推行错时、延时、预约、导办和周日轮值“五项服务”机制,重点突破投资项目申报材料、审批流程、审批效率再优化。(牵头部门:审批中心;责任部门:各相关部门)

2.深化“一窗受理、集成服务”改革。推进行政审批服务中心“一窗受理、集成服务”改革,将部门分设的办事窗口整合为“投资项目”“不动产登记”“商事登记”“社会事务”“医保社保”“公安服务”“其他综合事务”等综合窗口,实行前台综合受理、后台分类审批、统一窗口出件。重点推进投资项目、不动产交易及登记等领域“一窗受理、集成服务”改革,在承诺办理时间内,由过去群众和企业在部门间来回跑改为材料在部门之间转,实现申报材料一次提交、事项办理只跑一次。探索开展部门主要负责人窗口驻点办公制度。今年3月底前,完成“一窗受理、集成服务”改革。(牵头部门:审批中心、编委办;责任部门:各相关部门)

3.推进“最多跑一次”事项办理标准化。按照上级关于事项办理标准化的工作要求,结合桐乡实际,在12月底前修订完善办事指南和业务手册。对于行政检查、行政处罚等政府部门依职权作出决定的事项,规范裁量标准,杜绝多头执法、重复检查,形成部门联合、随机抽查、按标执法、一次到位机制。(牵头部门:质监局;责任部门:法制办、审批中心、各相关部门)

4.推进行政审批中介改革。规范中介服务,强化行政主管部门监管,运用线上线下服务双平台机制,将全市涉及行政审批服务的中介机构纳入“淘中介”进行信息化管理,通过政府引导、行业自律、用户评价,进一步规范中介机构经营活动、收费标准,提升办事效率,优化服务质量,助力群众、企业办事少花钱、少跑腿。推进“多图联审”“多评合一”,推动“区域能评、环评+区域能耗、环境标准”逐步取代项目能评、环评。(牵头部门:审批中心、发改局;责任部门:经信局、环保局等相关部门)

5.全面加强和创新政府监管。推进行政执法体制改革,深化“双随机一公开”监管。积极探索智慧监管、审慎监管,形成事前管标准、事中管达标、事后管信用的长效监管机制。大力推进联合执法监管抽查,年底前基本实现“双随机一公开”监管抽查全覆盖。加强社会信用体系建设,运用大数据加强对市场主体服务和监管,完善以奖惩制度为重点的社会信用体系运行机制,对诚实守信者实行优先办理、简化程序等“绿色通道”支持激励政策;对失信者加强监管,从严审核。(牵头部门:编委办、发改局;责任部门:各相关部门)

(二)创新体制机制,实现“就近跑一次”

1.加快行政服务功能延伸。深化浙江政务服务网乡镇(街道)、村(社区)服务站点建设,完善基层政务服务事项,创新服务方式,统筹民政、计生、人力社保、行政审批、村镇建设、农技、文化体育、社区服务等政务资源,打造统一的“一站式”便民服务平台,逐步实现群众和企业到政府办事“小事不出村、大事不出镇”。(牵头部门:审批中心;责任部门:各相关部门)

2.深化基层治理“四个平台”建设。全面推进基层治理“四个平台”建设,建立集中办公、集约管理、集成服务的运作模式,实行一窗受理、协同办理、限时办结的统一管理与服务,形成覆盖行政许可、行政处罚、行政征收、行政裁决、行政服务等事项“一次办结”机制,实现“就近跑一次”。今年5月底前,全面完成镇(街道)“四个平台”建设;9月底前,“四个平台”运行取得实际成效。(牵头部门:编委办、市政府办;责任部门:各镇、街道)

(三)借力“互联网+政务服务”,实现“不用跑一次”

1.加快推进更多事项网上办理。围绕“互联网+政务服务”改革目标,全面推行“在线咨询、网上申请、快递送达”办事模式。试行网上预约、网上预审，加强电子印章应用，健全网上评价、电子监察体系，开展审批中介网上服务。（牵头部门：市政府办、审批中心；责任部门：各相关部门）

2. 大力推进数据共享交换。加快推进数据互联互通和信息开放共享，逐步构建实体政务大厅、网上办事大厅、移动客户端、自助服务终端等多种形式相结合、线上线下一体化运行的政务服务平台，努力做到政务服务事项“应上尽上、全程在线”。（牵头部门：市政府办；责任部门：各相关部门）

3. 深化统一政务咨询投诉举报平台建设。加大非紧急类热线整合力度，加快“12345”政务服务热线电话与110报警服务台对接工作，健全完善运行机制。6月底前，建立健全公共服务事项数据库，发挥统一政务咨询投诉举报平台在解答群众和企业办事咨询中的作用，凡是群众、企业到政府办理的公共服务事项，都可通过“12345”政务服务热线或网上咨询，详细了解办事流程、所需材料和其他相关事项，实现群众、企业到政府办事“通过一个平台，知晓全部事宜”。（牵头部门：信访局；责任部门：各相关部门）

三、职责分工

市政府办负责协调推进“最多跑一次”改革中的重大问题，推进“互联网＋政务服务”等工作。

市编委办负责牵头做好权力清单、公共服务事项目录梳理。

市审批中心负责牵头梳理“最多跑一次”事项清单、推进行政审批制度改革，并会同市编委办推进“一窗受理、集成服务”改革。

市法制办负责牵头改革合法性审查评估、规范行政处罚裁量标准等工作。

市信访局负责统一政务咨询投诉举报平台的建设和完善，进一步整合热线电话、网络等受理平台，加强平台受理和部门监管执法的衔接，提升运行效能。

市发改局依托行政权力事项库，组织维护更新企业投资项目“最多跑一次”事项、全面落实投资项目统一代码制和审批监管事项平台受理制，加快推进全市信用体系建设。

市质监局负责推进“最多跑一次”事项办理标准化等工作。

市督考办负责全面推进“最多跑一次”改革督查工作。

市级有关单位根据各自职责做好本单位全面推进“最多跑一次”改革相关工作，并加强对本系统的督促指导。

各镇（街道）负责本区域全面推进“最多跑一次”改革工作。

四、实施步骤

（一）公布梳理阶段

2017年2月和3月，全面梳理并公布第一批、第二批群众和企业到政府办事“零上门”和“最多跑一次”事项。

（二）补充提升阶段

2017年3月至6月，对前期工作进行回顾，及时查漏补缺，三季度前再公布若干批“最多跑一次”办事事项。

（三）总结巩固阶段

2017年12月前，对“最多跑一次”改革成效进行经验总结，固化改革成效。

五、保障措施

（一）加强组织领导

市政府成立“最多跑一次”改革协调组，由市政府办、编委办、审批中心、法制办等单位组成，办公室设在编委办，市政府分管副市长牵头抓总，市政府办综合协调，编委办会同审批中心负责日常工作。各部门、各单位主要领导作为第一责任人，要按照职能分工，积极落实“最多跑一次”有关改革工作，确保改革工作到位、服务到位。

（二）抓好工作落实

今年3月底前，全面梳理并分批公布群众和企业到政府办事“最多跑一次”事项，通过网上网下结合、功能互补、不断优化办事流程，按上级“年底覆盖80%以上的办事事项”的考核要求抓好落实。

（三）加强监督检查

对“最多跑一次”改革工作实行专项督查，对履行职责不认真、工作进展缓慢的，要严肃追究责任。

（四）加强宣传引导

总结并宣传“最多跑一次”改革的做法和典型事例，加强示范引领；积极回应社会关切，提高群众参与度，营造良好氛围。

附件：

全市“最多跑一次”改革任务分工表

表 66

序号	主要任务	牵头部门	具 体 措 施	责任部门	完成时间
1	优化行政审批运行流程	审批中心	进一步简化优化行政审批运行流程，减少重复递交申报材料、前置条件	各相关部门	6 月底前
			实施企业投资项目高效审批	发改局	
			深化投资项目代办制全程服务，推行“五项服务”机制	各相关部门	
2	深化“一窗受理、集成服务”改革	审批中心、编委办	将部门分设的办事窗口整合为“投资项目”“不动产登记”“商事登记”“社会事务”“医保社保”“公安服务”“其他综合事务”等窗口，建立“一家牵头、统一受理、同步办件、集中实施、限时办结”工作机制，统一纳入“一窗受理”系统，实行前台综合受理、后台分类审批、统一窗口出件	各相关部门	3 月底前
			重点推进投资项目、不动产交易及登记等领域“一窗受理、集成服务”改革	发改局、国土资源局、建设局等相关部门	
3	推进“最多跑一次”事项办理标准化	质监局	规范审批标准，打造行政审批事项、流程、服务管理规范，提升行政审批标准化、规范化、公开化水平	各相关部门	12 月底前
		法制办	对于行政检查、行政处罚等政府部门依职权作出决定的事项，规范裁量标准		6 月底前
4	推进行政审批中介改革	审批中心、发改局（物价局）	规范中介服务，强化行政主管部门监管，督促中介机构进一步规范收费，提升办事效率，优化服务质量	经信局、环保局等相关部门	全年
			推动中介服务市场诚信体系建设		
			推进“多图联审”“多评合一”，推动“区域能评、环评＋区域能耗、环境标准”逐步取代项目能评、环评		
5	全面加强和创新政府监管	编委办	深化“双随机一公开”监管，年底前基本实现“双随机一公开”监管抽查全覆盖	各相关部门	12 月底前
		发改局	加强社会信用体系建设，运用大数据加强对市场主体服务和监管，完善以奖惩制度为重点的社会信用体系运行机制	各相关部门	9 月底前

续表 66

序号	主要任务	牵头部门	具　体　措　施	责任部门	完成时间
7	深化基层治理"四个平台"建设	编委办、市政府办	全面推进基层治理"四个平台"建设，建立集中办公、集约管理、集成服务的运作模式，实行一窗受理、协同办理、限时办结的统一管理与服务，形成覆盖行政许可、行政处罚、行政征收、行政裁决、行政服务等事项"一次办结"机制	各镇(街道)	5月底前，全面完成镇(街道)"四个平台"建设；9月底前，"四个平台"运行取得实际成效
8	加快推进更多事项网上办理	市政府办、审批中心	全面推行"网上申请、在线服务、快递送达"服务机制，试行网上预约、网上预审，加强电子印章应用，健全网上评价、电子监察体系，开展审批中介网上服务	各相关部门	9月底前，除涉密或法律法规有特殊要求外，所有事项原则上开通网上申请
9	大力推进数据共享交换	市政府办	加快推进数据互联互通和信息开放共享，逐步构建实体政务大厅、网上办事大厅、移动客户端、自助服务终端等多种形式相结合、线上线下一体化运行的政务服务平台	各相关部门	9月底前，按要求实现数据交换全覆盖，完成办件资料库，推进信息共享
10	深化统一政务咨询投诉举报平台建设	信访局	加快"12345"政务服务热线电话与110报警服务平台对接工作，完善运行机制	公安局	9月底前
			建立健全公共服务事项数据库	各相关部门	6月底前

重要文件存目

桐乡市委文件存目

桐委发文号	时间	标　　题
5号	2月2日	关于进一步加强干部作风建设打造勇立潮头桐乡铁军的实施意见
7号	3月23日	关于认真做好村和社区组织换届选举工作的意见
9号	4月13日	中共桐乡市委2017年工作要点
11号	5月4日	关于促进经济转型升级创新发展若干政策意见(2017—2019年)
14号	7月12日	关于开展创建浙江省文明市活动的实施意见
15号	7月21日	关于服务实体经济建设人才集聚新高地的若干意见
18号	7月28日	中国共产党桐乡市委员会工作规则
19号	8月26日	关于调整部分镇街区行政区划及相关管理体制机制的通知
34号	9月28日	关于加强和改进新形势下机关党的建设工作的实施意见
38号	11月14日	关于认真学习宣传贯彻党的十九大精神的通知

桐委办发文号	时间	标　　题
5 号	2 月 3 日	印发《关于进一步强化项目推进工作的实施意见》的通知
6 号	2 月 3 日	印发《关于进一步强化招商引智工作的实施意见》的通知
12 号	3 月 7 日	关于进一步加强社会组织建设的实施意见
14 号	3 月 17 日	关于印发《桐乡市小城镇环境综合整治三年行动计划》的通知
15 号	3 月 17 日	关于印发《桐乡市小城镇环境综合整治行动实施方案》的通知
21 号	3 月 29 日	关于印发《全市信访积案“清零”专项整治活动实施方案》的通知
29 号	4 月 20 日	印发《关于建立桐乡市法治宣传教育第七个五年规划责任清单制度的意见》的通知
30 号	4 月 21 日	关于印发桐乡市项目推进“百日攻坚”行动方案的通知
41 号	5 月 4 日	关于印发《2017 年建设“法治桐乡”工作要点》的通知
46 号	5 月 19 日	关于印发 2017 年桐乡市深化接轨上海工作实施方案的通知
52 号	6 月 7 日	印发《关于推进“两学一做”学习教育常态化制度化的实施方案》的通知
54 号	6 月 21 日	关于印发《桐乡市行业协会商会与行政机关脱钩实施方案》的通知
61 号	7 月 7 日	印发《关于开展部分镇(街道)行政区划调整的工作方案》的通知
63 号	7 月 17 日	印发《关于深入推进农村社区建设的实施意见》的通知
74 号	8 月 23 日	关于统一规范使用桐乡标志的通知
92 号	10 月 24 日	关于进一步加强法律援助工作的实施意见
95 号	11 月 6 日	印发《关于深化“三基”建设打造更高水平平安桐乡的实施意见》的通知
97 号	11 月 14 日	关于开展“深学十九大·干部进百村”活动的通知

桐乡市政府文件存目

桐政发文号	时间	标　　题
3 号	1 月 24 日	关于印发桐乡市全民健身实施计划(2016—2020 年)的通知
10 号	4 月 10 日	关于印发《2017 年〈政府工作报告〉主要工作责任分解方案》的通知
11 号	4 月 15 日	关于培育发展服务业强市的决定
15 号	5 月 17 日	关于进一步推动科技创新服务实体经济发展的若干政策意见
40 号	11 月 3 日	关于印发桐乡市饮用水水源保护管理办法的通知

桐政办发文号	时间	标　　题
30 号	5 月 8 日	关于印发桐乡市鼓励企业改制上市行动计划(2017—2021)的通知
29 号	5 月 4 日	关于印发大力发展先进制造业推进省两化深度融合国家示范区建设实施意见的通知
77 号	9 月 11 日	关于印发进一步加快总部经济发展的若干意见(试行)的通知
91 号	11 月 1 日	关于印发桐乡市政府职能向社会组织转移暂行办法的通知
107 号	11 月 28 日	关于印发《桐乡市乌镇大道科创集聚区战略规划》的通知

(市委办、市政府办提供)

1. 本索引为汉语拼音音序索引，以主题词列条，按主题词的首个中文字的字母顺序排列，首字相同，则按第二字的音序排列，以此类推。

2. 索引页码后的“a”表示左栏，“b”表示中间栏，“c”表示右栏。

3. 为便于检索，除栏目名、分目名及易产生歧义者外，一般将单位、组织和事件前的“桐乡”“桐乡市”“市”省略。

4. 阿拉伯数字、标点开头的主列条以第一个中文字排序。

5. 本索引中栏目、分目名用黑体字；《特载》《大事记》《国民经济统计资料》《文件选编》四栏目的内容未做索引。

D

F

G

H

J

K

L

Q

R

S

X

Y

Z

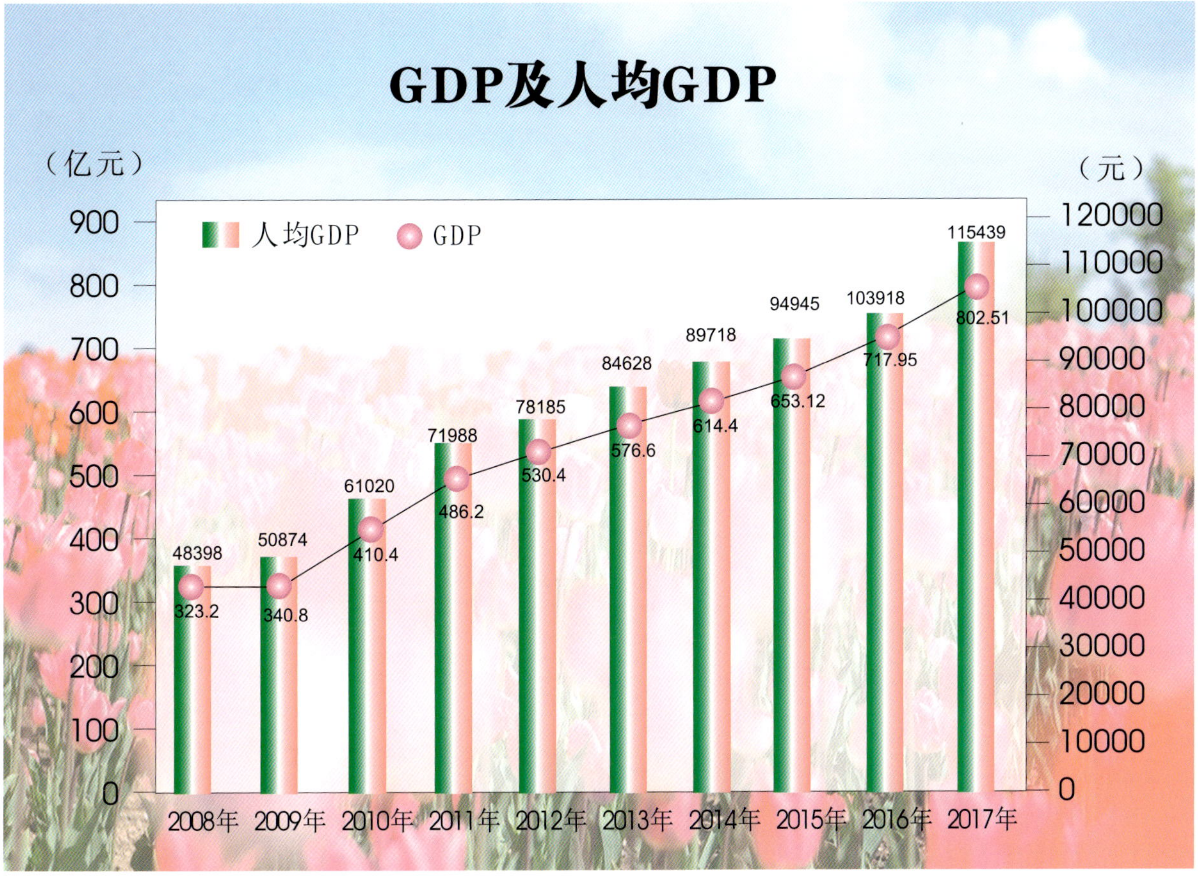
GDP及人均GDP
（亿元）
（元）
人均GDP
GDP
900
800
700
600
500
400
300
200
100
0
120000
110000
100000
90000
80000
70000
60000
50000
40000
30000
20000
10000
0
48398
50874
61020
71988
78185
84628
89718
94945
103918
115439
323.2
340.8
410.4
486.2
530.4
576.6
614.4
653.12
717.95
802.51
2008年
2009年
2010年
2011年
2012年
2013年
2014年
2015年
2016年
2017年

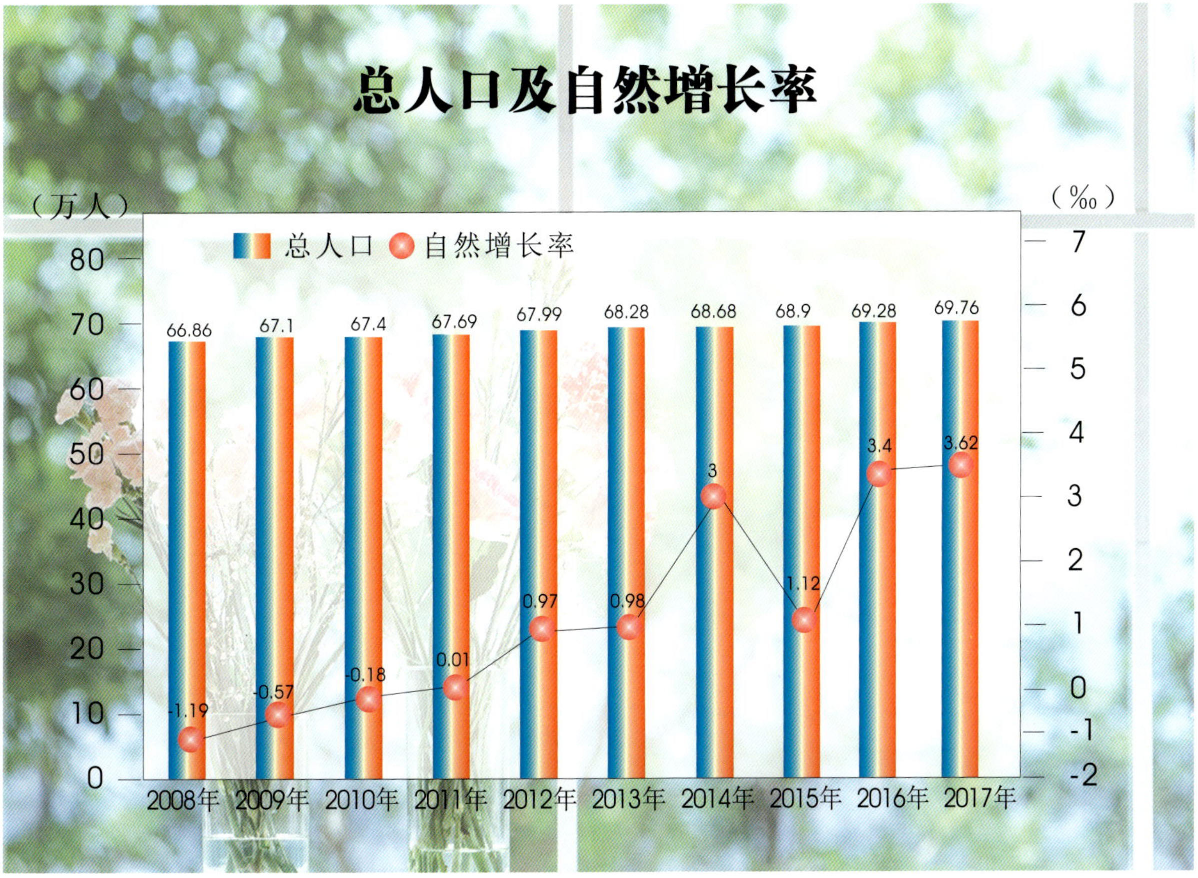
总人口及自然增长率
（万人）
（‰）
总人口
自然增长率
80
70
60
50
40
30
20
10
0
7
6
5
4
3
2
1
0
-1
-2
66.86
67.1
67.4
67.69
67.99
68.28
68.68
68.9
69.28
69.76
-1.19
-0.57
-0.18
0.01
0.97
0.98
3
1.12
3.4
3.62
2008年
2009年
2010年
2011年
2012年
2013年
2014年
2015年
2016年
2017年

固定资产投资

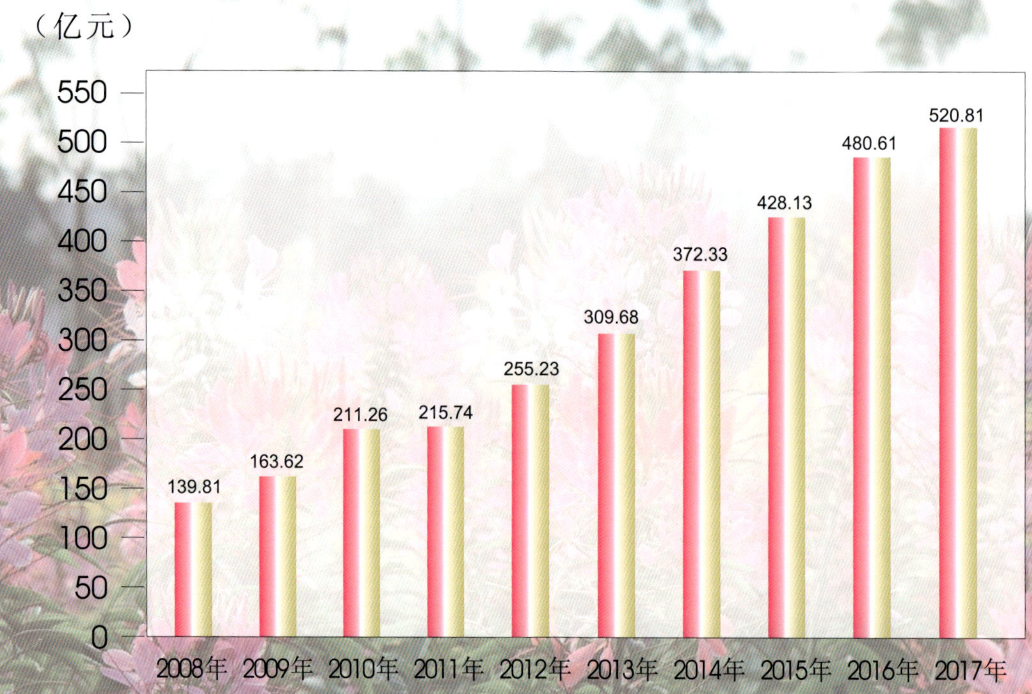

社会消费品零售总额

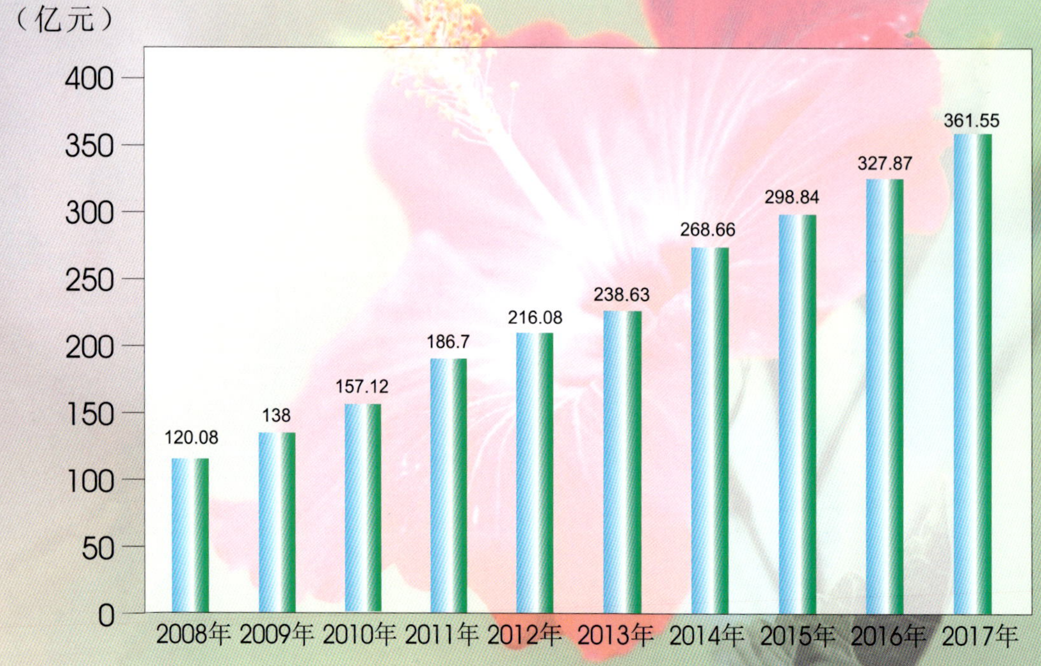

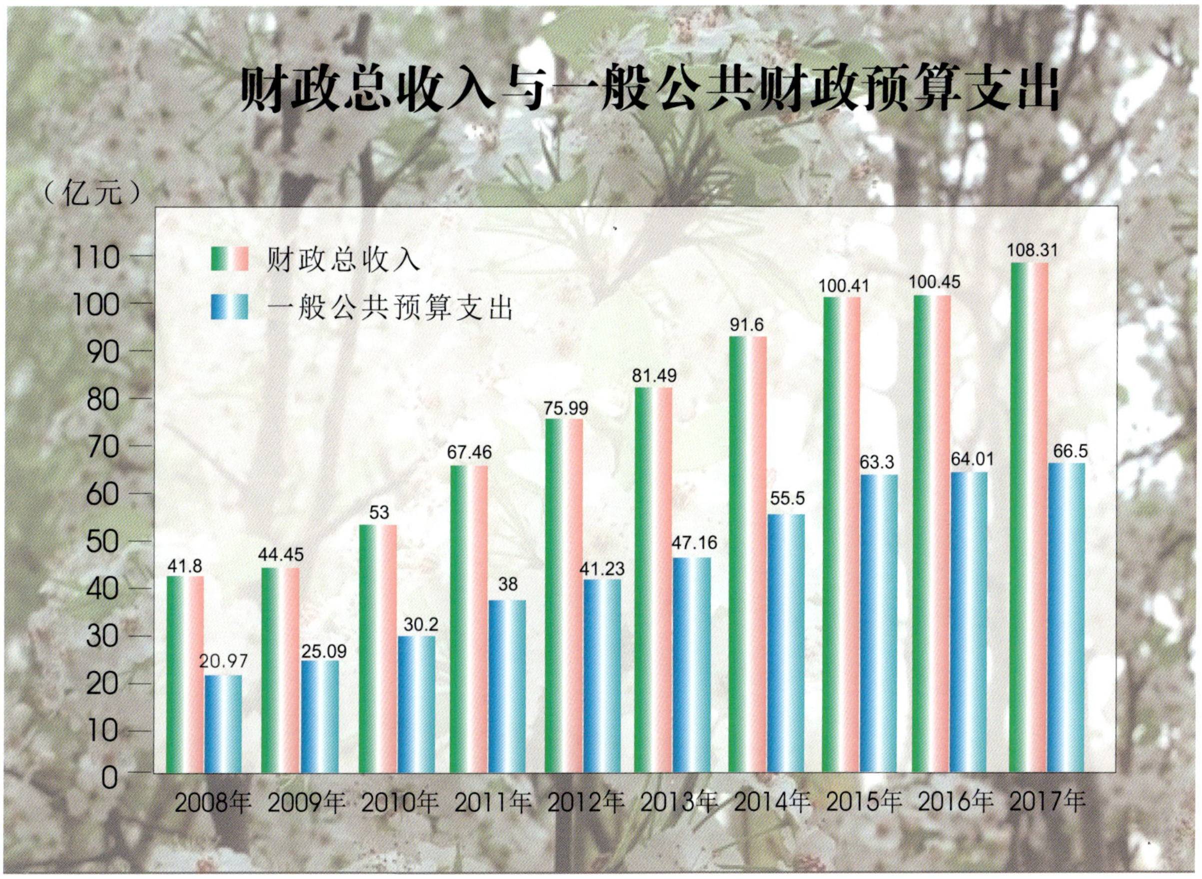
财政总收入与一般公共财政预算支出
（亿元）
财政总收入
一般公共预算支出
110
100
90
80
70
60
50
40
30
20
10
0
2008年 2009年 2010年 2011年 2012年 2013年 2014年 2015年 2016年 2017年
41.8
20.97
44.45
25.09
53
30.2
67.46
38
75.99
41.23
81.49
47.16
91.6
55.5
100.41
63.3
100.45
64.01
108.31
66.5

金融机构存贷款余额（人民币）
（亿元）
存款余额
贷款余额
1300
1200
1100
1000
900
800
700
600
500
400
300
200
100
0
2008年 2009年 2010年 2011年 2012年 2013年 2014年 2015年 2016年 2017年
345.14
238.65
443.2
316.5
540.51
385.06
635.58
443.31
699.48
522.49
807.98
626.18
867.15
714.92
941.62
781.29
1112.29
841.93
1212.03
992.27

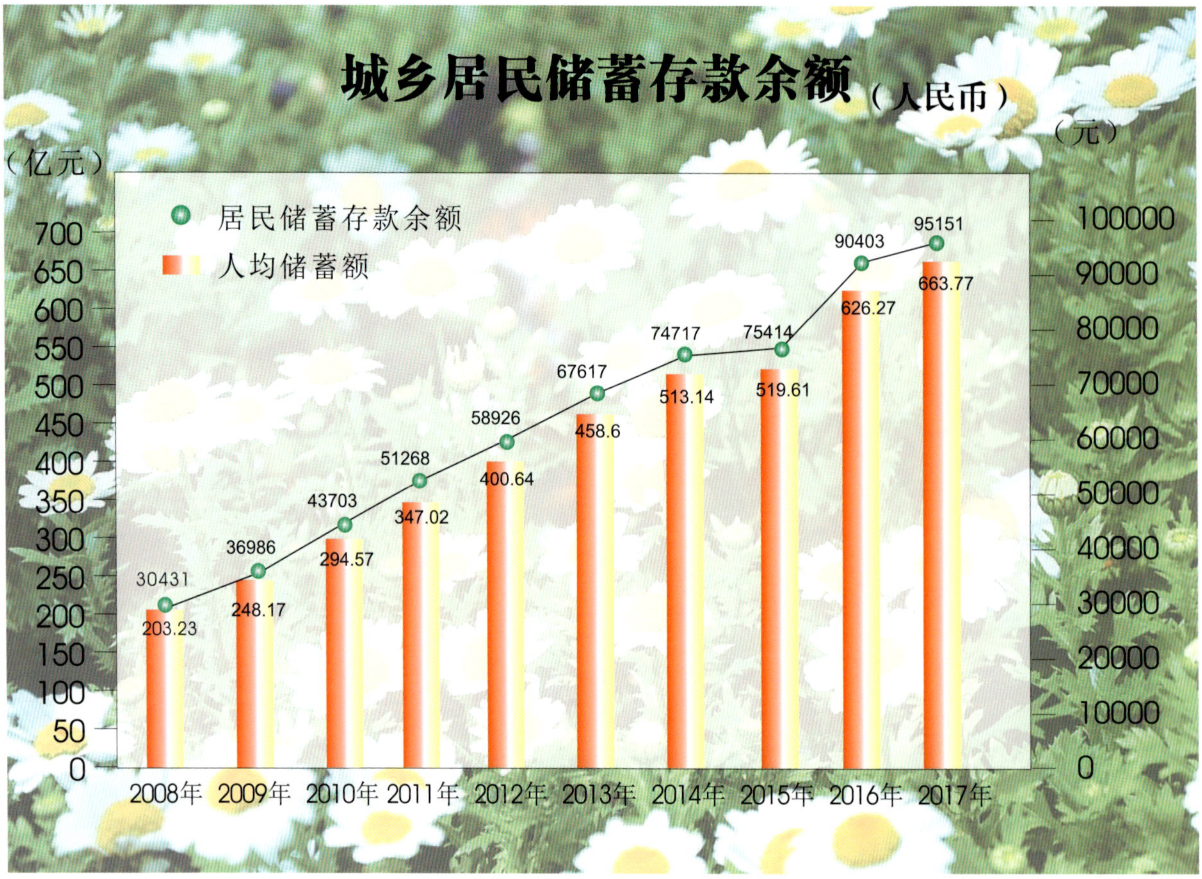
城乡居民储蓄存款余额（人民币）
（亿元）
（元）
居民储蓄存款余额
人均储蓄额
700
650
600
550
500
450
400
350
300
250
200
150
100
50
0
100000
90000
80000
70000
60000
50000
40000
30000
20000
10000
0
30431
36986
43703
51268
58926
67617
74717
75414
90403
95151
203.23
248.17
294.57
347.02
400.64
458.6
513.14
519.61
626.27
663.77
2008年
2009年
2010年
2011年
2012年
2013年
2014年
2015年
2016年
2017年

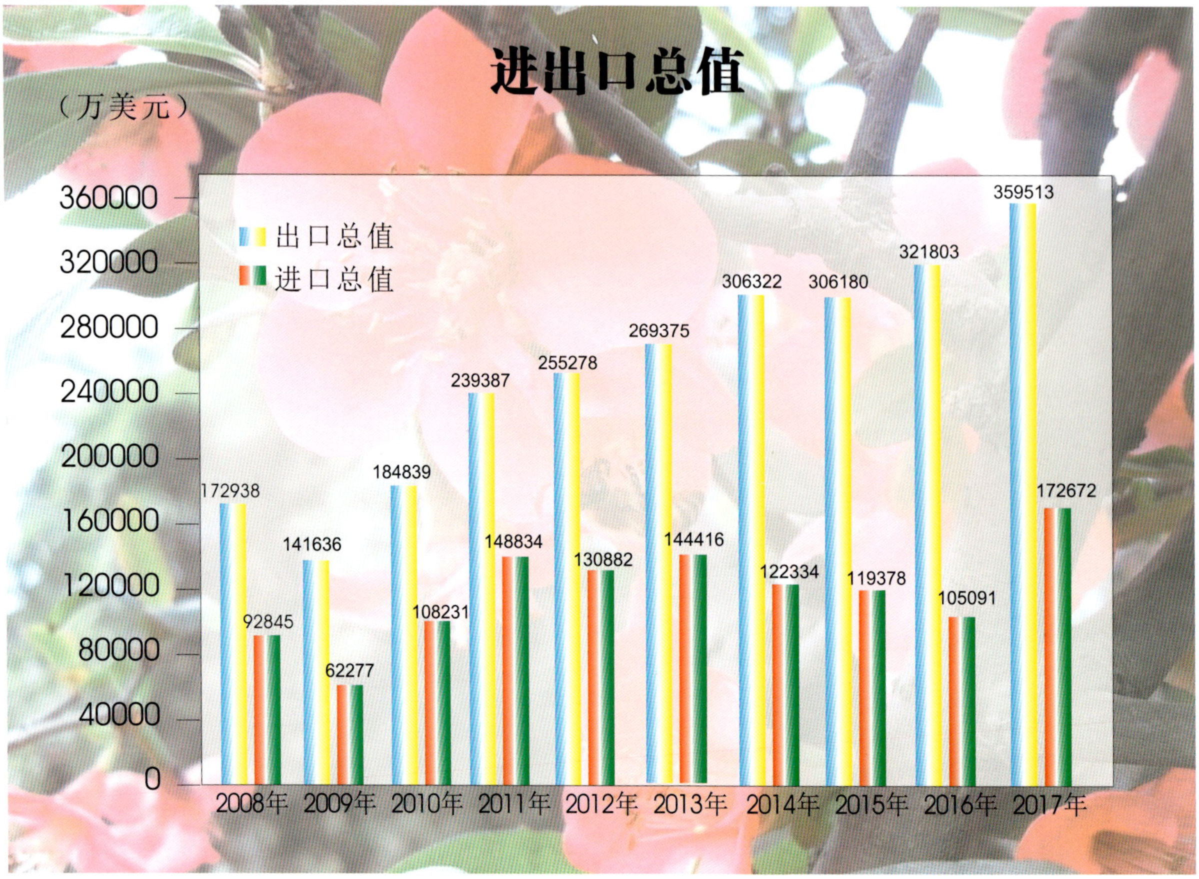
进出口总值
（万美元）
出口总值
进口总值
360000
320000
280000
240000
200000
160000
120000
80000
40000
0
172938
92845
141636
62277
184839
108231
239387
148834
255278
130882
269375
144416
306322
122334
306180
119378
321803
105091
359513
172672
2008年
2009年
2010年
2011年
2012年
2013年
2014年
2015年
2016年
2017年

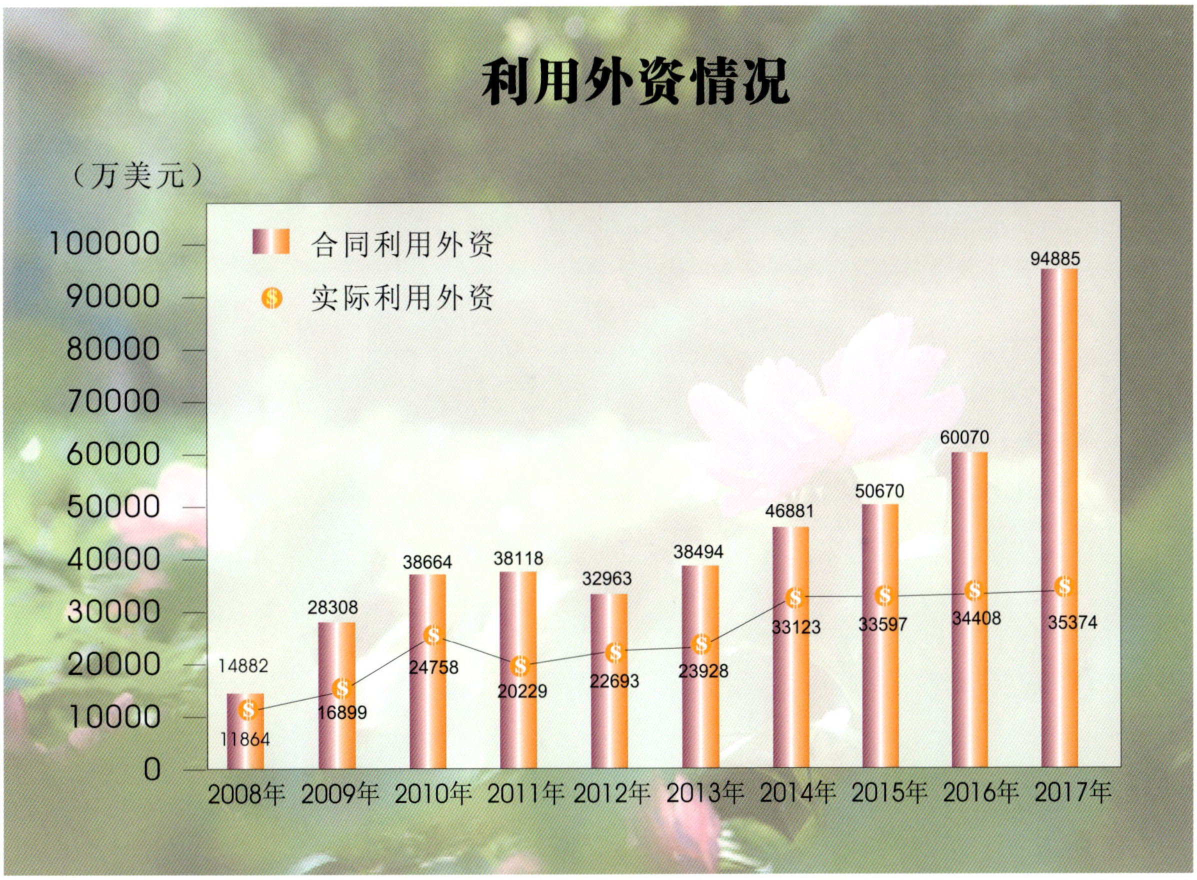
利用外资情况
（万美元）
100000
90000
80000
70000
60000
50000
40000
30000
20000
10000
0
合同利用外资
实际利用外资
14882
11864
28308
16899
38664
24758
38118
20229
32963
22693
38494
23928
46881
33123
50670
33597
60070
34408
94885
35374
2008年
2009年
2010年
2011年
2012年
2013年
2014年
2015年
2016年
2017年

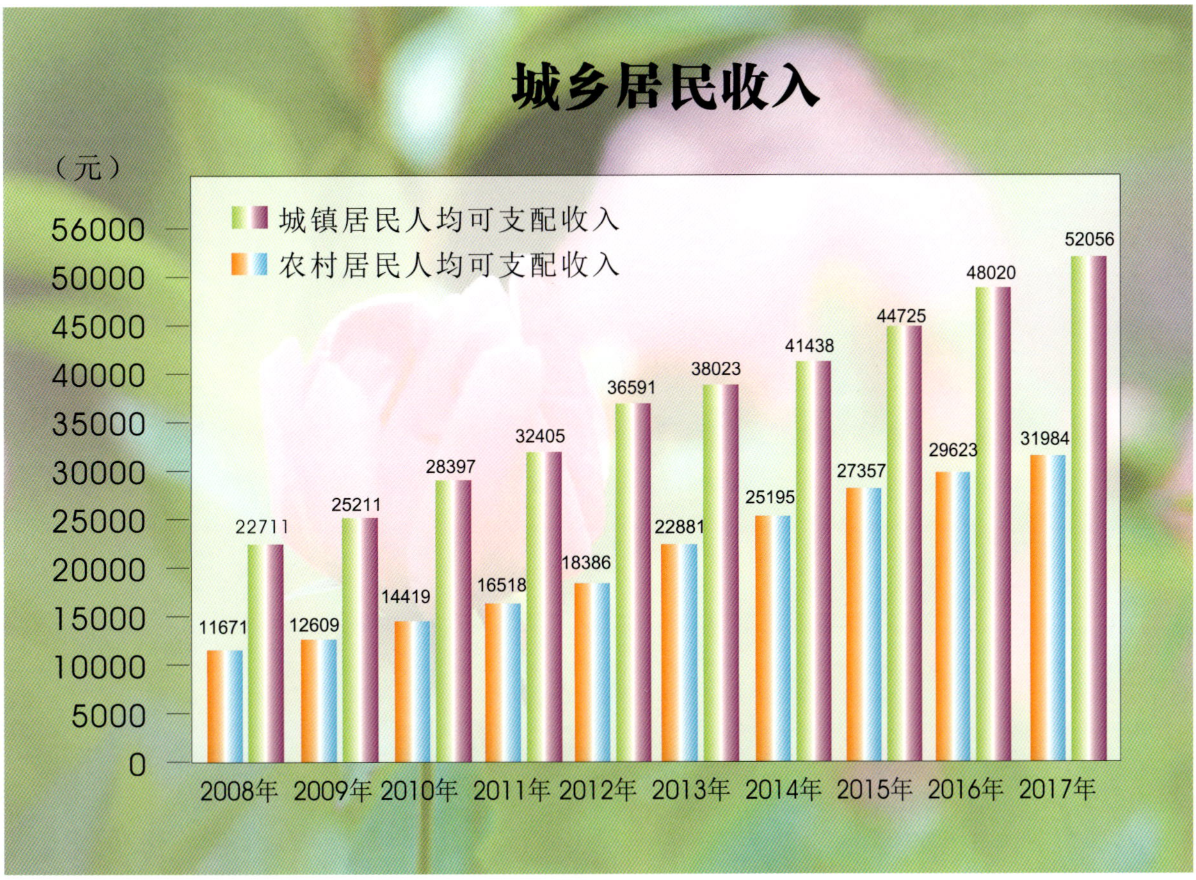
城乡居民收入
（元）
56000
50000
45000
40000
35000
30000
25000
20000
15000
10000
5000
0
城镇居民人均可支配收入
农村居民人均可支配收入
11671
22711
12609
25211
14419
28397
16518
32405
18386
36591
22881
38023
25195
41438
27357
44725
29623
48020
31984
52056
2008年
2009年
2010年
2011年
2012年
2013年
2014年
2015年
2016年
2017年

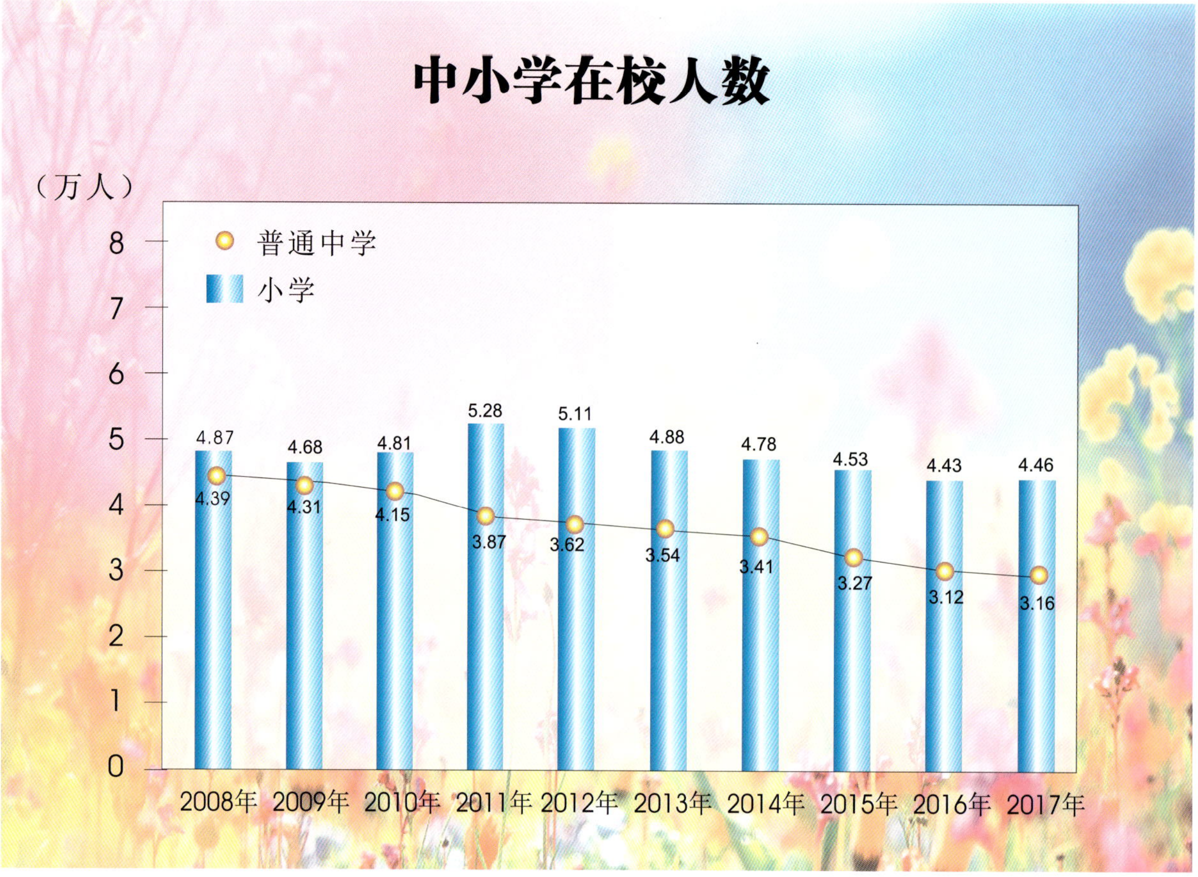
中小学在校人数
（万人）
普通中学
小学
8
7
6
5
4
3
2
1
0
4.87
4.68
4.81
5.28
5.11
4.88
4.78
4.53
4.43
4.46
4.39
4.31
4.15
3.87
3.62
3.54
3.41
3.27
3.12
3.16
2008年
2009年
2010年
2011年
2012年
2013年
2014年
2015年
2016年
2017年

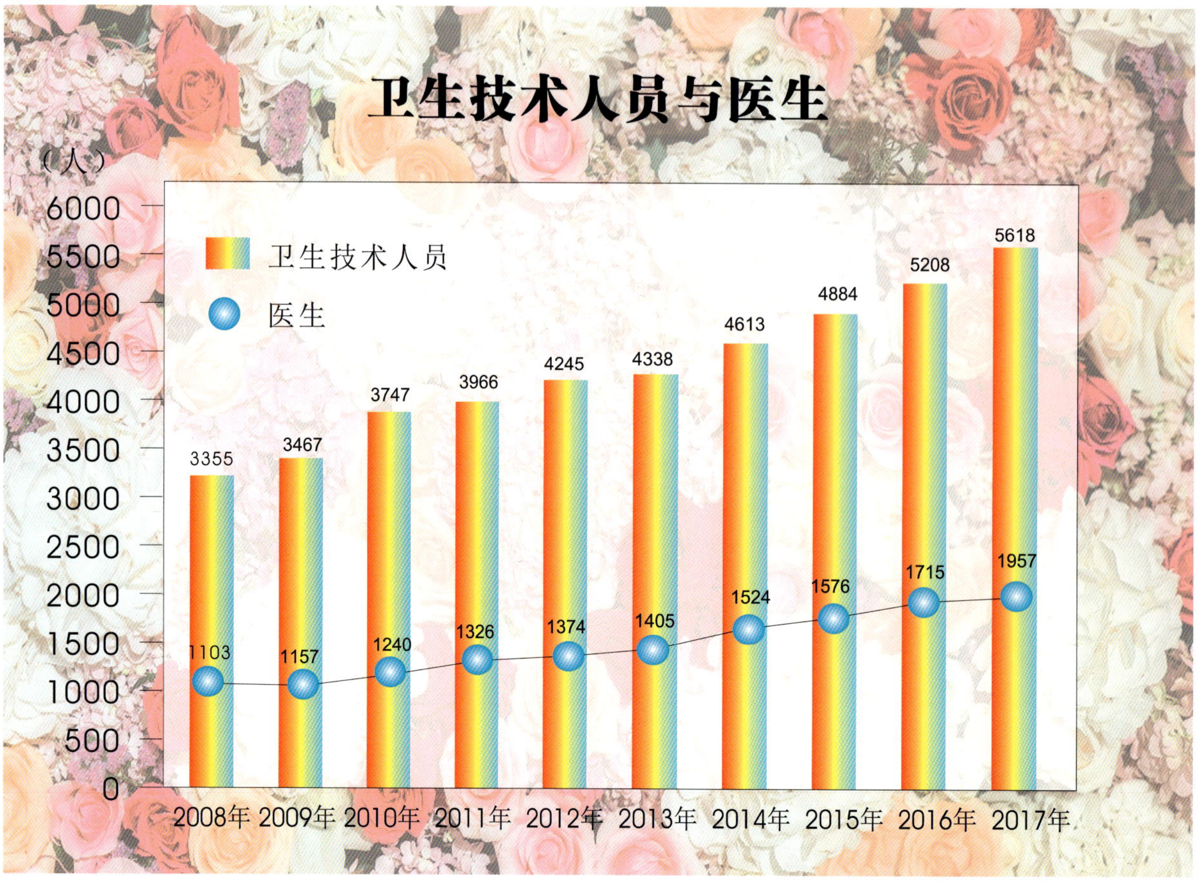
卫生技术人员与医生
（人）
卫生技术人员
医生
6000
5500
5000
4500
4000
3500
3000
2500
2000
1500
1000
500
0
3355
3467
3747
3966
4245
4338
4613
4884
5208
5618
1103
1157
1240
1326
1374
1405
1524
1576
1715
1957
2008年
2009年
2010年
2011年
2012年
2013年
2014年
2015年
2016年
2017年

图书馆藏书量

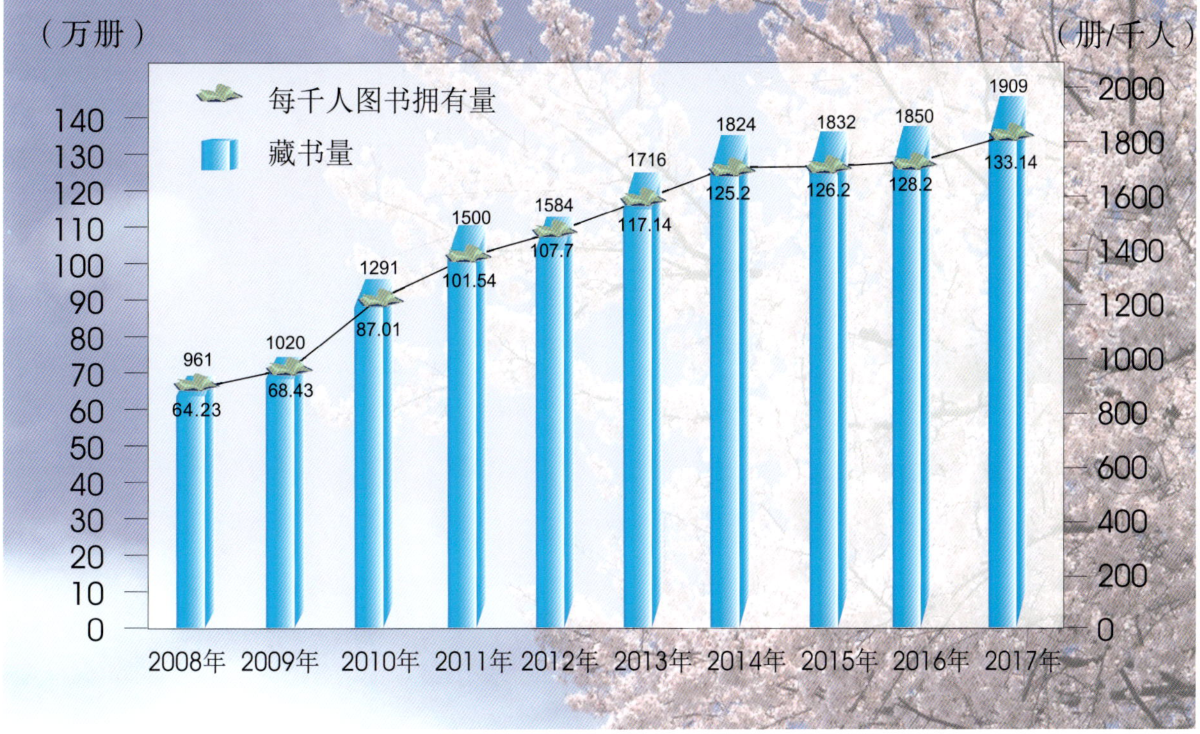

固定和移动电话普及率

声　　明

《桐乡年鉴（2018）》委托香港经济导报社图书业务部办理香港、澳门、台湾地区及海外发行业务。

地址：香港轩尼诗道342号国华大厦10字楼

电话/Tel：(852) 25738217　　传真/Fax：(852)25738469,28336889

电邮/Email：eiasub@pacific.net.hk　网址/Website：http://www.eiahk.com

Hong Kong, Macao, Taiwan & Oversea Distributor:

Economic Information & Agency, Books Dept

10/F, Kuo Wah Building, 342Hennessy Road, Wanchai, Hong Kong